黄河流域资源型地区绿色转型
发展理论与规划实践

李 巍　陆中桂　黄 蕊　乐荣武　著

科学出版社
北　京

内 容 简 介

推动资源型地区绿色转型和可持续发展,是实施黄河流域高质量发展战略的特殊挑战和重要任务。本书在分析资源型地区形成历史、发展现状及其特征基础上,识别了发展与保护的突出矛盾和制约绿色发展的主要问题,阐明了研究和推动黄河流域资源型地区绿色转型发展的重要意义;从加强流域生态文明建设视角,提出了绿色、循环、低碳、高效的转型发展理论要点,明确了统筹开发与保护、着力提升增长质量的绿色转型发展总体要求,构建了生态环境分区管控、矿区治理修复与生态减排评估、水资源优化配置、工业系统绿色转型路径规划等特殊任务或需求的规划技术方法,并介绍了这些方法在鄂尔多斯市、平朔矿区、汾河城市群、临汾市等的典型应用,为开展黄河流域资源型地区绿色转型发展提供了理论支撑、规划方法和实践经验。

本书可供从事国土空间规划、资源型地区转型、黄河流域高质量发展、区域/流域绿色发展、生态环境管理、生态经济、产业经济地理等相关专业或领域工作的管理和专业人员使用,也可供相关专业的研究生和本科生参考。

图书在版编目(CIP)数据

黄河流域资源型地区绿色转型发展理论与规划实践 / 李巍等著. 北京:科学出版社, 2024.11. -- ISBN 978-7-03-079884-8

Ⅰ. F127.2

中国国家版本馆 CIP 数据核字第 2024C9B491 号

责任编辑:孟莹莹　程雷星 / 责任校对:任云峰
责任印制:赵　博 / 封面设计:无极书装

科 学 出 版 社 出版
北京东黄城根北街 16 号
邮政编码:100717
http://www.sciencep.com

中煤(北京)印务有限公司印刷
科学出版社发行　各地新华书店经销

*

2024 年 11 月第 一 版　开本:720×1000　1/16
2025 年 1 月第二次印刷　印张:23 3/4
字数:479 000
定价:216.00 元
(如有印装质量问题,我社负责调换)

前　言

黄河流域不仅是重要的生态屏障区，也是重要的能源开发工业带，拥有支撑我国现代工业发展所需的煤炭、石油、天然气、金属矿产等关键资源，其中煤炭资源产量约占全国总产量的 70%。新中国成立以来，黄河流域资源型经济为国民经济实现长期平稳较快发展起到了重要支撑作用。依托丰富的能源和矿产资源，黄河流域孕育了大量以资源型产业作为主要经济支撑的城镇，目前全流域超过 50%的城市可看作资源型地区。这些地区，一方面以矿产资源开采和加工为主导产业，产业结构单一且刚性，资源综合利用率低，经济增长路径依赖问题显现；另一方面，区域生态环境本底脆弱、水资源供需矛盾突出，生态环境问题严重，"高能耗、高排放、高耗水"的产业发展模式严重影响流域生态环境安全、制约可持续发展。因此，研究和推动资源型地区绿色转型和可持续发展，是实施黄河流域生态保护和高质量发展战略的重大需求。

本书立足于应对黄河流域资源型地区产业转型、生态环境管理和绿色发展的规划难题和实施挑战，深入分析流域高质量发展战略背景下资源型地区绿色转型发展的关键环节和突出问题，围绕新目标、新问题、新格局和新挑战，研究提出支撑资源型地区绿色转型发展的理论模式和规划方法，以此推动相关理论研究和实践探索。主要内容包括：在分析黄河流域资源型地区发展与保护矛盾基础上，识别影响和制约资源型地区可持续发展的关键因素和主要问题，阐明了研究和推动资源型地区绿色转型发展的重要意义；以习近平生态文明思想和绿色发展理念为指导，通过融合可持续增长、低碳城市、循环经济、生命周期分析等理论研究成果，提出了以"绿色、循环、低碳、高效"为要点的资源型地区绿色转型发展规划理论；围绕空间开发生态环境管理、矿区生态治理修复、水质水量协同管理、工业结构升级等资源型地区绿色转型发展的关键任务，提出并建立了生态环境分区管控、生态减排能力建设规划、水资源优化配置、工业系统绿色转型发展路径优化等分析技术和规划方法，并选择鄂尔多斯市、平朔矿区、汾河城市群、临汾市开展了规划探索和典型应用，为资源型地区发展模式转变、产业结构升级、生态环境治理、转型路径优化等提供了理论支撑、规划技术和实践经验。

本书的相关研究工作得到了国家自然科学基金重大专项项目"黄河流域城市群与产业高质量发展的协同推进路径与模式"（72050001）的资助，作者李巍（北京师范大学教授）为该专项子课题"黄河流域城市群、产业发展与生态环境的交互作用机理"的负责人，其制定了全书架构、章节逻辑并主要参与了第5~7章内容的撰写。北京师范大学博士研究生黄蕊参与了第1章和第2章内容的撰写，博士研究生陆中桂参与了第3章、第5章内容的撰写和文献整理工作，博士研究生乐荣武参与了第3章和第4章内容的撰写和文字校对工作。此外，生态环境部环境工程评估中心刘小丽研究员、生态环境部环境发展中心孟冲博士和山西省生态环境保护服务中心张伟峰博士，分别参与了第4章、第6章和第5章相关内容的前期研究工作，书中案例研究涉及的政府部门及其有关工作人员也对本书的内容和观点提出了有价值的意见和建议，对于这些同志的支持和付出，作者在此一并表示感谢！

  作者引用了许多同行的研究成果，向他们致以崇高的敬意和衷心的感谢！

  由于作者水平有限，书中疏漏之处在所难免，敬请广大读者批评指正。

作 者

2023年7月

目 录

前言
第1章 黄河流域资源型地区发展现状与绿色转型意义 ················· 1
  1.1 黄河流域资源型地区发展概况和特点 ························· 2
    1.1.1 黄河流域资源型地区的形成 ···························· 2
    1.1.2 黄河流域资源型地区发展概况 ·························· 4
  1.2 黄河流域资源型地区绿色发展面临的主要问题 ················· 11
  1.3 黄河流域资源型地区绿色转型发展意义 ······················· 21
第2章 黄河流域资源型地区绿色转型发展理论基础 ··················· 23
  2.1 资源型地区转型发展多视角理论研究综述 ····················· 23
    2.1.1 基于提高经济发展水平视角 ···························· 23
    2.1.2 基于优化生产力布局视角 ······························ 26
    2.1.3 基于强化生态环境保护视角 ···························· 27
    2.1.4 基于提高可持续发展能力视角 ·························· 30
  2.2 习近平生态文明思想对资源型地区转型发展的理论启示 ········· 34
  2.3 黄河流域资源型地区绿色转型发展理论要点 ··················· 39
第3章 黄河流域资源型地区绿色转型发展规划技术方法 ··············· 46
  3.1 面向绿色发展的生态环境分区管控 ·························· 46
    3.1.1 生态保护红线划定 ···································· 46
    3.1.2 环境质量底线判定 ···································· 47
    3.1.3 资源利用上线框定 ···································· 49
    3.1.4 环境管控单元划分 ···································· 51
    3.1.5 分区管控方案制订 ···································· 52
  3.2 基于治理修复的矿区生态减排评估 ·························· 53
    3.2.1 生态减排基本概念内涵 ································ 53
    3.2.2 生态减排现状能力评价 ································ 55
    3.2.3 生态减排实施潜力预测 ································ 62
    3.2.4 生态减排经济价值评估 ································ 62
  3.3 统筹水质和水量的水资源优化配置规划 ······················· 64

  3.3.1 社会经济-水资源-水环境交互作用关系解析 ·················· 64
  3.3.2 水资源优化配置规划模型 ·································· 65
  3.3.3 生产-生活-生态用水统筹优化模型 ··························· 70
  3.3.4 基于"四水四定"产业优化模型 ····························· 76
 3.4 集成诊断和优化的工业系统绿色转型路径规划 ················· 90
  3.4.1 工业系统环境经济综合诊断方法 ····························· 91
  3.4.2 工业系统绿色转型路径优化技术 ···························· 100

第4章 鄂尔多斯市生态环境分区管控与绿色转型发展策略 ············· 106
 4.1 社会经济发展与生态环境保护矛盾辨识 ····················· 106
 4.2 资源生态环境现状及承载状态评估 ························· 110
  4.2.1 资源利用现状及承载状态评估 ······························ 110
  4.2.2 生态功能现状及承载状态评估 ······························ 113
  4.2.3 环境质量现状及承载状态评估 ······························ 116
 4.3 资源生态环境压力分析 ································· 120
 4.4 绿色发展生态环境分区与管控方案 ························· 127
  4.4.1 基于生态保护红线的空间管控 ······························ 127
  4.4.2 基于环境质量底线的总量管控 ······························ 133
  4.4.3 基于资源利用上线的开发强度控制 ··························· 145
 4.5 绿色转型发展策略 ···································· 152
  4.5.1 绿色转型发展总体方略 ··································· 152
  4.5.2 协调发展对策建议 ····································· 161

第5章 平朔矿区治理修复与生态减排能力建设规划 ················· 170
 5.1 矿区发展概况与生态环境问题 ··························· 170
  5.1.1 矿区发展概况 ······································· 170
  5.1.2 生态环境问题分析 ····································· 177
 5.2 基于生态功能的矿区污染减排能力和潜力评估 ················· 190
  5.2.1 矿区生态减排功能性资产盘查 ······························ 190
  5.2.2 矿区生态减排现状能力评价 ································ 194
  5.2.3 矿区生态减排实施潜力预测 ································ 203
  5.2.4 矿区生态减排综合评估 ··································· 207
 5.3 矿区治理修复重点任务与生态减排能力建设 ··················· 212
  5.3.1 环境治理与生态修复重点任务 ······························ 212
  5.3.2 生态修复实施保障措施 ··································· 215

目　　录

  5.3.3 生态修复改进对策与长效机制 218
  5.3.4 生态减排能力建设与持续推进措施 222

第6章 汾河城市群水资源优化配置与管控策略 225
6.1 研究区域水系统分析 225
  6.1.1 汾河城市群发展概况 225
  6.1.2 流域水资源系统分析 238
  6.1.3 流域水环境系统分析 244
6.2 汾河城市群"三生"用水统筹优化配置 251
  6.2.1 模型参数与数据 251
  6.2.2 收益和下方风险分析 253
  6.2.3 流域水资源配置 257
  6.2.4 政策干预情景分析 264
6.3 基于"四水四定"原则的汾河城市群产业优化 267
  6.3.1 模型参数与数据 267
  6.3.2 流域社会经济规模优化 270
  6.3.3 流域水资源配置 301
6.4 水质和水量管控策略 312
  6.4.1 综合管控策略 312
  6.4.2 分区管控策略 314

第7章 临汾市工业系统绿色转型发展路径优化 317
7.1 城市工业发展态势与特征 317
7.2 工业系统分析与诊断 319
  7.2.1 产业经济分析 319
  7.2.2 环境经济分析 325
  7.2.3 工业系统综合诊断 336
7.3 工业系统绿色转型发展路径设计与优化 338
  7.3.1 工业系统绿色转型发展路径设计思路 338
  7.3.2 工业系统绿色转型发展系统动力学模型构建 340
  7.3.3 工业系统绿色转型发展路径模拟与优化 349
7.4 工业系统绿色转型发展推进策略 354

附录 357

参考文献 367

第1章　黄河流域资源型地区发展现状与绿色转型意义

黄河发源于青藏高原巴颜喀拉山北麓，呈"几"字形流经青海、四川、甘肃、宁夏、内蒙古、山西、陕西、河南、山东九省区，全长5464km，是我国第二长河。黄河流域西接昆仑、北抵阴山、南倚秦岭、东临渤海，横跨东中西部，是我国重要的生态安全屏障，也是人口活动和经济发展的重要区域，在国家发展大局和社会主义现代化建设全局中具有举足轻重的战略地位。党的十八大以来，以习近平同志为核心的党中央将黄河流域生态保护和高质量发展作为事关中华民族伟大复兴的千秋大计。2019年，中共中央总书记、国家主席、中央军委主席习近平在郑州主持召开黄河流域生态保护和高质量发展座谈会并发表重要讲话。他强调，黄河流域是我国重要的生态屏障和重要的经济地带，是打赢脱贫攻坚战的重要区域，在我国经济社会发展和生态安全方面具有十分重要的地位。党的十八大以来，习近平总书记走遍沿黄九省区，多次对黄河生态保护治理提出明确要求，强调"黄河流域必须下大气力进行大保护、大治理，走生态保护和高质量发展的路子"。治理黄河，重在保护，要在治理。坚持生态优先、绿色发展，以水而定、量水而行，因地制宜、分类施策，上下游、干支流、左右岸统筹谋划，共同抓好大保护，协同推进大治理，着力加强生态保护治理、保障黄河长治久安、促进全流域高质量发展、改善人民群众生活、保护传承弘扬黄河文化，让黄河成为造福人民的幸福河。

黄河流域既是我国重要的生态屏障区和经济带，更是我国重要的能源开发工业带，蕴藏着支撑我国工业高速发展所亟须的煤矿、金属矿、石油等资源，其煤炭资源产量约占全国总产量的70%（卢硕等，2020）。资源型地区是以本地区矿产、森林等自然资源开采、加工为主导产业的城市（包括地级市、地区等地级行政区和县级市、县等县级行政区）。长期以来，资源型地区向全国各地输送大量能源、资源，为全国完整工业体系的建立和经济社会发展做出了巨大贡献。新中国成立后，黄河流域依托能源和矿产资源的大规模开发，在西宁—兰州区、灵武—同心—石嘴山区、内蒙古河套地区、晋陕蒙接壤地区、陇东地区、晋中南地区、豫西—焦作区等资源富集地区，形成了一大批以资源型经济作为主要支撑的城市（王晓楠和孙威，2020），为国民经济实现长期平稳较快发展起到了重要支撑作用。然而，超过50%的城市为资源型城市和老工业城市，该类型城市主要以矿产资源开采和加工为主导产业，产业结构具有单一化和刚性化的特点，资源综合利用率低下。目前，资源型地区在产业发展质量和生态环境保护现状上的主要问题有：一是水资源形势严峻，《中国水资源公报（2021年）》显示黄河水资源一级区水资源总量仅占全国的 3.38%，且时空分布不均，利用难度大，产业规模发展受到限制；二是生态系统脆弱、生态环境遭到破坏，2021年生态环境部环境规划院发布的《黄河流域"十四五"结构调整与低碳发展规划政策研究报告》指出，黄河上游草地退化率高达60%～90%，中游黄土高原水土流失面积约占总面积的70%，其中主要集中在以资源型产业为主的地区；三是产业结构单一，经济发展脆弱，如山西省统计局公布数据显示，2022年仅上半年山西全省规模以上工业企业中煤炭工业实现利润总额占比超过80%。针对黄河流域资源型地区高质量发展所面临的问题，开展黄河流域资源型地区绿色转型研究，对推动黄河流域资源型地区的生态安全和高质量发展具有重要的理论和实践意义。

1.1 黄河流域资源型地区发展概况和特点

1.1.1 黄河流域资源型地区的形成

黄河流域是华夏文明的重要发源地之一，黄河流域作为我国重要的生态廊道与经济地带，是我国开发历史最久的区域之一，人地矛盾尤为突出。黄河流域城市历史悠久，先秦时期，部分地区在原始聚落的基础上发展壮大形成城市，构成黄河流域城市的主体，其中自然禀赋较好的城市主要分布于中游地区，并逐渐发展成为春秋战国时代各国的都城和重要经济都会。秦汉时期，随着运河的开凿，黄河流域中下游地区间的经济联系大大增强，带动了城市人口、经济的快速发展，成为我国封建社会早期城市最发达的时代。魏晋南北朝时期，战国、秦汉时期的著名都城和重要城市都因长期的战争而遭受破坏并衰败，而隋、唐帝国的出现为黄河流域城市的二次繁荣提供了机遇。与秦汉时期相比，隋唐时期的黄河流域自然环境变化较小，但其布局和繁荣更胜于秦汉时期。宋朝以后，黄河流域生态环境恶化，加之长期陷于战乱之中，城市的规模与对外影响力均远逊于唐代。元、明、清时期，中国的政治中心和经济重心迁移至东部平原地区，尤其是京杭大运河的开凿，为沿河城市的对外交流与经济发展提供了极大便利，这一时期的重要都市也都位于京杭大运河沿线。至此，从城市的经济规模和影响力方面来看，黄河流域已落后于长江流域。但在新中国成立后，黄河流域作为我国重要的能源开发工业带，为全国独立、完整工业体系的建立和经济社会发展做出了巨大贡献。

黄河流域资源禀赋优越，蕴藏着大量煤炭、石油、天然气等资源，拥有宁东、蒙西、陕北、晋西、陇东等大型能源基地，能源资源规模优势极为突出，因此黄河流域又被称为"能源流域"。依托中商产业研究院产量数据库，文玉钊等（2021）整理 2018 年各省区市煤炭、电力、石油、天然气数据，并对全国七大江河流域（七大江河流域分别为长江、黄河、松花江、珠江、淮河、海河、辽河流域）能源产能进行测算，发现黄河流域煤炭储量占全国总量的一半以上，2018 年核心省区（考虑流经省区的流域面积大小状况，四川省不计入黄河流域核心省区）产出量高达 27.96 亿 t，远远高于其他六大流域。在二次能源电力的产量上，2018 年黄河流域核心省区高达 21847 亿 kWh，仅次于长江流域，并远高于其他流域。在石油和天然气产量上，黄河流域核心省区总产量分别达 6296 万 t 和 569 亿 m³，远高于其他流域。从省域尺度来看，黄河流域能源分布极不平衡，内蒙古、山西、陕西的煤炭产量极高，而山东、河南、宁夏、甘肃、青海相对较低，但也均高于全国其他多数省区市。发电量上，山东、内蒙古分别位于全国第 1 位、第 3 位，山西、河南也均高于全国平均规模。此外，黄河流域还拥有显著的风能、太阳能优势。根据《2018 年中国风能太阳能资源年景公报》，从陆地海拔 70m 高度年平均风速来看，内蒙古、青海、宁夏、甘肃在全国省域单元中的排名分别为第 1、第 6、第 8、第 11 位；从年水平面总辐射量来看，2018 年晋北地区、蒙西地区、宁夏、甘肃中部、青海等地达 1400~1750kWh/m²，黄河流域太阳能资源的禀赋优于全国大部分区域（马诗萍和张文忠，2020）。

新中国成立以来，国家依托能源和矿产资源的大规模开发在黄河流域建立了多个重要资源供应和后备基地（表 1.1），背靠灵武—同心—石嘴山区、内蒙古河套地区、晋陕蒙接壤地区、陇东地区、晋中南地区、豫西—焦作区等资源富集地区，其中，武威、庆阳、金昌、平凉、白银、张掖、石嘴山、鄂尔多斯、乌海、包头、延安、咸阳、榆林、渭南、宝鸡、铜川、朔州、大同、忻州、吕梁、阳泉、晋中、长治、临汾、晋城、运城、鹤壁、三门峡、平顶山、焦作、濮阳、洛阳、东营、济宁、泰安、莱芜、淄博、阿坝，均在 2013 年国务院发布的《全国资源型城市可持续发展规划（2013—2020 年）》中，被纳入全国资源型城市名单（阎晓和涂建军，2021）。

表 1.1 黄河流域重要资源供应和后备基地

类型	城市
石油后备基地	榆林市
天然气后备基地	鄂尔多斯市、延安市、庆阳市
煤炭后备基地	榆林市、鄂尔多斯市
铜矿后备基地	金昌市
铝土矿后备基地	孝义市
稀土矿后备基地	包头市

资料来源：《全国资源型城市可持续发展规划（2013—2020 年）》。

凭借得天独厚的矿产资源优势，黄河流域响应新中国的发展需求，在原燃料工业部的领导下重点恢复和发展矿产开发、钢铁冶炼等行业。由于上述行业对矿石原材料等生产资料和其他生活资料具有相似需求，矿产开发及相关行业在资源富集区域内不断聚集形成矿区，矿区工业基地的产生与壮大又促进了资源的大规模开发。为实现经济地理学理论中的更高规模报酬与经济利润，同类产业与服务类产业出于需求及成本考量逐渐形成了邻近区位的集中布局，城市格局特征初步显现。这一时期内恢复、扩建、改建和新建的诸多矿区均发展成为以资源型产业为主导的工矿城市。

随着资源型城市的设立，劳动力资本不仅大量流入资源型产业，同时向城市服务型产业汇入，区域"以产聚人"的发展模式开始进入"以城聚人"阶段。此后的"三线建设"时期，以国防工业和基础工业建设为核心的开发活动进一步带动了中西部地区资源型城市的发展。改革开放进入历史进程后，我国蓬勃开展的经济建设与国际石油危机导致了日趋紧张的能源供应需求，煤炭、电力、石油等资源的开发带动了一大批新资源型城市的设立，在流域数个集中的资源富集区产生了城市群产业协同集聚现象，形成了以资源开发为支柱的特色经济区。20世纪80年代末，国家计划委员会在召开的全国长期规划座谈会上将全国经济发展区域划分为五大类，即资源开发主导型经济区、资源开发加工混合型经济区、加工型经济区、加工指导型经济区及特殊类型经济区。

然而，开采量增加导致开发难度加大及国际生态环境绿色发展等理念的影响，资源型城市面临的资源枯竭与可持续发展问题愈发突出。为此，资源型地区提出了"矿城一体化"的融合式发展路径，有效空间布局的"矿城协同"使城市避免了资源型地区高度发达、非资源型地区发展滞后的二元结构，统一管理体系的"产城融合"强化了城市产业联系及中心集聚功能、保证了地区整体利益的最大化。在"分类指导、特色发展"的政策引领下，资源型地区以提升城市综合服务功能为目标展开了多次转型实践，2001年阜新被确定为我国第一个资源枯竭型城市经济转型试点市；2002年党的十六大报告明确提出支持以资源开采为主的城市和地区发展接续产业；2007年《东北地区振兴规划》明确指出大力推进产业结构优化升级和经济增长方式转变，培育壮大接续替代产业，改善生态环境，促进资源型城市经济社会全面协调可持续发展；2010年，经国务院同意，国家发展改革委正式批复设立"山西省国家资源型经济转型综合配套改革试验区"；2017年国家发展改革委等支持内蒙古西部（包头—鄂尔多斯）、宁夏东北部（石嘴山—宁东）等12个城市（经济区）建设首批产业转型升级示范区。

1.1.2 黄河流域资源型地区发展概况

1）经济现状

黄河流域资源型地区的经济规模在全国经济总量中具有一定地位，但人均占比低于全国平均水平。对黄河流域 37 个资源型城市（阿坝藏族羌族自治州因数据缺失而未考虑在内）的统计显示，2018 年黄河流域资源型城市的地区生产总值约为 67594 亿元，地区常住人口为 11021 万人，分别占同年全国的 7.56%、8.42%，人均 GDP 低于全国平均水平（表 1.2）。

表 1.2 黄河流域资源型地区经济现状与全国比较（2018 年）

区域	GDP/万元	第一产业生产总值占 GDP 比重/%	第二产业生产总值占 GDP 比重/%	第三产业生产总值占 GDP 比重/%	年平均人口/万人
黄河流域资源型城市	675938809	8.23	49.01	42.75	11021
全国	8942023503	7.19	40.65	52.16	130920
占比	7.56%	—	—	—	8.42%

资料来源：《中国城市统计年鉴 2019》。
注：阿坝藏族羌族自治州数据暂缺。

黄河流域资源型城市数量众多，而且上下游资源禀赋、经济发展条件不同，因此流域内部发展差异较大。

从资源型地区空间分布来看，山西省是黄河流域资源型城市最集中的区域，省内除太原以外均属于资源型城市；其次是陕西省、甘肃省，省内资源型城市占比均超过 50%；内蒙古自治区、河南省以及山东省内的资源型城市约占全省 1/3；宁夏回族自治区内的黄河流域资源型城市仅有石嘴山市，而青海省内没有黄河流域资源型城市。从地区生产总值来看，黄河流域资源型地区的经济重心在中下游，其中，山东省资源型城市经济的发展规模最大，淄博市、济宁市、泰安市和东营市的地区生产总值均超过 3500 亿元，经济总量与之相当的资源型城市还包括内蒙古自治区的鄂尔多斯市、河南省的洛阳市以及陕西省的榆林市。山西省资源型城市的地区生产总值均低于 2000 亿元，其中阳泉市、忻州市不足 1000 亿元。甘肃省资源型地区的经济规模最小，省内所有资源型城市的地区生产总值均不足 800 亿元，其中金昌市地区生产总值仅 264 亿元，同时它也是全黄河流域经济规模最小的资源型城市。从三次产业结构来看，大部分资源型地区的产业结构都以第二产业为主，尤其是宁夏回族自治区的石嘴山市，内蒙古自治区的乌海市，陕西省的宝鸡市、榆林市，山西省的吕梁市，河南省的鹤壁市，山东省的东营市，第二产业增加值占比均超过 60%。此外，还有少部分地区以第三产业为主，如甘肃省的张掖市、武威市和平凉市。从人均 GDP 来看，全流域资源型城市的人均 GDP 低于全国平均水平，但位于黄河流域"几"字弯的内蒙古自治区包头市、鄂尔多斯市，陕西省榆林市以及山东省淄博市、东营市的人均 GDP 远超全国平均水平。从 2013~2018 年 GDP 平均增速来看，黄河流域山东省、河南省的资源型城市发展较快，其次是山西省、陕西省和宁夏回族自治区，甘肃省和内蒙古自治区的资源型城市发展速度较慢。但值得关注的是，全流域所有资源型城市的经济发展速度都落后于全国平均水平，近 2/3 的资源型城市的 GDP 年均增速低于 6%，近 1/3 的资源型城市 GDP 年均增速低于 3%，内蒙古自治区下辖的资源型城市甚至呈现负增长（表 1.3）。

表 1.3 黄河流域资源型地区经济现状（2018 年）

省区	城市	GDP/亿元	第一产业生产总值占GDP比重/%	第二产业生产总值占GDP比重/%	第三产业生产总值占GDP比重/%	人均GDP/元	2013~2018年GDP平均增速/%
甘肃	金昌市	264	7.23	54.47	38.31	56353	0.93
	白银市	512	13.54	41.77	44.69	29542	2.02
	张掖市	408	21.86	22.27	55.87	33105	3.96
	武威市	469	25.69	28.07	46.25	25691	4.23
	平凉市	395	22.24	26.29	51.47	17225	2.98
	庆阳市	708	10.03	50.22	39.75	31312	3.18
宁夏	石嘴山市	606	5.19	60.48	34.33	75391	6.30
内蒙古	鄂尔多斯市	3763	3.13	52.33	44.55	181486	−0.99
	包头市	2952	3.10	41.09	55.82	102379	−3.36
	乌海市	496	1.01	61.94	37.05	88041	−2.75
陕西	铜川市	328	7.54	43.19	49.26	40065	0.37
	宝鸡市	2265	7.21	63.31	29.48	59988	7.94
	咸阳市	2376	11.99	56.93	31.08	54368	5.01
	渭南市	1768	16.79	41.99	41.22	33009	5.56
	延安市	1559	8.86	59.40	31.74	68940	2.86
	榆林市	3849	6.00	62.82	31.18	112845	6.22
山西	大同市	1272	5.08	36.52	58.40	36877	5.63
	阳泉市	734	1.45	47.03	51.52	51976	3.71
	长治市	1646	3.89	54.19	41.93	47540	4.30
	晋城市	1352	3.64	53.10	43.26	57819	5.55
	朔州市	1066	5.43	38.25	56.33	59914	0.76
	忻州市	989	7.04	48.23	44.73	31209	8.60
	晋中市	1448	7.87	47.53	44.60	42910	7.21
	吕梁市	1420	4.19	61.39	34.42	36585	2.94
	临汾市	1440	6.51	45.89	47.60	32066	3.31
	运城市	1510	14.95	36.83	48.22	28229	5.78
河南	洛阳市	4641	5.11	44.55	50.34	67707	8.12
	平顶山市	2135	7.53	47.74	44.73	42587	6.52
	濮阳市	1654	9.91	50.62	39.47	45644	7.91
	焦作市	2371	5.69	56.58	37.73	66328	6.79

省区	城市	GDP/亿元	第一产业生产总值占GDP比重/%	第二产业生产总值占GDP比重/%	第三产业生产总值占GDP比重/%	人均GDP/元	2013~2018年GDP平均增速/%
河南	鹤壁市	862	6.97	63.31	29.72	53063	6.74
	三门峡市	1528	7.79	55.06	37.14	67294	5.09
山东	淄博市	5068	2.88	52.09	45.04	107720	5.92
	济宁市	4931	9.96	45.31	44.72	58972	7.09
	泰安市	3652	7.82	44.23	47.95	64714	5.53
	东营市	4152	3.53	62.21	34.26	191942	5.02
	莱芜市	1006	6.00	56.29	37.71	73005	9.01

资料来源：《中国城市统计年鉴2019》。

注：阿坝藏族羌族自治州数据缺失。

2）优势产业

黄河流域九省区规模以上工业企业总产值中，山西、内蒙古、陕西采矿业分别占34.89%、22.96%、20.06%，以煤炭、石油、天然气以及有色金属矿采选业等为主。山东、河南两省制造业比重达90%左右。青海、宁夏、内蒙古的电力、热力、燃气及水的生产和供应业比重分别达到24.70%、21.33%、17.04%，火力发电等具有优势（表1.4）。

表1.4 黄河流域九省区规模以上工业企业营业收入结构分析（2019年）

工业企业	项目	全国	青海	四川	甘肃	宁夏	内蒙古	山西	陕西	河南	山东
工业企业	营业收入总计/亿元	1067397	2421	44125	7596	4923	16806	21335	24961	50077	83163
采矿业	收入/亿元	43076	303	2427	581	408	3859	7444	5006	2150	2597
	比重/%	4.04	12.52	5.50	7.65	8.29	22.96	34.89	20.06	4.29	3.12
制造业	收入/亿元	943582	1520	40944	5959	3465	10084	11314	17896	44646	74568
	比重/%	88.40	62.78	92.79	78.45	70.38	60.00	53.03	71.70	89.15	89.66
电力、热力、燃气及水的生产和供应业	收入/亿元	80739	598	754	1056	1050	2863	2577	2059	3281	5998
	比重/%	7.56	24.70	1.71	13.90	21.33	17.04	12.08	8.25	6.55	7.21

资料来源：《中国统计年鉴2020》及各省区统计年鉴。

注：宁夏回族自治区数据为2018年。

为进一步直观反映黄河流域各个资源型城市的优势产业及优势地位，使用2017年规模以上工业企业总产值来计算黄河流域部分资源型分行业总产值区位熵（表1.5）。一般情况下，当区位熵大于1时，可认为该城市的某产业在全流域范围具有优势，区位熵越大，优势地位越明显（廖晓东等，2018）。

表 1.5 黄河流域部分资源型城市规模以上工业企业分行业总产值区位熵分析（2017 年）

行业	张掖	庆阳	鄂尔多斯	包头	铜川	宝鸡	咸阳	渭南	延安	榆林	阳泉	长治	晋城	朔州	晋中	临汾	运城	洛阳	平顶山	濮阳	焦作	鹤壁	三门峡	淄博	济宁	泰安
煤炭开采和洗选业	0.23	0.00	3.01	0.56	1.54	0.43	0.91	0.82	1.27	3.16	4.88	3.54	3.40	5.23	3.08	2.58	0.26	0.02	1.53	0.00	0.17	0.26	0.20	0.00	1.26	0.30
石油和天然气开采业	0.00	18.18	7.43	0.00	0.00	0.00	0.00	0.00	12.34	4.08	0.00	0.00	1.99	0.00	0.07	0.00	0.00	0.00	0.00	0.38	0.00	0.00	0.00	0.02	0.00	0.00
黑色金属矿采选业	5.91	0.00	0.00	11.35	0.00	0.00	0.00	0.24	0.00	0.00	0.00	4.67	0.00	0.00	0.04	3.36	0.19	0.14	0.73	0.00	1.59	0.00	1.00	0.31	0.06	0.00
有色金属矿采选业	0.80	0.00	0.00	0.14	0.00	1.06	0.00	0.99	0.00	0.00	0.06	0.00	0.00	0.00	0.00	0.02	0.06	1.59	0.03	0.00	0.11	0.00	14.33	0.00	0.01	0.00
非金属矿采选业	7.01	0.00	0.00	1.23	2.43	0.82	0.04	0.37	0.00	0.44	0.14	0.00	0.00	0.00	0.00	0.04	0.00	1.90	1.42	0.00	0.52	1.06	7.36	0.78	0.26	0.78
农副食品加工业	5.78	0.56	0.08	0.35	0.64	0.87	2.38	2.02	0.04	0.23	0.05	0.31	0.11	0.26	0.57	0.19	1.37	0.31	0.48	3.79	1.29	5.22	0.26	0.16	1.66	1.41
食品制造业	1.59	0.42	0.05	0.55	0.46	2.30	2.40	1.06	0.01	0.33	0.15	1.06	0.06	0.46	1.06	0.07	0.20	0.48	0.64	2.37	1.53	3.81	0.71	0.28	1.53	1.55
酒、饮料和精制茶制造业	7.58	0.16	0.01	0.43	1.12	3.45	2.95	1.80	0.11	0.24	0.00	0.03	0.29	0.18	0.52	0.04	0.87	0.47	0.81	0.42	3.26	2.40	0.85	0.45	0.24	0.61
烟草制品业	0.00	0.00	0.00	0.00	0.00	14.06	0.00	1.00	9.31	0.00	0.00	0.00	0.00	0.00	0.00	0.00	0.00	1.81	0.21	0.00	0.16	0.00	0.06	0.00	0.00	0.00
纺织业	0.00	0.18	0.80	0.16	1.34	1.70	2.50	0.46	0.00	0.05	0.00	0.65	0.00	0.12	0.00	0.04	1.07	0.49	2.34	2.06	0.63	0.90	0.27	1.52	1.64	3.25
纺织服装、服饰业	0.00	0.09	0.47	0.22	0.85	0.12	0.57	0.11	0.01	0.11	0.00	0.00	0.08	0.00	0.05	0.01	0.75	0.21	0.50	1.63	0.11	1.98	0.02	0.51	7.97	1.60
皮革、毛皮、羽毛及其制品和制鞋业	0.00	0.00	0.00	0.20	0.00	0.18	0.11	0.00	0.00	0.01	0.00	0.00	0.00	0.00	0.00	0.00	0.00	0.86	1.62	2.58	7.23	0.12	0.00	0.39	0.08	0.19
木材加工和木、竹、藤、棕、草制品业	0.00	0.00	0.00	0.24	2.94	4.06	0.77	0.45	0.00	0.28	0.00	0.32	0.00	0.15	0.00	0.00	1.94	1.47	0.46	3.89	1.28	0.26	2.81	0.48	1.95	0.94
家具制造业	0.00	0.00	0.16	0.00	1.17	0.27	0.65	0.10	0.00	0.02	0.57	1.45	0.12	0.00	0.17	0.00	0.00	5.05	0.07	6.56	0.13	0.55	0.35	0.24	0.33	0.10
造纸和纸制品业	0.00	0.18	0.40	0.16	1.34	0.48	1.82	0.37	0.03	0.02	0.00	0.00	0.00	0.07	0.72	0.00	0.11	0.27	0.06	0.50	1.45	0.35	0.04	1.67	5.51	1.61
印刷和记录媒介复制业	0.00	0.09	0.40	0.40	0.00	0.61	2.36	0.31	0.00	0.01	0.00	0.00	0.05	0.00	0.16	0.00	1.13	2.16	1.08	0.68	3.42	0.00	0.03	1.08	0.88	1.21
文教、工美、体育和娱乐用品制造业	0.00	0.00	0.00	0.50	0.00	0.06	0.08	0.09	0.00	0.03	0.00	0.05	0.05	0.00	0.34	0.07	0.56	3.62	0.23	3.25	0.35	0.45	0.37	0.48	1.95	0.47
石油加工、炼焦和核燃料加工业	0.00	5.49	0.50	0.49	0.04	0.00	1.32	1.68	5.23	1.90	0.43	1.45	0.05	0.01	1.94	2.44	1.56	0.65	0.56	0.26	0.05	0.00	0.03	2.30	1.60	0.21
化学原料和化学制品制造业	0.00	0.01	1.63	0.00	0.22	0.16	0.51	1.21	0.04	1.21	0.03	0.47	0.88	0.14	0.44	0.26	1.07	0.46	0.60	1.79	0.94	0.59	0.43	2.84	0.54	1.22

第1章 黄河流域资源型地区发展现状与绿色转型意义

续表

行业	张掖	庆阳	鄂尔多斯	包头	铜川	宝鸡	咸阳	渭南	延安	榆林	阳泉	长治	晋城	朔州	晋中	临汾	运城	洛阳	平顶山	濮阳	焦作	鹤壁	三门峡	淄博	济宁	泰安
医药制造业	0.00	0.39	0.00	0.48	1.23	0.45	2.04	0.48	0.03	0.07	0.00	1.11	0.28	0.14	0.87	0.16	1.00	0.42	1.20	1.75	1.73	0.06	0.35	2.32	1.17	1.25
化学纤维制造业	0.00	0.00	0.00	6.62	4.06	0.02	11.31	0.34	0.00	0.00	0.00	0.00	0.00	0.00	0.00	0.00	0.00	0.37	1.30	0.38	0.17	0.42	0.10	0.30	0.15	0.09
橡胶和塑料制品业	0.00	0.14	0.00	5.51	8.57	0.99	1.45	0.32	0.01	0.01	0.05	0.08	0.03	0.04	0.07	0.05	0.14	0.39	0.20	1.24	1.49	1.66	0.18	0.74	2.07	0.48
非金属矿物制品业	0.88	0.27	0.00	2.04	0.15	0.95	0.27	0.79	0.16	0.09	1.07	0.28	0.22	0.79	0.69	0.12	0.25	1.46	1.50	0.83	1.56	1.81	0.89	1.61	0.70	1.34
黑色金属冶炼和压延加工业	2.32	0.00	1.28	1.92	0.67	1.42	0.14	3.10	0.00	0.08	0.00	1.85	3.01	0.17	1.11	6.64	4.63	0.76	2.11	0.15	0.54	0.38	0.14	0.38	0.16	2.22
有色金属冶炼和压延加工业	0.00	0.00	0.09	0.86	0.14	3.82	0.44	0.46	0.00	0.56	1.47	0.04	0.00	0.13	0.48	0.32	3.04	3.15	0.22	0.03	0.66	0.58	3.81	0.32	0.03	0.19
金属制品业	0.00	0.07	0.00	0.89	0.59	0.25	1.71	0.47	0.01	0.01	0.14	0.14	0.43	0.23	0.84	0.11	0.84	2.23	1.99	2.00	1.42	1.63	0.50	1.04	0.74	1.17
通用设备制造业	0.00	0.03	0.00	0.70	0.72	1.15	1.58	0.42	0.01	0.00	0.02	0.39	0.01	0.12	0.26	0.04	0.25	2.53	0.88	0.32	1.97	0.37	0.26	1.45	1.39	1.19
专用设备制造业	0.00	0.06	0.00	0.15	0.00	1.84	0.39	0.55	0.28	0.12	0.37	0.28	0.39	0.23	0.74	0.13	0.19	2.84	1.34	0.89	1.65	1.01	0.75	0.99	1.32	1.01
汽车制造业	0.00	0.00	0.57	1.77	0.34	3.80	0.08	0.03	0.00	0.07	0.00	0.27	0.44	0.11	2.44	0.19	3.65	0.69	0.20	0.27	2.36	1.61	0.56	0.55	1.23	1.74
电气机械和器材制造业	0.00	0.00	0.00	0.05	0.50	0.27	0.58	1.63	0.10	0.00	0.06	1.14	0.13	0.07	0.15	0.37	0.97	1.24	2.23	3.20	1.22	0.94	0.13	1.49	0.73	4.16
计算机、通信和其他电子设备制造业	0.00	0.00	2.09	0.30	0.00	1.11	2.49	0.63	0.00	0.00	0.05	0.79	9.03	0.00	0.18	0.04	0.48	0.61	0.53	1.07	0.89	4.85	0.23	0.80	1.00	0.47
仪器仪表制造业	0.00	0.00	0.00	1.42	0.00	0.33	0.17	0.59	0.00	0.04	0.00	0.00	0.00	0.23	0.42	0.00	0.48	1.53	1.19	1.00	0.89	5.37	0.67	1.82	0.75	3.10
其他制造业	0.00	0.00	0.00	3.13	14.06	0.00	1.35	4.07	0.00	0.00	0.00	0.00	0.00	0.12	0.00	0.39	0.91	0.18	0.16	2.29	0.24	6.27	0.00	1.32	0.37	0.00
废弃资源综合利用业	0.00	0.00	0.00	0.60	0.00	0.15	5.15	1.67	0.00	0.00	2.18	0.00	2.76	0.00	0.00	0.00	0.00	0.92	1.27	1.84	2.37	0.00	0.15	0.36	2.02	0.29
电力、热力生产和供应业	8.03	1.22	1.71	0.65	1.43	0.81	0.78	2.23	1.42	2.69	1.45	1.21	1.73	2.99	0.84	0.83	0.61	0.89	1.68	0.43	0.79	0.75	0.78	0.33	0.58	0.73
燃气生产和供应业	0.00	0.00	0.00	2.69	2.18	1.03	2.88	0.74	1.92	1.59	2.21	0.34	2.52	1.13	0.30	1.50	0.40	0.67	1.16	0.31	0.82	0.00	0.39	0.66	0.96	2.43
水的生产和供应业	0.00	1.90	0.26	3.47	0.90	0.38	1.16	0.49	0.67	1.43	3.19	0.63	0.72	0.31	0.62	0.41	0.13	0.49	1.01	2.76	0.57	0.00	0.76	0.65	1.77	1.15

资料来源：根据各省区及地级市统计年鉴计算。

计算结果表明，除山东省外，其他省区资源型城市基本具有采矿业比较优势，特别是内蒙古自治区鄂尔多斯市，陕西省榆林市，山西省长治市、阳泉市、晋城市、朔州市、晋中市的煤炭开采和洗选业，甘肃省庆阳市，内蒙古自治区鄂尔多斯市，陕西省延安市、榆林市的石油和天然气开采业。

制造业方面，甘肃省张掖市农副食品加工业，酒、饮料和精制茶制造业具有显著优势，庆阳市石油加工、炼焦和核燃料加工业具备优势。内蒙古自治区包头市和陕西省铜川市均在化学纤维制造业、橡胶和塑料制品业、其他制造业表现出色，优势产业较为一致。陕西省宝鸡市具有酒、饮料和精制茶制造业，烟草制品业，有色金属冶炼和压延加工业，专用设备制造业四大优势产业，烟草制品业的优势在黄河流域资源型城市中最为突出；咸阳市最大的优势产业是化学纤维制造业，其次是废弃资源综合利用业；渭南市具有黑色金属冶炼和压延加工业、其他制造业两大优势产业；延安市有烟草制品业，石油加工、炼焦和核燃料加工业两大优势产业，其中烟草制品业的优势地位仅次于宝鸡市；榆林市的优势产业全部集中于采矿业，制造业较为落后。山西省煤炭产业独大，省内资源型城市除煤炭开采和洗选业以外，优势产业还包括晋城市的计算机、通信和其他电子设备制造业，临汾市、运城市、晋城市的黑色金属冶炼和压延加工业以及运城市的有色金属冶炼和压延加工业、汽车制造业，临汾市的黑色金属冶炼和压延加工业在黄河流域所有资源型城市中优势地位最高。河南省资源型城市具有农副食品加工业，食品制造业，酒、饮料和精制茶制造业，皮革、毛皮、羽毛及其制品和制鞋业，家具制造业等数十种优势产业，其中焦作市的皮革、毛皮、羽毛及其制品和制鞋业，濮阳市和洛阳市的家具制造业，鹤壁市的农副食品加工业和其他制造业的优势地位极为突出。山东省泰安市有纺织业、电气机械和器材制造业、仪器仪表制造业三大优势产业，济宁市有纺织服装、服饰业，造纸和纸制品业两大优势产业，其中，济宁市纺织服装、服饰业的优势地位在黄河流域资源型城市中居于最高水平。

在电力、热力、燃气及水的生产和供应业方面，除了甘肃省张掖市、内蒙古自治区包头市和山西省阳泉市外，其余资源型城市几乎不具备优势。

3）发展阶段

根据资源保障能力和可持续发展能力差异，资源型城市可分为成长型、成熟型、衰退型、再生型四种类型。成长型城市资源开发处于上升阶段，资源保障潜力大，经济社会发展后劲足，是我国能源资源的供给和后备基地。成熟型城市资源开发处于稳定阶段，资源保障能力强，经济社会发展水平较高，是现阶段我国能源资源安全保障的核心区。衰退型城市资源趋于枯竭，经济发展滞后，民生问题突出，生态环境压力大，是加快转变经济发展方式的重点难点地区。再生型城市基本摆脱了资源依赖，经济社会开始步入良性发展轨道，是资源型地区转变经济发展方式的先行区。

黄河流域38个资源型城市中属于成长型的有鄂尔多斯、榆林、武威、庆阳、延安、咸阳、朔州；属于成熟型的有阿坝藏族羌族自治州、金昌、平凉、渭南、宝鸡、大同、忻州、吕梁、阳泉、晋中、长治、临汾、晋城、运城、鹤壁、三门峡、平顶山、东营、济宁、泰安、莱芜；属于衰退型的有白银、石嘴山、乌海、铜川、焦作、濮阳；属于再生型的有包头、洛阳、淄博、张掖（表1.6）。

表1.6　黄河流域资源型城市类型

省区	成长型	成熟型	衰退型	再生型
四川		阿坝藏族羌族自治州		
甘肃	武威、庆阳	金昌、平凉	白银	张掖
宁夏			石嘴山	
内蒙古	鄂尔多斯		乌海	包头
陕西	延安、咸阳、榆林	渭南、宝鸡	铜川	
山西	朔州	大同、忻州、吕梁、阳泉、晋中、长治、临汾、晋城、运城		
河南		鹤壁、三门峡、平顶山	焦作、濮阳	洛阳
山东		东营、济宁、泰安、莱芜		淄博

1.2　黄河流域资源型地区绿色发展面临的主要问题

一般城市的形成因素主要包括地理位置、交通条件、政治条件等，而黄河流域资源型城市的形成与发展主要依托能源矿产资源的开采利用，资源型城市存在的重要作用之一是为区域工业发展及经济建设提供支撑，这种特殊的发展背景及路径使其特征与一般城市相异（张文忠等，2014）。黄河流域凭借丰富的能源、矿产资源，强有力地推动了我国独立完整工业体系的建设，为社会经济的快速发展做出了不可磨灭的贡献。然而，长期的高强度开发导致资源枯竭、环境污染和生态退化等问题不断积累，水资源短缺和能源消耗压力也逐渐显现，对区域的可持续发展构成了严峻挑战。了解黄河流域生态环境对资源型地区发展的制约，掌握资源型地区发展所面临的主要问题，对实现黄河流域资源型地区绿色转型，实现流域高质量发展具有重要的现实意义。

1. 水资源供需紧张，产业发展受到制约

黄河流域资源型城市数量众多、社会经济发展相对落后、发展空间大，对水资源的需求大。然而在地理位置与东亚季风气候的双重作用下，流域内大部分资源型地区位于干旱、半干旱地区，多年平均降水量不足500mm，水资源禀赋严重不足（王飞等，2018）。据《中国水资源公报（2019 年）》统计，2019 年黄河流域年均降水量为 496.9mm，远低于全国平均年降水量 651.3mm。2019 年黄河流域水资源总量约 797.5 亿 m³，其中地下水资源量约 415.9 亿 m³，仅占全国地下水资源量的 5.1%，地表水资源量约 690.2 亿 m³，仅占全国地表水资源量的 2.5%，地下水与地表水不重复量为 107.2 亿 m³。从多年平均径流量来看，1956～2000 年黄河流域平均径流量约 535 亿 m³，不足全国河川径流量的 3%，人均年径流量 473m³，不足全国人均年径流量的 1/4，实际上考虑向流域外供水后，人均占有水资源量更少。

黄河流域以不足全国 3%的水资源量承担着占全国 15%的耕地面积和全国 12%人口的供水任务（张金良，2020），导致用于发展资源型产业的水资源量受到节制。2019 年黄河流域九省区地表水耗水量为 357.81 亿 m³，其中，农田灌溉耗水量 246.39 亿 m³，占全流域地表水耗水量的 68.9%；工业耗水量 33.00 亿 m³，仅占 9.2%。2019 年黄河流域九省区地下水耗水量为 84.70 亿 m³，其中农田灌溉耗水量 40.63 亿 m³，占全流域地下水耗水量的 48.0%；工业耗水量 13.69 亿 m³，仅占 16.2%（表 1.7）。

表 1.7　2019 年黄河流域各省区分行业耗水量　　　　　　（单位：亿 m³）

省区	分类	合计	农田灌溉	林牧渔畜	工业	城镇公共	居民生活	生态环境
青海	地表水	9.33	4.85	2.17	0.21	0.34	1.07	0.69
	地下水	1.91	0.34	0.30	0.35	0.38	0.53	0.01
四川	地表水	0.20	0.01	0.13	0.01	0.01	0.04	0.00
	地下水	0.02	0.00	0.01	0.00	0.00	0.01	0.00
甘肃	地表水	30.43	17.47	2.14	3.42	2.08	3.01	2.31
	地下水	3.28	2.89	0.05	0.12	0.06	0.13	0.03
宁夏	地表水	40.14	29.51	4.73	2.35	0.24	0.54	2.77
	地下水	4.63	0.78	0.84	1.14	0.59	1.14	0.14
内蒙古	地表水	62.80	53.20	1.54	3.41	0.31	1.28	3.06
	地下水	18.88	11.64	3.18	0.92	0.55	1.84	0.75
陕西	地表水	30.92	14.62	2.71	3.92	1.62	3.64	4.41
	地下水	20.29	8.14	2.87	4.05	0.90	3.86	0.47
山西	地表水	32.44	17.38	0.88	4.75	0.91	2.80	5.72
	地下水	14.68	6.72	1.00	2.96	0.72	2.95	0.33
河南	地表水	53.34	35.77	1.40	6.21	1.23	3.62	5.11
	地下水	15.42	7.12	1.36	3.45	0.53	2.51	0.45
山东	地表水	97.21	73.58	1.44	8.72	1.01	6.38	6.08
	地下水	5.59	3.00	0.78	0.70	0.15	0.93	0.03
合计	地表水	357.81	246.39	17.14	33	7.75	22.38	30.15
	地下水	84.7	40.63	10.39	13.69	3.88	13.9	2.21

资料来源：《黄河水资源公报（2019 年）》。

黄河流域城市当前的水资源利用量已超过流域的合理承载范围。1995～2007年黄河流域城市的水资源年平均消耗量约300亿 m³，而多年平均径流量不足450亿 m³，消耗率超过70%。宁夏、内蒙古和山东等省区内超过80%的地级市存在水资源超载现象，超计划用水问题严重。此外，部分地区地下水超采严重，2019年陕西和河南存在18个地下水超采区，超采区总面积11520km²。宁夏、内蒙古和山西以降落漏斗反映地下水超采情况，三省区共统计降落漏斗6个，漏斗面积约3193km²。水资源已成为黄河流域资源型地区社会经济发展、战略布局等重大措施实施的资源制约因素之一。

2. 生态环境本底脆弱，难以支撑高强度开发

黄河流域以脆弱的生态系统支撑全流域多年来高资源消耗、高污染排放的发展模式。近年来，在人类活动和气候变化的干扰下，黄河上游地区草地退化率高达60%～90%（郭婧等，2020）。日趋严重的草地退化致使地面植被更加低矮稀疏，所形成的裸露地表更易受到侵蚀，加重了土地荒漠化程度，同时土地荒漠化反作用于草地，形成草地退化—荒漠化—草地退化的恶性循环。随着草地退化程度的加剧，三江源地区莎草科植物的盖度、地上/地下生物量、植被种类组成、多样性及重要值均受到影响，呈现明显降低趋势，伴随退化程度逐渐升高，毒杂草类占群落的比例上升，草地生产力逐渐下降，同时引起了土壤性质的明显变化，诱发土壤侵蚀、生态系统服务功能减退等。祁连山草地生态系统中优良牧草比例也明显呈下降趋势，毒杂草比例明显上升，草地质量指数明显下降（张静等，2008），生物多样性降低，群落结构向单一趋势演替变化，草地水源涵养供给能力也逐年减弱。草地退化问题也出现在甘南黄河重要水源补给生态功能区，甘南藏族自治州的草地覆盖率从85%以上逐渐降低为不足45%，许多植物物种濒临灭绝（张骞等，2019）。

黄河流域中游地区气候环境条件较差，冬春干旱夏秋多雨，加上长期以来的粗放式经济增长，加剧了生态系统的脆弱性，导致严重的土壤侵蚀、水土流失问题，黄土高原地区形势尤为严峻（任保平和杜宇翔，2021）。目前，黄土高原地区总面积64万 km²，水土流失面积达到45.4万 km²，其中，年侵蚀模数大于5000t/km²的强度水蚀面积为14.65万 km²，占全国同类面积的38.8%；年侵蚀模数大于15000t/km²的剧烈水蚀面积为3.67万 km²，占全国同类面积的89%（张松柏，2012）。严重的水土流失致使黄土高原千沟万壑、光山秃岭。黄土高原输入黄河下游的多年平均泥沙量为16亿t，其中有4亿t淤积在黄河下游的河道上，平均每年淤高10cm，造成下游河床高出两岸地面3～10cm，最高处达15cm，成为举世闻名的"地上悬河"，使1亿多人口受到洪水的严重威胁。

黄土高原地区范围广，面积大。每年黄河的输沙量相当于长江、亚马孙河、

密西西比河和尼罗河输沙量的总和。黄土高原多沙区是黄河流域黄土高原地区水土流失较为严重的区域。该区域面积为 21.20 万 km^2，占黄土高原地区面积的 33.09%，水土流失面积 9.23 万 km^2，占比为 39.16%。区域内水土流失主要分布在甘肃庆阳西北部、平凉中部、定西局部、临夏局部，宁夏固原局部，内蒙古鄂尔多斯东部、呼和浩特南部、陕西榆林大部、延安北部，山西忻州西部和吕梁大部。

  黄河流域上游和中游的生态环境问题给下游地区生态系统造成了巨大影响。由于上游草地退化、中游土壤侵蚀和水土流失，河流挟沙量巨大，泥沙流经郑州市桃花峪断面后随着河道变宽、坡降减小而淤积下来，泥沙不断堆积从而形成了"地上悬河"，也逐渐形成黄河下游滩区。黄河下游滩区面积约 3818km^2，占黄河下游河道总面积的 85%以上，总人口约 190 万人。黄河下游滩区的特殊地势导致洪涝灾害频发，严重影响当地居民的正常生产生活，同时也是导致滩区居民生活条件落后的关键因素。以河南省濮阳市为例，濮阳黄河滩区为低滩区，是下游滩区中受灾较重的地区。1996 年 8 月，黄河发生了 7600m^3/s 的中常洪水，造成濮阳滩区全部漫滩，滩区 30 万居民流离失所，当地遭受的直接经济损失超过 20 亿元。2002 年小浪底水库调水调沙试运行期间，调水调沙水头经过东明县高村后，流量仅有 1800～2000m^3/s，两岸河道整治工程之间的嫩滩大部分过水，处于高村上下河段的濮阳县习城滩等因生产堤溃口而被淹没，形成"小水大灾"。

  上游地区的天然草地退化严重、中游地区的水土流失以及下游滩区洪涝频发等问题都表明，黄河流域脆弱的生态系统已难以支撑全流域多年来高资源消耗、高污染排放的发展模式，如何保持生态环境系统稳定不受破坏已成为资源型地区发展规划中必须考虑的重要问题。

3. 产业结构相对单一，经济发展韧性不足

  产业结构是黄河流域资源型地区发展所面临的核心问题。在黄河流域，资源型城市凭借优越的资源禀赋以及衍生而成的区域比较优势，资源型产业一般占据社会经济的主导地位。成本优势所带来的低水平竞争优势通过规模、集团化发展，导致资源型产业与当地其他产业在效益和工资方面差距巨大，进而导致经济要素单向流动，使得相对稀缺的资金、技术、人才和劳动力进入资源型产业，在资源型产业内部形成刚性经济循环，进而对资源优势产生"放大效应"。资源型产业已逐渐发展为区域经济的增长极和经济要素的聚集地。在巨大的吸收效应下，资源型产业中的各种经济因素得到固化，与资源开发相关的勘探、评价、技术开发等产业发展迅猛。相比之下，非资源型产业处于弱势从属地位，难以形成产业吸引力。在资源型产业"高地"效应的影响下，其他产业（包括后续替代产业）的

发展空间受到挤压，发展机会明显减少，发展潜力没有发挥出来，难以形成真正的市场竞争力，导致要素配置条件不断恶化。在资源型产业占主导地位的地区，产业体系呈现体系单一、层次不高的特点。另外，资源型产业是典型的上游产业，极易受原材料市场价格波动的影响，给资源型地区经济发展带来了不可忽视的风险。当价格上涨时，资源开采和初加工产业成为高收益的"短平快"产业，资金等经济要素一拥而入，投资建设"无暇他顾"，其他产业难以得到有力的扶持和发展。在市场条件不利时，与资源开发相关的产业全线"溃退"，经济要素全面"紧缩"，资金短缺问题日益严重，经济建设"无力他顾"，接续替代产业培育同样难以得到应有的支持。

这里以典型的资源型经济大省——山西省为例。60多年来，山西累计产煤140多亿吨，仅煤炭一项就支撑着全省工业的半壁江山，煤炭及与之密切相关的焦炭、冶金、电力四大传统产业在全省工业总值中的占比达70%以上。全省煤炭资源探明储量、原煤产量和净调出量分别占到全国的26%、26%和75%以上。山西省"一煤独大"的不合理产业结构尤为突出。2016年山西企业100强前五名分别为大同煤矿集团、山西焦煤集团、潞安集团、阳煤集团、晋煤集团。五大集团均为煤炭企业，总营业收入9269亿元，占到100强总营收的57%，总营收超过其他95家企业的总和。山西煤炭产业为全省经济发展做出了巨大贡献，但自2012年开始，煤炭市场需求不振，产能严重过剩，供求关系发生转折性变化，煤价跳水式下跌，煤炭全行业亏损。山西省的地区生产总值（gross domestic product，GDP）增长率也从2013年的8.9%断崖式下跌至2014年的4.9%、2015年的3.1%，达到山西省自1982年以来经济增长速度的最低值。山西省2015年GDP虽然总体仍在增长，但实际上省内县市已经出现大面积的负增长，经济发展进入衰退区间。2015年山西省各市的财政收入显示，山西省80%的城市财政收入出现负增长，其中一半以上的城市财政收入同比降低15个百分点以上，降幅最大的朔州市下降了近41个百分点。

4. 生态破坏影响显著，环境污染问题突出

长期以来，黄河流域众多资源型地区以粗放式的资源利用方式来换取社会经济的快速发展，在进行资源开发过程中对环境保护与生态修复不够重视，在这种发展模式下，资源开发所导致的地面坍塌、滑坡、岩溶塌陷、水土流失、生态系统退化等问题日益突出。此外，经过长期的粗放型资源开采和初级加工，资源型地区产生并排放了大量的废气、废水、废渣等污染物，加上污染治理欠账较多，局部地区产生了较严重的环境污染。

1）地质灾害和生态环境破坏

由于粗放式的开发，黄河流域资源型地区采矿活动造成一系列地质灾害，主

要有崩塌、滑坡、岩溶塌陷、采空塌陷、瓦斯爆炸、矿坑突水、水土流失等。多数矿区由于开采历史长，矿井顶板承载能力下降，各矿区内都出现了不同程度的地面塌陷和地面裂缝，造成大量的农田基本设施毁坏和建筑物墙体开裂，居民区地陷事件屡见不鲜，严重影响居民生活。

以内蒙古自治区的鄂尔多斯市为例，高强度的煤炭开采所引发的地面塌陷已成为全市最突出、最普遍的矿区地质灾害，主要分布在井工开采的煤矿区，多数地面塌陷由塌陷单坑连接成塌陷区（表 1.8）。根据调查统计，鄂尔多斯市地面塌陷主要发生于棋盘井矿区、高头窑矿区、青达门矿区、耳子壕矿区、纳林-新庙矿区、准格尔矿区等。据鄂尔多斯市采矿权数据库统计，全市生产矿山矿权用地面积约 1780km^2，因矿业开发占用或破坏土地资源面积约 159km^2，占矿山用地面积的 8.93%，其中采矿场占用或破坏土地资源约 87km^2，固体废料场占用土地资源约 18km^2，地面塌陷破坏土地资源约 54km^2。鄂尔多斯市煤炭资源和非金属矿产资源开发利用强度高、矿区数量多，对土地资源占用破坏严重，占用或破坏土地类型包括耕地、草地、建设用地及其他土地。非金属矿产资源开采方式多为露天开采，一些建筑用砂、砖瓦用黏土矿分布在城镇周边和交通干线两侧，对地貌景观的破坏十分严重。

表 1.8 鄂尔多斯市矿区塌陷状况

序号	矿区	区位	矿区面积/km^2	塌陷描述
1	棋盘井矿区	鄂尔多斯市棋盘井与乌海市海南区交界处，属桌子山煤田	46.17	矿区开采深度 20～300m，经过 50 多年的井工开采，矿区内形成了总面积 17.27km^2 的塌陷区，塌陷区由单一塌陷坑组成，单坑面积 80～300m^2，多为圆形、椭圆形，呈不规则或串珠状分布，地面塌陷破坏土地类型为建设用地、荒地，目前塌陷尚未稳定
2	高头窑矿区	达拉特旗昭君镇	45.00	主要集中在达拉特旗瑞光煤矿范围内，采空区面积 1.50km^2，采空区平均深度 4m，塌陷区呈长方形，面积 0.24km^2，单坑多呈椭圆形，面积 30～200km^2，深 3～8m，目前塌陷尚未稳定
3	青达门矿区	达拉特旗展旦召苏木	21.00	地面塌陷主要集中在罕台川煤矿范围内，采空区面积 0.25km^2，采空区平均深度 5m，塌陷区呈长方形，面积 0.20km^2，单坑多为椭圆形，面积 20～150m^2，深 4～8m
4	耳子壕矿区	达拉特旗昭君镇	17.00	地面塌陷主要集中在兴恒煤矿范围内，采空区面积 0.50km^2，采空区平均深度 4m，塌陷区呈长方形，面积约 0.30km^2，单坑近似长条状，面积 30～120m^2，深 4～8m，目前塌陷尚未稳定
5	纳林-新庙矿区	伊金霍洛旗纳林陶亥镇	180.00	采空区面积 40.00km^2，塌陷区面积约 1.08km^2，目前塌陷尚未稳定
6	乌兰木伦-神东矿区	伊金霍洛旗乌兰木伦河右岸	240.00	地面塌陷主要集中在神华各大煤矿范围内，塌陷区面积约 28.88km^2，目前塌陷尚未稳定

续表

序号	矿区	区位	矿区面积/km²	塌陷描述
7	塔拉壕矿区	东胜区境内	290.00	矿区采空区面积5.00km²，平均采空高度3m，塌陷区呈长方形、椭圆形，面积约1.79km²，塌陷坑近似圆形，单坑面积100~1000m²，平均深度3m，塌陷尚未稳定
8	黄天棉图矿区	准格尔旗准格尔召镇	104.00	塌陷区面积约0.04km²，塌陷深度0.5~5m，塌陷尚未稳定
9	羊市塔矿区	准格尔旗羊市塔镇	84.00	塌陷区面积0.04km²，塌陷深度1~4m，塌陷尚未稳定
10	准格尔矿区	准格尔旗境内，属准格尔煤田	4.03	地面塌陷破坏土地类型为耕地、草地、林地。地面塌陷主要集中在窑沟、黑岱沟一带，塌陷区呈长方形，单坑多为圆形，面积200~1200m²，深度2~8m，塌陷尚未稳定

近年来鄂尔多斯市资源过度开发加剧了水土流失并导致部分地区生态功能退化，局部生态问题严重。首先是湿地生态系统退化，部分湿地面积萎缩，功能退化，栖息在湿地的野生动物、植物种类和数量有所降低，尤其是遗鸥国家级自然保护区生态退化严重，湿地面积和遗鸥种群数量均减少。其次由于鄂尔多斯市生态本底较脆弱，且煤炭开采量较大，煤炭开采使土壤侵蚀呈增加趋势，特别是在生态脆弱区域造成的危害更大。在水土流失方面，2000~2019年年均入黄泥沙量达2.68亿t，尤其是准格尔旗、达拉特旗、东胜区、伊金霍洛旗四旗区的丘陵山区区域水土流失严重；在荒漠化方面，2015年极度荒漠化和重度荒漠化区域分别占16.44%和29.49%；在矿区土地损毁方面，2009年鄂尔多斯市因矿业开发占用和破坏土地资源面积约159km²，占矿区用地面积的8.93%。

2）大气污染严重

大气污染是比较普遍的现象，主要是由矿产资源开采和利用过程中排放的废气、粉尘和废渣中有害元素挥发造成的。从大气污染物排放强度来看，2017年黄河流域资源型城市人均工业二氧化硫排放量约7.94kg，是全国平均水平的2倍多（表1.9）。内蒙古自治区资源型城市（鄂尔多斯市、包头市、乌海市）的大气污染排放状况尤为突出，鄂尔多斯市、包头市、乌海市的人均工业二氧化硫排放量分别为20.96kg、14.93kg、69.97kg，约分别为全国平均水平的5.5倍、3.9倍、18.4倍；2017年黄河流域资源型城市人均工业烟粉尘排放量约6.81kg，略低于全国平均水平，而包头市、乌海市的人均工业烟粉尘排放量分别为21.94kg、77.03kg，约分别为全国平均水平的2.9倍、10.0倍。此外，宁夏回族自治区石嘴山市人均工业二氧化硫排放量、人均工业烟粉尘排放量分别高达59.87kg、89.77kg，均为全国平均水平的10倍以上，空气污染也十分严重。

表 1.9　2017 年黄河流域资源型城市大气污染物排放量

项目	人均工业二氧化硫排放量/kg	人均工业烟粉尘排放量/kg
黄河流域资源型城市平均值	7.94	6.81
全国城市平均值	3.81	7.68

资料来源：《中国环境统计年鉴 2018》《中国城市统计年鉴 2018》及各地级市统计年鉴。

从大气污染物排放的空间格局来看，黄河流域各省区的大气污染较为集中，尤其是黄河河套地区和宁鄂榆能源金三角地区。2018 年，内蒙古沿黄地区工业废气排放总量占内蒙古自治区的 89.9%；宁夏沿黄城市群的工业废气排放量占宁夏回族自治区的 93.6%。2017 年，陕西省榆林市、渭南市两市的工业废气排放总量占全省的 58.8%。

从大气污染程度来看，黄河流域大气污染最为严重的区域是地处平原煤炭产区的汾渭平原，涉及山西省吕梁、晋中、临汾、运城，河南省洛阳、三门峡，陕西省宝鸡、渭南、咸阳、铜川等多个资源型城市，这些地区集中分布了焦炭、电解铝等重污染行业，能源结构以煤为主，颗粒物和二氧化硫浓度均高于全国平均水平和长江经济带，重污染天气频发，已成为全国空气污染最严重区域之一。2017 年，汾渭平原 11 个城市 PM$_{2.5}$ 浓度为 68μg/m^3，空气质量优良天数的比例均值为 50.6%。区域内 PM$_{2.5}$ 排名全国后 20 位的城市个数由 2015 年的 0 个增加至 2017 年的 6 个，还有多种污染物的浓度不降反升。2018 年以来山西、陕西出现污染问题加重的趋势。山西由 2017 年 1~8 月空气质量后 10 位排名的 1 城——太原增至 2018 年 3 城——临汾、晋城和太原，运城、阳泉、晋中、吕梁也在后 20 位之内；陕西则由 2017 年同期后 10 位排名的 1 城——西安增至 2018 年的两城——咸阳、西安，渭南也在 20 位之内，山西、陕西两省空气质量较差的城市数占据后 20 位中的半数。2017 年临汾重度及以上污染天数同比增加 31 天，优良天数同比减少 22 天，2016~2017 年的冬天，共启动重污染天气预警 19 次，其中红色预警 6 次，造成了大范围、长时间的限制生产和停产等现象。

3）水资源污染与破坏

2019 年，黄河流域劣 V 类断面比例为 6.6%，高出全国 4.0 个百分点，汾河、渭河、涑水河等支流入河污染物超标严重，主要河段以约 37%的纳污能力承载了流域约 91%的入河污染负荷（董战峰等，2020）。黄河流域水资源保护局专家经过常年调研发现，黄河流域水污染的成因主要是大型工矿企业分布于沿河地区，采矿废水主要包括矿坑水、选冶矿水、尾池矿水等。采矿废水中含有大量的汞、镉、铅、砷、六价铬等重金属及氰化物、挥发酚、石油类等有毒污染物质。大量废水未经处理就近排放，给周边环境造成严重污染。而黄河水的时间和空间分布很不均匀，水容量相当有限，使得黄河水污染更加严重。近年来随着经济的发展，黄河流域污水排放量约 44 亿 m³，比 20 世纪 80 年代增加了 1 倍多。2003 年黄河污水充满了三门峡水库，刷新了黄河最严重污染的实测纪录（边莉等，2020）。从青海到内蒙古的黄河段，沿岸分布着很多能源、化工、造纸等高污染高耗能企业，日夜不停地大规模排放工业污染物，甘肃白银有色集团股份有限公司的废水排放量居黄河白银段第一位。矿业开采不仅造成水质污染，同时也会造成水量减少、地下水系统的破坏。资源型地区长期的采矿活动严重破坏了地下水平衡，导致地下水位下降，出现大面积地下漏斗，加剧了水资源短缺。山西省采 1t 煤直接造成 2.48t 水资源破坏，地下水资源破坏面积达到 2 万 km²（牛仁亮等，2003）。

4）矿区开采大量占用和破坏土地资源

黄河流域资源型地区矿产开发及历年堆积的工业废渣大量占用和破坏土地。工业废渣主要包括开采和洗选矿石过程中产生的废石和尾矿。矿石开采过程中，需剥离围岩，排出废石，采得的矿石也需经洗选，提高品位，排出尾矿。黄河流域成矿条件多样，矿产资源既分布广泛又相对集中。煤炭矿区主要分布在内蒙古自治区的鄂尔多斯，山西省的临汾、晋中、长治、吕梁等资源型城市；黑色金属矿区主要分布于包头、太原；有色金属矿区主要分布于宝鸡、洛阳；非金属矿区主要集中于临汾。据有关调查，全国每形成万吨铁生产能力需占地 3.5hm²，每采万吨矿石压占土地 0.5~1hm²（葛亮，2008），并且工业固废堆积可能对水体和大气造成二次污染。因矿区开采而产生的地面裂缝、变形及地面塌陷等也破坏了大量的土地。

根据《山西省矿山地质环境保护与治理规划（2018—2025 年）》，全省各类矿区地质环境问题共破坏土地面积 1595.8km²，其中，草地 457.57km²、耕地 404.55km²、林地 415.86km²、园地 23.93km²、建筑用地 49.80km²、其他地类 244.09km²。崩塌、滑坡、泥石流损毁土地面积约 4.38km²；地面塌陷、地裂缝损毁土地面积 1119.68km²；露天采场、采坑 3231 处，损毁土地面积约 260.90km²；废石（土、渣）堆场 1796 处，压占土地面积约 104.54km²；煤矸石堆 931 处，压占土地面积约 46.07km²；尾矿库 179 处，压占土地面积约 14.88km²；工业广场 3361 处，压占土地面积约 201.16km²。损毁、压占土地资源总面积 1796.97km²，其中包括耕地 431.12km²、林地 438.04km²、草地 496.70km²、园地 25.27km²、建筑用地 74.46km² 及其他地类 331.38km²。关闭、废弃矿山和 2006 年之前形成的矿山地质环境问题共占用和破坏土地面积 307.91km²。

同样的问题在黄河流域其他资源型地区也屡见不鲜。根据《鄂尔多斯市矿山地质环境保护与治理规划（2010—2015 年）》，全市生产矿山矿权用地面积约 1780km²，因矿业开发占用和破坏土地资源面积约 159km²，其中采矿场占用和破坏土地资源约 87km²，固体废料场占用土地资源约 18km²，地面塌陷破坏土地资源约 54km²。鄂尔多斯市煤炭资源和非金属矿产资源开发利用强度高、矿山数量多，对土地资源占用和破坏严重,占用和破坏土地类型包括耕地、草地、建设用地及其他土地。非金属矿产资源开采方式多为露天开采,一些建筑用砂、砖瓦用黏土矿分布在城镇周边和交通干线两侧,对地貌景观的破坏十分严重。2010年全市各类矿区固体废弃物总堆积量约20.39亿t,大量固体废弃物在季风的作用下风化扬尘,不仅污染矿区周边原本就十分脆弱的土壤环境,造成植被枯萎、土地沙化,丧失土地使用价值,而且给当地群众的生产、生活带来巨大影响。

5)碳排放总量大,强度高

黄河流域煤炭、石油、天然气等资源丰富,是重要的能源、化工、原材料和基础工业基地。长期以来,黄河流域过度依赖煤炭资源导致了大量的碳排放。Chen等(2020)对1997~2017年我国30个省区市(未包括西藏、香港、澳门和台湾)2735个县的能源相关二氧化碳排放量进行了测算,结果表明1997~2012年黄河流域资源型城市能源相关的二氧化碳排放量快速增加,于2017年达到1176.65万t,约占全国能源相关二氧化碳排放总量的22.1%,其中山西省资源型城市的二氧化碳排放总量远远高于其他省区,约占黄河流域资源型城市二氧化碳总排放量的1/3(图1.1)。

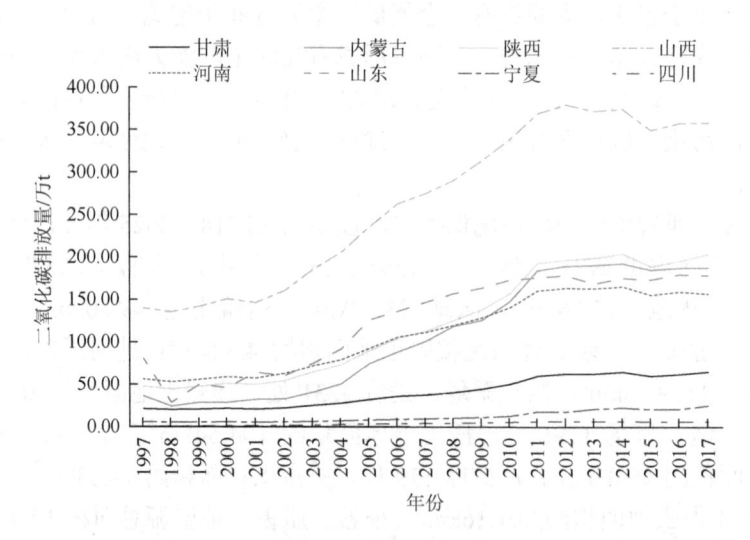

图1.1 1997~2017年黄河流域各省区资源型城市能源相关二氧化碳排放量

从排放强度来看,2017年黄河流域资源型城市能源相关人均二氧化碳排放量约1.04kg,远高于全国平均水平的0.38kg。内蒙古自治区的资源型城市排放强度最高,鄂尔多斯市、乌海市能源相关人均二氧化碳排放量分别为5.05kg、4.73kg,分别是全国平均水平的13.3倍、12.4倍;山西省的临汾市、晋城市、吕梁市、朔州市、阳泉市、大同市的人均二氧化碳排放量也均在全国平均水平的3倍以上(图1.2)。

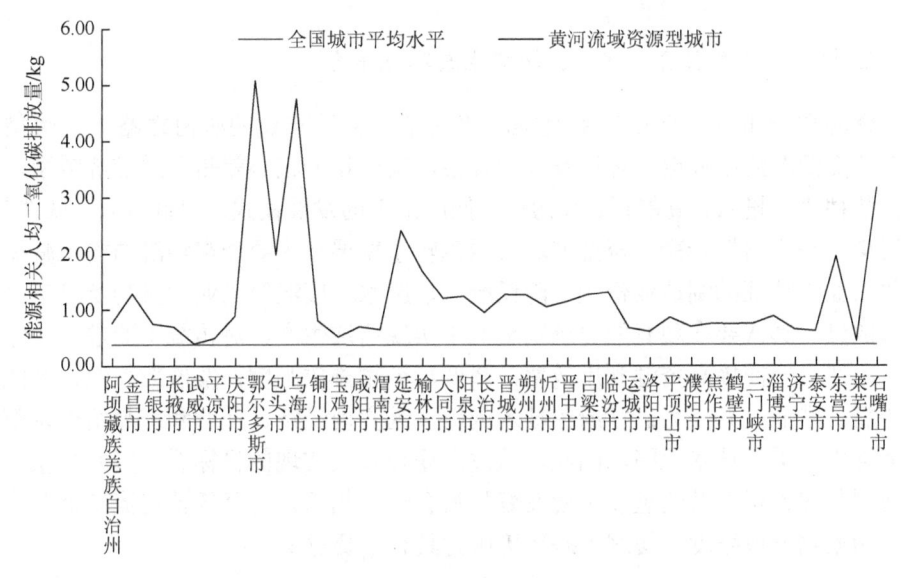

图 1.2　2017 年黄河流域资源型城市能源相关人均二氧化碳排放量与全国水平比较

1.3　黄河流域资源型地区绿色转型发展意义

资源型城市是黄河流域分布较广的一类城市，其发展普遍面临着水资源短缺、生态系统脆弱、资源型产业比重高、环境保护压力较大、民生发展不足等问题。在国家生态文明和美丽中国建设总目标下，黄河流域资源型城市的绿色转型发展已成为地方政府和学术界高度关注的焦点，资源型城市实现绿色转型对自身的可持续发展乃至全流域实现生态保护和高质量发展都具有重要意义。

1. 促进产业转型升级，提高社会经济发展质量

绿色转型发展体现产业转型升级的目标导向，黄河流域资源型城市绿色转型发展必然要实现产业结构的转型升级。产业转型升级：一是需要完善流域资源型城市的落后产能、高污染企业的市场退出机制，推进高耗能、高污染企业的"瘦身"工作，降低低效率企业市场占比；二是推动高转化率、低耗能企业的发展和其他落后企业的合并，在增强行业内企业竞争的同时，确保领头企业的创新活动开展能力，形成鼓励行业内企业创新的市场分布格局和竞争格局；三是从以劳动密集型工业为主逐步转向以资本密集型工业为主，最后转向以技术密集型工业为主。黄河流域资源型城市的绿色转型发展的现实需求推动产业结构的转型升级，有利于实现经济产业、生态环境与社会发展间的耦合优化，破除"资源诅咒"，实现社会经济的可持续发展。

2. 推动"两型社会"建设，缓解生态环境压力

资源型城市绿色转型发展是推动"两型社会"建设的必由之路。"两型社会"即资源节约型社会、环境友好型社会，其建设的核心就是促进经济转型，从过去那种"高投入、高能耗、高污染、低产出"的发展模式向"低投入、低能耗、低污染、高产出"转变。资源型城市绿色转型发展首先要调整经济结构，减少以重化工业为特征的制造业份额，降低废气、废水、废渣等工业污染物及温室气体的排放量。其次要在现有的传统制造业中实现清洁生产，对传统工业进行"绿色化"改造，全面提高资源利用效率，降低污染物排放强度，发展新能源、节能环保等新兴产业，并大力进行绿色技术创新，为实现经济、产业和产品结构调整以及清洁生产提供技术保障。因此，从发展途径以及实现的目标看，资源型城市绿色转型与建设资源节约型和环境友好型社会一脉相承，对降低黄河流域资源型城市的污染物排放强度、缓解生态环境压力具有重要意义。

3. 加快生态环境治理改善，提升城市宜居水平

资源型城市在快速发展的过程中，由于过分强调经济发展，一定程度上忽视了改善人居环境、提高群众幸福感的重要性。绿色转型发展对资源型城市的意义在于，要求我们坚持绿水青山就是金山银山理念，坚持尊重自然、顺应自然、保护自然，坚持节约优先、保护优先、自然恢复为主，守住自然生态安全边界。在绿色转型发展过程中大力开展生态修复、生态保护、生态治理为主要内容的生态建设，积极恢复矿区植被，治理水体污染、大气污染及土壤污染，对矿区开采后形成的塌陷区以及周边附着地带、矸石山堆放区与露天矿剥离物堆放场等进行营建梯田或土地填平。"以人为本"是城市发展的核心，资源型城市绿色转型发展要求以民生为重为先，提高发展幸福感。既要从宏观层面提高城市基础设施建设水平、完善公共服务设施配置，也要从微观层面积极解决人民群众关心的住房、就业、医疗、教育、养老、城市安全等诉求，尤其是要对资源型城市在高速粗放发展过程中所形成的棚户区进行大力改造。保障和改善民生是经济发展的根本目的，而绿色转型是黄河流域资源型城市在生态文明建设新时代中保持经济可持续发展的重要手段，是改善人居环境质量、保障人民安居乐业的必由之路。

第 2 章　黄河流域资源型地区绿色转型发展理论基础

2.1　资源型地区转型发展多视角理论研究综述

随着世界范围内资源型地区的兴衰，社会学、经济学、地理学、生态学等多个学科的国内外学者对资源型地区转型进行了大量的研究和探索，为资源型地区转型提供了多学科的理论依据支撑，为多元城市问题的解决提供了针对性的方案设计支持。

2.1.1　基于提高经济发展水平视角

由于国外对资源的大规模开发较早，资源型地区的衰退或出现结构性问题多发生在 20 世纪 50~80 年代，这一时期前的研究热点集中在从社会学和心理学角度讨论资源型地区社会发展及稳定问题。资源型城市最早起源于"矿业城镇"概念，由 1921 年英国学者 Auronsseau 在开展城市职能分类和分类体系研究中首次提出（Aurousseau，1921）。此后加拿大政治经济学家 Innis 进一步拓展了资源经济和资源型城市研究。Innis 指出依靠单一资源型开发产业得以快速发展的城市，也将在依赖资源枯竭后迅速衰落（Brady，1953）。20 世纪 50 年代后，已经完成大规模资源开发的国外资源型地区逐渐呈现衰退趋势，城市产业结构性问题突出，地区社会发展及区域稳定问题成为社会学和心理学的研究热点。20 世纪 80 年代后，由过度开发导致的资源耗竭及资源型产品低价替代品的出现，早期依赖单一资源型产业的城市已经普遍衰落，研究学者逐渐聚焦于依托城市经济结构转型实现经济振兴和资源型城市的可持续发展路径，这一时期"资源诅咒"、产业生命周期等理论研究和实践案例集中出现，为从经济学视角解决资源型地区转型发展提供了坚实基础。

1. "资源诅咒"理论

传统经济学生产函数主要包括劳动、资本、资源和厂商 4 种生产要素类型，其中，资源类生产要素有利于促进经济的快速增长，与生产函数结果为正相关关系，即资源要素越丰富，产量越高，生产获得的可能性边界越高。发展经济学相应提出比较优势理论，该理论认为自然资源更丰富的国家基于资源要素环节占据的比较优势可以获得长期的经济增长，即根据要素禀赋理论，自然资源丰富的国家或地区可以通过优先发展资源型产业获得"资源红利"。然而在实体经济观察中，丰富的自然资源基础并不一定能导向长久而稳定的经济增长。Auty（1995）对比较优势理论提出怀疑，20世纪70年代以来南非、中东、俄罗斯、尼日利亚、墨西哥等资源导向型经济体增长模式的失败从现象层面为这种怀疑提供了依据。区域丰富的自然资源带来的到底是"福音"还是"诅咒"，辨别分析资源依赖型产业导致"资源诅咒"抑或激发区域内在增长潜力，从人口和经济层面开展描述性研究成为研究热点。研究者进一步考察"资源诅咒"的发生机制以提出解决性方案，提出了三种主要观点。

（1）"荷兰病"效应。20世纪50～70年代，荷兰的石油和天然气开采业迅速扩张，导致国家传统制造业萎缩，过度繁荣的资源型产业抢夺了城市制造业所需的物质资本和人力资本，挤占了资源型产业外其他产业的发展空间，导致荷兰制造业衰退，经济增长呈现"去工业化"，反而抑制了国家经济的增长。

（2）制度弱化效应。制度经济学提出制度变迁存在收益递增及自我强化机制，制度的发展路径和质量也在相当程度上受资源禀赋的影响。制度经济学家认为，围绕丰富的自然资源产业会形成相关的寻租利益集团，这些寻租利益集团可能会通过向统治机构提供资金支持或直接贿赂公职人员来占领自然资源，导致腐败、官僚主义或市场不健全等诸多问题。这种背景下的当权者在资源租赁博弈过程中相比于实现整个社会利益的最大化，其主要目的更容易向实现租金最大化偏移。因此，制度经济学家认为资源丰富的集中制国家较难向民主政治体制转变。而与寻租利益集团的博弈游戏是非生产性的，寻租活动越多，投资的生产性就越低，造成社会经济资源的浪费，最终将阻碍经济的长期增长，甚至导致经济崩溃。

（3）人力资本投资不匹配。经济学内生增长理论强调人力资本对于经济增长的促进作用，提高人力资本投资有利于区域经济的长期稳定增长。而资源型地区产业结构较为单一，生产要素投入中资源要素占比较高将挤占区域人力资本与物资资本的投入，其中人力资本投资收益率较低将直接影响投资者对人力资本投资的积极性。同时，若资源产品价格上涨形成资源依赖，自强机制作用下资源型地区将陷入资源依赖的锁定效应，导致长期经济增长缓慢和"资源诅咒"。

2. 产业生命周期理论

类似于产品生命周期理论，产业发展与生命体一样，具有明显的周期性规律，按发展阶段经历形成期、成长期、成熟期和衰退期（或产业成功转型期）。从城市区域层面看，非资源型地区一般具有多元产业体系，其中一个行业的衰落衰退可以被其他新兴发展行业所代替，对城市整体全局性经济发展影响相对较小。相反，资源型地区以资源开发加工类主导产业为支柱，资源依存度高且产业链相对较短，城市发展实际涉及资源产业发展和城市社会经济发展,两者遵循的发展规律联系密切。而矿物能源和矿产资源的不可再生性和可耗竭性必然导致资源型城市经过一定发展阶段后,其所依赖的自然资源极可能趋向枯竭,人均 GDP 随单位 GDP 矿产开采量呈现由低至高增长再下降的库兹涅茨倒"U"形曲线变化,其资源型产业趋向衰退,呈现明显的生命周期规律。即使部分城市并不是由于资源枯竭倒逼城市转型,资源开采经济价值逐渐降低也会迫使城市管理者推动战略性调整寻求更高效率的产业发展。

从国家工业整体来看,矿产资源消费在时间和空间角度均具有周期性特征。产业结构调整、其他资源替代、技术水平提高和环保意识加强使各国矿产资源消费随国家工业化发展呈倒"U"形变化趋势。矿产资源生产和供应也存在"倒金字塔"特征,即国家经济、工业化发展、矿产资源消费结构与资源供应空间范围均为正相关关系。目前世界主要发达国家已经基本完成工业化,世界主导产业从钢铁、煤炭等资源型产业向制造业,乃至电子信息产业转变。资源枯竭影响下的产业退化直接导致资源型地区衰落,"产业锁定"效应使得资源型企业萧条,产生"多米诺效应",波及整体区域的发展和稳定。

全球化趋势下的资源型地区亟须重塑与提升竞争力,通过产业转型的原始动力实现地区的可持续发展。其中,资源型地区经济转型的关键是增强经济结构的多元化,基于"优势替代、优势再造、优势互补、优势延伸、优势挖潜"等转型方向,培育优势产业,推动经济要素市场化,以利于经济要素的进入、推出及实现最佳组合方案。基本思路是充分发挥资源优势,提高资源利用效率,完善资源市场。从管理角度与市场角度共同发力,逐步实现资源密集型向技术密集型、劳动密集型产业转变。世界主要发达国家资源型地区发展已经在产业结构转型方面提供了一系列成功经验,如德国鲁尔区提供转型补贴、日本九州发展高新产业、美国休斯敦促进多元化经营等,均通过多种手段因地制宜地增加了要素投入并改善了投资环境,选择引进替代产业或延伸产业链,建立了循环经济体系,实现产业结构转变与相关产业共同发展。

其中,德国鲁尔区的产业转型过程极具代表性。20 世纪 50 年代能源需求发生巨大变化且科学技术井喷式发展,德国鲁尔区的繁荣受到结构性冲击。为缓解地区经济增长压力,当地采取了系列措施。社会保障方面,地区失业率迅速上升、人才流失严重,鲁尔区政府更新完善了相关人才福利政策,企业加强了在岗员工的技能培训,鼓励符合条件的员工提前退休。环境保护方面,为应对生态环境的持续破坏,政府发布严格控制工业排放要求并优化煤矿矿区相关建设,企业引进高新技术实现主营业务的拓展与升级。经济增长方面,产业经济持续下滑,根据市场发展需求借助专业产业规划机构帮助重新规划布局传统产业,通过财政补助与减免财税等措施推动企业转型,延长了煤炭经济产业链,促进了地区经济发展由单一化转向多元化。

2.1.2 基于优化生产力布局视角

资源型地区城市化具有城市产业同构严重、城市与区域功能联系薄弱、城市化程度高的中心城区与城市化程度低的相邻区域之间嵌入二元结构明显等特点，其中，资源开采区多呈多极直线型结构，工商业区域呈多核心组合式结构。类似于人口的分散分布形态主要受自然条件和自然资源的影响，资源富集区域的结构分布受限于区域资源分布以及地形气候等自然因素。资源开发经济与非资源经济相结合形成的复合中心控制了城市形态和空间结构的演变。

空间优化是资源型地区可持续发展的重要路径之一，且资源型地区结构转型必然导致城市区域空间的演化调整。地区生态环境保护、基础设施完善、新兴产业空间规划等组成了建设用地置换、重组方案。资源型地区在规划战略调整下，城市经济结构演化一般向资源型产业、加工型产业和第三产业转变，人口、资本等生产要素将呈现聚集趋势，因此资源型地区空间发展也将趋向相对聚集的模式，城市与区域之间融合互补，在城市衰退阶段挽救城市发展。产业多元化将导致资源型城市多元地域增长极的演变，形成城镇群、多中心、紧凑型的城市空间结构。

中国资源型产业是国家工业化发展的重要物质生产部门，资源型地区在国家生产力布局中也具有重要地位，资源型地区转型除因地制宜的方案设计外，还应密切联系国家宏观经济制度和政策发展指向。20 世纪 80 年代中期以前，中国资源型产业和城市布局主要以生产力配置和工业基地建设为主题，构建了国家宏观生产力布局。大庆、攀枝花、伊春、大兴安岭等多个重工业基地开展了大规模资源开发实践。此后中国经济结构中市场经济色彩逐渐丰富，资源型区域发展从工业基地向工矿城市升级。例如，经济地理学家开始参与城市规划与发展方案设计，基于资源开发与工业基地建设相互影响展开相关研究，突破了传统工业基地建设视角，从城市角度规划资源型工业基地与加工基地布局组合，探讨工矿城镇的相关发展问题：1983 年，全国工矿城镇建设学术座谈会主题即为中国工矿城镇建设和发展；1987 年，煤炭部组织全国煤炭城市经济社会发展研讨会；1990 年，新成立的中国矿业协会进一步加强对矿业开采类资源型城市研究；1993 年，中国市长协会关注了资源型城市发展并举行研讨会。20 世纪 90 年代中期后，可持续发展理念逐渐引导发展理念转变，且中国资源型城市衰退迹象初步显现，各部门、协会多次组织以资源型城市替代产业发展、城市可持续发展等为主要论题的专题研讨会，"十五"规划期间以政府为主导实行了国家振兴老工业基地战略和支持资源型区域发展持续产业等系列措施，从多学科角度为中国资源型地区提供了有力的转型思路指引与理论基础准备。21 世纪以来，许多关于资源型地区发展与转型的系统研究相继发表，学术论文和科研报告的数量急剧增加，我国对资源型地区的研究达到高潮。资源型地区的发展需求已经引起了学术界乃至全社会的关注，"资源型城市"已经取代"矿业城市"和"工业城市"成为应用最广泛的概念词汇。资源型地区的研究领域延伸到其发展的各个方面，包括资源型地区经济转型发展、地区社会发展问题、资源型区域城市化和城市空间发展以及地区生态环境建设与治理技术等。研究案例半数以上来自东北及西北地区，主要分布在辽宁、黑龙江、陕西、甘肃等省，主要城市有大庆、阜新、大同、东营、金昌、盘锦、白银、铜川、宜春等。

2.1.3 基于强化生态环境保护视角

城市是一种典型的社会-经济-自然的复杂耦合系统，其中，社会系统、经济系统和自然系统三个重要组成部分相互影响、相互促进、相互制约且相互协调。资源型地区中社会系统与经济系统的早期发展依托于自然系统中自然资源的支持，且在城市化进程中，相较于其他城市类型，由于资源型地区对单一系统依赖性较强，三个子系统间关联更为复杂脆弱。区域资源储量减少和资源大规模采掘利用不仅威胁自然系统生态环境，还反使经济系统衰退、社会系统人口流失等问题出现，生态环境问题与可持续发展间的冲突日益突出。以煤炭资源型城市为例，采煤塌陷、工业开掘显著改变了矿区的地形地貌，工业洗煤、生活用水造成了严重的地下水污染和漏斗区，大小煤窑数量的急剧增长增加了不规范开采行为对生态环境现状的威胁，由于基础资料和数据缺乏难以展开环境监测与管理，进一步阻碍了生态环境治理与管制。

自然资源的开采和加工不可避免对生态环境产生扰动，产业过程中产生的废水、废气和固体废弃物"三废"直接或间接地威胁地区生态系统平衡，对区域生物生长和居民生活环境造成风险。过度开采自然资源更直接导致了资源型地区严重的"生态赤字"现象的发生，生态环境治理保护和自然灾害防治应对逐渐成为资源型地区规划建设的重点。总体来看，资源型地区发展过程中生态环境挑战日益突出，存在"三废"污染严重、大量占用和破坏土地、存在地质灾害隐患、污染地下水资源等主要问题。

（1）"三废"污染严重。自然资源开发加工过程中排放的废水、废气和固体废弃物对环境承载能力提出严峻挑战，造成了严重的生态环境污染和自然资源浪费，每年国内煤矿排放的废水超过 20 余亿吨，废气超 1700 亿 m^3，而矿产资源回收率仅约 30%，远低于世界平均水平。据《中国环境统计年鉴 2023》统计，煤炭开采洗选业、黑色金属采选业和黑色金属冶炼压延业资源型城市支柱产业产生的工业固体废弃物累计总量达中国各行业工业固体废弃物总量的 40.83%。此外，国内工业固体废弃物年排放量的85%来自采矿业，资源型产业产生的废渣储量已经高达60亿～70亿t。

（2）大量占用和破坏土地。采矿挖掘过程中极易造成矿区土地地表裂缝、变形和塌陷，破坏可利用土地。据研究学者调查，每开采1万t矿石需要侵占0.5～1hm²土地，每生产1万t铁，需压占土地3.5hm²。多年来中国已积累了6.7万hm²的废石和尾矿，因采矿造成的土地破坏面积超过了40万hm²，而全国矿山复垦率也远低于发达国家50%的平均水平，矿业用地回收率仅为12%。

（3）存在地质灾害隐患。长期以来，大量资源开采企业缺乏可持续发展视角而偏重短期经济效益，过度开采矿产和地下水加速了矿产资源的枯竭，造成了极大的生态环境负面影响。全国因采矿损毁的土地面积已经超过40万hm²，因采煤造成的塌陷不仅破坏了居住区建筑物、道路、植被、耕地和地下水系统，且采掘导致的地下岩石异常活动引起不同程度的矿震现象，甚至危及人民生命安全，严重影响矿区生态环境，必须迁移人口以保障生命、生产安全。

（4）污染地下水资源。地下采煤改变了地质构造，地下断层阻塞了区域地下水系统的沟通，使得地下水布局改变且无法通过正常流通实现地下水系统的自净功能。资源开采过程中，部分地段的地下采空造成了山体裂缝、崩塌、滑坡、泥石流等地质灾害，加剧了水土流失和荒漠化，其中对地下水资源的开采破坏更直接威胁未来居民用水。全国因地下水采空或超采引起的地面沉降、崩塌、滑坡、地裂缝、泥石流等地质灾害数以千计，其中一半以上发生在平原地区。这不仅对现阶段居民生存和发展造成极大的负面影响，更限制了地区新兴产业的萌芽和可持续发展，从自然条件上削弱了可持续发展基础。

国内外有关资源型地区转型对生态环境影响的研究成果较为丰富，以环境库兹涅茨曲线、"压力-状态-响应"（pressure-state-response，PSR）框架等为工具揭示了人类活动、工业经济发展与生态环境的相互关系。国外学者中，Tommaso和Marco（2012）对142个国家1971～2007年逾30年CO_2排放数据进行观察，证明了这些地区年CO_2排放符合环境库兹涅茨曲线特征，即工业化对生态环境的破坏存在拐点。Hughey等（2019）利用PSR模型分析了新西兰工业化与生态环境保护状况。国内学者同样对环境库兹涅茨假说、协调度等开展了大量研究。吴承业和袁达（2000）基于对中国工业经济与生态环境协调发展中存在的问题，运用库兹涅茨曲线模型对我国工业经济与环境协调发展做出评价。付加锋等（2007）发现1986～2010年我国工业发展与环境协调关系大致呈"S"形趋势，由此证明中国工业环境污染状况正逐步改善。王宪恩等（2014）修正了协调度模型，研究并分析了中国、日本等8个国家经济社会发展与能源资源利用的协调发展特征，为未来工业化中资源开发、经济发展与环境保护的协同发展提供了理论依据。

中国资源型地区高质量发展主要在于通过市场经济工具实现社会效益最大化

目标，即实现社会-经济-环境复合系统的耦合协调。复合系统三个子系统的协调程度越高，则资源型城市转型越成功。各城市要转型则必须推动生态环境保护管理的转型，加强环境质量监测，加大环境污染治理力度，通过经济发展的环境约束和绿色全要素生产率增长，实现稳定增长、均衡发展和生态环境可持续。其中，资源有序合理开发与节约高效利用代表了增长的稳定性和可持续性，产业结构优化创新与绿色现代化代表了发展的均衡性，生态环境治理机制完善和能力提升代表了生态环境的可持续性。根据国内外资源型地区转型实践经验及相关研究成果，已有研究提出环境污染治理、技术产业创新、生态环境管制三个主要转型思路，并将转型过程划分为五个主要阶段。

环境污染治理应按照"谁破坏、谁恢复"原则，建立生态补偿机制，明确环境治理责任，科学规划治污政策，通过排污权、排污费等管制方法控制污染物排放水平。技术产业创新应通过技术更新和流程优化降低资源开采加工过程中的污染物排放水平，利用土地复垦等技术进行塌陷区等的治理和综合利用，优化产业经济结构，减少或改造高污染、高能耗产业，增加治污投资，制定绿色产业政策及资金扶持方案，扩大治污成本投入。生态环境管制应通过建立大数据管理方案、开展资源普查、建立动态监控、构建城市数据库等方式为科学分析和系统评判提供可靠数据支持，建立灾害预警系统，避免中长期环境风险威胁。此外，思想引领是转型的重要基础，加强人文环境建设，提高绿色发展意识，倡导绿色生活方式，从理念引导层面树立资源型地区绿色文化形象。

第一阶段，未转型时期城市发展偏重于经济增长利益而忽视生态环境保护的重要性，盲目将加强资源开发利用与经济的持续快速增长对等，忽视了经济社会的客观发展规律。因此，虽然初期依赖资源产业城市获得了大量经济利益，但资源开发效率较低、资源浪费严重且常伴随严重的环境污染等问题。

第二阶段，随着资源型城市衰退迹象初步显现，已有部分管理人员及相关行业从业人士开始意识到绿色转型的必要性，城市转型进入初级阶段。虽然这一时期已经开始初步构建城市转型思路和方案，但城市发展仍面临无法减速的经济目标高速增长要求，资源开发与利用效率较低，生态环境污染严重等问题未能有效解决。

第三阶段，资源型城市衰退问题更为明显，城市转型势在必行。管理者、经济活动参与者、居民等多方利益集团均已开展行动保护生态环境、推动城市绿色转型。相关企业不断推行新兴技术，提高资源利用效率，生态环境开始获得改善。

第四阶段，城市绿色转型已经进入高阶阶段。城市社会-经济-自然系统的协调发展理念深入人心，经济增长、资源节约化利用和环境保护的协同发展引起广泛关注。城市在经济增长的同时，资源利用效率显著提高，城市生态环境获得明显改善。

第五阶段，当资源型城市转型成功，已经实现资源、经济和生态环境协调发展时，城市生态环境问题获得有效解决，技术水平达到现有最高水平，经济结构与产业结构先进，逐渐实现了高质量的发展目标。

要实现资源型地区的绿色转型和长期视角下的可持续发展，既不能走"先污染、后治理"的道路，也不能走"边污染、边治理"的模式。协调社会经济发展和生态环境保护，应逐步扭转重污染产业在经济结构中比重过高的局面，探索新兴产业或产业绿色改造道路，最终实现资源型地区经济的绿色发展。

2.1.4 基于提高可持续发展能力视角

1987年，世界环境与发展委员会在《我们共同的未来》报告中，首次阐述了"可持续发展"的概念，由此可持续发展理念广泛应用于社会、经济、环境等诸多领域以应对区域发展相关困境。社会可持续为区域发展提供环境背景，经济可持续为区域发展提供物质基础，环境可持续为区域发展提供外部生产保障，多领域综合的可持续发展才能实现整体城市区域的可持续发展，自此揭开了可持续发展理论研究与实践探索的序幕。可持续发展遵守持续性、公平性和共同性的基本原则，其基本含义是在发展过程中既满足当代人的需要，又不对后代人满足其需要的能力造成危害。资源型地区发展前期生态环境随经济发展遭受严重威胁，其绿色转型是可持续发展理念下的必然要求，共同、协调、公平、高效、多维的资源型地区发展成为可持续发展理论指导下的重要议题。1996年，中国将可持续发展上升为国家战略，可持续发展理念逐渐深入城市开发建设与规划设计的诸多领域，诸多专家学者完成了可持续发展相关的基金设计和学术研究。总体而言，我国资源型地区的理论研究滞后于资源型地区转型和可持续发展的现实需要，新兴理论不断出现而缺乏大量的实证验证，传统理论难以因地制宜结合中国经济社会发展特征解决实际问题而亟须予以调整。作者主要从问题成因及发展阶段、可持续发展研究方法、可持续发展转型模式、转型与可持续发展实证及政策角度总结研究成果如下。

1. 问题成因及发展阶段研究

有限性与不可再生性是自然资源的基本属性，资源型地区依赖自然资源开采而换取社会经济效益，必然受自然资源基本属性的制约，这种制约关系也是资源型地区诸多困境的根本原因。基于前文产业生命周期理论提出资源型城市发展具有阶段周期性，且不同资源型城市自然资源的开采、产出、枯竭具有相似特征，资源消费经历开采利用、快速增长、稳定消耗至需求下降的过程。因此，面对处于不同阶段的资源型城市转型需求应契合其周期性发展规律，适时调整发展思路和目标，提出不同阶段资源型地区适合的转型模式和可持续发展策略。

焦华富和杨显明（2006）归纳总结了发达国家资源型城镇相关研究成果，提出中国资源型城市研究应结合社会学和统计学，以理论规范完善和相关模型构建为研究重点。沈镭（2005）认为经济结构演变、城市功能发展与完善、城市空间扩张是资源型城市转型问题的主要内涵。樊杰等（2005）提出"哈特威克-索洛法则"、矿城发育规律理论和城市可持续发展能力阶段理论，构建了矿业城市持续发展理论体系。于光（2007）从历史和未来两个角度出发，既总结了基于城市发展规律、区域经济发展和产业经济发展的矿业城市转型传统理论，又提出了基于循环经济发展、可持续发展及区域和谐发展的现代理论，并将二者相结合形成了独具特色的、符合区域可持续发展要求的资源型城市经济转型理论。王开盛（2013）进一步总结了资源型城市产业转型的理论基础，应包括资源型城市生命周期理论、产业结构演进理论、产业结构优化理论等。此外，协同学理论、城市经营理论、耗散结构理论、系统论等也已经进入我国资源型地区分析研究理论方法中。

2. 可持续发展研究方法

受限于理论研究进展，目前以资源型地区转型为主题的定量研究相对定性研究较少且方法不一，主要的研究方法包括数学模型构建法、"SWOT"［优势（strength，S）、劣势（weakness，W）、机会（opportunity，O）、威胁（threat，T）］分析法、层次分析法和模糊综合评价法等。具体研究方法见下文，值得关注的是采用以下方法的研究，大多只采用某单一的研究方法，目前将多种方法结合的相关研究仍仅占少数。

（1）数学模型构建法。从实现多目标最优化出发，考虑资源型城市转型的时效性、方向性和绩效性，构建符合产业结构演化特征和生命周期规律的应用动态模型。时效性研究结合优化理论和帕累托最优等，构建城市转型最佳时机数学模型；方向性研究考量城市规划定位、生命周期理论、产业内部优势、可能替代产业等，构建转型优化调控等理论模型；绩效性研究选取政策效果指标、经济效果指标及环境效果指标等，建立回归方程、结构方程评价模型等，评价分析转型效果并依此及时采取调整措施。

（2）"SWOT"分析法。以目标城市的优势、劣势、机会和威胁为四个主要维度，为目标城市建立相应的矩阵或模型，研究其转型和可持续发展的战略选择和方案设计，分析产业发展模式是否合理可行，并进一步深入探讨地区人才、资源、环境面临的机遇和挑战。

（3）层次分析法。从建立可持续发展能力、经济社会实力、城市转型绩效、替代产业选择、生命周期转型优化等角度全面考量并选取所有的特征指标，再通过层次分析法构建最终的评价指标体系，对资源型地区转型方向及相关问题开展定性和定量研究，以此具体讨论城市转型对策、转型效果和转型机制。

（4）模糊综合评价法。此类研究的主要目的是通过模糊量表，将模糊的、难以量化的政府行为和经济综合发展状况等进行量化处理，运用模糊综合评价法进行有效分析。许多研究结合其他方法，包括变异系数法、德尔菲法、能值分析法、相关分析法和区位熵分析法等，取得了良好的效果。

3. 可持续发展转型模式研究

根据资源型地区产业转型的实践案例和理论研究特点，可以将城市转型模式划分为三种主要类型：其一为产业链延伸模式，即改造提升原有优势资源产业，不断发展上下游产业，拓展延伸产业链，提高优势产业及其下游产业的工业增加值，以在较短的时间内有效缓解资源型地区的快速衰退，如美国休斯敦大力延伸当地石油产业链，德国鲁尔区对区域煤矿产业链进行拓展。其二为产业替代模式，即完全放弃原有的资源型产业，重新因地制宜选择新的替代产业，如日本九州地区重新植入并发展高新技术产业，避免地区陷入原有资源枯竭后的窘境，通过政府管理方政策扶持从产业结构上进行直接调整，应对地区衰退现状，实现经济转型发展。其三为产业多元化模式，即结合产业链延伸模式和产业替代模式，既改造升级传统产业延伸产业链，又根据区域发展要求重新选取替代产业，双管齐下实现区域可持续发展。总体来看，三种方式均能有效推进资源型地区转型，其中又以第三种方式最为全面，于转型初期延伸产业链快速阻止衰退，转型中后期引入替代产业有利于进一步焕发城市活力，实现资源型地区的持续繁荣。

此外，还可以根据转型主导主体和转型态度进行类型划分。根据转型主导主体，转型模式还可分为政府主导型模式和市场主导型模式两种。其中，政府主导型模式还可以进一步划分成专业部门负责转型模式和市场产业政策引导转型模式。根据转型态度，转型模式可以划分为主动转型模式和被动转型模式。

21世纪以来，在全球化背景下，在可持续发展的理论和理念指引下，中国学者把握矿业生命周期规律形成了大量的研究成果，中国资源型地区遵循客观发展规律，适时发展优势产业，培育替代产业，促进产业结构转型，完善资源市场体系，实施资源保护和节约战略，重新定位城市功能，联系城市群空间区域，逐步推进了地区的可持续发展建设。2006年以后中国大部分资源型城市进入成熟期，部分资源型城市已经出现衰退趋势，因此城市建设和规划发展得到进一步重视，资源型地区可持续发展研究向城市转型角度转向。

4. 转型与可持续发展实证研究

2010年后，各专家学者以单一某个资源型城市或某一区域内多个城市为研究对象开展实证研究，研究热潮达到小高峰。契合我国资源型城市发展阶段已经逐步迈入成熟阶段晚期的现实状况，研究选取区域多为成熟阶段向衰退阶段转变中的资源型城市，如大庆、焦作、白银、阜新、大同、攀枝花、克拉玛依等资源开发较早的城市和内蒙古的包头、鄂尔多斯、乌海等新兴资源型城市，且由于中国矿产资源分布集中区较为明显，研究城市多集中在西北地区的甘肃、陕西，东北地区的黑龙江、吉林、辽宁三省，华北地区的山西、河北、内蒙古，华东地区的山东、安徽，华中地区的河南，西南地区的四川等地。研究问题则主要为从主导产业、接续产业、替代产业等产业结构组成等方案设计中，研究选取城市存在的问题与成因、城市转型模式探讨以及可持续发展路径等问题，为城市未来发展或其他类似城市转型发展提供借鉴和参考。

5. 转型与可持续发展政策研究

目前，资源型地区管理政策相关研究仍以财政、税收政策为主，于就业政策和政府行为等角度的研究较少。财政、税收政策研究中，主要观点为财税政策应以鼓励多元化产业发展为主题，实行税费政策改革等扶持产业升级和转型，同时推进完善基础设施建设、加强环境保护工作力度、推动科学技术创新以促进城市绿色转型。例如，通过专项财政补贴、企业税收返还、设立发展基金以及建立财政投融资体系等方式建立以政府资金投入为基础的畅销机制；采取较大幅度增加所得税等税费的地方分成占比为城市转型提供资金储备；降低资源型企业的实际税收负担，由从量计征改为从价计征，适当增加资源税，实行消费型增值税，以鼓励矿区企业提高资源综合利用效率。

就业政策应遵循市场规律构建就业服务体系、以扩大就业为目标优化调整产业政策、以增强人才吸引力和留存力为目的完善社会保障制度和加强再就业培训等，确立长期规划背景下就业优先的产业发展战略。政府行为主要体现在政策法规的制定和执行等宏观调控方面。研究表明，推动资源型地区转型，不仅可以依靠市场机制的自发调整，还需要政府在公共政策制定和实施中的有力干预。同时，通过以经济、社会、环境可持续发展为指标的政府行为综合评价体系及时评价政府行为绩效，才能落实政府行为的实际作用。政府行为以行政命令、行政手段为主要落实途径，无法直接作用于市场结构中且缺乏法律保障的强制性，以政府政策为中心的资源型地区转型的传统理念已经受到部分学者的质疑，认为政策保障路径带来的沉淀成本难以估算，中国资源型地区转型应在政府政策调整的基础上逐步实现法治化。

2.2 习近平生态文明思想对资源型地区转型发展的理论启示

1. 贯彻落实绿色宜居的区域可持续发展理念

资源型地区依托丰富的资源得以快速发展，通过资源开发带动城市兴起，又因资源枯竭限制了城市的长期发展，地区发展过程中极易出现产业结构失衡、生态环境破坏、空间规划不合理、经济增长放缓等问题。生态文明建设的新时代背景下，资源型产业矿产资源的开采、加工、处理和运输是城市生态环境治理和保护的关键环节，资源型地区绿色转型发展也是生态文明体制改革和生态文明体系建设的重点任务。资源型地区转型已经从单纯的产业结构和经济结构优化调整向城市绿色发展方式建设的方向延伸，向实现经济社会可持续发展的道路拓展。绿色发展是未来资源型地区发展的必然方向，是实现资源产业高质量发展的重要途径和必然要求，也是我国实现由资源大国向矿业强国转变的必然路径。党的十八大报告指出要把资源消耗、环境损害、生态效益纳入经济社会发展评价体系，建立体现生态文明要求的目标体系、考核办法、奖惩机制。党的十九大报告提出推进绿色发展，建立健全绿色低碳循环发展的经济体系。

习近平总书记指出，"生态文明是工业文明发展到一定阶段的产物，是实现人与自然和谐发展的新要求"。生态文明是继现代工业文明后新的文明形态，既继承了工业文明促进社会经济发展的动能，又是社会-经济-环境协调发展的更高的文明形态。生态文明建设已经成为构建现代产业体系的内在要求，是符合资源综合利用、清洁循环生产和生态环境保护等要求的新兴工业化，是产业结构优化、节约环保和谐的现代产业体系，资源型地区转型的内涵已经成为要以资源环境承载力为基础，以自然规律为指导，以可持续发展为目标，建设资源节约型、环境友好型社会。推进资源型地区生态文明建设和绿色转型的过程中，政府力量是不容忽视的主导力量，政策导向是转型建设的保障措施，要全面调整政策体系、完善法规保障体系、构建组织管理体系、建设投资保障体系以及科技支撑体系，从管理角度承担环境保护和资源节约的责任。

良好、美丽、强大的自然生态系统是生态文明的重要标志，而目前我国资源型地区空气、水、土壤污染问题突出。因此，实现资源型地区转型升级应着眼于城市发展中的环境污染和生态退化，必须重视环境保护和生态修复，突出生态系统保护，落实绿色宜居城市发展理念。从思想上坚持绿色发展观，科学认识资源型地区生态系统承载力，准确定量地反映环境污染状况，着力解决大气环境污染、水体环境污染以及土壤环境污染等对居民健康的危害，推动资源型地区以加强环境污染治理为重点，以加强环境预警和调整措施为抓手，切实提高生态环境质量和水平，保护资源型地区生态系统的完整性和稳定性。

和谐、稳定、有活力的社会系统是生态文明建设的目标，保障和改善民生能有效反哺资源型地区推进生态文明建设。城市就业率提升、人居环境改善、社会保障体系的建设反映了城市居民最关心、最直接、最现实的物质需求，生态文明建设作为促进资源型地区和谐稳定发展的基础性工作，是了解资源型地区民生状况、解决民生问题的必要前提。从需求出发为政府决策和部门管理提供参考和依据，积极扩大就业规模，健全基本公共服务体系，努力改善人居环境，改善城市生产生活环境，提升社会保障水平，使资源型地区广大人民群众共享生态文明建设成果，促进社会和谐稳定发展。

在资源型地区绿色转型发展过程中，实施绿色宜居理念应从政府、企业和公众三个方面入手。政府层面，应推进资源型地区生态治理，发展绿色产业，培育绿色能源，促进协调发展，走绿色发展之路；开展生态文明制度建设和生态治理模式建设，落实环境保护，监管高污染源，严格环境法规并制定节能减排规划；提高资源集约综合利用水平，集约节约开发资源，切实提高资源利用率，提高矿区内石矿土地综合复垦率；利用恢复后良好环境因地制宜开展工业旅游或生态旅游，增强资源型地区的经济创收潜力和环境改善能力。企业层面，构建以市场为导向的绿色技术创新体系，壮大节能环保产业、清洁生产产业、清洁能源产业；推动能源生产和消费革命，构建清洁、低碳、安全、高效的能源体系；推进资源综合节约和产业循环利用，节水、节能、节物，实现生产系统和生活系统的循环连接；依据资源特征和产业性质延长产业链，提升资源型产品附加值，增加技术转型资金投入。公众层面，倡导简约、适度、绿色、低碳的生产、生活、生态方式，自觉养成绿色消费习惯；坚持传统媒体与新兴媒体结合，充分发挥大数据、云计算平台等新兴互联网信息技术在绿色教育中的重要作用；推进绿色教育与思想政治教育相结合，增强群众生态文明意识和思想政治意识，形成人人负责的生态治理局面，反对铺张浪费和不合理消费，开展节能机关、绿色家庭、绿色学校、绿色社区、绿色出行等活动。

2. 调整确立生态环境友好的绿色经济增长方式

生态文明建设已经成为中国特色社会主义建设"五位一体"总体布局的重要组成部分之一，成为中国特色社会主义全面发展属性的内在要求之一。2005年8月15日，时任浙江省委书记习近平在安吉县余村考察时首次提出"绿水青山就是金山银山"的科学论断。2013年，国家主席习近平在哈萨克斯坦纳扎尔巴耶夫大学发表题为《弘扬人民友谊 共创美好未来》的重要演讲，在回答关于环境保护的问题时强调"我们既要绿水青山，也要金山银山。宁要绿水青山，不要金山银山，而且绿水青山就是金山银山"。"两山论"提出以来，获得了社会、学界的广泛认可，"必须树立和践行绿水青山就是金山银山的理念"已经写入十九大报告，"增强绿水青山就是金山银山的意识"也已经写入《中国共产党章程》。

"绿水青山就是金山银山，保护生态环境就是保护生产力，改善生态环境就是发展生产力"强调人与自然和谐共存、和谐共生，已经成为社会共识。保护生态环境就是保护生产力符合切实的实践规律。中国工业化、城市化快速发展，社会经济已经进入重质量而非重速度的高质量发展阶段，无节制地消耗自然资源、无约束地污染生态环境将破坏高质量发展赖以维系的生态环境基础，"先污染后治理、边污染边治理"将直接破坏支撑区域生产力的自然资源保障，只有资源节约、环境友好、可持续的发展模式才能适应新时代背景下的发展要求，良好的环境质量已经成为生产力发展的重要源泉和保障，改善生态环境就是发展生产力。几十年来，中国的快速发展正是基于丰富的自然资源与良好的生态环境，而环境承载能力即将接近上限，对此管理部门已经采取了一些政策措施限制污染排放、保护生态环境，如划定生态保护红线减小人类活动开发干扰、实施排污许可证制度减少污染物排放影响。中国环境保护工作重心不仅是单纯保护生态环境质量不受影响，还开展了多项工作大力改变资源利用方式、改善和治理生态环境，修复发展过程中受损的生态环境，通过构建良好的环境系统激发生态环境生产力要素潜力，从而从生产力要素根源上推动生产力的发展，形成绿色发展、循环发展、低碳发展的绿色低碳循环发展新模式。

"两山论"是习近平新时代生态文明建设思想的核心价值观。从国家层面来看，"绿水青山就是金山银山"的发展道路从根本上变革了传统的发展方式、生产方式和生活方式，创造了新的发展观、价值观、财富观和生态观。"两山论"对于实现中华民族伟大复兴、建设美丽中国均具有重大的时代意义与历史意义。从流域发展来看，"两山论"丰富了生态文明建设的方法论，为客观地认识黄河流域资源密集区日益严重的工业、生态和社会环境矛盾，改变煤矿区的生产、生活方式，实现经济与人口、资源、环境的协同发展，发挥了重要的导向作用。从城市产业来看，应因地制宜选择发展产业促进经济效益、社会效益和生态效益的协同增长，要树立正确的发展理念以合理利用现有的绿水青山，发展具有特色的生态农业、生态工业和生态旅游，未来要让绿水青山源源不断地带来金山银山。

资源型地区转型背景下发挥"两山论"的指导作用，我国各级政府和管理部门已经陆续出台、颁布了多项重要文件和政策，为资源型地区赢得"绿水青山"的胜利提供了坚实的政策支持。2013年《全国资源型城市可持续发展规划（2013—2020年）》由国务院发布，该规划将资源型城市划分为成长型、成熟型、衰退型和再生型四种，并为处于各阶段的资源型城市明确了发展方向与重点任务。2017年1月，国家税务总局协同国土资源部联合调研了矿山企业并广泛征求有关方面意见，形成并印发了《国家税务总局 国土资源部关于落实资源税改革优惠政策若干事项的公告》。同年国家发展改革委出台了《关于加强分类引导培育资源型城市转型发展新动能的指导意见》，提出要探索新模式，激发新活力，拓展新路径，聚集新要素，建立健全新机制引导资源型城市的转型发展。《全国矿产资源规划（2016—2020年）》也明确要求，"到2020年，基本建立安全、稳定、经济的资源保障体系，基本形成节约高效、环境友好、矿地和谐的绿色矿业发展模式"。

3. 突出强化生态环境治理能力与保护水平

习近平总书记在党的十八届三中全会上指出："我们要认识到，山水林田湖是一个生命共同体，人的命脉在田，田的命脉在水，水的命脉在山，山的命脉在土，土的命脉在树。""山水林田湖草沙"的"生命共同体"理论符合习近平生态文明思想的系统论思维，"生命共同体"思想提示在生态环境保护和治理过程中更应考虑生态系统生命属性这一重要特征。山林、水系、田地、湖泊、草原均是生命体组成的生命系统，城市生态环境治理与保护更要从思想上树立生命伦理和生态伦理意识，把伦理的范围从处理人与人的关系扩大到处理人与自然的关系，正确处理当代人与当代人、当代人与子孙后代人以及人与自然的关系，使可持续发展理念更加具有生命活力。

以推进生态文明建设的时代背景为契机，资源型地区绿色转型发展应以生态转型为基础，遵循生态学原理与规律，优化规划城市发展方向、发展目标、发展战略和发展模式，避免传统资源的粗放发展模式。我国政策支持资源型地区转型与可持续发展建设可分为三个主要阶段，即转型试点阶段、全面铺开阶段和长效发展阶段。

（1）转型试点阶段：2001年3月，第九届全国人民代表大会第四次会议批准了《中华人民共和国国民经济和社会发展第十个五年计划纲要》，提出"积极稳妥地关闭资源枯竭的矿山，因地制宜地促进以资源开采为主的城市和大矿区发展接续产业和替代产业，研究探索矿山开发的新模式。"此后，中国资源型城市经济转型试点工作逐步开展，国务院组织以辽宁阜新资源枯竭城市的经济转型困境为主题召开专门会议，自此阜新被国务院确立为全国第一个资源枯竭型城市经济转型试点市。东北地区集中分布着多个我国第一代传统资源型城市，资源型产业发展逐渐变缓且带来了一系列社会、环境问题，2004年4月国务院振兴东北地区等老工业基地领导小组办公室成立，以促进老工业基地振兴与可持续发展，其先后以不同类型、不同开采阶段的大庆、辽源、白山和盘锦等资源型城市为背景开展试点工作，为资源型城市转型过程中的特殊问题和典型困境提出了解决方案，如就矿山破产引发群体上访、棚户区改造等问题，启动了中央下放地方煤矿棚户区改造工作。2006年3月，第十届全国人民代表大会第四次会议批准的《中华人民共和国国民经济和社会发展第十一个五年规划纲要》明确："建立资源开发补偿机制和衰退产业援助机制，抓好阜新、大庆、伊春和辽源等资源枯竭型城市经济转型试点，搞好棚户区改造和采煤沉陷区治理。"此后，党的十六届六中全会审议通过了《中共中央关于构建社会主义和谐社会若干重大问题的决定》，为落实区域发展总体战略、实现区域社会经济系统的协同发展，提出要"建立健全资源开发有偿使用制度和补偿机制，对资源衰退和枯竭的困难地区经济转型实行扶持措施"。

（2）全面铺开阶段：党的十七大报告指出，"加强能源资源节约和生态环境保护，增强可持续发展能力"。2007年国务院出台《国务院关于促进资源型城市可持续发展的若干意见》，明确了我国资源型城市可持续发展的阶段性目标为"2010年前，资源枯竭城市存在的突出矛盾和问题得到基本解决，大多数资源型城市基本建立资源开发补偿机制和衰退产业援助机制，经济社会可持续发展能力显著增强。2015年前，在全国范围内普遍建立健全资源开发补偿机制和衰退产业援助机制，使资源型城市经济社会步入可持续发展轨道"，自此资源型城市转型由试点进入全面铺开阶段。2009年国务院发布的《国务院关于进一步实施东北地区等老工业基地振兴战略的若干意见》和2011年通过的《中华人民共和国国民经济和社会发展第十二个五年规划纲要》，分别提出了"加强对资源枯竭城市转型工作的指导""促进资源枯竭地区转型发展"，资源型城市转型任务已经在全国范围内全面铺开。

（3）长效发展阶段：2012年3月《东北振兴"十二五"规划》发布，具体化资源型城市转型应建立长效机制，"促进资源型城市可持续发展""大力发展接续替代产业""着力解决历史遗留问题""建立可持续发展长效机制"。同年11月，党的十八大报告写明"加强生态文明制度建设""深化资源性产品价格和税费改革，建立反映市场供求和资源稀缺程度、体现生态价值和代际补偿的资源有偿使用制度和生态补偿制度"，为具体转型路径提供了方向指引。2013年11月，国务院发布《全国资源型城市可持续发展规划（2013—2020年）》，再次提出资源型城市应坚持可持续发展。同年，党的十八届三中全会通过《中共中央关于全面深化改革若干重大问题的决定》，从多角度为资源型城市转型提供了指导思路。在生态环境保护方面，要"健全自然资源资产产权制度和用途管制制度""划定生态保护红线""实行资源有偿使用制度和生态补偿制度""改革生态环境保护管理体制"。资源节约利用方面，"实行资源有偿使用制度和生态补偿制度。加快自然资源及其产品价格改革，全面反映市场供求、资源稀缺程度、生态环境损害成本和修复效益"。在环境污染治理方面，"坚持使用资源付费和谁污染环境、谁破坏生态谁付费原则，逐步将资源税扩展到占用各种自然生态空间"。在生态环境修复方面，"坚持谁受益、谁补偿原则，完善对重点生态功能区的生态补偿机制，推动地区间建立横向生态补偿制度"。在政策扶持方面,"对限制开发区域和生态脆弱的国家扶贫开发工作重点县取消地区生产总值考核"。

国务院发布的《全国资源型城市可持续发展规划(2013—2020年)》为解决资源型城市问题设置了时间目标,明确到2020年,资源枯竭城市历史遗留问题基本解决,可持续发展能力显著增强,转型任务基本完成。资源富集地区资源开发与经济社会发展、生态环境保护相协调的格局基本形成。转变经济发展方式取得实质性进展,建立健全促进资源型城市可持续发展的长效机制。在省部级主要领导干部学习贯彻党的十八届五中全会精神专题研讨班上,习近平总书记强调:"我们要坚持节约资源和保护环境的基本国策,像保护眼睛一样保护生态环境,像对待生命一样对待生态环境,推动形成绿色发展方式和生活方式,协同推进人民富裕、国家强盛、中国美丽。"在中国"五位一体"的总体布局中生态文明建设已经成为重要的组成部分,贯穿于经济、政治、文化和社会建设的诸多方面和完整过程。

2.3 黄河流域资源型地区绿色转型发展理论要点

1. 以绿色低碳为引领改变增长方式

树立绿色发展理念,践行低碳增长的发展模式,应科学认识经济发展与生态环境保护之间的关系。社会经济活动直接受经济发展与生态环境保护间关系的影响。工业快速发展进程中,科学技术的蓬勃发展增强了人类改造自然的能力,同时也增加了生态环境的风险,造成资源枯竭、生态恶化等后果。例如,黄河上游地区因气候变化导致河流湖泊水源涵养能力下降;中游地区植被破坏使得流域水土保持能力不足,水土流失严重;下游地区河道抬升,因河流水量减少、流域生产生活过度用水、无序用水,导致湿地萎缩,黄河几度出现断流。牢固树立保护生态环境就是保护生产力、改善生态环境就是发展生产力的理念,实现绿色低碳为引领的增长方式,需考虑如下方面。

(1)以生态文明建设思想为指导制定低碳转型总体规划。目前,我国低碳转型的具体实践和理论研究尚处于理论探索阶段,缺乏宏观层面的资源型地区低碳转型论证思路,尚未形成资源型地区低碳转型的总体战略。在生态文明建设框架下推动资源型地区低碳发展,应围绕转型的总体目标、基本原则和转型趋势,涵盖资源型地区的主要转型方向,推进资源型地区转型全过程的低碳转型。具体措施如全面提高工业园区高碳产业准入门槛,因地制宜建设低碳经济转型示范区,构建大数据时代信息技术化低碳经济发展平台,充分发挥低碳经济已经建成的示范区的辐射带动作用。

(2)完善生态文明体系和低碳政策法规。严格的生态环境保护和自然资源管理制度是生态文明体系建设的核心内容，生态文明内涵所要求的评价机制是生态文明体系建设的关键环节，科学、具体的生态环境保护法是生态文明建设的法律保障。然而，资源型地区的低碳转型不仅依赖于低碳政策，还需要特殊的法律法规来保护和引导系统工程。因此，资源型地区转型应建立以生态文明和可持续发展理念为指导的保障体系，以环境基本法为最高层指导，以部门规章为主要要求，以相关技术和管理标准为主要内容，以财政政策为资金支持，为低碳经济的发展提供法律依据和制度保障。

（3）扩大资金投入，推动低碳技术创新和环境治理。资金是低碳转型的物质基础，通过金融手段将大量资金持续投入低碳转型之中，也是转型成功的重要保障。此外，资源型地区要把技术创新作为低碳转型的重要内容，经济增长方式的转变离不开源头治理和终端治理两头发展的低碳技术，如节能减排技术、清洁能源开发和应用技术，碳捕获和储存技术以及其他低碳技术。在治理源头，进一步提高行业排放标准和高碳行业准入门槛，淘汰低经济效益和高碳排放行业，通过实施碳交易制度合理分配减排任务。在终端管理中，设立专职环境管理部门对生态环境进行统一管理。

（4）调整经济结构，转变经济发展方式。以第二产业为主的重负荷结构和以资源型产业为核心的单一产业结构，造成资源型地区经济发展具有高投入、高能耗、高污染的特点，严重阻碍了城市低碳转型。资源型地区转型不应放弃资源优势，应基于现存资源型产业科学合理地延伸产业链，培育接续产业，其中重点扶持低碳排放相关产业，推进资源型产品的精加工和深加工。此外，应重视和支持转型过程中民营经济的发展，利用民营经济的发展活力进一步完善资源型地区市场经济体制，增强城市发展潜力。

树立生态文明理念，全面参与低碳行动。生态文明理念是资源型地区低碳转型的重要指导思想。良好的社会文化氛围是低碳转型的基础，资源型地区低碳转型不仅仅是一个生态环境问题，或城市经济发展的阶段性问题，更是一个社会问题，它与社会组织和每个微观个体密切相关。低碳转型需要政府部门、企业以及社会公众的共同努力：管理方实施低碳管理，企业方落实低碳运营，公众追求低碳生活。社会各界均应牢固树立生态文明和低碳生活理念，用具体行动支持并落实城市低碳转型。

2. 以循环高效为导向升级产业系统

黄河流域是中华文明的重要发源地，既分布了中国主要的农产品主产区，又集中了多个重要的能源、化工、原材料和基础工业基地，在我国经济社会发展中具有重要地位。但从全流域来看，流域经济发展的不充分、不平衡、不协调矛盾较为突出，上中下游城市发展不平衡。虽然黄河流域城市群分布密集且孕育了诸多大城市，但自 2007 年以来，黄河流域城市 GDP 全国排名均未排入前十名，进入前二十的城市中仅有郑州、济南、青岛，且均位于黄河下游。相较于长江、珠江等其他大流域，黄河流域经济发展水平也存在一定差距。总的来说，黄河流域经济社会发展紧迫而艰巨，亟须推进产业系统升级，以循环高效为目标导向实现经济发展与生态环境保护协同共进，以转变内在发展要求和方式实现高质量发展。

习近平总书记指出，"形成节约资源和保护环境的空间格局、产业结构、生产方式、生活方式，努力实现经济社会发展和生态环境保护协同共进，为人民群众创造良好生产生活环境"。《中华人民共和国循环经济促进法》的颁布使全国各类型城市，尤其是资源型地区的政府部门和企业开始明确发展循环经济的目标、内容、方针、原则等。国内很多省区市也相继出台了地方性循环经济促进条例和一系列关于城市发展循环经济的规划，初步搭建了促进城市发展循环经济的制度环境。国内资源型地区严格按照《中华人民共和国循环经济促进法》和国务院印发的《全国资源型城市可持续发展规划（2013—2020 年）》要求，支持资源优势向经济优势转化，有序推进资源产业向下游延伸，大力发展循环经济。相关具体法规条例和循环经济发展规划的制定落实，标志着各资源型地区推动辖区循环经济健康发展的制度环境初步形成。以山西省为例，早在 2007 年，其就被列为全国循环经济试点省份。此后，山西省不断优化制度环境，先后确定 3 批共 186 个省级循环经济试点单位，基本形成了"一市一园""一县一企"的循环经济试点布局。

近年来，全国资源型地区在减排与废弃物回收循环利用上的工作成效显著。搞好治污减排与废弃物回收利用，不仅是资源型地区贯彻落实《中华人民共和国循环经济促进法》的关键所在，也是城市治理的难点和困境。例如，河南平顶山市、甘肃白银市为资源型地区做好治污减排和变废为宝展开了实践探索。其中，平顶山市通过精准施策，严格对工业、车油、工地、道路、餐饮五项污染源进行治理，并在电力、钢铁等十余个重点行业确定严于国家和省级标准的工业企业大气、水污染物排放最优限值，打响了资源型地区蓝天、碧水、净土综合保卫战。2019 年，平顶山市空气已经达到国家空气质量二级标准，城市集中式饮用水源地水质达标率 100%，污染地块安全利用率 100%。而甘肃白银市通过引入钛白粉资源综合利用的高新技术循环经济项目，消耗白银当地企业生产的大量硫酸、电石渣、盐酸等工业废副产品，从而大幅减少了工业资源消耗和废弃物排放。该项目企业与净水机厂、水泥厂等合作打造循环经济发展的上下游产业链，为白银市实现资源型工业城市的深度转型发挥了关键作用。

同时，在政策引导和高新技术的加持下，资源型地区产业系统升级成效显著，经济运行效益明显提升。资源型地区发展循环经济，大多涉及产业结构的优化调整，部分地区通过发展非矿业支柱产业向综合型城市转型发展，部分地区通过延长产业链，优化循环经济的生产和消费模式。2012年，山西省积极响应国家号召，开展了关于发展循环经济的尝试，确定了85个循环经济项目，其中服务业类项目5个，社会领域类项目11个，农业类项目20个，工业类项目49个。这些项目的实施取得了良好的效果，对全省循环经济起到了引领和支撑作用，有助于进一步优化产业结构，促进产业朝着高质量、高效益方向迈进。2020年末，山西省循环经济发展项目带动新增就业岗位逾40万个，带动就业逾100万人。

保护黄河流域必须在偿还历史债务的同时加强生态环境修复工作，实现经济社会发展与生态环境保护的协同发展。一方面，淘汰或改造高投入、高污染、高消耗的传统资源型产业，规划布局新兴产业时考虑生态效益指标，将生态效益纳入经济社会发展评价体系。另一方面，按照全流域生态功能定位，统一生态保护与产业转型，发展特色鲜明的优质农业和旅游业，把生态资源转化为生态资产，切实提高黄河沿岸地区人民群众的自我发展能力。

3. 以协调开发与保护为抓手强化生态环境管治

生态环境保护是资源型地区开发保护中的刚性约束和不可触碰的高压线，城市转型规划发展、规范行为中生态环境管治的重要性不可忽视。黄河流域生态环境脆弱、水沙关系失调、水资源匮乏、水污染问题等愈加剧了流域生态环境保护与社会经济发展间的矛盾。近年来，黄河流域水资源需求不断增加，水资源供需矛盾日益突出，流域社会经济发展过程中水资源需求已经成为重要制约因素，流域上中下游脆弱的生态环境均面临严峻的水质污染风险。比照流域水资源开发利用率40%的生态警戒线，黄河流域人均水资源占有量仅为全国平均水平的27%，水资源开发利用率却已经高达80%。2018年黄河137个水质断面中，劣Ⅴ类水占比高达12.4%，远高于全国断面监测的平均水平6.7%。

黄河流域是西北、华北地区重要的生态屏障和水源地。从西到东延伸连接了西北地区、华北地区，地形分布上贯穿了三江源、祁连山、汾渭平原、华北平原等一系列"生态高地"，水资源和生态功能极其重要。但多年来，黄河洪涝灾害频发，生态环境十分脆弱，水资源安全形势严峻，流域质量亟待提高。2019年9月，习近平总书记在河南主持召开黄河流域生态保护和高质量发展座谈会时明确指出："要坚持以水定城、以水定地、以水定人、以水定产，把水资源作为最大的刚性约束，合理规划人口、城市和产业发展，坚决抑制不合理用水需求，大力发展节水产业和技术，大力推进农业节水，实施全社会节水行动，推动用水方式由粗放向节约集约转变。"

黄河流经9个省级行政区，九省区在地理位置、资源禀赋、文化价值、发展路径、生态环境、经济发展特点和任务等方面各不相同。但黄河流域生态系统是一个有机的整体，必须从系统工程和整体层面寻求治理的新途径。保护黄河，要坚决摒弃以牺牲生态环境换取区域经济短期高速增长的错误发展道路，摒弃"征服水与自然"的冲动思维。习近平总书记指出："治理黄河，重在保护，要在治理。要坚持山水林田湖草综合治理、系统治理、源头治理，统筹推进各项工作，加强协同配合，推动黄河流域高质量发展。"在黄河流域生态保护和高质量发展的统一目标下，应找准区域在全流域的功能定位，加强不同区域之间的沟通、合作和联动，避免相互冲突和制约的现象。

"三线一单"（生态保护红线、环境质量底线、资源利用上线和生态环境准入清单）从战略层面进行宏观环境管控，开展"三线一单"工作，落实生态环境空间分区管控是贯彻落实习近平生态文明思想的一项积极实践，其不仅能推动社会经济高质量发展，还能有效提升生态环境治理体系和治理能力现代化水平。《"三线一单"编制技术指南（试行）》等规范性技术文件的编制，以及《区域空间生态环境评价工作实施方案》等管理性文件的出台，已经从制度、标准角度为借助"三线一单"工具科学开展黄河流域生态环境保护工作提供了框架和依据。"三线一单"成果不仅可以提高基层生态环境部门的审批效率和环境监督能力，而且为企业实施项目、削减生产能力、搬迁到公园等提供了系统的政策指导，是提高基层生态环境管理效率的重要措施。

生态环境部充分借鉴了前期试点工作中长江流域沿线省区市"三线一单"工作经验和实践成果，明确了黄河流域省区编制"三线一单"过程中应考虑的黄河流域重大生态环境问题，以及应遵循的流域生态环境管控的总体目标和管控方向，逐省区梳理了黄河九省区重点区域的功能定位、主要问题和管控建议。坚持重保护、重法律、顺应自然的原则，严格实施空间规划，科学布局生产、生活、生态空间，严格遵守生态保护红线，筑牢环境质量底线，把住资源利用上线。习近平总书记高度重视黄河流域生态保护和高质量发展，对内蒙古、甘肃、河南、陕西、山西、宁夏等地的黄河流域进行了实地考察，对黄河治理和保护提出明确的要求。统筹做好黄河流域"三线一单"编制工作，是贯彻习近平总书记黄河流域生态保护和高质量发展重要讲话精神的重要举措，也是协同推进和改善流域生态环境质量，构建河流生态系统保护与治理的重要保障。

2020年4月，习近平总书记在陕西考察时指出，要坚持不懈开展退耕还林还草，推进荒漠化、水土流失综合治理，推动黄河流域从过度干预、过度利用向自然修复、休养生息转变，改善流域生态环境质量。2020年5月，习近平总书记在山西考察时指出，扎实实施黄河流域生态保护和高质量发展国家战略，加快制度创新，强化制度执行，引导形成绿色生产生活方式，坚决打赢污染防治攻坚战，推动山西沿黄地区在保护中开发、开发中保护。2020年6月，习近平总书记在宁夏考察时指出："要把保障黄河长治久安作为重中之重，实施河道和滩区综合治理工程，统筹推进两岸堤防、河道控导、滩区治理，推进水资源节约集约利用，统筹推进生态保护修复和环境治理，努力建设黄河流域生态保护和高质量发展先行区。"

4. 以统筹成本和效益为重点提升发展质量

作为我国重要粮食生产核心地区、能源资源富裕地区，黄河流域在全国经济社会发展和生态文明建设格局中占据十分重要的地位。随着我国经济快速发展，黄河流域出现了水资源短缺与水环境污染等问题，且与长江流域相比，黄河流域发展不充分的问题更加明显。黄河流域生态保护和高质量发展，是经济发展从量的积累向质的重大转变。随着黄河流域人口的增加、工业化加快推进以及城镇化率的不断提高，黄河流域的生态环境压力与日俱增。20世纪70~90年代，黄河下游频繁断流，且断流期越来越长，断流河段向上扩张，黄河流域的生态环境总体呈恶化趋势。

为应对黄河流域水土流失和生态环境恶化等问题，国家相关管理部门和水利部黄河水利委员会综合采取了退耕还林、退牧还草等生物措施和修建水库、坡面修梯田等工程措施，一定程度上改善了黄河流域的生态环境。但黄河流域生态系统环境质量总体恶化趋势并没有得到根本遏制。水土流失、泥沙入河和河道淤积等问题，造成黄河过流水量不断减少，同时水资源短缺也遏制了环境保护和经济社会发展。目前，黄河流域水资源短缺与供需矛盾日趋突出，生态系统健康长期遭受严重威胁，要实现黄河流域的高质量发展必须提前开展有效的生态环境修复与保护。

生态环境的公共产品属性使得其无法单纯通过市场调节，全面系统评估生态环境经济损失可以为区域生态文明建设提供重要的技术参考指标，为科学开展流域生态补偿提供数值依据，有效提升区域经济发展质量。随着生态文明建设逐步提升至国家战略高度，生态环境经济效益核算已经不局限于环境经济学学科内，而逐步发展为生态文明建设与评价体系的重要组成部分。黄河流域生态保护和高质量发展是重大国家战略，完成流域多尺度全成本核算有利于实现全流域的生态环境良性循环。

统筹黄河流域成本效益已有多种实践思路，如利用现代信息技术集成基础测绘成果、遥感影像和测量数据，建立黄河流域基础自然资源数据库，为成本效益核算提供参考资料和标准答案；明晰资源产权，量化资产价值，将成本效益核算纳入流域各层级经济社会发展规划，完善黄河流域生态补偿机制；优化补贴政策，落实专项资金，健全多元长效的黄河流域生态保护治理专项转移支付资金整合机制，有效提高财政资金的使用效率。

习近平总书记强调，黄河流域生态保护和高质量发展，同京津冀协同发展、长江经济带发展、粤港澳大湾区建设、长三角一体化发展一样，是重大国家战略。要坚持绿水青山就是金山银山的理念，坚持生态优先、绿色发展，以水而定、量水而行，因地制宜、分类施策，上下游、干支流、左右岸统筹谋划，共同抓好大保护，协同推进大治理，着力加强生态保护治理、保障黄河长治久安、促进全流域高质量发展、改善人民群众生活、保护传承弘扬黄河文化，让黄河成为造福人民的幸福河。

统筹协调黄河流域生态保护和高质量发展，是坚持问题导向和目标导向的科学抉择，将黄河流域生态保护和高质量发展上升为国家战略，是有效协调黄河流域生态保护和经济发展关系的科学抉择，必将对黄河流域长远发展产生历史性影响。

黄河流域生态保护和高质量发展，既有利于解决黄河流域上下游人民关心的防洪、饮水和生态安全等民生问题，也有利于乡村人口通过发展生态产业，提高经济收入水平，改善生产生活条件，建立长效脱贫机制，巩固脱贫攻坚成果。

实现人与自然和谐共生，确保人民群众生态环境权益，是开展各项工作的基本要求。对黄河流域生态保护和高质量发展而言，应坚持经济效益、社会效益、生态效益高度统一，走生产发展、生活富裕、生态良好的生态文明发展道路。

第3章　黄河流域资源型地区绿色转型发展规划技术方法

3.1　面向绿色发展的生态环境分区管控

3.1.1　生态保护红线划定

按照《生态保护红线划定技术指南》，识别城市禁止开发区，开展生态功能重要性（水源涵养、水土保持、防风固沙、生物多样性维护）和生态敏感性（水土流失、土地沙化、石漠化、盐渍化）评价，在此基础上综合划定生态保护红线。

1）禁止开发区识别

识别自然保护区、森林公园、湿地公园、生态公园及饮用水水源地等法定禁止开发区；其他禁止进行工业化城镇化开发、需要特殊保护的重点生态功能区，包括区域主要河湖及其泄洪滞洪区等生态安全控制区。

2）其他重要功能区判定

识别具有重要生态功能和生态敏感区域，包括生态功能（水源涵养、水土保持、防风固沙、生物多样性保护）极重要区域和生态极敏感区域（水土流失、土地沙化、石漠化、盐渍化）。根据地区生态环境特征和问题，确定生态功能重要性和生态敏感性类型，选取适宜的评估方法［模型评估法和净初级生产力（net primary productivity，NPP）定量指标评估法等］，方法详见《生态保护红线划定技术指南》。根据区域生态环境特征，评估区域生态服务功能重要性与生态环境敏感性。

3）生态保护红线划定

将评估得到的生态功能极重要区和生态环境极敏感区进行叠加合并，与法定禁止开发区进行校验。根据土地利用现状，衔接各类规划、区划空间边界，结合地形地貌或生态系统完整性边界，综合划定生态保护红线。

生态保护红线要实行最严格的保护政策，严禁一切与保护无关的开发活动，禁止有损于生态系统的一切开发活动，包括设立企业、侵占和开山取石采土等，已被破坏的应限期恢复。

3.1.2 环境质量底线判定

环境质量底线是国家和地方设置的大气、水环境质量目标，也是改善环境质量的基准线。有关规划环评应落实区域环境质量目标管理要求，提出区域或者行业污染物排放总量管控建议以及优化区域或行业发展布局、结构和规模的对策措施。

确保环境质量"只能变好，不能变坏"，以环境质量的全面改善和限期达标为目标约束，结合国家与地方环境管理要求，科学分析环境承载力与压力，合理确定环境质量底线。

1）大气环境质量底线

分析城市大气环境质量现状，依据《环境空气质量标准》（GB 3095—2012）明确主要大气污染物浓度的达标情况。对大气环境质量达标的，保证环境质量不下降，以持续改善为主要目的确定环境质量底线；环境质量不达标的，在实现环境质量稳定达标的前提下确定环境质量底线。结合城市自然地理特点及大气环境质量目标管理要求，确定区域大气环境容量，在保证环境质量达标改善的前提下，综合各县区污染排放特点、环境容量利用状况、经济发展水平确定县区总量限值；综合各工业园区的现状污染排放、"十四五"产业发展特点确定园区总量限值。同时，为确保大气环境稳定改善，综合煤焦化、煤电石、煤合成氨三大行业发展规划和发展要求，煤化工相关技术导则将总量限值分配到三大主导行业，提出煤化工产业特征污染物的总量管控要求，以此为主要依据提出优化城市行业发展，提升大气环境质量的对策措施。

采用 A 值法确定城市理想大气环境容量，并分析确定大气污染排放的主要行业，大气环境质量改善压力主要来自行业与园区两个层面。考虑总量分配在一定范围内存在误差，且出于环境质量达标和改善的目的，需要为容量预留一定量的弹性空间，即确定环境改善余量。改善余量是大气污染负荷与大气质量之间的不确定性产生的，也反映了总量分配过程存在的诸多不确定性，通过直接给出一部分负荷量，从而一定程度上消除污染负荷与大气质量之间的不确定性，保证大气环境质量目标的实现。在改善余量的确定上，类比最大日负荷总量（total maximum daily loads，TMDL）模式：

$$TMDL = LC = WLA + LA + MOS \qquad (3-1)$$

式中，LC 为最大污染负荷，即大气环境容量；WLA 为点源负荷；LA 为非点源负荷；WLA 与 LA 之和等同于分配总量；MOS 为改善余量，环境统计学定量计算结合城市实际情况定性分析确定改善余量。

首先，计算城市各区县的容量利用情况，结合其统计特征同时考虑各区县污染排放在总排放中的占比情况，以及以各区县风场特征为依据考虑其扩散条件的差异进行综合权重的确定，即在确定改善余量时基于市域范围内的两种污染物的排放为其赋予综合权重。

各区县容量利用的平均值容易受到极端数据的影响，故考虑区县利用率的中位数与权重相乘后累加，得到 SO_2 与 NO_x 进行总量分配时的改善余量为 0.2。

在大气污染控制中，关于改善余量的确定尚无规范化的方法，一般按经验在 0%～20%取值。根据地区相关环境影响评价中总量控制指标设置的经验取值及规划环评中大气污染总量控制相关研究，同时考虑地区大气扩散条件，最终确定取 SO_2、NO_x 容量的 0%～20%作为大气污染物总量分配的改善余量。

在区域减排方案的基础上，采用基尼系数法兼顾公平原则对区县总量限值进行分配，以保证各区县大气环境质量在稳定达标的基础上实现改善。考虑环境质量底线目标要求，须对大气污染排放的主要工业来源进行控制，因此在园区与行业层面根据其发展特点采用熵权法进行分配；煤化工特征污染物通过分析技术指南、参考相关环境保护及产业发展规划与国内同类项目进行对比分析等方法确定总量控制限值。

2）水环境质量底线

以水质功能区为主要分析单元，选取污染因子分析区域水环境质量现状。对于现状已达标水体，以不低于下游断面水质要求，保证环境质量不下降为前提确定保护目标与容量；现状未达标水体，根据水质功能区管理与水污染防治行动计划相关要求，分析污染排放压力，以确保环境质量达标为原则确定底线目标及达标容量。

汇总区域主要河流及水质功能区，根据相关监测数据选择典型水质功能区，采用单因子及综合水质标识指数法，评价水环境质量现状，明确主要超标因子。

根据断面监测数据，结合河流自身水质参数以及沿岸排污数据，计算水环境容量，采用一维水质模型：

$$C = C' \exp\left(-\frac{k}{86400u}x\right) \quad (3\text{-}2)$$

$$C' = \frac{C_0 \times Q_0 + C_1 \times q}{Q_0 + q} \quad (3\text{-}3)$$

式中，C 为计算断面污染物浓度，mg/L；C' 为基准断面污染物的本底浓度，mg/L；C_1 为排污废水浓度，mg/L；q 为废水量，m³/s；C_0 为上游河水浓度，mg/L；Q_0 为流量，m³/s；k 为水质降解系数，1/d；x 为距排污口的距离，m；u 为流速，m/s。

在进行总量分配时，水体污染物排放的主要来源应作为首要考虑因素。水污染物总量限值，需满足以下约束条件：

（1）对于总量利用率≤50%的区县，按照 $\min\{Q_{ij}, P_{ij}\}$，确定总量排放限值。

（2）对于 50%＜总量利用率≤100%的区县，按照 $\min\{Q_{ij}(1-k_j), P_{ij}\}$，确定总

量排放限值。其中，Q 为区县污染排放量；k 为污染物减排系数；P 为现状污染物总量控制限值；i 为所属区县；j 为污染物种类。

（3）对于总量利用率＞100%的区县，结合污染物排放预测的结果，在尽量保证控制原定限值实现的基础上考虑减排目标。

（4）对于污水入河的河流流经区县，应同时考虑控制污染物排放浓度，增加河流水环境容量，使容量为负的河流水环境容量达到正值，河流水环境容量进一步扩大。

在考虑以下约束条件的前提下，在保证环境质量达标的底线目标下，区县水污染限值的确定原则为达标容量扣除污染排放，得到区域水污染物的总量控制限值与削减量。

3.1.3 资源利用上线框定

环境保护部发布的《关于以改善环境质量为核心加强环境影响评价管理的通知》（环环评〔2016〕150 号）指出，资源是环境的载体，资源利用上线是各地区能源、水、土地等资源消耗不得突破的"天花板"。

在充分考虑城市资源禀赋与开发利用现状、资源生态环境保护要求、环境管理目标、产业发展特征及相关战略和规划分析的基础上，以"严格管理水资源、集约利用土地资源、节约开发煤炭资源"为原则，框定全区水、土地、煤炭资源利用上线。

1）水资源利用上线

传统的可利用水资源量，通常指资源总量中经济合理、技术可行的部分，该定义未将保障区域系统安全的一部分资源量纳入其中。本书在传统定义基础上，提出水资源安全余量概念，即可利用水资源量中，确保本地区生态系统安全的、预留的、不可开采的一部分资源量，如图 3.1 所示。

图 3.1 水资源总量与水资源安全余量示意图

调查城市水资源总量（包括地表水、地下水）、水资源可利用量（包括地表水可利用量、地下水可开采量）、供水指标、跨市转入水权、用水结构及省级以上部门下达的全市用水总量控制指标等信息，结合城市社会经济发展特征，对全市水资源利用现状进行综合评估。

选取城市各区县"三条红线"（指水资源开发利用控制红线、用水效率控制红线、水功能区限制纳污红线）控制指标中的用水总量、万元工业增加值用水量、水功能区水质达标率3项指标作为主要约束评价指标。利用投影寻踪综合评价法对各指标约束下的城市水资源承载力进行评价，将隶属于同一层次指标的各分指标的样本数据输入DPS软件，通过求解得到投影值。投影值即城市各区县的水资源承载力综合评价值，综合评价值越大，水资源承载力越小；综合评价值越小，水资源承载力越大。

利用水足迹理论建立城市水足迹账户，明确城市的水资源匮乏程度、水资源压力。

基于上述步骤分析得到城市水资源承载状态及用水结构。结合城市水资源安全余量计算结果，框定城市水资源利用上线。

2）土地资源利用上线

鉴于产业园区在资源型地区工业发展中的突出贡献地位，本次评价将全市所有园区用地面积作为承载工业发展的用地单元。本节将城镇、工业土地资源利用的总量与强度作为切入点，以"加强土地资源集约利用，提升土地经济效益"为原则，框定城市土地资源利用上线。

调查城市人口规模（现状及预测规模）、城镇建设用地规模（建成及规划面积）、工业园区规模（建成及规划面积）等土地利用相关数据，结合城市社会经济发展特征，评估城市土地利用现状。

根据城市"十四五"规划目标，确定2025年城市总人口数量。若保持现有城镇建成区面积，计算：届时城镇人口与建成区面积的比例，评估适宜性水平；城市工业园区已建成面积占规划面积比例，预测工业生产总值发展趋势，进而计算土地利用强度。

依据城市土地利用总量与强度特征，结合政府出台的各项政策要求，确定城镇建设用地与园区规划面积作为城市土地资源利用上线。

3）煤炭资源利用上线

近年来，煤炭行业化解过剩产能要求日趋严格。本节充分考虑煤炭行业相关政策要求和资源开发过程中加重的水土承载压力，框定了煤炭资源利用上线。

调查城市煤炭探明储量、历年煤炭开采量、就地转化率、全市煤炭生产企业和煤矿数量，核定产能及煤炭相关行业政策要求等信息，评估城市煤炭资源利用现状。结合煤炭资源开采特点，分析城市煤炭资源开采过程中对生态环境造成的压力。

针对资源型地区水资源可利用量相对不足的特点，本节将煤炭开采中的取水量和水资源损失量作为主要考虑因素，估算水资源约束下的煤炭资源开采上线，并建立如下估算模型：

$$M_{\mathrm{W}} = \frac{W - (W_{\mathrm{G}} + W_{\mathrm{I}} + W_{\mathrm{L}} + W_{\mathrm{E}})}{K_1 + K_2} \tag{3-4}$$

式中，M_W 为煤炭开采水资源制约总量，亿 t；W 为可利用水资源总量，亿 m³；W_G 为农林牧渔业用水量，亿 m³；W_I 为工业用水量（除煤炭行业），亿 m³；W_L 为城镇公共与生活用水量，亿 m³；W_E 为生态用水量，亿 m³；K_1 为煤炭开采水资源破坏系数，m³/t；K_2 为煤炭开采单位取水量，m³/t。

3.1.4 环境管控单元划分

基于城市发展战略目标和经济发展对生态环境的实际需求，综合考虑生态系统分布特征，根据城市生态敏感性和重要性，明确城市生态、城镇、农牧业单元。在此基础上，划分重点管控、优先保护和一般管控单元，提出应重点保护的生态保护单元，建议将其纳入生态保护红线。在优先保障生态单元的前提下，提出协调生态、农牧业、城镇单元的管控要求。

1）确定空间单元分类

结合生态保护红线划定成果，综合考虑生态环境变化划分城市空间管控单元。通过协调生态单元、城镇单元、农牧业单元加强对生态单元的保护与管理，如图 3.2 所示。

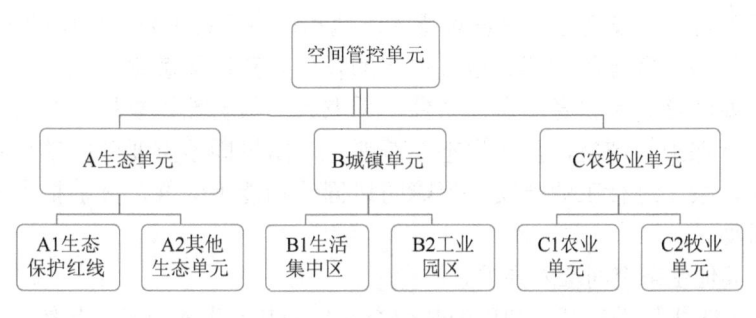

图 3.2 空间管控单元

2）综合分析

综合判断，明确各个单元上叠合区域的主导功能、经济社会发展与生态环境保护的主要矛盾。

3）图层叠加，划定单元

以主导功能和问题为主要依据，与行政区划边界进行拟合，划定基本管理单元，管理单元分为生态单元、城镇单元和农牧业单元，形成空间管制单元底图，并进一步按照重点管控、优先保护和一般管控进行划分。

3.1.5 分区管控方案制订

根据城市生态环境状况，以区县为单位，城市生态敏感性主要由荒漠化敏感性确定；城市生态重要性根据土地利用现状、植被分布、坡度、水网密度以及自然保护区等，结合空间单元编制生态保护红线和其他生态空间的空间准入要求确定。

1. 空间环境管控

1）生态空间管控
（1）生态保护红线准入要求。

要实行最严格的保护政策，严禁一切与保护无关的开发活动，禁止有损于生态系统的一切开发活动，包括设立企业、侵占和开山取石采土等，已被破坏的应限期恢复。自然保护区、森林公园、饮用水水源地、国家湿地公园、国家生态公园严格执行国家和地方的法规和有关规范标准。生态安全控制区是指主要河湖及其泄洪滞洪区、重要水源涵养区、地质灾害危险区等基于生态环境安全目的需要进行土地利用特殊控制的区域。区内土地利用须服从生态安全控制的需要，严格禁止影响区域环境安全的建设项目用地；适度开发生态环境控制所需配套项目的建设用地，慎重对待水源地和地质灾害多发地周围的项目用地，避免区内生态水资源的破坏和地质灾害的发生。荒漠化敏感区域：禁止一切开发活动，要注意改善自身的自然条件，采取人工与自然恢复相结合的方式对生态系统进行保护与恢复，防止生态系统恶化。防风固沙重要区：禁止占用该区域的林地，禁止进行工业开发，保障防风固沙功能不降低，鼓励扩大植树造林等生态活动。

（2）其他生态空间准入要求。

城市内未规划进行开发利用的其他空间划为其他生态空间，其他生态空间以生态保护为主，可适度发展经济，应注意开发利用的方式和规模，选择对生态系统影响较小的发展方向。限制工业，特别是污染性工业的发展，禁止新的污染型工业入区，限制城镇发展规模，减轻对生态系统的不利影响。区内资源以保护为主，可以适度开发利用，严格执行"先规划、后开发"的建设方针，严格控制开发用地。

2）农业空间管控

农业空间管控区即基本农田集中区，基本农田严格执行国家和地方的法规和有关规范标准，确保基本农田数量不减少、用途不改变。

3）城镇空间管控

（1）城镇生活集中区空间准入要求。

城镇建设应充分挖潜利用现有建设用地、闲置地和废弃地，坚持节约集约用地，尽量少占或不占耕地，保护和改善城市（镇）生态环境。城镇区域要严格执行国家环境保护有关规定，控制水、气、声、渣等污染物排放。建设必须严格控制在城镇建设区范围之内，允许在建设用地总规模不变的前提下，在城市（镇）扩展边界以内，适当调整用地空间布局形态。

（2）工业生产空间准入要求。

工业生产空间为城市工业园区，工业园区要节约集约用地，强化现有建设用地、闲置地和废弃地挖潜利用，严禁占用耕地和永久性绿地。工业全部入园。原则上不再增设新的工业园区，严控园区边界，落实园区规划及规划环评要求。对布局不合理、集聚效应差、项目引进少、经济贡献低、难以形成投入产出良性循环的"低、小、散"工业园区，结合实际，采取放缓建设、改变用途、综合整治等办法进行处置。

2. 总量环境管控

结合环境质量目标和总量划定成果，科学确定总量控制限值，实施区县差别化的管理。在保证各区县环境质量的基础上，结合"十四五"环保规划十二项约束指标中污染排放指标的设置及相关要求，从大气、水两个方面进行总量管控方案设计。

确定城市及各个区县进行总量控制的大气污染排放指标为 SO_2 和 NO_x 排放总量；结合环境质量状况及污染来源分析结果，大气污染的主要来源为工业排放，因此结合城市的工业发展特点，在确定区域环境容量的基础上从区县、园区、行业三个角度进行总量限值的分配，并对特征污染物进行控制，对水污染进行总量控制的指标为化学需氧量与氨氮。水污染的主要来源是城镇生活污水排放，因此在城市减排方案和《水污染防治行动计划》的基础上，充分考虑城镇生活污水排放的预测结果，进行污染总量的分配。

3.2 基于治理修复的矿区生态减排评估

3.2.1 生态减排基本概念内涵

绿色植物及其群落被认为是天然的空气净化器。陆地生态系统中的碳素以植物（生物圈）为轴心，在大气圈-生物圈-土壤圈中进行循环。光合作用是生物界赖以生存的基础。植物通过光合作用，将大气中的CO_2固定成有机物，其中一部分有机物通过植物自身的呼吸作用，以CO_2的形式再释放到大气中；一部分则以枯枝落叶的形式进入地表，经微生物作用再以CO_2的形式释放到大气中。于是，形成了大气—陆地植物—土壤—大气这样一个陆地生态系统的碳循环，如图3.3所示。

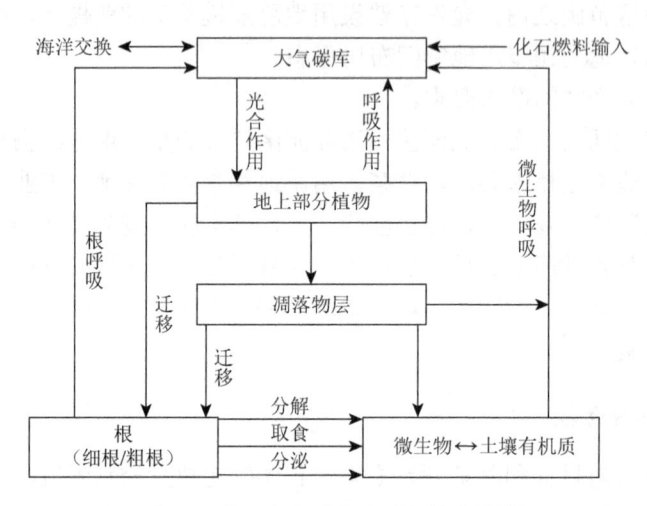

图3.3 陆地生态系统碳循环简化模型

同时，气体污染物，如SO_2、NO_x等可以通过小气孔同CO_2在光合作用中被吸入植被组织中，也可以同O_2在呼吸作用中被纳入。污染物进入植物体内部以后，转移和同化作用可以将其固定在植物组织中。在植物体内，SO_2和NO_x可以与内部叶子细胞壁发生反应，并生成含硫、氮的化合物，其中硫酸和硝酸可进一步同其他物质发生反应，并被输送到植物的不同位置；当污染物浓度超过一定阈值或者暴露时间过长时，植物将受到伤害，如细胞壁的渗透性能及酶活性可能会受到损伤。

绿色植物还能起到滞尘和减尘的作用，是天然的"除尘器"。滞尘作用以三种方式同时进行：一是滞留，茂密的丛林能降低风速，使得气流挟带的大颗粒灰尘下降，并随机落在叶表面上，滞留灰尘很容易被风再次吹到大气中，概率一般为50%。二是附着，因叶表面的构造，如沟状结构，树叶表面粗糙不平、多绒毛等，树叶能够吸附一定量降尘，这种方式滞尘比较稳定，不易再次回到大气中。三是黏附，靠植物叶表面特殊的分泌物黏附降尘，这种方式最稳定，能吸附大量飘尘。

生态减排是指绿色植物及其群落利用其吸收和滞留温室气体（CO_2）及部分大气污染物（SO_2、NO_x、烟尘等）的功能，实现温室气体和污染物减排的过程。

由于植物及其群落在有效生命年内可以发挥生态减排的作用,因此其具有功能作用大、持续时间长、容量潜力大、综合效益高的特点。生态减排可以降低生态修复过程中大气污染物的含量,在一定程度上减轻节能减排的压力,实现生态修复与节能减排的双赢。这是协调生态恢复和节能减排的重要措施。

3.2.2 生态减排现状能力评价

1. 温室气体减排现状能力评价

1) 森林减排能力

森林植被的碳储量是指固定在森林地面和地下的活植物生物体内的碳。森林生态系统作为陆地生态系统最重要的组成部分,在陆地生态系统中起着"源"和"汇"的重要作用,储存了全球陆地生态系统碳储量的40%,主要来自植物光合作用对CO_2的固定。在森林生态系统中,碳汇是森林植被、土壤和凋落物固定的碳,而碳源是森林中植物、动物、微生物和土壤呼吸或分解释放的碳。森林碳汇如果少于释放的碳就成为碳源,如果大于释放的碳就成为碳汇。碳源和碳汇是对立的,影响其分布的外部因素很多,其中最重要的是纬度、森林立地条件和时间段,它们也可以相互转化(周健等,2013)。

(1)森林植被碳储量的估测方法。

地球上大约85%的陆地生物量集中在森林植被中。因此,森林植被碳库是陆地生态系统碳库的重要组成部分,是研究森林生态系统向大气吸收和排放CO_2的关键因素(马学威等,2019)。森林生态系统植被碳储量的研究方法可分为三大类:样地清查法、遥感估算法和模型模拟法(张士亮和张艳春,2017)。样地清查法常应用于小尺度森林生态系统的研究,通过设立典型样地来精确测定森林生态系统中植被生物量,进而计算碳储量;遥感估算法通过遥感手段获得各种植被状态参数,并结合地面调查,对植被进行时空分布及状态分析,该方法可以对大面积森林生态系统植被的碳储量进行估算;模型模拟法则是利用数学模型来估算植被碳储量,该方法应用于大尺度森林生态系统的研究,不同模型的侧重点、原理及研究目的均不同。

样地清查法又包括平均生物量法、生物量转换因子法、生物量转换因子连续函数法等(杨茜和孙耀,2013)。平均生物量法主要是以森林样地观测的平均生物量与该样地面积的乘积得到总生物量,再与植被碳含量相乘得到碳储量。该方法简单易行,但资金、人力投入较大,持续时间较长,地上部分生物量结果偏大,精度较低,地下部分生物量常被忽略。生物量转换因子法又称材积源生物量法,该法将生物量转换因子视为恒定的常数,由生物量和蓄积量间的回归方程计算总生物量,再通过生物量与植被碳含量的乘积得到碳储量。该方法简单易行、可推算大尺度森林碳储量，但实际中生物量转换因子不是常数，导致结果偏小。生物量转换因子连续函数法是将单一不变的生物量平均转换因子用分龄级的转换因子来表示，分类计算森林生物量，并利用生物量模型分别计算各龄级树种的生物量，从而计算碳储量。其结果较客观、估测精度较高，可估算区域或国家的森林生物量，但结果存在不确定性。

遥感估算法通过遥感方法获得植被状态参数，再结合实测数据，进行植被的空间分类和时间序列分析，之后对森林生态系统的时空分布进行分析，得到碳储量。该方法可以估算大尺度森林生态系统的碳储量，但由于遥感技术的限制，估测存在一定误差。目前，结合地理信息系统（geographic information system，GIS）及全球导航卫星系统（global navigation satellite system，GNSS）技术估算森林生物量也是较为先进的方法。该方法由定性的表述提升到定量的分析，由静态的调查转为动态的监测，适用于不同尺度森林生物量的测定，不仅可以节约人力、物力，而且可以对森林不同时期进行动态监测，并且遥感数据获取方便、更新快，可以灵活选用数据，以及直接调查历史现状。

模型模拟法包括碳平衡模型、碳循环模型和生物地理模型等。碳平衡模型［如奥斯纳布吕克生物圈模型（Osnabriick biosphere model，OBM）、中国森林生态系统碳收支模型（forest ecosystem carbon budget model for China，FORCCHN）、净第一性生产力模型等］模拟了森林生态系统的净初级生产力，并通过实测碳含量数据分析森林植被的碳密度，再根据分布面积的估计，用简单相乘的方法计算森林生态系统的碳储量。其优点为可根据经验关系和实测数据来建立区域统计相关模型；但该模型基本不考虑各种过程的内部细节，属于静态模型；没有研究全球变化和植被之间的响应关系，不能解释其中的反馈关系和植物的生理反应机制。碳循环模型［如全球动态植被模型（dynamic global vegetation model，DGVM）、生物圈碳同化模型（carbon assimilation in the biosphere，CARAIB）等］是可以描述陆地生物圈碳吸收的机理性模型，模拟受气候影响下的植被变化及相关的能量交换和物质变化。该方法机理清晰，可估算过去、现在以及预测未来气候条件下潜在碳储存量和潜在植被分布格局，与大气环流模式相耦合，可以预测全球变化对植被净初级生产力的影响。生物地理模型（biogeography models）、卡内基-埃姆斯-斯坦福方法（Carnegie-Ames-Stanford approach，CASA）等适用于在大尺度上描述植被或生物群区、生命带、生态系统类型与气候之间的关系，可以预测不同环境中各植物类型的优势度，但有些模型目前还不能得到充分的验证。

相关因子计算公式：通常情况下，某一特定区域的森林植被碳密度由国际上通用的森林植被含碳量转换因子或是利用实际测量出的含碳率数据与生物量的乘积来获得；再通过碳密度与某一区域的面积相乘来获得某一特定区域的森林植被的碳储量。其中，植被含碳量转换因子，目前国内外诸多学者认为采用 0.50 的转换率优于 0.45。森林植被碳储量计算过程中的相关因子计算公式如表 3.1 所示。不同林型、同一树种的不同器官、同一林型的不同生长阶段、不同起源的同一树种差异可能较大，各种影响因素均会对森林植被碳储量的估算产生影响，针对不同区域不同森林类型而采用不同的含碳率转换系数会使结果更加准确。

表 3.1 森林植被碳储量相关因子计算公式

测定指标	公式	代表意义	特点
生物量	$B = 0.5751V + 38.706$ ($n=120$, $r^2=0.83$)	V、B 分别为某类林分蓄积量（m^3/hm^2）、生物量（t/hm^2）	根据某类林分蓄积量计算
	$B = a\,(D_{1.3}^2 H)^b$	B、D、H 分别为某类林分生物量（t/hm^2）、胸径（m）、树高（m），a、b 为回归常数	根据某类林分胸径、树高计算
碳密度	$D_C = B \cdot R_C$	D_C、B、R_C 分别为某类林分某组分碳密度（t/hm^2）、生物量（t/hm^2）、含碳率（%）	根据某类林分生物量与含碳量计算
	$R_C = D_S + D_B + D_L + D_R$ $= B_S \times S_C + B_B \times B_C$ $+ B_L \times L_C + B_R \times R_C$	D_S、D_B、D_L、D_R 分别为干、枝、叶、根碳密度（mg/hm^2）；B_S、B_B、B_L、B_R 分别为干、枝、叶、根生物量（t/hm^2）；S_C、B_C、L_C、R_C 分别为干、枝、叶、根有机碳质量分数（%）	根据某类林分各组分碳密度计算
碳储量	$S_C = D_C \cdot A_C \times 10^{-6}$	S_C、D_C、A_C 分别为某类林分各组分总碳储量（Tg）（$1Tg = 10^{12}g$）、总碳密度（t/hm^2）、林分面积（hm^2）	根据某类林分碳密度和面积计算

（2）森林土壤碳储量的估测方法。

森林生态系统土壤碳库包括无机碳库和有机碳库（程鹏飞等，2009）。无机碳的储量相对较小，变化不大。有机碳主要分布在土壤 1m 深度范围内，是土壤碳库中碳储存的主要方式，也是土壤碳循环研究的主要内容。土壤有机碳主要来源于腐殖化后植物凋落物和枯树在土壤中的积累。因此，在土壤垂直分布上，土壤碳含量、碳密度和碳储量随着土壤深度的增加而降低，碳储量主要集中在表层土壤。土壤有机碳的积累不仅可以提高土壤生产力，而且可以减缓大气中二氧化碳浓度的增加。土壤有机碳库是光合固碳速率与土壤有机碳分解速率之间的动态平衡。土壤有机碳含量是植物光合作用、凋落物率、凋落物分解和土壤有机质分解的结果。森林土壤表层凋落物的腐殖化过程受森林温度、水分、植物、微生物、人类活动等多种因素的影响以及各种因素的相互作用，决定了土壤有机碳积累是一个动态过程。在诸多因素中，造林和人类活动对其影响很大。混交林由于生产力较高，土壤碳储量一般高于纯林。然而，人类活动每年从森林中带走 $2.4t/hm^2$ 的林下植物和 $0.9t/hm^2$ 的凋落物，相当于 $1.05t/hm^2$ 和 $0.49t/hm^2$ 的有机碳，即每年向土壤层输入的有机碳量减少 $1.54t/hm^2$。此外，人类活动还可能引起土壤侵蚀、土壤呼吸增强和深层土壤可溶性碳流失，从而降低土壤碳储量。人类活动引起的土壤碳储量的减少和排放量的增加已成为大气 CO_2 浓度升高的主要原因之一。因此，研究人为干扰对森林土壤碳储量的影响是今后土壤碳储量研究的重点之一。

2）灌丛减排能力

（1）灌丛植被碳储量的估测方法。

灌木作为森林生态系统的主要亚结构，不仅可以丰富植被类型，还可以为大量动植物提供天然的安全屏障和庇护所，在区域生态安全中发挥着不可或缺的作用。目前，灌木碳汇的研究方法可分为样地清查法、生物量法和遥感估算法。样地清查法是通过建立标准样地，观测和调查样地内灌木植被、凋落物和土壤的碳储量来计算碳储量的方法。这种方法通常用于小尺度生态系统的研究，可以更准确地测量生物量，但费时费力，目前采用率较低。生物量法是目前应用最为广泛的碳储量测定方法，主要依据是单位面积生物量、灌木面积、不同器官生物量分配比例和各器官平均碳含量计算碳储量。方精云等（1996）用生物量法计算了中国森林植被的碳储量。结果表明：中国陆地植被碳储量为 $6.1 \times 10^9 t$，森林碳储量最高，为 $4.5 \times 10^9 t$；其次为疏林灌丛，为 $0.5 \times 10^9 t$；沙漠的碳储量也为 $0.2 \times 10^9 t$；灌木的碳储量不容小觑。遥感估算法是利用地面遥感、航空遥感、航天遥感等遥感手段，结合 ArcGIS 的应用，获取各种植被状态参数，ENVI/IDL 等遥感图像处理软件结合野外地面调查数据，在大范围卫星图像中通过内部分析估算陆地生态系统碳储量，这种方法通常与数据模型模拟相结合。

（2）灌丛土壤碳储量的估测方法。

植被类型法和土壤类型法是通过确定植被或土壤类型的面积和相应的土壤碳密度来估算土壤碳库总量的最常用方法。

3）草地减排能力

草地与大气之间的碳循环主要是通过草地植被、腐殖质（枯草）和土壤对碳的储存和释放来完成的。草地植物通过自身光合作用的生理特性吸收 CO_2 并释放 O_2，将储存的 CO_2 以有机碳的形式储存在植物的表层和地下根系中。其中，地上植物有机碳的 10%~80%以食用饲料的形式被牲畜和其他草食性野生动物消耗，被草食动物消化吸收，转化为畜产品，移出草地生态系统；另外 20%~60%的干物质以畜禽粪便的形式返回土壤；地表植物有机碳的另一部分不被动物利用，凋落在枯草和凋落物中，储存在草地表面。这些枯死的植被有的会直接分解回大气中的碳，有的会分解成土壤有机质，而土壤有机质中储存的碳，有的也会直接分解流失回大气中的碳，另一部分则会储存在土壤中。这就是"大气—草原—植被—土壤—大气"整个草地生态系统的碳循环过程。

虽然草地生物量的碳储量不如森林大，地上部分由于放牧、垦殖等活动循环较快，CO_2 源的作用较为明显，但草地植被地下部分分解较慢，CO_2 库作用明显。因此，草地生态系统在全球碳平衡中仍占有重要地位，对吸收 CO_2、减少温室气体排放具有重要意义。

(1) 草地植被碳储量的估测方法。

目前,研究者主要通过估算植被生物量来估算草地生态系统的碳储量。估算草地植被生物量的主要方法有生物量密度法、牧草产量法、遥感模型法和野外抽样调查法。由于资源调查数据、遥感数据、草地面积的差异以及估算方法的不同,全球和区域草地生态系统碳储量的估算都存在很大的不确定性。此外,人类活动对草地的影响也在很大程度上决定了碳评价的准确与否,草地面积的差异是影响陆地碳估算的重要因素。目前,用平均碳密度及其地上地下比计算生物量是一种较好的方法,但在区域水平上可能存在较大误差。因此,大量的野外观测数据有助于准确评价草地生态系统碳储量及其在全球碳循环中的作用。估算植被碳储量,通常将植物有机干物质中碳占的比重转换为碳量。

(2) 草地土壤碳储量的估测方法。

草地生态系统90%的碳储量集中在土壤中,地上碳库不明显。草地土壤碳库的微小变化将对大气CO_2浓度产生巨大影响。因此,土壤碳储量的评价对草地生态系统碳储量评价的准确性起着重要的作用。由于土壤物理空间结构的复杂镶嵌性和不均匀性,土壤有机碳密度具有很大的空间异质性,土壤碳储量的估算也存在一定的差异(刘学东等,2016)。

目前,估算土壤有机碳储量的方法很多。根据土壤物理结构的特点,土壤有机碳储量的估算方法可分为两类:①土壤剖面估算法;②水平空间估算法。不同草地土壤碳储量研究方法对比见表3.2。

表3.2 不同草地土壤碳储量研究方法对比

类型	研究方法	估算原理	优点或适用范围	不足
土壤剖面估算法	分层中间点计算法	以土层中间点土壤剖面数据进行计算,再汇总各土层计算结果得到总土壤有机碳储量	比较真实地反映出土壤有机碳储量	需要大量实测土壤数据作为支持,限制了在大范围区域的应用
	主因子计算法	通过计算土壤土层有机碳密度,再对各土层求和得到各单元内土壤有机碳密度	仅考虑影响土壤有机碳的主要因素,是目前采用最多的方法。把整个面积单元作为计算的对象	没有直接考虑土壤单个剖面的有机碳储量
	有限数据推算法	通过土壤有机碳含量与其他因素之间的关系,用统计方法来计算	数据极少的区域	需要大量时间完成估算,所以降低了统计所造成的估算误差,目前应用较少
水平空间估算法	土壤类型法	通过土壤剖面数据,再根据分类层次聚合	适用于区域国家或更大尺度面积的土壤有机碳储量的估算	需要准确的土壤分类数据以及土壤容重等数据,获得较难
	生命地带及生态系统类型法	按照生命地带及生态系统类型土壤有机碳密度与分布面积计算	较小的地带区域和生态系统内具有较大的应用价值	生态类型与土壤面积难以精确统计,与土壤类型之间也相互对应不足

续表

类型	研究方法	估算原理	优点或适用范围	不足
水平空间估算法	相关关系法	利用环境、气候和土壤属性的相关关系，建立数学统计关系	可以分析土壤有机质与形成影响因素之间的相关关系	不能解释有机碳储量积累或释放机理形成与影响因素，应用范围小
新估算方法	公式模型法	通过各种土壤碳循环模型估算	具有较好的系统性和整体性	所需数据必须来自实测值，很难将所有的因子包括在内，存在较大的误差
	GIS 估算法	使用 GIS 软件将土壤图数字化建立属性数据库来实现	模拟大尺度上的土壤碳储量	土壤有机质质量分数、土层厚度和容重等数据获取较难

4）农田减排能力

（1）农田植被碳储量的估算方法。

在农田生态系统中，碳的循环途径是：作物通过光合作用从大气中吸收二氧化碳，并将其固定在作物中。作物向土壤中输入有机碳的途径有两种：一种是作物生长过程中的凋落物和收获后的残茬；一种是根系释放的有机质。土壤碳的另一部分来源于有机肥和化肥中的碳含量。同时，作物和土壤的呼吸作用将碳转移到大气中。碳沿着食物链流向家禽、牲畜和人类，然后人类和动物的粪便及残留物重新进入生态系统。

农田生态系统碳库是全球碳库和陆地生态系统碳库的重要组成部分，而且是其中最活跃的部分。同时，农田也是重要的温室气体排放源，据估计，农业源排放的 CO_2 占人为温室气体排放量的 21%~25%。对我国农田生态系统碳平衡进行估算的研究表明，当前我国农田生态系统是一个弱碳汇。

目前，对农田生态系统植被碳储量的估算主要通过农田生态系统生产的生物量乘以碳储量系数的方法来完成。1996 年方精云等提出了计算农田生态系统生物量的关系式，如式（3-5）所示：

$$V_p = B \times (1-R) / f \quad (3-5)$$

式中，V_p 为农田生态系统生物量；B 为经济产量；R 为经济产量含水率；f 为经济系数。

（2）农田土壤碳储量的估算方法。

农田土壤碳库的计算可采用土壤碳密度方法，即将土壤有机碳密度乘以不同作物土壤面积即可得到农田土壤碳储量。

2. 污染物减排能力现状评估

1）森林及灌丛减排能力

森林和灌木净化大气污染物的生态功能主要表现在：森林和灌木通过吸收、

过滤、阻隔、分解等作用，降解和净化大气中的有害物质（如二氧化硫、氮氧化物、烟尘等），从而在一定程度上有效减轻大气环境污染。

森林生态系统中氮的主要输入途径是生物固氮、干湿沉降、岩石风化和动植物迁移。其中，干湿沉降是森林生态系统氮素输入的主要方式，即大气中的氮素以各种形式沉积到森林中，湿沉降更为重要。进入生态系统的有效氮被生产者吸收以合成蛋白质。全氮90%以上被乔木层吸收，不到10%被非乔木层吸收。灌草层地上生物量氮仅占地上生物量总氮的2.5%。生产者固定的一部分氮在消费者消费后沿着食物链传递。由于这一部分的数量很少，而且很难确定，所以相关研究较少。剩余生物量中的一部分氮被保留在生产者体内，一部分以残渣的形式返回土壤。退耕还林生物量是森林重要的养分来源，构成了植物与土壤之间的一个小的养分循环，是森林生态系统氮素循环中极为重要的组成部分。森林残体的差异表现在不同植被类型之间的差异。一般来说，阔叶林的密度大于针叶林，含氮量也较高。一般认为，阔叶林的含氮量是针叶林的2倍左右。

在防尘方面，人们普遍认为乔木和灌木的结合非常重要。对于种植单元外围的保护，灌木篱明显优于大树篱。一方面，森林茂密的枝叶可以阻挡气流，降低风速。在森林边缘，随着风速的减小，空气中的大颗粒粉尘会下降。另一方面，树木的叶片有很强的蒸腾面，晴天需要蒸腾大量的水分，使林冠周围和森林表面的湿度相对较高，灰尘容易掉落和吸收；树被灰尘覆盖后，通过雨水滴落到林地，然后恢复灰尘的滞留能力，使灰尘再次被吸附。此外，树木的花、果实和叶子可以分泌各种黏稠的汁液。同时，叶片表面粗糙多毛。空气中的烟尘经过上层森林后会附着在树叶和树枝的凹部，从而起到附着、阻滞和过滤的作用。树木的总叶面积非常大，总叶面积约为其建筑面积的几十倍，因此具有很强的吸烟除尘能力。森林和灌木对烟尘的吸附和截留能力因植被类型、区域、面积大小、风速等环境因素的不同而不同，其吸附和截留能力相差几十倍。树冠和叶面积较大、叶面蓬松或亚麻的树种截留的悬浮颗粒物较多，反之则较小。常绿树种的年截留量较大，落叶树种的年截留量较小。

目前，评价森林和灌木对大气污染物吸收净化能力的方法主要有三种：①吸收能力法。根据单位面积森林和灌木吸收大气污染物的平均值乘以森林和灌木的面积，计算出森林和灌木对大气污染物的净化能力。②阈值法。吸收能力根据大气污染物达到阈值来计算。③叶干重法。树木对大气污染物的吸收主要表现为叶片积累、代谢转移和表面吸附。以某一树种叶片在一定时期内空气污染物含量的变化作为吸收量，然后根据叶片干重在植物体内所占的比例，计算出叶片表面的转移流量和粉尘量。

2）草地减排能力

在草地生态系统中，硫主要以可溶性硫酸盐的形式被植物吸收，然后参与氨基酸和蛋白质的合成，被牲畜吃掉。植物残体、动物尸体、畜禽粪便和尿液经过细菌分解后，将硫返回土壤、水和大气，参与循环利用（刘淼和梁正伟，2009）。草原也有明显的降尘效果。郁郁葱葱的草原上沉积多种粉尘，大风天气不易发生二次扬尘和二次污染。

上述减排能力评价可采用吸收能力法，单位面积吸收的污染物量乘以草地面积即为草地生态系统吸收的污染物量。

3）农田减排能力

农田生态系统可以降解污染物，净化环境。许多农田植物能分解吸收有害气体，降解畜禽粪便。大气污染物主要通过干沉降和湿沉降被作物吸收或截留。气体和颗粒污染物通过表面吸附被保留或吸收。

同草地减排能力评估，农田减排能力也采用吸收能力法，即单位面积吸收污染物的量乘以农田面积即得到农田生态系统吸收污染物的量。

3.2.3 生态减排实施潜力预测

1）温室气体减排潜力预测方法

温室气体生态减排潜力计算公式为

$$P_{CO_2} = \sum_{i=1}^{4} C_i \times S_i \tag{3-6}$$

式中，P_{CO_2} 为 CO_2 的总减排潜力，t；C_i 为 i 生态系统单位面积 CO_2 减排量，t/hm²；S_i 为 i 生态系统面积增长潜力，hm²。

2）污染物减排潜力预测方法

大气污染物生态减排潜力计算公式为

$$P_p = \sum_{i=1}^{4} P_i \times S_i \tag{3-7}$$

式中，P_p 为大气污染物的减排潜力，t；P_i 为 i 生态系统单位面积大气污染物减排量，t/hm²；S_i 为 i 生态系统面积增长潜力，hm²。

3.2.4 生态减排经济价值评估

生态资产作为一种资产，既能为人类提供服务，又能产生一定的价值。康斯坦扎等在全球生态系统服务评价中提出了 17 项功能，包括大气调节、气候调节、空气净化等功能，并定量评价了这些生态功能的经济价值。

生态资产的经济价值可分为直接使用价值、间接使用价值、选择价值和存在价值。不同的价值类型有不同的评价方法。直接使用价值主要是指生态系统产品产生的价值,包括食品、药品等工农业生产原料、景观娱乐等带来的直接价值,直接使用价值可以通过产品的市场价格来估算。间接使用价值主要是指无法商品化的生态系统服务功能,如调节气候、维持生物物种与遗传多样性、保护土壤肥力、净化环境、维持大气化学平衡与稳定等支撑与维持地球生命保障系统的功能。间接使用价值的评估常常需要根据生态系统功能的类型来确定,通常有防护费用法、恢复费用法、替代市场法等。选择价值是人们为将来能直接利用与间接利用某种生态系统服务功能的支付意愿。例如,人们为将来能利用生态系统的涵养水源、净化大气以及游憩娱乐等功能的支付意愿。人们常把选择价值喻为保险公司,即人们为自己确保将来能利用某种资源或效益而愿意支付的一笔保险金。存在价值也称内在价值,是人们为确保生态系统服务功能继续存在的支付意愿。存在价值是生态系统本身具有的价值,是一种与人类利用无关的经济价值。换句话说,即使人类不存在,存在价值仍然有,如生态系统中的物种多样性与涵养水源能力等。存在价值是介于经济价值与生态价值之间的一种过渡性价值。

采用市场价值法对上述功能的经济价值进行评估时,用通货膨胀率将未来经济价值转化为某年不变价。转化公式为

$$P = \frac{V}{(1+r)^n} \tag{3-8}$$

式中,P 为污染物生态减排的某年基期不变价值;V 为未来某年污染物生态减排当期经济价值;r 为通货膨胀率;n 为评价年与基准年的时间差。

1)温室气体生态减排经济价值评估

目前,国际上使用较广泛的绿色植物固碳服务价值的评估方法有碳税法(市场价值法)和造林成本法(生产成本法)两种。造林成本法通常用于森林及林场的固碳释氧服务价值计算,计算时国内一般采用 260.9 元/m³(1990 年的不变价格)作为造林成本,与国外类似研究相比计算结果偏低(肖建武和康文星,2009)。采用碳税法和得到较多国家及环境经济学家认可的瑞典碳税率(150 美元/t C)计算 CO_2 生态减排的经济价值时,计算公式为

$$V_C = Q_C \times T_C \tag{3-9}$$

式中,V_C 为 CO_2 生态减排经济价值;Q_C 为各生态系统对 CO_2 的减排能力;T_C 为碳税率。

2)污染物生态减排经济价值评估

(1)SO_2 减排经济价值评估。

森林、灌丛、草地、农田等生态系统吸收 SO_2 经济价值的公式为

$$V_{SO_2} = Q_{SO_2} \times F_{SO_2} \tag{3-10}$$

式中,V_{SO_2} 为 SO_2 生态减排经济价值;Q_{SO_2} 为各生态系统对 SO_2 的减排能力;F_{SO_2} 为 SO_2 排污权交易价格。

(2) NO_x 减排经济价值评估。

各生态系统吸收 NO_x 的经济价值的计算公式为

$$V_{NO_x} = Q_{NO_x} \times F_{NO_x} \qquad (3-11)$$

式中，V_{NO_x} 为 NO_x 生态减排经济价值；Q_{NO_x} 为各生态系统吸收 NO_x 的量；F_{NO_x} 为 NO_x 排污权交易价格。

(3) 滞尘经济价值评估。

各生态系统滞尘经济价值的计算公式为

$$V_D = Q_D \times F_D \qquad (3-12)$$

式中，V_D 为生态系统滞尘经济价值；Q_D 为各生态系统滞尘量；F_D 为烟粉尘排污权交易价格。

3.3 统筹水质和水量的水资源优化配置规划

3.3.1 社会经济-水资源-水环境交互作用关系解析

当前我国的水资源分配与管理模式是在行政区划范围内，根据生产、生活以及生态环境等主要用水部门的发展规划目标和保护要求等，结合水资源管理部门下达的水资源利用总量、效率等，预测中远期规划年的用水需求并形成配水策略。然而，汾河城市群等地区水资源匮乏，加之产业结构不合理以及社会经济收益引发的水资源竞争问题，导致水资源利用指标难以进一步落实细化，同时由于水资源、水环境管理的空间差异性，给流域水量水质的协同管控带来较大困难，"四水四定"（以水定城、以水定地、以水定人、以水定产）原则难以落实。

统筹考虑流域的社会经济发展需求以及水质、水量的双重制约，通过水资源供需关系（包括生产、生活用水定额，节水水平、再生水生产及回用率等）、产排污水平（产污系数、水处理能力、污染物排放标准等）以及"生态补水"的水质改善效应建立以水环境控制单元为空间维度的社会经济（收益）-水资源（水量）-水环境（水质，环境容量）动态响应关系（图3.4）。首先，通过社会经济发展和生态环境保护需求预测得出生产（包括工业和农业部门）、生活（包括居民生活用水和服务业等）和生态环境部门的需水量。其次，综合考虑流域可利用水资源量（包括地表水、地下水和引黄河水）、水环境质量（环境容量）约束，当二者无法满足其一时，则对各部门预测需水量进行优化调整：①当需水量超出可利用水资源量时，对生产和生活部门用水进行缩减，优先保障生活用水；②当水环境质量目标无法达成或二者均无法满足时，对生产、生活和生态环境部门用水量进行统筹协调，缩减生产和生活部门用水进行"污染减排"，同时增加生态环境用水（"生态补水")对水环境容量进行"增容",从而通过"减排"和"增容"的协同实现水环境质量目标。

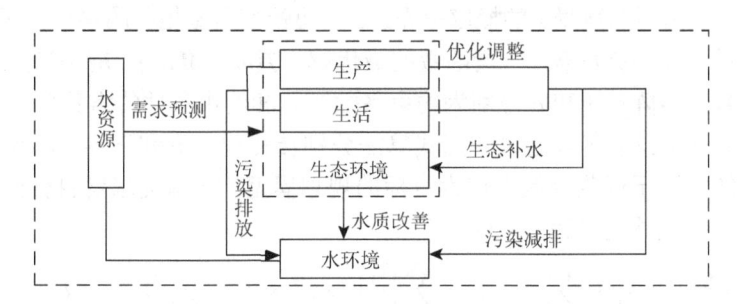

图 3.4 基于"四水四定"原则的水资源优化配置理论模型思路

3.3.2 水资源优化配置规划模型

1. 区间两阶段规划方法

流域的水资源优化配置,就是要在规划期内科学合理地将水资源指标分配给各流域分区和用水部门。水资源管理部门需要根据区域社会经济发展和环境要求制定各单位的配水额,以便各部门制订其生产计划。在水资源承载能力和水环境质量双重约束下,如果流域内的配水计划能够实现,就能够保证流域社会经济发展和水质改善目标。否则,各部门用水需要进行优化调整,这可能导致生产、生活用水的减少;某些用水部门需采取减产、提升水资源利用效率、提高污染处理水平等措施减少污染排放,这可能造成社会经济效益降低,从而引发二次补偿问题。对流域水环境系统而言,由于各水环境控制单元水资源量和实际环境容量受不同径流水平影响而存在随机特性,水资源优化分配问题可归结为一个在满足水资源利用上线和水环境质量底线的条件下,以求达到该区域最大化经济收益的两阶段随机规划。此外,流域社会经济-资源-环境中同时存在水资源利用效率、排污系数、入河系数等其他参数的不确定性问题,区间参数规划则能够有效处理这些无法以随机概率等分布函数表征的参数不确定性问题。因此,区间两阶段规划方法非常适用于流域水资源优化配置研究。区间两阶段随机规划方法的一般模型可以表示为

$$\max f^{\pm} = c^{\pm} \times x^{\pm} - \sum_{s=1}^{N} p_s \times q(y^{\pm}, \omega_s^{\pm}) \quad (3\text{-}13)$$

约束条件:

$$A^{\pm} \times x^{\pm} \leqslant b^{\pm}$$
$$T(\omega_s^{\pm}) \times x^{\pm} + W(\omega_s^{\pm}) \times y^{\pm} = h(\omega_s^{\pm})$$

$$x^{\pm} \geqslant 0,\ y(\omega_s^{\pm}) \geqslant 0$$

式中，x 为在随机变量未知时的初始决策方案；y 为依托随机变量变化的第二阶段决策变量；p_s 为不同情景 s 的概率分布；c 为决策变量 x 相关的参数向量；ω 为系统随机变量；$q(y, \omega)$ 为第二阶段函数的最优解；$T(\omega)$、$W(\omega)$、$h(\omega)$ 为基于 ω 的模型参数函数或矩阵；A 和 b 分别为约束系数矩阵和约束条件的常数项。

模型式（3-13）可以通过交互式算法分别转化成上界和下界目标函数的子模型进行求解。对于以收益最大化为目标的规划模型，应首先求解目标函数上界子模型 f^+。上界子模型求解如下：

$$\max f^+ = \sum_{j=1}^{k_1} c_j^+ \times x_j^+ + \sum_{j=k_1+1}^{n_1} c_j^- \times x_j^- - \sum_{l=1}^{k_2}\sum_{s=1}^{n} p_s \times d_l^- \times y_{ls}^- - \sum_{l=k_2+1}^{n_2}\sum_{s=1}^{n} p_s \times d_l^+ \times y_{ls}^+ \quad (3\text{-}14)$$

约束条件：

$$\sum_{j=1}^{k_1} \left|a_{rj}^-\right|^- \operatorname{sign}(a_{rj}^-) \times x_j^+ + \sum_{j=k_1+1}^{n_1} \left|a_{rj}^+\right|^+ \operatorname{sign}(a_{rj}^+) \times x_j^- \leqslant b_r^+, \forall r$$

$$\sum_{j=1}^{k_1} T(\omega_s^+) x_j^+ + \sum_{j=k_1+1}^{n_1} T(\omega_s^+) x_j^- + \sum_{l=1}^{k_2} W(\omega_s^+) y_{ls}^- + \sum_{l=k_2+1}^{n_2} W(\omega_s^+) y_{ls}^+ = h(\omega_s^+), \forall s$$

$$\sum_{s}^{n} p_s = 1$$

$$x_j^- \geqslant 0,\ j = 1, 2, \cdots, k_1$$

$$x_j^+ \geqslant 0,\ j = k_1+1, k_1+2, \cdots, n_2$$

$$y_{ls}^- \geqslant 0, \forall s; l = 1, 2, \cdots, k_2$$

$$y_{ls}^+ \geqslant 0, \forall s; l = k_2+1, k_2+2, \cdots, n_2$$

式中，$x_j^{\pm}(j=1,2,\cdots,k_1)$ 为区间变量，在目标函数中对应的系数为正；$x_j^{\pm}(j=k_1+1, k_1+2,\cdots,n_2)$ 为区间变量，在目标函数中对应的系数为负；$y_{ls}^{\pm}(l=1,2,\cdots,k_1,\forall s)$ 为区间变量，在目标函数中对应的系数为正；$y_{ls}^{\pm}(l=k_2+1, k_2+2,\cdots,n_2,\forall s)$ 为区间变量，在目标函数中对应的系数为负。

通过模型式（3-14）求解得解集 $x_{j\text{opt}}^+(j=1,2,\cdots,k_1)$，$x_{j\text{opt}}^-(j=k_1+1, k_1+2,\cdots,n_1)$，$y_{ls\text{opt}}^-(j=1,2,\cdots,k_2)$ 和 $y_{ls\text{opt}}^+(j=k_2+1, k_2+2,\cdots,n_2)$。下界子模型 f^- 求解如下：

$$\max f^- = \sum_{j=1}^{k_1} (c_j^- \times x_j^-) + \sum_{j=k_1+1}^{n_1} (c_j^+ \times x_j^+) - \sum_{l=1}^{k_2}\sum_{s=1}^{n} (p_s \times d_l^+ \times y_{ls}^+) - \sum_{l=k_2+1}^{n_2}\sum_{s=1}^{n} (p_s \times d_l^- \times y_{ls}^-)$$

$$(3\text{-}15)$$

约束条件：

$$\sum_{j=1}^{k_1} \left(\left|a_{rj}^+\right|^+ \times \operatorname{sign}(a_{rj}^+) \times x_j^-\right) + \sum_{j=k_1+1}^{n_1} \left(\left|a_{rj}^-\right|^- \times \operatorname{sign}(a_{rj}^-) \times x_j^+\right) \leqslant b_r^-, \forall r$$

$$\sum_{j=1}^{k_1} T(\omega_s^-) x_j^- + \sum_{j=k_1+1}^{n_1} T(\omega_s^-) x_j^+ + \sum_{l=1}^{k_2} W(\omega_s^-) y_{ls}^+ + \sum_{l=k_2+1}^{n_2} W(\omega_s^-) y_{ls}^- = h(\omega_s^-), \forall s$$

$$\sum_{s}^{n} p_s = 1$$

$$x_{j\mathrm{opt}}^+ \geqslant x_j^- \geqslant 0, j = 1, 2, \cdots, k_1$$

$$0 \leqslant x_{j\mathrm{opt}}^- \leqslant x_j^+, j = k_1+1, k_1+2, \cdots, n_2$$

$$y_{ls}^+ \geqslant y_{ls\mathrm{opt}}^- \geqslant 0, \forall s; l = 1, 2, \cdots, k_2$$

$$y_{ls\mathrm{opt}}^+ \geqslant y_{ls}^- \geqslant 0, \forall s; l = k_2+1, k_2+2, \cdots, n_2$$

求解子模型式（3-15）得解集 $x_{j\mathrm{opt}}^-(j=1,2,\cdots,k_1)$，$x_{j\mathrm{opt}}^+(j=k_1+1,k_1+2,\cdots,n_1)$，$y_{ls\mathrm{opt}}^+(j=1,2,\cdots,k_2)$ 和 $y_{ls\mathrm{opt}}^-(j=k_2+1,k_2+2,\cdots,n_2)$。结合上下界子模型的解，最终得到区间两阶段规划模型式（3-13）的解为 $f_{j\mathrm{opt}}^\pm = [f_{j\mathrm{opt}}^-, f_{j\mathrm{opt}}^+]$，$x_{j\mathrm{opt}}^\pm = [x_{j\mathrm{opt}}^-, x_{j\mathrm{opt}}^+]$，$y_{ls\mathrm{opt}}^\pm = [y_{ls\mathrm{opt}}^-, y_{ls\mathrm{opt}}^+]$。

2. 下方风险理论

风险管理的背景下，由于流域产业结构、用水效率、排污水平等的空间分异性特征，在水资源和水环境双重约束条件下的水资源规划模型可能会导致水资源过量分配到用水收益较高或排污系数低的地区和用水部门，造成低收益和高排污部门配水量低于用水限值而制约该部门的发展，导致区域用水安全问题，从而降低规划模型的可靠性和可行性。

下方风险是指规划模型的系统收益低于预期收益目标而产生的偏差，而下方风险控制是指使这一偏差低于某一设定值。下方风险理论在规划风险管理方面具有一定的优势，它能将风险关系引入规划模型中。为了实现下方风险与两阶段规划模型的结合，定义 $\delta(x, \Omega_s)$ 为情景 s 下参数 x 收益目标 Ω_s 的正偏差，$\mathrm{Profit}_s(x)$ 为情景 s 下的收益，定义如下：

$$\delta(x, \Omega_s) = \begin{cases} \Omega_s - \mathrm{Profit}_s(x), & \mathrm{Profit}_s(x) < \Omega_s \\ 0, & \mathrm{Profit}_s(x) \geqslant \Omega_s \end{cases}, \forall s$$

由于各个情景都是相互独立的，下方风险能够表达成

$$\mathrm{DRisk}\delta(x, \Omega_s) = E[\delta(x, \Omega_s)] = \sum_{s=1}^{S} p_s \delta(x, \Omega_s)$$

3. 区间两阶段随机下方风险规避模型

基于下方风险的区间两阶段随机规划模型是区间两阶段随机规划模型和下方风险控制方法的有机结合，模型如下：

$$\max f^{\pm} = c^{\pm} \times x^{\pm} - \sum_{s=1}^{S} p_s \times Q(y^{\pm}, \omega_s^{\pm}) \qquad (3\text{-}16)$$

约束条件：
$$A^{\pm} \times x^{\pm} \leq b^{\pm}$$

$$\boldsymbol{T}(\omega_s^{\pm}) \times x^{\pm} + \boldsymbol{W}(\omega_s^{\pm}) \times y^{\pm} = \boldsymbol{h}(\omega_s^{\pm})$$

$$\mathrm{DRisk}\delta(x^{\pm}, \Omega_s^{\pm}) = \sum_{s=1}^{S} p_s \delta(x^{\pm}, \Omega_s^{\pm}) \leq \lambda \times \psi^{\pm}$$

$$\mathrm{Profit}_s(x^{\pm}) = c^{\pm} \times x^{\pm} - \sum_{s=1}^{S} Q(y^{\pm}, \omega_s^{\pm}),\ \forall s$$

$$\delta(x^{\pm}, \Omega_s^{\pm}) = \begin{cases} \Omega_s^{\pm} - \mathrm{Profit}_s(x^{\pm}), & \mathrm{Profit}_s(x^{\pm}) < \Omega_s^{\pm} \\ 0 & \mathrm{Profit}_s(x^{\pm}) \geq \Omega_s^{\pm} \end{cases},\ \forall s$$

$$x^{\pm} \geq 0,\ y(\omega_s^{\pm}) \geq 0$$

式中，$\psi^{\pm}$ 为预期下方风险值；λ 为风险控制因子，确定更为严格的风险控制空间，$\lambda \in [0,1]$。

模型式（3-16）可以通过交互式算法分别转化成上界和下界目标函数的子模型进行求解。对于以收益最大化为目标的规划模型，应首先求解目标函数上界子模型 f^+。上界子模型求解如下：

$$\max f^+ = \sum_{j=1}^{k_1}(c_j^+ \times x_j^+) + \sum_{j=k_1+1}^{n_1}(c_j^- \times x_j^-) - \sum_{l=1}^{k_2}\sum_{s=1}^{n}(p_s \times d_l^- \times y_{ls}^-) - \sum_{l=k_2+1}^{n_2}\sum_{s=1}^{n}(p_s \times d_l^+ \times y_{ls}^+)$$

$$(3\text{-}17)$$

约束条件：

$$\sum_{j=1}^{k_1}\left(\left|a_{rj}^-\right|^- \times \mathrm{sign}(a_{rj}^-) \times x_j^+\right) + \sum_{j=k_1+1}^{n_1}\left(\left|a_{rj}^+\right|^+ \times \mathrm{sign}(a_{rj}^+) \times x_j^-\right) \leq b_r^+, \forall r$$

$$\sum_{j=1}^{k_1}\left(\boldsymbol{T}(\omega_s^+) \times x_j^+\right) + \sum_{j=k_1+1}^{n_1}\left(\boldsymbol{T}(\omega_s^+) \times x_j^-\right) + \sum_{l=1}^{k_2}\left(\boldsymbol{W}(\omega_s^+) \times y_{ls}^-\right) + \sum_{l=k_2+1}^{n_2}\left(\boldsymbol{W}(\omega_s^+) \times y_{ls}^+\right) = \boldsymbol{h}(\omega_s^+), \forall s$$

$$\mathrm{DRisk}\delta(x^{\pm}, \Omega_s^+) = \sum_{s=1}^{N}\left(p_s \times \delta(x^{\pm}, \Omega_s^+)\right) \leq \lambda \cdot \psi^+$$

$$\mathrm{Profit}(x^{\pm}) = \sum_{j=1}^{k_1}(c_j^+ \times x_j^+) + \sum_{j=k_1+1}^{n_1}(c_j^- \times x_j^-) - \sum_{l=1}^{k_2}\sum_{s=1}^{n}(d_l^- \times y_{ls}^-) - \sum_{l=k_2+1}^{n_2}\sum_{s=1}^{n}(d_l^+ \times y_{ls}^+)$$

$$\delta_s(x^{\pm}, \Omega_s^+) = \begin{cases} \Omega_s^+ - \mathrm{Profit}_s(x^{\pm}), & \mathrm{Profit}_s(x^{\pm}) < \Omega_s^+ \\ 0 & \mathrm{Profit}_s(x^{\pm}) \geq \Omega_s^+ \end{cases}, \forall s$$

$$\sum_s^n p_s = 1$$

$$x_j^- \geqslant 0, j=1,2,\cdots,k_1$$
$$x_j^+ \geqslant 0, j=k_1+1,k_1+2,\cdots,n_2$$
$$y_{ls}^- \geqslant 0, \forall s; l=1,2,\cdots,k_2$$
$$y_{ls}^+ \geqslant 0, \forall s; l=k_2+1,k_2+2,\cdots,n_2$$

式中，$x_j^\pm(j=1,2,\cdots,k_1)$ 为目标函数中的正系数区间变量；$x_j^\pm(j=k_1+1,k_1+2,\cdots,n_2)$ 为负系数区间变量；$y_{ls}^\pm(l=1,2,\cdots,k_2,\forall s)$ 为目标函数的正系数随机变量；$y_{ls}^\pm(l=k_2+1,k_2+2,\cdots,n_2,\forall s)$ 为目标函数中的负系数随机变量。

通过模型式（3-17）求解得解集 $x_{j\text{opt}}^-(j=1,2,\cdots,k_1)$，$x_{j\text{opt}}^-(j=k_1+1,k_1+2,\cdots,n_1)$，$y_{ls\text{opt}}^-(j=1,2,\cdots,k_2)$ 和 $y_{ls\text{opt}}^+(j=k_2+1,k_2+2,\cdots,n_2)$。下界子模型 f^- 求解如下：

$$\max f^- = \sum_{j=1}^{k_1}(c_j^- \times x_j^-) + \sum_{j=k_1+1}^{n_1}(c_j^+ \times x_j^+) - \sum_{l=1}^{k_2}\sum_{s=1}^{n}(p_s \times d_l^+ \times y_{ls}^+) - \sum_{l=k_2+1}^{n_2}\sum_{s=1}^{n}(p_s \times d_l^- \times y_{ls}^-)$$

（3-18）

约束条件：

$$\sum_{j=1}^{k_1}\left(\left|a_{rj}^+\right|^+ \times \text{sign}(a_{rj}^+) \times x_j^-\right) + \sum_{j=k_1+1}^{n_1}\left(\left|a_{rj}^-\right|^- \times \text{sign}(a_{rj}^-) \times x_j^+\right) \leqslant b_r^-, \forall r$$

$$\sum_{j=1}^{k_1}\left(T(\omega_s^-) \times x_j^-\right) + \sum_{j=k_1+1}^{n_1}\left(T(\omega_s^-) \times x_j^+\right) + \sum_{l=1}^{k_2}(W(\omega_s^-) \times y_{ls}^+)$$
$$+ \sum_{l=k_2+1}^{n_2}(W(\omega_s^-) \times y_{ls}^-) = h(\omega_s^-), \forall s$$

$$\text{DRisk}\delta(x^\pm, \Omega_s^-) = \sum_{s=1}^{N}\left(p_s \times \delta(x^\pm, \Omega_s^-)\right) \leqslant \lambda \cdot \psi^-$$

$$\text{Profit}(x^\pm) = \sum_{j=1}^{k_1}(c_j^- \times x_j^-) + \sum_{j=k_1+1}^{n_1}(c_j^+ \times x_j^+) - \sum_{l=1}^{k_2}\sum_{s=1}^{n}(d_l^+ \times y_{ls}^+) - \sum_{l=k_2+1}^{n_2}\sum_{s=1}^{n}(d_l^- \times y_{ls}^-)$$

$$\delta_s(x^\pm, \Omega_s^-) = \begin{cases}\Omega_s^- - \text{Profit}_s(x^\pm), & \text{Profit}_s(x^\pm) < \Omega_s^- \\ 0 & \text{Profit}_s(x^\pm) \geqslant \Omega_s^-\end{cases}, \forall s$$

$$\sum_{s}^{n} p_s = 1$$

$$x_{j\text{opt}}^+ \geqslant x_j^- \geqslant 0, j=1,2,\cdots,k_1$$
$$0 \leqslant x_{j\text{opt}}^- \leqslant x_j^+, j=k_1+1,k_1+2,\cdots,n_2$$
$$y_{ls}^+ \geqslant y_{ls\text{opt}}^- \geqslant 0, \forall s; l=1,2,\cdots,k_2$$
$$y_{ls\text{opt}}^+ \geqslant y_{ls}^- \geqslant 0, \forall s; l=k_2+1,k_2+2,\cdots,n_2$$

求解子模型式（3-18）得解集 $x_{j\text{opt}}^-(j=1,2,\cdots,k_1)$，$x_{j\text{opt}}^+(j=k_1+1,k_1+2,\cdots,n_1)$，

y_{lsopt}^+ $(j=1,2,\cdots,k_2)$ 和 y_{lsopt}^- $(j=k_2+1,k_2+2,\cdots,n_2)$。结合上下界子模型的解，最终得到模型式（3-16）的解为

$$f_{jopt}^{\pm} = \left[f_{jopt}^-, f_{jopt}^+ \right]$$
$$x_{jopt}^{\pm} = \left[x_{jopt}^-, x_{jopt}^+ \right]$$
$$y_{lsopt}^{\pm} = \left[y_{lsopt}^-, y_{lsopt}^+ \right]$$

3.3.3 生产-生活-生态用水统筹优化模型

1. 模型构建

水资源优化配置既要同时破解流域的水量水质制约，还应满足社会经济发展的最低需求。因此，基于"四水四定"原则的汾河城市群水资源优化配置模型构建以流域的社会经济综合收益最大化为目标，包括生产、生活各部门的水资源利用所带来的经济收益，以及水资源使用成本、水处理成本等。主要约束条件包括：①可利用水资源量，各控制单元或用水部门供水量不得超过流域最大可用水资源量；②水环境目标，生产和生活产生的污染物入河量应低于该单元的水环境容量与"生态补水"产生的容量增量之和；③社会经济发展需求，流域各部门供水量应满足最低的用水需求。汾河城市群水资源优化配置理论模型构建如下：

$$\max f^{\pm} = f_1^{\pm} - f_2^{\pm} - f_3^{\pm} - f_4^{\pm} - f_5^{\pm} - f_6^{\pm} \tag{3-19}$$

1）水资源开发利用收益

水资源开发利用收益主要包括汾河流域 16 个水环境控制单元工业、生活、农业和环境部门用水而产生的社会经济收益。

$$f_1^{\pm} = \sum_{i=1}^{16}\sum_{k=1}^{4}\sum_{t=1}^{3}\left(L_t \times \mathrm{UNB}_{ikt}^{\pm}\right) \times \left(\mathrm{IAW}_{ikt}^{\pm} + \sum_{h=1}^{3}\left(p_h \times \mathrm{RW}_{ikth}^{\pm}\right)\right) \tag{3-20}$$

式中，i 为水环境控制单元；k 为用水部门，$k=1,2,3,4$ 分别代表工业、生活、农业和环境；t 为规划期，$t=1$ 为第一规划期（2019～2023 年），$t=2$ 为第二规划期（2024～2028 年），$t=3$ 为第三规划期（2029～2033 年）；h 为汾河流域可利用水资源量水平，$h=1,2,3$ 分别代表低、中、高三种水平；L_t 为规划期长度，5 年；$\mathrm{UNB}_{ikt}^{\pm}$ 为单位用水收益，10^4元/10^4m^3；$\mathrm{IAW}_{ikt}^{\pm}$ 为计划配水量，10^4m^3；p_h 为汾河流域可利用水资源量在 h 水平下的概率；$\mathrm{RW}_{ikth}^{\pm}$ 为再生水使用量，10^4m^3。

2）水资源缺失惩罚

水资源缺失惩罚是指水资源不足导致某一单元或用水部门计划配水量无法得到满足，从而采取减产或外购等手段引起的社会经济损失。

$$f_2^{\pm} = \sum_{i=1}^{16}\sum_{k=1}^{4}\sum_{t=1}^{3}\sum_{h=1}^{3}\left(L_t \times p_h \times \mathrm{PNB}_{ikt}^{\pm} \times \mathrm{DIAW}_{ikth}^{\pm}\right) \tag{3-21}$$

式中，$PNB_{ikt}^{\pm}$ 为单位缺水量的经济损失（10^4 元/$10^4 m^3$）；$DIAW_{ikth}^{\pm}$ 为缺失配水量，$10^4 m^3$。

3）供水成本

供水成本包括不同情景下各单元及用水部门最终的新鲜水及再生水使用成本。

$$f_3^{\pm} = \sum_{i=1}^{16}\sum_{k=1}^{4}\sum_{t=1}^{3}\left(L_t \times \left(IAW_{ikt}^{\pm} - \sum_{h=1}^{3} p_h \times DIAW_{ikth}^{\pm}\right) \times CW_{ikt}^{\pm}\right) \\ + \sum_{i=1}^{16}\sum_{k=1}^{4}\sum_{t=1}^{3}\left(p_h \times L_t \times RW_{ikth}^{\pm} \times CRW_{ikt}^{\pm}\right) \tag{3-22}$$

式中，$CW_{ikt}^{\pm}$ 为用水价格，10^4 元/$10^4 m^3$；$CRW_{ikt}^{\pm}$ 为再生水价格，10^4 元/$10^4 m^3$。

4）水处理成本

水处理成本是指各用水部门用以处理废污水及再生水而产生的费用。

$$f_4^{\pm} = \sum_{i=1}^{16}\sum_{k=1}^{4}\sum_{t=1}^{3} L_t \times \left(IAW_{ikt}^{\pm} - \sum_{h=1}^{3} p_h \times DIAW_{ikth}^{\pm}\right) \times \alpha_{ikt}^{\pm} \times \left(CWW_{ikt}^{\pm} + \xi_{ikt}^{\pm} \times CRWT_{ikt}^{\pm}\right) \tag{3-23}$$

式中，$\alpha_{ikt}^{\pm}$ 为污水产生系数；$\xi_{ikt}^{\pm}$ 为再生水生产能力；$CWW_{ikt}^{\pm}$ 为污水处理成本，10^4 元/$10^4 m^3$；$CRWT_{ikt}^{\pm}$ 为再生水处理成本，10^4 元/$10^4 m^3$。

5）生态补水成本

生态补水是指用以净化超额排放污染物从而满足水环境质量底线约束的水资源，生态补水量的增加意味着工业、生活和农业部门的用水量减少。

$$f_5^{\pm} = \sum_{i=1}^{16}\sum_{t=1}^{3}\sum_{h=1}^{3}\left(L_t \times p_h \times GW_{ith}^{\pm} \times CEW_{it}^{\pm}\right) \tag{3-24}$$

式中，$GW_{ith}^{\pm}$ 为生态补水量，$10^4 m^3$；$CEW_{it}^{\pm}$ 为生态补水成本，10^4 元/$10^4 m^3$。

6）下方风险控制

$$f_6^{\pm} = \omega \times \sum_{i=1}^{16}\sum_{k=1}^{4}\sum_{t=1}^{3} DRisk_{ikt}^{\pm} \tag{3-25}$$

式中，ω 为风险控制水平；$DRisk_{ikt}^{\pm}$ 为下方风险，10^4 元。

约束条件：

（1）水资源利用上线约束。

汾河流域内各单元及用水部门配水量不得高于该单元的水资源利用上线以及最大可利用水资源量。

$$\sum_{k=1}^{4}\left(IAW_{ijkt}^{\pm} - DIAW_{ikth}^{\pm}\right) \leqslant AWQ_{it}^{\pm}; \forall i,t,h \tag{3-26}$$

$$\sum_{i=1}^{16}\sum_{k=1}^{4}\left(IAW_{ikt}^{\pm} - DIAW_{ikth}^{\pm}\right) + GW_{ith}^{\pm} \leqslant TAWQ_t^{\pm}; \forall t,h \tag{3-27}$$

$$DIAW_{ikth}^{\pm} \leqslant IAW_{ikt}^{\pm}; \forall i,k,t,h \tag{3-28}$$

式中，$AWQ_{it}^{\pm}$ 为水资源利用上线，$10^4 m^3$；$TAWQ_t^{\pm}$ 为流域可利用水资源总量，$10^4 m^3$。

（2）用水需求约束。

各单元及用水部门配水量需满足最低用水需求。

$$\left(IAW_{ikt}^{\pm} - DIAW_{ikth}^{\pm}\right) + RW_{ikth}^{\pm} \geqslant WD_{\min ikt}^{\pm}; \quad \forall i,k,t,h \tag{3-29}$$

$$\left(IAW_{ikt}^{\pm} - DIAW_{ikth}^{\pm}\right) + RW_{ikth}^{\pm} \leqslant WD_{\max ikt}^{\pm}; \quad \forall i,k,t,h \tag{3-30}$$

式中，$WD_{\min ikt}^{\pm}$ 为最低用水需求，$10^4 m^3$；$WD_{\max ikt}^{\pm}$ 为用水上线，$10^4 m^3$。

（3）水处理能力约束。

$$\left(IAW_{ikt}^{\pm} - DIAW_{ikth}^{\pm}\right) \cdot \alpha_{ikt}^{\pm} \leqslant ATW_{ikt}^{\pm}; \quad \forall i,t,h, k=1,2 \tag{3-31}$$

式中，$ATW_{ikt}^{\pm}$ 为污水处理能力，$10^4 t/a$。

（4）再生水生产能力约束。

$$\left(IAW_{ikt}^{\pm} - DIAW_{ikth}^{\pm}\right) \cdot \alpha_{ikt}^{\pm} \cdot \xi_{ikt}^{\pm} \geqslant \sum_{k=1}^{4} RW_{ikth}^{\pm}; \quad \forall i,t,h \tag{3-32}$$

（5）污染物排放约束。

$$\sum_{k=1}^{4}\left(IAW_{ikt}^{\pm} - DIAW_{ikth}^{\pm}\right) \times \alpha_{ikt}^{\pm} \times \left(1 - \xi_{ikt}^{\pm}\right) \times EC_{krt}^{\pm} \leqslant TED_{irt}^{\pm}; \quad \forall i,r,t,h \tag{3-33}$$

式中，$EC_{krt}^{\pm}$ 为污水排放标准，$t/10^4 m^3$；$TED_{irt}^{\pm}$ 为污染物允许排放量，$t/10^4 m^3$。

（6）水环境质量底线约束。

$$\begin{aligned}&\sum_{k=1}^{4}\left(IAW_{ikt}^{\pm} - DIAW_{ikth}^{\pm}\right) \times \alpha_{ikt}^{\pm} \times \left(1 - \xi_{ikt}^{\pm}\right) \times EC_{krt}^{\pm} \times IDR_{krt} \\ &- \left(CS_{irt}^{\pm} - C_{0irt}^{\pm}\right) \times GW_{ith}^{\pm} \leqslant ALD_{irth}^{\pm}, \forall i,r,t,h\end{aligned} \tag{3-34}$$

式中，$EC_{krt}^{\pm}$ 为污水排放标准，$t/10^4 m^3$；IDR_{krt} 为污染物入河系数；$CS_{irt}^{\pm}$ 为水环境质量底线目标，$t/10^4 m^3$；$C_{0irt}^{\pm}$ 为补水背景浓度，$t/10^4 m^3$；$ALD_{irth}^{\pm}$ 为水环境容量，t。

（7）下方风险。

$$\begin{aligned}PRW_{ith}^{\pm} = L_t \times &\left\{\sum_{k=1}^{4} UNB_{ikt}^{\pm} \times \left(IAW_{ikt}^{\pm} + RW_{ikth}^{\pm}\right) - PNB_{ikt}^{\pm} \times DIAW_{ikth}^{\pm}\right. \\ &- \sum_{k=1}^{4}\left[\left(IAW_{ikt}^{\pm} - DIAW_{ikth}^{\pm}\right) \times CW_{ikt}^{\pm} + RW_{ikth}^{\pm} \times CRW_{ikt}^{\pm}\right] \\ &- \sum_{k=1}^{4}\left(IAW_{ikt}^{\pm} - DIAW_{ikth}^{\pm}\right) \times \left(\alpha_{ikt}^{\pm} \times CWW_{ikt}^{\pm} + \alpha_{ikt}^{\pm} \times \xi_{ikt}^{\pm} \times CRWT_{ikt}^{\pm}\right) \\ &\left. - GW_{ith}^{\pm} \times CEW_{it}^{\pm}\right\}; \quad \forall i,t,h\end{aligned}$$

$$\tag{3-35}$$

第3章　黄河流域资源型地区绿色转型发展规划技术方法

$$\text{Delta}_{ith}^{\pm} = \begin{cases} \Omega_{it}^{\pm} - \text{PRW}_{ith}^{\pm}, & \text{PRW}_{ith}^{\pm} < \Omega_{it}^{\pm} \\ 0, & \text{PRW}_{ith}^{\pm} > \Omega_{it}^{\pm} \end{cases} ; \forall i,t,h \tag{3-36}$$

$$D\text{Risk}_{it}^{\pm} = \sum_{h=1}^{3}(p_h \times \text{Delta}_{ith}^{\pm}), \forall i,t \tag{3-37}$$

式中，$\text{PRW}_{ith}^{\pm}$ 为优化用水收益，10^4 元；$\Omega_{it}^{\pm}$ 为期望收益，10^4 元；$\text{Delta}_{ith}^{\pm}$ 为优化用水收益与期望收益的正偏差，10^4 元。

（8）非负约束。

$$\text{DIAW}_{ikth}^{\pm}, \text{RW}_{ikth}^{\pm} \geqslant 0 \tag{3-38}$$

2. 模型求解

所建区间两阶段下方风险规避模型可以采用交互式算法拆分为上下界两个子模型求解，由于目标函数为经济收益最大化，因此首先求解上界子模型，模型表示为

$$\max f^+ = f_1^+ - f_2^- - f_3^- - f_4^- - f_5^- - f_6^- \tag{3-39}$$

$$f_1^+ = \sum_{i=1}^{16}\sum_{k=1}^{4}\sum_{t=1}^{3} L_t \times \text{UNB}_{ikt}^+ \times \left(\text{IAW}_{ikt} + \sum_{h=1}^{3} p_h \times \text{RW}_{ikth}^+\right)$$

$$f_2^- = \sum_{i=1}^{16}\sum_{k=1}^{4}\sum_{t=1}^{3}\sum_{h=1}^{3}(L_t \times p_h \times \text{PNB}_{ikt}^- \times \text{DIAW}_{ikth}^-)$$

$$f_3^- = \sum_{i=1}^{16}\sum_{k=1}^{4}\sum_{t=1}^{3} L_t \times \left(\text{IAW}_{ikt} - \sum_{h=1}^{3} p_h \times \text{DIAW}_{ikth}^-\right) \times \text{CW}_{ikt}^-$$

$$+ \sum_{i=1}^{16}\sum_{k=1}^{4}\sum_{t=1}^{4}\sum_{h=1}^{3}(p_h \times L_t \times \text{RW}_{ikth}^+ \times \text{CRW}_{ikt}^-)$$

$$f_4^- = \sum_{i=1}^{16}\sum_{k=1}^{4}\sum_{t=1}^{3} L_t \times \left(\text{IAW}_{ikt} - \sum_{h=1}^{3} p_h \times \text{DIAW}_{ikth}^-\right) \times \alpha_{ikt}^- \times \left(\text{CWW}_{ikt}^- + \xi_{ikt}^- \times \text{CRWT}_{ikt}^-\right)$$

$$f_5^- = \sum_{i=1}^{16}\sum_{t=1}^{3}\sum_{h=1}^{3}(L_t \times p_h \times \text{GW}_{ith}^- \times \text{CEW}_{it}^-)$$

$$f_6^- = \omega \times \sum_{i=1}^{16}\sum_{k=1}^{4}\sum_{t=1}^{3} D\text{Risk}_{ikt}^-$$

约束：

$$\text{IAW}_{ikt} = \text{IAW}_{ikt}^- + \mu_{ikt} \times \left(\text{IAW}_{ikt}^+ - \text{IAW}_{ikt}^-\right); \forall i,k,t$$

$$0 \leqslant \mu_{ikt} \leqslant 1; \forall i,k,t$$

式中，μ_{ikt} 为不确定性参数。

$$\sum_{k=1}^{4}\left(\text{IAW}_{ikt} - \text{DIAW}_{ikth}^-\right) \leqslant \text{AWQ}_{it}^+; \forall i,t,h$$

$$\sum_{i=1}^{16}\sum_{k=1}^{4}\left(\text{IAW}_{ikt} - \text{DIAW}_{ikth}^{-}\right) + \text{GW}_{ith}^{-} \leqslant \text{TAWQ}_{t}^{+}; \ \forall t,h$$

$$\text{DIAW}_{ikth}^{-} \leqslant \text{IAW}_{ikt}; \ \forall i,k,t,h$$

$$\left(\text{IAW}_{ikt} - \text{DIAW}_{ikth}^{-}\right) + \text{RW}_{ikth}^{+} \geqslant \text{WD}_{\min ikt}^{-}; \ \forall i,k,t,h$$

$$\left(\text{IAW}_{ikt} - \text{DIAW}_{ikth}^{-}\right) + \text{RW}_{ikth}^{+} \leqslant \text{WD}_{\max ikt}^{+}; \ \forall i,k,t,h$$

$$\left(\text{IAW}_{ikt} - \text{DIAW}_{ikth}^{-}\right) \times \alpha_{ikt}^{-} \leqslant \text{ATW}_{ikt}^{+}; \ \forall i,t,h, k=1,2$$

$$\left(\text{IAW}_{ikt} - \text{DIAW}_{ikth}^{-}\right) \times \alpha_{ikt}^{-} \times \xi_{ikt}^{+} \geqslant \sum_{k=1}^{4}\text{RW}_{ikth}^{+}; \ \forall i,t,h$$

$$\sum_{k=1}^{4}\left(\text{IAW}_{ikt} - \text{DIAW}_{ikth}^{-}\right) \times \alpha_{ikt}^{-} \times \left(1 - \xi_{ikt}^{+}\right) \times \text{EC}_{krt}^{-} \leqslant \text{TED}_{irt}^{+}; \ \forall i,r,t,h$$

$$\sum_{k=1}^{4}\left(\text{IAW}_{ikt} - \text{DIAW}_{ikth}^{-}\right) \times \alpha_{ikt}^{-} \times \left(1 - \xi_{ikt}^{+}\right) \times \text{EC}_{krt}^{-} \times \text{IDR}_{krt}$$

$$-\left(\text{CS}_{irt} - C_{0irt}\right) \times \text{GW}_{ith}^{-} \leqslant \text{ALD}_{irth}^{+}; \ \forall i,r,t,h$$

$$\text{PRW}_{ith}^{+} = L_{t} \cdot \left\{\sum_{k=1}^{4}\text{UNB}_{ikt}^{+} \times \left(\text{IAW}_{ikt} + \text{RW}_{ikth}^{+}\right) - \text{PNB}_{ikt}^{-} \times \text{DIAW}_{ikth}^{-}\right.$$

$$-\sum_{k=1}^{4}\left[\left(\text{IAW}_{ikt} - \text{DIAW}_{ikth}^{-}\right) \times \text{CW}_{ikt}^{-} + \text{RW}_{ikth}^{+} \times \text{CRW}_{ikt}^{-}\right]$$

$$-\sum_{k=1}^{4}\left(\text{IAW}_{ikt} - \text{DIAW}_{ikth}^{-}\right) \times \left(\alpha_{ikt}^{-} \times \text{CWW}_{ikt}^{-} + \alpha_{ikt}^{-} \times \xi_{ikt}^{+} \times \text{CRWT}_{ikt}^{-}\right)$$

$$\left. -\text{GW}_{ith}^{-} \times \text{CEW}_{it}^{-}\right\}; \ \forall i,t,h$$

$$\text{Delta}_{ith}^{-} = \begin{cases} \Omega_{tt}^{+} - \text{PRW}_{ith}^{+}, & \text{PRW}_{ith}^{+} \leqslant \Omega_{tt}^{+} \\ 0, & \text{PRW}_{ith}^{+} > \Omega_{tt}^{+} \end{cases}; \ \forall i,t,h$$

$$\text{DRisk}_{it}^{-} = \sum_{h=1}^{3}\left(p_{h} \times \text{Delta}_{ith}^{-}\right); \ \forall i,t$$

通过上述模型求解，可以得到 IAW_{ikt}，即第一阶段汾河流域各水环境控制单元工业、生活、农业和环境部门初始优化配水量，第二阶段各部门的缺失水量和生态补水量的下限解 DIAW_{ikth}^{-}、GW_{ith}^{-}，以及回用水量的上限解 RW_{ikth}^{+}。基于交互式算法，将上界模型结果 IAW_{ikt} 作为下界模型参数，求解下界子模型：

$$\max f^{-} = f_{1}^{-} - f_{2}^{+} - f_{3}^{+} - f_{4}^{+} - f_{5}^{+} - f_{6}^{+} \quad (3\text{-}40)$$

$$f_{1}^{-} = \sum_{i=1}^{16}\sum_{k=1}^{4}\sum_{t=1}^{3}(L_{t} \times \text{UNB}_{ikt}^{-}) \times \left(\text{IAW}_{ikt} + \sum_{h=1}^{3}(p_{h} \times \text{RW}_{ikth}^{-})\right)$$

$$f_{2}^{+} = \sum_{i=1}^{16}\sum_{k=1}^{4}\sum_{t=1}^{3}\sum_{h=1}^{3}(L_{t} \times p_{h} \times \text{PNB}_{ikt}^{+} \times \text{DIAW}_{ikth}^{+})$$

$$f_3^+ = \sum_{i=1}^{16}\sum_{k=1}^{4}\sum_{t=1}^{3} L_t \times \left(\text{IAW}_{ikt} - \sum_{h=1}^{3} p_h \times \text{DIAW}_{ikth}^+ \right) \times \text{CW}_{ikt}^+$$

$$+ \sum_{i=1}^{16}\sum_{k=1}^{4}\sum_{t=1}^{4}\sum_{h=1}^{3} \left(p_h \times L_t \times \text{RW}_{ikth}^- \times \text{CRW}_{ikt}^+ \right)$$

$$f_4^+ = \sum_{i=1}^{16}\sum_{k=1}^{4}\sum_{t=1}^{3} L_t \times \left(\text{IAW}_{ikt} - \sum_{h=1}^{3} p_h \times \text{DIAW}_{ikth}^+ \right) \times \alpha_{ikt}^+ \times \left(\text{CWW}_{ikt}^+ + \xi_{ikt}^- \times \text{CRWT}_{ikt}^+ \right)$$

$$f_5^+ = \sum_{i=1}^{16}\sum_{t=1}^{3}\sum_{h=1}^{3} \left(L_t \times p_h \times \text{GW}_{ith}^+ \times \text{CEW}_{it}^+ \right)$$

$$f_6^+ = \omega \times \sum_{i=1}^{16}\sum_{k=1}^{4}\sum_{t=1}^{3} \left(D\text{Risk}_{ikt}^+ \right)$$

约束：

$$\sum_{k=1}^{4} \left(\text{IAW}_{ikt} - \text{DIAW}_{ikth}^+ \right) \leqslant \text{AWQ}_{it}^-;\ \forall i,t,h$$

$$\sum_{i=1}^{16}\sum_{k=1}^{4} \left(\text{IAW}_{ikt} - \text{DIAW}_{ikth}^+ \right) + \text{GW}_{ith}^+ \leqslant \text{TAWQ}_t^-;\ \forall t,h$$

$$\text{DIAW}_{ikth}^+ \leqslant \text{IAW}_{ikt};\ \forall i,k,t,h$$

$$\left(\text{IAW}_{ikt} - \text{DIAW}_{ikth}^+ \right) + \text{RW}_{ikth}^- \geqslant \text{WD}_{\min ikt}^-;\ \forall i,k,t,h$$

$$\left(\text{IAW}_{ikt} - \text{DIAW}_{ikth}^+ \right) + \text{RW}_{ikth}^- \leqslant \text{WD}_{\max ikt}^-;\ \forall i,k,t,h$$

$$\left(\text{IAW}_{ikt} - \text{DIAW}_{ikth}^+ \right) \times \alpha_{ikt}^+ \leqslant \text{ATW}_{ikt}^-;\ \forall i,t,h, k=1,2$$

$$\left(\text{IAW}_{ikt} - \text{DIAW}_{ikth}^- \right) \times \alpha_{ikt}^+ \times \xi_{ikt}^- \geqslant \sum_{k=1}^{4} \text{RW}_{ikth}^-;\ \forall i,t,h$$

$$\sum_{k=1}^{4} \left(\text{IAW}_{ikt} - \text{DIAW}_{ikth}^+ \right) \times \alpha_{ikt}^+ \times \left(1 - \xi_{ikt}^- \right) \times \text{EC}_{krt}^+ \leqslant \text{TED}_{irt}^-;\ \forall i,r,t,h$$

$$\sum_{k=1}^{4} \left(\text{IAW}_{ikt} - \text{DIAW}_{ikth}^+ \right) \times \alpha_{ikt}^+ \times \left(1 - \xi_{ikt}^- \right) \times \text{EC}_{krt}^+ \times \text{IDR}_{krt}$$

$$- \left(\text{CS}_{irt} - C_{0irt} \right) \times \text{GW}_{ith}^+ \leqslant \text{ALD}_{irth}^-;\ \forall i,r,t,h$$

$$\text{PRW}_{ith}^- = L_t \cdot \left\{ \sum_{k=1}^{4} \text{UNB}_{ikt}^- \times \left(\text{IAW}_{ikt} + \text{RW}_{ikth}^- \right) - \text{PNB}_{ikt}^+ \times \text{DIAW}_{ikth}^+ \right.$$

$$- \sum_{k=1}^{4} \left[\left(\text{IAW}_{ikt} - \text{DIAW}_{ikth}^+ \right) \times \text{CW}_{ikt}^+ + \text{RW}_{ikth}^- \times \text{CRW}_{ikt}^+ \right]$$

$$- \sum_{k=1}^{4} \left(\text{IAW}_{ikt} - \text{DIAW}_{ikth}^+ \right) \times \left(\alpha_{ikt}^+ \times \text{CWW}_{ikt}^+ + \alpha_{ikt}^+ \times \xi_{ikt}^- \times \text{CRWT}_{ikt}^+ \right)$$

$$\left. - \text{GW}_{ith}^+ \times \text{CEW}_{it}^+ \right\};\ \forall i,t,h$$

$$\text{Delta}_{ith}^{+} = \begin{cases} \Omega_{it}^{-} - \text{PRW}_{ith}^{-}, & \text{PRW}_{ith}^{-} \leqslant \Omega_{it}^{-} \\ 0, & \text{PRW}_{ith}^{-} > \Omega_{it}^{-} \end{cases}; \forall i,t,h$$

$$\text{DRisk}_{it}^{+} = \sum_{h=1}^{3}(p_h \times \text{Delta}_{ith}^{+}); \forall i,t$$

通过下界子模型求解，获得第二阶段各部门的缺失水量和生态补水量的上限解 DIAW_{ikth}^{+}、GW_{ith}^{+}，以及回用水量的下限解 RW_{ikth}^{+}。

3.3.4 基于"四水四定"产业优化模型

1. 随机鲁棒优化

区间两阶段随机下方风险控制方法能够处理汾河流域水资源水环境系统中的多重不确定性，下方风险控制还可以规避用水收益、排污系数等差异造成的单元或用水资源配额不足，并由此而引起的收益与预期目标偏差较大的风险。本节以产业规模调整为切入点，由于现有数据序列的缺失以及预期收益估计值的不确定性，下方风险理论的使用可能会造成模型无解或者优化结果与实际偏差较大，从而无法保证模型优化结果的可靠性。

随机鲁棒优化（stochastic robust optimization，SRO）是一种广泛接受和采用的可以将风险规避结合到优化模型中的随机规划方法，并可以为许多不确定风险问题提供鲁棒性解。在系统的内部和外部环境发生变化时，可以通过鲁棒性保持系统的功能。具有鲁棒性的随化规划模型在管理科学、工程以及技术等实际应用决策中被广泛应用。模型的鲁棒性是指从可行性角度来看模型的解在任何情景下都保持基本可行。其一般模型可以表示为

$$\max f^{\pm} = c^{\pm} \times x^{\pm} - \sum_{s=1}^{N}(p_s \times q(y^{\pm}, \omega_s^{\pm})) \tag{3-41}$$

约束条件：

$$A^{\pm} \times x^{\pm} \leqslant b^{\pm}$$
$$T(\omega_s^{\pm}) \times x^{\pm} + W(\omega_s^{\pm}) \times y^{\pm} = h(\omega_s^{\pm})$$
$$x^{\pm} \geqslant 0, y(\omega_s^{\pm}) \geqslant 0$$

模型式（3-41）可以通过交互式算法分别转化成上界和下界目标函数的子模型进行求解。对于以收益最大化为目标的规划模型，应首先求解目标函数上界子模型 f^{+}。上界子模型求解如下：

$$\max f^{+} = \sum_{j=1}^{k_1}(c_j^{+} \times x_j^{+}) + \sum_{j=k_1+1}^{n_1}(c_j^{-} \times x_j^{-}) - \sum_{l=1}^{k_2}\sum_{s=1}^{n}(p_s \times d_l^{-} \times y_{ls}^{-}) - \sum_{l=k_2+1}^{n_2}\sum_{s=1}^{n}(p_s \times d_l^{+} \times y_{ls}^{+})$$

$$\tag{3-42}$$

约束条件：

$$\sum_{j=1}^{k_1}\left(\left|a_{rj}^-\right|^- \text{sign}(a_{rj}^-) \times x_j^+\right) + \sum_{j=k_1+1}^{n_1}\left(\left|a_{rj}^+\right|^+ \text{sign}(a_{rj}^+) \times x_j^-\right) \leqslant b_r^+, \forall r$$

$$\sum_{j=1}^{k_1}\left(T(\omega_s^+) \times x_j^+\right) + \sum_{j=k_1+1}^{n_1}\left(T(\omega_s^+) \times x_j^-\right) + \sum_{l=1}^{k_2}\left(W(\omega_s^+) \times y_{ls}^-\right)$$

$$+ \sum_{l=k_2+1}^{n_2}\left(W(\omega_s^+) \times y_{ls}^+\right) = h(\omega_s^+), \forall s$$

$$\sum_s^n p_s = 1$$

$$x_j^- \geqslant 0, j = 1, 2, \cdots, k_1$$

$$x_j^+ \geqslant 0, j = k_1+1, k_1+2, \cdots, n_2$$

$$y_{ls}^- \geqslant 0, \forall s; l = 1, 2, \cdots, k_2$$

$$y_{ls}^+ \geqslant 0, \forall s; l = k_2+1, k_2+2, \cdots, n_2$$

式中，$x_j^{\pm}(j=1,2,\cdots,k_1)$ 为区间变量，在目标函数中对应的系数为正；$x_j^{\pm}(j=k_1+1, k_1+2,\cdots,n_2)$ 为区间变量，在目标函数中对应的系数为负；$y_{ls}^{\pm}(l=1,2,\cdots,k_2,\forall s)$ 为区间变量，在目标函数中对应的系数为正；$y_{ls}^{\pm}(l=k_2+1,k_2+2,\cdots,n_2,\forall s)$ 为区间变量，在目标函数中对应的系数为负。

通过模型求解得解集 $x_{j\text{opt}}^+(j=1,2,\cdots,k_1)$，$x_{j\text{opt}}^-(j=k_1+1,k_1+2,\cdots,n_1)$，$y_{ls\text{opt}}^-(j=1,2,\cdots,k_1)$ 和 $y_{ls\text{opt}}^+(j=k_1+1,k_1+2,\cdots,n_1)$。下界子模型 f^- 求解如下：

$$\max f^- = \sum_{j=1}^{k_1}(c_j^- \times x_j^-) + \sum_{j=k_1+1}^{n_1}(c_j^+ \times x_j^+) - \sum_{l=1}^{k_2}\sum_{s=1}^{n}(p_s \times d_l^+ \times y_{ls}^+) - \sum_{l=k_2+1}^{n_2}\sum_{s=1}^{n}(p_s \times d_l^- \times y_{ls}^-)$$

(3-43)

约束条件：

$$\sum_{j=1}^{k_1}\left(\left|a_{rj}^+\right|^+ \text{sign}(a_{rj}^+) \times x_j^-\right) + \sum_{j=k_1+1}^{n_1}\left(\left|a_{rj}^-\right|^- \text{sign}(a_{rj}^-) \times x_j^+\right) \leqslant b_r^-, \forall r$$

$$\sum_{j=1}^{k_1}\left(T(\omega_s^-) \times x_j^-\right) + \sum_{j=k_1+1}^{n_1}\left(T(\omega_s^-) \times x_j^+\right) + \sum_{l=1}^{k_2}\left(W(\omega_s^-) \times y_{ls}^+\right) + \sum_{l=k_2+1}^{n_2}\left(W(\omega_s^-) \times y_{ls}^-\right) = h(\omega_s^-), \forall s$$

$$\sum_s^n p_s = 1$$

$$x_{j\text{opt}}^+ \geqslant x_j^- \geqslant 0, j = 1, 2, \cdots, k_1$$

$$0 \leqslant x_{j\text{opt}}^- \leqslant x_j^+, j = k_1+1, k_1+2, \cdots, n_2$$

$$y_{ls}^+ \geqslant y_{ls\text{opt}}^- \geqslant 0, \forall s; l=1,2,\cdots,k_2$$

$$y_{ls\text{opt}}^+ \geqslant y_{ls}^- \geqslant 0, \forall s; l=k_2+1,k_2+2,\cdots,n_2$$

求解子模型式（3-43）得解集 $x_{j\text{opt}}^-(j=1,2,\cdots,k_1)$，$x_{j\text{opt}}^+(j=k_1+1,k_1+2,\cdots,n_1)$，$y_{ls\text{opt}}^+(j=1,2,\cdots,k_2)$ 和 $y_{ls\text{opt}}^-(j=k_2+1,k_2+2,\cdots,n_2)$。结合上下界子模型的解，最终得到区间两阶段规划模型的解为 $f_{j\text{opt}}^\pm = \left[f_{j\text{opt}}^-, f_{j\text{opt}}^+\right]$、$x_{j\text{opt}}^\pm = \left[x_{j\text{opt}}^-, x_{j\text{opt}}^+\right]$、$y_{ls\text{opt}}^\pm = \left[y_{ls\text{opt}}^-, y_{ls\text{opt}}^+\right]$。

2. 模型构建

基于汾河流域社会经济与水资源系统的关联性分析，在流域控制单元产业结构分析的基础上，建立社会经济规模（包括工业部门采矿业、制造业和电力等生产及供应业产值、人口规模、耕地面积、畜禽养殖规模）与水资源开发利用、水处理及排放与水环境质量的响应关系，以流域社会经济规模优化调整作为绿色转型的途径，采用区间两阶段随机鲁棒规划方法建立水资源水环境双重约束下汾河流域产业结构优化模型。

模型目标函数包含：汾河流域各控制单元社会经济收益、第二阶段产业规模调整造成的经济损失、水资源供应成本、水处理费用以及生态补水费用。约束条件包含：水资源总量约束、社会经济发展规模约束、水处理能力约束以及水环境质量约束等。模型中社会经济行业用水收益、用水效率、水资源使用成本等参数呈波动变化，以区间参数来表征；流域可利用水资源量及水环境容量等受地表径流随机不确定性影响以随机参数的形式表征。水资源水环境双重约束下的汾河流域产业结构优化模型构建如下：

$$\max f^\pm = f_1^\pm - f_2^\pm - f_3^\pm - f_4^\pm - f_5^\pm - f_6^\pm \tag{3-44}$$

1）社会经济收益

$$f_1^\pm = \sum_{i=1}^{16}\sum_{k=1}^{3}\sum_{t=1}^{3}\text{IGO}_{ikt}^\pm + \sum_{i=1}^{16}\sum_{t=1}^{3}\text{TPO}_{it}^\pm \times \left[\text{UR}_{it}^\pm \times \text{URB}_{it}^\pm + \left(1-\text{UR}_{it}^\pm\right) \times \text{ARB}_{it}^\pm\right]$$

$$+ \sum_{i=1}^{16}\sum_{t=1}^{3}\left(\text{CUA}_{it}^\pm \times \text{GRP}_{it}^\pm + \text{LBS}_{it}^\pm \times \text{GLB}_{it}^\pm\right)$$

2）产业结构调整收益损失

$$f_2^\pm = \sum_{i=1}^{16}\sum_{t=1}^{3}\sum_{h=1}^{3}\left\{L_t \times p_h \times \left[\sum_{k=1}^{3}\text{DIGO}_{ikth}^\pm + \text{DUR}_{ith}^\pm \cdot \text{TPO}_{it}^\pm \cdot \left(\text{URB}_{it}^\pm - \text{ARB}_{it}^\pm\right)\right.\right.$$

$$\left.\left. + \text{DCUA}_{ith}^\pm \cdot \text{PGRP}_{it}^\pm + \text{DLBS}_{ith}^\pm \cdot \text{PGLB}_{it}^\pm\right]\right\}$$

3）供水成本

$$f_3^\pm = \sum_{i=1}^{16}\sum_{t=1}^{3}\sum_{h=1}^{3}\Big[L_t \times p_h \times \big(\mathrm{IWR}_{ith}^\pm \times \mathrm{CIWR}_{it}^\pm + \mathrm{PWR}_{ith}^\pm \times \mathrm{CPWR}_{it}^\pm$$
$$+\mathrm{AWR}_{ith}^\pm \times \mathrm{CAWR}_{it}^\pm + \mathrm{EWR}_{ith}^\pm \times \mathrm{CEWR}_{it}^\pm$$
$$+\mathrm{RIWR}_{ith}^\pm \times \mathrm{RCIWR}_{it}^\pm + \mathrm{RPWR}_{ith}^\pm \times \mathrm{RCPWR}_{it}^\pm$$
$$+\mathrm{RAWR}_{ith}^\pm \times \mathrm{RCAWR}_{it}^\pm + \mathrm{REWR}_{ith}^\pm \times \mathrm{RCEWR}_{it}^\pm\big)\Big]$$

4）水资源成本

$$f_4^\pm = \sum_{i=1}^{16}\sum_{t=1}^{3}\sum_{h=1}^{3} L_t \times p_h \times \big(\mathrm{LWR}_{ith}^\pm \times \mathrm{CLR}_{it}^\pm + \mathrm{GWR}_{ith}^\pm \times \mathrm{CGR}_{it}^\pm + \mathrm{TWR}_{ith}^\pm \times \mathrm{CTR}_{it}^\pm\big)$$

5）水处理成本

$$f_5^\pm = \sum_{i=1}^{16}\sum_{t=1}^{3}\sum_{h=1}^{3} L_t \times p_h \times \Bigg[\sum_{k=1}^{3}\big(\mathrm{IGO}_{ikt}^\pm - \mathrm{DIGO}_{ikth}^\pm\big) \times \mathrm{CWG}_{ikt}^\pm \times \alpha \mathrm{i}_{ikt}^\pm \times \mathrm{PTI}_{ikt}^\pm$$
$$+\mathrm{PWR}_{ith}^\pm \times \alpha \mathrm{p}_{it}^\pm \times \big(\mathrm{PTP}_{it}^\pm + \beta_{it}^\pm \times \mathrm{PTR}_{it}^\pm\big)\Bigg]$$

6）鲁棒优化

$$f_6^\pm = \lambda \cdot \sum_{i=1}^{16}\sum_{t=1}^{3}\sum_{h=1}^{3} L_t \cdot p_h \cdot \Bigg\{\Bigg[\sum_{k=1}^{3}\mathrm{DIGO}_{ikth}^\pm + \mathrm{DUR}_{ith}^\pm \times \mathrm{TPO}_{it}^\pm \times \big(\mathrm{URB}_{it}^\pm - \mathrm{ARB}_{it}^\pm\big)$$
$$+\mathrm{DCUA}_{ith}^\pm \times \mathrm{PGRP}_{it}^\pm + \mathrm{DLBS}_{ith}^\pm \times \mathrm{PGLB}_{it}^\pm\Bigg]$$
$$-\sum_{h=1}^{3} p_h \times \Bigg[\sum_{k=1}^{3}\mathrm{DIGO}_{ikth}^\pm + \mathrm{DUR}_{ith}^\pm \times \mathrm{TPO}_{it}^\pm \times \big(\mathrm{URB}_{it}^\pm - \mathrm{ARB}_{it}^\pm\big)$$
$$+\mathrm{DCUA}_{ith}^\pm \times \mathrm{PGRP}_{it}^\pm + \mathrm{DLBS}_{ith}^\pm \times \mathrm{PGLB}_{it}^\pm\Bigg]$$
$$+\big(\mathrm{IWR}_{ith}^\pm \times \mathrm{CIWR}_{it}^\pm + \mathrm{PWR}_{ith}^\pm \times \mathrm{CPWR}_{it}^\pm$$
$$+\mathrm{AWR}_{ith}^\pm \times \mathrm{CAWR}_{it}^\pm + \mathrm{EWR}_{ith}^\pm \times \mathrm{CEWR}_{it}^\pm$$
$$+\mathrm{RIWR}_{ith}^\pm \times \mathrm{RCIWR}_{it}^\pm + \mathrm{RPWR}_{ith}^\pm \times \mathrm{RCPWR}_{it}^\pm$$
$$+\mathrm{RAWR}_{ith}^\pm \times \mathrm{RCAWR}_{it}^\pm + \mathrm{REWR}_{ith}^\pm \times \mathrm{RCEWR}_{it}^\pm\big)$$
$$-\sum_{h=1}^{3} p_h \cdot \big(\mathrm{IWR}_{ith}^\pm \times \mathrm{CIWR}_{it}^\pm + \mathrm{PWR}_{ith}^\pm \times \mathrm{CPWR}_{it}^\pm$$
$$+\mathrm{AWR}_{ith}^\pm \times \mathrm{CAWR}_{it}^\pm + \mathrm{EWR}_{ith}^\pm \times \mathrm{CEWR}_{it}^\pm$$
$$+\mathrm{RIWR}_{ith}^\pm \times \mathrm{RCIWR}_{it}^\pm + \mathrm{RPWR}_{ith}^\pm \times \mathrm{RCPWR}_{it}^\pm$$
$$+\mathrm{RAWR}_{ith}^\pm \times \mathrm{RCAWR}_{it}^\pm + \mathrm{REWR}_{ith}^\pm \times \mathrm{RCEWR}_{it}^\pm\big)$$
$$+\big(\mathrm{LWR}_{ith}^\pm \times \mathrm{CLR}_{it}^\pm + \mathrm{GWR}_{ith}^\pm \times \mathrm{CGR}_{it}^\pm + \mathrm{TWR}_{ith}^\pm \times \mathrm{CTR}_{it}^\pm\big)$$

$$-\sum_{h=1}^{3}p_h\times\left(\text{LWR}_{ith}^{\pm}\times\text{CLR}_{it}^{\pm}+\text{GWR}_{ith}^{\pm}\times\text{CGR}_{it}^{\pm}+\text{TWR}_{ith}^{\pm}\times\text{CTR}_{it}^{\pm}\right)$$

$$+\left[\sum_{k=1}^{3}\left(\text{IGO}_{ikt}^{\pm}-\text{DIGO}_{ikth}^{\pm}\right)\times\text{CWG}_{ikt}^{\pm}\times\alpha\text{i}_{ikt}^{\pm}\times\text{PTI}_{ikt}^{\pm}\right.$$

$$\left.+\text{PWR}_{ith}^{\pm}\times\alpha\text{p}_{it}^{\pm}\left(\text{PTP}_{it}^{\pm}+\beta_{it}^{\pm}\times\text{PTR}_{it}^{\pm}\right)\right]$$

$$-\sum_{h=1}^{3}p_h\times\left[\sum_{k=1}^{3}\left(\text{IGO}_{ikt}^{\pm}-\text{DIGO}_{ikth}^{\pm}\right)\times\text{CWG}_{ikt}^{\pm}\times\alpha\text{i}_{ikt}^{\pm}\times\text{PTI}_{ikt}^{\pm}\right.$$

$$\left.+\text{PWR}_{ith}^{\pm}\times\alpha\text{p}_{it}^{\pm}\left(\text{PTP}_{it}^{\pm}+\beta_{it}^{\pm}\times\text{PTR}_{it}^{\pm}\right)\right]+2\theta_{ith}^{\pm}\Bigg\}$$

约束条件：

（1）水资源供需平衡关系。

$$\text{IWR}_{ith}^{\pm}+\text{RIWR}_{ith}^{\pm}=\sum_{k=1}^{3}\left(\text{IGO}_{ikt}^{\pm}-\text{DIGO}_{ikth}^{\pm}\right)\times\text{CWG}_{ikt}^{\pm};\ \forall i,t,h$$

$$\text{PWR}_{ith}^{\pm}+\text{RPWR}_{ith}^{\pm}=\text{TPO}_{it}^{\pm}\times\left(\text{UR}_{it}^{\pm}-\text{DUR}_{ith}^{\pm}\right)\times\text{UWR}_{it}^{\pm}$$
$$+\text{TPO}_{it}^{\pm}\times\left(1-\text{UR}_{it}^{\pm}+\text{DUR}_{ith}^{\pm}\right)\times\text{RWR}_{it}^{\pm};\ \forall i,t,h$$

$$\text{AWR}_{ith}^{\pm}+\text{RAWR}_{ith}^{\pm}=\left(\text{CUA}_{it}^{\pm}-\text{DCUA}_{ith}^{\pm}\right)\times\text{IW}_{it}^{\pm}$$
$$+\left(\text{LBS}_{it}^{\pm}-\text{DLBS}_{ith}^{\pm}\right)\times\text{CW}_{it}^{\pm};\ \forall i,t,h$$

$$\text{IWR}_{ith}^{\pm}+\text{PWR}_{ith}^{\pm}+\text{AWR}_{ith}^{\pm}+\text{EWR}_{ith}^{\pm}+\text{AEW}_{ith}^{\pm}$$
$$\leqslant\text{LWR}_{ith}^{\pm}+\text{GWR}_{ith}^{\pm}+\text{TWR}_{ith}^{\pm};\ \forall i,t,h$$

（2）用水安全约束。

$$\text{EXG}_{\min ikt}^{\pm}\leqslant\left(\text{IGO}_{ikt}^{\pm}-\text{DIGO}_{ikth}^{\pm}\right)\leqslant\text{EXG}_{\max ikt}^{\pm};\ \forall i,k,t,h$$

$$\text{PUR}_{it}^{\pm}\leqslant\left(\text{UR}_{it}^{\pm}-\text{DUR}_{ith}^{\pm}\right)\leqslant\text{MUR}_{it}^{\pm};\ \forall i,t,h$$

$$\text{LUA}_{it}^{\pm}\leqslant\text{CUA}_{it}^{\pm}-\text{DCUA}_{ith}^{\pm}\leqslant\text{MUA}_{it}^{\pm};\ \forall i,t,h$$

$$\text{LLB}_{it}^{\pm}\leqslant\text{LBS}_{it}^{\pm}-\text{DLBS}_{ith}^{\pm}\leqslant\text{MLB}_{it}^{\pm};\ \forall i,t,h$$

$$\text{EWR}_{ith}^{\pm}+\text{REWR}_{ith}^{\pm}\geqslant\text{DEW}_{it}^{\pm};\ \forall i,t,h$$

（3）污水处理能力约束。

$$\text{TPO}_{it}^{\pm}\times\left(\text{UR}_{it}^{\pm}-\text{DUR}_{ith}^{\pm}\right)\times\text{UWR}_{it}^{\pm}\times\alpha\text{p}_{it}^{\pm}\leqslant\text{ATW}_{it}^{\pm};\ \forall i,t,h$$

（4）回用水处理能力约束。

$$\text{RIWR}_{ith}^{\pm}+\text{RPWR}_{ith}^{\pm}+\text{RAWR}_{ith}^{\pm}+\text{REWR}_{ith}^{\pm}$$
$$\leqslant\text{TPO}_{it}^{\pm}\times\left(\text{UR}_{it}^{\pm}-\text{DUR}_{ith}^{\pm}\right)\times\text{UWR}_{it}^{\pm}\times\alpha\text{p}_{it}^{\pm}\times\beta_{it}^{\pm};\ \forall i,t,h$$

(5) 水环境质量约束。

$$\sum_{k=1}^{3}\left(\text{IGO}_{ikt}^{\pm} - \text{DIGO}_{ikth}^{\pm}\right) \times \text{CWG}_{ikt}^{\pm} \times \alpha i_{ikt}^{\pm} \cdot \left(1 - \beta i_{ikt}^{\pm}\right) \times \text{PEI}_{ikrt}^{\pm} \times \text{IDI}_{irt}^{\pm}$$

$$+\text{TPO}_{it}^{\pm} \times \left(\text{UR}_{it}^{\pm} - \text{DUR}_{ith}^{\pm}\right) \times \text{UWR}_{it}^{\pm} \times \alpha p_{it}^{\pm} \times \left(1 - \beta_{it}^{\pm}\right) \times \text{PEP}_{irt}^{\pm} \times \text{IDP}_{irt}^{\pm}$$

$$+\text{TPO}_{it}^{\pm} \times \left(1 - \text{UR}_{it}^{\pm} + \text{DUR}_{ith}^{\pm}\right) \times \text{PER}_{irt}^{\pm} \times \text{IDR}_{irt}^{\pm}$$

$$+\left(\text{CUA}_{it}^{\pm} - \text{DCUA}_{ith}^{\pm}\right) \times \text{PEA}_{irt}^{\pm} \times \text{IDA}_{irt}^{\pm}$$

$$+\left(\text{LBS}_{it}^{\pm} - \text{DLBS}_{ith}^{\pm}\right) \times \text{PEB}_{irt}^{\pm} \times \text{IDB}_{irt}^{\pm}$$

$$-\left(\text{CS}_{irt}^{\pm} - C_{0_{irt}^{\pm}}\right) \times \text{AEW}_{ith}^{\pm} \leqslant \text{ALD}_{irth}^{\pm}; \forall i,r,t,h$$

(6) 非负约束。

$$\left[\sum_{k=1}^{3}\text{DIGO}_{ikth}^{\pm} + \text{DUR}_{ith}^{\pm} \times \text{TPO}_{it}^{\pm} \times \left(\text{URB}_{it}^{\pm} - \text{ARB}_{it}^{\pm}\right)\right.$$

$$\left.+\text{DCUA}_{ith}^{\pm} \times \text{PGRP}_{it}^{\pm} + \text{DLBS}_{ith}^{\pm} \times \text{PGLB}_{it}^{\pm}\right]$$

$$-\sum_{h=1}^{3} p_h \times \left[\sum_{k=1}^{3}\text{DIGO}_{ikth}^{\pm} + \text{DUR}_{ith}^{\pm} \times \text{TPO}_{it}^{\pm} \times \left(\text{URB}_{it}^{\pm} - \text{ARB}_{it}^{\pm}\right)\right.$$

$$\left.+\text{DCUA}_{ith}^{\pm} \times \text{PGRP}_{it}^{\pm} + \text{DLBS}_{ith}^{\pm} \times \text{PGLB}_{it}^{\pm}\right]$$

$$+\left(\text{IWR}_{ith}^{\pm} \times \text{CIWR}_{it}^{\pm} + \text{PWR}_{ith}^{\pm} \times \text{CPWR}_{it}^{\pm}\right.$$

$$+\text{AWR}_{ith}^{\pm} \times \text{CAWR}_{it}^{\pm} + \text{EWR}_{ith}^{\pm} \times \text{CEWR}_{it}^{\pm}$$

$$+\text{RIWR}_{ith}^{\pm} \times \text{RCIWR}_{it}^{\pm} + \text{RPWR}_{ith}^{\pm} \times \text{RCPWR}_{it}^{\pm}$$

$$\left.+\text{RAWR}_{ith}^{\pm} \times \text{RCAWR}_{it}^{\pm} + \text{REWR}_{ith}^{\pm} \times \text{RCEWR}_{it}^{\pm}\right)$$

$$-\sum_{h=1}^{3} p_h \times \left(\text{IWR}_{ith}^{\pm} \times \text{CIWR}_{it}^{\pm} + \text{PWR}_{ith}^{\pm} \times \text{CPWR}_{it}^{\pm}\right.$$

$$+\text{AWR}_{ith}^{\pm} \times \text{CAWR}_{it}^{\pm} + \text{EWR}_{ith}^{\pm} \times \text{CEWR}_{it}^{\pm}$$

$$+\text{RIWR}_{ith}^{\pm} \times \text{RCIWR}_{it}^{\pm} + \text{RPWR}_{ith}^{\pm} \times \text{RCPWR}_{it}^{\pm}$$

$$\left.+\text{RAWR}_{ith}^{\pm} \times \text{RCAWR}_{it}^{\pm} + \text{REWR}_{ith}^{\pm} \times \text{RCEWR}_{it}^{\pm}\right)$$

$$+\left(\text{LWR}_{ith}^{\pm} \times \text{CLR}_{it}^{\pm} + \text{GWR}_{ith}^{\pm} \times \text{CGR}_{it}^{\pm} + \text{TWR}_{ith}^{\pm} \times \text{CTR}_{it}^{\pm}\right)$$

$$-\sum_{h=1}^{3} p_h \times \left(\text{LWR}_{ith}^{\pm} \times \text{CLR}_{it}^{\pm} + \text{GWR}_{ith}^{\pm} \times \text{CGR}_{it}^{\pm} + \text{TWR}_{ith}^{\pm} \times \text{CTR}_{it}^{\pm}\right)$$

$$+\left[\sum_{k=1}^{3}\left(\text{IGO}_{ikt}^{\pm} - \text{DIGO}_{ikth}^{\pm}\right) \times \text{CWG}_{ikt}^{\pm} \times \alpha i_{ikt}^{\pm} \times \text{PTI}_{ikt}^{\pm}\right.$$

$$\left.+\text{PWR}_{ith}^{\pm} \times \alpha p_{it}^{\pm} \left(\text{PTP}_{it}^{\pm} + \beta_{it}^{\pm} \times \text{PTR}_{it}^{\pm}\right)\right]$$

$$-\sum_{h=1}^{3} p_h \times \left[\sum_{k=1}^{3} \left(\text{IGO}_{ikt}^{\pm} - \text{DIGO}_{ikth}^{\pm} \right) \times \text{CWG}_{ikt}^{\pm} \times \alpha i_{ikt}^{\pm} \times \text{PTI}_{ikt}^{\pm} \right.$$

$$\left. + \text{PWR}_{ith}^{\pm} \times \alpha p_{it}^{\pm} \left(\text{PTP}_{it}^{\pm} + \beta_{it}^{\pm} \times \text{PTR}_{it}^{\pm} \right) \right] + \theta_{ith}^{\pm} \geqslant 0; \forall i, t, h$$

式中，i 为汾河流域水环境控制单元；k 为产业类型，$k=1,2,3$，分别代表采矿业、制造业、电力、热力、燃气及水生产和供应业；t 为规划期，$t=1$ 为第一规划期（2019~2023年），$t=2$ 为第二规划期（2024~2028年），$t=3$ 为第三规划期（2029~2033年）；h 为汾河流域可利用水资源量水平，$h=1$，$h=2$，$h=3$ 分别代表低、中、高三种水平；r 为水污染物类别，$r=1$，$r=2$，$r=3$ 分别代表 COD、氨氮、总磷；L_t 为各规划期长度，5 年；p_h 为汾河流域可利用水资源量在 h 水平下的概率；$\text{IGO}_{ikt}^{\pm}$ 为 t 时期第 i 单元行业 k 的计划产值，10^4 元；$\text{TPO}_{it}^{\pm}$ 为 t 时期第 i 单元预期总人口数，万人；$\text{UR}_{it}^{\pm}$ 为 t 时期第 i 单元预期城镇化率；$\text{URB}_{it}^{\pm}$ 为 t 时期第 i 单元城镇生活部门用水收益，10^4 元/万人；$\text{ARB}_{it}^{\pm}$ 为 t 时期第 i 单元农村生活部门用水收益，10^4 元/万人；$\text{CUA}_{it}^{\pm}$ 为 t 时期第 i 单元耕地计划有效灌溉面积，万亩（1 亩≈666.67m²，1 亩≈0.0667hm²）；$\text{GRP}_{it}^{\pm}$ 为 t 时期第 i 单元耕地单位面积产值，10^4 元/万亩；$\text{LBS}_{it}^{\pm}$ 为 t 时期第 i 单元畜禽养殖预期规模，万羽（头）；$\text{GLB}_{it}^{\pm}$ 为 t 时期第 i 单元畜禽养殖平均价格，10^4 元/万羽（头）；$\text{DIGO}_{ikth}^{\pm}$ 为 t 时期 h 情景下汾河流域第 i 单元行业 k 的产业规模调整量，10^4 元；$\text{DUR}_{ith}^{\pm}$ 为 t 时期 h 情景下汾河流域第 i 单元城镇化率与预期城镇化率的正偏差；$\text{DCUA}_{ith}^{\pm}$ 为 t 时期 h 情景下第 i 单元耕地灌溉调整面积，万亩；$\text{PGRP}_{it}^{\pm}$ 为 t 时期 h 情景下第 i 单元耕地灌溉面积调减产生的单位损失，10^4 元/万亩；$\text{DLBS}_{ith}^{\pm}$ 为 t 时期 h 情景下第 i 单元畜禽养殖规模调整量，万羽（头）；$\text{PGLB}_{it}^{\pm}$ 为 t 时期第 i 单元畜禽养殖规模调整产生的单位损失，10^4 元/万只；$\text{IWR}_{it}^{\pm}$ 为 t 时期 h 情景下第 i 单元工业新鲜水供应量，10^4m^3；$\text{CIWR}_{it}^{\pm}$ 为 t 时期第 i 单元工业供水价格，10^4 元/10^4m^3；$\text{PWR}_{ith}^{\pm}$ 为 t 时期 h 情景下第 i 单元生活用水新鲜水供应量，10^4m^3；$\text{CPWR}_{it}^{\pm}$ 为 t 时期第 i 单元生活用水价格，10^4 元/10^4m^3；$\text{AWR}_{ith}^{\pm}$ 为 t 时期 h 情景下第 i 单元农业用水新鲜水供应量，10^4m^3；$\text{CAWR}_{it}^{\pm}$ 为 t 时期第 i 单元农业农村用水价格，10^4 元/10^4m^3；$\text{EWR}_{ith}^{\pm}$ 为 t 时期 h 情景下第 i 单元环境用水新鲜水供应量，10^4m^3；$\text{CEWR}_{it}^{\pm}$ 为 t 时期第 i 单元环境用水价格，10^4 元/10^4m^3；$\text{RIWR}_{ith}^{\pm}$ 为 t 时期 h 情景下第 i 单元工业再生水供应量，10^4m^3；$\text{RCIWR}_{it}^{\pm}$ 为 t 时期第 i 单元再生水工业用水价格，10^4 元/10^4m^3；$\text{RPWR}_{ith}^{\pm}$ 为 t 时期 h 情景下第 i 单元生活用水再生水供应量，10^4m^3；$\text{RCPWR}_{it}^{\pm}$ 为 t 时期第 i 单元再生水生活用水供应价格，10^4 元/10^4m^3；$\text{RAWR}_{ith}^{\pm}$ 为 t 时期 h 情景下第 i 单元农业用水再生水供应量，10^4m^3；$\text{RCAWR}_{it}^{\pm}$ 为 t 时期第 i 单元再生水农业用水价格，10^4 元/10^4m^3；$\text{REWR}_{ith}^{\pm}$ 为 t 时期 h 情景下第 i 单元环境用水再生水供应量，10^4m^3；$\text{RCEWR}_{it}^{\pm}$ 为 t 时期第 i 单元再生水环

境用水价格，10^4 元/10^4m^3；LWR$_{ith}^{\pm}$ 为 t 时期 h 情景下第 i 单元地表水供水量，10^4m^3；CLR$_{it}^{\pm}$ 为 t 时期第 i 单元地表水水资源价格，10^4 元/10^4m^3；GWR$_{ith}^{\pm}$ 为 t 时期 h 情景下第 i 单元地下水供水量，10^4m^3；CGR$_{it}^{\pm}$ 为 t 时期第 i 单元地下水水资源价格，10^4 元/10^4m^3；TWR$_{ith}^{\pm}$ 为 t 时期 h 情景下第 i 单元引黄河水供水量，10^4m^3；CTR$_{it}^{\pm}$ 为 t 时期第 i 单元引黄河水水资源价格，10^4 元/10^4m^3；$\alpha i_{it}^{\pm}$ 为 t 时期第 i 单元行业 k 用水产污系数；PTI$_{it}^{\pm}$ 为 t 时期第 i 单元工业污水处理成本，10^4 元/10^4m^3；$\alpha p_{it}^{\pm}$ 为 t 时期第 i 单元城镇生活用水产污系数；PTP$_{it}^{\pm}$ 为 t 时期第 i 单元生活污水处理成本，10^4 元/10^4m^3；PTR$_{ikt}^{\pm}$ 为 t 时期第 i 单元行业 k 污水处理成本，10^4 元/10^4m^3；λ 为鲁棒系数；$\theta_{ith}^{\pm}$ 为松弛变量；CWG$_{ikt}^{\pm}$ 为 t 时期汾河流域第 i 单元行业 k 的用水效率，m^3/10^4 元；UWR$_{it}^{\pm}$ 为 t 时期汾河流域第 i 单元城镇人均综合生活用水量，10^4m^3；RWR$_{it}^{\pm}$ 为 t 时期汾河流域第 i 单元农村人均生活用水量，10^4m^3；IW$_{it}^{\pm}$ 为 t 时期汾河流域第 i 单元灌溉用水定额，10^4m^3/万亩；CW$_{it}^{\pm}$ 为 t 时期汾河流域第 i 单元畜禽养殖用水定额，10^4m^3/万只；AEW$_{ith}^{\pm}$ 为 t 时期 h 情景下第 i 单元环境用水新鲜水供应量，10^4m^3；EXG$_{\min ikt}^{\pm}$ 为 t 时期汾河流域第 i 单元行业 k 规模下限，10^4 元；EXG$_{\max ikt}^{\pm}$ 为 t 时期汾河流域第 i 单元行业 k 规模上限，10^4 元；MUR$_{it}^{\pm}$ 为 t 时期第 i 单元城镇化率控制上限；PUR$_{it}^{\pm}$ 为 t 时期第 i 单元城镇化率控制下限；MUA$_{it}^{\pm}$ 为 t 时期第 i 单元最大有效灌溉面积，万亩；LUA$_{it}^{\pm}$ 为 t 时期第 i 单元最低灌溉面积限值，万亩；MLB$_{it}^{\pm}$ 为 t 时期第 i 单元畜禽养殖规模上限，万只；LLB$_{it}^{\pm}$ 为 t 时期第 i 单元畜禽养殖规模下限，万只；DEW$_{it}^{\pm}$ 为 t 时期第 i 单元最低环境用水需求，10^4m^3；ATW$_{it}^{\pm}$ 为 t 时期第 i 单元城镇污水处理厂处理能力，10^4t；$\beta_{it}^{\pm}$ 为 t 时期第 i 单元再生水生产能力，10^4m^3；PEI$_{ikrt}^{\pm}$ 为 t 时期汾河流域第 i 单元行业 k 污染物 r 浓度排放标准，mg/L；IDI$_{irt}^{\pm}$ 为 t 时期汾河流域第 i 单元工业废水污染物 r 入河系数；PEP$_{irt}^{\pm}$ 为 t 时期汾河流域第 i 单元城镇生活污水污染物 r 排放标准，mg/L；IDP$_{irt}^{\pm}$ 为 t 时期汾河流域第 i 单元城镇生活污水污染物 r 的入河系数；PER$_{irt}^{\pm}$ 为 t 时期汾河流域第 i 单元农村生活污水排放系数，t/(万人·a)；IDR$_{irt}^{\pm}$ 为 t 时期汾河流域第 i 单元农村生活污水污染物 r 的入河系数；PEA$_{irt}^{\pm}$ 为 t 时期汾河流域第 i 单元耕地面源污染物 r 流失系数，t/万亩；IDA$_{irt}^{\pm}$ 为 t 时期汾河流域第 i 单元农村耕地面源污染物 r 的入河系数；PEB$_{irt}^{\pm}$ 为 t 时期汾河流域第 i 单元畜禽养殖污染物 r 排放系数，t/万只；IDB$_{irt}^{\pm}$ 为 t 时期汾河流域第 i 单元畜禽养殖污染物 r 的入河系数；CS$_{irt}^{\pm}$ 为 t 时期汾河流域第 i 单元污染物 r 的水质浓度标准，mg/L；$C_{0irt}^{\pm}$ 为 t 时期汾河流域第 i 单元补水污染物 r 的水质浓度，mg/L；ALD$_{irth}^{\pm}$ 为 t 时期 h 情景下第 i 单元污染物 r 水环境容量，t/a。

3. 模型求解

所建模型可以采用交互式算法拆分为上下界两个子模型求解，由于目标函数为经济收益最大化，因此首先求解上界子模型，模型表示为

$$\max f^+ = f_1^+ - f_2^- - f_3^- - f_4^- - f_5^- - f_6^- \quad (3-45)$$

$$f_1^+ = \sum_{i=1}^{16}\sum_{k=1}^{3}\sum_{t=1}^{3} \text{IGO}_{ikt} + \sum_{i=1}^{16}\sum_{t=1}^{3} \text{TPO}_{it}^+ \times \left[\text{UR}_{it} \times \text{URB}_{it}^+ + (1-\text{UR}_{it}) \times \text{ARB}_{it}^+ \right]$$

$$+ \sum_{i=1}^{16}\sum_{t=1}^{3} \left(\text{CUA}_{it} \times \text{GRP}_{it}^+ + \text{LBS}_{it} \times \text{GLB}_{it}^+ \right)$$

$$f_2^- = \sum_{i=1}^{16}\sum_{t=1}^{3}\sum_{h=1}^{3} L_t \times p_h \times \left[\sum_{k=1}^{3} \text{DIGO}_{ikth}^- + \text{DUR}_{ith}^- \times \text{TPO}_{it}^+ \times \left(\text{URB}_{it}^+ - \text{ARB}_{it}^+ \right) \right.$$

$$\left. + \text{DCUA}_{ith}^- \times \text{PGRP}_{it}^- + \text{DLBS}_{ith}^- \times \text{PGLB}_{it}^- \right]$$

$$f_3^- = \sum_{i=1}^{16}\sum_{t=1}^{3}\sum_{h=1}^{3} L_t \times p_h \times \left(\text{IWR}_{ith}^- \times \text{CIWR}_{it}^- + \text{PWR}_{ith}^- \times \text{CPWR}_{it}^- \right.$$

$$+ \text{AWR}_{ith}^- \times \text{CAWR}_{it}^- + \text{EWR}_{ith}^- \times \text{CEWR}_{it}^-$$

$$+ \text{RIWR}_{ith}^- \times \text{RCIWR}_{it}^- + \text{RPWR}_{ith}^- \times \text{RCPWR}_{it}^-$$

$$\left. + \text{RAWR}_{ith}^- \times \text{RCAWR}_{it}^- + \text{REWR}_{ith}^- \times \text{RCEWR}_{it}^- \right)$$

$$f_4^- = \sum_{i=1}^{16}\sum_{t=1}^{3}\sum_{h=1}^{3} L_t \times p_h \times \left(\text{LWR}_{ith}^- \times \text{CLR}_{it}^- + \text{GWR}_{ith}^- \times \text{CGR}_{it}^- + \text{TWR}_{ith}^- \times \text{CTR}_{it}^- \right)$$

$$f_5^- = \sum_{i=1}^{16}\sum_{t=1}^{3}\sum_{h=1}^{3} L_t \times p_h \times \left[\text{IWR}_{ith}^- \times \alpha i_{ikt}^- \times \text{PTI}_{ikt}^- + \text{PWR}_{ith}^- \times \alpha p_{it}^- \times \left(\text{PTP}_{it}^- + \beta_{it}^+ \times \text{PTR}_{it}^- \right) \right]$$

$$f_6^- = \lambda \cdot \sum_{i=1}^{16}\sum_{t=1}^{3}\sum_{h=1}^{3} L_t \times p_h \times \left\{ \left[\sum_{k=1}^{3} \text{DIGO}_{ikth}^- + \text{DUR}_{ith}^- \times \text{TPO}_{it}^+ \times \left(\text{URB}_{it}^+ - \text{ARB}_{it}^+ \right) \right.\right.$$

$$\left. + \text{DCUA}_{ith}^- \times \text{PGRP}_{it}^- + \text{DLBS}_{ith}^- \times \text{PGLB}_{it}^- \right]$$

$$- \sum_{h=1}^{3} p_h \times \left[\sum_{k=1}^{3} \text{DIGO}_{ikth}^- + \text{DUR}_{ith}^- \times \text{TPO}_{it}^+ \times \left(\text{URB}_{it}^+ - \text{ARB}_{it}^+ \right) \right.$$

$$\left. + \text{DCUA}_{ith}^- \times \text{PGRP}_{it}^- + \text{DLBS}_{ith}^- \times \text{PGLB}_{it}^- \right]$$

$$+ \left(\text{IWR}_{ith}^- \times \text{CIWR}_{it}^- + \text{PWR}_{ith}^- \times \text{CPWR}_{it}^- + \text{AWR}_{ith}^- \times \text{CAWR}_{it}^- + \text{EWR}_{ith}^- \times \text{CEWR}_{it}^- \right.$$

$$\left.\left. + \text{RIWR}_{ith}^- \times \text{RCIWR}_{it}^- + \text{RPWR}_{ith}^- \times \text{RCPWR}_{it}^- + \text{RAWR}_{ith}^- \times \text{RCAWR}_{it}^- + \text{REWR}_{ith}^- \times \text{RCEWR}_{it}^- \right)\right.$$

$$-\sum_{h=1}^{3}p_h\times\left(\text{IWR}_{ith}^{-}\times\text{CIWR}_{it}^{-}+\text{PWR}_{ith}^{-}\times\text{CPWR}_{it}^{-}+\text{AWR}_{ith}^{-}\times\text{CAWR}_{it}^{-}+\text{EWR}_{ith}^{-}\times\text{CEWR}_{it}^{-}\right.$$

$$+\text{RIWR}_{ith}^{-}\times\text{RCIWR}_{it}^{-}+\text{RPWR}_{ith}^{-}\times\text{RCPWR}_{it}^{-}$$

$$+\text{RAWR}_{ith}^{-}\times\text{RCAWR}_{it}^{-}+\text{REWR}_{ith}^{-}\times\text{RCEWR}_{it}^{-}\big)$$

$$+\left(\text{LWR}_{ith}^{-}\times\text{CLR}_{it}^{-}+\text{GWR}_{ith}^{-}\times\text{CGR}_{it}^{-}+\text{TWR}_{ith}^{-}\times\text{CTR}_{it}^{-}\right)$$

$$-\sum_{h=1}^{3}p_h\times\left(\text{LWR}_{ith}^{-}\times\text{CLR}_{it}^{-}+\text{GWR}_{ith}^{-}\times\text{CGR}_{it}^{-}+\text{TWR}_{ith}^{-}\times\text{CTR}_{it}^{-}\right)$$

$$+\left[\sum_{k=1}^{3}\left(\text{IGO}_{ikt}-\text{DIGO}_{ikth}^{-}\right)\times\text{CWG}_{ikt}^{-}\times\alpha i_{ikt}^{-}\times\text{PTI}_{ikt}^{-}+\text{PWR}_{ith}^{-}\times\alpha p_{it}^{-}\left(\text{PTP}_{it}^{-}+\beta_{it}^{+}\times\text{PTR}_{it}^{-}\right)\right]$$

$$-\sum_{h=1}^{3}p_h\times\left[\sum_{k=1}^{3}\left(\text{IGO}_{ikt}-\text{DIGO}_{ikth}^{-}\right)\times\text{CWG}_{ikt}^{-}\times\alpha i_{ikt}^{-}\times\text{PTI}_{ikt}^{-}\right.$$

$$\left.+\text{PWR}_{ith}^{-}\times\alpha p_{it}^{-}\times\left(\text{PTP}_{it}^{-}+\beta_{it}^{+}\times\text{PTR}_{it}^{-}\right)\right]+2\theta_{ith}^{-}\bigg\}$$

约束：

$$\text{IGO}_{ikt}=\text{IGO}_{ikt}^{-}+\mu i_{ikt}\times\left(\text{IGO}_{ikt}^{+}-\text{IGO}_{ikt}^{-}\right);\ \forall i,k,t$$

$$0\leqslant\mu i_{ikt}\leqslant 1;\ \forall i,k,t$$

$$\text{UR}_{it}=\text{UR}_{it}^{-}+\mu p_{it}\times\left(\text{UR}_{it}^{+}-\text{UR}_{it}^{-}\right);\ \forall i,t$$

$$0\leqslant\mu p_{it}\leqslant 1;\ \forall i,t$$

$$\text{CUA}_{it}=\text{CUA}_{it}^{-}+\mu c_{it}\times\left(\text{CUA}_{it}^{+}-\text{CUA}_{it}^{-}\right);\ \forall i,t$$

$$0\leqslant\mu c_{it}\leqslant 1;\ \forall i,t$$

$$\text{LBS}_{it}=\text{LBS}_{it}^{-}+\mu b_{it}\times\left(\text{LBS}_{it}^{+}-\text{LBS}_{it}^{-}\right);\ \forall i,t$$

$$0\leqslant\mu b_{it}\leqslant 1;\ \forall i,t$$

$$\text{IWR}_{ith}^{-}+\text{RIWR}_{ith}^{-}=\sum_{k=1}^{3}\left(\text{IGO}_{ikt}-\text{DIGO}_{ikth}^{-}\right)\times\text{CWG}_{ikt}^{-};\ \forall i,t,h$$

$$\text{PWR}_{ith}^{-}+\text{RPWR}_{ith}^{-}=\text{TPO}_{it}^{+}\times\left(\text{UR}_{it}-\text{DUR}_{ith}^{-}\right)\times\text{UWR}_{it}^{-}$$

$$-\text{TPO}_{it}^{+}\times\left(1-\text{UR}_{it}+\text{DUR}_{ith}^{-}\right)\times\text{RWR}_{it}^{-};\ \forall i,t,h$$

$$\text{AWR}_{ith}^{-}+\text{RAWR}_{ith}^{-}=\left(\text{CUA}_{it}-\text{DCUA}_{ith}^{-}\right)\times\text{IW}_{it}^{-}$$

$$+\left(\text{LBS}_{it}-\text{DLBS}_{ith}^{-}\right)\times\text{CW}_{it}^{-};\ \forall i,t,h$$

$$\text{IWR}_{ith}^{-}+\text{PWR}_{ith}^{-}+\text{AWR}_{ith}^{-}+\text{EWR}_{ith}^{-}+\text{AEW}_{ith}^{-}$$

$$\text{LWR}_{ith}^{-}+\text{GWR}_{ith}^{-}+\text{TWR}_{ith}^{-};\ \forall i,t,h$$

$$\mathrm{EXG}^+_{\min ikt} \leqslant \left(\mathrm{IGO}_{ikt} - \mathrm{DIGO}^-_{ikth}\right) \leqslant \mathrm{EXG}^+_{\max ikt}; \ \forall i,k,t,h$$

$$\mathrm{PUR}^+_{it} \leqslant \left(\mathrm{UR}_{it} - \mathrm{DUR}^-_{ith}\right) \leqslant \mathrm{MUR}^+_{it}; \ \forall i,t,h$$

$$\mathrm{LUA}^+_{it} \leqslant \mathrm{CUA}_{it} - \mathrm{DCUA}^-_{ith} \leqslant \mathrm{MUA}^+_{it}; \ \forall i,t,h$$

$$\mathrm{LLB}^+_{it} \leqslant \mathrm{LBS}_{it} - \mathrm{DLBS}^-_{ith} \leqslant \mathrm{MLB}^+_{it}; \ \forall i,t,h$$

$$\mathrm{EWR}^-_{ith} + \mathrm{REWR}^-_{ith} \geqslant \mathrm{DEW}^-_{it}; \ \forall i,t,h$$

$$\mathrm{TPO}^+_{it} \times \left(\mathrm{UR}_{it} - \mathrm{DUR}^-_{ith}\right) \times \mathrm{UWR}^-_{it} \times \alpha p^-_{it} \leqslant \mathrm{ATW}^+_{it}; \ \forall i,t,h$$

$$\mathrm{RIWR}^-_{ith} + \mathrm{RPWR}^-_{ith} + \mathrm{RAWR}^-_{ith} + \mathrm{REWR}^-_{ith}$$
$$\leqslant \mathrm{TPO}^+_{it} \times \left(\mathrm{UR}_{it} - \mathrm{DUR}^-_{ith}\right) \times \mathrm{UWR}^-_{it} \times \alpha p^-_{it} \times \beta^+_{it}; \ \forall i,t,h$$

$$\sum_{k=1}^{3}\left(\mathrm{IGO}_{ikt} - \mathrm{DIGO}^-_{ikth}\right) \times \mathrm{CWG}^-_{ikt} \times \alpha i^-_{ikt} \times \left(1 - \beta i^+_{ikt}\right) \times \mathrm{PEI}^-_{ikrt} \times \mathrm{IDI}^-_{irt}$$
$$+ \mathrm{TPO}^+_{it} \times \left(\mathrm{UR}_{it} - \mathrm{DUR}^-_{ith}\right) \times \mathrm{UWR}^-_{it} \times \alpha p^-_{it} \times \left(1 - \beta^+_{it}\right) \times \mathrm{PEP}^-_{irt} \times \mathrm{IDP}^-_{irt}$$
$$+ \mathrm{TPO}^+_{it} \times \left(1 - \mathrm{UR}_{it} + \mathrm{DUR}^-_{ith}\right) \times \mathrm{PER}^-_{irt} \times \mathrm{IDR}^-_{irt}$$
$$+ \left(\mathrm{CUA}_{it} - \mathrm{DCUA}^-_{ith}\right) \times \mathrm{PEA}^-_{irt} \times \mathrm{IDA}^-_{irt}$$
$$+ \left(\mathrm{LBS}_{it} - \mathrm{DLBS}^-_{ith}\right) \times \mathrm{PEB}^-_{irt} \times \mathrm{IDB}^-_{irt}$$
$$- \left(\mathrm{CS}_{irt} - C_{0irt}\right) \times \mathrm{AEW}^-_{ith} \leqslant \mathrm{ALD}^+_{irth}; \ \forall i,r,t,h$$

$$\left[\sum_{k=1}^{3}\mathrm{DIGO}^-_{ikth} + \mathrm{DUR}^-_{ith} \times \mathrm{TPO}^+_{it} \times \left(\mathrm{URB}^+_{it} - \mathrm{ARB}^+_{it}\right)\right.$$
$$\left. + \mathrm{DCUA}^-_{ith} \times \mathrm{PGRP}^-_{it} + \mathrm{DLBS}^-_{ith} \times \mathrm{PGLB}^-_{it}\right]$$
$$- \sum_{h=1}^{3} p_h \times \left[\sum_{k=1}^{3}\mathrm{DIGO}^-_{ikth} + \mathrm{DUR}^-_{ith} \times \mathrm{TPO}^+_{it} \times \left(\mathrm{URB}^+_{it} - \mathrm{ARB}^+_{it}\right)\right.$$
$$\left. + \mathrm{DCUA}^-_{ith} \times \mathrm{PGRP}^-_{it} + \mathrm{DLBS}^-_{ith} \times \mathrm{PGLB}^-_{it}\right]$$
$$+ \left(\mathrm{IWR}^-_{ith} \times \mathrm{CIWR}^-_{it} + \mathrm{PWR}^-_{ith} \times \mathrm{CPWR}^-_{it}\right.$$
$$+ \mathrm{AWR}^-_{ith} \times \mathrm{CAWR}^-_{it} + \mathrm{EWR}^-_{ith} \times \mathrm{CEWR}^-_{it}$$
$$+ \mathrm{RIWR}^-_{ith} \times \mathrm{RCIWR}^-_{it} + \mathrm{RPWR}^-_{ith} \times \mathrm{RCPWR}^-_{it}$$
$$\left. + \mathrm{RAWR}^-_{ith} \times \mathrm{RCAWR}^-_{it} + \mathrm{REWR}^-_{ith} \times \mathrm{RCEWR}^-_{it}\right)$$
$$- \sum_{h=1}^{3} p_h \times \left(\mathrm{IWR}^-_{ith} \times \mathrm{CIWR}^-_{it} + \mathrm{PWR}^-_{ith} \times \mathrm{CPWR}^-_{it}\right.$$
$$+ \mathrm{AWR}^-_{ith} \times \mathrm{CAWR}^-_{it} + \mathrm{EWR}^-_{ith} \times \mathrm{CEWR}^-_{it}$$
$$+ \mathrm{RIWR}^-_{ith} \times \mathrm{RCIWR}^-_{it} + \mathrm{RPWR}^-_{ith} \times \mathrm{RCPWR}^-_{it}$$
$$\left. + \mathrm{RAWR}^-_{ith} \times \mathrm{RCAWR}^-_{it} + \mathrm{REWR}^-_{ith} \times \mathrm{RCEWR}^-_{it}\right)$$

$$+\left(\text{LWR}_{ith}^{-} \times \text{CLR}_{it}^{-} + \text{GWR}_{ith}^{-} \times \text{CGR}_{it}^{-} + \text{TWR}_{ith}^{-} \times \text{CTR}_{it}^{-}\right)$$

$$-\sum_{h=1}^{3} p_h \times \left(\text{LWR}_{ith}^{-} \times \text{CLR}_{it}^{-} + \text{GWR}_{ith}^{-} \times \text{CGR}_{it}^{-} + \text{TWR}_{ith}^{-} \times \text{CTR}_{it}^{-}\right)$$

$$+\left[\sum_{k=1}^{3}\left(\text{IGO}_{ikt} - \text{DIGO}_{ikth}^{-}\right) \times \text{CWG}_{ikt}^{-} \times \alpha i_{ikt}^{-} \times \text{PTI}_{ikt}^{-} + \text{PWR}_{ith}^{-} \times \alpha p_{it}^{-}\left(\text{PTP}_{it}^{-} + \beta_{it}^{-} \times \text{PTR}_{it}^{-}\right)\right]$$

$$-\sum_{h=1}^{3} p_h \times \left[\sum_{k=1}^{3}\left(\text{IGO}_{ikt} - \text{DIGO}_{ikth}^{-}\right) \times \text{CWG}_{ikt}^{-} \times \alpha i_{ikt}^{-} \times \text{PTI}_{ikt}^{-} + \text{PWR}_{ith}^{-}\right.$$

$$\left.\times \alpha p_{it}^{-}\left(\text{PTP}_{it}^{-} + \beta_{it}^{-} \times \text{PTR}_{it}^{-}\right)\right] + \theta_{ith}^{-} \Big\} \geqslant 0; \ \forall i, t, h$$

式中，μi_{ikt}、μp_{it}、μc_{it}、μb_{it} 均为不确定性参数。

通过上述模型求解，可以得到 IGO_{ikt}、UR_{it}、CUA_{it}、LBS_{it}，即第一阶段汾河流域各水环境控制单元工业、城镇化率、耕地和畜禽养殖初始优化规模，以及第二阶段的规模调整的下限解 DIGO_{ikth}^{-}、DUR_{ith}^{-}、DCUA_{ith}^{-}、DLBS_{ith}^{-}，生态补水量下限解 AEW_{ith}^{-}。基于交互式算法，将上界模型结果 IGO_{ikt}、UR_{it}、CUA_{it}、LBS_{it} 作为下界模型参数，求解下界子模型：

$$\max f^{-} = f_1^{-} - f_2^{+} - f_3^{+} - f_4^{+} - f_5^{+} - f_6^{+} \tag{3-46}$$

$$f_1^{-} = \sum_{i=1}^{16}\sum_{k=1}^{3}\sum_{t=1}^{3} \text{IGO}_{ikt} + \sum_{i=1}^{16}\sum_{t=1}^{3} \text{TPO}_{it}^{-} \times \left[\text{UR}_{it} \times \text{URB}_{it}^{-} + \left(1 - \text{UR}_{it}\right) \times \text{ARB}_{it}^{-}\right]$$

$$+ \sum_{i=1}^{16}\sum_{t=1}^{3}\left(\text{CUA}_{it} \times \text{GRP}_{it}^{-} + \text{LBS}_{it} \times \text{GLB}_{it}^{-}\right)$$

$$f_2^{+} = \sum_{i=1}^{16}\sum_{t=1}^{3}\sum_{h=1}^{3} L_t \times p_h \times \left[\sum_{k=1}^{3} \text{DIGO}_{ikth}^{+} + \text{DUR}_{ith}^{+} \times \text{TPO}_{it}^{-} \times \left(\text{URB}_{it}^{-} - \text{ARB}_{it}^{-}\right)\right.$$

$$\left. + \text{DCUA}_{ith}^{+} \times \text{PGRP}_{it}^{+} + \text{DLBS}_{ith}^{+} \times \text{PGLB}_{it}^{+}\right]$$

$$f_3^{+} = \sum_{i=1}^{16}\sum_{t=1}^{3}\sum_{h=1}^{3} L_t \times p_h \times \left(\text{IWR}_{ith}^{+} \times \text{CIWR}_{it}^{+} + \text{PWR}_{ith}^{+} \times \text{CPWR}_{it}^{+}\right.$$

$$+ \text{AWR}_{ith}^{+} \times \text{CAWR}_{it}^{+} + \text{EWR}_{ith}^{+} \times \text{CEWR}_{it}^{+}$$

$$+ \text{RIWR}_{ith}^{+} \times \text{RCIWR}_{it}^{+} + \text{RPWR}_{ith}^{+} \times \text{RCPWR}_{it}^{+}$$

$$\left. + \text{RAWR}_{ith}^{+} \times \text{RCAWR}_{it}^{+} + \text{REWR}_{ith}^{+} \times \text{RCEWR}_{it}^{+}\right)$$

$$f_4^{+} = \sum_{i=1}^{16}\sum_{t=1}^{3}\sum_{h=1}^{3} L_t \times p_h \times \left(\text{LWR}_{ith}^{+} \times \text{CLR}_{it}^{+} + \text{GWR}_{ith}^{+} \times \text{CGR}_{it}^{+} + \text{TWR}_{ith}^{+} \times \text{CTR}_{it}^{+}\right)$$

$$f_5^{+} = \sum_{i=1}^{16}\sum_{t=1}^{3}\sum_{h=1}^{3} L_t \times p_h \times \left[\text{IWR}_{ith}^{+} \times \alpha i_{ikt}^{+} \times \text{PTI}_{ikt}^{+} + \text{PWR}_{ith}^{+} \times \alpha p_{it}^{+}\left(\text{PTP}_{it}^{+} + \beta_{it}^{+} \times \text{PTR}_{it}^{+}\right)\right]$$

$$f_6^+ = \lambda \times \sum_{i=1}^{16}\sum_{t=1}^{3}\sum_{h=1}^{3} L_t \times p_h \times \left\{ \left[\sum_{k=1}^{3} \text{DIGO}_{ikth}^+ + \text{DUR}_{ith}^+ \times \text{TPO}_{it}^- \times \left(\text{URB}_{it}^- - \text{ARB}_{it}^- \right) \right. \right.$$

$$\left. + \text{DCUA}_{ith}^+ \times \text{PGRP}_{it}^+ + \text{DLBS}_{ith}^+ \times \text{PGLB}_{it}^+ \right]$$

$$- \sum_{h=1}^{3} p_h \times \left[\sum_{k=1}^{3} \text{DIGO}_{ikth}^+ + \text{DUR}_{ith}^+ \times \text{TPO}_{it}^- \times \left(\text{URB}_{it}^- - \text{ARB}_{it}^- \right) \right.$$

$$\left. + \text{DCUA}_{ith}^+ \times \text{PGRP}_{it}^+ + \text{DLBS}_{ith}^+ \times \text{PGLB}_{it}^+ \right]$$

$$+ \left(\text{IWR}_{ith}^+ \times \text{CIWR}_{it}^+ + \text{PWR}_{ith}^+ \times \text{CPWR}_{it}^+ \right.$$

$$+ \text{AWR}_{ith}^+ \times \text{CAWR}_{it}^+ + \text{EWR}_{ith}^+ \times \text{CEWR}_{it}^+$$

$$+ \text{RIWR}_{ith}^+ \times \text{RCIWR}_{it}^+ + \text{RPWR}_{ith}^+ \times \text{RCPWR}_{it}^+$$

$$\left. + \text{RAWR}_{ith}^+ \times \text{RCAWR}_{it}^+ + \text{REWR}_{ith}^+ \times \text{RCEWR}_{it}^+ \right)$$

$$- \sum_{h=1}^{3} p_h \times \left(\text{IWR}_{ith}^+ \times \text{CIWR}_{it}^+ + \text{PWR}_{ith}^+ \times \text{CPWR}_{it}^+ \right.$$

$$+ \text{AWR}_{ith}^+ \times \text{CAWR}_{it}^+ + \text{EWR}_{ith}^+ \times \text{CEWR}_{it}^+$$

$$+ \text{RIWR}_{ith}^+ \times \text{RCIWR}_{it}^+ + \text{RPWR}_{ith}^+ \times \text{RCPWR}_{it}^+$$

$$\left. + \text{RAWR}_{ith}^+ \times \text{RCAWR}_{it}^+ + \text{REWR}_{ith}^+ \times \text{RCEWR}_{it}^+ \right)$$

$$+ \left(\text{LWR}_{ith}^+ \times \text{CLR}_{it}^+ + \text{GWR}_{ith}^+ \times \text{CGR}_{it}^+ + \text{TWR}_{ith}^+ \times \text{CTR}_{it}^+ \right)$$

$$- \sum_{h=1}^{3} p_h \times \left(\text{LWR}_{ith}^+ \times \text{CLR}_{it}^+ + \text{GWR}_{ith}^+ \times \text{CGR}_{it}^+ + \text{TWR}_{ith}^+ \times \text{CTR}_{it}^+ \right)$$

$$+ \left[\sum_{k=1}^{3} \left(\text{IGO}_{ikt} - \text{DIGO}_{ikth}^+ \right) \times \text{CWG}_{ikt}^+ \times \alpha i_{it}^+ \times \text{PTI}_{ikt}^+ + \text{PWR}_{ith}^+ \times \alpha p_{it}^+ \times \left(\text{PTP}_{it}^+ + \beta_{it}^+ \times \text{PTR}_{it}^+ \right) \right]$$

$$- \sum_{h=1}^{3} p_h \times \left[\sum_{k=1}^{3} \left(\text{IGO}_{ikt} - \text{DIGO}_{ikth}^+ \right) \times \text{CWG}_{ikt}^+ \times \alpha i_{it}^+ \times \text{PTI}_{ikt}^+ \right.$$

$$\left. \left. + \text{PWR}_{ith}^+ \times \alpha p_{it}^+ \times \left(\text{PTP}_{it}^+ + \beta_{it}^+ \times \text{PTR}_{it}^+ \right) \right] + 2\theta_{ith}^+ \right\}$$

约束：

$$\text{IWR}_{ith}^+ + \text{RIWR}_{ith}^+ = \sum_{k=1}^{3} \left(\text{IGO}_{ikt} - \text{DIGO}_{ikth}^+ \right) \times \text{CWG}_{ikt}^+; \ \forall i, t, h$$

$$\text{PWR}_{ith}^+ + \text{RPWR}_{ith}^+ = \text{TPO}_{it}^- \times \left(\text{UR}_{it} - \text{DUR}_{ith}^+ \right) \times \text{UWR}_{it}^+$$

$$- \text{TPO}_{it}^- \times \left(1 - \text{UR}_{it} + \text{DUR}_{ith}^+ \right) \times \text{RWR}_{it}^+; \ \forall i, t, h$$

$$\text{AWR}_{ith}^+ + \text{RAWR}_{ith}^+ = \left(\text{CUA}_{it} - \text{DCUA}_{ith}^+ \right) \times \text{IW}_{it}^+$$

$$+ \left(\text{LBS}_{it} - \text{DLBS}_{ith}^+ \right) \times \text{CW}_{it}^+; \ \forall i, t, h$$

$$\text{IWR}_{ith}^+ + \text{PWR}_{ith}^+ + \text{AWR}_{ith}^+ + \text{EWR}_{ith}^+ + \text{AEW}_{ith}^+$$
$$\leqslant \text{LWR}_{ith}^+ + \text{GWR}_{ith}^+ + \text{TWR}_{ith}^+; \ \forall i,t,h$$
$$\text{EXG}_{\min ikt}^- \leqslant \left(\text{IGO}_{ikt} - \text{DIGO}_{ikth}^+\right) \leqslant \text{EXG}_{\max ikt}^-; \ \forall i,k,t,h$$
$$\text{PUR}_{it}^- \leqslant \left(\text{UR}_{it} - \text{DUR}_{it}^+\right) \leqslant \text{MUR}_{it}^-; \ \forall i,t,h$$
$$\text{LUA}_{it}^- \leqslant \text{CUA}_{it} - \text{DCUA}_{ith}^+ \leqslant \text{MUA}_{it}^-; \ \forall i,t,h$$
$$\text{LLB}_{it}^- \leqslant \text{LBS}_{it} - \text{DLBS}_{ith}^+ \leqslant \text{MLB}_{it}^-; \ \forall i,t,h$$
$$\text{EWR}_{ith}^+ + \text{REWR}_{ith}^+ \geqslant \text{DEW}_{it}^+; \ \forall i,t,h$$
$$\text{TPO}_{it}^- \times \left(\text{UR}_{it} - \text{DUR}_{ith}^+\right) \times \text{UWR}_{it}^+ \times \alpha p_{it}^+ \leqslant \text{ATW}_{it}^-; \ \forall i,t,h$$
$$\text{RIWR}_{ith}^+ + \text{RPWR}_{ith}^+ + \text{RAWR}_{ith}^+ + \text{REWR}_{ith}^+$$
$$\leqslant \text{TPO}_{it}^- \times \left(\text{UR}_{it} - \text{DUR}_{ith}^+\right) \times \text{UWR}_{it}^+ \times \alpha p_{it}^+ \times \beta_{it}^-; \ \forall i,t,h$$
$$\sum_{k=1}^{3} \left(\text{IGO}_{ikt} - \text{DIGO}_{ikth}^+\right) \times \text{CWG}_{ikt}^+ \times \alpha i_{ikt}^+ \times \left(1 - \beta i_{ikt}^-\right) \times \text{PEI}_{ikrt}^+ \times \text{IDI}_{irt}^+$$
$$+ \text{TPO}_{it}^- \times \left(\text{UR}_{it} - \text{DUR}_{ith}^+\right) \times \text{UWR}_{it}^+ \times \alpha p_{it}^+ \times \left(1 - \beta_{it}^-\right) \times \text{PEP}_{irt}^+ \times \text{IDP}_{irt}^+$$
$$+ \text{TPO}_{it}^+ \times \left(1 - \text{UR}_{it} + \text{DUR}_{ith}^+\right) \times \text{PER}_{irt}^+ \times \text{IDR}_{irt}^+$$
$$+ \left(\text{CUA}_{it} - \text{DCUA}_{ith}^+\right) \times \text{PEA}_{irt}^+ \times \text{IDA}_{irt}^+$$
$$+ \left(\text{LBS}_{it} - \text{DLBS}_{ith}^+\right) \times \text{PEB}_{irt}^+ \times \text{IDB}_{irt}^+$$
$$- \left(\text{CS}_{irt} - C_{0_{irt}}\right) \times \text{AEW}_{ith}^+ \leqslant \text{ALD}_{irth}^-; \ \forall i,r,t,h$$
$$\left\{\left[\sum_{k=1}^{3} \text{DIGO}_{ikth}^+ + \text{DUR}_{ith}^+ \times \text{TPO}_{it}^- \times \left(\text{URB}_{it}^- - \text{ARB}_{it}^-\right)\right.\right.$$
$$\left.+ \text{DCUA}_{ith}^+ \times \text{PGRP}_{it}^+ + \text{DLBS}_{ith}^+ \times \text{PGLB}_{it}^+\right]$$
$$- \sum_{h=1}^{3} p_h \times \left[\sum_{k=1}^{3} \text{DIGO}_{ikth}^+ + \text{DUR}_{ith}^+ \times \text{TPO}_{it}^- \times \left(\text{URB}_{it}^- - \text{ARB}_{it}^-\right)\right.$$
$$\left.+ \text{DCUA}_{ith}^+ \times \text{PGRP}_{it}^+ + \text{DLBS}_{ith}^+ \times \text{PGLB}_{it}^+\right]$$
$$+ \left(\text{IWR}_{ith}^+ \times \text{CIWR}_{it}^+ + \text{PWR}_{ith}^+ \times \text{CPWR}_{it}^+\right.$$
$$+ \text{AWR}_{ith}^+ \times \text{CAWR}_{it}^+ + \text{EWR}_{ith}^+ \times \text{CEWR}_{it}^+$$
$$+ \text{RIWR}_{ith}^+ \times \text{RCIWR}_{it}^+ + \text{RPWR}_{ith}^+ \times \text{RCPWR}_{it}^+$$
$$\left.+ \text{RAWR}_{ith}^+ \times \text{RCAWR}_{it}^+ + \text{REWR}_{ith}^+ \times \text{RCEWR}_{it}^+\right)$$
$$- \sum_{h=1}^{3} p_h \times \left(\text{IWR}_{ith}^+ \times \text{CIWR}_{it}^+ + \text{PWR}_{ith}^+ \times \text{CPWR}_{it}^+\right.$$

$$+AWR_{ith}^+ \times CAWR_{it}^+ + EWR_{ith}^+ \times CEWR_{it}^+$$
$$+RIWR_{ith}^+ \times RCIWR_{it}^+ + RPWR_{ith}^+ \times RCPWR_{it}^+$$
$$+RAWR_{ith}^+ \times RCAWR_{it}^+ + REWR_{ith}^+ \times RCEWR_{it}^+ \Big)$$
$$+\Big(LWR_{ith}^+ \times CLR_{it}^+ + GWR_{ith}^+ \times CGR_{it}^+ + TWR_{ith}^+ \times CTR_{it}^+\Big)$$
$$-\sum_{h=1}^{3} p_h \times \Big(LWR_{ith}^+ \times CLR_{it}^+ + GWR_{ith}^+ \times CGR_{it}^+ + TWR_{ith}^+ \times CTR_{it}^+\Big)$$
$$+\Bigg[\sum_{k=1}^{3}\Big(IGO_{ikt} - DIGO_{ikth}^+\Big) \times CWG_{ikt}^+ \times \alpha i_{ikt}^+ \times PTI_{ikt}^+$$
$$+PWR_{ith}^+ \times \alpha p_{it}^+ \times \Big(PTP_{it}^+ + \beta_{it}^+ \times PTR_{it}^+\Big)\Bigg]$$
$$-\sum_{h=1}^{3} p_h \times \Bigg[\sum_{k=1}^{3}\Big(IGO_{ikt} - DIGO_{ikth}^+\Big) \times CWG_{ikt}^+ \times \alpha i_{ikt}^+ \times PTI_{ikt}^+$$
$$+PWR_{ith}^+ \times \alpha p_{it}^+ \times \Big(PTP_{it}^+ + \beta_{it}^+ \times PTR_{it}^+\Big)\Bigg] + \theta_{ith}^+\Bigg\} \geqslant 0; \ \forall i, t, h$$

通过上述模型求解，获得了第二阶段的缺失水量的上限解 $DIGO_{ikth}^+$、DUR_{ith}^+、$DCUA_{ith}^+$、$DLBS_{ith}^+$，生态补水量下限解 AEW_{ith}^+。

3.4 集成诊断和优化的工业系统绿色转型路径规划

我国矿产资源型地区普遍面临着严重不可持续问题。当前国家十分重视资源型地区的经济转型，而第二产业在资源型地区经济中占据十分重要的地位，工业系统绿色转型是其必经之路。在此背景下，本节根据产业经济学和环境经济学相关理论，提出一套资源型地区工业系统诊断、转型路径设计和多目标优化评价方法框架。具体包括：

（1）提出资源型地区工业系统环境经济综合诊断方法，从产业经济学和环境经济学有关理论出发，从经济发展潜力、资源高效利用及环境保护角度对资源型地区工业系统开展综合诊断，进而为建立资源型地区绿色转型发展路径提供依据。

（2）提出资源型地区工业系统转型发展路径构建方法与多目标优化方法，综合考虑不同利益相关方需求及产业发展的不确定性，将资源型地区工业系统转型发展视为多要素、多水平的政策模拟试验，基于系统化的视角构建模型，开发出不同的工业系统转型发展路径，对各转型路径从经济发展、资源节约和环境保护等多个目标角度进行比选，进而识别出最优的产业发展路径，从而为资源型地区工业系统绿色转型提供科学决策支持。

3.4.1 工业系统环境经济综合诊断方法

1. 产业经济视角的综合诊断

首先从产业经济视角出发，分两步递进式的方式开展工业系统诊断，即先基于"标准结构法"对工业系统的高度化水平进行初步判断以把握矿产资源型地区工业所处的基本阶段，在此基础上进一步构建高度化和合理化指标，然后进行综合判断。

钱纳里等于1960年首先提出了标准结构法（Chenery，1960）。标准结构法是一种确定地区产业结构高度化的方法，它用本国三大产业的结构与世界其他国家或地区的平均高度进行比较以得到高度化水平。标准结构的理论核心是，随着人均国民收入水平的提高，产业结构会呈现规律性的变化。具体而言，这些变化表现为：①产值结构方面，第一产业份额逐步下降，第二、三产业份额逐步上升；②劳动力就业结构方面，第一产业从业人员大量流向第三产业，第二产业劳动力变化缓慢。

标准结构法主要采用产值标准结构法和劳动力标准结构法两种。考虑受户籍制度影响，我国的劳动力统计数据偏差较大，采用产值标准结构法进行评价，选择人均GDP作为评价指标。人均GDP既不受非经济因素，如户籍管理等的影响，也不受诸如发展道路选择等经济因素的影响，因此具有代表性。具体评价过程如下。

（1）收集研究年份城市的人均GDP数值，并进行美元折算。

（2）采用美国GDP平减指数将研究年份的美元水平折算成1964年的美元水平。钱纳里等研究时段是20世纪60~70年代（Chenery and Taylor，1968），经济发展状况和物价与现在相比均发生了巨大的变化，所以需将其影响剔除以反映出实际水平。

（3）将研究年份的人均GDP数折算成1964年的美元数，再对照标准结构表查找第二产业对应的标准比重，以研究区第二产业的实际比重与该值相比，确定偏离程度，从而判断研究区产业结构是否合理。赛尔奎因和钱纳里的产值标准结构和关于经济增长阶段的划分分别见表3.3和表3.4（Syrquin and Chenery，1989）。

表3.3 赛尔奎因和钱纳里的产值标准结构

	人均GDP的基准水平（1964年美元）							
	100	200	300	400	600	1000	2000	3000
第二产业比重/%	13.5	19.6	23.1	25.5	29.0	31.4	33.2	38.9

表3.4 赛尔奎因和钱纳里关于经济增长阶段的划分

阶段	收入水平 （1964年美元）	收入水平 （1970年美元）	发展阶段	类型
0	100以下	140以下	初级产品生产阶段	准工业化国家
1	100~200	140~280		

续表

阶段	收入水平 （1964年美元）	收入水平 （1970年美元）	发展阶段	类型
2	200~400	280~560	工业化初级阶段	
3	400~800	560~1120	工业化中级阶段	工业化实现国家
4	800~1500	1120~2100	工业化高级阶段	
5	1500~2400	2100~3360	发达经济初级阶段	后工业化国家
6	2400~3600	3360~5040	发达经济高级阶段	

各个国家/地区的经济发展条件存在差异，该方法只能用于对产业发展水平进行初步判断。

产业结构高度化是指产业结构从较低状态向高级状态转换的动态发展过程，也是产业结构向高技术化、高加工化和高附加值化发展的过程，它是产业结构优化的目标与方向。它强调的是生产要素集约程度的提升，核心是以技术进步为基础的社会生产率的提高。产业结构合理化指产业结构从不协调向合理协调发展的过程，它要求在产业发展过程中合理配置资源，协调各产业部门之间的比例关系，使生产要素在各产业间合理配置、有效利用，它是产业结构优化的前提（张平和王树华，2009；张玉春和余炳，2011）。

评价产业结构高度化和合理化应从产业结构高度化和合理化理论的本质入手建立指标体系。具体而言，产业结构的高度化与合理化主要体现在要素（特别是技术要素）的投入产出效率提升与"内外部"环境的协调，即在工业发展过程中，工业系统内部结构协调、主导产业与所在区域实际情况协调等方面。基于上述原则，选择相应的评价指标，见表3.5。

表3.5 工业系统高度化与合理化评价指标

准则	评价指标	表征指标	指标解释
效率提升	技术效率	要素贡献率	即劳动、资本和科技进步对经济增长的贡献，通过要素贡献率可以评价经济增长的效率
协调度提升	结构协调	产业结构均衡度	产业结构均衡度借鉴了景观生态学中多样性指数[即Shannon-Wiener（香农-维纳）指数]和均衡度指数等有关概念，表示工业产业结构中各部门间的协调程度，该值越大，表明产业之间的比例越均衡，从而不会出现某一产业比重过大的情况
	区位协调	区位熵	一个地区特定部门的产值在地区工业总产值中所占的比重与全国该部门产值在全国工业总产值中所占比重之间的比值。通过计算某一区域产业的区位熵，可以找出该区域在全国具有一定地位的优势产业；当区位熵大于1时，表明该地区该产业具有比较优势，一定程度上显示出该产业较强的竞争力；当区位熵等于1时，表明该地区该产业处于均势；当区位熵小于1时，表明该地区该产业处于比较劣势

各指标计算公式如下。

(1) 要素贡献率：

$$E_T = [Y - (\alpha \times K) - (\beta \times L)] / Y \quad (3\text{-}47)$$
$$E_C = (\alpha \times K) / Y$$
$$E_L = (\beta \times L) / Y$$

式中，E_T 为科技进步贡献率；E_C 为资本投入贡献率；E_L 为劳动投入贡献率；Y 为经济产出变化速率；α 和 β 分别为资本产出弹性和劳动产出弹性；K 为资本投入变化率；L 为劳动投入变化率。其中，α 和 β 参考有关研究确定，分别取值 0.441 和 0.559（赵志耘等，2006；郭晗和任保平，2014；辛永容等，2009；李兰兰等，2011）。

K 值按如下公式计算：

$$K = (C_t - C_{t-1}) / C_{t-1}$$

式中，C 为资本存量，大多研究均采用"永续盘存法"进行计算（张军等，2004；范巧，2012），见下式：

$$C_t = C_{t-1}(1-\delta) + \mathrm{NI}_t / P_t$$

式中，C_{t-1} 为基期资本存量，一般以 1952 年或 1978 年为计算基期。本节以 1952 年为基期进行核算。参考有关研究，如果基期被设置为较早的时间（如 20 世纪五六十年代），则相应的资本存量可以当年固定资本形成总额的 10%予以替代。δ 为计算期内平均资本折旧率，参考有关研究确定（向娟，2011）。NI_t 为当年新增投资。有关研究认为"固定资本形成总额"作为当年新增投资是合理的。P_t 为固定资本投资品价格指数，指在给定的时段里，一组商品的平均价格如何变化的一种指数，该值可以将各年投资折算成以基年不变价格表示的实际值。1995 年之后的值参考《中国统计年鉴》确定，1995 年之前的数值由于《中国统计年鉴》未给出，参考有关研究进行估算，采用投资隐含平减指数作为替代，计算公式如下（以 1952 年的指数 = 1 和上一年的指数 = 1，计算 1994 年的投资隐含平减指数为例）：

1994年的投资隐含平减指数（1952年的指数 = 1）
$= \dfrac{1994\text{年固定资本形成总额（当年价格）}}{1994\text{年固定资本形成总额指数（1952年的指数}=1)\cdot 1952\text{年的固定资本形成总额（当年价格）}}$

1994年的投资隐含平减指数（上一年的指数 = 1）
$= \dfrac{1994\text{年固定资本形成总额（当年价格）}}{1994\text{年固定资本形成总额指数（上一年的指数}=1)\cdot 1993\text{年的固定资本形成总额（当年价格）}}$

基于上述公式，可计算出 1952～1994 年的投资隐含平减指数，进而算出资本投入变化率 K 值和各种要素对经济产出变化的贡献率。

(2) 产业结构均衡度：

$$H = -\left[\sum_{i=1}^{n} x_i \times \ln(x_i)\right] / H_{\max} \quad (3\text{-}48)$$

$$x_i = I_i / \text{TI}$$
$$H_{\max} = \ln(n)$$

式中，H 为研究区域产业结构均衡度；I_i 为第 i 个工业部门的产值；TI 为研究区域的工业总产值；n 为纳入考虑的产业部门种类数；$H_{\max}$ 为绝对均衡状态下信息熵最大值。

（3）区位熵：

$$Q = \sum_{i=1}^{n}(I_i / \text{TI}) / \sum_{i=1}^{n}(\text{EI}_i / \text{EI}) \qquad (3\text{-}49)$$

式中，Q 为研究区域主导产业的综合区位熵；I_i 为第 i 个工业部门的产值；TI 为研究区域的工业总产值；EI_i 为全国第 i 个工业部门的总产值；EI 为全国的工业总产值。

2. 环境经济学视角的综合诊断

产业经济视角从产业的发展水平上对工业系统进行了衡量，对环境方面的考量较少，因此进一步引入环境经济学视角的诊断，以关注产业发展对资源、环境的影响。基于环境经济学有关理论，本节也建立了分两步递进的环境压力诊断模式。具体而言，首先通过 Tapio（2005）提出的脱钩弹性指标对工业系统发展与环境压力之间的脱钩情况进行诊断，从而诊断出伴随着工业增长环境压力变化情况。在此基础上，运用对数平均迪氏指数法（logarithmic mean Divisia index，LMDI）分解模型，将环境压力按不同的驱动因子进行分解，进一步识别关键驱动因素。

脱钩理论在经济与环境领域运用十分广泛。世界银行（World Bank，1992）将"脱钩"定义为去物质化和去污染化，具体而言，指在经济增长的过程中经济体与环境介质相互逐渐分离，每单位收入的增加伴随着资源消耗和污染排放的减少。OECD（2002）将"脱钩"定义为打破环境损害和经济效益之间的联系。经济合作与发展组织（Organization for Economic Co-operation and Development，OECD）一直致力于使经济增长与环境压力脱钩，并把它作为 21 世纪前 10 年最主要的环境策略之一。联合国环境规划署的一份报告也指出，人类福利提高与资源消耗的脱钩是推动绿色经济的核心任务。

参考 Tapio（2005）提出脱钩弹性指标进行初步的脱钩分析，公式如下：

$$E = \Delta P / \Delta I \qquad (3\text{-}50)$$

式中，ΔP 为环境压力变化率，本案例中环境压力包括资源或能源的消耗、污染物的排放；ΔI 为工业增加值的变化率。可根据图 3.5 对工业系统脱钩情况进行初步判断。

脱钩分析主要是研究环境负荷和经济增长之间的关系，而分解技术则是在此基础上进一步识别关键驱动因素。借鉴 Wu 等（2005）的 LMDI 碳排放分解思路，提出应用于工业系统环境压力（主要考察资源、能源消耗和污染物排放）的分解模式，见图 3.6 和表 3.6。

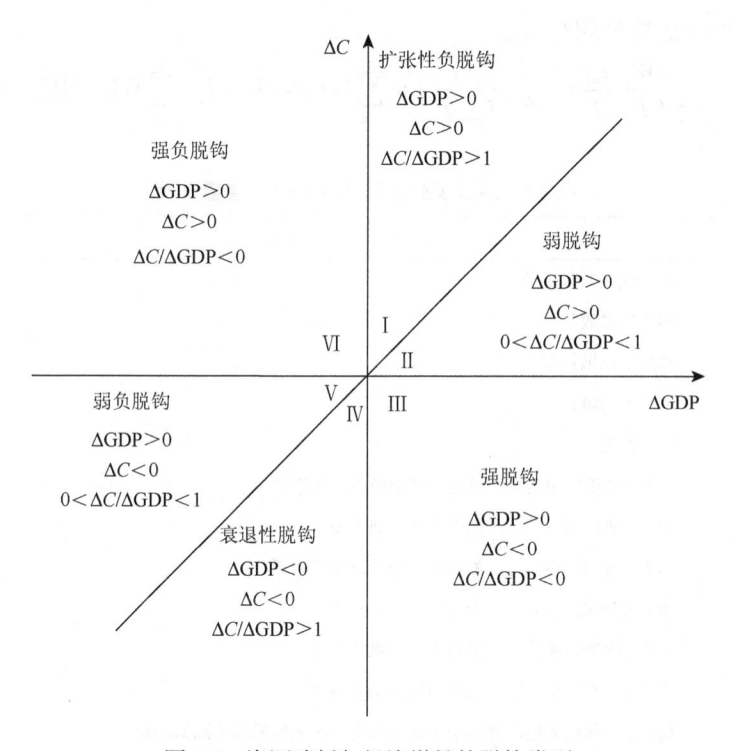

图 3.5　资源消耗与经济增长的脱钩类别

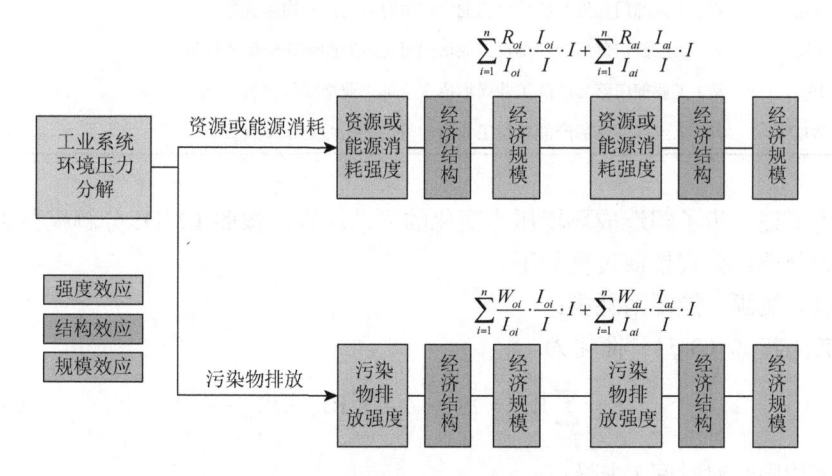

图 3.6　基于 LMDI 模型的工业系统环境压力分解

资源、能源消耗类分解公式：

$$R = \sum_{i=1}^{n} \frac{R_{oi}}{I_{oi}} \frac{I_{oi}}{I} I + \sum_{i=1}^{n} \frac{R_{ai}}{I_{ai}} \frac{I_{ai}}{I} I = \sum_{i=1}^{n} \mathrm{RI}_{oi} \times \mathrm{IS}_{oi} \times I + \sum_{i=1}^{n} \mathrm{RI}_{ai} \times \mathrm{IS}_{ai} \times I \quad (3\text{-}51)$$

污染物排放量分解公式：

$$W = \sum_{i=1}^{n} \frac{W_{oi}}{I_{oi}} \frac{I_{oi}}{I} I + \sum_{i=1}^{n} \frac{W_{ai}}{I_{ai}} \frac{I_{ai}}{I} I = \sum_{i=1}^{n} \mathrm{WI}_{oi} \times \mathrm{IS}_{oi} \times I + \sum_{i=1}^{n} \mathrm{WI}_{ai} \times \mathrm{IS}_{ai} \times I \quad (3\text{-}52)$$

表3.6　式（3-51）和式（3-52）变量含义

变量	含义
R	资源或能源消耗量
W	污染物排放量
I	总的工业增加值
i	工业部门类比
j	能源种类
R_{oi}	第 i 工业部门中落后产能对应的资源或能源消耗
I_{oi}	第 i 工业部门中落后产能对应的工业产值
R_{ai}	第 i 工业部门中先进产能对应的资源或能源消耗
I_{ai}	第 i 工业部门中先进产能对应的工业产值
W_{oi}	第 i 工业部门中落后产能对应的污染物排放
W_{ai}	第 i 工业部门中先进产能对应的污染物排放
RI_{ai}	第 i 工业部门先进产能单位工业增加值对应的能源或资源消耗量
IS_{ai}	第 i 工业部门先进产能工业增加值占全部工业增加值比重
WI_{ai}	第 i 工业部门先进产能单位工业增加值对应的污染物排放量
RI_{oi}	第 i 工业部门落后产能单位工业增加值对应的能源或资源消耗量
IS_{oi}	第 i 工业部门落后产能工业增加值占全部工业增加值比重
WI_{oi}	第 i 工业部门落后产能单位工业增加值对应的污染物排放量

为了进一步了解造成环境压力变化的驱动因素，按照LMDI分解模型进行驱动因素分析。公式推演过程如下。

（1）资源、能源消耗类：

首先将式（3-51）简化为

$$R = \sum_{i=1}^{n} \mathrm{RI}_{oi} \times \mathrm{IS}_{oi} \times I + \sum_{i=1}^{n} \mathrm{RI}_{ai} \times \mathrm{IS}_{ai} \times I \quad (3\text{-}53)$$

两边同时对时间 t 求导：

第 3 章　黄河流域资源型地区绿色转型发展规划技术方法

$$\frac{\mathrm{d}R}{\mathrm{d}t} = \sum_{i=1}^{n}\left(\frac{\mathrm{dRI}_{oi}}{\mathrm{d}t}\times \mathrm{IS}_{oi}\times I + R_{oi}\times \frac{\mathrm{dIS}_{oi}}{\mathrm{d}t}\times I + R_{oi}\times \mathrm{IS}_{oi}\times \frac{\mathrm{d}I}{\mathrm{d}t}\right)$$
$$+ \sum_{i=1}^{n}\left(\frac{\mathrm{dRI}_{ai}}{\mathrm{d}t}\times \mathrm{IS}_{ai}\times I + R_{ai}\times \frac{\mathrm{dIS}_{ai}}{\mathrm{d}t}\times I + R_{ai}\times \mathrm{IS}_{ai}\times \frac{\mathrm{d}I}{\mathrm{d}t}\right)$$
（3-54）

上式进一步转化为

$$\frac{\mathrm{d}R}{\mathrm{d}t} = \sum_{i=1}^{n}\left(\frac{1}{R_{oi}}\times \frac{\mathrm{dRI}_{oi}}{\mathrm{d}t}\times \mathrm{RI}_{oi}\times \mathrm{IS}_{oi}\times I + \frac{1}{\mathrm{IS}_{oi}}\times \frac{\mathrm{dIS}_{oi}}{\mathrm{d}t}\times \mathrm{RI}_{oi}\times \mathrm{IS}_{oi}\times I + \frac{1}{I}\times \frac{\mathrm{d}I}{\mathrm{d}t}\times \mathrm{RI}_{oi}\times \mathrm{IS}_{oi}\times I\right)$$
$$+ \sum_{i=1}^{n}\left(\frac{1}{R_{ai}}\times \frac{\mathrm{dRI}_{ai}}{\mathrm{d}t}\times \mathrm{RI}_{ai}\times \mathrm{IS}_{ai}\times I + \frac{1}{\mathrm{IS}_{ai}}\times \frac{\mathrm{dIS}_{ai}}{\mathrm{d}t}\times \mathrm{RI}_{ai}\times \mathrm{IS}_{ai}\times I + \frac{1}{I}\times \frac{\mathrm{d}I}{\mathrm{d}t}\times \mathrm{RI}_{ai}\times \mathrm{IS}_{ai}\times I\right)$$
（3-55）

公式两边同时除以 R：

$$\frac{1}{R}\times \frac{\mathrm{d}R}{\mathrm{d}t} = \sum_{i=1}^{n}\left(\frac{1}{R_{oi}}\times \frac{\mathrm{dRI}_{oi}}{\mathrm{d}t}\times \frac{\mathrm{RI}_{oi}\times \mathrm{IS}_{oi}\times I}{R} + \frac{1}{\mathrm{IS}_{oi}}\times \frac{\mathrm{dIS}_{oi}}{\mathrm{d}t}\times \frac{\mathrm{RI}_{oi}\times \mathrm{IS}_{oi}\times I}{R} + \frac{1}{I}\times \frac{\mathrm{d}I}{\mathrm{d}t}\times \frac{\mathrm{RI}_{oi}\times \mathrm{IS}_{oi}\times I}{R}\right)$$
$$+ \sum_{i=1}^{n}\left(\frac{1}{R_{ai}}\times \frac{\mathrm{dRI}_{ai}}{\mathrm{d}t}\times \frac{\mathrm{RI}_{ai}\times \mathrm{IS}_{ai}\times I}{R} + \frac{1}{\mathrm{IS}_{ai}}\times \frac{\mathrm{dIS}_{ai}}{\mathrm{d}t}\times \frac{\mathrm{RI}_{ai}\times \mathrm{IS}_{ai}\times I}{R} + \frac{1}{I}\times \frac{\mathrm{d}I}{\mathrm{d}t}\times \frac{\mathrm{RI}_{ai}\times \mathrm{IS}_{ai}\times I}{R}\right)$$
（3-56）

令 $\dfrac{\mathrm{RI}_{oi}\times \mathrm{IS}_{oi}\times I}{R} = \omega_{oi}$，$\dfrac{\mathrm{RI}_{ai}\times \mathrm{IS}_{ai}\times I}{R} = \omega_{ai}$，则上式转化为

$$\frac{1}{R}\times \frac{\mathrm{d}R}{\mathrm{d}t} = \sum_{i=1}^{n}\omega_{oi}\times \left(\frac{1}{\mathrm{RI}_{oi}}\times \frac{\mathrm{dRI}_{oi}}{\mathrm{d}t} + \frac{1}{\mathrm{IS}_{oi}}\times \frac{\mathrm{dIS}_{oi}}{\mathrm{d}t} + \frac{1}{I}\times \frac{\mathrm{d}I}{\mathrm{d}t}\right)$$
$$+ \sum_{i=1}^{n}\omega_{ai}\times \left(\frac{1}{\mathrm{RI}_{ai}}\times \frac{\mathrm{dRI}_{ai}}{\mathrm{d}t} + \frac{1}{\mathrm{IS}_{ai}}\times \frac{\mathrm{dIS}_{ai}}{\mathrm{d}t} + \frac{1}{I}\times \frac{\mathrm{d}I}{\mathrm{d}t}\right)$$
（3-57）

对两边在时间 $[0, T]$ 内进行积分：

$$\int_{0}^{T}\left(\frac{1}{R}\times \frac{\mathrm{d}R}{\mathrm{d}t}\right)\mathrm{d}t = \int_{0}^{T}\left[\sum_{i=1}^{n}\omega_{oi}\times \left(\frac{1}{\mathrm{RI}_{oi}}\times \frac{\mathrm{dRI}_{oi}}{\mathrm{d}t} + \frac{1}{\mathrm{IS}_{oi}}\times \frac{\mathrm{dIS}_{oi}}{\mathrm{d}t} + \frac{1}{I}\times \frac{\mathrm{d}I}{\mathrm{d}t}\right)\right]\mathrm{d}t$$
$$+ \int_{0}^{T}\left[\sum_{i=1}^{n}\omega_{ai}\times \left(\frac{1}{\mathrm{RI}_{ai}}\times \frac{\mathrm{dRI}_{ai}}{\mathrm{d}t} + \frac{1}{\mathrm{IS}_{ai}}\times \frac{\mathrm{dIS}_{ai}}{\mathrm{d}t} + \frac{1}{I}\times \frac{\mathrm{d}I}{\mathrm{d}t}\right)\right]\mathrm{d}t$$
（3-58）

该式转化为

$$\int_{0}^{T}\frac{1}{R}\mathrm{d}R = \int_{0}^{T}\sum_{i=1}^{n}\omega_{oi}\times \left(\frac{1}{\mathrm{RI}_{oi}}\times \mathrm{dRI}_{oi} + \frac{1}{\mathrm{IS}_{oi}}\times \mathrm{dIS}_{oi} + \frac{1}{I}\times \mathrm{d}I\right)$$
$$+ \int_{0}^{T}\sum_{i=1}^{n}\omega_{ai}\times \left(\frac{1}{\mathrm{RI}_{oi}}\times \mathrm{dRI}_{oi} + \frac{1}{\mathrm{IS}_{oi}}\times \mathrm{dIS}_{oi} + \frac{1}{I}\times \mathrm{d}I\right)$$
（3-59）

进一步转化为

$$(\ln R)\Big|_0^T = \sum_{i=1}^n \omega_{oi} \times (\ln \text{RI}_{oi} + \ln \text{IS}_{oi} + \ln I)\Big|_0^T + \sum_{i=1}^n \omega_{ai} \times (\ln \text{RI}_{ai} + \ln \text{IS}_{ai} + \ln I)\Big|_0^T \quad (3\text{-}60)$$

即

$$\ln \frac{R^T}{R^0} = \sum_{i=1}^n \omega_{oi}(t^*) \times \left(\ln \frac{\text{RI}_{oi}^T}{\text{RI}_{oi}^0} + \ln \frac{\text{IS}_{oi}^T}{\text{IS}_{oi}^0} + \ln \frac{I^T}{I^0}\right) + \sum_{i=1}^n \omega_{ai}(t^*) \times \left(\ln \frac{\text{RI}_{ai}^T}{\text{RI}_{ai}^0} + \ln \frac{\text{IS}_{ai}^T}{\text{IS}_{ai}^0} + \ln \frac{I^T}{I^0}\right)$$
$$(3\text{-}61)$$

式中，$\omega_{oi}(t^*)$ 和 $\omega_{ai}(t^*)$ 为权重函数，对上式两边求以 e 为底的指数：

$$\frac{R^T}{R^0} = \left[\text{EXP}\left(\sum_{i=1}^n \omega_{oi}(t^*) \times \ln \frac{\text{RI}_{oi}^T}{\text{RI}_{oi}^0}\right)\right] \times \left[\text{EXP}\left(\sum_{i=1}^n \omega_{oi}(t^*) \times \ln \frac{\text{IS}_{oi}^T}{\text{IS}_{oi}^0}\right)\right]$$
$$\times \left[\text{EXP}\left(\sum_{i=1}^n \omega_{oi}(t^*) \times \ln \frac{I^T}{I^0}\right)\right] \times \left[\text{EXP}\left(\sum_{i=1}^n \omega_{ai}(t^*) \times \ln \frac{\text{RI}_{ai}^T}{\text{RI}_{ai}^0}\right)\right] \quad (3\text{-}62)$$
$$\times \left[\text{EXP}\left(\sum_{i=1}^n \omega_{ai}(t^*) \times \ln \frac{\text{IS}_{ai}^T}{\text{IS}_{ai}^0}\right)\right] \times \left[\text{EXP}\left(\sum_{i=1}^n \omega_{ai}(t^*) \times \ln \frac{I^T}{I^0}\right)\right]$$

该式可简化为

$$R^T / R^0 = \text{DR}_{\text{RIo}} \times \text{DR}_{\text{ISo}} \times \text{DR}_{\text{Io}} \times \text{DR}_{\text{RIa}} \times \text{DR}_{\text{ISa}} \times \text{DR}_{\text{Ia}} \quad (3\text{-}63)$$

式中，$\text{DR}_{\text{RIo}}, \cdots, \text{DR}_{\text{Ia}}$ 与式（3-62）中的指数式一一对应，分别代表由落后产能资源或能源消耗强度、落后产能经济占比、落后产能经济规模、先进产能资源或能源消耗强度、先进产能经济占比和先进产能经济规模共 6 类因素构成的环境压力，权重采用对数平均数进行计算（徐军委，2013；彭佳雯等，2011），总的资源或能源消耗类环境压力表现为上述 6 个因素的合力，公式如下：

$$L(x,y) = \begin{cases} |(y-x)|/\ln(y/x), \text{若} y \neq x \\ y, \text{若} y = x \neq 0 \\ 0, \text{若} y = x = 0 \end{cases} \quad (3\text{-}64)$$

由此，则权重函数计算式如下：

$$\begin{cases} \omega_{oi}(t^*) = \dfrac{L(\text{RI}_{oi}^T \times \text{IS}_{oi}^T \times I^T, \text{RI}_{oi}^0 \times \text{IS}_{oi}^0 \times I^0)}{L(R^T, R^0)} \\ \omega_{ai}(t^*) = \dfrac{L(\text{RI}_{ai}^T \times \text{IS}_{ai}^T \times I^T, \text{RI}_{ai}^0 \times \text{IS}_{ai}^0 \times I^0)}{L(R^T, R^0)} \end{cases} \quad (3\text{-}65)$$

$$\begin{cases} \mathrm{DR_{RIo}} = \mathrm{EXP}\left(\sum_{i=1}^{n}\omega_{oi}(t^*)\times\ln\frac{\mathrm{RI}_{oi}^T}{\mathrm{RI}_{oi}^0}\right) \\ \mathrm{DR_{ISo}} = \mathrm{EXP}\left(\sum_{i=1}^{n}\omega_{oi}(t^*)\times\ln\frac{\mathrm{IS}_{oi}^T}{\mathrm{IS}_{oi}^0}\right) \\ \mathrm{DR_{Io}} = \mathrm{EXP}\left(\sum_{i=1}^{n}\omega_{oi}(t^*)\times\ln\frac{I^T}{I^0}\right) \\ \mathrm{DR_{RIa}} = \mathrm{EXP}\left(\sum_{i=1}^{n}\omega_{ai}(t^*)\times\ln\frac{\mathrm{RI}_{ai}^T}{\mathrm{RI}_{ai}^0}\right) \\ \mathrm{DR_{ISa}} = \mathrm{EXP}\left(\sum_{i=1}^{n}\omega_{ai}(t^*)\times\ln\frac{\mathrm{IS}_{ai}^T}{\mathrm{IS}_{ai}^0}\right) \\ \mathrm{DR_{Ia}} = \mathrm{EXP}\left(\sum_{i=1}^{n}\omega_{ai}(t^*)\times\ln\frac{I^T}{I^0}\right) \end{cases} \quad (3\text{-}66)$$

（2）污染物排放类：

公式推导过程与资源环境消耗类一致，分解的结构式为

$$\frac{W^T}{W^0} = \left[\mathrm{EXP}\left(\sum_{i=1}^{n}\psi_{oi}(t^*)\times\ln\frac{\mathrm{WI}_{oi}^T}{\mathrm{WI}_{oi}^0}\right)\right]\times\left[\mathrm{EXP}\left(\sum_{i=1}^{n}\psi_{oi}(t^*)\times\ln\frac{\mathrm{IS}_{oi}^T}{\mathrm{IS}_{oi}^0}\right)\right]$$
$$\times\left[\mathrm{EXP}\left(\sum_{i=1}^{n}\psi_{oi}(t^*)\times\ln\frac{I^T}{I^0}\right)\right]\times\left[\mathrm{EXP}\left(\sum_{i=1}^{n}\psi_{ai}(t^*)\times\ln\frac{\mathrm{WI}_{ai}^T}{\mathrm{WI}_{ai}^0}\right)\right] \quad (3\text{-}67)$$
$$\times\left[\mathrm{EXP}\left(\sum_{i=1}^{n}\psi_{ai}(t^*)\times\ln\frac{\mathrm{IS}_{ai}^T}{\mathrm{IS}_{ai}^0}\right)\right]\times\left[\mathrm{EXP}\left(\sum_{i=1}^{n}\psi_{ai}(t^*)\times\ln\frac{I^T}{I^0}\right)\right]$$

该式可简化为

$$W_T/W_0 = \mathrm{DW_{WIo}}\times\mathrm{DW_{ISo}}\times\mathrm{DW_{Io}}\times\mathrm{DW_{WIa}}\times\mathrm{DW_{ISa}}\times\mathrm{DW_{Ia}} \quad (3\text{-}68)$$

式中，$\mathrm{DW_{WIo}},\cdots,\mathrm{DW_{Ia}}$ 分别为由落后产能污染物排放强度、落后产能经济占比、落后产能经济规模、先进产能污染物排放强度、先进产能经济占比和先进产能经济规模共 6 类因素构成的环境压力；$\psi_{oi}(t^*)$ 和 $\psi_{ai}(t^*)$ 为权重函数，分别对应：

$$\psi_{oi} = \frac{\mathrm{WI}_{oi}\times\mathrm{IS}_{oi}\times I}{W}, \psi_{ai} = \frac{\mathrm{WI}_{ai}\times\mathrm{IS}_{ai}\times I}{W} \quad (3\text{-}69)$$

权重计算式如下：

$$\begin{cases}\psi_{oi}(t^*) = \dfrac{L(\mathrm{WI}_{oi}^T\times\mathrm{IS}_{oi}^T\times I^T, \mathrm{WI}_{oi}^0\times\mathrm{IS}_{oi}^0\times I^0)}{L(W^T, W^0)} \\ \psi_{ai}(t^*) = \dfrac{L(\mathrm{WI}_{ai}^T\times\mathrm{IS}_{ai}^T\times I^T, \mathrm{WI}_{ai}^0\times\mathrm{IS}_{ai}^0\times I^0)}{L(W^T, W^0)}\end{cases} \quad (3\text{-}70)$$

总的污染物排放类环境压力表现为6个因素的合力，公式如下：

$$\begin{cases} DW_{WIo} = EXP\left(\sum_{i=1}^{n}\psi_{oi}(t^*)\times\ln\dfrac{WI_{oi}^T}{WI_{oi}^0}\right) \\ DW_{ISo} = EXP\left(\sum_{i=1}^{n}\psi_{oi}(t^*)\times\ln\dfrac{IS_{oi}^T}{IS_{oi}^0}\right) \\ DW_{Io} = EXP\left(\sum_{i=1}^{n}\psi_{oi}(t^*)\times\ln\dfrac{I^T}{I^0}\right) \\ DW_{WIa} = EXP\left(\sum_{i=1}^{n}\psi_{ai}(t^*)\times\ln\dfrac{WI_{ai}^T}{WI_{ai}^0}\right) \\ DW_{ISa} = EXP\left(\sum_{i=1}^{n}\psi_{ai}(t^*)\times\ln\dfrac{IS_{ai}^T}{IS_{ai}^0}\right) \\ DW_{Ia} = EXP\left(\sum_{i=1}^{n}\psi_{ai}(t^*)\times\ln\dfrac{I^T}{I^0}\right) \end{cases} \quad （3-71）$$

该模型将驱动因子分为强度效应（如资源消耗与污染物排放强度）、结构效应（如各工业行业产值占工业总产值的比例）、规模效应（如各工业行业的规模）。通过模型求解，得到各种驱动因子对环境压力的影响程度及其随时间的变化趋势，以此为依据可以对各个驱动因子进行排序并诊断出关键驱动因子。值得注意的是，本方法构建的分解模型中，结构效应除了通过工业行业在工业系统中的比重来反映外，还通过先进、落后产能之间的比例关系反映。相比以往的分解模式，这种分解模式将先进、落后产能区别对待，使关键驱动因子的识别更具针对性。

3.4.2 工业系统绿色转型路径优化技术

1. 工业系统绿色转型路径设计

对资源型地区转型而言，编制合理的规划尤为重要，其中最关键的是制定符合资源型地区自身禀赋和发展规律的产业转型发展路径。应该着重考虑转型过程中的经济因素和环境因素，通过对不同的转型路径进行评价，从而找出最优的转型路径以推动资源型地区的绿色转型和可持续发展。

转型发展路径设计面临的一个关键问题是规划的不确定性，难以对未来发展做出客观的预测。情景分析法是一种建立在对研究对象的未来状态或趋势进行多种可能性推断基础上的一种政策研究方法（易征等，2009）。它通过对未来发展的各种要素进行假设，通过严密的推理得到未来可能的多种方案；其最大的优势是能够使决策者对未来的多种可能及其演变趋势进行综合判断。具体而言：①情景分析法通过考虑不同学科领域（政策、环境、社会、经济等）的驱动因子，从而

第 3 章　黄河流域资源型地区绿色转型发展规划技术方法

建立了一种跨学科的、综合的和创新的方式来分析和解决复杂的环境问题的机制；②情景分析法通过在不同利益相关方之间广泛对话从而识别出确定的/可预测的问题和不确定的/难预测的问题，从而将不确定性问题整合进科学决策过程；③情景分析法在专家-决策者-利益相关方之间建立起统一的对话平台，从而能够更加综合和深入地研究问题；④情景分析法没有尺度限制，可用于当地、区域、国家甚至是全球尺度的问题研究；⑤情景分析法提供了一种整合其他研究方法的平台。

情景分析法通过考虑各种关键因子的不同未来发展趋势，从而为科学决策提供了一种更加综合、多样和易于比较的平台，因此在开发工业转型发展路径方面具有优势。在情景分析法的基础上对矿产资源型地区转型发展路径进行设计。具体而言，通过情景分析法，模拟不同利益相关方（如规划部门、环保部门、企业代表、公众等）对工业规模、结构和效率等关键规划要素的选择偏好，进而设计出体现不同利益相关方需求的矿产资源型地区工业转型发展路径。

资源型地区转型情景分析通常要考虑多种关键因子，如产业规模、结构和技术效率等。同时不同的利益相关方对这些因子有不同的认知，导致每一类关键因子具有多种不同的水平，不同的关键因子及不同的水平数进行组合，使得转型路径设计和评价变成一项复杂的"政策试验"。例如，如果规划中选择了 3 个关键因子，考虑不同的情景，每个关键因子有 3 个水平，则 z 总计会设计出 $3^3 = 27$ 个转型路径；如果关键因子数或水平数更多，则设计出的转型路径数目会非常庞大。要对全部方案进行评价几乎不可能。因此，需要采取一种合理的方式"组合试验"，以保证在满足转型路径设计科学性的前提下尽可能减少"试验"次数。本案例采用正交设计（orthogonal design，OD）方法实现这一目的。

OD 是一种基于正交表的多因子试验设计方法，它从大量的试验点中挑选出有代表性的部分进行试验。这些"代表性"的点具有如下性质：每一因子的各个水平都出现，使得部分试验中包含所有因子的所有水平；任意两因子的所有水平组合全部出现，使得任意两因子间都是全面试验。这便使得选择的试验点均衡分布在整体之中，见图 3.7（以三因素、三水平试验为例）。

OD 法设计试验主要步骤包括：识别试验目标和指标、识别试验因子及其交互作用、识别试验因子的水平数、选择正交表、开展试验等。针对资源型地区

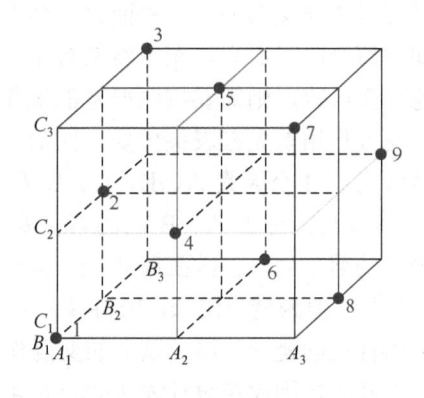

图 3.7　三因素、三水平正交试验中的代表性试验点

点 1～点 9 为选出的代表性的试验点，这些试验点在全部 27 个试验点（全面试验）中均匀分布

工业系统转型路径设计,最关键的环节是选择合适的正交表(orthogonal arrays, OA)。OA 由 Taguchi 在 20 世纪 50 年代创立(Zhu et al., 2013),它采用 $L_n(m^k)$ 这样一种通用的表达形式,其中,n 为试验次数;m 为试验因子的水平数;k 为试验因子数。某些特定的正交表还可以组合不同水平数的实验因子,如 k_1 因子的水平数为 m_1,k_2 因子的水平数为 m_2,则其正交表的形式为 $L_n(m_1^{k_1} \times m_2^{k_2})$。目前为止,研究者已经设计出多种不同类型的正交表,可以非常方便地参考和使用(Montgomery,2004)。资源型地区工业系统转型路径设计背景下,选择正交表的基本步骤如下。

(1)识别转型目标,确定关键的转型因子(也可以称为关键规划要素)。通常情况下,转型规划涉及众多利益相关方,因此转型都是多目标、多途径的。

(2)确定关键转型因子之间是否具有交叉影响,它决定了研究将选择不同类型的正交表。例如,对一个 3 因子(假设为 A、B、C)均为 2 水平的试验而言,如果不考虑交叉影响,则选择 $L_4(2^3)$,即只需要开展 4 次试验就可以了;如果需要考虑交叉影响,则需要选择 $L_8(2^7)$,即需要开展 8 次试验。原因是:因子之间的交叉影响相当于引入了新的因子,即除了 A、B、C 3 个因子外,还引入了 A×B、A×C、B×C 和 A×B×C 4 个因子,使得实际上总因子个数增加到 7 个。

(3)识别每个转型因子的水平数。一般而言,可根据公众参与结果对关键规划因子进行划分,如将产业规模类因子的水平分为高、中、低,技术效率类因子的水平分为大、中、小,产业结构类因子的水平分为合理或不合理,这样各类因子的水平数分别为 3、3、2。值得注意的是,水平的划分一般需要根据横向、纵向比较或专家经验确定。

(4)设计表头。表头的作用是把不同的试验因子纳入相应的正交表中。对不需要考虑交叉影响的试验而言,各个试验因子可以随机安排到相应的正交表中,即对每个因子而言,无论将其置于正交表的哪一列结果都是一样的。如果需要考虑交叉影响,则需要按照严格的操作程序安排试验因子,具体而言,重要的因子和交互作用首先在表头排妥,而后再将剩余各因素任意安排在各列上。例如,某试验考察 4 个因素 A、B、C、D 及 A×B 交互作用,各因素均为 2 水平,选取 $L_8(2^7)$ 表后,由于 A、B 两因素需要观察其交互作用,所以将 A、B、A×B 排在表格的前三列,C 排在第 4 列。同时,尽管本次试验不考察 A×C 和 B×C 的交互作用,但为避免混杂,仍将该两项分别排在第 5 列、第 6 列,将 D 排在第 7 列。值得注意的是,三层及以上的交互作用(如 B×C×D)一般在实际中起到的效果通常较差,因此在设计表头时常常可以忽略。

表头设计好之后,根据各转型因子在正交表中对应的位置选择相应的水平,然后组合成不同的转型发展路径。

2. 工业系统绿色转型路径优化

对资源型地区工业转型评价而言,其中一个重要的环节是对各种转型路径下的产业结构、规模和技术效率及其环境表现进行评价。系统动力学(system dynamics,SD)在应对复杂规划、确保评价过程透明及更充分的公众参与等方面更加具有优势。SD 于 20 世纪 60 年代由麻省理工学院 Forrester 教授及其同事开发,由于其在处理复杂性系统问题方面具有显著优势(Winz et al., 2009;Sahin et al., 2015),该方法被用于多个领域,如区域规划、水资源管理、土地开发等。近年来在产业政策和产业规划等领域,SD 也得到广泛应用。对矿产资源型地区工业系统转型而言,通常需要考虑的是多个产业相互作用产生的综合效应,它使分析过程变得更加复杂。本案例通过在矿产资源型地区工业转型评价中引入 SD 模型,为转型决策提供更多参考,同时也为有关研究提供借鉴。

一般而言,SD 模型由因果关系回路及其对应程序(赋值/函数)构成。SD 模型模拟步骤见表 3.7(唐海萍和史培军,2009)。

表 3.7 SD 模型模拟步骤

SD 模拟步骤	目的
第一步:熟悉目标系统的过程	获得系统的先验性知识
第二步:明确动态问题过程	明确有关动力学问题
第三步:建立流图过程	构建库-流图
第四步:绘图过程	画出因果回路图
第五步:参数估计过程	估计模型中的参数值
第六步:运行过程	运行模型,得到参照模式
第七步:敏感性检测	进行模型的敏感性分析
第八步:政策评价	评价各种政策的影响

"第一步"和"第二步"统称为系统分析,其中,"明确动态问题过程"是构建 SD 模型非常重要的一步;如果某个系统存在动力学问题,应当能够画出重要变量随时间变化的曲线图(历史趋势和希望的未来演变模式/目标模式),这类图通常被称为"参照模式"。某些参照模式只是历史趋势的简单扩展,但是另外一些参照模式则需要依赖对有限数据的推断和建模者的直觉。一般而言,参照模式是几种基本模式(如指数增长/衰减、S 形增长/衰减、振荡等)之一或它们的组合。特别地,指数增长/衰减是自然界最重要的基本模式之一,它表征系统变化与本身规模成比例,如出生率越高会导致成年个体越多,进而导致更高的出生率,

此时动物种群就呈现指数增长态势。指数增长往往在短时间内就会使得系统规模变得异常庞大，但是受客观条件限制，这种增长不可能无限制地持续下去，最终可能演化为接近环境容量的渐进增长，或者突破极限后的衰落。此外，在开展系统分析时，需要和模型使用者，如政府部门、环境专家等广泛交流和沟通，这会让建模者更快地熟悉建模目标系统。

第三步和第四步主要利用专业计算机辅助软件（如 VENSIM、STELLA），依据其因果关系绘制系统流图（也称存量-流量图）。系统流图是物质流或信息流的图示化，它主要由存量（stock）、流量（或称为速率变量，rate）、辅助变量（auxiliary）、常量等构成。存量也称为水平变量，表达系统中的积累效应，它是某个时间间隔内输入和输出流量之差与该时间间隔的乘积，一般用 L 表示；公式如下：

$$L(t) = L(t-1) + \Delta L \quad (3-72)$$

$$\Delta L = [R_1(t) - R_2(t)] \times \mathrm{DT} \quad (3-73)$$

式中，$L(t)$ 和 $L(t-1)$ 分别为 t 和 $t-1$ 时刻的存量；ΔL 为在 DT 时间间隔内积累的存量（存量的改变量）；$R_1(t)$ 和 $R_2(t)$ 分别为 t 时刻的输入和输出流量。

流量反映存量改变的快慢，以 R 表示。辅助变量是存量和流量之间信息传递和转换的中间变量，它表征如何根据存量计算流量的决策过程，是分析反馈结构的有效手段，以 A 表示。常量指在研究期间不变或变化很小的量，也称外生变量；它可以直接赋给流量，也可以通过辅助变量间接赋给流量，用 C 表示。

第五步（参数估计过程）是构建 SD 模型的另一关键任务，关键的影响因素包括不确定性和数据的可获得性。SD 模型中的一些变量/参数具有很高的不确定性，其取值可能会有 10%或 50%甚至 100%的变化。对于这类参数，需要在估计值的基础上设立一个较宽的不确定范围。但是 SD 模型并不需要过于追求赋值的精确性，因为其仿真的主要目的是对不同的替代方案进行筛选，而不是对未来做准确的预测。只有当建立模型对某些参数变化非常敏感时，才需要对这些赋值做仔细的检查。参数估计的另一个难题是数据的可获得性。一般而言，建模者对统计数据、试验数据和实际考察得到的数据更加依赖，但是 SD 模型中的一些其他数据难以通过这些途径获得，如生活水平对污染的影响、建设过程中的时间延迟等。Meadows 等（1974）提供了一个"信息谱"用于收集各类数据，见图 3.8。"信息谱"从前到后，对应的信息也从"硬"到"软"。专家评判被广泛地应用于 SD 模型中，如利用德尔菲法不仅能够获得专家组成员对高不确定性参数的最佳估计，还能获得对模型是否应该增加新变量等观点。此外，Kitching（1983）认为"当真实值的测量非常困难甚至不可能时，在模型中运用直觉猜测是合理的。值得注意的是，对于这种赋值，需要进行敏感性分析"。

> 自然法则—受控自然实验—非控制物理实验—社会
> 系统数据—社会系统案例—专家评判—个人直觉

图 3.8 收集数据的"信息谱"

第六步（运行过程）主要是为了得到参照模式，最常见的是开展"历史一致性测试"，其目的是保证关键系统变量的历史观测值（或统计值）与模拟结果之间有较好的一致性。平均绝对相对误差（mean absolute relative error，MARE）常用于一致性测试，见式（3-74）。MARE 的值应该小于 10%（Xu and Coors，2012）。

$$\mathrm{MARE} = \frac{1}{n}\sum_{t=1}^{n}\left|(\hat{Y}_t - Y_t)/Y_t\right| \tag{3-74}$$

式中，Y_t 为历史观测值（或统计值）；$\hat{Y}_t$ 为运行模型得到的模拟值；t 为时间节点；$(1, n)$ 为测试时间跨度。

第七步是敏感性检测。敏感性检测的目的是确保参数变化时模型能够保持"稳健性"。好的模型应该具有稳健性，决定模型行为趋势的关键在于反馈回路结构，而不在于参数取值的变化。因此，当模型行为模式随着参数估计发生大的改变时，就需要重新回到第五步（参数估计过程）。综合敏感度指数（S）常用于开展敏感度分析，见下式，S 值应该小于 1（苏懋康和王浣尘，1988）：

$$S = \frac{1}{n}\sum_{i=1}^{n} S_{Y_i} \tag{3-75}$$

$$S_Y = \left|\frac{\mathrm{d}Y_t}{Y_t} \times \frac{X_t}{\mathrm{d}X_t}\right| \tag{3-76}$$

式中，n 为用于开展敏感度测试的存量（系统状态指标）数；S_Y 为系统状态 Y 对应于参数 X 改变时的敏感度；Y_t 和 $\mathrm{d}Y_t$ 分别为系统在 t 时刻的状态和状态改变量（相对未调整参数时而言）；X_t 和 $\mathrm{d}X_t$ 分别为系统在 t 时刻某参数值及其改变量；t 为检测的时间节点。

第八步是政策评价，即通过改变政策变量多次运行模型，对得到的结果进行对比，从而筛选出最可行的政策方案。首先，使用控制变量法对每一个矿产资源型地区工业转型发展路径进行建模。然后，进行对比评价，利用 Vensim 软件可以方便地对所有路径进行综合对比。在此基础上，结合系统多目标，对各个路径进行综合评价，从而识别出最优发展路径，将其作为矿产资源型地区工业绿色转型推荐路径。

第4章 鄂尔多斯市生态环境分区管控与绿色转型发展策略

鄂尔多斯市地处黄河"几"字弯，定位为国家级重点开发区，国家城镇化战略格局的重要节点，黄河中上游地区区域性中心城市和重要的经济引擎，国家能源和资源战略重要支点。针对鄂尔多斯市的发展目标、战略定位和重点领域，围绕改善生态环境质量、推进绿色转型发展的目标，聚焦推动产业绿色转型、基地循环改造、资源节约利用、环境持续改善、生态健康安全、城乡优美宜居的战略任务，以加强空间、总量为手段，本章提出落实"生态保护红线、环境质量底线和资源利用上线"的环境管理要求，制定全市绿色发展实施意见和生态环境战略性保护总体方案，为推进绿色转型发展的重大决策提供科学依据。

4.1 社会经济发展与生态环境保护矛盾辨识

1. 提高发展质量与资源环境经济成本升高的矛盾

结合鄂尔多斯市产业特色，我们建立了包括资源消耗子账户、生态破坏损失子账户、环境污染损失子账户在内的2001～2015年鄂尔多斯市工业增长的资源环境损失及成本账户，并依据账户计算全市广义资源环境经济成本（三类子账户叠加）、狭义资源环境经济成本（广义损失中除去不可再生资源）以及环境污染经济成本（环境污染损失账户）。

虽然近年来鄂尔多斯市在工业发展进程中消耗的资源量增长率和污染物排放量呈下降趋势，但结合市场、价格等因素，全市在工业发展中消耗资源环境经济成本依然持续增长。

2001～2015年，鄂尔多斯市广义资源环境经济损失占工业总产值比重呈整体下降趋势，近年来维持在55%左右；狭义资源环境经济损失占工业总产值比重下降较快，近年来维持在1.89%～2.61%；由于全市工业基础较好，环保设备较为完备，环境污染经济损失占工业总产值比重较小，近年来稳定在0.54%左右。

作为资源输出型城市，鄂尔多斯市广义资源环境经济成本较高，且保持上升趋势,发展方式不可持续。未来仍需通过矿产资源集约利用,推动煤炭深加工,进一步通过提高煤炭转化率等途径提升社会经济发展质量,降低广义资源经济成本。

2. 优化升级产业结构与资源型经济增长路径依赖的矛盾

作为国家重要的战略能源重化工基地,鄂尔多斯经济发展总体呈现出高耗能、高污染、加工度低、产业链条较短且附加值低的特点。尽管近年来鄂尔多斯市产业延伸、产业升级步伐不断加快,但目前产业结构还比较单一,能源、电力和煤化工等污染相对突出的产业在总体经济构成中仍占较大比重。2019年规模以上工业增加值为2092.3亿元,对整体经济增长贡献率达63.8%,经济发展对资源的依赖性仍然较强。经济发展中,对煤炭等资源的开采不够精细化,资源利用途径仍然较为单一;产业深度发展的强度不够,产业提质升级空间还需要持续拓展。未来一段时期,煤炭产能和火电装机仍然将大幅增加,鄂尔多斯对煤基产业的路径依赖也使产业发展表现出边际收益递减的态势。

同时,2009～2019年鄂尔多斯的资源型产业持续壮大,导致高新技术、农业和服务业等产业的生长土壤被严重挤占,高新技术等产业在本地发展困难进而转移到外地发展,表现出"资源陷阱"的经济发展趋势。从与高新技术产业、农业、服务业这三类产业比较来看,资源型产业比重过高,其他三种产业比重均低,鄂尔多斯整个产业比例严重失衡。近年来,鄂尔多斯市积极引导工业企业入园,沿黄沿线产业带建设稳步推进,目前全市工业企业90%以上集中在18个园区。大部分发展成熟的资源型园区都是依托煤炭、电力等资源发展起来的,各园区在主导产业选择上有一定同质性,导致园区产业发展呈现较强的同构性,部分工业产业园的产品相同,产业结构相差不大,在产业链条上没有形成优势互补,导致资源的极大浪费。

3. 推进循环经济发展与资源就地转化率低的矛盾

作为国家战略性能源重化工基地,鄂尔多斯不仅应在能源输出上对国家能源体系起到支撑作用,更要在落实"节约、清洁、安全"的战略方针,加快构建清洁、高效、安全、可持续的循环能源体系中起到引领和带动作用,在推动能源就地高效转化中起到试点和示范作用。

2019年,鄂尔多斯煤炭产量下降至6.7亿t,煤炭产能利用率降至80%以下,接近产能过剩红线,经济进入新常态,煤炭产能利用率低的状态短时期内难以改变。与此同时,全市煤炭就地转化率仅为18%,考虑近年来煤基产业发展乏力的现状,煤电装机容量增长放缓,外送电量下降,与建设国家能源主力输出基地的战略目标相差甚远。

与此同时，现有工业产业链大多属于传统煤基产业之间的链接，深加工企业少，导致园区以初级产品为主，类型不够丰富，本地生产产品的附加值普遍不高，产业链不完整且缺乏延伸。即使提高煤炭就地转化率，较低的能效水平仍然难以满足国家级能源输出基地的清洁生产和循环经济生产要求。

另外，现有产业园区中，产业补链能力不足，尤其是以工业固体废弃物（简称工业固废）资源再生为核心的资源综合利用产业链发展不足，工业固废处理再利用率仅为44%，企业产生的一般工业固废，如灰渣、电石渣大量堆放，这在一定程度上限制了废弃物的交换利用。资源就地转化率低、能耗水平高和固废再利用率低大大阻碍了鄂尔多斯的循环经济发展。

4. 加强生态安全屏障与生态功能局部退化的矛盾

作为我国北方生态安全屏障的关键区域，近年来鄂尔多斯虽然加强了生态建设，开展了一批环境保护项目，强化生态脆弱区域增加植被覆盖度，将过去的环境重度恶化扭转到显著改善的局面，但生态环境仍具有显著的脆弱性、敏感性和不稳定性，沙漠、高原占比高，生态环境状况指数等级为一般。尤其是近年来鄂尔多斯市过度开发加剧水土流失和导致部分地区生态功能退化，使局部生态问题更加严重。

首先，湿地生态系统面临退化风险。近年来湿地占地面积持续减少，生活在该区域的动植物丰富度有所降低，尤其是遗鸥国家级自然保护区生态退化严重，湿地面积和遗鸥种群数量均减少。其次，由于鄂尔多斯市生态本底较脆弱，且煤炭开采量较大，煤炭开采使土壤侵蚀呈增加趋势，对生态脆弱区域造成的危害更大。水土流失方面：目前入黄泥沙量每年为5000万t左右，尤其是准格尔旗、达拉特旗、东胜区、伊金霍洛旗四旗区的丘陵山区水土流失严重。荒漠化方面：毛乌素沙地和库布齐沙漠分别分布在南北两地，丘陵和高原分别分布在东西两侧。荒漠化和沙化土地面积分别为7.89万km^2和5.41万km^2，分别占总面积的90.7%和62.1%。

5. 加快环境质量改善与污染治理压力加大的矛盾

内蒙古自治区为配合三大污染防治行动计划相继发布《内蒙古自治区人民政府关于贯彻落实大气污染防治行动计划的意见》《内蒙古自治区人民政府关于水污染防治行动计划的实施意见》《内蒙古自治区人民政府关于贯彻落实土壤污染防治行动计划的实施意见》等，政府也提出了打好"三大战役"，提高环境质量的发展目标。为了响应国家与自治区号召，鄂尔多斯市也发布了《鄂尔多斯市人民政府关于下达最严格水资源管理制度控制目标任务的通知》《鄂尔多斯市环境保护2015—2017年综合整治行动方案》《鄂尔多斯市关于进一步加强环境保护重点工作的意见》《鄂尔多斯市水污染防治工作实施方案（2016—2020年）》等指导文件或实施方案，旨在全面提升改善环境质量。此外，《鄂尔多斯市生态环境保护"十三五"规划》明确提出，"十三五"时期环境保护以提高环境质量为核心，环境质量是根本目标，污染减排是重要手段。环境保护的严峻现状和民众的巨大需求，决定了必须对其实行最严格的环境保护制度。

目前，鄂尔多斯境内黄河水系水质较差，多数外流水系水质为劣Ⅴ类。水污染排放以城镇生活和农业为主，按目前发展状况预测，未来水污染物排放仍有增加趋势，且鄂尔多斯定位于能源重化工基地，未来仍有大型能源重化工项目入驻，由于能源重化工产业技术水平短期内难以产生质的提升，随着能源重化工产业的建设，污染势必加重；加之高浓盐水、危废处理等隐患，未来水污染减排压力不容忽视。

鄂尔多斯目前的大气环境质量整体较好，但全市的大气污染排放以工业来源为主，在煤电基地的发展规划下，新增机组须在全面实行技术减排的前提下配合结构减排，确保减排目标的实现。园区层面仍存在煤化工污染物及挥发性有机污染物的检测缺口，部分园区锅炉整改未能完成及存在污染排放超标等问题。

6. 强化生态用水保障与区域资源型缺水的矛盾

近年来，鄂尔多斯市由于生态用水未能得到良好保障，已出现了不同程度的生态环境问题：①河湖生态功能退化。近年来，区域内河流径流量逐渐减少。造成径流减少的原因是多方面的，气候变化和人类活动的影响分别为29%和71%。②湿地面积严重萎缩。桃-阿海子湖泊水面缩小约71%，生态功能降低。③水环境容量超载。乌兰木伦河环境容量临近超载；龙王沟已呈现过载状态；红碱淖水质逐步盐碱化，湖泊中有大量有机污染物。④地下水超采。浩勒报吉农牧区等较多地区地下水超采，局部水生态破坏严重。⑤生物多样性受到威胁。目前，鄂尔多斯西部地区生境破碎化程度高，四合木属、沙冬青属等生物群落多样性受到严重威胁；红碱淖生物多样性降低，种群演变为少数优势种群。

鄂尔多斯市人均水资源可利用量根据测算约为1239.4m^3，与国际上水资源警戒线（1700m^3）相比要低很多，水资源供应严重不足。预计鄂尔多斯市2025年生态需水量将近1亿m^3，比2016年生态用水量高44.7%。全市水资源开发利用率已达到74.57%。鄂尔多斯市实际水资源开发利用余量仅为3.56亿m^3，资源型缺水特征明显。

在绿色转型发展进程中，强化生态用水保障是维护区域生态安全的重要环节。在实际水资源开发利用余量已经偏低的现状下，避免上述由生态用水短缺引发的生态环境问题，是鄂尔多斯市面临的重要问题。

7. 推进绿色转型发展与相关机制建设滞后的矛盾

绿色发展制度亟待完善，工业园区环境监管制度、环境责任保险制度、生态补偿制度以及重点建设领域的绿色金融和能效信贷机制、促进绿色消费的长效机制大多处于概念提出或初步建设阶段。在推进三大污染防治行动计划的过程中，尤其是土壤污染防治行动计划，目前相关工作计划和实施方案尚未出台。同时，健康环境与健康城市建设方面的配套制度仍然缺乏，需要尽快完善。相关的环境责任考核、绿色发展绩效评估考核、自然资源资产领导干部离任审计机制尚不完善，对于环境保护科学考评、违纪处分等方面缺乏系统的操作方法和应对办法。

保障性政策亟须加强，循环经济建设的资源减量化保障政策略显不足，尤其是在资源、环境产权使用方面。现行管理体制造成各相关部门之间、各开采企业之间不能积极协调，矿权与气权分置等问题，都不利于调动各方面参与循环经济建设的积极性。部分现行审批制度和资源配置相关政策影响和制约了产业循环发展，如鼓励煤电铝一体化，但又无差别限制电解铝产能；鼓励低阶煤分级转化利用，但较低层次的低阶煤分级转化利用项目未能很好地配置资源，阻碍了煤炭资源化、减量化发展。

4.2 资源生态环境现状及承载状态评估

4.2.1 资源利用现状及承载状态评估

1. 资源型缺水特征明显，水资源可利用量相对不足

根据《全国水资源综合规划》，区域内地表水资源量为 11.20 亿 m^3。水利部黄河水利委员会和内蒙古自治区水利厅共同核定：黄河每年向鄂尔多斯提供水资源量 7 亿 m^3。

鄂尔多斯市地表水和地下水可利用量分别为 2.41 亿 m^3 和 12.54 亿 m^3，水资源可利用自有总量共计为 14.95 亿 m^3。在外来水资源输入分配方面，境内黄河干流分配水资源 7 亿 m^3，其他周边城市水资源输入 1.15 亿 m^3。根据计算，境内水资源总量约为 29.23 亿 m^3，可利用量约为 13.71 亿 m^3，目前已开发的水资源，其利用率总体已达到 74.57%，这样导致实际开发利用剩余量只有 3.56 亿 m^3，水资源存量严重不足。

用水总配额方面，内蒙古自治区分配给鄂尔多斯用水总量计划中，2030 年为 19.94 亿 m^3。而鄂尔多斯在 2023 年全市用水总量就已经达到了 17.52 亿 m^3，这与 2030 年的计划用水量相差不大。

2. 农业用水占比依然偏高，用水结构总体不尽合理

鄂尔多斯市用水户主要包括生活、工业、农牧业和生态用水。2015 年全市总用水量为 15.699 亿 m³，其中，城镇生活及公共用水量 6455 万 m³，占总用水量的 4.11%；农村生活、工业、农牧业和生态用水量占比分别为 0.69%、16.92%、74.75%、3.53%。

尽管鄂尔多斯市农牧业用水效率近年来呈下降趋势，但其绝对值依然偏高，加之农业用水规模很大，产业结构是鄂尔多斯水资源开发利用过程中的主要问题。

3. 虚拟水输出远高于输入，水足迹账户赤字严重

如表 4.1 所示，根据虚拟水理论建立鄂尔多斯市水足迹账户，鄂尔多斯市 10 种主要工农业产品中，原煤、焦炭、发电量、粮食、鲜菜等 8 种产品自 2006 年起均保持输出状态，从而提高了水足迹账户中的虚拟水输出量，导致区域内实际消费的水足迹较少。作为水资源并不丰富的地区，鄂尔多斯市长期向区域外输出虚拟水，将对区域内水资源造成一定压力。

表 4.1 2006～2014 年鄂尔多斯市水足迹账户

年份	内部水足迹/亿 m³		农业用水量		工业用水量	虚拟水输出量	外部水足迹/亿 m³ 虚拟水输入量	总水足迹/亿 m³	区域可用水资源量/亿 m³	人均水足迹/m³
	生活用水量	生态用水量	农作物	动物产品						
2006	0.31	0.43	24.17	10.71	0.90	29.81	0.14	6.85	7.71	557.14
2007	0.34	0.46	25.61	10.08	1.08	27.25	0.06	10.38	10.33	721.61
2008	0.36	0.49	27.43	9.95	1.16	29.73	0.08	9.74	9.66	664.51
2009	0.33	0.55	28.11	9.49	1.61	31.36	0.08	8.81	8.73	589.27
2010	0.34	0.54	29.13	9.98	1.79	32.22	0.03	9.59	9.57	630.02
2011	0.38	0.59	30.29	9.91	2.12	32.55	0.07	10.81	10.74	701.63
2012	0.58	0.35	30.17	8.46	2.09	29.99	0.04	11.70	11.67	769.84
2013	0.59	0.76	30.97	8.71	2.46	32.01	0.15	11.63	11.48	753.37
2014	0.62	0.55	31.71	8.69	2.60	32.41	0.04	11.80	11.76	757.11

4. 建设用地增长较快，土地利用效率整体不高

全市土地城镇化速率快于人口城镇化，城市扩张规模较大，单位城市建设用地人口密度低，承载人口压力较小，土地利用集约性仍需提高，如图4.1所示。

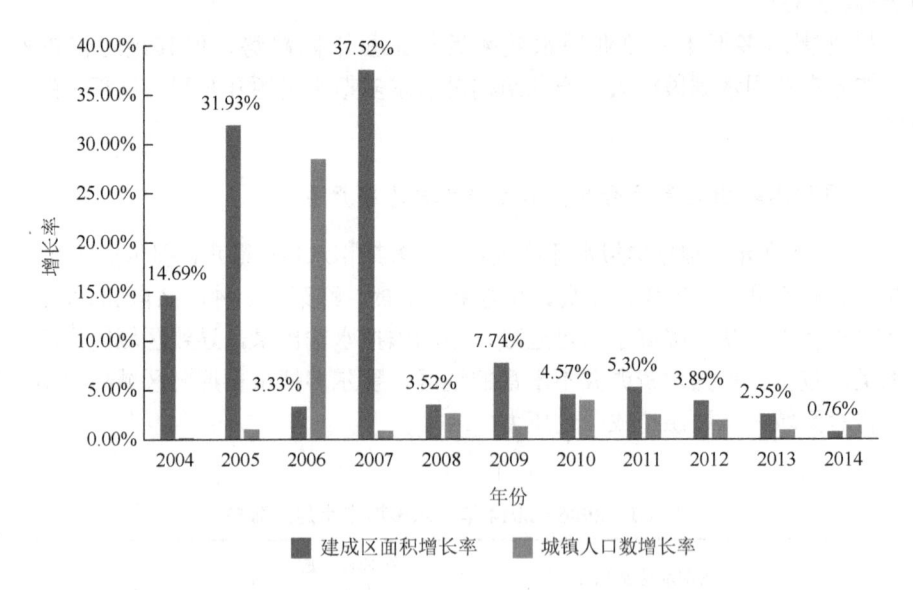

图 4.1　2004~2014 年鄂尔多斯市建成区面积与城镇人口数变化情况

5. 资源开发加重水土承载压力，矿区生态治理修复务须加强

地面坍塌在鄂尔多斯时有发生，发生的区域多集中于煤矿开采区域，而且这些灾害的发生经常产生波动影响，导致坍塌区域扩大化，形成一大片垮塌区域。

整个鄂尔多斯市矿区开采用途的占地面积为 1780km²，由开采矿产资源而导致土地被破坏或被占用的面积为 159km²。由于鄂尔多斯市矿区较多，且在大范围进行深入开采，已经较为严重破坏了较大区域的土地资源，这些土地资源有的表土结构被破坏，成为废弃用地；有的地表被矿产堆积占用，不能他用；有的已经造成土壤污染，需要进行土壤修复。

由于鄂尔多斯市工矿企业较多，在工业加工过程中产生的固废对环境质量造成了不小的隐患。根据有关统计，整个鄂尔多斯市由采矿而产生的固废重量已经达到 20.39 亿 t。这些废弃物堆积在露天环境中，在自然环境作用下，很容易造成本地区土壤污染，极大减小土壤生产力。

4.2.2 生态功能现状及承载状态评估

1. 生态保护力度不断加强，整体状况改善

2005年以来鄂尔多斯市森林覆盖率持续增加，2015年森林覆盖率为26.5%，草地面积整体呈增加趋势。鄂尔多斯市植被覆盖整体呈改善趋势，2005~2015年各旗区归一化植被指数（normalized difference vegetation index，NDVI）均值均呈上升趋势。鄂尔多斯市以较低植被覆盖区和中植被覆盖区为主，2015年低植被覆盖区域面积较2005年减少20.73%；较低植被覆盖区域面积增加2.63%；中植被覆盖区域面积增加7.88%；较高植被覆盖区域面积和高植被覆盖区域面积分别增加5.41%和4.81%。

（1）水土流失得到一定程度的遏制。黄河流经鄂尔多斯的西、北和东部区域，根据统计，境内有水土流失风险灾害的区域面积达到3.8万km^2，黄河过境鄂尔多斯带走泥沙量大约为1.6亿t，这里包含粗沙1亿t，黄河从鄂尔多斯市带走的泥沙量和粗沙量分别占整个流域中上游地区总体输入泥沙和粗沙总量的1/10和1/4。"十二五"期间，随着系列绿化工程的实施，水土流失治理得到进一步加强和巩固。"十二五"期间，鄂尔多斯市共组织实施了水土保持重点项目12项，五年累计完成水土流失综合治理面积5824km^2，水土流失得到一定程度的遏制。

（2）荒漠化治理取得了显著成效。畜牧业在鄂尔多斯历史上长期占据着重要的地位，随着畜牧业的快速发展，过度放牧使得草地植被遭到了严重的破坏。此外，由于长期的高强度采矿，地表植被被破坏进而裸露，区域植被覆盖度显著下降，造成了土地荒漠化的趋势。经过一系列生态工程的改造实施，尤其是21世纪初以来国家实施的退牧还草等系列生态恢复措施，地表植被覆盖度增加，一大片荒漠化土地和沙化土地被改造。荒漠化土地呈现出整体遏制、局部好转的势头。尤其是鄂尔多斯西南部的毛乌素沙地，人工治沙成果显著，植被覆盖度得到显著提高，堪称中国改造自然的奇迹。鄂尔多斯市土地荒漠化分级占比情况如图4.2所示。

（3）生态环境状况指数增加。根据环境保护部于2015年颁布的《生态环境状况评价技术规范》，鄂尔多斯市生态环境状况指数变化情况如图4.3所示。2015年鄂尔多斯市各旗区生态环境质量指数等级均为一般，其中，杭锦旗的生态环境质量指数最低。总体来看，鄂尔多斯市生态环境状况在2005~2015年呈显著改善趋势，各旗区的生态环境状况指数在2005~2015年均呈逐渐增加趋势。其中，鄂托克前旗、鄂托克旗和杭锦旗显著改善，尤其是杭锦旗，生态环境状况等级从较差转向一般；其他旗区均明显改善。

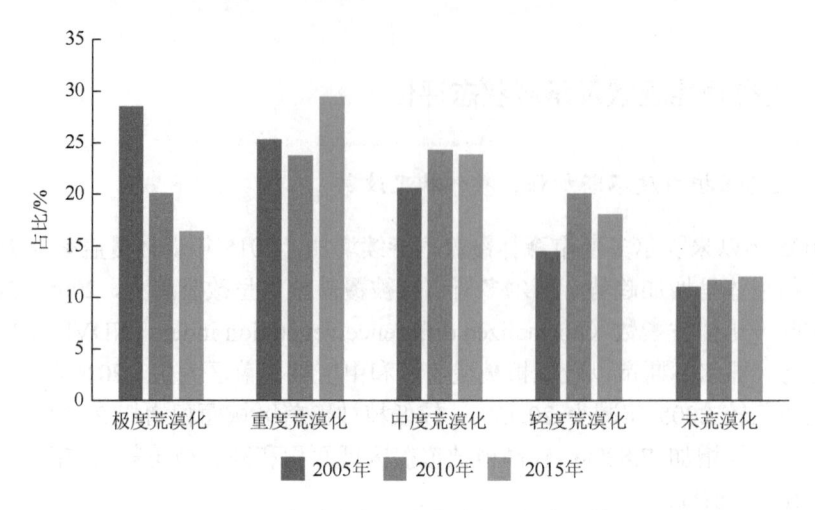

图 4.2　鄂尔多斯市土地荒漠化分级占比情况

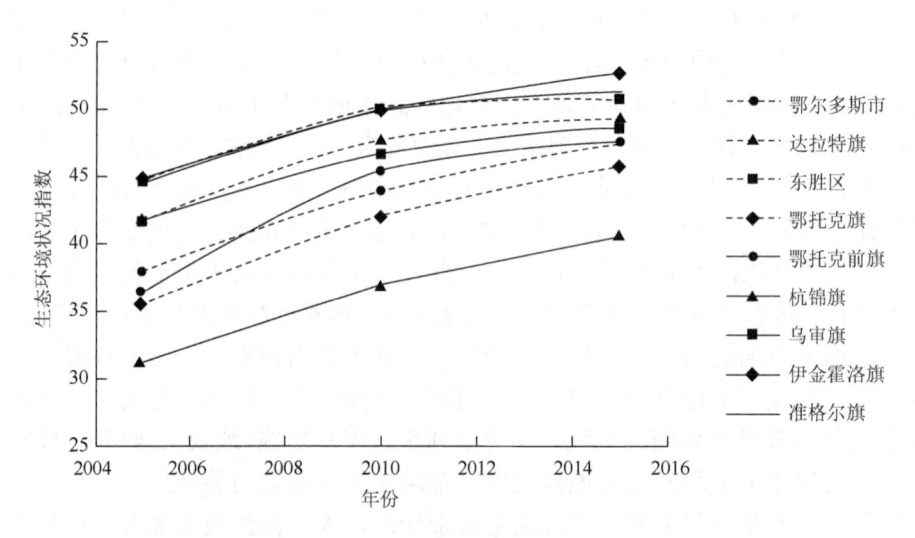

图 4.3　鄂尔多斯市生态环境状况指数变化情况

2016年康巴什区作为县级行政区正式批设，此前为康巴什新区，属东胜区管辖

2. 湿地面积部分萎缩，生态功能局部退化

湿地生态系统非常脆弱，但同时湿地生态系统栖息着多种动植物，对于维持生物多样性具有十分重要的意义。近年来随着人类活动范围的不断扩大和活动强度的不断加大，部分湿地区域面积呈现持续减少趋势。随着一些河流径流量不断减小，部分河流出现断流甚至干涸的现象，流域面积的减少使得水体周边的植被类型也发生了变化，由以前茂盛的草本植物转变为稀疏的灌丛，动植物种类也随

之减少，导致生物多样性大幅下降。其中，鄂尔多斯遗鸥国家级自然保护区湿地已呈现明显退化趋势。

近年来鄂尔多斯遗鸥国家级自然保护区东半部桃力庙海子全部干涸，西部海子大面积萎缩，遗鸥数量明显减少。入湖补给水量的减少是导致湖泊萎缩的主要原因，包括：①降水量减少。注入泊江海子的山洪沟有 5 条均为季节性河流，降水量大时海子的蓄水量就多，反之则少。泊江海子流域近 30 年年均降水量减少约 7.5mm，这是导致湖泊面积萎缩的重要原因之一。②筑坝拦水。鸡沟河上游至 2023 年已经修筑大小淤地坝共计 106 个，这些淤地坝的修建一方面在水土流失治理中发挥了重要作用，但同时淤地坝的修建也导致大约 40.43km^2 的地表流域面积被阻拦，其占保护区总面积的 6.07%；乌尔图河上游虽然只修建了 1 个淤地坝，但拦截的流域面积却达到了 13.2km^2。流域内的拦截面积总计达到了 53.63km^2，占整个流域面积的 8.05%，减少了湖泊补给水量，因此淤地坝是造成遗鸥国家级自然保护区湿地面积萎缩的众多原因之一。

3. 生态本底依然脆弱，承载能力总体不强

鄂尔多斯生态环境具有显著的脆弱性、敏感性和不稳定性。当前，生态系统基本处于高度脆弱区和中度脆弱区，生态系统具有较高的脆弱性，承载能力较弱，抗击外界环境受迫压力的能力不强。2015 年，鄂尔多斯市生态脆弱性区域以中度脆弱区和高度脆弱区为主，伊金霍洛旗小部分地区严重脆弱。生态脆弱性从东北、西部向中部逐渐增大，这与自然条件、气候因素、人类活动强烈程度和资源开发利用状况的变化趋势有较明显相关性。高度脆弱区主要分布在人类活动比较频繁的城市区域、毛乌素沙地、库布齐沙漠、东部丘陵沟壑区西南部和西部山地区域，主要是该区生态本身比较脆弱，加之人类活动强烈和水土流失剧烈所造成的；中度脆弱区主要分布在黄河沿岸的平原区域、西部波状高原区域和东部丘陵沟壑区东北部，主要是气候干旱、草地沙化和严重的水土流失所造成的；东北部地区和西部地区生态脆弱性相对较低。

鄂尔多斯市生态状况基本处于高度脆弱区和中度脆弱区，说明其整体生态状况仍有较大改善空间，生态系统脆弱性程度高，承载能力较弱，对外界干扰的抵御能力差。伊金霍洛旗、鄂托克前旗、杭锦旗和东胜区（包括康巴什区）属于高度脆弱区，其他旗区属于中度脆弱区。2015 年，伊金霍洛旗、鄂托克前旗和东胜区（包括康巴什区）高度和严重脆弱区占比分别达 89.66%、85.06%和 69.23%。杭锦旗和乌审旗高度脆弱区超过 50%。达拉特旗和鄂托克旗中度脆弱区分别占 56.73%和 55.48%。准格尔旗中度脆弱区占了将近 90%，低度脆弱区占 3%～4%，生态脆弱性相对较低。

4.2.3　环境质量现状及承载状态评估

1. 地表水质较差，环境容量普遍超载

鄂尔多斯境内主要河流水质为劣Ⅴ类，主要超标因子为化学需氧量（chemical oxygen demand，COD）、生化需氧量（biochemical oxygen demand，BOD）、氨氮和氟化物。鄂尔多斯境内黄河外流水系分布为东、南、西、北四大片：东部乌兰木伦河是黄河重要一级支流窟野河的河源；南部沙漠区主要有无定河；都斯图河主要分布在鄂尔多斯的西部地区；由南向北并列流入黄河的十大孔兑主要分布在鄂尔多斯北部。2015年，鄂尔多斯市境内乌兰木伦河、㹀牛川、都斯图河、龙王沟水质超标严重。外流水系都斯图河2015年检测水质均为劣Ⅴ类；外流水系乌兰木伦河除大柳塔监测断面出现一次Ⅳ类外，其余水质级别均为劣Ⅴ类。根据鄂尔多斯两条重点河流黄河支流——乌兰木伦河及黄河支流——龙王沟上省控监测断面的设点监测数据，分别选取COD和氨氮作为鄂尔多斯市水体环境中的代表性污染物，以一维水质模型确定环境承载阈值，结合污染排放的具体参数，确定鄂尔多斯市2015年两条重点监测河流的水环境承载指数（图4.4）。结果表明，水环境中COD和氨氮承载指数为乌兰木伦河COD（0.89）、氨氮（0.96）；龙王沟COD（1.34）、氨氮（1.18）。

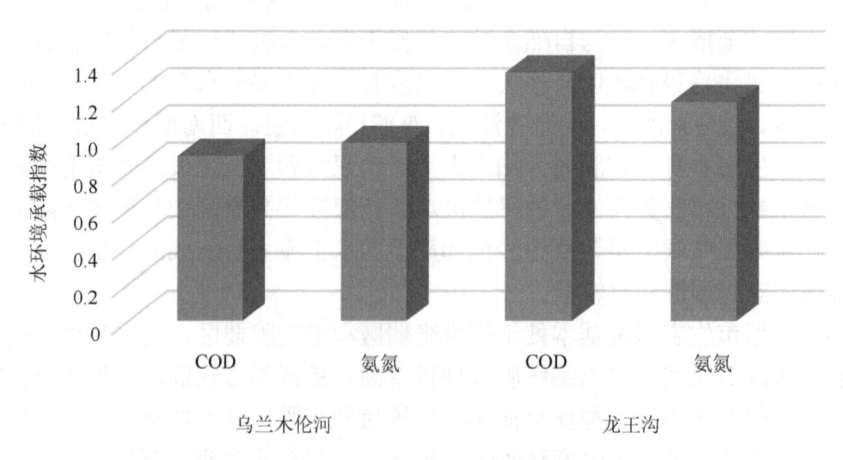

图4.4　鄂尔多斯水环境承载指数

鄂尔多斯水环境承载状态等级划分如表4.2所示。可以看出，鄂尔多斯市的乌兰木伦河COD和氨氮承载等级均为Ⅱ级，处于一般状态，临近超载；龙王沟COD和氨氮承载等级为Ⅲ级，处于风险状态，一般过载。

表 4.2　鄂尔多斯水环境承载状态等级划分

承载等级	表征状态	COD承载指数	氨氮承载指数
Ⅰ	良好状态，不超载	≤0.8	≤0.7
Ⅱ	一般状态，临近超载	(0.8, 1]	(0.7, 1]
Ⅲ	风险状态，一般过载	(1, 1.5]	(1, 1.5]
Ⅳ	危机状态，严重超载	>1.5	>1.5

2. 入河水污染物排放相对较高，水环境承载能力改善难度大

自 2010 年以来，鄂尔多斯入河 COD 与氨氮排放均保持在较高的水平且波动较小，COD 排放虽在 2014 年明显下降，但 2015 年后逐渐接近原先排放水平，氨氮排放量自 2014 年来虽逐年下降，但趋势极缓。从污染源角度对 COD 和氨氮排放量进行分析，如表 4.3 所示。

表 4.3　鄂尔多斯水环境污染物排放量　　　　（单位：t）

城镇生活		工业		农业	
COD	氨氮	COD	氨氮	COD	氨氮
16832.6	2442.8	1711.8	136.4	13155.4	451.6

根据《鄂尔多斯市"十三五"节能减排综合工作方案》，鄂尔多斯市各工业园区产生的污废水在企业或园区内进行深度处理并回用，要求达到零排放。因此，在 COD 和氨氮主要污染物来源中工业源占比较小。表 4.3 结果表明，COD 和氨氮排放大部分来自城镇生活；氨氮来源中城镇生活占比高达 80%以上。

鄂尔多斯境内河流基本没有天然径流，多为季节性河流，水量较小，且氟化物本底值浓度较高。由此可见，从水体自净与人为排放两个方面改善水环境承载能力，均面临较大难度。

3. 大气环境质量较好，承载状态整体优良

根据《内蒙古自治区生态环境状况公报》与《鄂尔多斯市"十三五"生态环境质量公报》，"十二五"与"十三五"期间，随着大气环境监测考核指标的增加，鄂尔多斯大气环境质量在自治区内处于较好水平，空气质量指数（air quality index，AQI）达标率在自治区处于中上位置，自 2014 年起空气质量达标天数和达标率均有所增加，是自治区 2015 年年度空气质量综合评价仅有的两个达标盟市之一。

由图 4.5 可见，从年均浓度来看，除可吸入颗粒物（PM_{10}）在 2013 年出现超标情况外，其余污染物浓度均能保证达标；其中 SO_2 年均浓度自 2014 年起可达国家一级标准，NO_2 浓度 2011~2016 年这 6 年均达到国家一级标准。

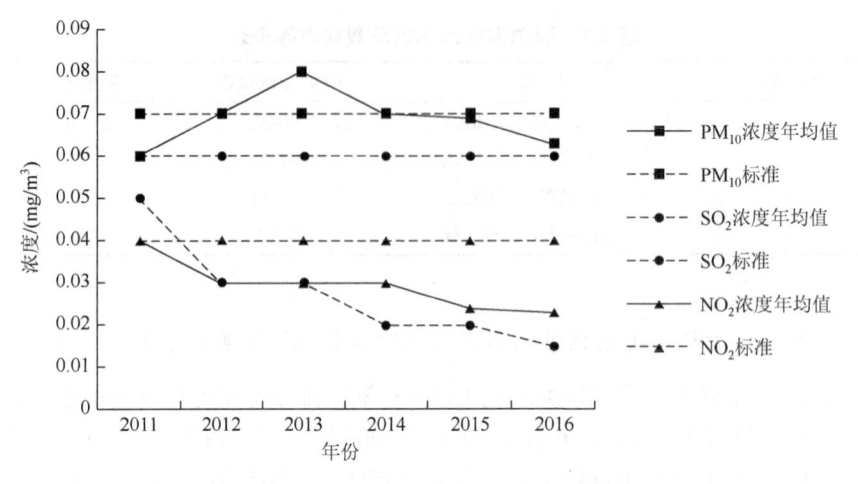

图 4.5 鄂尔多斯常规污染物年均浓度变化

根据鄂尔多斯国家控制监测站点监测数据分析常规污染物浓度可知，在燃煤量相对较大、扩散条件相对较差的采暖季，鄂尔多斯常规污染物 SO_2、NO_2 浓度可保证稳定达标，SO_2 与 NO_2 的浓度总体上低于国家二级标准（$150\mu g/m^3$）。2～3月的 $PM_{2.5}$ 浓度出现高值，且2月出现将近10天的超标。在非采暖季，NO_2 的浓度全部达到国家标准 [《环境空气质量标准》（GB 3095—2012）]；SO_2 的浓度虽然略低于国家一级标准（$50\mu g/m^3$），但也全部达到国家二级标准。$PM_{2.5}$ 的浓度与国家一级标准（$35\mu g/m^3$）相比相差不大，全部达到国家二级标准。总体上，鄂尔多斯市内 SO_2、NO_2 以及 $PM_{2.5}$ 日均浓度变化在5个国家控制站点均在国家标准之内，鄂尔多斯市的空气质量总体上处于较好的水平。

以区域大气环境容量为基础，结合污染排放数据，鄂尔多斯市 2015 年大气环境承载指数中，各污染物承载指数由低到高分别为 SO_2（0.48）、NO_x（0.76）、$PM_{2.5}$（0.79）、PM_{10}（0.88）。通过权重分析，鄂尔多斯市大气环境承载状态等级划分如表 4.4 所示。鄂尔多斯市的 SO_2、NO_x、$PM_{2.5}$ 和 PM_{10} 承载状态等级均为Ⅰ级，属于良好状态，不超载；大气环境综合指数为 0.69，承载等级为Ⅰ级，表征状态分级为良好状态，不超载。其中，PM_{10} 的环境承载指数较高，主要由当地背景值较高所致。鄂尔多斯市大气环境现有容量负荷相对较小，大气环境污染承载处于良好状态，尚具较大的容量空间。

表 4.4 鄂尔多斯大气环境承载状态等级划分

承载等级	表征状态	SO_2 承载指数	NO_x 承载指数	PM_{10} 承载指数	大气环境综合指数
Ⅰ	良好状态，不超载	≤0.8	≤0.8	≤0.9	≤0.7
Ⅱ	一般状态，临近超载	(0.8, 1]	(0.8, 1]	(0.9, 1]	(0.7, 1]

第 4 章　鄂尔多斯市生态环境分区管控与绿色转型发展策略

续表

承载等级	表征状态	SO_2 承载指数	NO_x 承载指数	PM_{10} 承载指数	大气环境综合指数
Ⅲ	风险状态，一般过载	(1, 1.25]	(1, 1.5]	(1, 1.67]	(1, 1.5]
Ⅳ	危机状态，严重超载	>1.25	>1.5	>1.67	>1.5

4. 大气污染物排放居高不下，部分旗区承载率偏大

由图 4.6 可知，鄂尔多斯 2010～2016 年三种大气污染物排放均呈现波动趋势，烟尘的波动范围最大，2011 年烟尘排放出现高值，2013 年排放量最低，此后呈稳定趋势，SO_2 与 NO_x 排放在 2013～2014 年排放量下降趋势较明显，自 2015 年后排放量上升，且 NO_x 上升趋势明显。整体来看，各污染物浓度排放量近年来未出现显著下降趋势。

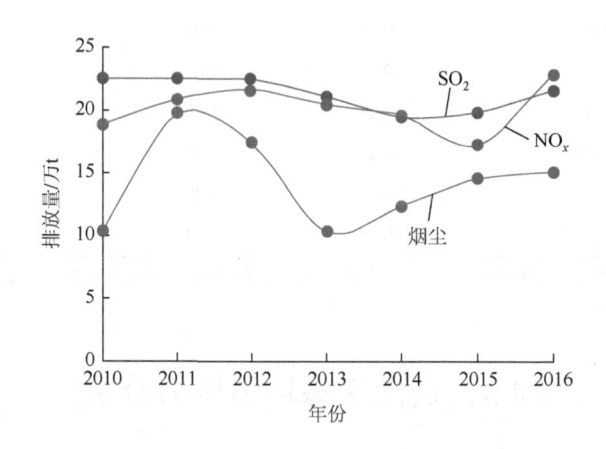

图 4.6　鄂尔多斯历年大气污染物排放量

由表 4.5 可知，工业源是鄂尔多斯大气污染排放的主要来源，工业排放 SO_2 占总排放量的比例高达 95%；工业排放 NO_x 和烟尘占比分别为 90%和 87%，剩余部分主要考虑移动源和堆放扬尘污染。

表 4.5　鄂尔多斯大气污染物排放情况

	SO_2	NO_x	烟尘
现状排放/(万 t/a)	20.41	22.81	13.19
工业排放占比/%	95	90	87

通过富集因子（enrichment factor，EF）与主因子分析判断 $PM_{2.5}$ 的来源。结果表明，鄂尔多斯是 $PM_{2.5}$ 污染相对较轻的地区，其 $PM_{2.5}$ 主要来自人为污染中的燃煤贡献，其次为汽车尾气排放，自然来源主要是沙土。

如表 4.6 所示，从对各旗区大气环境承载指数的计算结果来看，东胜区的 SO_2 处于严重超载的风险状态，NO_x 和 PM_{10} 处于一般过载的风险状态。其余各旗区三种污染物则均处于一般过载的风险状态。因此，在确保鄂尔多斯市大气环境整体达标不过载的情况下，应依照"保证总体，重点击破"的工作思路，加大部分旗区节能减排的控制力度，为大气环境创造更大的承载空间。

表 4.6 鄂尔多斯各旗区大气环境承载指数

旗区	SO_2 承载指数	NO_x 承载指数	PM_{10} 承载指数
达拉特旗	0.82	1.18	1.17
东胜区	1.55	1.33	1.54
伊金霍洛旗	0.64	0.91	1.24
杭锦旗	0.03	0.04	0.07
准格尔旗	1.22	1.48	1.13
鄂托克前旗	0.05	0.08	0.09
鄂托克旗	0.63	0.89	0.93
乌审旗	0.24	0.34	0.55

注：2016 年康巴什区作为县级行政区正式批设，此前为康巴什新区属东胜区管辖，故表中未包含康巴什区（余同）。

4.3 资源生态环境压力分析

1. 工业用水量持续增加，水资源保障压力居高不下

以 2015 年为基准年，回顾 2006~2015 年鄂尔多斯市水资源利用数据，预测 2030 年鄂尔多斯市水资源利用情况。根据当前经济发展状况，需要进行科学需水预测。需水预测的用水户分生活、生产和生态三大类。

根据图 4.7，鄂尔多斯市在 2011~2030 年需水量呈现出增长趋势，其中，农业灌溉需水量总体呈下降趋势；畜牧业、工业、城镇、生活、生态需水量均呈现上升趋势，其中工业需水量仅次于农业灌溉需水量，且增速最快。

如表 4.7 所示，2020 年全市需水总量为 16.97 亿 m^3，2030 年为 19.20 亿 m^3。2020 年鄂尔多斯市预测需水量同时超出最严格水资源管理制度控制目标与基于区域生态系统安全保障的水资源利用上线；2030 年随着节水、用水效率的提升，全市需水量能够控制在最严格水资源管理制度控制目标内，但超出基于区域生态

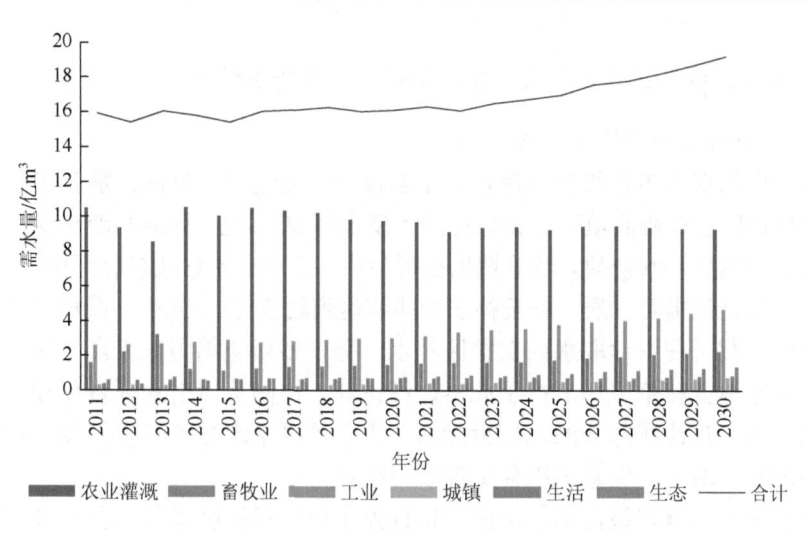

图 4.7　鄂尔多斯市水资源预测结果

条形图从左到右依次表示农业灌溉、畜牧业、工业、城镇、生活、生态

系统安全保障的水资源利用上线，占用区域水资源安全余量，水资源保障压力居高不下。

表 4.7　鄂尔多斯市水资源利用相关控制目标与预测结果比较　　（单位：亿 m³）

水平年	最严格水资源管理制度控制目标	基于区域生态系统安全保障的水资源利用上线	本次水资源预测结果
2020 年	16.79	15.84	16.97
2030 年	19.94	18.99	19.20

2. 建设用地扩张态势明显，生态用地和耕地面临局部威胁

根据《鄂尔多斯市国民经济和社会发展第十三个五年规划纲要》《鄂尔多斯市"十三五"高新技术产业发展规划》《鄂尔多斯市工业经济转型发展规划（2015—2025 年）》等规划文件，"十三五"期间，新建大型项目的用地需求，使得未来全市建设用地在已建成面积（542km²）的基础上形成了较明显的扩张态势。

目前，鄂尔多斯市已出现棋盘井工业园区与蒙西工业园区紧邻西鄂尔多斯国家级自然保护区，独贵塔拉工业园区逼近杭锦淖尔自然保护区的情况。结合土地资源集约节约利用原则，未来落实重大项目的过程中，若不在项目选址、规划环境影响评价等环节上审慎决策，则可能产生鄂尔多斯市生态用地和耕地局部面临因建设用地扩张而导致的逼近甚至被侵占的威胁。

3. 生态红线保护压力趋缓，空间治理和提质任务增加

1）生态红线保护压力趋缓

鄂尔多斯遗鸥国家级自然保护区生态保护压力趋缓。目前，鄂尔多斯遗鸥国家自然保护区已经协商填埋村民自挖的大型水库80多处，同时与距离保护区8km以外的企业达成补水协议，淤地坝也在拆除中；下一步计划从东胜区引中水入湖，通过生物净化池提升水质，每天补水量能够达到约3万t。此外，保护区计划采用中天合创引黄工程中途取水向保护区补水，鄂尔多斯遗鸥国家级自然保护区管理局已向国家林业和草原局汇报了此事，经论证、协同黄河引水项目可行性后可展开相关工作。预计在部分淤地坝拆除后，引东胜中水与黄河水入湖，自然保护区内的湖面会增大，生态环境会呈现改善趋势。

西鄂尔多斯国家级自然保护区与杭锦淖尔自然保护区紧邻工业园区，园区开发对保护区生态系统和环境空气质量的影响存在诸多不确定因素；杭锦淖尔自然保护区属黄河滩涂湿地自然保护区，与独贵塔拉工业园区北项目区的最近距离为2km，园区需在自然保护区内取水，如保护措施不到位，杭锦淖尔自然保护区内生物可能会受到一定干扰。

鄂尔多斯市发展对红碱淖国家级自然保护区生态造成影响。目前，陕蒙两省区达成通过札萨克水库为红碱淖补水的共识，鄂尔多斯对红碱淖国家级自然保护区的负面影响降低。红碱淖国家级自然保护区位于陕西省北部与内蒙古自治区西南部，属于两省区的共有区域，1999~2019年红碱淖湖面萎缩面积超过20km^2，2015年比2000年减少了32.7%。鄂尔多斯市开发对红碱淖国家级自然保护区的压力主要表现在以下两个方面：①矿产资源开发。2010年，鄂尔多斯市新街矿区总体规划报批，经有关专家论证，将来煤矿在开采作业过程中难免会破坏地下水隔层结构，可能使红碱淖生态环境遭到破坏。②筑坝拦水。红碱淖流域有较多河流流入，但这些河流大多为季节性河流。其中，札萨克河和蟒盖兔河是径流较大的季节性河流，两条河流对红碱淖的补给量超过总径流量的一半。1997~2015年，红碱淖流域内的大小拦截坝共有43个，致使地表补水每年减少一半以上。札萨克河一直是红碱淖主要的外来注入河流，当地水利部门在上游修建了水库，水库的修建导致拦截的面积为269.5km^2，水库的修建造成红碱淖面积大幅减少。

目前，陕西省和内蒙古自治区已经共同对红碱淖的保护工作形成了最终方案，鄂尔多斯市通过札萨克水库每年为红碱淖补水100万~150万m^3。根据当地水文部门测算，红碱淖湖面已上升4~5cm，有望继续上升。

2）空间治理和提质任务增加

（1）空间治理任务增加。

水土流失治理：当前随着植树造林、退牧还草等系列生态工程的实施，鄂尔

多斯水土流失的现象已经逐年减少，并且从根本上得到了改观。鄂尔多斯流入黄河的泥沙量已经大幅减少，初步统计已经减少到原有的50%，但是水土流失问题依然较严重。特别是十大孔兑流域经常发生洪水进而卷走大量泥沙，其中裸露砒砂岩区危害最大，其主要分布在准格尔旗、达拉特旗、东胜区、伊金霍洛旗四个旗区的丘陵山区。由于自身地表物质松散，土地质量较差，加上破坏水土资源的行为依然存在，水土流失治理难度很大。

荒漠化治理：荒漠化治理取得了显著成效，但由于"十年九旱"的气候条件，干旱的气候条件使得鄂尔多斯生态系统非常脆弱和敏感，干旱的气候条件所引发的土地荒漠化风险仍然较大。一是，荒漠化土地面积和治理难度大，2019年鄂尔多斯市荒漠化土地面积7.89万km^2，占土地总面积的90.76%，沙化土地中流动、半流动沙丘占1/3多，还有大约13.4%的土地有明显沙化风险。二是，鄂尔多斯林地和草地资源总量较少，生态系统整体功能脆弱，整个生态系统抗干扰能力弱，过度放牧造成植被覆盖率减小的现象时有发生。近年来，虽然鄂尔多斯市在打击破坏沙区植被的违法行为方面采取了严厉的措施，但沙区滥采、乱挖、滥垦、乱牧等现象还不同程度地存在，由于人类活动范围的拓展以及活动强度的不断加大，森林和草地资源被非法占有的情况逐渐增多。

损毁矿区土地治理：随着矿产资源开采的强度和范围不断增加，大量地表遭到了破坏和损毁。目前，鄂尔多斯市煤炭产能为7.8亿t，由于矿业发展造成的地表破坏等问题时有发生，损毁土地治理难度依然较大。

（2）空间提质任务增加。

根据计算，鄂尔多斯市生态环境状况表现为一般等级，即较适合人类生活，但由于鄂尔多斯市生态本底比较脆弱，受自然环境和人类活动双重影响，生态环境状况提升到良的压力较大。①自然因素：鄂尔多斯市多年平均降水量和蒸发量分别为348.3mm和2506.3mm，蒸发量是降水量的约7.2倍。生态环境较恶劣，生态质量进一步提升的压力较大。②人为因素：鄂尔多斯市工业化、城镇化的进程，各类工矿企业的生产、基础设施的建设不可避免破坏水土资源，造成大量废弃土地，这些废弃土地不能很好地得到修整并加以利用，地表土壤一旦遭到破坏需要较长时间的修复，尤其是气候干旱区域，土地修复的难度加大。目前，鄂尔多斯市煤炭产能为7.8亿t，煤炭开采会使土壤侵蚀呈增加趋势，加大生态质量提升的压力。

4. 水环境质量有改善趋势，断面达标难度依然较大

2016年环保监测数据显示，鄂尔多斯重点监测河流乌兰木伦河、牛牛川、都斯图河、龙王沟断面水质较2015年均有所好转，但水环境改善仍面临较大压力。对鄂尔多斯的新增水污染按照工业、生活和农业三个来源进行预测，具体预测如表 4.8 所示，2015～2020 年，鄂尔多斯市水污染减排面临一定压力；城镇生活污水和农业污水排放量远高于工业新增排放量，且 5 年间鄂尔多斯市生活污水是影响水环境质量的关键因素。到 2030 年，各类污染物排放增速有所放缓，但排放总量仍呈增加趋势，城镇生活的 COD 和氨氮排放在三种来源中依旧占有最高比重。

表 4.8 鄂尔多斯新增水污染排放预测　　　　　　　　　　（单位：t）

城镇生活				工业				农业			
COD		氨氮		COD		氨氮		COD		氨氮	
2020 年	2030 年	2020 年	2030 年	2020 年	2030 年	2020 年	2030 年	2020 年	2030 年	2020 年	2030 年
3513.9	5271.1	395.8	593.9	643.7	1078.5	38.4	64.0	2073.9	3629.3	23.4	40.89

如表 4.9 所示，根据鄂尔多斯环境统计数据，按旗区统计 2015 年鄂尔多斯污水处理厂基本情况，按平均运行天数为 330 天测算。鄂尔多斯污水处理厂运行负荷率仅为 45.6%，距城镇污水处理厂运行负荷率 60%～65%的一般要求有一定差距，水污染物的减排存在较大空间。污水处理厂尾水河段接纳了较多的城市生活污水处理厂以及部分工业污水处理厂的尾水，出水即使达到一级 A 排放标准，在径流量较小的季节，也难以确保河流水质达到地表水环境质量标准，因此实现断面水质达标仍存在较大难度，需对污水处理厂提标改造。

表 4.9 鄂尔多斯污水处理厂基本情况

行政区划名称	污水处理厂数/个	污水设计处理能力/万 t	污水实际处理量/万 t	处理生活污水量/万 t	处理工业废水量/万 t
鄂尔多斯市区	22	14074.5	6424.7	5606.5	818.2
东胜区	5	5857.5	2900.1	2692	208.1
达拉特旗	2	1650	822	513.4	308.6
准格尔旗	3	2640	1210.5	909	301.5
鄂托克前旗	2	660	84.8	84.8	0
鄂托克旗	3	990	425.3	425.3	0
杭锦旗	1	165	106	106	0
乌审旗	2	561	165.2	165.2	0
伊金霍洛旗	4	1551	710.8	710.8	0
合计	44	28149	12849.4	11213	1636.4

5. 大气污染减排仍具潜力，环境空气质量持续改善压力较大

结合鄂尔多斯 2015 年环境统计数据和统计年鉴，汇总主要行业的污染排放情况，分析行业减排压力。可以发现，煤电行业是大气污染排放的主要行业，三类污染物排放量均居各行业排放之首，其中，SO_2 和 NO_x 排放远高于其他行业。选取 2020 年为时间节点，在执行特别排放限制和超低排放标准两种情形下对新投产火电机组的大气污染排放量进行测算，结果如表 4.10 所示。

表 4.10　新投产火电机组主要大气污染物排放量　　（单位：万 t/a）

新增燃煤量	SO_2 新增排放量		NO_x 新增排放量	
	特别排放限值	超低排放限值	特别排放限值	超低排放限值
6486	2.59	1.81	5.17	2.59

相比于执行特别排放限值，在执行超低排放限值的条件下，SO_2 和 NO_x 可分别减排 0.78 万 t/a 和 2.58 万 t/a。但在鄂尔多斯市的平均煤质（硫分 0.9%；灰分 22%）条件下，要达到超低排放限值，常规机组的脱硫率需达到 97.7%~98.1%，脱硝率要达到 83%~87%。脱硫可通过改造后的石灰石-石膏高效脱硫法实现；但脱硝效果最好的低氮燃烧 + 选择性催化还原（selective catalytic reduction，SCR）法所能达到的最大脱硝率基本在 85%。在园区层面，目前主要存在部分园区环境质量不达标［总悬浮颗粒物（total suspended particulate，TSP）与 PM_{10} 超标为主］、锅炉整改进程较慢、减排压力较大等问题。

此外，鄂尔多斯目前尚未开展统一的挥发性有机物（volatile organic compound，VOC）监测，应及时开展工业挥发性有机物摸底调查工作，以园区为基点建成挥发性有机物自动监测站。

6. 工业固废处置任务加重，循环经济模式亟待建立

鄂尔多斯现代煤化工项目生产过程中会产生大量的气化炉灰渣、锅炉灰渣、锅炉除尘灰，除锅炉灰渣能被利用一部分外，其余需要建设较大的灰渣场进行处理处置。蒸发结晶盐泥和污水处理污泥属于危险废弃物，需送到集中的危险固废处置中心处置。按照以上情况测算，固废产生量见表 4.11。

表 4.11　鄂尔多斯主要煤化工行业固废产生量（2020 年）　　（单位：万 t）

项目	气化炉灰渣	锅炉灰渣	废盐泥	污水处理污泥
煤制甲醇	192	75	4.5	2.3
煤制油	360	127	7.6	3.8

续表

项目	气化炉灰渣	锅炉灰渣	废盐泥	污水处理污泥
煤制天然气	1056	226	28.6	14.6
煤制二甲醇	200	63	5	2.5
煤制烯烃	260	140	3.4	2.7

2020 年鄂尔多斯市新增现代煤化工项目固废产生量分别为气化炉灰渣 2068 万 t、锅炉灰渣 631 万 t、废盐泥 49.1 万 t、污水处理污泥 25.9 万 t。到 2030 年，分别为气化炉灰渣 2853 万 t、锅炉灰渣 765 万 t、废盐泥 54 万 t、污水处理污泥 27 万 t。

规划新修建的发电厂在燃煤发电过程中产生的固废包含了大量的粉煤灰、炉渣和净化烟气所产生的脱硫石膏，还有少量污水处理过程中产生的污泥、工业危废、生活垃圾，根据各规划新投产火电机组的用煤量、煤质、锅炉、装机容量、除尘脱硫设施的特点选取相应的产污系数，采用产污系数法测算工业固废产生量，测算结果详见表 4.12。

表 4.12 2020 年规划新投产火电机组的一般工业固废产生量　　（单位：万 t）

	项目	燃煤量	粉煤灰	炉渣	脱硫石膏
规划机组所在地区	准格尔旗	972	205.22	16.00	24.26
	达拉特旗	205	41.26	21.92	2.31
	鄂托克前旗	486	102.75	7.90	8.19
	乌审旗	239	48.11	25.56	2.70
	小计	1902	397.34	71.38	37.46
现役煤电机组		—	777.99	326.43	103.59
已批在建煤电机组		715	167.97	45.33	17.39
2013~2020 年新增机组		4585	959.69	156.86	86.30
合计		—	2302.99	600	244.74

2020 年规划新投产火电机组产生的粉煤灰、脱硫石膏和炉渣总量为 1202.85 万 t。其中，粉煤灰产生量约为 959.69 万 t，约占工业固废产生总量的 79.8%。到 2030 年，预计新增的装机机组产生粉煤灰、脱硫石膏、炉渣总量为 506.18 万 t。

2020 年鄂尔多斯煤电及现代煤化工项目仍将产生大量废弃的炉灰渣、锅炉除尘灰等，这些废弃物需要按照计划修建处理能力较强的灰渣场进行统一处理。此外，发电过程中由于高温蒸发产生的结晶盐泥等具有较大的危害性，需配套危废处置装置，予以全部处置。而大量产生的一般工业固废也存在难综合利用问题。从目前统计数据分析，煤化工企业在加工过程中产生的粗渣和真空滤饼暂时尚无较好方法转化利用，这些固废暂时只能封存堆砌，可能造成占用大量土地，由于未能及时转化利用，这些储存的固废可能对周边环境造成污染。

4.4 绿色发展生态环境分区与管控方案

4.4.1 基于生态保护红线的空间管控

1. 空间管控分区

基于生态系统分布特征，根据鄂尔多斯市生态敏感性和生态重要性，综合划分鄂尔多斯市空间管控分区。根据鄂尔多斯市生态环境状况，鄂尔多斯市生态敏感性主要由荒漠化敏感性确定；鄂尔多斯市生态重要性根据土地利用现状、植被分布、坡度、水网密度以及自然保护区等人为划定区域综合确定。根据荒漠化敏感性将鄂尔多斯市划为一级敏感区域、二级敏感区域与其他区域；根据水土保持、防风固沙、水源涵养及生物多样性保护重要性将鄂尔多斯市划为一级生态重要区域、二级生态重要区域和其他区域。综合生态敏感与生态重要分级结果，将一级生态敏感区与一级生态重要区划为一级生态空间，建议纳入生态保护红线；将二级生态敏感区与二级生态重要区划为二级生态空间；其他区域内未规划开发利用区划为三级生态空间。

2. 生态空间管控

1) 一级生态空间管控

鄂尔多斯市一级生态空间总面积为13725.8km^2，即建议的生态红线，占整个鄂尔多斯面积的 15.9%。一级生态空间要实行最严格的保护政策，严禁一切与保护无关的开发活动，禁止有损于生态系统的一切开发活动，如设立企业、侵占土地、开山取石采土等，并要求对已破坏的区域限期恢复。

（1）自然保护区、森林公园、饮用水水源地、国家湿地公园、国家生态公园严格执行国家和地方的法规和有关规范标准。

（2）生态安全控制区：是指主要河湖及其泄洪滞洪区、重要水源涵养区、地质灾害危险区等基于生态环境安全目的需要进行土地利用特殊控制的区域。区内土地利用应须服从生态安全控制的需要，严格禁止影响区域环境安全的建设项目用地；适度开发生态环境控制所需配套项目的建设用地，慎重对待水源地和地质灾害多发地周围的项目用地，避免区内生态水资源的破坏和地质灾害的发生。

（3）荒漠化敏感区域：禁止一切开发活动，要注意改善自身的自然条件，采取人工与自然恢复相结合的方式对生态系统进行保护与恢复，防止生态系统恶化。

2）二级生态空间管控

鄂尔多斯市二级生态空间总面积为20673km^2，占总面积的23.8%。二级生态空间在维持地区生态安全方面发挥着重要的作用，二级生态空间中生态保护和修复尤其要着重考虑，注重提高生态系统服务功能。区域内已有工业企业在开发建设时要设置缓冲带，防止工业开发破坏生态系统；对于未开发区域，建议不再进行工业建设，严禁高污染、高排放企业进入二级生态空间，可以适度开发一些生态产业。允许维持农田生产力的基本水利设施科学合理建设，鼓励在二级生态空间内进行植树造林、退牧还草等系列生态修复工程。

（1）水土保持重要区：区域禁止开荒、取土、挖砂、采石，不得破坏或者侵占水土保持设施、设备，禁止开办扰动地表、损坏地貌植被并进行土石方开挖、填筑、转运、堆存的生产建设项目，禁止发展对水环境影响较大的产业，保障水环境安全，保障水土保持功能不降低。

（2）防风固沙重要区：禁止占用该区域的林地，禁止进行工业开发，保障防风固沙功能不降低，鼓励植树造林等生态保护活动。

（3）荒漠化敏感区：重点进行荒漠化治理与修复工作，加强退化沙化土地治理和恢复，禁止进行矿产资源的开采，保障区域生态环境不退化。

3）三级生态空间管控

鄂尔多斯市内未规划进行开发利用的其他空间划为三级生态空间，三级生态空间以生态保护为主，可适度发展经济，但不能随意粗放式发展，需要在合理评估开发建设对生态环境影响的评价基础上，以不对当地环境造成较大的影响为前提，合理进行适当的开发建设。限制工业，特别是污染性工业的发展，禁止新的污染型工业入区，限制城镇发展规模，在满足生态环境资源承载力的基础上，力求减少城镇发展对生态环境的破坏。对于三级生态空间内的资源以保护为主，开发利用为辅，严格执行"先规划、后开发"的建设方针，严格控制开发用地。

（1）东胜区、康巴什区、伊金霍洛旗、达拉特旗、准格尔旗：区域主要土地利用类型为草地，要加强对草原生态系统的保护，加强退化沙化土地治理和恢复，加强农灌区生态防护，在水网密度较大的区域禁止发展对水环境影响较大的工业活动，搞好土地利用规划，控制建设用地的增加，控制人为开发活动，适度发展对生态环境影响较小的产业，包括外向型工业和第三产业、高新技术产业以及旅游业和观光农业。

（2）乌审旗：加强对草原生态系统的保护，加强荒漠化治理与修复，建议不再进行工业开发利用，可适度发展生态农业和生态旅游。

（3）杭锦旗、鄂托克旗、鄂托克前旗：修复和建设区域脆弱的生态环境，优化相对丰富的生态资源，重点进行荒漠化治理与修复工作，加强退化沙化土地治理和恢复，在对生态环境进行充分论证的前提下可发展对生态环境影响较小的产业。

3. 农业空间管控

鄂尔多斯市农业空间即基本农田集中区，总面积为 3816.7km^2，基本农田要严格执行国家和地方的法规及有关规范标准，保证基本农田面积不减少、用途不改变，严格确保农田区域的耕种用途。

4. 城镇空间管控

1）工业生产空间管控

工业生产空间为鄂尔多斯市工业园区，园内要特别注重对土地资源的高效利用，提高目前已有土地的利用水平，将园内一些闲置地和废弃地通过土地整治和土壤修复重新利用起来，严禁占用耕地和永久性绿地。工业全部入园。原则上不再增设新的工业园区。严控园区边界。落实园区规划及规划环评要求。鼓励工业园区产业链优势互补，优化园区发展空间。鼓励重点工业园区整合同一行政区域的其他工业园区，1个旗（县、市、区）原则上保留1个工业园区。对布局不合理、集聚效应差、项目引进少、经济贡献小、难以形成投入产出良性循环的"低、小、散"工业园区，结合实际，采取放缓建设、改变用途、综合整治等办法进行处置。

（1）镇区-工业园区。

位于园区内或园区边界的镇区要特别注意对人居环境安全的保障，园区要进行充分论证与合理布局，避免其发展威胁人居环境安全。上海庙镇位于上海庙能源化工基地内，城镇周围2km区域内禁止进行工业建设；棋盘井镇与棋盘井工业园区东北相邻，要设置防护隔离，防止工业开发对人居生态环境造成威胁。

（2）生态空间-工业园区。

一级生态空间-工业园区：蒙西工业园区紧邻西鄂尔多斯国家级自然保护区，在工业生产过程中要避免占用自然保护区空间，在园区与保护区之间建设缓冲带，避免对保护区的生态环境造成影响；独贵塔拉工业园区北项目与杭锦淖尔自然保护区的最近距离为2km，园区开发过程中北项目区不应再向北拓展，要设置缓冲带；上海庙能源化工基地部分区域为一级生态敏感区，基地开发建设时禁止占用此空间。

二级生态空间-工业园区：棋盘井工业园区位于二级生态空间内，上海庙能源化工基地内部分区域位于二级生态敏感区域，园区在开发建设过程中要注重减少对自然生态的破坏，加强荒漠化修复治理工作，以确保生态系统功能不下降。此外，园区建设过程中不能对生态环境产生不利影响。

2）城镇生活空间管控

城镇建设应充分挖潜利用现有建设用地、闲置地和废弃地，坚持节约集约用地，尽量少占或不占耕地，保护和改善城市（镇）生态环境。城镇区域要严格执行国家环境保护有关规定，控制水、气、声、渣等污染物排放。城镇建设必须严格控制在城镇建设区范围之内，允许在建设用地总规模不变的前提下，在城市（镇）扩展边界以内，适当调整用地空间布局形态。

5. 旗区空间管控

各旗区制定的空间环境管控方案如表4.13～表4.20所示。

表4.13 东胜区、康巴什区空间环境管控方案

分级	生态空间面积/km²	编号	区域面积/km²	名称	管控方案
一级生态空间	105.2	AZ01	92.4	遗鸥国家级自然保护区	禁止一切与保护无关的开发活动，严格执行国家和地方的法规及有关规范标准
		AZ02	12.8	鄂尔多斯国家生态公园	
二级生态空间	588.4	BZ01	588.4	水土保持重要区域	注重自然生态修复，加强生态保育，在保证不降低区域生态系统功能的前提下，可以有条件地适度发展非工业产业
三级生态空间	—	—	—	其他规划未开发利用区域	加强对草原生态系统的保护，注重环境污染治理，控制人为开发活动，可适度发展高新技术产业

表4.14 伊金霍洛旗空间环境管控方案

分级	生态空间面积/km²	编号	区域面积/km²	名称	管控方案
一级生态空间	594.9	AZ01	55.3	遗鸥国家级自然保护区	禁止一切与保护无关的开发活动，自然保护区与水源地严格执行国家和地方的法规及有关规范标准，生态安全控制区严格禁止影响区域环境安全的建设项目用地
		AZ02	119.7	中心城区查干淖水厂饮用水水源地	
		AZ03	386.0	内蒙古成吉思汗国家森林公园	
		AZ04	33.9	生态安全控制区	
二级生态空间	1866.1	BZ01 BZ02	1866.1	水土保持重要区域	注重自然生态修复，加强生态保育，禁止开办扰动地表、损坏地貌植被、对水环境影响较大的产业
三级生态空间	—	—	—	其他规划未开发利用区域	加强对草原生态系统的保护，治理退化沙化草场，加强保护区生态保育，控制人为开发活动，可适度发展对生态环境影响较小的产业，包括外向型工业和第三产业

表 4.15 准格尔旗空间环境管控方案

分级	生态空间面积/km²	编号	区域面积/km²	名称	管控方案
一级生态空间	25.33	AZ01 — AZ02	7.9 0.03 17.4	阿贵庙森林公园 准格尔旗苏计沟水源地、准格尔旗陈家沟门水源地 毛盖图自治区级自然保护区	禁止一切与保护无关的开发活动，严格执行国家和地方的法规及有关规范标准
二级生态空间	3815.0	BZ01 BZ02	3815.0	水土保持重要区域	禁止开荒、取土、挖砂、采石，同时避免发展对水环境影响较大的产业
三级生态空间	—	—	—	其他规划未开发利用区域	加强对草原生态系统的保护，加强退化沙化土地治理和恢复，加强农灌区生态防护，可适度发展旅游业和观光农业，控制人为开发活动
基本农田集中区	278.6	NT01	278.6	基本农田集中区	基本农田集中区严格执行国家和地方的法规及有关规范标准

表 4.16 达拉特旗空间环境管控方案

分级	生态空间面积/km²	编号	区域面积/km²	名称	管控方案
一级生态空间	766.5	AZ01 AZ02 AZ03 AZ04 AM01	257.7 17.0 9.0 482.8	库布齐沙漠森林公园与恩格贝森林公园 鄂尔多斯市中心城区西柳沟水源地、中心城区达拉特旗展旦召水源地 乌兰淖尔国家湿地公园试点 荒漠化敏感区域	禁止一切与保护无关的开发活动，严格执行国家和地方的法规及有关规范标准
二级生态空间	1614.6	BZ01	1614.6	水土保持重要区域	禁止开荒、取土、挖砂、采石，同时避免发展对水环境影响较大的产业
三级生态空间	—	—	—	其他规划未开发利用区域	加强对草原生态系统的保护，加强退化沙化土地治理和恢复，加强农灌区生态防护，可重点发展旅游业和观光农业，控制人为开发活动
基本农田集中区	1889.0	NT01 NT02	1889.0	基本农田集中区	基本农田集中区严格执行国家和地方的法规及有关规范标准

表 4.17 杭锦旗空间环境管控方案

分级	生态空间面积/km²	编号	区域面积/km²	名称	管控方案
一级生态空间	1652.7	AZ01 AZ02 AZ03 AZ04 — AM01	61.1 1269.6 0.4 321.9	生态安全控制区 内蒙古库布齐沙漠柠条锦鸡儿自然保护区、内蒙古白音恩格尔荒漠濒危植物自然保护区、内蒙古杭锦淖尔自然保护区 杭锦旗锡尼镇水源地 荒漠化敏感区	禁止一切与保护无关的开发活动，严格执行国家和地方的法规及有关规范标准

续表

分级	生态空间面积/km²	编号	区域面积/km²	名称	管控方案
二级生态空间	6550.5	BM01 BM02 BM03	5208.4	荒漠化敏感区	荒漠化敏感区重点进行荒漠化治理与修复，避免工业开发；水土保持重要区禁止发展对生态系统有破坏的产业，同时避免对水环境影响较大的产业
		BZ01 BZ02	1342.1	水土保持重要区	
三级生态空间	—	—	—	其他规划未开发利用区域	重点进行荒漠化治理与修复，同时加强沙漠生态系统保护、荒漠化控制和治理，可以适度发展新能源产业
基本农田集中区	816.9	NT01	816.9	基本农田集中区	基本农田集中区严格执行国家和地方的法规及有关规范标准

表 4.18　鄂托克旗空间环境管控方案

分级	生态空间面积/km²	编号	区域面积/km²	名称	管控方案
一级生态空间	6988.5	AZ01 AZ02 AZ03 AZ04	6162.4	内蒙古鄂托克恐龙遗迹化石国家级自然保护区、西鄂尔多斯国家级自然保护区、内蒙古鄂尔多斯甘草自然保护区、都斯图河湿地自然保护区	禁止一切与保护无关的开发活动，严格执行国家和地方的法规及有关规范标准
		AZ05	270.9	鄂尔多斯市中心城区木肯淖尔水源地、鄂托克旗乌兰镇水源地	
		AM01 AM02	555.2	荒漠化敏感区	
二级生态空间	4322.9	BM01 BM02	4322.9	荒漠化敏感区	荒漠化敏感区域内要采取措施进行修复
三级生态空间	—	—	—	其他规划未开发利用区域	建议不再新建工业，可以发展对环境影响小的产业
基本农田集中区	164.7	NT01	164.7	基本农田集中区	基本农田严格执行国家和地方的有关规范标准

表 4.19　鄂托克前旗空间环境管控方案

分级	生态空间面积/km²	编号	区域面积/km²	名称	管控方案
一级生态空间	1166.9	AZ01	832.5	毛盖图自治区级自然保护区	禁止一切与保护无关的开发活动，严格执行国家和地方的法规及有关规范标准
		AZ02	12.2	鄂尔多斯市鄂托克前旗敖勒召其镇水源地	
		AM01 AM02	322.2	荒漠化敏感区	
二级生态空间	1915.5	BM01 BM02	1915.5	荒漠化敏感区	荒漠化敏感区重点进行荒漠化治理与修复，避免工业开发

分级	生态空间面积/km²	编号	区域面积/km²	名称	管控方案
三级生态空间	—	—	—	其他规划未开发利用区域	进行荒漠化防治工作，重点进行荒漠化治理与修复，可以适度发展对环境影响小的产业
基本农田集中区	278.6	NT01	278.6	基本农田集中区	基本农田集中区严格执行国家和地方的法规及有关规范标准

表 4.20 乌审旗空间环境管控方案

分级	生态空间面积/km²	编号	区域面积/km²	名称	管控方案
一级生态空间	2411.3	AZ01	321.1	生态安全控制区	禁止一切与保护无关的开发活动，严格执行国家和地方的法规及有关规范标准，生态安全控制区严禁影响区域环境安全的建设项目用地，避免区内生态的破坏和地质灾害的发生
		AZ02	312.5	内蒙古毛乌素沙地柏自然保护区	
		AZ03	115.4	乌审旗嘎鲁图镇水源地、中心城区哈头才当饮用水水源地	
		AZ04	30.0	萨拉乌苏国家湿地公园	
		AM01	1632.3	荒漠化敏感区	
三级生态空间	—	—	—	其他规划未开发利用区域	加强对草原及沙地生态系统的保护，加强荒漠化治理与修复，建议不再进行工业开发利用，可适度发展生态农业和生态农业旅游
基本农田集中区	388.9	NT01	388.9	基本农田集中区	基本农田集中区严格执行国家和地方的法规及有关规范标准

4.4.2 基于环境质量底线的总量管控

根据"十三五"生态环境保护规划改革完善总量控制制度的相关要求，总量管控主要目的在于提高生态环境质量，通过现状调查和模型计算最终确定总量控制限值，施行分区域分地段的差异化管控措施。因此，在保证环境质量的基础上，需要分别考虑大气环境质量和水环境质量的影响。结合大气环境质量状况及大气污染来源分析结果，大气污染的主要来源为工业排放。结合鄂尔多斯工业的发展特点，在确定区域环境容量的基础上从旗区、园区、行业三个角度进行总量限值的分配，并对特征污染物进行控制。水污染的主要来源是城镇生活排放，因此在鄂尔多斯减排方案和《水污染防治行动计划》的基础上，充分考虑城镇生活污水排放的预测结果，进行污染总量的分配。

结合"十三五"环保规划十二项约束指标中污染排放指标的设置及相关要求，确定鄂尔多斯进行总量控制的大气污染排放指标为 SO_2 与 NO_x 排放总量；水污染进行总量控制的指标为化学需氧量（COD）与氨氮。

1. 大气污染物总量管控

1）总量限值与改善余量确定

汇总鄂尔多斯综合类规划环境影响评价和专题研究报告中对大气承载的计算方法和结果（表 4.21），通过比较可知，SO_2、NO_x 的大气承载力计算结果差别不大。

表 4.21 大气承载力计算汇总

项目	时间	方法	结果/(万 t/a) SO_2	NO_x	PM_{10}
内蒙古自治区国民经济和社会发展第十一个五年规划纲要战略环境评价	2006 年	A 值法	39.25	—	—
鄂尔多斯主导产业与重点区域规划环境影响评价	2007 年	A 值法	39.25	—	—
内蒙古自治区国民经济和社会发展第十二个五年规划纲要战略环境评价	2013 年	A 值法	39.25	—	—
鄂尔多斯煤电基地规划环境影响评价	2015 年	A 值法	42.00	25.00	9.62
鄂尔多斯环境承载力与产业发展对策研究报告	2016 年	空气质量数值模拟	43.38	39.24	—

根据以上报告确定本次计算中 SO_2 的大气环境容量为 42 万 t，NO_x 的环境容量为 30 万 t。考虑总量分配方案在一定范围内存在误差，且出于环境质量达标和改善的目的，需要为容量预留一定量的弹性空间，即确定环境改善余量。改善余量是大气污染负荷与大气质量之间的不确定性产生的，也反映了总量分配过程存在的诸多不确定性，通过直接给出一部分负荷量，从而一定程度上消除污染负荷与大气质量之间的不确定性，保证大气环境质量目标的实现。

鄂尔多斯各旗区总量利用比例如表 4.22 所示。

表 4.22 鄂尔多斯各旗区总量利用比例

旗区	SO_2	NO_x
达拉特旗	0.82	2.46
东胜区	1.55	2.75
伊金霍洛旗	0.64	0.95
杭锦旗	0.03	0.08
准格尔旗	1.42	1.93
鄂托克前旗	0.05	0.05
鄂托克旗	0.63	0.75
乌审旗	0.24	0.23

第 4 章 鄂尔多斯市生态环境分区管控与绿色转型发展策略

归纳其统计特征,如表 4.23 所示,其中,SY 为市域层面上容量的利用情况。结合其统计特征,同时以各旗区污染排放在总排放中的占比情况,以及以各旗区风场特征(图 4.8)为依据考虑污染物扩散条件的差异,进而确定综合权重。表 4.23 中的权重(weight)即在确定改善余量时基于市域范围内的两种污染物的排放为其赋予的综合权重。

表 4.23 鄂尔多斯旗区容量利用情况统计特征汇总

污染物	均值	中位数	最大值	最小值	SY	weight
SO_2	0.70	0.70	1.55	0.03	0.48	0.39
NO_x	0.69	0.69	2.75	0.04	0.77	0.61

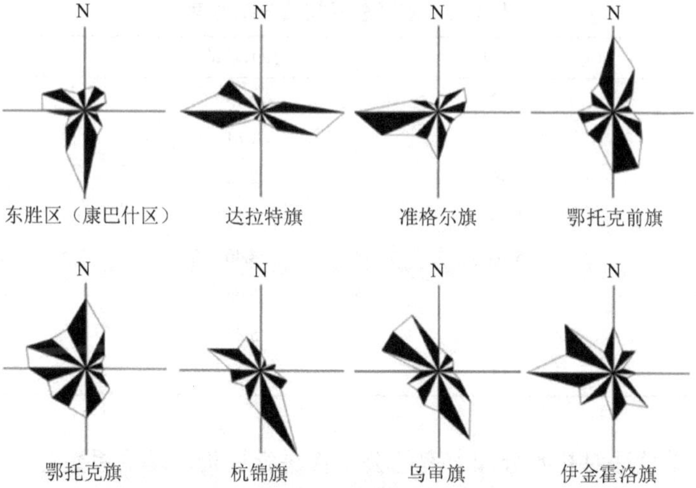

图 4.8 鄂尔多斯各旗区风向

东胜区(康巴什区)　达拉特旗　准格尔旗　鄂托克前旗
鄂托克旗　杭锦旗　乌审旗　伊金霍洛旗

各旗区容量利用的平均值容易受到极端数据的影响,故考虑旗区利用率的中位数与权重相乘后累加,得到 SO_2 与 NO_x 进行总量分配时的改善余量为 0.2。

在大气污染控制中,关于改善余量的确定尚无规范化的方法,一般根据经验在 0%~20%进行取值。根据鄂尔多斯地区相关环境影响评价中总量控制指标设置的经验取值及规划环评中大气污染总量控制相关研究,同时考虑鄂尔多斯地区大气扩散条件较好,最终确定取 SO_2、NO_x 容量的 20%作为大气污染物总量分配的改善余量。

结合《鄂尔多斯市环境承载力与产业发展对策研究》和《2016 年鄂尔多斯统计年鉴》,鄂尔多斯市的烟尘排放量约为 13 万 t,类比《大气污染防治行动计划》中要求全国地级及以上城市可吸入颗粒物浓度自 2012 年起五年内下降 10%以上。假设烟尘排放量不变,建议烟尘排放总量在现状排放量的基础上下降 10%,故确定排放的总量限值为 12 万 t。用于分配的污染物总量控制指标见表 4.24。

表 4.24　用于分配的污染物总量控制指标　　　　（单位：万 t）

SO$_2$	NO$_x$	烟尘
34（33.6）	24	12

2）旗区总量配置优化

根据《鄂尔多斯市"十三五"节能减排综合工作方案》计算每一个旗区 SO$_2$、NO$_x$ 分配比例，通过分析可知各旗区 SO$_2$、NO$_x$ 的控制总量占分配总量的比例大致相同，故在初步分配方案中将 SO$_2$、NO$_x$ 及烟尘总量控制指标保证改善余量后同比例分配至各旗区。旗区总量初始分配方案见表 4.25。

表 4.25　旗区总量初始分配方案　　　　（单位：万 t）

旗区	SO$_2$ 总量	NO$_x$ 总量	烟尘总量
达拉特旗	5.92	4.59	2.28
东胜区	2.63	1.81	1.16
伊金霍洛旗	3.46	2.02	1.27
杭锦旗	1.93	1.37	0.51
准格尔旗	5.76	4.40	2.20
鄂托克前旗	2.37	2.05	0.87
鄂托克旗	8.18	5.35	2.90
乌审旗	3.35	2.41	1.24

用基尼系数法对初始分配方案的公平性进行评价。基尼系数是一种基于洛伦兹曲线的分析工具，可以用于均衡程度分析。大气污染物总量分配实际上是环境资源的分配，因此，在大气污染物总量分配中考虑基尼系数，进而确保大气污染物总量分配的公平性并便加以调整。

收集各旗区环境容量、现状排放、人口和 GDP 的数据，见表 4.26。

表 4.26　各旗区基本数据汇总

旗区	人口/人	GDP/万元	SO$_2$/(万 t/a) 现状排放	SO$_2$/(万 t/a) 环境容量	NO$_x$/(万 t/a) 现状排放	NO$_x$/(万 t/a) 环境容量	烟尘/(万 t/a) 现状排放
达拉特旗	363146	495.02	3.29	4	6.9	2.8	2.6
东胜区	274148	856.77	1.86	1.2	2.2	0.8	2.1
伊金霍洛旗	171561	749.28	1.73	2.7	1.8	1.9	2.2
杭锦旗	142613	84.23	0.29	9.2	0.5	6.5	0.3
准格尔旗	320396	1106.72	5.39	3.8	5.2	2.7	4.8

续表

旗区	人口/人	GDP/万元	SO$_2$/(万 t/a) 现状排放	SO$_2$/(万 t/a) 环境容量	NO$_x$/(万 t/a) 现状排放	NO$_x$/(万 t/a) 环境容量	烟尘/(万 t/a) 现状排放
鄂托克前旗	78320	127.34	0.32	6	0.2	4.3	0.4
鄂托克旗	97697	459.42	7.41	6.10	5.2	6.9	1.9
乌审旗	110523	403.52	1.38	5.7	0.9	4	0.8

分别计算初始分配方案情况下三种污染物的总量指标对于环境容量、现状排放、人口和 GDP 的基尼系数（表 4.27）。

表 4.27　初始分配方案的基尼系数

基尼系数	环境容量	现状排放	人口	GDP
SO$_2$ 总量	0.36	0.22	0.31	0.34
NO$_x$ 总量	0.35	0.23	0.30	0.36
烟尘总量	—	0.31	0.30	0.36

因总量分配的结果可能涉及区域产业结构和布局、污染源治理、环保投资等一系列问题，如果基尼系数过高，不利于总量控制方案实施，按照国际惯例，把 0.4 作为判断总量分配差距的界限，基尼系数在 0.3~0.4 表示相对平均。由表 4.27 可知，各数值均小于 0.4，说明初始分配方案具备一定的合理性。但通过数据可以看出，SO$_2$ 和 NO$_x$ 的初始分配方案基本根据现状排放，在环境容量（基尼系数 0.36）和经济贡献（基尼系数 0.34）的考虑上欠缺公平性，而烟尘的初始分配方案则没有考虑各旗区的经济贡献情况。

以 SO$_2$ 的总量分配为例，可知环境容量 SO$_2$ 总量的基尼系数最大，确定为第一调整指标，再根据其环境洛伦兹曲线，分析其影响分配公平性的原因，以 0.1 为调整单位进行合理调整，直至基尼系数处于较合理的范围之内，寻找第二调整指标，根据相同的方法继续调整，直至所有的基尼系数均处在相对合理的范围之内，对 NO$_x$ 和烟尘均采取相同的调整方法，汇总结果如表 4.28 所示。

表 4.28　鄂尔多斯旗区总量分配　　　　　　　　（单位：万 t）

旗区	SO$_2$ 总量分配目标	NO$_x$ 总量分配目标	烟尘总量分配目标
东胜区	2.33	1.71	1.26
达拉特旗	5.55	4.04	2.28
杭锦旗	2.43	1.37	0.51

续表

旗区	SO₂总量分配目标	NOₓ总量分配目标	烟尘总量分配目标
准格尔旗	5.96	4.10	2.30
伊金霍洛旗	3.61	2.37	1.27
鄂托克前旗	2.29	2.65	0.77
乌审旗	4.25	3.41	1.24
鄂托克旗	7.08	4.35	2.80

（1）园区总量分配。

在工业园区间进行总量分配时，根据《鄂尔多斯工业园区绿色化发展报告》中对工业园区的定位和现状排放的统计确定，首先确定进行总量分配的11个主要工业园区，包括鄂尔多斯新能源示范区、蒙西工业园区、鄂托克经济开发区、上海庙工业园区、苏里格经济开发区、纳林河工业园区、圣圆煤化工园区、准格尔经济开发区、大路工业园区、达拉特经济开发区、东胜经济科教（轻纺）工业园区。剩余的鄂尔多斯装备制造基地、高新技术园区、空港物流园、江苏工业园、康巴什产业园区等7个工业园区框定污染物总量，不作分配。根据11个工业园区排放量占排放总量的比例，确定进行园区分配的三种污染物的总量（表4.29）。

表4.29 用于分配的园区总量框定 （单位：万t）

SO₂总量	NOₓ总量	烟尘总量
30	23	10

对园区来说，综合考虑污染物现状排放、规划面积、工业总产值、"十三五"重点项目个数等四个因素（表4.30）。

表4.30 各园区基本数据汇总

园区	所属旗区	SO₂/(t/a)	NOₓ/(t/a)	烟粉尘/(t/a)	建设面积/km²	工业总产值/亿元	"十三五"重点项目个数/个
鄂尔多斯新能源示范区	杭锦旗	1365	629	430	30	10.8	3
蒙西工业园区	鄂托克旗	22453	16411	12881	140	220	10
鄂托克经济开发区	鄂托克旗	28317	28317	13900	79	501	6
上海庙工业园区	鄂托克前旗	2216	484	1253	66	132.28	6
苏里格经济开发区	乌审旗	4197	4303	2598	127.91	195	12
纳林河工业园区	乌审旗	2993	2008	2145	20.36	8.28	2

第4章 鄂尔多斯市生态环境分区管控与绿色转型发展策略

续表

园区	所属旗区	SO$_2$/(t/a)	NO$_x$/(t/a)	烟粉尘/(t/a)	建设面积/km^2	工业总产值/亿元	"十三五"重点项目个数/个
圣圆煤化工园区	伊金霍洛旗	5444	9749	4547	104	106	4
准格尔经济开发区	准格尔旗	7684	4915	3520	102	304	11
大路工业园区	准格尔旗	18577	5141	4621	170	102	9
达拉特经济开发区	达拉特旗	3082	3555	3120	260	317.5	18
东胜经济科教（轻纺）工业园区	东胜区	1225	1946	1854	120	102	9

用熵权法求算各指标的权重，熵权法是一种对多种公平准则进行权衡的定量化方法，具有客观性强、数学理论完善等优点，同时还避免了基于多指标分配的主观性。在初步确立四个现状指标后，建立初始决策矩阵：

$$C = \begin{pmatrix} c_{11} & \cdots & c_{1n} \\ \vdots & \ddots & \vdots \\ c_{m1} & \cdots & c_{mn} \end{pmatrix} \quad (4-1)$$

式中，C 为初始决策矩阵；c_{ij} 为评估具体指标，$i=1,2,\cdots,m$；$j=1,2,\cdots,n$。根据 $Y_{ij} = c_{ij}/\max(c_{ij})$ 进行归一化处理。

$$H_j = -k\sum_{i=1}^{m} P_{ij} \ln P_{ij} \quad (4-2)$$

式中，$k = 1/\ln m$；$P_{ij} = \dfrac{Y_{ij}}{\sum\limits_{i=1}^{n} Y_{ij}}$。

$$W_j = \frac{1-H_j}{\sum\limits_{j=1}^{n}(1-H_j)}, 0 \leq W_j \leq 1 \quad (4-3)$$

式中，W_j 为第 j 个指标的权重。

$$\begin{pmatrix} F_1 \\ F_2 \\ \vdots \\ F_m \end{pmatrix} = \begin{pmatrix} C_{11} & \cdots & C_{1n} \\ \vdots & \ddots & \vdots \\ C_{m1} & \cdots & C_{mn} \end{pmatrix} \begin{pmatrix} W_1 \\ W_2 \\ \vdots \\ W_n \end{pmatrix} \quad (4-4)$$

用指标值矩阵和权重矩阵求出 11 个主要工业园区的分配系数 F_m，所得分配系数见表 4.31。

表 4.31　主要工业园区分配系数

主要工业园区	SO_2 分配系数	NO_x 分配系数	烟尘分配系数
鄂尔多斯新能源示范区	0.01	0.01	0.02
蒙西工业园区	0.21	0.16	0.15
鄂托克经济开发区	0.34	0.25	0.17
上海庙工业园区	0.02	0.04	0.05
苏里格经济开发区	0.04	0.08	0.10
纳林河工业园区	0.03	0.02	0.02
圣圆煤化工园区	0.05	0.09	0.07
准格尔经济开发区	0.07	0.10	0.11
大路工业园区	0.18	0.08	0.09
达拉特经济开发区	0.03	0.12	0.16
东胜经济科教（轻纺）工业园区	0.01	0.05	0.07

但园区的总量控制值必须满足如下约束条件：

$$\begin{cases} 0 \leqslant Q_{ij} \leqslant P_{kj} \\ \sum_{i=1}^{11} Q_{ij} \leqslant \sum_{k=1}^{8} P_{kj} \end{cases} \quad (4\text{-}5)$$

式中，Q_{ij} 为园区 i 第 j 种污染物的总量限值；P_{kj} 为旗区 k 第 j 种污染物的总量限值，在式（4-5）中，需保证 P_k 为 Q_i 所属的旗区。

$$Q_i = F_i \times Q \quad (4\text{-}6)$$

式中，Q_i 为分园区 i 的总量控制目标；Q 为主要园区控制总目标，根据约束条件，以 0.1 万 t 为单位调整园区总量控制目标，直至其符合约束条件。最终得三种污染物的园区分配，见表 4.32。

表 4.32　鄂尔多斯主要工业园区大气污染物总量分配

主要工业园区	SO_2 控制值/万 t	NO_x 控制值/万 t	烟尘控制值/万 t
鄂尔多斯新能源示范区	1.67	0.87	0.25
蒙西工业园区	2.81	1.75	1.32
鄂托克经济开发区	4.47	2.81	1.48
上海庙工业园区	2.28	2.60	0.53
苏里格经济开发区	2.35	2.43	0.96
纳林河工业园区	1.69	0.92	0.29
圣圆煤化工园区	2.56	2.06	0.81
准格尔经济开发区	1.78	2.25	1.07
大路工业园区	4.28	1.78	1.05
达拉特经济开发区	5.13	3.45	1.58
东胜经济科教（轻纺）工业园区	2.11	1.53	0.66

(2)行业总量分配。

各行业现状排放占比、行业产值占比、总企业数等数据汇总等如表4.33所示。

表4.33 各园区基本数据汇总

行业名称	行业产值占比/%	2015年总企业数/家	2015年亏损企业数/家	SO$_2$排放量占比/%	NO$_x$排放量占比/%	烟尘排放量占比/%
煤炭	0.676	166	34	0.042	0.013	0.084
煤电	0.097	48	15	0.785	0.906	0.548
煤化工	0.125	66	28	0.113	0.079	0.345
其他	0.102	92	31	0.060	0.002	0.023

用指标值矩阵和权重矩阵求行业分配系数，见表4.34。

表4.34 主要行业分配系数

主要行业	SO$_2$分配系数	NO$_x$分配系数	烟尘分配系数
煤炭	0.089	0.083	0.125
煤电	0.446	0.542	0.667
煤化工	0.327	0.292	0.125
其他	0.137	0.083	0.083

根据已有资料对三大主导产业分配系数进行调整，煤炭行业依据《鄂尔多斯市煤炭产业战略规划（2010—2020年）》和国家产能压减政策导向，在加大环境基础设施投入、等量置换落后产能、严格执行清洁生产的情况下进行考虑，电力行业参考《内蒙古鄂尔多斯煤电基地开发规划环境影响报告书》，考虑执行超低排放标准，化工行业依据《内蒙古鄂尔多斯煤电基地开发规划环境影响报告书》《鄂尔多斯市建设国家现代煤化工产业示范区总体规划》，原料液化考虑推行试验示范的高温费托合成工艺，煤制气考虑推行固定床气化压力技术，煤制烯烃推行中石化甲醇制烯烃（sinopec methanol to olefins，SMTO）技术和流化床甲醇制丙烯（fluidized bed methanol to propylene，FMTP）技术等，进行行业总量分配（表4.35）。

表4.35 鄂尔多斯大气污染物行业总量分配结果　　（单位：万t）

行业	SO$_2$	NO$_x$	烟尘
煤炭	3	2	1.5
电力	15	13	8
化工	11	7	1.5
其他	4.6	2	1

(3) 煤化工行业特征污染物。

根据《内蒙古鄂尔多斯煤电基地开发规划环境影响报告书》《鄂尔多斯市建设国家现代煤化工产业示范区总体规划》，2020年鄂尔多斯主要煤化工产业及规模见表4.36。

表 4.36 2020 年鄂尔多斯主要煤化工产业及规模

产品	2020 年产能
煤制气/亿 m³	296
煤制油/万 t	616
煤制甲醇/万 t	690
煤制烯烃/万 t	220
甲醇制烯烃/万 t	350
煤制乙二醇/万 t	190
煤制尿素/万 t	507

选择产能大于 250 万 t（或亿 m³）的煤制气、煤制油、煤制甲醇、甲醇制烯烃、煤制尿素行业分析其特征污染物。由于相关煤化工行业政策中还未对各类污染物指标进行量化，因此通过分析相关技术指南、参考相关环境保护及产业发展规划、与国内同类项目进行对比分析对各类污染物指标进行量化。以煤制气为例，类比大唐阜新和新疆庆华两个已获生态环境部批复的煤制气项目以及鄂尔多斯市内独贵塔拉和大路工业园区煤制气产业排放情况，计算特征污染物 H_2S 与 NH_3 的总量控制目标。煤制甲醇参考《煤制甲醇行业污染防治可行技术指南》中气流床煤制甲醇主要大气污染物排放情况，其中，无处理途径高空排放的为净化过程中排放的 H_2S 和醇类，废气产生量约为 1150mg/Nm³（毫克每标准立方米），H_2S 的产生量为 5~18.4mg/Nm³，醇类产生量为 40~70mg/Nm³，出于保证环境质量的目的取其下限作为特征污染物产生的总量控制目标。以煤制尿素参考鄂尔多斯市内独贵塔拉和大路工业园区煤制气产业排放情况，确定 H_2S 和 NH_3 的排污系数分别为 0.006t/万 t 产品和 2.8~5.4t/万 t 产品。挥发性有机物（VOC）只在工艺过程中产生，根据《石化行业建设项目挥发性有机物（VOC）排放量估算方法技术指南（试行）》的规定，其排放量采用物料衡算法简化后的系数法计算。确定进行限定的总量控制系数为煤制甲醇，为 1.0t/万 t 产品，煤制油为 2.5t/万 t 产品，煤制天然气为 40t/亿 m³ 产品，甲醇制烯烃为 5.0t/万 t 产品。按此计算，工艺部分挥发性有机物（VOC）排放量为 14740t（表 4.37）。

第 4 章 鄂尔多斯市生态环境分区管控与绿色转型发展策略

表 4.37 鄂尔多斯煤化工特征污染物总量控制限值

产品	特征污染物	控制目标/(t/a)
煤制气	H_2S	600
	NH_3	600
	VOC	10760
煤制油	非甲烷总烃	770
	VOC	1540
煤制甲醇	H_2S	80
	醇类	660
	VOC	690
甲醇制烯烃	非甲烷总烃	860
	VOC	1750
煤制尿素	H_2S	3
	NH_3	1500

2. 水体污染物总量管控

1）水环境容量确定

鄂尔多斯市重点监测河流为黄河支流——乌兰木伦河及黄河支流——龙王沟，共设置 3 个监测断面，这 3 个监测断面作为省级污染物排放控制的关键采样点而设置，分别为大柳塔、龙王沟和乌兰木伦河。

根据断面监测数据，结合河流自身水质参数以及沿岸排污数据，采用一维水质模型计算水环境容量（表 4.38 和表 4.39）。

表 4.38 乌兰木伦河沿河污水排放口参数

污水排口序号	名称	污水排放量/(m³/d)	主要污染物浓度	
			COD_{Cr}/(mg/L)	氨氮/(mg/L)
1	黑炭沟污水处理厂	5000	11	1.29
2	上湾煤矿	2500	10	3.86
3	布尔台煤矿	冬 11000，夏 5000	15.43	0.17
4	寸草塔一矿	—	14	0.09
5	乌兰木伦矿	900	12	3.24
6	补连塔矿	8000	19	0.55
7	李家塔煤矿	—	31.5	0.81

表 4.39　河流相关参数汇总

序号	河流	计算河长/m	COD_{Cr}/(mg/L)	氨氮/(mg/L)	备注
1	乌兰木伦河	96000	16.30	0.405	达到Ⅲ类水质功能要求
2	龙王沟	29400	34.80	4.468	超出Ⅲ类水质功能要求

结合鄂尔多斯环境统计数据以及河流沿河污水排放口排放量和主要污染物浓度资料，计算鄂尔多斯主要河流水环境容量（表 4.40）。

表 4.40　鄂尔多斯主要河流水环境容量　　　　　　　　　（单位：t/a）

序号	河流	COD_{Cr}	氨氮
1	乌兰木伦河	83	13
2	龙王沟	−34	−17

从目前的数据计算可以看出，乌兰木伦河 COD_{Cr} 和氨氮环境容量分别为 83t/a 和 13t/a；龙王沟水环境 COD_{Cr} 和氨氮环境容量分别为–34t/a 和–17t/a。

2）水污染总量分配

鄂尔多斯"十二五" COD 和氨氮利用状况见图 4.9。

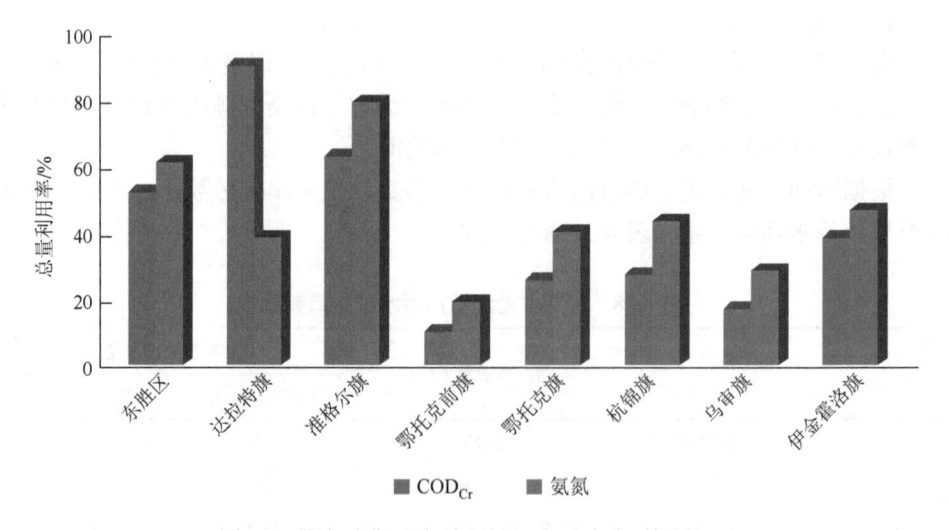

图 4.9　鄂尔多斯"十二五" COD 和氨氮利用状况

鄂尔多斯城镇生活排放是水体污染物排放的主要来源，在进行总量分配时，应作为首要考虑因素。水污染物总量限值确定方法参考 3.1.2 节相关内容。

在考虑以下约束条件的前提下，最终确定鄂尔多斯水污染物排放总量控制值，见表 4.41。

表 4.41　鄂尔多斯各旗区水污染物排放总量控制值　　（单位：t）

旗区	COD_{Cr}总量控制值	氨氮总量控制值
东胜区	6562	761
达拉特旗	5909	594
准格尔旗	3810	402
鄂托克前旗	2986	218
鄂托克旗	3887	309
杭锦旗	1717	161
乌审旗	4397	334
伊金霍洛旗	4721	409

在确定总量分配方案的基础上，将总量控制制度与污染排放许可相结合，更好地促进环境质量改善，并通过排污许可将总量控制要求差别化、精细化到各企业单位，使总量控制能够服务于环境质量改善，并以此作为逐步实现总量控制进一步细化的基础，倒逼有关企业通过进行科技创新等手段转型升级，进一步提高资源利用率。

4.4.3　基于资源利用上线的开发强度控制

综合考虑鄂尔多斯资源禀赋、生态环境状况和产业发展特征，以国务院《关于实行最严格水资源管理制度的意见》、国土资源部《国土资源"十三五"规划纲要》与《全国矿产资源规划（2016—2020年）》等意见、规划为指导，结合内蒙古自治区及鄂尔多斯市相关文件，以"节约开发煤炭资源、集约利用土地资源、严格管理水资源"为原则，为鄂尔多斯市提出基于"资源利用上线"的开发强度控制方案。

1. 资源利用上线

1）基于区域生态系统安全保障的水资源利用上线

水资源总量通常指查明资源和潜在资源总和，包括经过经济合理性研究和技术可行性研究证实可开采（开发）的资源量，以及经过勘查而未进行经济、技术可行性研究的资源量。可利用水资源量，通常指资源总量中经济合理、技术可行的部分。

上述定义未将保障区域系统安全的一部分资源量纳入其中。本次评估在已有定义基础上，结合鄂尔多斯市绿色转型发展要求，将保障鄂尔多斯市生态安全的资源量纳入水资源利用范围，提出资源安全余量概念，即可利用资源量中，确保本地区生态系统安全的、预留的、不可开采的一部分资源量。

分别估算鄂尔多斯市水资源、土地资源和矿产资源的资源安全余量，从而推算其资源利用上线，并根据计算结果提出鄂尔多斯市资源开发强度控制方案。

鄂尔多斯市水资源安全余量即为全市生态需水量。当前，我国对生态需水研究较为成熟，通过文献调查，选取自 2010 年以来涉及鄂尔多斯市生态需水量相关研究，总结各研究成果，归纳出鄂尔多斯市 2020~2030 年年均生态需水量约为 0.95 亿 m^3。

根据《鄂尔多斯市人民政府关于下达最严格水资源管理制度控制目标任务的通知》（鄂府发〔2014〕36 号）中鄂尔多斯市水量控制指标（表 4.42），充分考虑水资源安全余量，确定鄂尔多斯市水资源利用上线：2020 年为 15.84 亿 m^3，2030 年为 18.99 亿 m^3。

表 4.42　鄂尔多斯市最严格水资源管理制度控制目标

盟市	水平年	用水总量/亿 m^3
鄂尔多斯市	2015 年	16.58
	2020 年	16.79
	2030 年	19.94

2）基于土地利用强度提高的土地资源利用上线

（1）城镇建设用地。

2020 年鄂尔多斯市全市总人口 215 万人左右。按城镇建成区面积 258km^2 计算，则城镇人口与建成区面积的比例为 1∶1.2，接近适宜水平且仍有存量空间。

（2）产业园区用地。

《内蒙古自治区人民政府关于促进工业园区健康发展的指导意见》（简称《指导意见》）（内政发〔2015〕126 号）要求"坚持节约集约发展。节约、集约、高效开发利用土地，严格控制工业园区用地规模，强化用地内涵挖潜，推动存量建设用地盘活利用，提高土地利用强度。"

鄂尔多斯市园区用地存量即为园区规划面积 3454km^2（2015 年）。根据《指导意见》，未来鄂尔多斯应在绿色转型发展的进程中注重存量土地的集约利用，建议将当前城镇建设用地与园区规划面积作为鄂尔多斯市近期土地资源利用上线，通过产业升级提高园区用地经济效益。

《指导意见》还要求"引导工业园区整合发展。鼓励重点工业园区整合同一行政区域的其他工业园区,1个旗县(市、区)原则上保留1个工业园区。对布局不合理、集聚效应差、项目引进少、经济贡献低、难以形成投入产出良性循环的'低、小、散'工业园区,结合实际,采取放缓建设、改变用途、综合整治等办法进行处置。"通过进一步整合园区,提高园区土地利用效率,规划远期力争实现园区土地利用面积负增长。

(3)水资源约束下的煤炭资源开采上线。

针对鄂尔多斯市水资源可利用量相对不足的特点,将煤炭开采中的取水量和水资源损失量作为主要考虑因素,估算鄂尔多斯市煤炭资源开采上线。根据《2015年内蒙古自治区水资源公报》,2015年鄂尔多斯市供水总量为15.68亿 m^3,农林牧渔业用水11.82m^3,工业用水2.48亿 m^3(其中煤炭开采业用水1.25亿 m^3),生态用水0.63亿 m^3。参考相关研究,内蒙古自治区煤炭开采水资源破坏系数为0.13m^3/t,煤炭开采单位取水量0.16m^3/t。计算得到水资源约束下的煤炭资源开采上线为4.3亿 t/a。

2. 资源利用效率提升方案

1)推动产业规模调整,提升整体利用效率

鄂尔多斯市未来要改变过去依靠扩大资源开采,扩张产业规模的高速发展模式,以"提高质量、增长效益"为原则,加快产业结构转型升级,促进经济发展方式的转变,从而提高水资源、土地资源与矿产资源的整体利用效率,进而促进资源利用经济效益的提升,实现资源、环境、经济的均衡发展。

结合相关产业研究及对鄂尔多斯市政策模拟分析,未来鄂尔多斯市高耗水、高污染和高耗能产业需进行缩减,如第一产业,煤炭开采和洗选业,石油、天然气、金属、非金属采选业,金属、非金属加工及制品业,食品、纺织、造纸及其他制造业,电力、热力、燃气及水的生产和供应业,产值比重分别由2.17%、33.8%、6.43%、3.65%、2.65%、3.24%缩减到1.15%、24.7%、0.79%、0.96%、0.02%、0.45%(图4.10)。

重点发展产品附加价值率高、水资源利用强度低、能源消耗强度低和污染排放强度低的产业,如石油加工及化工工业、装备制造业、建筑业和第三产业,将其产值比重分别由7.2%、0.34%、7.3%和33.5%提高到10.3%、0.6%、9.9%和51.1%。

首先,加快产业升级改造。促进产业集群发展,推进资源集约利用,实现煤炭、电力、新型化工、煤层气和天然气的规模化、现代化、清洁化、低碳化发展,建成集国家能源供应、新型煤基化工技术示范及生产、新能源开发利用和高碳能源低碳利用示范四大功能于一体的综合性能源化工基地。其次,打造先进制造业

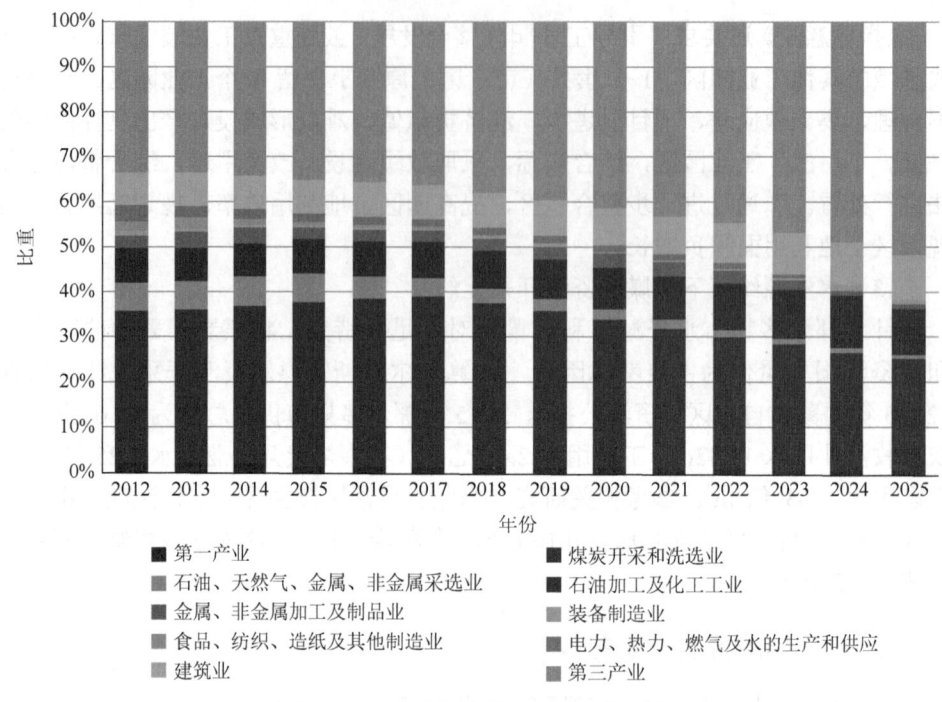

图4.10 鄂尔多斯市产业规模调整建议

基地。以国家发展战略性新兴产业为契机，依托鄂尔多斯市产业基础，大力发展汽车和装备制造、新材料、聚氯乙烯（polyvinyl chloride，PVC）深加工、氧化铅及深加工、陶瓷、羊绒服装、生物医药、绿色农畜产品加工等先进制造业，加强产业核心技术和前沿技术研究，增强产业扩张能力，提升产业发展层次。最后，发展生产性服务业。改造提升生活性服务业，培育完善公共服务业，以服务业的快速崛起带动产业结构转型，使服务业成为城市转型发展的重要接续产业。

2）推进利用强度调节，限制资源开发总量

鄂尔多斯市资源利用强度呈现"水与煤炭资源利用强度高，土地资源利用强度较低"的特点，而各类资源利用总量均不同程度突破基于维护区域生态系统安全的资源利用上线。针对不同资源类型，应根据鄂尔多斯市产业发展现状，调节资源利用强度，限制资源开发总量。

（1）水资源方面。降低经济发展过程中的水资源成本。首先，加强用水需求和用水过程的管理，严格控制用水总量，抑制不合理的用水需求，降低新鲜水利用强度，提高工业重复用水率。单位工业增加值新鲜水耗在2020年降低至5.38t/万元，2030年降低至4.39t/万元，全面提高用水效率。各地区的用水总量、万元工业增加值用水量和农业灌溉水有效利用系数、水功能区水质达标率都要达到"三条红线"制定的控制目标。

2015 年，鄂尔多斯市万元 GDP 用水量为 34.88m³，万元工业增加值用水量为 72.3m³，农业灌溉水有效利用系数为 0.470。根据《"十三五"水资源消耗总量和强度双控行动方案》，参照内蒙古自治区用水强度控制目标，2020 年鄂尔多斯市万元 GDP 用水量应下降至 26.16m³，万元工业增加值用水量应下降至 57.84m³，农业灌溉水有效利用系数应提高至 0.532。

鄂尔多斯市水资源总量控制目标与水资源利用上线一致：2020 年为 15.84 亿 m³，2030 年为 18.99 亿 m³。

（2）土地资源利用方面。引导城镇建设用地布局，结合呼包鄂榆城市群人口集聚、增长潜力大，资源相对集中的特点，根据城市群发展战略和人口增长刚需，保障城镇建设用地合理需求，优化用地布局。提高住宅用地容积率，规划区内的新增住宅用地容积率不低于 1.2。

当前，鄂尔多斯市单位园区用地面积经济效益已经呈现逐年降低趋势。未来需严格控制建设用地增长边界，在现有规划用地范围内提升发展具有高附加值的产业。

根据鄂尔多斯各园区相关规划材料，2015 年全市产业园区已建成面积约为 542km²（2014 年），占规划面积的 31.51%，土地利用强度较低。在 2020 年，单位 GDP 建设用地使用面积降低比率较 2015 年下降 20%。

由于鄂尔多斯市土地利用强度有很大的提升空间，其土地利用总量控制应与土地资源利用上线相结合，即新增建设用地 2020 年总量零增长，2030 年实现负增长。

（3）煤炭资源利用方面。降低动力煤利用强度，提升原料煤利用强度，发展煤炭深加工，提高煤炭就地转化率。2001~2012 年，鄂尔多斯市煤炭开采总量快速上升，并于 2012 年达到峰值。而后逐年降低，但降幅很小。煤炭资源开采强度依然居高不下。随着非煤产业发展，全市单位 GDP 消耗煤炭量逐年下降，煤炭资源利用效率逐年降低。

2011~2016 年，全市煤炭转化率持续提高，但增幅较慢。将煤炭资源作为原料的利用强度仍需加强，2015 年煤炭就地转化率 15.5%，2020 年上升至 21.7%。但是，与鄂尔多斯市"十三五"规划中 2020 年末煤炭资源就地转化率提高到 40%以上的目标仍有较大差距。

结合水资源约束下的煤炭资源开采上线，鄂尔多斯市未来原煤开采量需继续降低，2030 年下降至 4.3 亿 t/a 以下。

3）推行集约发展调控，形成节约利用模式

（1）水资源节约利用。

农业节水方面。鄂尔多斯市挖掘农业节水潜力主要通过三个途径：一是通过工程节水措施，有效降低灌溉定额，提高灌溉水利用系数，达到节约灌溉水量的目的；二是在条件适宜的地区发展部分渠井结合灌溉，提高水资源利用效率；三是通过非工程节水措施，主要是调整农业种植结构，减小高耗水作物种植比例，降低灌溉定额。

工业节水方面。鄂尔多斯市工业节水综合评价研究表明，根据各旗区万元产值取水量、万元增加值取水量、工业用水重复利用率、万元产值废水排放量、单方水节水投资等工业用水数据分析，鄂托克前旗工业综合节水水平为差，杭锦旗工业综合节水水平为一般，达拉特旗工业综合节水水平为好，其余旗（区）工业综合节水水平为较好。整体而言，全市工业节水已取得一定成绩，结合鄂尔多斯市绿色转型发展总体原则和要求，各旗区应结合本区域内产业发展特点，进一步加大工业节水力度。

加大节水力度，建设节水型社会。鄂尔多斯市农业节水潜力较大，要重点加大农业节水力度，实施渠道衬砌、喷灌和滴灌，提高农业用水效率。加快实施节水改造和水权转让二期工程，进一步减少农业用水，提高水的利用率。农业生产应以灌区节水改造为主，重点完成南岸灌区节水技术改造，提高水的利用率。应加快工业产业结构调整、生产设备和生产工艺的改进及科学技术的投入，提高工业用水重复利用率，降低工业用水定额，加强用水管理以达到节水目的。生活用水要把普及节水器具、改造城市供水管网作为重点节水措施，大力普及生活节水器具，改造更新城市老旧供水管网。要结合全市区域特点、存在的问题、社会经济条件，根据相关法律法规有针对性地制定水资源保护、水资源节约、水资源开发利用等方面的强制性政策和激励性政策，并使其有机结合。

调整产业结构，控制高耗水产业发展。按照市国民经济和社会发展总体要求，加快推进经济转型和产业结构调整，积极发展低碳、绿色、环保、节能、循环经济，淘汰落后、高耗能产业，加强环境保护和生态治理，提高全市的经济发展质量。发展循环用水系统、串联用水系统和回用水系统；发展水闭路循环工艺和分散式废水再生技术，以及循环冷却水处理技术；发展节水冷却技术和冷凝水的回收再利用技术，提高冷凝水回收率。煤炭开采行业应进一步提升矿井水利用率。

（2）土地资源集约利用。

发挥土地利用计划引导作用。完善土地利用年度计划指标分配管理，将新增建设用地计划指标安排与区域资源环境容量、土地开发强度、供地率、闲置土地数量及处置率等节约集约利用指标相挂钩。实行有保有控的用地政策，新增建设用地计划指标要重点支持养老、旅游、物流、光伏等产业，以及大数据、"互联网+"、新能源、新材料、节能环保等新经济、新产业、新业态、新模式和大众创业、万众创新发展用地；着力保障铁路、公路、航空、信息通信等现代基础设施网络建设项目用地；优先安排保障性住房、医疗、卫生、体育基础设施、文化服务等民生项目。切实提高用地计划使用效率，每年9月底前土地利用年度计划指标使用率达到80%。

保护耕地、提高质量。优化用地结构和布局，引导非农业建设尽量少占或不占优质耕地，切实落实耕地保护责任，确保耕地面积基本稳定、耕地质量不降低。增加有效耕地面积，促进耕地集中连片，提升耕地质量，改善生产条件和农田生态环境，稳定和提高耕地可持续生产能力。

加强城镇低效建设用地再开发。各地区要深入推进城镇低效用地再开发，稳步有序对建设用地中的布局散乱、利用粗放、用途不合理、建筑危旧的城镇存量建设用地进行改造利用。鼓励利用现有工业用地，兴办先进制造业、生产性及高科技服务业、创业创新平台等国家支持的新产业、新业态建设项目。

提高园区集约用地水平。严格落实工业项目及物流等产业项目向园区集中，国家和自治区级园区新增工业项目容积率不得低于国家规定的建设用地容积率控制指标，新增工业项目建设用地亩均投资强度分别达不到150万元和80万元的，原则上不予供地。落实园区土地集约利用评价制度，加强评价成果的管理应用，及时对评价结果进行综合排序后公告，排名进入前1/3的园区，方可申请升级、扩区并优先安排建设用地指标。鼓励通过追加投资、推动产业转型升级提高存量建设用地集约利用水平，对符合规划和安全要求，不改变用途，在原厂区新建、扩建、翻建多层标准厂房提高土地容积率的，不再增收土地出让金。

积极推进工矿废弃地复垦利用。以改善生态环境为出发点，坚持因地制宜、综合治理和生态效益、经济效益、社会效益相统一，推进工矿废弃地复垦利用，提高土地资源的综合承载能力。积极申请历史遗留工矿废弃地复垦利用国家试点，加强对历史遗留工矿废弃地的复垦利用，在治理改善生态环境的基础上，与新增建设用地相挂钩，合理调整建设用地布局。统筹推进工矿废弃地复垦与矿区环境恢复治理、绿色矿业发展示范区建设、土地整治等工作，发挥政策组合效应。

（3）煤炭资源节约利用。

煤炭相关产业未来仍将是鄂尔多斯市发展的重要基础之一。鉴于该实际情况，鄂尔多斯未来应突破煤炭产业传统型成长模式，削减煤炭开采总量，提升原料煤利用强度，发展、研究把煤炭经过深加工转变为化工产品的新型技术，以清洁生产为基本手段，提高煤炭资源就地转化率，逐步构建地区煤炭生态工业体系。

推广国家低碳园区经验。以鄂托克经济开发区作为首批国家低碳工业园区试点名单为契机，在全市推广应用低碳工业园的经验，在未来园区整合、改造中，始终坚持循环经济和生态工业战略原则。引进低碳型高新技术企业和服务性产业、对重点企业实施节能技改项目、淘汰重点用能企业的高耗能落后机电设备。

切实提高煤炭加工转化水平。继续推进煤炭焦化、气化、液化（含煤油共炼）、煤制天然气、煤制烯烃等关键技术的引进应用，提升煤炭综合利用效率。推进煤炭分级分质利用，鼓励低阶煤提质技术研发和示范，提高煤炭利用附加值。

加快煤炭利用技术改造。在工业炉窑、工业锅炉、煤化工等重点用煤领域，加强对能耗高、污染重的工艺装备技术改造，推广应用一批先进适用、经济合理、节能减排潜力大的煤炭清洁高效利用技术，支持窑炉、锅炉先进技术装备产业化，加快落后窑炉、锅炉淘汰步伐，从源头减少煤炭消耗及污染物产生，并配套实施相应的末端治理措施，达到或优于国家相关节能环保要求。

积极推广煤炭清洁高效利用技术。结合鄂尔多斯市工业领域主要用煤企业的实际情况，选择煤炭清洁高效利用参考技术，包括大功率可调节等离子点火技术、多通道喷煤燃烧技术、富氧燃烧技术、工业锅炉烟气余热利用技术等。

加强企业节能技改。鼓励企业应用节能技术，通过工艺节能、设备节能、系统节能、控制节能等技术手段，加快化工、电力等重点用煤行业低碳化改造，降低工业生产中煤炭消耗和污染物排放、化石能源消耗的碳排放，减少工业过程温室气体排放，在节能技术实施的同时提高产品质量和综合效益。

加强低碳管理。建立市内企业及重点企业的能耗统计制度，跟踪园区整体能耗水平，监督企业的低碳水平；整合一体化资源，实现低碳运营；通过清洁生产、能源审计等形式，实现对原有建筑与生产工艺的低碳改造；通过各种形式开展低碳宣传教育，倡导低碳生活；通过设立低碳重点项目，落实低碳措施，实现低碳目标。

4.5 绿色转型发展策略

4.5.1 绿色转型发展总体方略

1. 强化目标指标引导

1）转型发展总体目标

针对鄂尔多斯转型发展的重大战略问题，以绿色转型发展为核心，以严格落实生态保护红线、环境质量底线和资源利用上线为要求。整合与集聚空间，集约节约利用现有建设用地，加强生态空间保护，确保工业用地和城镇用地只减不增，农业用地高效利用。进一步加强环境治理，严控污染物总量；提高环境管理能力，保障环境质量持续提高。

2）原则要求

（1）建设用地减少，生态空间增加。

围绕工业和城镇用地只减不增，农业用地严格控制，生态空间加强保护，生态红线工农业坚决退出，提高现有工业用地单位面积产出率，合理高效利用现有城镇用地，加强建设用地面积和边界管控；强化生态空间保护，通过划分一级和二级生态空间，并分级提出保护方案措施，保证生态红线内面积不减少，性质不改变，功能不降低。

（2）污染排放下降，环境质量提高。

以环境质量底线为核心，通过框定鄂尔多斯主要污染物排放总量指标，并将总量分配到各旗区、园区以及各主要行业，倒逼产业淘汰落后产能，优化升级传统动能；调整产业结构，培育新动能，保证环境质量不降反增，污染物排放量全面下降。

（3）资源强度下降，产业效率提升。

围绕资源利用减量化、再利用、资源化，确定资源利用上线，提高工农业用水效率，通过提高农业节水技术和加快建立循环型工业体系，进一步降低工农业用水强度。通过进一步促进企业、园区、行业、区域间链接共生和协同利用，延长产业链，大幅度提高煤炭资源利用效率和固废物综合利用率。

（4）退化土地减少，生态功能增强。

围绕全面提升生态系统服务功能，加强对重点生态功能区的保护与治理工作，进一步减少退化土地面积，加强退化土地的生态监测，持续推进林业和草原生态建设工程、沙地沙漠治理工程与水土保持工程，严控生产空间边界，减少开发活动对生态的破坏。

（5）落后产能减少，绿色动能提升。

及时调整产业结构，积极化解过剩产能，淘汰落后产能，完善资源再生产业链的发展，转变鄂尔多斯市"一煤独大"的产业结构，控制煤基产业的发展，加强政策引导，推动和扶持高新技术产业、非资源型产业和生产性服务业等非煤产业的稳步发展，推动传统产业向高端煤基产业、装备制造业和服务业齐头并进的多元化产业结构转变。并通过技术进步加强工业、农业节水，提高水资源利用效率。

3）转型发展实施指标体系

为了实现鄂尔多斯绿色转型发展总体目标，为鄂尔多斯绿色转型发展从经济结构优化升级、环境质量达标改善、生态功能稳定提升、资源能源高效利用和绿色发展能力巩固提高五个方面提出了实施指标体系，为鄂尔多斯制定了近期和远期的转型发展量化目标。

结合《国民经济和社会发展第十三个五年规划纲要》确定的资源环境约束性指标，对《国民经济和社会发展第十三个五年规划纲要》和《中共中央　国务院关于加快推进生态文明建设的意见》等提出的主要监测评价指标和其他对鄂尔多斯绿色转型发展意义重大的指标进行整合，提取了与生态文明相关的共计22项指标，作为鄂尔多斯市绿色发展重要指标。具体见表4.43中带※指标。

表 4.43 鄂尔多斯市绿色转型战略实施指标体系

指标分类	序号	评价指标	单位	现状值	评价值 近期2016~2020年	评价值 远期2021~2030年	依据和来源
一、经济结构优化升级	1	※煤炭就地转化率	%	18	40	50	《鄂尔多斯市国民经济和社会发展第十三个五年规划纲要》
	2	※非煤产业增加值占工业增加值比重	%	48	60	65	《鄂尔多斯市国民经济和社会发展第十三个五年规划纲要》
	3	非化石能源占一次能源消费比重	%	43	≥50	≥55	《鄂尔多斯市国民经济和社会发展第十三个五年规划纲要》
	4	高新技术产业增加值占规模以上工业增加值的比重	%	8	≥15	≥40	《国家生态工业示范园区标准》（HJ 274—2015）、《鄂尔多斯市国民经济和社会发展第十三个五年规划纲要》、《鄂尔多斯市工业经济转型发展规划》
	5	※主要农产品中有机、绿色及无公害产品占种植面积的比重	%	39	≥60	≥70	《生态县、生态市、生态省建设指标（修订稿）》
	6	第三产业占全市GDP比重	%	41	≥45	≥55	《生态县、生态市、生态省建设指标（修订稿）》
	7	工业绿色发展转型指数	%	55	40	20	
二、环境质量达标改善	城镇 8	※水环境功能区水质达标率	%	44	74	94	《鄂尔多斯市人民政府关于下达最严格水资源管理制度控制目标任务的通知》（鄂府发〔2014〕36号）
	9	土壤环境质量	—	不达标		达标	《土壤环境质量 农用地土壤污染风险管控标准（试行）》（GB 15618—2018）、《土壤环境质量 建设用地土壤污染风险管控标准（试行）》（GB 36600—2018）
	10	生活垃圾无害化处理率	%	80	≥85	≥90	《国家环保模范城市考核指标及其实施细则（第六阶段）》
	11	※城镇生活污水集中处理率	%	76	≥80	≥90	
	12	AQI二级及以上天数	日	317	340	350	《环境空气质量指数（AQI）技术规定（试行）》（HJ 633—2012）
	13	※细颗粒物（PM$_{2.5}$）浓度	mg/m^3	27	完成自治区下达目标		《环境空气质量标准》（GB 3095—2012）、《环境空气质量评价技术规范（试行）》（HJ 663—2013）、《鄂尔多斯市国民经济和社会发展第十三个五年规划纲要》
	园区 14	※工业"三废"处理达标率	—	完成	完成减排任务		
	15	※污染减排任务完成情况（含VOC）	—	未完成	完成减排任务		
	16	危险废弃物安全处置率	%	100		100	《国家生态工业示范园区标准》（HJ 274—2015）、《生态县、生态市、生态省建设指标（修订稿）》

续表

指标分类	序号	评价指标		单位	现状值	评价值 近期2016~2020年	评价值 远期2021~2030年	依据和来源
三、生态功能稳定提升	17	※生态环境状况指数等级		—	一般—中等水平	一般—中等偏上水平	良	《生态环境状况评价技术规范》（HJ/T 192—2015）
	18	矿区生态恢复治理完成率		%	67.3	≥80	≥90	《矿山生态环境保护与恢复治理技术规范（试行）》（HJ 651—2013）、《〈内蒙古自治区矿山地质环境治理方案〉编制技术要求》、《鄂尔多斯市矿山地质环境保护与治理规划》
	19	水土流失治理率		%	48.3	≥57	≥65	《鄂尔多斯市国民经济和社会发展第十三个五年规划纲要》
	20	※沙化土地治理率	毛乌素沙地治理率	%	70	≥75	≥85	《鄂尔多斯市国民经济和社会发展第十三个五年规划纲要》
			库布齐沙漠治理率	%	25	≥30	≥40	
	21	森林覆盖率		%	26.5	≥28	≥32	《国家环保模范城市 考核指标及其实施细则（第六阶段）》
	22	※重点生态功能区（含生态保护红线）保护状况		—	部分湿地退化	良好	持续改善	《关于划定并严守生态保护红线的若干意见》《国家生态保护红线——生态功能红线划定技术指南（试行）》（环发〔2014〕10号）
四、资源能源高效利用	23	※单位工业增加值新鲜水耗		t/万元	12.7	≤5.38	≤4.39	《国家生态文明建设试点示范区指标》《国家生态工业示范园区标准》（HJ 274—2015）《鄂尔多斯市工业经济转型发展规划》
	24	※农业灌溉水利用系数（综合）			0.58	≥0.65	≥0.7	《生态县、生态市、生态省建设指标（修订稿）》《国家生态文明建设试点示范区指标》《鄂尔多斯市国民经济和社会发展第十三个五年规划纲要》
	25	综合能耗弹性系数		—	0.29	≤0.25	≤0.20	《国家生态工业示范园区标准》（HJ 274—2015）
	26	※单位工业增加值综合能耗		吨标煤/万元	3.49	≤2.0	≤1.5	《鄂尔多斯市国民经济和社会发展第十三个五年规划纲要》
	27	※建设用地面积总量控制	单位GDP城镇建设用地使用面积降低比率	%	—	≤25	≤20	《国土资源"十三五"规划纲要》《内蒙古自治区人民政府关于促进工业园区健康发展的指导意见》（内政发〔2015〕126号）
			单位GDP工业园区建设用地使用面积降低比率	%	—	≤20	≤15	

续表

指标分类	序号	评价指标	单位	现状值	评价值 近期2016~2020年	评价值 远期2021~2030年	依据和来源
四、资源能源高效利用	28	单位工业用地产业增加值	亿元/km²	3.9	≥9	≥11	《国家生态工业示范园区标准》（HJ 274—2015）
	29	工业用水重复利用率	%	89.72	≥90	≥95	《生态县、生态市、生态省建设指标（修订稿）》《国家生态工业示范园区标准》（HJ 274—2015）《鄂尔多斯市工业经济转型发展规划》
	30	※工业固废处置利用率（煤矸石、粉煤灰、脱硫石膏、电厂灰渣）	%	44	≥80	≥95	《鄂尔多斯市国民经济和社会发展第十三个五年规划纲要》《鄂尔多斯市工业经济转型发展规划》
		矿井水回用	%	100	100		《鄂尔多斯市工业经济转型发展规划》《鄂尔多斯市煤炭产业战略规划（2010—2020年）》
	31	※中水回用比率	%	58	≥60	≥80	《国家生态文明建设试点示范区指标》
	32	城市污水再生利用率	%	18	≥20	≥30	《国家环保模范城市考核指标及其实施细则（第六阶段）》
五、绿色发展能力巩固提高	33	绿色发展制度建设与完善	—	—	建立完善	严格执行	
	34	环境风险应急防控体系建设	—	—	建立完善	严格执行	
	35	生态环境监测网络建设	—	—	建立完善	严格执行	
	36	※生态型工业园区数量	个	2	6（整合后园区的50%以上）	9（整合后园区的80%以上）	
	37	※环保投资占GDP比重	%	2.25	2.8	3.5	《生态县、生态市、生态省建设指标（修订稿）》
	38	绿色生活方式普及率 节能电器普及率	%	70	85	90	
	39	※节水器具普及率	%	70	85	90	《国家生态文明建设试点示范区指标》
	40	公共交通出行比例	%	45	60	70	

2. 建设绿色发展制度体系

1）建立基于生态保护红线的空间开发管制制度

根据主体功能区规划，科学划定生态保护红线，禁止在生态环境敏感区域内新建、改建、扩建污染项目；优化产业布局，引导工业项目向各类开发区和工业园区聚集，加强工业园区环境监管。

2）建立重点企业环境责任保险机制

增强环境安全防范措施，加强煤化工等重点行业的环境风险预防，降低污染损失。建立健全环境责任保险机制，将重点污染企业、重大工业风险源和危险废弃物处置单位纳入环境责任保险范围。

3）完善矿产资源开发的生态补偿机制

建立健全重要生态功能区生态补偿标准体系，制定补偿办法和措施；实施矿区开采生态环境补偿机制、水资源开发生态环境补偿机制，用好煤炭可持续发展基金和矿区生态环境恢复治理保证金；加快制定绿色农牧业生态环境保护补偿标准及执行办法，实施以绿色生态为导向的农牧业补贴制度。

4）重点建设绿色金融和能效信贷机制

认真落实绿色信贷指引，加大对绿色产业、节能环保领域的金融支持力度；搭建环保金融信息平台，加快完成全市企业绿色信用体系建设，对符合国家绿色产业政策条件的节能减排项目、循环经济项目，在贷款投放上要优先给予安排；引导各类金融机构创新绿色金融产品和服务，推动具备条件的企业发行绿色金融债券。

5）建立促进绿色消费的长效机制

全面推行绿色办公制度，合理制定用水、用电、用油指标，建立健全定额管理制度；强化政府对节能环保产品的优先采购和强制采购机制；倡导绿色生活方式，推广环境标志产品，鼓励绿色产品消费。

6）开展园区清洁生产审核制度

对煤电、煤化工等污染性企业开展清洁生产审核，将清洁生产审核作为企业工作重点来抓，切实实现降低成本，提高效率，达到清洁审核的确定目标。对自愿实施清洁生产审核，以及清洁生产方案实施后成效显著的企业，由清洁生产综合协调部门和环境保护主管部门对其进行奖励。

3. 重点领域和主要任务

围绕鄂尔多斯绿色转型发展的战略目标，重点从生态修复、环境治理、资源节约集约利用、产业转型升级和绿色生活建设五个方面为鄂尔多斯提出转型发展重点领域和主要任务，以期突破绿色转型瓶颈，弥合生态环境和产业发展差距，实现转型发展实施指标目标。具体主要任务和近期预期效果见表4.44。

表 4.44　鄂尔多斯绿色转型主要任务和近期预期效果

重点领域	序号	主要任务	任务内容	责任单位	预期效果
一、生态修复工程	1	湿地治理工程	对退化湿地进行修复，重点进行鄂尔多斯遗鸥国家级自然保护区湿地恢复工程	林业和草原局	湿地面积逐步恢复，鄂尔多斯遗鸥国家级自然保护区湖泊面积和遗鸥数量明显增加
	2	矿区修复工程	建立鄂尔多斯市矿区地质环境监测制度；加大采空区、沉陷区、露天剥离坑生态环境修复治理力度，加强采矿废弃地复垦利用；建设绿色矿区	自然资源局	完成矿区地质环境监测数据库和信息系统建设，矿区退化土地逐步修复，实现绿色矿区建设，促进和谐发展
	3	重点生态功能区（含生态保护红线）提质工程	对退化的重点生态功能区进行修复治理，重点加强鄂尔多斯遗鸥国家级自然保护区的修复治理以及对存在潜在威胁的西鄂尔多斯国家级自然保护区与杭锦淖尔自然保护区的保护；持续推进重点生态功能区林业建设、草地建设、沙地治理及水土保持工程	林业和草原局、水土保持局、生态环境局	重点生态功能区生态保护状况良好、生态功能逐步提升
二、环境治理工程	4	煤化工特征污染物（含VOC）减排工程	将全市的煤化工特征污染物总量纳入统计体系之中，全面开展特征污染物的污染源调查和联网的监测工作，建立本地化的不同行业特征污染物标准，从技术升级、结构调整、管理优化三方面推进减排	生态环境局	掌握煤化工特征污染物类型、规模、数量等相关信息。在中心城区和重点经济开发区（园区）建成自动监测站。建立特征污染物环境管理档案，特征污染物排放显著下降，减排任务全面完成
	5	跨境河流水质提升工程	全面提升东部乌兰木伦河、南部无定河、西部都斯图河以及北部十大孔兑河流水质，使河流水质达到Ⅴ类以上	水利局、生态环境局	鄂尔多斯黄河过境主要河流的水质得到明显改善，基本可达到Ⅳ类，COD、氨氮等主要超标因子可均基本达标，河流污染水质的跨界影响基本可以避免
	6	固废和城镇垃圾资源化利用（无害处理）工程	城市和乡村回收站点、分拣中心、集散市场"三位一体"的回收网络建设；粉煤灰、矿矸石、煤矸石、电石渣、脱硫石膏等工业固废资源化利用项目	工业和信息化局、生态环境局	全面提高鄂尔多斯固废综合利用率，建成固废回收网络，工业固废集中处理率提高到80%
三、资源节约集约利用工程	7	土地集约利用工程	限制城镇空间扩张规模，提高空间品质；严控产业园区增长面积，提高园区土地利用强度	自然资源局、生态环境局	现有城镇建设用地存量得到充分利用，全市土地城镇化速率低于人口城镇化速率；园区土地利用效率显著提升，单位GDP园区用地使用面积比率降低
四、产业转型升级	8	园区循环化生态化改造工程	对现有园区按照减量化、再利用、资源化，减量化优先原则，合理延伸产业链并循环链接，创新组织形式和管理机制，实现园区资源高效、循环利用，不断增强园区可持续发展能力	工业和信息化局、发展和改革委员会、生态环境局	生态工业园区数量占到整合后园区总数的50%以上实现园区内部产业循环化绿色化，提高资源利用效率，煤炭就地转化率提高到40%以上，高新技术产业占园区规模以上产业增加值达到15%以上

第 4 章 鄂尔多斯市生态环境分区管控与绿色转型发展策略

续表

重点领域	序号	主要任务	任务内容	责任单位	预期效果
四、产业转型升级	9	绿色观光农业示范工程	大力推进农业绿色化产业发展，推进农业节水建设，促进农业灌溉系数下降，增加绿色及无公害产品占种植面积的比重，与鄂尔多斯休闲旅游示范区建设相结合，发展观光农业建设	农牧局、发展和改革委员会	提高有机、绿色及无公害产品占种植面积的比重到60%以上。通过发展观光农业，促进农业绿色转型的同时带动旅游业的进一步发展
五、绿色生活建设	10	绿色、节能生活示范工程	推动公共机构建筑、采暖、空调、照明系统节能改造工程；完善加气站、充电桩等配套服务设施工程建设，加强新能源车辆在客货运输中的推广应用	发展和改革委员会、工业和信息化局、生态环境局	实现鄂尔多斯能源全面集约节约利用，生活节能和工业节能相结合，全市综合能耗弹性系数下降到0.25以下，万元工业增加值综合能耗下降到2.0吨标煤以下。提高全市绿色生活方式普及率，节能电器普及率提高到85%以上，节水器具普及率提高到85%以上，公共交通出行比例提高到60%以上
	11	环境管理能力建设示范工程	生态环境监测网络建设；环境风险应急防控体系建设	生态环境局	全面提高鄂尔多斯市环境监测管理能力和环境风险应急处置能力

4. 实施分阶段推进转型

1）绿色发展阶段分级

参考《绿色发展指标体系》（发改环资〔2016〕2635 号）相关要求，将鄂尔多斯绿色转型发展从 0~1 分为五个等级，分别是：高资源环境经济成本发展状态、非绿色发展状态、绿色发展初级水平、绿色发展中级水平、全面绿色发展状态。评价标准如表 4.45 所示。

表 4.45 鄂尔多斯绿色发展水平分级标准

等级划分	评价标准
全面绿色发展状态	0.8~1.0
绿色发展中级水平	0.6~0.8
绿色发展初级水平	0.4~0.6
非绿色发展状态	0.2~0.4
高资源环境经济成本发展状态	0~0.2

2）分阶段绿色发展综合指数分析

将指标体系中的指标现状值、近期目标值和远期目标值标准化，运用绿色指标体系中的评价方法,计算鄂尔多斯绿色发展指数现状情况,并对近期(2020年)和远期(2030年)的绿色发展情况进行预测。

由表 4.46 可知,鄂尔多斯绿色发展综合指数现状为 0.55528,处于绿色发展初级水平。近期到 2020 年综合指数为 0.78513,意味着鄂尔多斯按照实施指标体系到 2020 年可以在巩固绿色转型初级成果的同时实现绿色发展中级水平。远期到 2030 年综合指数为 0.89019,意味着鄂尔多斯按照实施指标体系到 2030 年可以在巩固绿色发展中级成果的同时初步达到全面绿色发展状态。

表 4.46 绿色发展综合指数计算结果

指标分类	序号	现状	近期	远期	指标分类	序号	现状	近期	远期
一、经济结构优化升级	ES1	0.012	0.026667	0.03332	四、资源能源高效利用	RE1	0.001667	0.020879	0.023478
	ES2	0.024615	0.030769	0.03332		RE2	0.027619	0.030952	0.03332
	ES3	0.009382	0.010909	0.011995		RE3	0.0006	0.002255	0.004324
	ES4	0.0024	0.0045	0.011995		RE4	0.001667	0.015898	0.020673
	ES5	0.018571	0.028571	0.03332		RE5	0.025	0.041667	0.03332
	ES6	0.008945	0.009818	0.011995			0.022222	0.044444	0.03332
ES 综合得分		0.53161	0.77895	0.952		RE6	0.004255	0.009818	0.011995
二、环境质量达标改善	EQ1	0.015603	0.026241	0.03332		RE7	0.011333	0.011368	0.011995
	EQ2	0.006	0.012	0.011995		RE8	0.015439	0.02807	0.03332
	EQ3	0.010667	0.011333	0.011995		RE9	0.0126	0.0126	0.011995
	EQ4	0.028148	0.02963	0.03332		RE10	0.024167	0.025	0.03332
	EQ5	0.010869	0.011657	0.011995		RE11	0.0072	0.008	0.011995
	EQ6	0.001667	0.001667	0.001667	RE 综合得分		0.49925	0.81478	0.85408
	EQ7	0.033333	0.033333	0.03332	五、绿色发展能力巩固提高	GA1	0.006	0.01008	0.011995
	EQ8	0.016667	0.033333	0.03332		GA2	0.006	0.01008	0.011995
	EQ9	0.012	0.012	0.011995		GA3	0.006	0.01008	0.011995
EQ 综合得分		0.59873	0.75951	0.81157		GA4	0.007407	0.022222	0.03332
三、生态功能稳定提升	EF1	0.024354	0.028205	0.03332		GA5	0.021429	0.026667	0.03332
	EF2	0.008973	0.010667	0.011995		GA6	0.009333	0.011333	0.011995
	EF3	0.008917	0.010523	0.011995		GA7	0.00963	0.011693	0.012376
	EF4	0.027451	0.029412	0.03332		GA8	0.007714	0.010286	0.011995
		0.020833	0.025	0.03332	GA 综合得分		0.50352	0.77014	0.952
	EF5	0.009938	0.0105	0.011995	绿色发展综合指数		0.55528	0.78513	0.89019
	EF6	0.016667	0.025	0.03332					
EF 综合得分		0.65879	0.7835	0.952					

结合本研究结果，鄂尔多斯目前煤炭就地转化率低，固废综合利用率不高，农业用水效率较低，绿色发展制度建设不健全是造成绿色发展综合指数较低的主要原因。根据实施指标体系目标值预测，鄂尔多斯未来随着整体绿色发展水平的不断提高，各个指标分项综合指数将不断提高，且绿色化发展将更加趋于平衡，实现全面绿色转型。

4.5.2 协调发展对策建议

1. 系统防范资源型经济潜在生态环境风险

1）传统资源型地区生态环境问题

鄂尔多斯作为典型的资源型城市，与其他资源型城市同样面临着资源开发带来的生态环境破坏和环境污染问题。由于鄂尔多斯资源型经济发展晚、起步高，目前尚未出现传统资源型地区的大量生态环境问题，但是生态环境的潜在风险依然存在，只有转型才能有效防范资源型经济的生态环境风险。目前，我国山西、东北等传统资源型地区生态环境问题主要表现在结构性污染、水体污染、固废污染和地表塌陷等四个方面。资源型地区主导产业排放的污染物占当地污染总量的90%以上，严重影响资源型地区的可持续发展。资源型地区大多数为资源型缺水地区，而资源开采导致的水体污染严重，更加剧了水资源供需矛盾。冶炼废渣、粉煤灰、炉渣和煤矸石等固废除小部分被综合利用外，大部分废弃物不仅占用了大片土地，而且严重污染了环境。土地塌陷是煤炭资源型地区面临的一个共性问题。多年开采，造成地面塌陷，不仅带来经济损失，对生态环境的破坏同样严重；鄂尔多斯神华准格尔露天煤矿开采不仅造成植被破坏，煤炭风化的粉煤灰还会污染环境，产生大量二氧化硫等有害气体，对生态环境造成严重破坏。地下采煤同样会破坏地下水均衡，导致地下水位下降，出现大面积地下漏斗，使地下水流失严重，严重影响地区生态安全格局，增加地区生态环境风险。

2）潜在生态环境风险防范措施

（1）强化产业发展空间边界管制。

鄂尔多斯市作为国家级重点开发区域，应当明确鄂尔多斯市不同区域的资源产业开发方向，控制开发强度，规范开发秩序。工业产业发展建设应坚持"产业全入园，红线全退出，建设用地只减不增"的原则，充分利用现有建设用地、闲置地和废弃地，坚持节约集约用地。工业生产项目全部在园区范围内发展，且不突破园区规划边界，有效整合工业园区。

部分园区与生态保护区域存在潜在冲突，主要包括棋盘井工业园区、蒙西工业园区与独贵塔拉工业园区紧邻自然保护区；上海庙能源化工基地部分区域为一级生态敏感区和二级生态敏感区。这些园区在工业生产过程中要避免占用自然保护区空间，在园区与保护区中间建设缓冲带，避免对保护区的生态环境造成影响；基地开发建设时禁止占用生态空间。同时工业建设全部进园区，降低工业开发对生态空间的破碎度，提高生态空间完整性和连通性，减少生态环境恶化风险。

（2）加强环境监测和监察能力。

加大环保能力建设投入，加强环境保护，建立园区环境质量负责制，加强园区大气、地下水、地表水、噪声、生态、土壤环境质量的日常监测，工业园区应尽快完善园区内废气、废水在线监控能力；加强园区内企业的日常监管，鼓励建设数字化在线监控平台，尽快建成生态环境监测网络。

（3）建立健全生态环境风险防控体系。

在加强防控工业发展生态环境恶化的同时，通过建立"园区—企业—环境"三级环境风险应急预防体系，对潜在突发环境风险进行预防，重点是建设水环境、大气环境和生态环境风险防控体系。

水环境风险防控体系建设：企业要按照国家规范和标准要求设计和建设有效的围堰、防火堤、事故应急池、雨污切换阀等环境风险防控设施；因地制宜建设统一的事故应急池，确保企业事故废水得到有效收集。同时，在园区与黄河干流、一级支流之间建立缓冲带，确保事故废水与外环境的有效隔离。

大气环境风险防控体系建设：通过园区有毒有害大气风险物质排查，结合气象条件、周边敏感点分布等，设置厂界、园区边界大气监测预警装置，建立覆盖重点大气风险源、园区边界、敏感目标边界、连接敏感目标的环境通道的大气监测预警系统。

生态环境风险防控体系建设：制定严格的生态环境保护责任制。充分发挥管理作用，加强对煤炭产区的检测预报，把煤炭资源开采过程中可能引发的水资源污染、资源枯竭、水土流失、沙漠化、地面塌陷、滑坡等问题都纳入检测预报范围内，及时提出有效的防治措施。

2. 着力突破产业基地绿色转型瓶颈

鄂尔多斯在历经了以煤炭资源为主要推动力的超高速经济增长和超常规的城市建设中，出现了单纯的煤炭开采及加工导致产业结构单一、产业链短、生产粗放、基础设施闲置浪费、生态环境恶化等一系列不利于经济发展和环境保护的问题，使鄂尔多斯的发展之路隐患重重。结合鄂尔多斯五大基地相关产业发展现状和基地发展问题与制约，提出鄂尔多斯市转型发展突破方案。

（1）加强煤化工产业与清洁能源产业耦合，强化高端煤基产业集群。

以建设全国现代煤化工基地和全国清洁生产示范基地为目标，推进煤基产业高端化，延长产业链，实现行业间深度耦合。明确全市低阶煤炭分质转化产业发展方向和淘汰目标，合理适度发展煤炭分质转化利用产业。运用环境容量和资源配置等手段，择优发展适宜本地的低阶煤炭分质转化利用项目。同时，实施龙头带动战略，延伸产业链，不断丰富低阶煤炭分质转化产品，拓展煤化工产品领域，推动区域煤化工产业更加清洁、高效、持续发展。

以重点工业园区、支柱产业和重点企业为核心，以产业集聚化、产品延伸化、资源循环化为发展方向，带动一批中小企业进入低阶煤炭分质转化利用产业，形成上下游紧密结合的煤炭分质转化利用产业集群，大力推进清洁生产、节能减排和废弃物综合利用，壮大煤电灰铝、现代煤化工、煤焦化、氯碱化工和装备制造等特色工业循环经济产业集群，强化循环经济产业链条纵横延伸，培育一批国家级循环经济重点园区和骨干企业，构建以源头减量、生产过程废弃物资源化、产业链合理延伸的循环型工业体系。

（2）着力提高农业节水水平，发展观光农业，加强绿色农产品加工业与旅游业相耦合。

优化农牧业布局，大力发展节水型农业，加强农业废弃物综合利用，建立种植养殖—深加工循环经济发展模式，推动传统农牧业、资源消耗型农牧业向生态型农牧业、资源循环利用型农牧业转化。促进旅游业与绿色农牧业相结合，发展观光农业，以鄂尔多斯优质旅游资源带动鄂尔多斯绿色农业发展。扩大绿色农产品种植面积，将全市有机、绿色及无公害产品占种植面积的比重提高到60%，初步形成绿色农产品加工业基地。

（3）进一步提高煤矿矿井水利用率，挖掘用水潜能。

鄂尔多斯市黄河流域的水资源总量利用消耗已经达到90%，水资源短缺状况日益加剧。因此，开发利用煤矿矿井水已经成为鄂尔多斯市水资源规划、优化配置和管理的必然要求。一是当地水行政、煤炭等相关部门和企业应制定煤矿矿井水利用规划及实施细则，优化矿区用水结构，使矿井水成为矿区发展的重要支撑水源。二是建立以煤矿企业需求为导向的自觉的技术创新体系，引导和促进矿井水利用等科技成果的产业化；建立矿井水利用的支撑体系、技术服务体系和监督管理体系，加强煤矿生产的监督与管理，使矿井水利用有序、规范。

（4）集中优势科研力量，突破杂盐资源化利用技术难题。

加强煤化工杂盐的资源化利用研究。煤化工企业采用多效蒸发高盐水，虽然废水的量减少了，但既增加了能耗，也未能将其中的水资源进一步利用。建议从以下两方面进行探索：一是资源化利用高盐水。不仅仅是将其中的水资源进行利用，还可以将高盐水中的硫酸根离子、氯离子进行资源化利用，如制成硫酸和盐酸。二是对杂盐进行分盐研究。从技术角度来讲，从杂盐中分离出氯化钠和硫酸钠两种结晶盐没有问题，但分离出的盐的去向面临无企业愿意接收的困境（盐化工企业担心原料不满足相关标准影响产品质量）。因此，应加快制定杂盐分盐技工业化利用的相关标准和规范要求,实现产业链的延伸与经济循环,保障现代煤化工基地和清洁能源主力输出基地的建设发展。

3. 持续加强环境治理和生态修复

(1)加强退化土地和湿地修复治理,全面提升鄂尔多斯生态系统服务功能。

切实加强矿区地质环境恢复治理工作,对地质环境影响的一般区域,切实加强矿区环境保护力度,控制地表沉陷和采煤塌陷,积极推动矿区废弃土地的复垦。坚持矿产资源开发利用与矿区环境保护并重,实行严格的矿区开发环境保护准入制度。对生产矿区,要强化环境保护与综合治理,建立相应的考核制度。对闭坑矿区,要做到恢复环境,明确矿区闭坑的环境达标技术要求,严格实施土地复垦。通过法律、经济和行政手段,督促企业经营者及时治理和恢复煤炭资源开发利用过程中对生态环境造成的危害。建立生态示范基地,逐步形成生态恢复建设机制,努力实现经济效益、社会效益、资源效益、环境效益的有机统一。

加强湿地修复和治理,通过拆除淤地坝及引水入湖等措施,加强自然保护区的生态建设与修复,加大生物多样性保护力度,着重提升重点生态功能区生态服务功能,重点加强鄂尔多斯遗鸥国家级自然保护区的治理修复以及对存在潜在威胁的西鄂尔多斯国家级自然保护区与杭锦淖尔自然保护区的保护工作,加强对自然保护区的管理,逐步提升自然保护区湿地生态功能,使自然保护区保护状况良好,生态状况持续改善。

持续推进林业生态建设工程、草原生态建设工程、沙地沙漠治理工程与水土保持工程,加强监测能力建设,健全森林、草原生态监测等科技服务体系,使全市森林覆盖率提高到 28%,毛乌素沙地和库布齐沙漠治理率分别提高到 75%和 30%以上,水土流失治理度达到 57%。

(2)加大推进行业污染物减排,三方结合保障环境质量。

a. 着眼行业推进大气污染减排。煤电行业需在技术减排和结构减排两方面双管齐下下实现超低排放,焦化、建材、铁合金等行业需进行除尘、脱硫、脱氮技术升级,所有燃煤电厂、钢铁企业的烧结机和球团生产设备、石油炼制企业的催化裂化装置、有色金属冶炼企业都要进行脱硫脱硝设备的安装或技术升级。

部分工业园区仍需加快锅炉整改和封闭堆场改造,控制园区内无组织烟粉尘排放。结合鄂尔多斯各园区 VOC 治理和排放现状,参照《石化行业挥发性有机物综合整治方案》要求,建议开发区相关企业全面完成重点监控企业 VOC 治理工作,达到《大气污染物综合排放标准》(GB 16297—1996)等相关标准和要求(如期间国家出台行业标准,应达到行业标准要求),建成 VOC 监测监控体系,重点排放行业 VOC 排放总量比 2015 年削减 40%以上。

b. 三方结合保证水环境质量改善。深化水体污染物总量控制制度,确保

COD、氨氮排放控制在约束指标之内。开展水污染区域联防联控行动，保证乌兰木伦河、无定河等过境河流的水质达标改善。开展水源地、河库、入水排污口定期监测，加强对各类水体环境的质量评价，建立突发性污染事故的应急处置和水污染调查机制，确保水生态安全。完善城镇排水系统，加强城镇污水处理设施扩能改造，对现有执行《城镇污水处理厂污染物排放标准》（GB 18918—2002）一级 B 标准的康巴什区污水处理厂、鄂托克前旗敖镇污水处理厂等通过改造使之达到一级 A 标准；加强对已达到一级 A 标准的东胜区南郊水质净化厂等污水处理厂的监控监管，使之稳定达标排放；同时配合施行不同排污去向控制指标的精细化管理以及多项农业污染减排措施。

工业水污染防治方面，鄂尔多斯各园区也应进一步加强水环境质量改善工作，如圣圆煤化工基地应建设污水处理厂，根据园区开发进度和污水水量、水质特点，建设针对性强的污水处理设施。同时，应按照"清污分流"的原则加强园区废水收集管网建设，有条件的园区应开展废水双管网建设示范工作，对园区内废水实行分类收集、分质处理；鼓励园区对重点排污企业逐步安装排水自控阀门，逐步实现自动留样、刷卡排污和自动截污。

4. 不断强化资源能源节约集约化利用

（1）降低单位工业增加值新鲜水耗，提高工业用水重复利用率。

以水定产，以水定发展。对企业的用水实行定额管理和考核，强化企业建立完善的水计量体系。发展规模性经营，有利于串联用水的组合和废水集中回用。合理利用水资源，提高水资源利用率，减少工业废水对环境的破坏。

根据各旗区工业用水实际需求，发展循环用水系统、串联用水系统和回用水系统；发展水闭路循环工艺和分散式废水再生技术，以及循环冷却水处理技术；发展节水冷却技术和冷凝水的回收再利用技术，其不仅节水而且节能，冷凝水回收率是工业用水重复利用率的组成部分。

（2）提高农业灌溉水综合利用系数，开拓农业节水效率提升途径。

通过建立适应市场经济变化和农牧业生产条件要求的优化农牧业结构，调整农业种植结构，增加耗水低、附加值高的经济作物种植比例。通过发展高效生态农业、同步实施灌溉水源置换，将渠灌模式向井灌模式改变，推广大型喷滴灌设备，发展集约高效节水农业，全面提高农业用水效率，把农牧业节水、保护生态环境与农牧业增收结合起来。实现水资源和生产要素的合理配置，促进农牧业可持续发展。

（3）严格执行总量与强度"双控"，盘活优化土地存量。

坚持区域协同、城乡一体，以节约集约用地为核心，稳妥规范推进城乡建设用地整理。明确提出有序开展城乡建设用地增减挂钩，稳步推进城镇低效用地再开发，积极推进工矿废弃地复垦，开展土地生态环境综合治理，保障生态红线，不断优化城乡土地利用格局，提高节约集约用地水平，优化空间品质。

通过严控城市发展用地，合理利用存量，城镇规模原则上不再扩张，进而达到全市土地城镇化速率低于人口城镇化速率，提高土地利用集约性的目的。严格控制城乡建设用地规模，严禁闲置土地，挖掘存量土地利用潜力，推进土地利用方式转变。在城镇建设上，充分挖掘建成区的潜力。鼓励工业企业集约用地，严格执行单位 GDP 城镇建设用地下降指标。

注重园区存量土地的集约利用，提高土地利用强度，通过产业升级提高园区用地经济效益，评价近期内园区建成区面积在原则上保证零增长，通过进一步整合园区，提高土地利用强度，进而实现园区土地利用效益提升，严格执行单位 GDP 城镇建设用地下降指标。

（4）加强节能降耗技术革新，切实提高资源能源利用效率。

在煤炭、电力、冶金、化工、建材等重点行业，推广运用潜力大、应用面广的节能降耗技术。制定政策措施，鼓励和支持企业进行节能减排技术改造，持续采用节能环保新设备、新工艺、新技术。全市单位工业增加值综合能耗到 2030 年下降至 1.5 吨标煤/万元；综合能耗弹性系数到 2030 年下降至 0.20；非化石能源占一次能源消费比重到 2030 年上升至 55%。通过延伸煤炭资源开发利用产业链，提高煤炭资源加工转化带来的附加值。煤炭就地转化率到 2030 年上升至 50%。对不符合国家产业政策的落后生产工艺和设备，要采取切实可行的措施，坚决依法予以淘汰；积极推进清洁生产，发展循环经济，提高资源能源利用效率。

5. 加快推进生态循环型工业园区建设

1）企业内部实施"小循环"

在循环经济建设的企业主体层面，企业实现循环生产需要新增投入，并承担再生资源商品的市场风险，还要承受回收废弃物的附加成本，加之再利用和再生技术存在"不经济"问题，先进的技术在园区难以得到推广，企业在建设循环经济园区的过程中不能很好地发挥自身作用。例如，鄂尔多斯市煤炭分质利用产业项目较多为中小企业投资建设的焦炭，均属煤炭分质利用产业链前端初级产品项。因此，煤化工行业等应充分拓展产业链和工艺路线，在完成对原煤炭分质的基础上开展精细化工。减轻化工产品对钢铁、电石等行业的依赖性，增强其市场稳定性。

2）企业间耦合优化

在循环经济建设的企业间耦合层面，深入研究园内企业间的耦合关系。为了提高生态系统的总体经济效益，必须对相关企业进行一定的产业组合。企业间的产业整合实施可以根据工业系统的实际情况，结合自身特点采用不同的方式进行。这些方式既包括大型企业集团通过扩展其生产经营范围，延长自身的产业链，也包括企业通过各种融资方式完成企业的有关产业的重组。企业之间除了通过产品进行产业链延伸之外，还可通过产业和再生资源的耦合，建立工业共生关系实现生态工业系统，从而使物质在更广泛更立体的层面上得以循环和利用。资源在跨行业、跨部门的不同经济领域内交换，使得参与生态链网建设的各部门和产业实现多方共赢，充分体现了基于循环经济的生态工业理念。推进鄂尔多斯市煤炭、有色金属、石化、化工、建材等行业拓展产品制造、能源转换、废弃物处理消纳及再资源化等行业功能。

强化行业间横向耦合、生态链接、原料互供、资源共享。大路、达拉特、独贵塔拉、蒙西、棋盘井、上海庙、苏里格、纳林河等工业园区重点打造煤化工产业链；大路、准格尔、达拉特工业园区重点打造陶瓷、氧化铝产业链；东胜经济科教（轻纺）工业园区重点打造轻纺、酒业、食品加工、制药产业链；蒙西、棋盘井工业园区重点打造冶金、建材产业链；鄂尔多斯装备制造基地、康巴什产业园、江苏工业园重点打造装备制造、电子信息产业链；高新技术产业园重点打造清洁、低碳、高附加值产业链；空港物流园重点打造电子产业、金融物流产业链。

3）园区层次循环经济建设

在循环经济建设的园区层面，以棋盘井工业园、达拉特经济开发区、圣圆煤化工园区、上海庙工业园区、鄂尔多斯新能源产业示范区和东胜经济科教（轻纺）工业园区为主的各工业园区应加快推进循环经济模式。园区管理机构应切实加强固废的管理，实现各种固废从产生到储存、流向、运输、利用、处置等全流程管理，并建立危险废弃物管理台账；建立全市危险废弃物处理处置信息化平台。加快研究大宗量气化炉渣、粉煤灰、有色冶炼渣等固废综合利用途径，鼓励有条件的地区利用水泥窑或送其他有条件的企业处理危险废弃物。建设资源回收处理中心、信息平台及管理中心、研究发展中心，资源回收处理中心重点对煤电行业的粉煤灰、炉渣、脱硫石膏与煤化工行业的灰渣建立资源回收利用体系，进行企业所产生废弃物及副产品的资源化，并将处理过的原材料回送给企业，或将副产品回收处理，将其资源化后进入市场销售。信息平台及管理中心是为生态工业园区有效运作提供园区服务的管理单位，有助于进行生态工业园整体耦合与优化，信息平台及管理中心的建立能够增加企业间的废弃物回收应用率及副产品资源化比例，更能为园区企业提供获取技术、沟通协调、信息咨询的辅助渠道。研究发展中心主要研究和开发节约能耗和物耗技术、污染轻或无污染的清洁生产工艺，以及煤电及煤化工产业等重点行业固废再生技术，以提高资源利用率。此外，还研究不同产业和不同企业之间生态链的合理性及稳定性，科学地规划生态工业园区的循环经济发展目标，并有针对性地改善园区复合生态系统的结构、功能和效率。

6. 全面整合和培育绿色发展新动能

（1）持续优化调整产业结构，夯实产业绿色转型基础。

围绕国家清洁能源输出基地，现代煤化工生产示范基地，面向全国市场的绿色农畜产品生产加工输出基地，面向全国的生态休闲、健康养生和旅游度假基地建设目标，积极推动产业绿色转型。

（2）以绿色发展理念升级中心城区创新引领核。

依托中心城区各大园区，加快发展高技术制造业和生产性服务业，努力提升工业创新发展能力，着力打造引领全市工业转型发展的创新引领核。推动东胜区鄂尔多斯装备制造基地、东胜经济科教（轻纺）工业园区、铜川汽车博览园整合，重点发展装备制造、羊绒纺织和生产性服务业，着力打造国家级羊绒纺织基地、国家级电子商务示范区和自治区重要的装备制造业基地，努力创建国家级东胜经济技术开发区。加快聚集创新资源，进一步健全区域创新体系，打造具有吸引力和品牌效应的创新型城市。推动高新技术产业开发区与康巴什区融合一体发展，着力打造国家级清洁能源研发基地。整合提升鄂尔多斯空港物流园区和鄂尔多斯江苏工业园区，加强综合保税区建设，着力打造国家级承接产业转移示范园区、自治区落实国家"一带一路"倡议重要平台和自治区战略性新兴产业基地，努力创建国家级承接产业转移示范区和沿边开放合作平台。

（3）以环保和高新技术打造东部综合产业科技应用示范带。

以达拉特经济开发区、大路工业园区、准格尔经济开发区、圣圆煤化工园区和苏里格经济开发区（图克企业项目区、乌审召企业项目区）等5个东部工业园区为支撑，以高新技术应用示范为抓手，充分发挥资源优势，大力发展现代煤化工下游深加工、煤电一体化、特色资源加工、现代物流等原材料加工产业，集聚发展羊绒纺织、农畜产品加工、林沙产品加工等特色轻工业，同步发展生产性服务业，积极推进重大新技术产业化应用示范，全力推动资源优势深度转化为经济优势，努力打造东部综合产业科技应用示范带。

（4）以循环低碳模式培育区域开放型工业增长极。

以鄂托克经济开发区、蒙西工业园区为载体，以煤化工、氯碱化工、有机硅化工多化工产业循环融合为重点，全面加强蒙西"小三角"区域合作，加快提升其与乌海及周边地区开发区的联动融合发展，加快推进区域内工业园区的产业协作发展，全力打造鄂尔多斯西部工业发展极。

上海庙工业发展极。以上海庙工业园区为核心载体，以上海庙—山东特高压输电线路建设为契机，充分发挥特高压通道和坑口电源点建设优势，以煤电一体化及电力循环产业、现代煤化工及下游加工产业为主导，重点打造煤基清洁能源、煤基化工新材料和精细化工产业链，进一步巩固和加强该地与宁东能源化工基地在煤电和煤化工产业领域的合作，积极参与宁夏内陆开放型经济试验区、银川综合保税区建设，形成规模效益型能源工业园区，打造鄂尔多斯西南部工业发展极。

纳林河工业发展极。以纳林河工业园区为核心，整合苏里格经济开发区除乌审召、图克两个项目区之外的其他部分，以"推动煤化工、盐化工、碱化工循环融合发展，构建盐碱煤多联产循环经济产业体系"为核心，加强与陕北能源基地间产业合作，打造区域大循环产业集群，培育形成鄂尔多斯南部工业发展极。

独贵塔拉工业发展极。以独贵塔拉工业园和鄂尔多斯新能源示范区为核心载体，加强与巴彦淖尔间的产业合作，大力发展现代煤化工、陶瓷、新能源及沙生植物加工等产业，加强与甘其毛都等沿边口岸的合作，扩大中蒙沿边开放和合作，打造鄂尔多斯中北部工业发展极。

7. 深化对外合作，拓展绿色发展助力空间

鄂尔多斯属于资源成长型城市，包头属于传统的老工业城市，两市产业转型升级压力均较大。共同建设沿黄经济新区，有利于加强两市经济社会交流合作，对解决老工业城市和资源型城市经济发展的内生动力、促进鄂尔多斯产业结构转型升级具有极为重要的作用。

鄂尔多斯应当利用好两市在工业内部存在的互补与衔接性强、基础设施共享、人员流动性强等优势，与包头在黄河南北两翼加快形成资源共享、产业互补的沿黄经济带，改造提升传统产业，大力发展战略性新兴产业和现代服务业，承接劳动密集型产业。

优化沿河土地利用，形成"一水穿行，两翼齐飞"的发展格局。紧紧抓住包头和鄂尔多斯分别被列为国家首批老工业城市和资源型城市转型示范区的重要机遇融入包鄂沿黄经济发展带建设中，借助包头产业重心南移契机，以达拉特旗作为对接包头的重要窗口，分别形成以东胜区、准格尔旗为主的二级对接区及以杭锦旗、伊金霍洛旗和康巴什区为主的三级对接区。引入包头装备制造业、铝业及深加工产业优势资源和先进技术，形成完整高端制造产业链，实现电解铝工业生态化、循环化改造。推动鄂尔多斯装备制造业基地和全铝循环产业建设，从而进一步辐射全市其他旗区和煤炭、煤电、煤化工等其他产业绿色化、循环化改造。

通过包鄂新区建设发展反哺区域生态环境保护，加快推进黄河水体合作治理、沿河湿地生态系统修复等跨界环境保护建设，从而辐射和推进乌审旗和榆林市的红碱淖生态湿地修复合作，鄂托克旗和乌海的"小三角"生态环境保护合作，以及上海庙和银川的环境保护合作等鄂尔多斯市与周边地区跨界产业发展和环境保护合作。

第5章 平朔矿区治理修复与生态减排能力建设规划

5.1 矿区发展概况与生态环境问题

5.1.1 矿区发展概况

1. 矿区概况

1）地理位置

山西省晋北煤炭基地平朔矿区（以下简称"平朔矿区"）位于山西省朔州市境内，地处山西省宁武煤田北端，是国家大型煤炭基地晋北煤炭基地中的国家规划矿区，行政区划隶属于朔州市平鲁区和朔城区。东以马营河和11号煤层露头线为界，北和西均以11号煤层露头线为界，南以担水沟断层为界，南北长23km，东西宽22km，矿区总面积444.586km²［采用《山西省矿产资源规划（2016—2020年）》确定的矿区范围］。地理坐标介于112°14′05″E～112°24′05″E；39°23′03″N～39°37′03″N。

2）矿区开发现状

平朔矿区开发主体为中煤平朔集团有限公司，1985年7月1日，安太堡露天煤矿开工建设；1987年9月10日，安太堡露天矿建成投产；2010年平朔矿区原煤产量首次突破亿吨大关，是继神东矿区后我国建成的第二个亿吨级矿区。

经过近40年的开发建设，平朔矿区为保障国家能源安全、繁荣地方经济、带动行业进步做出了积极贡献。根据山西省能源局发布的全省生产煤矿生产能力情况公告，截至2022年2月底，平朔矿区公告生产煤矿（露天矿）27处，公告生产能力113.60Mt/a。其中，中煤平朔集团有限公司6处（含1处原整合矿井），公告生产能力80.90Mt/a，其他开发主体21处，公告生产能力32.70Mt/a。另有在建矿井两处，设计生产能力3.00Mt/a。2015年以来，平朔矿区累计关闭退出煤矿9处，合计退出产能18.40Mt/a，其中，中煤平朔集团有限公司关闭4处，退出产能12.70Mt/a。

3）自然条件

地形地貌。平朔矿区位于黄土高原及土石山区交界区域，海拔最低处在朔南西区东南部平原区，最低海拔为1105m；最高海拔在平朔矿区北部山区，最高海拔为1537m。平朔矿区中部以黄土丘陵为主，因此侵蚀切割作用显著，并且该地区水蚀风蚀作用同样强烈，且植被覆盖率低，导致梁、塬、峁等黄土高原地貌特点很是突出。低山区作为本矿区地貌的最大单元，占比约50%，分布于矿区中部及东西两侧。其次是丘陵区，占比30%左右，为第二大类地貌单元。

气候、气象。平朔矿区处于晋北高寒地带，属北温带大陆性季风性气候，冬季多风少雪，寒冷干燥，夏季暖热，雨量集中，春秋短暂，春季风沙大，蒸发量大，易干旱，秋季雨水较少，气候凉爽。据平鲁气象站2000～2019年累计气象观测资料，本地区多年最大日降水量为44.86mm，多年最高气温为37.4℃，多年最低气温为–28.8℃，多年最大风速为27.9m/s。年平均降水量为405.5mm，其中7～9月降水量最大，占全年总降水量的75%。年平均蒸发量为2118.4mm，5～7月蒸发量最大。年平均气温为6.43℃，日温差为18～25℃，年内温差达到61.8℃。年平均风速为2.92m/s，累年风频最多的是WNW，频率为19.78%；其次是NW，频率为12.67%；SSW最少，频率为1.9%。全年日照时数为2749.72h。矿区可能遭遇的恶劣天气包括干旱、冰雹、霜冻和风害等，其中春季易发生干旱和风害，冰雹集中于夏季和初秋，霜冻则以春季和秋季最为突出，这些极端天气会严重影响生产。

水文地质。平朔矿区流经河流主要有七里河、恢河和源子河，其中前两者在太平窑附近汇流后向东流至马邑东清寺最后流入桑干河，以上河流均属海河流域桑干河水系。主要含水层由下往上为奥陶系岩溶裂隙含水层、碎屑岩裂隙含水岩系（包括太原组砂岩裂隙含水层、山西组砂岩裂隙含水层以及石盒子组砂岩裂隙含水层）、松散沉积层空隙含水岩系。其中，奥陶系灰岩含水量最大，大多位于11号煤层以下，只有矿区东南部部分区域高于11号煤层底部；太原组、山西组和石盒子组砂岩含水量均少，其中石盒子组砂岩孔隙潜水主要来源于大气降水和河床渗漏水补给。

土壤。矿区内土壤以栗褐土为主，其属于由褐土向栗钙土过渡型土壤。土壤剖面存在显著的碳酸盐淀积和弱黏化，主要存在于植被覆盖较多的山地、缓坡丘陵区及平川河谷坪地上。此外，矿区分布有淡栗褐土，其是栗褐土与栗钙土之间的过渡亚类，常存在于丘陵沟壑区，因为这类区域水土流失严重，有机质含量低，且土壤结构差，所以土壤层次不明显。矿区内土壤肥力不足，影响植物的生长和发育：一方面是由于土壤土质沙化明显；另一方面是由于矿区内有机质、全氮、速效磷、速效钾的质量分数均较低，分别为5.0～9.0g/kg、0.3～0.6g/kg、5.0～8.0mg/kg、50～90mg/kg。平朔矿区土壤类型及面积见表5.1。

表5.1 平朔矿区土壤类型及面积

土类	亚类	土属	面积/hm²	比例/%
灰褐土	淡灰褐土	耕种黑垆土质淡灰褐土	22.38	0.21
		耕种黄土质淡灰褐土	21.31	0.20

续表

土类	亚类	土属	面积/hm²	比例/%
灰褐土	淡灰褐土性土	耕种黄土质淡灰褐土性土	84.18	0.79
		耕种埋芷黑垆土质淡灰褐土性土	92.70	0.87
	山地灰褐土	黄土质山地灰褐土	184.34	1.73
		石灰岩质山地栗钙土	396.39	3.72
	小计		801.30	7.52
栗钙土	草甸化淡栗钙土	沟淤草甸化淡栗钙土	14.92	0.14
	淡栗钙土	耕种黑垆土质淡栗钙土	11.72	0.11
		耕种红黄土质淡栗钙土	69.26	0.65
		耕种黄土质淡栗钙土	1855.16	17.41
		沟淤淡栗钙土	156.63	1.47
	淡栗钙土性土	耕种红黄土质淡栗钙土性土	3573.93	33.53
		沟淤淡栗钙土性土	192.87	1.81
		黄土质淡栗钙土性土	166.23	1.56
		耕种黄土质淡栗钙土性土	2840.82	26.66
	山地栗钙土	耕种黄土质山地栗钙土	44.75	0.42
		黄土质山地栗钙土	399.59	3.75
	小计		9325.88	87.50
山地草甸土	山地草原草甸土	黄土质山地草原草甸土	196.07	1.84
人为土	工程扰动土	工程扰动土	138.52	1.30
石质土	钙质石灰土	石质土	31.97	0.30
	其他		164.10	1.54
	合计		10657.84	100

植被。矿区气候属温带半干旱大陆性气候，加之地处黄土高原地区，造就了矿区干草原的植被类型，包括林地、天然草地、复垦草地、栽培植被等。其中，林地占矿区总面积的32.58%，包括林地、灌木林和疏林地。目前林地以人工林地为主，集中分布于矿区的西北部部分地区，即黄土丘陵区，多以20世纪六七十年代种植的小叶杨为主，但是由于土壤贫瘠、生长环境差，现已成为"小老树"。同时，随着区域被不断开发利用，天然次生林尚存稀少，呈零星分布状，很少见到成片天然林地；灌木丛树种类型主要有山葡萄、酸枣、荆条、沙棘等，分布在北部丘陵区冲沟内；疏林地植被类型包括杨树、槐树、榆树等，分布于矿区东、

西两侧。天然草地占比 7.12%，集中分布在矿区西部，该区域土壤水分充沛，以草本植物为主，如野大豆、野棉花、野苣、花菜等。复垦草地占比 0.07%，主要种植沙枣、沙棘、柠条、紫花苜蓿、沙打旺、刺槐等，在排土场及外扩区有分布。耕地中所种植的农作物类型丰富，有谷子、玉米、莜麦、糜子、马铃薯、胡麻、春麦、豆类等，均为一年一熟制。

4）资源概况

煤炭资源。矿区内保有煤炭资源储量 13709.23Mt，累计动用煤炭资源储量 3230.33Mt，累计查明煤炭资源储量 16939.57Mt。其中，长焰煤累计保有 3935.29Mt，累计动用 306.70Mt，累计查明 4241.99Mt；气煤累计保有 9768.34Mt，累计动用 2923.63Mt，累计查明 12691.98Mt。

水资源。平朔矿区内河流常年处于干枯状态，只在雨季有少许流量。矿区开采会对地表径流造成影响。马关河多年径流深为 0.8～28.3mm，年平均径流深为 11.5mm，已有数据对比表明，露天矿采坑截流作业导致马关河上游地表径流量逐年减少，每年减少 9.24 万～326.70 万 m^3，平均 132.76 万 m^3，并且上游净流量的变化会对下游净流量造成扰动，但是局部变化对于整个流域而言很微小，减少量仅占总地表径流量的 3.71%。目前，平朔矿区生产及生活用水全部来自地下水源，平朔矿区可利用水资源量汇总见表 5.2。安太堡、安家岭区域和木瓜界区域地下水抽取量已达限值。

表 5.2　平朔矿区可利用水资源量汇总　　　　　　　　（单位：m^3/d）

区域	地下水水资源 水源地	地下水水资源 水量	地表水水资源 水源地	地表水水资源 水量	复用水水资源量	引黄水资源量
安太堡、安家岭区域	刘家口水源地	20240	—	—	35000	500
木瓜界区域	麻黄头水源地	1000	—	—	8950	400
东露天矿区	韩村水源地和东露天矿工业场地	5800	东石湖水库	300	1080	450
930 区域	930E 机井	2200			245	
合计	—	29240	—	300	45275	1350

土地资源。各用地类型土地利用比例见表 5.3，矿区占地面积最大的一类土地利用类型是旱地，占 52.06%，其次是有林地、工业用地、采矿用地、灌木林、农村宅基地和其他草地，分别占比 14.40%、10.70%、7.45%、7.35%、2.78%和 2.74%，仓储用地、公路用地等用地类型占比很小。

表 5.3　中煤平朔矿区范围内土地利用现状

序号	用地类型	所占比例/%
1	仓储用地	0.74
2	其他草地	2.74
3	农村宅基地	2.78
4	工业用地	10.70
5	旱地	52.06
6	有林地	14.40
7	灌木林	7.35
8	裸地	0.33
9	采矿用地	7.45
10	公路用地	0.52
11	水域	0.13
12	城镇住宅用地	0.36
13	铁路用地	0.43
合计		100.00

2. 企业发展历程

中煤平朔集团有限公司（简称平朔集团）前身为平朔煤炭工业公司，创建于1982年，是我国重要的动力煤生产基地，1997年6月并入中国中煤能源集团有限公司。2006年，中国中煤能源集团有限公司改制上市，将平朔煤炭工业公司的主业资产注入上市公司，成立了中国中煤能源股份有限公司平朔分公司，2008年8月，对上市资产进行重组成立了中煤平朔煤业有限责任公司，负责上市资产的经营管理和矿区的开发建设。目前，中煤平朔煤业有限责任公司是我国规模最大、现代化程度最高的露井联采的煤炭生产企业，是我国主要的出口煤基地和国家确立的晋西北亿吨级煤炭生产基地之一。

（1）1982~1996年为中外合资平朔煤炭工业公司发展阶段。1982年3月，邓小平同美国西方石油公司董事长亚蒙·哈默博士首次会晤，正式签署了合作编制开发山西安太堡露天煤矿可行性研究报告的协议书；1984年4月，双方再次达成在山西平朔安太堡共同开发煤矿的协议，价值5.8亿美元。同年，中外合资6.5亿美元共建安太堡露天煤矿，其成为当时世界上最大的露天煤矿。安太堡露天煤矿项目是中美合作经营的特大型现代化煤炭项目，1982年2月开始筹备，1985年7月1日正式基建剥离，1987年9月10日建成投产。设计生产能力1500万t/a，基本建设投资30.38亿元（中方13.17亿元人民币，美方

3.44亿美元，折合17.21亿元人民币）。1991年6月28日外方撤出，安太堡露天煤矿由公司实施全面管理。

（2）1997~2005年，中煤平朔煤业有限责任公司并入中煤能源集团，煤炭产量大幅提升。以安家岭煤矿项目建设、投产、运营为标志，实现了公司煤炭产量连续多年大幅提升。项目自1998年筹建，1999年正式开工，设计生产能力1500万t/a，设计采用露井联采生产能力1000万t/a，该项目作为特大型煤炭项目，由我国自行设计、自行施工并自行管理。2006年2月整个安家岭煤矿项目验收移交生产，基本建设决算投资47.38亿元。安家岭煤矿项目建设投产后，项目包括的安家岭露天矿、井工一矿、井工二矿原煤产量从设计能力1500万t/a快速增长到4500万t/a以上。

（3）2006年至今，中煤能源集团资产上市，产业配套，综合实力显著提高。2006年中煤能源集团有限公司购买了外方及中方其他股东的股份，成为集团公司的全资子公司。安太堡煤矿建成投产至今，原煤产量迅猛提升，已达亿万吨以上，成为我国特大型煤炭企业之一。自木瓜界选煤厂、安家岭一号井选煤厂、安家岭二号井选煤厂、矿区集中供电工程、矿区集中供水工程、矿区集中供热工程等六项工程建成，企业生产配套能力得到跃升，综合生产能力有了质的飞跃。公司目前拥有3座特大型露天矿，年生产能力均超过2000万t；4座现代化井工矿，其中两座年生产能力千万吨级矿井，1座300万t优质配焦煤矿井，1座90万t矿井；6座洗煤厂，年入洗能力为1.25亿t；4条铁路专用线，可运输1亿t煤矿。

3. 企业发展现状

自安太堡露天煤矿落地，企业开始发展，前期发展致力于煤炭开采、洗选及配套产业，后来逐步向煤化工、煤电、煤建材等煤系产业链转型以及拓展固废产业链，并注重生态修复及治理产业。平朔集团现有项目基本情况见表5.4。

表5.4 平朔集团现有项目基本情况

项目类型	项目名称	项目内容
煤炭开采	安太堡露天煤矿	核定生产能力22Mt/a
	安家岭煤矿	核定生产能力22Mt/a
	东露天矿	设计生产能力20Mt/a
	安家岭井工一矿	核定原煤生产能力10Mt/a
	安家岭井工二矿	核定原煤生产能力10Mt/a
	安太堡井工矿（三矿）	设计生产规模600万t/a
	潘家窑煤矿	设计生产能力90万t/a

续表

项目类型	项目名称	项目内容
煤炭开采	井东煤业	设计生产能力 45 万 t/a
	东日升煤矿	设计生产规模 90 万 t/a
	北岭煤矿	设计生产规模 90 万 t/a
选煤项目	安太堡选煤厂	入选原煤主要来自安太堡露天煤矿,还可以加工井东矿的原煤,设计能力 25Mt/a
	安家岭选煤厂	入选原煤来自安家岭露天煤矿及井工一矿,设计能力 25Mt/a
	一号井选煤厂	入选原煤来自安家岭井工一矿,设计能力 15Mt/a
	安家岭二号井选煤厂	入选原煤来自安家岭井工二矿,设计能力 15Mt/a
	木瓜界选煤厂	入选原煤来自安太堡井工矿及部分外来煤。木瓜界选煤厂设计处理能力 6Mt/a。扩能改造可行性研究报告设计能力增加到 20Mt/a
	东露天矿选煤厂	入选原煤来自东露天矿选煤厂。选煤厂初期建设规模为年入选原煤 20Mt/a,对 5Mt/a 的地方外来煤系统按预留考虑
煤化工项目	平安化肥厂	合成氨 3 万 t、5 万 t 多孔硝铵
循环经济配套服务项目	胶带胶管项目	胶带 500 万 m²/a、胶管 70 万 m/a
	废输送带轮胎加工胶粉及大型轮胎翻新	翻新轮胎 900 条/a

(1) 煤炭产业。1987 年,安太堡露天煤矿建成投产,原煤生产能力得到质的提升,一步跃至千万吨级。1989 年,产量有了新的突破,达到 1200 万 t,成为千万吨级特大型煤炭企业。2002 年之后,在安家岭露天煤矿项目的推动下,原煤产量不断上涨,至 2003 年首次到达 3000 万 t。而后,随着露井联采方式应用于生产,产量连续五年年均递增千万吨。

(2) 火电产业。平朔集团现有两座电厂发电,分别是煤矸石电厂和格瑞特煤矸石电厂。前者位于平朔矿区安太堡露天矿西侧,与安太堡区选煤厂相距 1.5km,因此燃料来源于该选煤厂的矸石、矸杂煤,电厂装机容量为 2×50MW+2×300MW,一期耗煤量为 70 万 t/a,二期计划耗煤量为 252 万 t/a。后者同样建在选煤厂(刘家口选煤厂)附近,燃料来源于选煤厂的劣质煤,电厂装机容量为 2×135MW,目前处于调试阶段,计划耗煤量为 114 万 t/a。

(3) 煤化工产业。公司有一化肥厂——平安化肥厂,合成氨年生产能力为 3 万 t,多孔硝铵年生产能力为 5 万 t。

(4) 非煤产业。公司现有胶带胶管项目,胶带、胶管年生产能力分别为 500 万 m²、70 万 m,轮胎年翻新能力为 900 条。

5.1.2 生态环境问题分析

平朔矿区受到采矿等工业活动的长期影响,加之地处干旱半干旱地区,导致生态环境极其脆弱,生态系统自我调节能力不足。

1. 环境质量

1)大气环境质量

平朔矿区位于朔州市平鲁区和朔城区,根据朔州市 2021 年环境质量公报(表 5.5),朔州市 2021 年 SO_2、NO_2、PM_{10}、$PM_{2.5}$ 年均质量浓度分别为 15μg/m³、28μg/m³、78μg/m³、31μg/m³,CO 24 小时平均第 95 百分位数为 1.1mg/m³,O_3 日最大 8 小时平均第 90 百分位数为 143μg/m³,其中,PM_{10} 超过《环境空气质量标准》(GB 3095—2012)中的二级标准限值,为环境空气质量不达标区。

表 5.5 朔州市 2021 年环境空气质量状况

污染物	单位	年评价指标	现状浓度	标准值	占标率/%	达标情况
SO_2	μg/m³	年均质量浓度	15	60	25	达标
		24 小时平均第 98 百分位数	—	—	—	
NO_2	μg/m³	年均质量浓度	28	40	70	达标
		24 小时平均第 98 百分位数	—	—	—	
PM_{10}	μg/m³	年均质量浓度	78	70	111.4	超标
		24 小时平均第 95 百分位数	—	—	—	
$PM_{2.5}$	μg/m³	年均质量浓度	31	35	88.6	达标
		24 小时平均第 95 百分位数	—	—	—	
CO	mg/m³	24 小时平均第 95 百分位数	1.1	4	27.5	达标
O_3	μg/m³	日最大 8 小时平均第 90 百分位数	143	160	89.4	达标
区域达标判定:不达标							

图 5.1 显示了朔州市 2017~2020 年环境质量监测数据。由图可知,平朔矿区周边城区各主要污染物(SO_2、NO_2、PM_{10} 和 $PM_{2.5}$)浓度大致呈现逐年下降趋势,表明近年来大气环境质量有所改善。

(a) SO$_2$

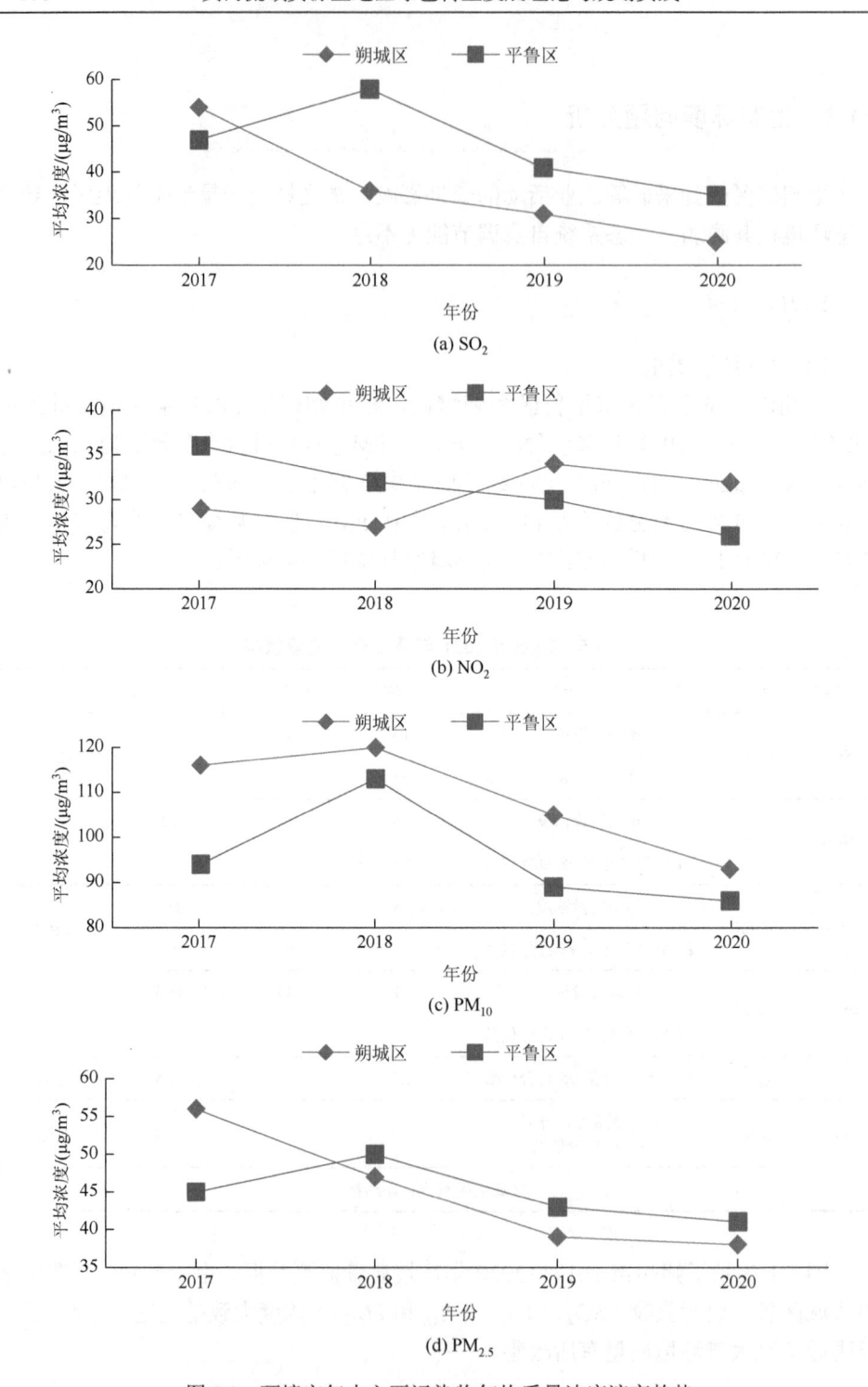

(b) NO$_2$

(c) PM$_{10}$

(d) PM$_{2.5}$

图 5.1 环境空气中主要污染物年均质量浓度演变趋势

根据平朔北坪工业园区与东露天工业园区环评报告中的矿区环境空气质量现状监测资料，以及《环境空气质量标准》（GB 3095—2012）二级标准来评价矿区环境质量。矿区部分居民关心点环境空气主要污染物监测结果见表 5.6。由表可知，所有监测点 SO_2、NO_2 均能达到 GB 3095—2012 二级标准要求，但总悬浮颗粒物（total suspended particulate，TSP）、PM_{10}、$PM_{2.5}$ 均有超标现象。矿区颗粒物超标情况严重，主要原因为气候干燥、自然起尘及露天矿煤炭采掘、运输扬尘。另对氨气、苯并[a]芘、一氧化碳、非甲烷总烃、氟化物、甲醇、硫化氢、苯、二甲苯等因子也进行了监测，结果均未超标，且占相应标准比例较低。

表 5.6 矿区部分居民关心点环境空气主要污染物监测结果

序号	监测点位	SO_2 占标率范围/%	NO_2 占标率范围/%	TSP 占标率范围/%	PM_{10} 占标率范围/%	$PM_{2.5}$ 占标率范围/%
1	中钟牌	23～34	28～38	98～241	127～269	105～119
2	上麻黄头	22～38	28～35	123～224	176～291	104～111
3	小木瓜界	25～29	25～34	127～262	165～351	115～131
4	大梁	25～29	24～33	95～183	95～222	105～116
5	平番城	27～34	28～30	93～175	126～257	101～112
6	榆岭乡	32～39	34～38	94～168	96～234	112～148
7	赵家山村	33～39	30～35	57～175	70～237	112～149
8	韩家村	33～39	30～38	150～254	211～331	111～152
9	红崖村	33～39	30～38	101～186	123～249	—
10	朝阳湾	32～37	29～34	106～219	163～274	119～139
11	薛高登	34～39	31～38	79～253	93～353	105～135
12	下梨园村	32～39	31～38	85～227	93～305	121～147
13	刘家窑村	33～39	30～38	96～238	97～321	109～139
14	屯港	35～39	31～38	99～154	119～159	108～125
15	吴辛堡	35～39	33～38	107～132	125～179	103～119

2）水环境质量

根据朔州市 2020 年地表水环境质量监测数据，平朔矿区地表水环境各断面水质见表 5.7。在例行监测的 3 个断面中，神头泉断面水质类别能持续达到水质目标要求，且断面水质为优良水平。其余断面水质不能持续达到水质功能标准，含有的污染物包括氨氮、COD 和五日生化需氧量。主要原因：一方面，区域地表水系为季节性河流，自然流量小，自净能力差；另一方面，以往常年区域工矿废水及沿河村庄居民生活污水污染影响。

表 5.7　平朔矿区地表水环境各断面水质

断面名称	执行标准	1月	2月	3月	4月	5月	6月	7月	8月	9月	10月	11月	12月
七里河村南	IV类	IV类	IV类	IV类	—	II类	IV类	IV类	III类	V类	劣V类	III类	III类
神头桥	IV类	IV类	IV类	IV类	—	I类	V类	IV类	IV类	IV类	IV类	IV类	IV类
神头泉	III类	III类	II类	II类	—	III类	III类	II类	I类	I类	III类	II类	II类

朔城区城市集中饮用水源地有四处地下水监测点，分别是南磨水源地、耿庄水源地、刘家口水源地和平朔生活区水源地。根据2020年朔州市市级城市集中式生活饮用水水源水质状况报告，选取pH、总硬度、硫酸盐、氯化物、铁、锰、铜、锌等39项指标进行监测，四处监测点的监测指标均满足《地下水质量标准》（GB/T 14848—2017）III类标准限值要求。平鲁区城市饮用水源地有三处地下水监测点，分别是大梁水库、白洋洼水源地和下称沟水源地。根据2020年朔州市县级城镇集中式生活饮用水水源水质状况报告，选取水温、pH、溶解氧、高锰酸盐指数、COD、氨氮、铜等24项指标进行监测，结果表明，平鲁区大梁水库除总氮外其他指标均满足《地表水环境质量标准》（GB 3838—2002）的III类标准限值要求，水质状况为基本达标。

3）生态环境质量

平朔矿区为井工开采与露天开采相结合的矿区。由于区域常年煤炭采掘，存在采空区和塌陷区。安家岭井工一矿采空区面积约为315.97hm^2。安家岭井工二矿采空区面积约345.14hm^2。木瓜界井工矿开采尚未出现采空区。安家岭井工一矿已塌陷面积为229.15hm^2，安家岭井工二矿塌陷区面积约为303.62hm^2。依据实地勘察，目前在安家岭猪舍、大棚、苗圃塌陷区的塌陷面积约2hm^2。

平朔矿区降水不足且年内分配不均，多集中于7~9月，甚至集中于少有的几次降水之中。矿区植被以干草地为主，植被丰富度及覆盖率均较低，土壤肥力不足，多种因素综合导致某次降水量过大引发比降较大的冲沟，冲沟流速快，挟持大量泥沙流入河流，导致平鲁区土壤侵蚀模数高达10500t/(km^2·a)，年平均流失厚度为3.8~11.1mm/a。平朔常年煤炭采掘加剧了区域地貌侵蚀和水土流失。

露天采掘形成低于周边原地貌100多米的大采坑。在采矿场周围挖掘汇水沟渠以切断向采矿场汇入水流，但是仍有外部径流汇入，危害远大于本身的径流。排土场存在严重的安全问题，分为内、外排土场，其由废土、废石堆积形成，易发生水土流失。相较于外排土场，内排土场侵蚀及危害程度要小。排土场平台易发生风力侵蚀，而边坡易产生水力侵蚀。若没有安保措施，露天采掘矿区土壤侵蚀模数将由10500t/(km^2·a)增至15000t/(km^2·a)。

2. 主要污染物控制

为控制煤炭等产业发展带来的严重环境问题，平朔集团在环境保护方面做了大量工作，已经建立了防污治污体系、节能管理机制和在线监测体系，并逐渐完善。目前已实现洗煤废水闭路循环，矿区废水零排放；矿内集中供热，所有锅炉均已安装高效脱硫除尘器，还利用最新的节能环保设备替代高耗能、高污染设备；建立了矿井电力监控系统，可随时监测运行中的各项参数，进行科学准确的分析及预测，实现矿井供配电系统自动化运行。

1) 大气污染物排放控制情况

平朔矿区大气污染主要来源于粉尘排放，TSP 排放量最大。矿区大多工作区域均可产生扬尘，如煤炭开采、运输、存储等过程，煤炭加工过程中选煤、破碎、筛分等操作以及洗煤厂无组织排放等。另外，储煤场和临时排矸场等处在发生煤和矸石自燃的非正常条件下会有一定的污染产生，主要污染物为 SO_2、PM_{10}、CO、NO_x 等。

平朔矿区总体耗煤量为 421.95 万 t，排放污染物总量为 SO_2 22680.45t/a，NO_x 5964.87t/a，烟（粉）尘 3001.53t/a，另外还有部分有机污染物等。根据平朔矿区现状主要大气污染环节、治理措施及污染物排放量统计（表 5.8），平朔煤矸石电厂和格瑞特煤矸石电厂为重点排放源，企业燃煤量 407 万 t，占耗煤总量的 96.5%；排放 SO_2、NO_x 和烟（粉）尘分别约为 21790.45t、3866.5t 和 1248.7t，分别占到平朔矿区总排放量的 96.1%、64.8%和 41.6%。

2) 污水处理情况

平朔矿区产生的废水主要包括工业废水和生活污水两类。工业废水主要来源于各矿井井下排水、露天矿维修机修废水、乳化炸药生产废水等；生活污水主要包括办公区生活污水、选煤厂生活污水、工业场地各建筑生活污水及职工浴室污水。

矿区内中煤能源集团现有污水排放点 13 处，主要处理废水包括生活污废水、井下排水、机修废水等。具体为：安太堡、安家岭区域 5 处，木瓜界区域 3 处，东露天区域 2 处，930E（维修中心）区域 1 处，生活区 2 处。根据平朔矿区污废水产排及处理设施现状（表 5.9）统计分析，平朔集团现有污水处理能力 8.0 万 m^3/d。根据需处理废水水质的区别，分别采用相适宜的污水处理工艺。其中，生活污水、污水处理工艺多采用"水解-活性污泥"工艺或序批式活性污泥法（sequential batch reactor activated sludge process，SBR），中水回用采用"曝气生物滤池"等生物处理工艺方法。井工矿井下水处理站多采用化学-沉淀-过滤-深度处理（钠滤、反渗透）等工艺。含油废水还采用除油-气浮-化学、生化法等方法。

表5.8 平朔矿区现状主要大气污染环节、治理措施及污染物排放量

污染源	主要产业规模	主要产污环节	主要大气污染治理措施	燃煤量（万t/a）	SO₂/(t/a)	NOₓ/(t/a)	烟（粉）尘/(t/a)
安太堡露天矿	核定生产能力22Mt/a，入选原煤主要来自安太堡露天煤矿，还可以加工井东矿的原煤，设计能力25Mt/a	采掘场粉尘、洗煤厂粉尘、储煤场扬尘及运输道路扬尘	采掘场钻机采用湿式工艺，爆破采用微秒差法，避免和减少了粉尘扩散。洒水车三班作业，采掘、排弃和洒水，在破碎口，转载皮带通道安装了酒水及通风除尘装置，以及给皮带机加盖封闭进行处理	—	—	—	69.7
安家岭煤矿	核定生产能力22Mt/a，入选原煤来自安家岭露天矿，也可入选部分井工一矿原煤，设计能力25Mt/a	采掘场粉尘、洗煤厂粉尘、储煤场扬尘及运输道路扬尘	选煤厂原煤堆使用喷水措施抑制扬尘，未安装挡风抑尘设施；动力煤堆安装了挡风抑尘网，产品煤堆未安装任何防尘设施	—	—	—	69.7
安家岭井工一矿	核定原煤生产能力10Mt/a，入选原煤来自安家岭井工一矿，设计能力15Mt/a	储煤场扬尘、原煤破碎筛分转载点及运输道路扬尘	储煤场四周设置除尘喷水装置，修建一定宽度的防尘绿化带。目前未安装挡风抑尘设施	—	—	—	31.6
安家岭井工二矿	核定原煤生产能力10Mt/a，入选原煤来自安家岭井工二矿，设计能力15Mt/a	储煤场扬尘、原煤破碎筛分转载点及运输道路扬尘	原煤堆安装了防风抑尘网，同时进行了原煤堆槽仓建设，但选煤厂原煤堆、产品煤堆均未安装挡风抑尘设施。选煤厂加工破碎生机组、煤矿加工破碎生机组。煤矿运输过程喷雾除尘与机械通风相结合的方式	—	—	—	31.6
木瓜选煤厂	设计生产规模6Mt/a，木瓜界选煤厂设计处理能力6Mt/a	5台10t锅炉	锅炉烟气采用麻石水膜除尘设备，双碱法脱硫，设计除尘率95%，脱硫效率80%以上。5个原煤堆，其中两个安装了挡风抑尘设施，其余未安装挡风抑尘设施。破碎车间采用抑尘，效率为99%的扁布袋除尘机组。运输过程采用喷雾除尘与机械通风相结合的方式	1.89	108.40	202.51	210.11
		选煤厂储煤场扬尘、原煤破碎分转载点及运输道路扬尘					
		3×20t/h的集中供热锅炉房	锅炉烟气采用麻石水膜除尘设备，双碱法脱硫，设计除尘率95%，脱硫效率80%以上	2.27	130.08	243.01	252.13
东露天矿选煤厂	设计生产能力20Mt/a，配套洗选能力20Mt/a	采掘场扬尘、选煤厂储煤场扬尘、原煤破碎筛分转载点及运输道路扬尘、排土场粉尘	采掘场采用湿法抑尘装置并喷淋，带式输送机进行密封处理。转载点配备除尘器并进行密封处理，排土场及运输道路采用洒水及时对废弃物进行碾压	—	—	—	71.36

续表

污染源	主要产业规模	主要产污环节	主要大气污染治理措施	燃煤量/(万t/a)	SO₂/(t/a)	NOₓ/(t/a)	烟（粉）尘/(t/a)
生活区	—	集中供热站共有4台400t/h的锅炉	锅炉配备除尘效率为95%的麻石水膜除尘设备，烟气采用双碱法脱硫，脱硫效率达80%以上	6.06	346.88	648.04	672.35
平安化肥厂	合成氨年生产能力为3万t，多孔硝铵为5万t	合成氨装置放气	设造吹风气回收装置	—	15.34	—	10.58
		集中供热站两台20t锅炉	配备除尘效率为90%的麻石水膜除尘器，采用双碱法脱硫，脱硫效率为80%	2.91	185.26	810.4	113
930区域供热	大型露天采矿设备综合维修厂	共有3台锅炉，20t锅炉，1台8t锅炉	锅炉配备除尘效率为95%的麻石水膜除尘设备，烟气采用双碱法脱硫，脱硫效率达80%以上	1.82	104.06	194.41	201.70
格瑞特煤矸石电厂	装机容量为2×135MW汽轮发电机组	发电机组锅炉烟气、输煤系统、煤场、灰场扬尘与交通运输起尘	循环流化床锅炉炉内喷钙脱硫、烟气脱硝、电+袋式除尘。输煤系统、煤场、灰场采取封闭或洒水抑尘设施	107.6	9112.95	1022.46	252.7
平朔煤矸石电厂	一期装机容量为2×50MW汽轮发电机组；二期扩建规模2×300MW汽轮发电机组	发电机组锅炉烟气、输煤系统、煤场、灰场扬尘与交通运输起尘	循环流化床锅炉炉内喷钙脱硫、烟气脱硝、电+袋式除尘。输煤系统、煤场、灰场采取封闭或洒水抑尘设施	299.4	12677.5	2844.04	996
合计				421.95	22680.47	5964.87	3001.53

表 5.9 平朔矿区污废水产排及处理设施情况

区域	序号	排放点或类别	污废水量 /(m³/d)	污水处理厂(站)	建成时间	处理工艺	设计处理规模 /(m³/d)	实际处理量 /(m³/d)	污废水去向
安太堡、安家岭	1	安太堡区域工业场地生活污水、机修废水、乳化炸药厂特种工业废水	2400	安太堡生活污水处理厂	1987年	除油-气浮	600	400[a]	至安太堡终端污水处理厂进行深度处理
				安太堡乳化炸药厂废水处理站	2006年	除油-气浮-化学、生化法	25	25[b]	至安太堡终端污水处理厂进行深度处理
				安太堡终端污水处理厂	2008年8月	气浮-生物滤池	2000	1200	1200m³直接回用于选煤厂、矿坑洒水；1200m³未经处理直接进入调蓄水库
	2	安家岭区域工业场地生活污水、机修废水	3200	安家岭污水处理厂	2003年	物理-生物法	600	停运	改造后进安太堡终端污水处理厂
				安家岭新建污水处理厂	2009年12月	曝气生物接触氧化法	4800	3200	处理水3200m³进入调蓄水库
	3	井工一矿井下排水	10000	井工一矿上窑区井下水处理厂	2007年扩建完成	化学-沉淀-过滤	7200	3500	处理水3500m³进入调蓄水库
				井工一矿太西区井下水处理厂	2010年11月	沉淀-过滤-深度处理(钠滤、反渗透)	24000	6500	2300m³直接回用于太西区生产；处理水4200m³进入调蓄水库
	4	井工二矿生活污水	400				400	—	
	5	井工二矿井下、原煤提运中心排水及工区废水	7000	井工二矿井下生产污水、井下生产废水处理厂联合建筑	2008年10月	生化-沉淀-过滤、深度处理过滤+超滤	1600	500	500m³直接回用于井下洒水、安太堡原煤提升系统除尘用水；6500m³井下排水未经处理通过排洪泵站排入调蓄水库
合计			23000				41225	14900[c]	

第5章 平朔矿区治理修复与生态减排能力建设规划

续表

区域	序号	排放点或类别	污废水量/(m³/d)	污水处理厂（站）	建成时间	处理工艺	设计处理规模/(m³/d)	实际处理量/(m³/d)	污废水去向
木瓜界	1	木瓜界区域生活污废水	950	井工三矿生活污水处理站	2008年12月	SBR法	1200	950	用于井工矿黄泥灌浆等生产用水
木瓜界	2	井工三矿井下疏干水	8000	井工三矿井下水处理厂	2008年7月	沉淀-过滤-深度处理（超滤）	12000	6000	1470m³用于井下生产、木瓜选煤厂、锅炉房、平安化肥厂等生产用水。剩余6530m³达标外排
木瓜界	2	井工三矿井下疏干水	8000	大沙沟污废水处理厂	2011年11月	沉淀-生物接触氧化-深度处理	6400	2000	1470m³用于井下生产、木瓜选煤厂、锅炉房、平安化肥厂等生产用水。剩余6530m³达标外排
木瓜界	3	平安化肥厂污水	2400	平安化肥厂污水处理厂	2007年9月	曝气反渗透	2880	2400	330m³排至源子河，2070m³回用
		合计	11350				22480	11350	
东露天	1	东露天矿工业广场生活污水	960	东露天煤矿和选煤厂生活污水处理站	2011年	SBR-沉淀-过滤	960	960	960m³回用于选煤厂洗煤补充用水
东露天	2	选煤车装车站场地生活污水	120	东露天装车站场地生活污水处理站			120	120	120m³回用于装车站场地的生态用水
		合计	1080				1080	1080	
930E		930E生产生活污水	245	930E污水处理厂		SBR	360	245	全部回用
生活区	1	生活区生活污水	6000	生活区污水处理厂	2002年	水解好氧	15000	6000	中水系统处理规模为4000m³，其余排放至七里河
生活区	2	生活区医院废水	120	平朔医院污水站	2004年	化学药剂法	200	120	排至生活区污水处理厂
		合计	6120				15200	6120	
		总计	41795				80345	33695	

注：c为除去a、b两项预处理重复计算量425m³/d后的值。

矿区的调蓄水库是平朔矿区水资源循环利用中心，水库上游的来水中夹杂着大量的煤泥、泥沙、油垢等悬浮物，每年的清库费用在 700 万元以上，且清库期间严重影响露天矿及各选煤厂的生产用水。

3）固废产生及处置情况

平朔集团固废主要集中在采煤过程中产生的煤矸石，电厂和供热锅炉燃烧产生的粉煤灰、灰渣，以及化工类生产工艺过程的除尘灰。

煤矸石：煤矸石是在采煤及洗煤过程中所产生的固废，如果不对其进行任何处置，不仅会侵占土地、存在自燃的风险，还可能排放一些有害气体，如 SO_2、氮氧化物和烟尘等。现状煤矸石利用方式为煤矸石电厂燃用发电，但利用量不大，大部分均采用填埋方式处理。具体为防止矸石自燃，外排土场周围排弃非煤层剥离物，并以灰渣、细沙、黏土等填充缝隙；洗煤矸石、煤层夹矸等剥离物排弃在排土场内部，随排随压，每个台阶达到最终标高后，对其边坡、平台进行复垦；洗煤矸石一边排弃一边用推土机推平，在上面覆盖剥离物、灰渣（矿区锅炉炉渣）等隔绝层并压实，防止矸石热量积聚而发生自燃。现状煤矸石排放量约 2393 万 t/a。

粉煤灰与灰渣：粉煤灰主要由燃煤锅炉燃烧产生，通过电除尘或者水纹除尘收集得到的固废。灰渣主要包括燃煤锅炉燃烧产生的炉渣，通过捞渣机收集。常见的粉煤灰利用方式是制造水泥、烧砖等；炉渣主要用来铺路，打地基。目前，平朔矿区粉煤灰、炉渣主要由集中供热及矸石电厂燃煤锅炉产生，其产生量占入炉煤量的 22%~26%。矿区炉渣产生量目前用于建材及铺路；生活区锅炉房炉渣由附近农民运走作为建材使用。但粉煤灰则未进行综合利用，全部用于沉陷区的填埋。化工类项目除尘器收集得到的除尘灰主要由车间回收利用。现状粉煤灰排放量约 87.6 万 t/a。

危险废物：除一般工业固废外，平朔矿区也会产生危险废物，以废机油和废棉纱为主，大多产生于车辆、机械设备使用及维修等过程中。其中，安太堡矿废油产生量为 432t/a；安家岭矿废油产生量为 9762t/a，废机油全部用接油桶收集后输入集油池，每车间外有一个集油池，油池集满后由废油回收站回收。部分项目少量废机油、废棉纱处置方式选择送锅炉房掺煤燃烧。平朔矿区主要固废污染环节、治理措施及污染物排放量见表 5.10。

表 5.10 平朔矿区主要固废污染环节、治理措施及污染物排放量

污染源	主要产业规模	主要产污环节	主要固废治理措施	煤矸石/(万 t/a)	粉煤灰/(万 t/a)
安太堡露天矿	核定生产能力 22Mt/a，入选原煤主要来自安太堡露天矿，还可以加工井东矿的原煤，设计能力 25Mt/a	选煤厂洗选矸石	约 40 万 t 矸石送电厂，余下全部运到内排土场进行集中处置	490	—
		集中供热锅炉灰渣	用于建材与铺路，其余送至沉陷区填埋	—	—

续表

污染源	主要产业规模	主要产污环节	主要固废治理措施	煤矸石/(万 t/a)	粉煤灰/(万 t/a)
安家岭煤矿	核定生产能力 22Mt/a，入选原煤来自安家岭露天煤矿，也可入选部分井工一矿原煤，设计能力 25Mt/a	选煤厂洗选矸石	运到内排土场进行集中处置	450	—
		集中供热锅炉灰渣	用于建材与铺路，其余送至沉陷区填埋		
安家岭井工一矿	核定原煤生产能力 10Mt/a，入选原煤来自安家岭井工一矿，设计能力 15Mt/a	掘进矸石	运至场地北侧的安家岭内排土场填埋	15	—
		选煤厂洗选矸石	排至安家岭露天矿排土场与矿坑剥离物混排	330	
安家岭井工二矿	核定原煤生产能力 10Mt/a，入选原煤来自安家岭井工二矿，设计能力 15Mt/a	掘进矸石	约 30 万 t 煤矸石用于电厂发电，其余运至安太堡露天矿内排土场与矿坑剥离物混排	15	—
		选煤厂洗选矸石		330	
木瓜界井工矿	设计生产规模 6Mt/a。木瓜界选煤厂设计处理能力 6Mt/a	掘进矸石	运至安太堡排土场（西排扩大区）进行堆放	15	—
		选煤厂洗选矸石		160	
		集中供热锅炉灰渣	用于建材与铺路，其余送至沉陷区填埋	—	
东露天矿	设计生产能力 20Mt/a，配套洗选能力 20Mt/a	选煤厂洗选矸石	矸石与土岩剥离物混排，并对排土场进行复垦	588	—
		集中供热锅炉灰渣	当地村民拉走作为建材		
平朔集团生活区		集中供热锅炉灰渣	当地村民拉走作为建材		
平安化肥厂	合成氨年生产能力为 3 万 t、多孔硝铵为 5 万 t	集中供热锅炉灰渣	用于沉陷区填埋、建材与铺路		
胶管胶带项目	各类输送带 500 万 m²/a，钢丝胶管 70 万 m/a	布袋除尘器除尘灰	送车间回用		
轮胎翻新项目	年翻新工程机械轮胎 900 条	滤筒除尘器除尘灰	送公司胶粉项目回用	—	—
格瑞特煤矸石电厂	装机容量为 2×135MW 汽轮发电机组	机组锅炉灰渣	灰渣优先进行综合利用，不能被利用的部分进行碾压储存	—	30.91
平朔煤矸石电厂	一期装机容量为 2×50MW 汽轮发电机组；二期扩建规模为 2×300MW 汽轮发电机组	机组锅炉灰渣	灰渣优先进行综合利用，不能被利用的部分进行碾压储存	—	56.69
合计				2393	87.6

3. 生态修复

1986 年至今，平朔集团累计投入数十亿元用于矿区的生态环境修复工作，还先后联合中国地质大学（北京）、山西农业大学、自然资源部土地整治重点实验室、山西省生物研究所、哈佛大学环境中心等科研单位，开展了以"地貌重塑、土壤重构、植被重建、景观再现、生物多样性重组与保护"为核心的科学研究和试验示范工程,并对矿区土地、生物资源现状进行了深度分析,挖掘矿区复垦潜在的社会、生态及经济价值,努力探索"废弃土地复垦与可持续利用"模式。以循环经济、生态重建、土地综合开发利用、保障农民就业为目的进行设计,争取把平朔矿区建成生态矿区、绿色基地。

1) 土地复垦情况

平朔矿区原始地貌占矿区面积的80%,且耕地在原始地貌中占比最大,其他依次是林地、草地、建筑用地等。平朔集团对处置煤矸石和土岩剥离物的排土场进行了土地复垦。目前,排土场已复垦的土地面积约2066.66hm^2,为排土场总面积的一半。已复垦排土场的土地利用类型以林地、耕地和草地为主;其次是工矿场区、剥离区,其中,耕地已复垦面积330hm^2,待复垦200hm^2。目前,煤炭开采直接占用土地4000hm^2,加上东露天矿占2000hm^{2}和新征土地2000hm^2,实际直接影响的土地面积有8000hm^2。

安太堡矿已复垦排土场37.69hm^2,安家岭矿已复垦排土场182.30hm^2,东露天矿已复垦排土场20.18hm^2。平朔集团编制完成了"平朔矿区农业开发区划"和"平朔矿区中药材发展规划",并完成了100hm^{2}北黄芪的种植;与泰国正大集团合作现代农牧业产业化示范项目,并签订了合作意向书,投资7000余万元用于生态产业二期示范工程,包括暖棚、智能温室、饲料场、沼气池等建设项目。

2) 排土场治理现状

平朔矿区共有6个排土场,其中安太堡露天矿4个,安家岭露天煤矿2个。安太堡露天矿排土场包括二铺排土场(27.5hm^2)、南排土场(174.79hm^2)、西排土场(236.05hm^2)和内排土场(161.77hm^2)。安家岭露天矿排土场包括外排土场和内排土场,外排土场占地面积452.0hm^2,内排土场采用安家岭露天矿开采后形成的采掘坑,为首采区,占地面积1200.0hm^2。平朔集团在摸清排土场地形地貌和工程特点的基础上,根据复垦地利用规划,对受损土地进行治理,依次为顺序回填、平整、覆土,使土地恢复到可利用的状态。安太堡露天煤矿:目前已完成三采区的转向工作,但是露天矿采掘场逐渐向东推进的过程中会经过芦子沟,此区域存在背斜现象,煤层倾角在纵、横方向上均会显著增大,最大达到22°,平均为8°~12°,落差超过270m,地表和基岩面下降50~100m。致使安太堡矿在芦子沟背斜东翼部分时间段不能实现正常内排。安家岭露天煤矿:位于安太堡露天煤矿南侧,按照年产25Mt煤产量的进度,安家岭矿同样会遇到背斜,但是相较于安太堡矿会推迟3年。安家岭内排土场从2004年开始治理,已绿化、复垦面积达到27.18hm^2。治理时内排土场平台采用周边修建挡土坝、土地平整后覆土植树的办法(即采取种植混交乔灌草)进行防护,同时设置排洪渠系工程。边坡利用了植物的固持作用防治坡面的水土流失。2004年开始着手进行外排的治理,其中,挡墙、排水渠系等水土保持工程措施占地2.0hm²,绿化复垦占地面积441hm²,目前,外排土场的绿化、复垦治理工作全部完成。东露天矿:在实现全部内排前,需要外排空间424Mm³,包括三个外排土场——北排土场、东排土场及麻地沟排土场。

目前,所有剥离物均排入北排土场,至今排入量为205.91Mm³,现该区已部分绿化,绿化面积为0.48km²。

3)矿区绿化现状

平朔矿区一直致力于对排土场和土地破坏地带的植被修复,目前,排土场植被覆盖率达到了90%以上,草灌乔类植被覆盖率维持在80%~90%,径流减少率达66%,侵蚀减少率达77%。边坡和平台经复垦绿化后风蚀现象显著减少,风速降低了38%。

安太堡露天矿:建矿较早,经过多年的逐步绿化完善,目前工业场地及办公区绿化率已达到40%。

安家岭露天矿:工业场地内大部分地面被建(构)筑物占用,其余裸露地表用于道路、广场和绿化。对工业场地预留场地和其他非硬化用地均采取了植物措施,有效控制了水土流失,增加了矿区生态效益。根据现场调查,矿区工业场地共绿化70万m²,绿化系数为40%,建20hm²苗圃一座;疏水系统运行良好,矿区内配备地面排水沟。同时,在控制场区水土流失方面也采取了有效措施,如种植防护林及水土保护林,改善了生态环境。

东露天矿:尚处于基建期,工业场地、选煤厂、铁路专用线绿化工程正在实施。北排土场现有部分绿化区域,绿化面积为0.48km²。

井工一矿:矿区绿化不仅能够美化环境,还能对污染物起到吸收、吸附等作用。井工一矿占地面积34.42hm²,通过在办公区域、其他建筑空间以及道路两侧等地方搭配种植各类树木、花卉、绿植等,使得绿化面积达到6.88hm²,绿化系数为20%。

井工二矿:位于井工一矿上窑区工业场地西北方向约3.9km处、安太堡露天坑东帮,占地面积9.58hm²。目前,场地内广场、场内道路的硬化与绿化措施均已实施。场内道路及广场硬化占地4.23hm²,护坡长度1175m,已有绿化面积3.48hm²,绿化率为36.3%。基本无裸露地表,总体上干净、整齐且功能分区明确,不存在生态破坏的情况。

井工三矿:工业场地生活区、联合办公楼和场内道路等区域进行了绿化。厂内道路宽3.5m,两侧种植灌木为冬青、沙地柏、油松等。场区绿化面积2.1hm²,绿化系数达到了15%。

5.2 基于生态功能的矿区污染减排能力和潜力评估

5.2.1 矿区生态减排功能性资产盘查

1. 减排功能性生态资产定义

在传统经济学中,资产是指可以给人们带来预期经济收益的有形或无形的财富。生态资产的概念是在生态资源和系统服务功能的基础上形成的,不同研究者对生态资产的理解侧重不同,一部分研究者侧重生态资产的价值形式,另一部分研究者侧重生态资产的实体形式,生态资产的定义如表 5.11 所示。

表 5.11 生态资产定义

侧重点	概念	核心	研究者
价值形式	①生态资产是资本中某些由生物提供的系统服务所形成的价值。②系统所具有的这种提供生物资源与系统服务的功能。③生态资产是一定时间和空间内,自然资产和系统服务能够增加的以货币计量的人类福利	强调系统服务功能价值	史培军等(2005);周可法等(2004)
价值形式	①生态资产是以系统服务功能效益和自然资源为核心的价值体现,包括隐形的系统服务功能价值和有形的自然资源直接价值。②生态资产是生态资源直接价值及其系统服务价值的总和,是表征系统质量状况的重要指标	资源直接价值与系统服务价值之和	潘耀忠等(2004);于德永等(2005)
实体形式	①生态资产是所有者对其实施生态所有权并可以从中获得经济利益的生态景观实体,强调生态资产所有权、使用权的归属性、生态环境景观的整体性以及潜在经济收益性。②生态资产是指具有物质及环境生产能力并能为人类提供服务和福利的生物或生物衍化实体,生态资产包括化石资源和系统	生态景观实体	黄兴文和陈百明(1999);高吉喜等(2016)
实体形式	①生态资产广义上是一切生态资源的价值形式,狭义上是国家拥有的能以货币计量的,能带来直接、间接或潜在经济利益的生态经济资源,这一定义既强调生态资产权属,又强调其潜在的经济收益。②生态资产是人类或生物与其环境相互作用形成的能服务于一定系统经济目标的适应性、进化性生态实体。它在未来能够产生系统产品或服务。该定义强调了生态资产结构、功能的动态性,以及价值性和进化性及其与人类经济社会发展的关系	生态经济资源	王健民和王如松(2001);胡聘等(2006)

综上所述,生态资产包括一切有形及无形的自然资源及生态环境,有形的即具有实物形态的(如矿产、木材等),无形的即不可见的或非实物形态的(如气候调节、自然游憩等),其可以为人类提供多种服务和福利。其中,大多数有形生态资产可以划归所有权,虽然商品价格不能完全反映生态资产的实际价值,但是生态资产可以进入商品市场并在其流通,使得价值有了具体表现。而无形生态资产(包括部分有形生态资产)多属于公共资产,不能划归所有权,因此无形生态资产不能进

入商品市场，其价值不能通过价格得以体现。尤其是在全球环境不断恶化的大背景下，无形生态资产愈加短缺，无形生态资产的评估已成为研究的重难点。随着社会发展的加快，人们对自然资源掠夺、对生态系统的干扰及侵占也更加明显，所以生态资产不是一成不变的，而是一个随着社会发展及生态环境动态变化的量。

根据平朔矿区的实际情况以及上述研究成果，对本章所涉及的"减排功能性生态资产"进行了定义，即在一定时间和空间内，具有吸收、滞纳温室气体（CO_2）和常规大气污染物［SO_2、NO_x、烟（粉）尘等］功能的生态景观实体。在本书中包括森林、灌丛、草地和农田。

2. 平朔矿区生态资产账户核查

根据平朔矿区农林牧调查资料以及环境保护规划、复垦规划和生态治理方案，通过遥感法、清单法等方法，核查平朔矿区内所有减排功能性生态资产并建立生态资产账户，重点评价生态减排能力。结果表明，森林、灌丛、草地和农田是矿区主要的具有减排功能的生态资产。矿区各系统主要植被特点及分布情况见表 5.12。

表 5.12　矿区主要植被特点及分布

	科名	主要植被	植被概况和分布
森林	松科	油松、落叶松、樟子松、云杉	矿区森林系统包括人工林地和天然次生林地，目前以人工林地为主，集中分布于矿区中部地区，即黄土丘陵区，多以 20 世纪六七十年代种植的小叶杨为主，但是由于土壤贫瘠、生长环境差，现已成为"小老树"；天然次生林分布在矿区东侧谷地，但随着区域被不断开发利用，天然次生林尚存稀少，呈零星分布状，很少见到成片天然林地
	杨柳科	小叶杨、新疆杨、合作杨、乌柳、旱柳、垂柳	
	豆科	刺槐、国槐	
	榆科	榆树	
灌丛	豆科	紫穗槐、柠条锦鸡儿、柠条	灌丛在矿区中也分布广泛，呈零星分散分布，且抗寒抗旱等抗性较强，物种丰富度高，主要分布在矿区北部丘陵地带
	胡颓子科	沙枣、沙棘	
	茄科	枸杞	
	木犀科	丁香	
草地	豆科	沙打旺、紫花苜蓿、红豆草、白香草木樨、黄香草木樨	矿区内草地包括天然草地和复垦草地，前者占矿区总面积的 7.12%，其分布受水分条件的影响，主要分布于河谷地段；后者主要分布在排土场及外扩区
	禾本科	无芒雀麦、冰草、芨芨草、狗尾草、大针茅、赖草	
	菊科	猪毛蒿、苦苣菜	
	藜科	刺藜、猪毛菜、绳虫实	
	唇形科	百里香、粘毛黄芩	
	锦葵科	蜀葵	

续表

科名	主要植被	植被概况和分布
农田	禾本科	谷子、黍子、燕麦、筱麦、玉米	耕地中所种植的农作物类型丰富，均属一年一熟制
	蓼科	荞麦	
	豆科	大豆	
	茄科	马铃薯	

平朔矿区生态修复和土地复垦成果显著，主要植被汇总如表5.13所示。

表 5.13 矿区排土场复垦植被汇总

植被	植被类型	地形特征
沙棘	灌木林	边坡、平台
榆树、刺槐、杏树、国槐	乔木林	平台
刺槐、油松	乔木林	缓坡、平台
刺槐、柠条	乔灌混交	平台
柠条、冰草	灌草混交	平台
刺槐、沙枣	乔灌混交	缓坡、平台
刺槐、杨树	乔木林	缓坡
沙棘、杨树	乔灌混交	平台
杏树	乔木林	平台
沙枣	灌木林	平台
沙打旺、杨树	乔草混交	平台
刺槐、柠条、沙枣	乔灌混交	斜坡
刺槐	乔木林	缓坡、边坡平台
沙棘、柠条、榆树	乔灌混交	平台
柠条、小叶杨	乔灌混交	边坡
刺槐、沙棘	乔灌混交	缓坡、边坡、平台
沙棘、柠条	灌木林	平台
紫花苜蓿	草地	平台
沙棘、沙枣	灌木林	边坡、平台
沙棘、紫花苜蓿	灌草混交	平台
杨树	乔木林	缓坡、边坡、平台
柠条	灌木林	边坡、平台
榆树、沙棘	乔灌混交	平台
杨树、柠条	乔灌混交	平台

续表

植被	植被类型	地形特征
云杉、落叶松、樟子松、油松	乔木林	平台
柳树	乔木林	平台
落叶松	乔木林	平台
榆树	乔木林	平台
枸杞	灌木林	平台
桉树	乔木林	平台
新疆杨	乔木林	平台
沙棘、沙柳	灌木林	边坡
杂草	草地	平台
耕地	耕地	平台
退化		边坡、平台
苗圃		平台

为了更加全面地评估平朔矿区生态减排能力，在保证数据可靠性的基础上，建立生态资产实物量核算账户并进行细化，如表 5.14 所示。

表 5.14　平朔矿区减排功能性生态资产实物量核算账户　（单位：hm²）

植被类型		面积	合计
乔木林	小叶杨	92.84	773.66
	刺槐	562.96	
	榆树	42.25	
	杨树	34.23	
	云杉	2.73	
	落叶松	8.57	
	樟子松	3.28	
	油松	2.18	
	柳树	7.48	
	桉树	2.67	
	新疆杨	2.46	
	国槐	12.01	
灌木林		271.35	271.35
草地		533.09	533.09

续表

植被类型		面积	合计
农田	谷子	199.90	1110.59
	黍子	99.95	
	燕麦	88.85	
	莜麦	166.59	
	玉米	188.80	
	荞麦	88.85	
	大豆	133.27	
	马铃薯	144.38	

5.2.2 矿区生态减排现状能力评价

温室气体排放与污染物排放是影响生态环境的两个重要方面，对二者的综合考量能够更全面地反映矿区生态系统的减排能力。

温室气体生态减排能力通过 CO_2 减排量来评估，涵盖森林、灌丛、草地和农田 4 种生态系统，分析其在吸收和固定 CO_2 以及减少碳排放方面的作用。CO_2 减排量通常指在某一时间段内，因植被生长或土壤改善而新增吸收或减少排放的 CO_2 量，这需要基准期的数据进行对比。在缺乏基准期数据的情况下，为了衡量植被和土壤的碳汇能力及其生态贡献，可假设所研究的时期是植被和土壤开始固定 CO_2 的阶段（即初始状态时碳储量为零），则可将 CO_2 储量作为 CO_2 减排量的近似表征，用于描述某一时期内植被和土壤对 CO_2 的吸收贡献。

同样，污染物生态减排能力的评估也涵盖森林、草地、农田等 4 种生态系统，分析它们在污染物的吸附、转化和削减方面的效益，以全面反映生态系统在环境保护中的作用。

1. 温室气体减排能力现状评价

1）森林减排能力

（1）森林植被减排能力评价。

采用平均生物量法，即通过森林生物量与含碳系数的乘积得到森林植被碳储量。通常意义上对生物量的定义是：某一时间单位面积或体积栖息地内所含一个及以上生物种，或所含一个生物群落中所有生物种的总个数或总干重（包括生物体内所存食物的重量）。不同树种总生物量通过不同树种单位面积生物量与平朔矿区各树种面积的乘积推算，列于表 5.15 中。

表 5.15　森林不同树种单位面积生物量和总生物量

主要树种	单位面积生物量/(t/hm²)	面积/hm²	总生物量/t
小叶杨	72.57	92.84	6737.40
刺槐	99.64	562.96	56093.33
榆树	34.73	42.25	1467.34
杨树	72.57	34.23	2484.07
云杉	143.68	2.73	392.25
落叶松	63.08	8.57	540.60
樟子松	106.09	3.28	347.98
油松	55.66	2.18	121.34
柳树	36.90	7.48	276.01
桉树	28.46	2.67	75.99
新疆杨	72.57	2.46	178.52
国槐	99.64	12.01	1196.68

森林植被碳储量计算的基本公式是

$$\text{某一树种碳储量} = \text{某一树种生物量} \times \text{树种含碳系数} \quad (5\text{-}1)$$

含碳系数的确定。各植物体元素组成均是相同的，即 16 种，分别是碳、氢、氧、氮及其他微量元素，但不同树种各元素质量分数不是完全相同的，其中，碳为 49.9%~52.0%，氢为 6.0%~6.6%，氧为 37.4%~41.5%，氮为 0.9%~1.5%。由研究分析可知，树木所形成的资源及能量来源于其组成物质，主要是细胞壁的结构成分：纤维素、半纤维素和木质素，因而可以根据各树种中纤维素、半纤维素和木质素含量以及各物质中碳元素所占比重推算各树种的含碳系数（CF），见式（5-2），其中，各树种中纤维素、半纤维素和木质素的质量分数通过查阅《木材化学》等资料得到，见表 5.16。

$$CF = \text{纤维素质量分数} \times \frac{4}{9} + \text{半纤维素质量分数} \times \frac{5}{11} + \text{木质素质量分数} \times 82.2\%$$

$$(5\text{-}2)$$

表 5.16　各树种纤维素、半纤维素、木质素质量分数及含碳系数

主要树种	纤维素质量分数/%	半纤维素质量分数/%	木质素质量分数/%	含碳系数
小叶杨	44.57	21.54	24.28	0.4956
刺槐				0.4834
榆树				0.4834
杨树	44.57	21.54	24.28	0.4956

续表

主要树种	纤维素质量分数/%	半纤维素质量分数/%	木质素质量分数/%	含碳系数
云杉	58.96	8.14	26.98	0.5208
落叶松	52.63	15.33	26.46	0.5211
樟子松	55.34	11.70	27.15	0.5223
油松	55.32	11.94	26.83	0.5207
柳树				0.4956
桉树	40.33	20.65	30.68	0.5253
新疆杨	44.57	21.54	24.28	0.4956
国槐				0.4834

根据式（5-1），各物种总生物量与含碳系数的乘积即不同树种的碳储量。基于 1t 碳相当于 3.67t CO_2 的换算关系，可通过碳储量计算得到 CO_2 储量，进而近似得到 CO_2 减排量，见表 5.17。

表 5.17 森林不同树种植被 CO_2 减排量

主要树种	碳储量/t	CO_2 储量/t	单位面积 CO_2 储量/(t/hm²)
小叶杨	3338.98	12254.06	131.99
刺槐	27115.43	99513.63	176.77
榆树	709.32	2603.20	61.61
杨树	1230.97	4517.66	131.98
云杉	204.23	749.52	274.55
落叶松	281.71	1033.88	120.64
樟子松	181.48	666.03	203.36
油松	63.28	232.24	106.53
柳树	136.76	501.91	67.10
桉树	39.99	146.76	54.97
新疆杨	88.35	324.24	131.80
国槐	578.43	2122.84	176.76
合计	33968.93	124665.97	—

乔木林主要树种单位面积 CO_2 储量如图 5.2 所示。可以看出，对于平朔矿区而言，云杉单位面积 CO_2 储量最大，其次是樟子松、刺槐、国槐等，而桉树单位面积 CO_2 储量最小，榆树、柳树次之。森林植被单位面积 CO_2 储量主要与单位面积生物量和含碳系数有关。尽管云杉等常绿针叶林的含碳系数稍大，但各树种几乎相差不大，因此，单位面积 CO_2 储量主要取决于单位面积生物量。单位面积生

第 5 章　平朔矿区治理修复与生态减排能力建设规划

物量受植被的年龄、健康状况等因素的影响，因此，保证森林植被高碳储量的关键是保证其繁茂生长。

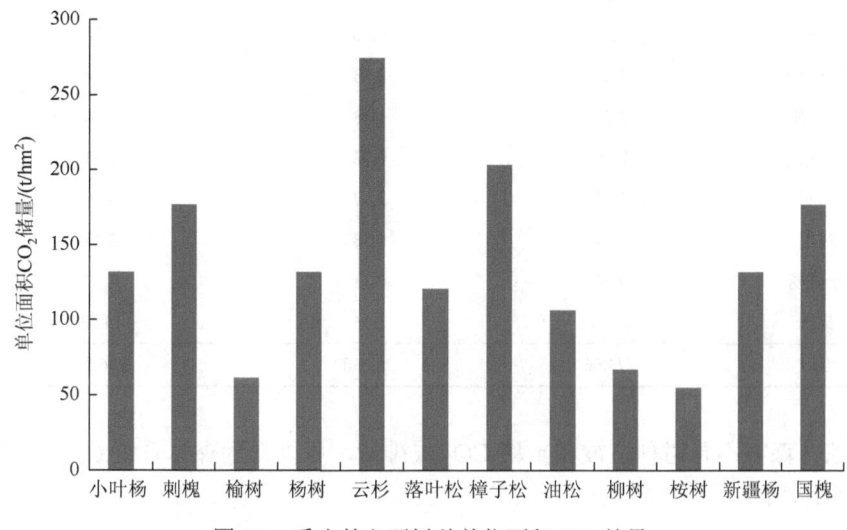

图 5.2　乔木林主要树种单位面积 CO_2 储量

（2）森林土壤减排能力评价。

本书中森林土壤碳储量的评估方法采用植被类型法。土壤有机碳密度的估算方法参考联合国政府间气候变化专门委员会（Intergovernmental Panel on Climate Change，IPCC）的推荐方法，估算公式如下：

$$DSOC = SOC \times \gamma \times TH \times 0.001 \tag{5-3}$$

式中，DSOC 为土壤有机碳密度，t/hm^2；SOC 为土壤有机碳量，综合已有研究成果，林地土壤有机碳质量分数取 12.44g/kg；γ 为土壤容重，可根据土壤质地在《中国土种志》中查得，林地土壤容重为 $1.31g/cm^3$；TH 为土层深度，这里默认为 20cm。

由式（5-3）可得，土壤有机碳密度为 $0.33t/hm^2$。土壤有机碳密度与不同树种土壤面积的乘积即各树种土壤碳储量，同样基于 1t 碳相当于 3.67t CO_2 的理论基础，通过碳储量可以进一步推算土壤 CO_2 减排量。计算结果如表 5.18 所示。

表 5.18　森林不同树种土壤 CO_2 减排量

主要树种	面积/hm^2	碳储量/t	CO_2 储量/t
小叶杨	92.84	30.64	112.45
刺槐	562.96	185.78	681.81
榆树	42.25	13.94	51.16

续表

主要树种	面积/hm²	碳储量/t	CO_2 储量/t
杨树	34.23	11.29	41.43
云杉	2.73	0.90	3.30
落叶松	8.57	2.83	10.39
樟子松	3.28	1.08	3.96
油松	2.18	0.72	2.64
柳树	7.48	2.47	9.06
桉树	2.67	0.88	3.23
新疆杨	2.46	0.81	2.97
国槐	12.01	3.96	14.53
合计	773.66	255.30	936.93

综合森林不同树种植被和土壤 CO_2 减排量，可以得到森林系统 CO_2 减排量，如表 5.19 所示。

表 5.19 森林系统 CO_2 减排量

系统	碳储量/t	CO_2 减排量/t	单位面积 CO_2 减排量/(t/hm²)
植被	33968.93	124666.04	161.14
土壤	255.30	936.95	1.21
森林系统	34224.23	125602.99	162.35

2）灌丛减排能力

灌丛植被碳储量的计算同森林植被一样，采用平均生物量法，即通过灌丛生物量与含碳系数的乘积得到灌丛植被碳储量。灌丛植被生物量的计算采用方精云等（1996）的方法，通过单位面积生物量与平朔矿区总面积的乘积来推算。其中，单位面积生物量为 19.76t/hm²，平朔矿区灌丛总面积为 271.35hm²，因此灌丛植被总生物量为 5361.88t。灌丛含碳系数参考《木材化学》等资料，采用 0.50。通过上述数据可得灌丛植被的碳储量为 2680.94t，进而推算出灌丛植被 CO_2 减排量为 9839.05t，单位面积灌丛植被 CO_2 减排量为 36.26t/hm²。

灌丛土壤碳储量的计算采用土壤碳密度方法，即土壤有机碳密度与灌丛总面积的乘积。灌丛土壤有机碳量和土壤容重分别取 12.38g C/kg 和 1.34g/cm³，根据式（5-3）可得灌丛土壤有机碳密度为 0.33t/hm²。将该结果与灌丛土壤总面积相乘得到灌丛土壤碳储量为 89.55t。进而转化为灌丛土壤 CO_2 减排量，为 328.64t，单位面积灌丛土壤 CO_2 减排量为 1.21t/hm²。

综合灌丛系统植被和土壤 CO_2 减排量，可以得到灌丛系统 CO_2 减排量，如表 5.20 所示。

表 5.20 灌丛系统 CO_2 减排量

系统	碳储量/t	CO_2 减排量/t	单位面积 CO_2 减排量/(t/hm²)
植被	2680.94	9839.05	36.26
土壤	89.55	328.64	1.21
灌丛系统	2770.54	10167.86	37.47

3）草地减排能力

草地碳储量的计算采用碳密度方法，首先采用国际上常用的转换率 0.45 将生物量统一以碳（g C/m²）的形式表示，再将碳密度与草地总面积相乘得到草地地上部分（植被）及地下部分（土壤）的碳储量，最后转化为 CO_2 储量，如表 5.21 所示。平朔矿区草地系统总 CO_2 储量平均为 13871.16t，其中，草地植被 CO_2 储量为（1741.23±156.52）t，草地土壤 CO_2 储量为（12188.62±1741.23）t，由此可见，草地生态系统土壤碳减排量远大于植被碳减排量，并且草地单位面积 CO_2 减排量为 26.02t/hm²，远小于森林单位面积 CO_2 减排量 162.35t/hm²。

表 5.21 草地系统 CO_2 减排量

草地	碳密度/(t C/hm²)	总碳储量/t	总 CO_2 储量/t
地上部分	0.89±0.08	474.45±42.65	1741.23±156.52
地下部分	6.23±0.89	3321.15±474.45	12188.62±1741.23
总量	7.12±0.88	3795.60±476.36	13929.85±1748.25

4）农田减排能力

农田植被碳储量的计算采用生物量方法，即将农田生物量乘以各作物碳储量系数得到农田植被碳储量。农田生物量的估算采用方精云等（1996年）提出的计算农田系统生物量的关系式，即

$$V_p = B \times (1-R)/f \tag{5-4}$$

式中，V_p 为农田系统生物量；B 为经济产量；R 为经济产量含水率；f 为经济系数。

其中，农作物经济产量由单位作物产量乘以各农作物的耕种面积得到。耕地中种植农作物有农田栽培植被谷子、黍子、燕麦等，均属一年一熟制，产量 750～1125kg/hm²，以作物产量中位数 937.50kg/hm² 作为单位作物产量；各农作物生物量估算主要参数如表 5.22 所示。

表 5.22　农作物生物量估算主要参数

农作物	总经济产量 B/t	经济产量含水率 R	经济系数 f
谷子	187.41	0.16	0.40
黍子	93.71	0.17	0.35
燕麦	83.29	0.15	0.40
莜麦	156.18	0.15	0.40
玉米	177.00	0.17	0.40
荞麦	83.29	0.15	0.40
大豆	124.94	0.15	0.34
马铃薯	135.35	0.16	0.70

将表 5.22 中的数据代入式（5-4）可得各农作物生物量，将计算得出的生物量与相应的作物碳储量系数相乘，得到农田系统各农作物碳储量，农田系统植被碳储量总计为 992.11t，将其乘以 3.67，可以推出农田系统植被 CO_2 储量为 3641.04t，单位面积 CO_2 储量为 3.28t/hm²（表 5.23）。

表 5.23　农田系统植被 CO_2 减排量

农作物	生物量 V_p/t	碳储量系数	碳储量/t	CO_2 储量/t	单位面积 CO_2 储量/(t/hm²)
谷子	393.56	0.4500	177.10	649.96	3.25
黍子	222.22	0.4500	100.00	367.00	3.67
燕麦	177.00	0.4853	85.90	315.25	3.55
莜麦	331.87	0.4853	161.06	591.09	3.55
玉米	367.27	0.4709	172.95	634.73	3.36
荞麦	177.00	0.4853	85.90	315.25	3.55
大豆	312.35	0.4500	140.56	515.86	3.87
马铃薯	162.42	0.4226	68.64	251.91	1.74
总计	2143.69	—	992.11	3641.04	3.28

农田系统碳储量的计算采用土壤碳密度方法，即将土壤有机碳密度与各作物土壤面积相乘得到。农田土壤有机碳量和土壤容重分别取 11.94g C/kg 和 1.21g/cm³，将其代入式（5-3），得农田土壤有机碳密度为 0.29t/hm²。最后将土壤有机碳密度 0.29t/hm² 与各作物土壤面积相乘得到碳储量。农田系统碳储量为 322.07t，土壤 CO_2 储量为 1182.00t（表 5.24）。

表 5.24 农田系统土壤 CO_2 减排量

农作物	面积/hm²	碳储量/t	CO_2 储量/t
谷子	199.90	57.97	212.75
黍子	99.95	28.99	106.39
燕麦	88.85	25.77	94.58
莜麦	166.59	48.31	177.30
玉米	188.80	54.75	200.93
荞麦	88.85	25.77	94.58
大豆	133.27	38.65	141.85
马铃薯	144.38	41.87	153.66
总计	1110.59	322.08	1182.04

综合农田系统植被和土壤 CO_2 减排量，可以得到整个农田系统 CO_2 减排量，如表 5.25 所示。

表 5.25 农田系统 CO_2 减排量

系统	碳储量/t	CO_2 减排量/t	单位面积 CO_2 减排量/(t/hm²)
植被	992.11	3641.04	3.28
土壤	322.07	1182.00	1.06
农田系统	1314.18	4823.04	4.34

2. 污染物减排能力现状评价

目前学者们已经对 100 多种大气污染物展开了研究，结合平朔矿区现状，本书筛选出 SO_2、NO_x、烟（粉）尘这三类含量高且危害大的典型污染物。

1）森林及灌丛减排能力评价

森林及灌丛对 SO_2、NO_x、烟（粉）尘的吸纳能力的评估采用吸收能力法，即通过单位面积吸收污染物的量与各树种面积的乘积得到各树种吸收污染物的量。其中，不同树种单位面积吸收大气污染物能力的数据如表 5.26 所示，对污染物的总吸收量如表 5.27 所示。

表 5.26 单位面积森林及灌丛吸收大气污染物的量

树种类型	单位面积吸收 SO_2 量/[kg/(hm²·a)]	单位面积吸收 NO_x 量/[t/(hm²·a)]	单位面积滞尘量/[t/(hm²·a)]
小叶杨	88.65	0.38	10.11
刺槐	88.65	0.38	10.11
榆树	88.65	0.38	10.11
杨树	88.65	0.38	10.11

续表

树种类型	单位面积吸收 SO$_2$ 量/[kg/(hm^2·a)]	单位面积吸收 NO$_x$ 量/[t/(hm^2·a)]	单位面积滞尘量/[t/(hm^2·a)]
云杉	117.60	0.38	32.00
落叶松	117.60	0.38	34.45
樟子松	117.60	0.38	34.45
油松	117.60	0.38	34.45
柳树	88.65	0.38	10.11
桉树	88.65	0.38	10.11
新疆杨	88.65	0.38	10.11
国槐	88.65	0.38	10.11
灌木林	40.14	0.38	8.00

表 5.27 森林及灌丛系统吸收污染物的量

树种类型	吸收 SO$_2$ 量/t	吸收 NO$_x$ 量/t	滞尘量/t
小叶杨	8.23	35.28	938.59
刺槐	49.91	213.92	5691.51
榆树	3.75	16.06	427.15
杨树	3.03	13.01	346.03
云杉	0.32	1.04	87.34
落叶松	1.01	3.26	295.24
樟子松	0.39	1.24	112.83
油松	0.26	0.83	75.22
柳树	0.66	2.84	75.61
桉树	0.24	1.02	27.04
新疆杨	0.22	0.93	24.83
国槐	1.06	4.56	121.41
森林系统	69.08	293.99	8222.80
灌丛系统	31.05	293.99	6189.20

由表 5.26 和表 5.27 可知，平朔矿区森林系统对 SO$_2$、NO$_x$、烟（粉）尘的减排量分别为 69.08t、293.99t、8222.80t，而灌丛系统为 31.05t、293.99t、6189.20t。森林系统整体对大气污染物的吸收能力略高于灌丛系统，其中对 SO$_2$ 和烟（粉）尘的吸收能力均高于灌丛系统，对 NO$_x$ 的减排能力相当。

2）草地减排能力评价

对草地对大气污染物的吸纳能力评估同样采用吸收能力法，草地吸收 SO$_2$、NO$_x$、烟粉尘的量由单位面积草地吸收大气污染物的量与草地面积的乘积得到，见表 5.28 和表 5.29。

表 5.28 单位面积草地吸收大气污染物的量

单位面积吸收 SO$_2$ 量/[kg/(hm^2·a)]	单位面积吸收 NO$_x$ 量/[kg/(hm^2·a)]	单位面积滞尘量/[kg/(hm^2·a)]
40.14	10.75	95

表 5.29 草地系统吸收污染物的量

系统	吸收 SO$_2$ 量/t	吸收 NO$_x$ 量/t	滞尘量/t
草地	21.40	5.73	50.64

因此，平朔矿区草地系统对 SO$_2$、NO$_x$、烟粉尘的减排量分别为 21.40t、5.73t、50.64t。

3）农田减排能力评价

由于农田中各作物单位面积吸收大气污染物的数据难以获取，本书参考已有研究，取作物单位面积吸收大气污染物的均值作为本研究的参数，如表 5.30 所示。

表 5.30 单位面积农田吸收大气污染物的量

作物类型	单位面积吸收 SO$_2$ 量/[kg/(hm^2·a)]	单位面积吸收 NO$_x$ 量/[kg/(hm^2·a)]	单位面积滞尘量/[kg/(hm^2·a)]
秋杂粮旱作物	45.00	33.50	0.95

农田系统吸收各污染物的量由单位面积吸收污染物的量乘以农田总面积得到，具体结果如表 5.31 所示。

表 5.31 农田系统吸收污染物的量

系统	吸收 SO$_2$ 量/t	吸收 NO$_x$ 量/t	滞尘量/t
农田	49.98	37.20	1.06

因此，平朔矿区农田系统对 SO$_2$、NO$_x$、烟粉尘的减排量分别为 49.98t、37.20t、1.06t。

5.2.3 矿区生态减排实施潜力预测

根据近期规划，平朔集团将继续加强矿区和周边地区的绿化造林工程，尤其是排土场的复垦工作。复垦后的土地及植被系统将形成巨大的减排效应。

1. 生态修复规划

平朔集团拟对矿区内三个露天矿进行复垦利用,并对工业场区及生活区进行绿化。

1) 排土场复垦规划

(1) 安太堡露天矿复垦规划。

结合安太堡露天矿的实际情况,对其复垦采用林草地与耕地相结合的方式。平台复垦以耕地为主,复垦面积为 460.88hm², 占比 80%; 并辅以森林, 复垦面积为 115.22hm², 占比 20%; 平台总复垦面积为 576.10hm²。边坡复垦以灌丛和草地为主,灌丛复垦面积为 59.38hm², 占比 40%; 草地复垦面积为 89.06hm², 占比 60%, 相对均衡。总体来看, 安太堡露天矿耕地复垦面积最大, 其他依次为森林、草地、灌丛, 具体数据见表 5.32。

表 5.32 安太堡露天矿复垦面积统计 (单位: hm²)

系统	森林	灌丛	草地	耕地	小计
平台	115.22	0.00	0.00	460.88	576.10
边坡	0.00	59.38	89.06	0.00	148.44
合计	115.22	59.38	89.06	460.88	724.54

(2) 安家岭露天矿复垦规划。

结合安家岭露天矿的实际情况,对其复垦采用林草地与耕地相结合的方式。平台复垦以耕地为主,复垦面积为 304.97hm², 占比 80%; 并辅以森林, 复垦面积为 76.24hm², 占比 20%; 平台总复垦面积为 381.21hm²。边坡种植灌丛和草地, 其中灌丛复垦面积为 25.21hm², 占比 40%; 草地复垦面积为 37.82hm², 占比 60%, 相对均衡。总体来看, 安家岭露天矿耕地复垦面积最大, 其他依次为森林、草地、灌丛, 具体数据见表 5.33。

表 5.33 安家岭露天矿复垦面积统计 (单位: hm²)

系统	森林	灌丛	草地	耕地	小计
平台	76.24	0.00	0.00	304.97	381.21
边坡	0.00	25.21	37.82	0.00	63.03
合计	76.24	25.21	37.82	304.97	444.24

（3）东露天矿复垦规划。

结合东露天矿的实际情况，对其复垦采用林草地与耕地相结合的方式。平台复垦以耕地为主，复垦面积为 210.17hm²，占比 80%；并辅以森林，复垦面积为 52.54hm²，占比 20%；平台总复垦面积为 262.71hm²。边坡复垦以灌丛和草地为主，其中灌丛复垦面积为 30.23hm²，占比 40%；草地复垦面积为 45.35hm²，占比 60%，相对均衡。总体来看，东露天矿耕地复垦面积最大，其他依次为森林、草地、灌丛，具体数据见表 5.34。

表 5.34　东露天矿复垦面积统计　　　　　　　　（单位：hm²）

系统	森林	灌丛	草地	耕地	小计
平台	52.54	0.00	0.00	210.17	262.71
边坡	0.00	30.23	45.35	0.00	75.58
合计	52.54	30.23	45.35	210.17	338.29

综合以上分析，平朔矿区排土场复垦情况如表 5.35 所示。

表 5.35　平朔矿区排土场复垦情况　　　　　　　　（单位：hm²）

土地类型	安太堡	安家岭	东露天	总面积
乔木林	115.22	76.24	52.54	244.00
灌木林	59.38	25.21	30.23	114.82
草地	89.06	37.82	45.35	172.23
耕地	460.88	304.97	210.17	976.02
合计	724.54	444.24	338.29	1507.07

2）矿区工业广场绿化规划

根据环境保护规划，在工业场区种植 300 万株大规格油松、云杉，每年绿化面积达到 500 亩，总计 1500 亩，绿化率超过 43.7%。因此，平朔集团工业场区增加森林面积 1500 亩，即 100hm²。

3）生活区绿化规划

根据环境保护规划，对生活区进行绿化，主要在居住区、公园及道路两侧种植绿植，美化环境，提升生活质量，将平朔生活区打造成宜居小区，绿化面积达 1200 余亩，约 80hm²。

由于生活区的绿化采取草、灌、乔的方式，这里假设生活区绿化面积中，草、灌、乔面积比是 1∶1∶1。因此，新增各系统面积如表 5.36 所示。

表 5.36　新增各系统面积　　　　　　　　　　　　（单位：hm²）

系统	森林	灌丛	草地	农田
排土场	244.00	114.82	172.23	976.01
工业广场	100.00	—	—	—
生活区	26.27	26.27	26.27	—
合计	370.27	141.09	198.50	976.01

2. 温室气体减排潜力预测

结合各系统 CO_2 减排能力和平朔矿区各系统新增面积，根据式（5-5）计算得出各系统对 CO_2 的总减排潜力，如表 5.37 所示。

$$P_{CO_2} = \sum_{i=1}^{4} C_i \times S_i \quad (5\text{-}5)$$

式中，P_{CO_2} 为 CO_2 的总减排潜力，t；C_i 为 i 系统单位面积 CO_2 减排量，t/hm²；S_i 为 i 系统面积增长潜力，hm²。

表 5.37　CO_2 生态减排潜力

系统	单位面积 CO_2 减排量/(t/hm²)	面积增长潜力/hm²	CO_2 减排潜力/t
森林	162.35	370.27	60114.10
灌丛	37.47	141.09	5286.64
草地	26.02	198.50	5164.97
农田	4.34	976.01	4235.88
合计	—	1685.87	74804.26

平朔矿区复垦和绿化土地 CO_2 减排潜力约为 7.48 万 t。

3. 污染物减排潜力预测

结合各系统大气污染物减排能力和各系统新增面积，根据式（5-6），可计算得出各系统对 SO_2、NO_x、烟粉尘的总减排潜力，如表 5.38 所示。

$$P_p = \sum_{i=1}^{4} P_i \times S_i \quad (5\text{-}6)$$

式中，P_p 为污染物（SO_2、NO_x、烟粉尘）的减排潜力，t；P_i 为 i 系统单位面积大气污染物（SO_2、NO_x、烟粉尘）减排量，t/hm²；S_i 为 i 系统面积增长潜力，hm²。

表 5.38　大气污染物生态减排潜力　　　　　（单位：t）

系统	SO$_2$	NO$_x$	烟粉尘
森林	36.40	140.70	6671.99
灌丛	5.66	53.61	1128.69
草地	7.97	2.13	18.86
农田	43.92	32.70	0.93
合计	93.95	229.14	7820.47

平朔矿区复垦和绿化土地 SO$_2$、NO$_x$、烟粉尘减排潜力分别为 93.95t、229.14t、7820.47t。

5.2.4　矿区生态减排综合评估

1. 生态减排能力核定

前面所计算的生态减排能力及潜力均是理论值，实际上减排功能并不能完全发挥，因此进行生态减排能力与潜力综合评估。基于以往文献以及平朔矿区的实际情况，设定高、中、低三种生态减排情景，分别对应高、中、低三种核定系数。在高生态减排情景下，所有植物生长发育状况良好且处于成熟状态，自然气候条件适宜，生态减排能力得到充分发挥；在中生态减排情景下，大部分植物生长良好，成熟程度高，但仍有一小部分植物处于幼苗期或衰老期，生态减排能力得到部分发挥；在低生态减排情景下，植物要么处于幼苗期，要么受外界环境的影响而生长状态差，导致生态减排能力不足。

植物对 CO$_2$ 的吸收主要依靠光合作用，核定系数较高，这里取高、中、低三种核定系数，分别为 0.85、0.75、0.60。核定后各系统 CO$_2$ 生态减排量如表 5.39 所示。

表 5.39　各系统 CO$_2$ 生态减排能力和潜力核定　　　　（单位：t）

时间	系统	高	中	低
现状值	森林	106762.55	94202.25	75361.80
	灌丛	8642.68	7625.89	6100.71
	草地	11790.49	10403.37	8322.70
	农田	4099.54	3617.24	2893.79
	合计	131295.26	115848.75	92679.00
新增潜力	森林	51096.99	45085.58	36068.46
	灌丛	4493.60	3964.94	3171.95
	草地	4390.22	3873.73	3098.98
	农田	3602.81	3178.95	2543.16
	合计	63583.62	56103.20	44882.55

续表

时间	系统	高	中	低
预测值	森林	157859.54	139287.83	111430.26
	灌丛	13136.28	11590.83	9272.66
	草地	16180.71	14277.10	11421.68
	农田	7702.35	6796.19	5436.95
	合计	194878.88	171951.95	137561.55

碳排放系数与技术条件及能源结构相关，对于我国来说，能源结构不合理且利用率低，燃烧 1 吨标煤对应 CO_2 的排放量约为 2.45t。将表 5.39 中的 CO_2 减排量转换为生态节能量，如表 5.40 所示。

表 5.40　高、中、低三种情景下生态节能量　　（单位：吨标煤）

时间	系统	高	中	低
现状值	森林	43576.55	38449.90	30759.92
	灌丛	3527.62	3112.61	2490.09
	草地	4812.44	4246.27	3397.02
	农田	1673.28	1476.42	1181.14
	合计	53589.89	47285.20	37828.17
新增潜力	森林	20855.91	18402.28	14721.82
	灌丛	1834.12	1618.34	1294.67
	草地	1791.93	1581.11	1264.89
	农田	1470.53	1297.53	1038.02
	合计	25952.49	22899.26	18319.40
预测值	森林	64432.47	56852.18	45481.74
	灌丛	5361.75	4730.95	3784.76
	草地	6604.37	5827.39	4661.91
	农田	3143.82	2773.96	2219.16
	合计	79542.41	70184.48	56147.57

植物对大气污染物的吸收主要依靠干湿沉降和截留附着，核定系数相对较低，这里取高、中、低三种核定系数分别为 0.60、0.50、0.40。核定后各系统的污染物生态减排量如表 5.41 所示。

表 5.41　污染物生态减排能力和潜力核定　　（单位：t）

时间	污染物	高	中	低
现状值	SO_2	102.90	85.75	68.60
	NO_x	378.55	315.45	252.36
	烟粉尘	8678.23	7231.85	5785.48

续表

时间	污染物	高	中	低
新增潜力	SO_2	56.37	46.97	37.58
	NO_x	137.49	114.57	91.66
	烟粉尘	4692.28	3910.23	3128.19
预测值	SO_2	159.27	132.72	106.18
	NO_x	516.04	430.02	344.02
	烟粉尘	13370.51	11142.08	8913.67

2. 生态减排经济价值评估

只考虑森林、灌丛、草地及农田系统在碳减排、大气污染物减排方面的经济价值，采用市场价值法进行评估。首先通过通货膨胀率将未来经济价值转化为起始年不变价，公式为

$$P = \frac{V}{(1+r)^n} \tag{5-7}$$

式中，P 为 CO_2、SO_2、NO_x、烟粉尘生态减排的基期不变价值；V 为未来某年 CO_2、SO_2、NO_x、烟粉尘生态减排当期经济价值；r 为通货膨胀率，这里取通货膨胀率 3.0%；n 为评价年与起始年的时间差。

1) 温室气体生态减排经济价值评估

平朔矿区 CO_2 生态减排的经济价值采用碳税法和较多学者认可的瑞典碳税率（150 美元/t C）进行计算。

基于 1t C 对应 3.67t CO_2，且汇率设定 1 美元对人民币 6.83 元，因此减排 1t C 相当于减排 3.67t CO_2，进而推算碳税率为 279.16 元/t CO_2。利用式 $V_C = Q_C \times T_C$（式中，V_C 为 CO_2 生态减排经济价值；Q_C 为各系统对 CO_2 的减排能力；T_C 为碳税率）可得出 CO_2 生态减排经济价值。再结合式（5-7），将 CO_2 生态减排经济价值统一到起始年，以起始年不变价表示，见表 5.42。

表 5.42 CO_2 生态减排经济价值 （单位：万元）

时间	系统	高	中	低
现状值	森林	2809.30	2478.79	1983.03
	灌丛	227.42	200.66	160.53
	草地	310.25	273.75	219.00
	农田	107.87	95.18	76.15
	合计	3454.84	3048.38	2438.71

续表

时间	系统	高	中	低
新增潜力	森林	992.05	875.34	700.27
	灌丛	88.91	78.45	62.76
	草地	79.39	70.05	56.04
	农田	77.60	68.47	54.78
	合计	1237.95	1092.31	873.85
预测值	森林	3801.35	3354.13	2683.31
	灌丛	316.33	279.11	223.29
	草地	389.64	343.80	275.04
	农田	185.48	163.66	130.92
	合计	4692.80	4140.70	3312.56

2）污染物生态减排经济价值评估

对大气污染物生态减排经济价值评估仍然采用 SO_2、NO_x 和烟粉尘三个指标，评估方法均采用市场价值法，其交易价分别为 17000 元/t、18000 元/t 和 5000 元/t。

（1）SO_2 减排经济价值评估。

根据式 $V_{SO_2} = Q_{SO_2} \times F_t$（式中，$V_{SO_2}$ 为 SO_2 生态减排经济价值；Q_{SO_2} 为各系统对 SO_2 的减排能力；F_t 为 SO_2 排污权交易价格，17000 元/t），可得出平朔矿区 SO_2 生态减排经济价值，结合式（5-7），将 SO_2 减排经济价值统一到起始年，以起始年不变价表示，如表 5.43 所示。

表 5.43　SO_2 生态减排经济价值　　　　　（单位：万元）

时间	系统	高	中	低
现状值	森林	66.41	55.34	44.27
	灌丛	29.86	24.88	19.90
	草地	20.57	17.14	13.72
	农田	48.05	40.04	32.03
	合计	164.89	137.40	109.92
新增潜力	森林	26.39	21.99	17.59
	灌丛	2.45	2.04	1.63
	草地	5.26	4.39	3.51
	农田	34.57	28.81	23.04
	合计	68.67	57.23	45.77

时间	系统	高	中	低
预测值	森林	92.80	77.33	61.86
	灌丛	32.31	26.92	21.54
	草地	25.84	21.53	17.23
	农田	82.62	68.85	55.08
	合计	233.57	194.63	155.71

(2) NO_x 减排经济价值评估。

根据式 $V_{NO_x} = Q_{NO_x} \times F_t$（式中，$V_{NO_x}$ 为 NO_x 生态减排经济价值；Q_{NO_x} 为各系统对 NO_x 的减排能力；F_t 为 NO_x 排污权交易价格）得出平朔矿区 NO_x 生态减排经济价值，结合式（5-7），将 NO_x 减排经济价值统一到起始年，以起始年不变价表示，如表 5.44 所示。

表 5.44　NO_x 生态减排经济价值　（单位：万元）

时间	系统	高	中	低
现状值	森林	187.87	156.56	125.25
	灌丛	187.87	156.56	125.25
	草地	3.66	3.05	2.44
	农田	23.78	19.81	15.85
	合计	403.18	335.98	268.79
新增潜力	森林	217.09	180.91	144.73
	灌丛	135.96	113.30	90.64
	草地	3.66	3.05	2.44
	农田	41.35	34.45	27.56
	合计	398.06	331.71	265.37
预测值	森林	404.97	337.47	269.98
	灌丛	323.83	269.86	215.89
	草地	7.33	6.11	4.88
	农田	65.12	54.27	43.41
	合计	801.25	667.71	534.16

(3) 烟粉尘减排经济价值评估。

根据式 $V_D = Q_D \times F_t$（式中，V_D 为系统滞尘经济价值；Q_D 为各系统滞尘量；F_t 为烟粉尘排污权交易价格，5000 元/t），可得出平朔矿区烟粉尘生态减排经济价值，结合式（5-7），将烟粉尘生态减排经济价值统一到起始年，以起始年不变价表示，如表 5.45 所示。

表 5.45 烟粉尘生态减排经济价值   （单位：万元）

时间	系统	高	中	低
现状值	森林	2325.24	1937.70	1550.16
	灌丛	1750.17	1458.48	1166.78
	草地	14.32	11.93	9.55
	农田	0.30	0.25	0.20
	合计	4090.03	3408.36	2726.69
新增潜力	森林	1529.28	1274.40	1019.52
	灌丛	143.57	119.64	95.71
	草地	3.66	3.05	2.44
	农田	0.21	0.18	0.14
	合计	1676.72	1397.27	1117.81
预测值	森林	3854.52	3212.10	2569.68
	灌丛	1893.74	1578.12	1262.50
	草地	17.99	14.99	11.99
	农田	0.51	0.43	0.34
	合计	5766.76	4805.64	3844.51

5.3 矿区治理修复重点任务与生态减排能力建设

5.3.1 环境治理与生态修复重点任务

1. 生态修复与环境治理总体思路

围绕"削减总量、改善质量、生态修复"三个工作重点，重点对脱硫、脱硝装置配套建设及改造，除尘器改造，煤矸石、煤泥、电厂灰渣和矿井水综合利用，土地复垦以及绿化改造等环境问题提出了环保控制目标和治理措施，全方位推进环境保护和生态建设工作。对矿区现有生态环境问题进行治理，有效预防污染扩散化及生态破坏严重化，并解决历史遗留问题，使得矿区生态环境得到改善，实现生产和生态双丰收（图 5.3）。

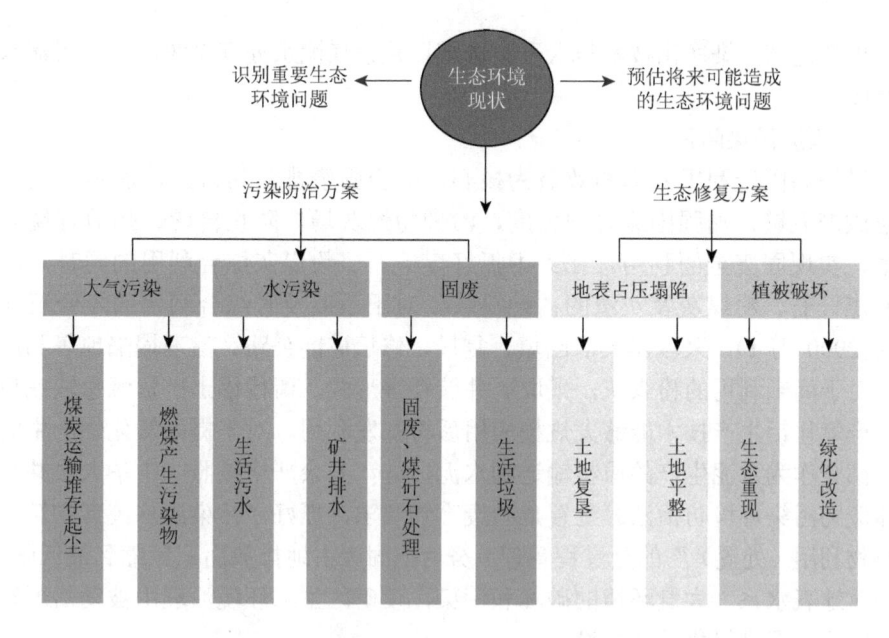

图 5.3 平朔矿区环境治理与生态修复技术路线

2. 强化污染减排,提升环境质量

1) 大气污染防治

公司发电企业全部配置先进烟气脱硫设施,综合脱硫率力争达到 96%以上,实施电加袋为主的复合除尘方式,烟尘排放浓度保持在 30mg/m³ 以下,新建的电场均配备脱硝效率在 80%以上的烟气脱硝设施。矿区内集中供热锅炉采用双碱法脱硫方式,脱硫效率不低于 90%,20 蒸吨以上的燃煤锅炉改用袋式高效除尘技术;煤矸石生产烧结砖隧道窑、建材项目回转窑配备脱硫效率在 80%以上的脱硫设施。对选煤厂储煤场包括安太堡、安家岭原煤、二号井原煤等露天煤堆进行封闭。对于水泥等建材产生的粉尘污染,在生产各环节进行封闭管理,并同步建设集尘装置和高效除尘设施。区域热源配套工程优先选用新型高效节能环保煤粉锅炉。

2) 水污染防治

加强煤矿矿井水深度处理和回用,矿区所有污水经污水处理厂处理后均汇入安家岭水库,最后通过废水复用系统实现污水复用,可应用于矿区绿化、道路洒水等,实现水资源的循环利用,无外排。矿区内现有一个二级污水处理厂,日处理能力为 15000t,通过加快污水处理厂配套管网建设步伐来提升该厂污水处理能力,尽快达到一级 A 排放标准,建设完善日处理 4000t 的中水回用系统,用于生活区绿化、道路洒水,其余废水达标排放。煤化工行业不仅要加强排污管理制度，也要提高污染净化技术与水平。选煤厂建设煤泥水处理系统，保证煤泥水闭路循环。

3）固废污染防治

以提高固废利用效率和效益为核心，减少固废排放为目的，加强废渣利用并形成产业链，加强固废管理力度，治理粉煤灰场，防止自燃、扬散等现象的发生，实现固废全面利用。在大力抓好煤矸石、粉煤灰综合利用的同时，严格控制煤矸石、粉煤灰及灰渣的占地排放。对于不能及时综合利用的煤矸石（每年约 2900 万 t），采取露天矿回填、复垦、修填矿区公路、治理塌陷地等利用方式。对于尚未利用的粉煤灰，采取矿井储存等形式，留待铝土矿资源短缺或粉煤灰生产氧化铝生产技术能够大规模应用后再开发利用。对于提取氧化铝产生的赤泥，部分作为水泥生产的原料输送到水泥厂外，其余严格按照《中华人民共和国固体废物污染环境防治法》处置危险废弃物要求，抓好"污染源—废弃物转移—废弃物利用（处置）"的全过程管理。努力把固废占地排放面积压缩到最低限度，减少对地表水系、大气环境的破坏和污染，使矿区生态环境治理由被动治理转为主动防治，促进绿色矿区建设。

3. 加快矿区土地平整与复垦

1）全力推进矿区排矸场土地平整

以安太堡矿、安家岭矿和东露天矿三个矿区排土场为重点实施土地整理工程，以排土场作为中心，平台、边坡相间分布，平台内做到土地平整，避免局部突出或内陷情况的发生，避免土地破碎化引起耕种困难。同时，根据矸石山表面的风化程度采用 CaO 或 $CaCO_3$ 实施酸性矸石山改良，采用覆土、废弃物填充给养等方法，解决矸石山养分贫乏、地表高温的问题。加强排土场边坡治理，解决沟壑冲刷和斜坡稳定的问题。露天开采具有两大特点，即开采速度快、用地周期短，基于此，注重开采计划与表土剥离计划和复垦计划相结合，做到有序复垦，按时按量还地。

2）加快推进采空沉陷区土地整理

对于井工矿开采后造成的地表沉陷，根据井下采煤计划和进度，提前做好分期防治的计划。对于处于塌陷前期的矿区，根据地表尚未稳定的特点，着重维持土地的可耕种性，及时填充裂缝、平整塌陷区，待沉陷稳定后再全面整治。在治理过程中，采用矸石回填、碾压、土方倒运、土地平整等办法恢复重塑地貌，而后在平整土地表面覆盖熟土，最后施肥以提高土地肥力。初期种植具备生物固氮功能类牧草培养土壤腐殖层恢复地力，再逐步进行土地开发。

3）积极开辟农业用地

在安太堡内排、西扩，安家岭矿西排、内排土场等较为稳定的区域，积极开发农业种植集中区。通过各种农艺措施，提升土壤肥力，建设农作物种植区、饲草（料）种植区、良种引进试验区和生态园林区等。围绕机耕围堰台地的边坡种植防风林，保护农田安全，避免水蚀和风蚀的发生，保障作物生长条件，使每年复垦农田面积达到 150hm^2。

4. 全面实施矿区绿化改造

1）建设生态防护林

按照矿区开采时序、生产建设和复垦规划的要求，以安太堡排土场、西排土场、内排南部，安家岭东排土场和东露天矿的外排土场的非稳定区为对象，共同作为矿区生态防护林。同时，随着开采和排土场的扩展，在其他敏感区域扩张防护林面积。根据防护区的特点和要求，建设带、块、片的布局防护体系和品种结构设计，以矿区复垦带动生态治理的进程。每年新增生态防护林面积在 300hm^{2}以上，满足矿区治理面积不低于 40%，实现了矿区生态治理最大化。

2）道路林网与矿区园林建设

开展矿区公路、铁路、道路两侧和工业场区的绿化，以防风固沙和控制污染为宗旨，合理设计林带结构与规范种植及养护。矿区工业场区每年绿化面积在 30hm^2 以上，满足绿化率达到 48%以上。防护林带和园林绿化占地为矿区面积的 10%。

3）生活区绿化建设

对生活区绿化进行全面升级改造，包括公园、居住区、道路旁等，结合绿化、美化、花化、香化的需要，在公共绿地的基础上增加园林景观，生活区绿化率达到 50%以上，进一步提升平朔生活区环境景观质量及居住环境质量。

5.3.2 生态修复实施保障措施

1）创新生态环境修复模式，构建生态修复长效机制

探索生态减排技术机制，提高生态复垦可持续性。利用山西省开展国家资源型经济转型综合配套改革试验，允许山西省先行先试一些政策和措施的机遇，积极探索生态减排机制，将矿区生态修复投入转化为发展动力。对于土地复垦及生态修复项目，在充分考虑带动矿区农民就业增收、保护生物多样性、改善生态环境的基础上，评估其净碳汇量、主要污染物减排量。出台相关政策对平朔矿区的生态减排建设给予承认、支持和鼓励，将生态减排与三种常规的减排手段相结合，形成完整的节能减排技术体系。在保证三种常规减排手段继续发挥节能减排效应的同时，大力发展生态减排技术，充分发挥其在节能减排方面的巨大潜能，实现矿区节能减排目标。

引入 BOT（build-operate-transfer，建设-运营-转让）模式，创新生态环境治理融资模式。在平朔矿区生态修复开发中，很多建设周期长、开发量大的基础设施项目开发遇到阻碍，存在开发资金严重不足、融资困难、后期管理不善等突出问题，从而严重影响了矿区生态修复工作的进展。建议充分利用市场手段，采取招商引资、特许经营等措施，如选择有实力的专业化运营企业，与之签订 BOT 开发合同，在一定期限内，让投资方完成矿区生态恢复建设并收回投资和获取利润，合同期满后，再无偿将平朔矿区生态修复建设项目归还平朔矿区。通过这些措施，拓宽融资渠道，减轻企业负担，提高项目效率、降低项目风险。

推进采矿用地管理制度改革，构建节约集约用地新机制。平朔集团在朔州发展用地主要集中在平朔矿区、朔南矿区，用地规模较大，多方利益存在冲突，如耕地补偿问题、失地农民就业安置问题、企业征地成本问题、生态恢复后土地难以利用问题等。因此，要积极响应自然资源部相关文件，对矿区用地进行制度改革，如采矿用地供应方式、审批制度及补偿方式改革等。充分利用建设用地征改租政策，给予企业优惠用地政策，在用地数量、指标、审批周期、失地农民安置、搬迁进度等方面给予积极支持和帮助。特别是对已落地项目，加快用地预审、报批手续办理，保证项目正常开工和顺利建设。

严格落实矿产资源开采与矿区生态修复治理同步规划、同步实施制度，构建矿区生态环境恢复全过程管理机制。强化煤矿项目设计、建设阶段的环境保护管理，在技术选型中综合考虑效益和环境保护，积极采用环境友好型的开采和建设方式，认真落实各项生态保护措施，从源头控制生态破坏。新建项目要严格执行环境影响评价制度，落实"三同时"和环境保护措施。采矿区要严格遵守《中华人民共和国清洁生产促进法》的规定，配备高效环保设施，不仅要对现有污染排放进行治理，也要对历史遗留问题负责。做到已建矿井尽量减少植被破坏，新建项目不产生新的生态破坏。

建立土地复垦与生态重建产学研基地。以科研教学为依托，以矿区土地复垦科研成果为基础，尽快获得自然资源部的科研支持，建立野外科学观测研究基地，以此作为科研人员获得第一手信息并进行交流的平台；与各大高校合作，将产学研基地打造成研究生培养的平台；加快推进生态修复实用技术的推广应用。

2）加大政策资金支持力度，推进规划重点项目顺利实施

加大政策支持力度，优化示范区建设发展环境。在重点规划项目的审批上，有关部门要在遵守相关程序的基础上加强对其重视程度，加快审批速度。政府应加大对重点项目的投资并给予最大的支持，如通过直接投入、贷款贴息等方式提供支持。财政部门应给予税收优惠，物价部门应给予同行业最优惠的电价政策优惠等。科技部门应对示范区给予重大科技专项经费支持。环保部门应结合生态减

排创新，给予污染物总量倾斜和调剂，给予煤矸石电厂、粉煤灰利用等项目环境容量支持，加快环境影响评价报告批复速度。

积极争取国家与地方的资金支持。认真研究国家节能环保鼓励政策，综合运用国债资金、环保专项资金等政策，多渠道、多角度积极筹措资金，为实施规划重点工程创造有利条件。积极争取包括中央和地方政府清洁生产审核奖励资金、资源综合利用和工业废水治理、生态治理恢复保证金、可持续发展基金等专项资金。争取部分煤矸石、粉煤灰综合利用项目列入示范基地。

加大政策性资金支持产业转型发展力度。根据估算，平朔集团以年产煤炭1.2亿t计，每年共需上缴政策性资金约42亿元，其中可持续发展基金、矿区治理保证金、煤炭转型基金分别约24亿元、12亿元、6亿元。依据山西省现有政策，可持续发展基金分配方式是山西省预留60％、地方政府预留40％。目前，缴纳企业还没有可持续发展基金使用权，只有其余两种基金使用权。预计10年内可使用基金累计额约180亿元，按照项目资本金、金融机构贷款比例计算，可满足600亿元的投资规模，可极大缓解矿区产业投资需求。建议朔州市政府帮助矿区向山西省争取政策性基金返还工作。企业可将返还的政策性资金作为发展非煤产业、生态治理等循环经济的资金来源。

提高生态修复资金使用效率。加大对所属企业环保资金的监管指导，规范资金投入使用管理，提高资金使用效益。提高各企业环保资金使用效率，规范矿区生态环境保护恢复治理资金使用，用好每年提取的约10亿元生态恢复保证金，将保证金用在重点生态治理问题上，如水土流失、生物多样性破坏、老旧矿井治理等对于区域性、系统性的生态环境问题可积极争取煤炭可持续发展基金。对于企业自主研发产品，给予技术和资金上的支持，帮助企业完成产品研发和设施运营。对于企业自主攻关重大科研课题，同样给予技术及产品服务方面的扶持。

3）推动科学技术攻关，服务矿区绿色发展

加大科技投入，每年节能环保科技投入占企业科技总投入的10％以上。在煤炭绿色开采、粉煤灰综合利用、燃煤锅炉脱硫脱硝、化工废水处理、碳排放控制、矿区生态恢复、绿色煤机制造、煤炭清洁高效利用等技术领域取得重要突破，取得一系列节能减排科技成果，并且将科研成果应用于实际，成果转化率达85％以上。

强化煤矿绿色开采技术研究应用。重点研究开发矿区减沉开采技术、井下矸石充填技术、煤矿机电与综合自动化技术，保障煤炭资源清洁低碳、高效安全开发，尽量避免煤炭开采对地表形态、地下水径流的影响，实现以矸换煤，进一步提高资源回收率，达到国际领先水平。

加强煤基再生资源综合利用研究。重点研发粉煤灰生产氧化铝、硅铝合金、硅铝铁合金、超细纤维、分子筛、絮凝剂等高新技术，粉煤灰生产新型墙材和筑路回填技术，大宗量煤矸石、煤泥、粉煤灰利用技术等；探索在消纳劣质煤的同时产生较好的经济效益的技术。

完善矿区土地复垦与生态修复系列技术。研究矿区污染减排和污水综合利用技术，形成平朔矿区生态恢复优化成套技术。重点开展大容量循环流化床锅炉燃烧脱硫技术、氮氧化物控制技术、烟气干法脱硫脱硝技术的研发，完善燃烧和烟气治理工艺，提高电站等大容量锅炉脱硫、脱硝效率。研发适用平朔地区生活污水除氮除磷技术，选煤厂煤泥水闭路循环技术，含酚、含氰煤化工有机废水处理技术，并完善回用技术，努力实现污水"零排放"。

4) 强化责任意识，推进各项任务组织实施

加强组织领导。成立推进平朔矿区生态恢复领导小组，由其全面负责矿区生态恢复绿色示范工作，同时各部门要进一步统一思想，从实践科学发展观的高度，切实转变发展理念，创新发展思路，把推进绿色经济转型升级摆到更加突出的位置。切实加强组织领导，及时研究解决遇到的新情况新问题。

明确责任分工。实行上下联动，各负其责。针对规划中涉及的重点工作、项目和政策，加大落实力度，围绕生态修复关键环节和领域，各相关部门制定相应的具体实施方案，明确工作时序和重点，落实责任到人。

加强监督检查。对规划实施情况进行跟踪检查，建立健全行动规划实施监测和定期评估制度，公布执行情况。建立生态修复绿色示范区建设年度报告制度，采取多种有效形式及时总结建设经验，鼓励企业职工积极参与绿色示范区建设规划的实施和监督。建立"半年一次汇报、年终汇总考核"制度。

加强绿色示范区建设宣传。全方位地宣传绿色示范区建设对矿区可持续发展的重要性，形成上下齐心、人人关心、全公司支持绿色示范区建设的良好氛围。在矿区内倡导节约、环保、文明的生产方式和消费方式，让节约资源、保护环境成为每个职工的自觉行为。

5.3.3 生态修复改进对策与长效机制

总体来看，平朔矿区生态修复工作包含了两大方面，分别是生态环境的治理和生态经济的重建，由此带来的是生态环境效益价值和社会经济效益价值。通过多年来持续的生态修复工作，平朔矿区生态修复取得了长足的进展，分别体现在矿区绿化覆盖率的提高、水土流失率的降低、空气净化与水源涵养水平的提升等生态效益方面。此外，还包括了带动地方就业、增加社会经济收入等，为实现转型跨越发展，提高企业经济活力，并开创新的经济增长点打下了基础。

从评估结果来看，平朔矿区持续开展生态修复工程，并加大资金投入，这是企业长久以来秉承的社会责任的延续和严格落实国家"生态文明"、落实山西省

"绿化山西"的有效践行。然而，也需要看到的是，生态修复环境效益低于生态修复治理工程的投资。另外，生态经济重建方面投资力度大、项目类型多，可是，项目更多处于基础设施建设阶段，已经投运的其产出和收益远未达到预计水平，社会经济的回报总体来讲低于其持续的高投入，没有能快速、高效地实现社会经济的明显收益，尚未真正形成良性的产业格局。

生态修复绩效评估的核心要求就是考量生态修复的投资所带来的生态修复效益的成效，因此，为真正达到平朔矿区生态修复绩效水平的提升，促进生态修复投资在生态环境效益方面的有效表现，在生态修复绩效评估结果的基础上，提出构建以"生态环境资源经营理念"为核心的主导思想，紧紧围绕"优化投资"与"增加效益"两大抓手，提出一系列改进对策与长效机制内容，要做到"两手抓、两手都要硬"，实现"两手齐抓、同步推进、长效维持、持续发展"，从而全面、科学、合理地开展平朔矿区一整套生态修复治理任务。

1. 建立生态环境资源经营理念

众所周知，水资源、矿产资源等资源是有价值的，同样环境资源也是一种资源。虽然环境资源的概念早前已被提出并有所应用，但并没有深入人心，在环境管理中没有得到深入的应用。

同其他资源一样，环境资源的使用是有偿的，企业主体需要对使用环境资源造成的污染负责，进行一定的补偿，如配备环保设施、进行生态恢复等。但是对于小型企业或是刚起步的企业，其发展薄弱，资金不足，付出环境资源的使用成本是困难的，但不能对此忽视，降低标准。

平朔矿区是我国大型煤炭生产基地，企业经济实力突出，环保意识强，成立之初就建立了环保管理部门，现已历经了近40年的发展，环保管理体系日趋完善，投资不断增加，治理项目不断扩展，效果显著，多次荣获各类表彰和奖励。可以认为，平朔矿区在生态环境保护方面的成就和效果走在了前列，并得到了认可，具有显著的推广意义和示范效应。

在此基础上，平朔矿区应进一步拓宽环境，深化生态修复理念。为此，提出"环境资源经营"理念，将"环境资源经营"的概念纳入平朔矿区整体经济发展规划理念，使环境资源的使用不造成企业生产经营负担，而转变为经营性产品和由此而带来的一系列高附加值收入，使之成为企业新的经济发展模式，并永葆成为企业环境污染治理和生态修复的"领路人"和"新航标"。

2. "优化投资"，拓展投资渠道，全面降低企业成本

1）大力争取各类投资补贴、降低企业成本

生态补偿制度在山西省已有所开展和尝试，矿区开采企业已开始实施矿区生

态环境恢复治理保证金、矿区地质治理保障金和煤炭可持续发展基金。平朔矿区应认真用好每一笔治理保证金，同时对于区域性的、系统性的生态环境问题可积极争取煤炭可持续发展基金。平朔矿区应对此高度重视，紧跟政策步伐，通过自身生态环境修复和建设而带来整个区域或流域的生态绩效提升，从而获得明显的经济补偿收益。另外，积极争取银行低息贷款、政府补偿返还等，吸纳各方资金，做到"用好他人的钱，办好自己的事"。

2）拓展融资渠道，实现投资多元化

争取中国中煤能源集团有限公司对企业各类政策和资金的支持。积极吸纳社会资金投入企业生态修复治理任务中。争取朔州市将平朔矿区生态治理修复纳入城市总体规划工作，并积极争取资金补助。争取平朔矿区成为山西省综合改革示范区转型试点企业，落实山西省转型综合改革的各项政策，申请山西省转型综合改革专项资金帮扶。

3）优先选用"成本低、效益好"的成熟的治理模式

平朔矿区长久以来的生态修复已取得了明显的效果，随着企业规模的扩大，需要进一步开展生态修复的范围也逐步扩大，企业高度认识到这一工作继续深入开展的必要性，但仅仅因为生态修复绩效呈现的滞后性，生态环境效益的产出尚未抵扣生态环境治理的投资。因此，应采取多种方式、多种类型的生态修复工程，而并不仅仅局限于单纯的植树、种草，可以选择适合区域发展、气候特点的农林牧草相结合的生态修复方式，考虑以开展小流域综合治理的生态、经济共同推进的生态修复模式等内容，以此快速呈现生态修复效果。

3. "增加效益"，提升经营品质、快速实现产业化发展

1）将"无形的生态效益"转化为"有形的生态资产"

目前，大气与水环境污染物减排考核是国家对环境总量控制管理的主要内容，并正大力推进碳减排。然而，生态减排与生态效益的评估还未纳入日常的环境管理体系。生态修复工作带来的效益潜力大，持续性强，但巨大的生态修复投入带来的"无形的生态效益"却未被全面认可和重视，应主动争取开展试点，以平朔矿区为试点，先行先试，考虑将生态修复与生态减排效益纳入考核管理办法，变"无形的生态效益"为"有形的生态资产"，实现企业生态效益的可考核、可量化、可兑现的目标。

2）大力拓展各类生态经济重建模式

平朔矿区作为老工业基地，工业实力雄厚，拥有丰富的工业资源，同时，已开展的生态修复工作已取得了良好的雏形，具有进一步大力开发与拓展的空间和可能性。因此，一方面，可主动将平朔矿区旅游纳入区域性旅游规划与项目中，积极吸纳各方旅游专家建议，可委托专业的咨询单位，量身打造旅游项目与内容，

创造高附加值的旅游效益。另一方面,在旅游形式上,可开发"工业旅游""教育基地""生态观光"等多种形式、复合型的旅游景区,从而大力拓展生态经济模式。

3) 开展土地流转,实现土地资源资产化

土地资源已越来越成为经济发展的瓶颈,可以认为,谁拥有土地,谁就拥有了发展的空间和潜力。平朔矿区大力开展土地复垦、平整等工作,将原来废弃的工业矿坑、排土场和废弃地"变废为宝",这已成为平朔矿区重要的土地资源和经济优势。通过开展土地流转,以出租、出售、变卖等形式盘活土地资源,将其发展成商品用地、农业用地、工业园区等,提高企业土地收益,实现生态修复效益直接经济"变现"。

4) 加快生态农业产业化步伐,实现产业经济与效益提升

平朔矿区已开展了畜禽养殖、大棚种植、日光温室等多种经济模式,这些工作一方面是经济转型的要求,另一方面对带动区域经济发展、提高区域农民经济收入有很好的贡献,并已形成了一定的雏形和规模。然而,目前这些工作基本处于基础建设阶段,真正投入运行并发挥经济效益的很少。平朔矿区应在此基础上,全面、快速地推进该类项目的顺利实施,实现企业良好的社会经济效益。

4. 继续重视环境管理与科技创新

1) 持续深化企业内部环境管理

重视后期运营与维护。环保设施与生态修复治理后期稳定运行才能保证生态修复绩效长久发挥效益。对生态修复的土地复垦、水土保持、生态绿化等工程要定期养护,加强育种和养育工作,促使生态效益实现。

加强监测能力建设。监测统计体系尚待完善。没有公司级的监测队伍,环保监测设施偏少,更多依赖于地方环保部门的监管和督导,缺少可监、可调、可控的应对手段和方式。

坚决杜绝风险事故发生。严格加强环境管理,有效控制环境风险,坚决杜绝各类风险事故发生。

2) 重视规划先行,将生态环境同步纳入企业经营、发展规划中

党和国家已经把生态文明建设提升到了国家战略的高度,企业也应高度践行这一基本战略,将此落实到企业自身建设中。因此,平朔矿区在开展企业经济发展、文化建设等顶层设计中,应高度重视环境规划,将生态环境保护的工作纳入企业未来发展的各项工作中去。

3) 重视绩效评估和目标考核

"以考促治""以考定治",通过建立污染物排放、各类能耗指标、生态修

复等几大类指标，加强对治理效果的考核，体现治理效益，并通过治理效益各类指标反推治理工程的可行性和效果，不断调整和优化治理工程。

4）加强校企、院企合作，重视科学研究的引领作用

各大高校及科研院所在科研中具有领头羊的作用，因此，要加强校企合作，提升生态恢复治理技术，保障科研成果应用于实际，保证治理成效得到最大的发挥。

5.3.4 生态减排能力建设与持续推进措施

1. 围绕生态减排任务，确定开展生态修复工程

生态减排结合了节能减排及生态修复，因此矿区应该在生态修复的过程中兼顾植物节能减排的作用，在重污染区域种植减排能力强的植物。根据上文评估结果，无论是温室气体减排还是大气污染物减排，森林均是减排能力最优的生态系统，但具体植物种类有所差异，云杉、落叶松、油松等常绿针叶林树木污染物减排能力排在前列。因此，根据区域污染特点选择适宜的物种进行种植可以起到最佳效果。此外，树木的年龄、生长状况也对吸收、滞纳能力产生影响，需要选用适应性强、成熟的植被。目前，矿区正在经历由人工系统转向自然系统的演替过程，但过程极其缓慢。一些人工种植、适应性差的物种生长更加缓慢，最后走向衰亡；而适应性强的物种在系统中不断占据优势，生长旺盛。

因此，在上述经验的基础上，针对各区域污染情况，考虑各植被碳减排优势或是 SO_2、NO_x、烟粉尘减排优势，选用适应性强、生长状态良好的物种，以发挥节能减排功能。根据目前研究成果，以排土场复垦区为例，最佳植被配置模式如下。

（1）平台植被配置模式。排土场平台复垦的最终目标是，提高土壤肥力和生产力以用作耕地。由于排土场土壤有机质含量低，土壤肥力不足，首先，需要种植绿肥（如豆科牧草）来改良土壤。然后，种植灌木进一步改善。最后，待土地各项指标合格后进行耕种。

（2）边坡植被配置模式。排土场边坡采用灌木和草地结合的种植模式，立体结构可以起到防风固沙的作用。目前，实践证明有效的组合模式有沙棘×豆科牧草、沙棘×柠条×苜蓿等。

（3）排土场周围植被配置模式。排土场周围以种植防护林为主，一方面可净化空气，对污染起到阻挡作用；另一方面又可以阻挡风沙。目前，成熟的植被组合模式有刺槐×油松×柠条混交林、刺槐×油松混交林等。

因此，排土场修复应该采用多植被搭配种植，一般来说，采用上坡种草、中

坡草灌、下坡灌乔的组合方式，平台种植经济作物。平朔矿区的复垦首先种植高生物量的固氮植物。然后，以旱生灌木为主，并配合种植针叶和抗旱阔叶树种。最后，形成常绿树种多于落叶树种、大树苗多于小树苗的格局。同时，在工业场区和生活区扩大种植规模，提升绿化率，构建生态植被与旱作农业植物相匹配的生态格局。

2. 加强科技创新与技术研发，大力开展生态减排治理工程

生态减排建设的持续推进需要有相关科学和技术支撑。在过去的产学研合作中，平朔集团对100多种植物进行了适应性试验，筛选出对矿区环境适应性强的优势种，并且经过科学评估，选出最佳植被组合模式。未来平朔集团将继续加强与高校及科研院所的合作，并且提高合作深度，建立生态减排研究基地。此外，还应完善生态治理技术及理念，应用植被演替理论，结合生物多样性原则、生态位与生物互补原则等，建立一套完备的、适应矿区发展的从评估到成果监测的生态减排体系。矿区科研团队还要及时总结科研及实践成果，稳步发展，大胆创新，建立先行先试生态减排试点工程。

3. 建立减排性生态资产账户，开展生态减排核算与评估

生态资产是一种具有服务效益的生态资源，能给人民带来利益。农田、草原、灌木和森林在提供农作物、木材等有形服务的同时，也可以通过自身的同化、吸收和停滞特性，减少温室气体和污染物的排放，从而为人类提供巨大的隐形经济利益。

但人们经常忽视了这一潜在的好处，导致缺乏进一步维持它的意识。由于生态资产核算账户的缺陷，在生态资产消耗、转移的过程中，人们对生态资产输出区的环境效益关注不够，导致所谓的"资源诅咒"现象。因此，平朔矿区应尽快改变传统观念，充分认识到生态修复带来的巨大的隐形生态减排效益，将具有减排功能的植被作为生态资产，树立生态资产管理理念，重视植被的维护和管理，建立完整的减排功能性生态资产账户，为生态减排量的计算和评估奠定基础。

（1）建立健全生态资产监测平台和生态资产统计制度。建立复垦区、矿区及周边地区的生态资产动态监测平台，建立健全复垦区植被监测系统。逐步建立全矿区生态资产损益统计制度，完善植被生长在线统计监测系统。完善生态资产损耗账户、收入账户和转移账户，完善生态资产统计制度，加强对矿区生态资产流动和消费全过程的统计，加强现有生态资产使用情况统计及经营管理。

（2）充分发挥评价的指导作用，完善生态资产统计指标。以生态减排为目标，建立可充分表征此类资产变化和管理状况的相关指标，逐步将生态资产利用情况相关指标纳入现有的节能减排和生态文明建设评价体系中，建立统一的考核机制，

推进全矿区、部门综合绩效考核，并定期公布考核结果。

（3）加强监督和保障。加强生态减排建设相关领域的监督执法协调；严格监管生态资产，严厉批评、教育和处罚人为破坏生态资产的行为。

因此，平朔矿区应尽快建立一套完整的生态资产账户，包括生态资产损失账户、收入账户、转移账户，树立生态资产管理理念，加强对森林、灌丛、草地和农田这类生态资产的管理，掌握它们的生长状况和最佳生长条件。在此基础上进一步提出生态资产评估体系，包括生态资产统计、生态资产估值、生态资产账户平衡和生态资产报告等，重点阐述生态资产对生态减排的作用，根据生态资产账户进一步进行减排计算和评价，建立完整的生态减排评价体系。

4. 开展先行先试，创新环境总量控制管理模式

作为我国唯一的全省域、全方位、系统性进行资源型经济转型综合配套改革试验的区域，国家允许山西省先行先试一些生态环境政策。因此，山西省政府可将平朔矿区作为研究试点，开展生态减排示范研究，建立生态减排机制，在政策层面对生态减排予以肯定。

一方面，山西省政府可将生态减排效果纳入环境总量控制考核体系，对生态减排量进行核定作为节能减排量的一部分，明确生态减排责任与目标。同时创新环境管理模式，将生态减排作为节能减排的重要辅助手段，与传统减排手段相比，将工程减排、管理减排、结构减排相结合，建立完整的节能减排体系。另一方面，山西省政府可将生态减排量市场价值化，与碳交易、排污权交易市场相结合，将生态减排引入绿色交易市场，获取交易价值。

按照清洁发展机制的理念，当前我国境内所减少的温室气体排放量，可以通过清洁发展机制（clean development mechanism，CDM）转变成有价商品，向其他国家或地区出售。平朔矿区生态减排建设能有效减少碳排放，可将减少的碳排放量引入碳交易市场，获取碳减排收益，从而将这部分收入进一步投入生态减排建设中，实现生态减排建设的良性循环。或拓展碳金融业务领域，以 CDM 项目下的碳核定减排收入作为贷款还款来源。

山西省作为我国排污权交易试点省，成立了山西省排污权交易中心，形成了符合山西特点的排污权交易工作模式。在交易领域方面，山西省已将交易因子由 SO_2 单一因子拓展到六项污染物（COD、氨氮、SO_2、NO_x、烟尘和工业粉尘），排污权交易制度有序快速发展。同理，平朔矿区生态减排建设能有效减少大气污染物排放，可将其减少的排放量引入排污权交易市场，获取污染物减排效益，从而将这部分效益进一步投入生态减排建设中，实现生态减排建设的良性循环。

第6章 汾河城市群水资源优化配置与管控策略

6.1 研究区域水系统分析

6.1.1 汾河城市群发展概况

1. 汾河城市群自然地理特征

1）流域地理地貌

汾河地处山西省的中部和西南部，是山西省第一大河，黄河第二大支流，北起管涔山与桑干河分水，南隔紫金山、稷王山、峨嵋岭与涑水河毗邻，东望云中山、太行山与海河水系相连，西沿芦芽山、吕梁山与黄河相隔。地理位置介于110°30′E～113°32′E、35°20′N～39°00′N，东西宽188km，南北长412.5km，呈带状分布，干流长716km，流域面积39490km²，占全省总面积的1/4，地跨忻州（宁武、静乐）、太原（市内6区、娄烦、古交、阳曲、清徐）、晋中（榆次、太谷、和顺、沁源、寿阳、祁县、平遥、介休、灵石、榆社）、吕梁（岚县、交城、文水、汾阳、孝义、交口）、临汾（汾西、霍州、洪洞、古县、尧都、浮山、乡宁、襄汾、翼城、侯马、曲沃）、运城（新绛、绛县、稷山、河津、万荣）、长治（武乡）7市45个县（市、区），流域内自然资源丰富，生产条件得天独厚，是山西政治、经济、文化中心。

汾河流域地形为一条地堑形纵谷，是山西黄土高原的一部分，地貌形态依次为石质山地、土石山地、黄土峁梁塬、黄土丘陵阶地及平川河谷，由高到低过渡：石质山地面积6517km²，占16.5%；土石山地面积12497km²，占31.7%；黄土丘陵面积10278km²，占26.0%；平川河谷区面积10179km²，占25.8%。在漫长的历史演变过程中，上下游河段曾有过重大的变迁。上新世时汾河是一条河湖相连的串珠状河流，贯穿了忻州、太原、临汾、运城四大盆地。今日的滹沱河上中游，原是汾河的左上源，后因太原北的石岭关隆起，滹沱河向南流的河床抬高，加以溯源侵蚀加剧，最后使流经忻定盆地的汾河左上源向东流去，成为海河流域子牙河水系的一部分。汾河下游与涑水河间也存在袭夺现象，汾河原在新绛县以东直向南流，经闻喜县礼元镇取道涑水河注入黄河，后因稷王山隆起，汾河受阻折向西流。同时中下游盆地内的湖泊大面积消失，完成了现在的汾河建造。现代汾河流域受两次出山（吕梁山脉、太岳山脉）、两进盆地（太原盆地、临汾盆地）的流向控制，上游穿行于吕梁山区的崇山峻岭之间，山区高程多在 1100m 以上，以娄烦县的北云顶山最高，海拔为 2659.8m，重峦起伏，沟壑穿插其间。中游进入太原盆地。太原盆地长约 150km，宽 30～40km，面积达 5000km^2，盆地海拔 755～810m，平均坡降约 2‰，地势平坦，土地肥沃。由于新构造运动的差异性，盆地内东西两侧地形具有明显不对称性，东部属太行山系，俗称东山，西部属吕梁山系，俗称西山。西侧山区与盆地地形突变，两者直接相接，边山洪积扇呈裙状起伏，扇小而坡降大；东侧地形缓慢变化，山区与盆地间存在宽窄不等的黄土丘陵和台塬，边山较大的沟谷形成冲洪积扇伸入盆地中心，构成宽阔平缓的洪积倾斜平原。太原盆地与临汾盆地之间为太岳山脉西翼的霍山。霍山大断层山势陡峭，相对高差达 1000m，汾河从灵石县穿越灵霍山峡，到洪洞县进入临汾盆地平原区。临汾盆地海拔 420～550m，由北东向南西倾长约 200km，宽 20～25km，面积约 5000km^2，包括了全部汾河下游区域，北起灵侯岭，南至峨眉台地，由侯马折而向西直抵黄河盆地，东西两侧分别与霍山大断层、罗云山大断层相接。汾河下游地形北高南低，流域呈现上窄下宽的梯形状。流域山脉多呈锯齿状，主要为北北东走向。东西两侧的吕梁山、太岳山是汾河与沁河和支流的分水岭。按地貌形态特征划分，该地区的地貌类型以土石山区、黄土丘陵、平川盆地为主。土石山区地形破碎，沟谷纵横，主要分布于东西两侧；平川盆地在中部的汾河、浍河及其他支流堆积河谷上；黄土丘陵区位于土石山区与平川过渡带。

2）流域河流水系

汾河发源于宁武县东寨镇管涔山脉楼子山下水母洞，和周围的龙眼泉、象顶石支流汇流成河。汾河河源海拔 1670m，流向为自北向南，纵贯大半个山西，汇聚源自吕梁、太行两大山区的支流，穿越太原、临汾两大盆地，至运城市新绛县急转西行，于禹门口下游万荣县荣河镇庙前村附近汇入黄河，河口高程 368m，河道总高差 1308m，平均纵坡 1.12‰，河流直线长度 412.7km，河道弯曲系数 1.68。汾河按自然纵坡可分为四段：河源至兰村段及灵石至洪洞赵城河段，河水穿行于山峡之间，纵坡较大，为 2.5‰～4.4‰；兰村以下至介休义棠及赵城以下至河口两段，流经太原、临汾盆地，纵坡平缓，为 0.3‰～0.5‰。特殊的地形地貌把汾河干流分成上游、中游、下游三部分。

汾河上游段：自河源至太原市尖草坪区兰村区间为汾河上游，河道长 217.6km，流域面积为 7705km^2，此段为山区性河流。其中，汾河源头至汾河水库库尾主要为土石山区和黄土丘陵区；汾河水库至汾河二库库尾流经峡谷，两岸峭，河道呈狭长带状分布，沿河两岸岩石裸露，河道大部分无设防，洪水在河床内摆动较大。该河段绕行于峡谷之中，山峡深 100～200m，平均纵坡为 4.4‰。从上至下汇入的主要支流有：洪河、鸣水河、万辉河、西贺河、界桥河、西碾河、东碾河、岚河。汾河水库建在上游河段的中间部位距河源约123.3km处的娄烦县下石家庄村。东碾河和岚河水土流失严重，是汾河水库泥沙的主要来源。

汾河中游段：自太原兰村至洪洞县石滩为中游段，河长266.9km，流域面积为20509km²，穿行于太原盆地和汾霍山峡，河道宽一般为150～300m，汇入的较大支流有：潇河、文峪河、象峪河、乌马河、昌源河等。本段属平原性河流，地势平坦、土质疏松，河谷中冲积层深厚，河流两岸抗冲能力低，在水流长期堆积作用下，两岸形成了较宽阔的河漫滩，河型蜿蜒曲折，中水河床与洪水河床分界明显，该段河道纵坡较缓，平均纵坡约1.7‰，由于汇入支流多，径流量大，坡度缓，汛期排泄不畅，是全流域防洪的重点河段。

汾河下游段：自洪洞石滩至黄河口为下游段，河长231.5km，流域面积为11257km²。该段汇入的较大支流有：曲亭河、涝河、汜河、滏河、洪安涧河、浍河等。该河段是汾河干流最为平缓的一段，平均纵坡为1.3‰。石滩以下为平原河段，河道弯曲，水流不稳定，河床左右摆动，岸蚀强烈。入黄口处，河道纵坡缓，流速小，常受黄河倒流的顶托，致大量泥沙淤积在下游河段中。

3) 流域气象水文

汾河流域为大陆性季风气候，半干旱、半湿润型气候过渡区。流域内雨热同季，光热资源较为丰富。流域多年平均降水量为505mm（1956～2000年），降水多集中在7～9月，这3个月降水量占全年的70%左右，降水年际、年内变化较大。山区多局部暴雨，地形对降水影响较大，地形雨在山西形成了特定的富水区。北部域外的五台山是山西省降水最大的地区，年均降水量900mm，滹沱河发源于此。域内的芦芽山降水量在700mm左右，汾河、桑干河均发源于此，因芦芽山的特殊气候形成了大片原始森林。

汾河上游区构造上系宁武静乐大向斜，一般富水程度相对较差，其南端为黄土所覆盖。区域内的寒武系、奥陶系石灰岩分布区，主要含水层为中奥陶系石灰岩，其补给径流区富水程度差，但泄水区或地形低处则富水，雷鸣寺岩溶大泉位于本区。吕梁山山地区位于汾河上游，出露地层为太古宇五台群，由云中山南部和吕梁山的流域部分组成。区域构造尚属发育，有风化裂隙处常形成裂隙潜水，除吕梁山的分水地带外，其他部分几乎都有清水，但水量只能满足人畜用水，不能用于灌溉等。

太原盆地地下富水区多在冲洪积扇轴部和冲积平厚干支流的古河道地区。盆地区原有晋祠泉、兰村泉和洪山泉3处岩溶大泉出露，现如今因地下水严重超采，兰村泉、晋祠泉均在20世纪80～90年代断流。寿阳盆地为潇河上游的山间盆地，盆地内以松散岩类孔隙水为主，基岩裂隙水零星地出露于河谷之中。霍山山地区主要为寒武系、奥陶系石灰岩岩溶裂隙水，集中于背斜北侧排泄的有洪山泉，其他分散排泄于当地河谷之中。汾西山地区主要含水层是寒武系、奥陶系石灰岩。

水位埋藏很深，泉水稀少，大部分地区缺水。本区的边缘地带有郭庄泉等稳定大泉进行集中泄水。

汾河下游的新绛、稷山、河津、万荣各县沿河一级、二级阶地的含水层，由全新统砂和砂砾石层、上更新统丁组的中细砂和马兰黄土，以及下更新统三门的砂卵石和砂砾石层组成，主要是松散岩类的孔隙水。中深层水分布广泛，含水层为下更新统的砂卵砾石、中细砂、粉细砂层，厚度为 5～75m，含水层埋深 75～180m，河津市以西地区的含水层富水性较好，以东汾河低阶地富水性中等，而汾河南侧三级阶地富水性相对来说比较差。

4）生物条件

汾河流域历史上曾经是一个森林茂密、湖泊广布的好地方。由于自然原因和人为破坏，1949 年前森林覆盖率不足 3%。1949 年后汾河流域各级政府高度重视林业工作，广泛发动群众开展植树造林，改善生态环境，取得明显成效。目前，全流域森林覆盖率平均为 28.40%，上游高于中游、下游。上游地区受管涔山的影响，植被以暖温带落叶阔叶森林草原、温带灌丛草原为主，主要植被分为 10 大类、57 个亚类，主要自然植被有落叶松、云杉、油松、桧柏、侧柏、柳树、刺槐、柠条、山桃、山杏、核桃、花椒、沙棘、虎榛子、胡枝子、绣线菊等。中游的太原地区森林覆盖率约为 21.02%，植物区系含有种子植物、蕨类植物、苔藓、地衣、藻类和菌类，具有植物资源丰富、植物起源古老、单种属植物较多等特点，现有林业用地 3.20 万 hm^2，主要集中在阳曲、清徐，其中，有林地 11.67 万 hm^2，疏林地 2.27 万 hm^2，灌木林地 8.20 万 hm^2，苗圃地 0.13 万 hm^2，宜林荒山荒地 10.33 万 hm^2，有 10 个有林场、4 个省级自然保护区、1 个国家级森林公园。晋中盆地森林植被多为天然次生林，植被类型主要有落叶阔叶林、针叶林、针阔混交林和落叶灌丛，主要群种有油松、落叶松、辽东栎。山杨和白桦是森林植物群落的先锋树种，人工植被除农作物外主要是油松、侧柏、华北落叶松、刺槐、臭椿、泡桐及各种杨柳树，零星分布的白皮松和杜松是珍贵的城市绿化美化树种，干果经济林主栽品种为核桃、红枣、花椒、板栗、山楂、仁用杏、文冠果等。汾河流域的吕梁地区森林覆盖率约为 23.10%，主要植被资源有云杉、华北落叶松、油松、侧柏、山杨、白桦、刺槐、国槐、沙棘、刺玫、胡枝子、柠条、绣线菊、山桃、丁香、榛子、薹草、白羊草、蒿类、针茅、披碱草、紫花苜蓿等，经济林以核桃、仁用杏、红枣为主。下游区的临汾盆地、运城盆地主要植被资源有油松、白皮松、侧柏、落叶松、辽东栎、栓皮栎、山榆、泡桐、刺槐、绣线菊、胡枝子、胡颓子、连翘、荆条、薹草、白羊草、铁杆蒿、柴胡等，果木类有山楂、柿、苹果、梨、桃、枣、核桃等。

汾河流域的太原地区野生动物资源有：鸟纲 16 目、37 科、173 种，其中，国家一级保护鸟类 4 种，国家二级保护鸟类 27 种，山西省重点保护鸟类 8 种；哺乳纲6目、17科、42种，其中，国家一级保护兽类1种、国家二级保护兽类5种、山西省重点保护兽类3种；爬行纲动物3目、4科、8种；两栖纲1目、2科、5种；鱼纲2目、4科、21种；甲壳纲动物1目、2科、2种；昆虫纲13目、70科、177种；蛛形纲1目、3科、10种。晋中地区有陆栖脊椎动物231种，其中，鸟类172种，哺乳类42种，两栖爬行类17种，国家一级、二级保护动物31种，主要为金钱豹、灰鹤及多种猛禽。

5）土壤环境

土壤是陆地上能够生长植物的疏松表层，它是在气候、地形、母质、生物等因素综合作用下形成的，是农业生产的基础条件。汾河流域的土壤在河流搬移作用下，除在山谷形成小型的盆地外，在中下游地区形成了辽阔丰腴的冲积平原，由于冲积地带的土壤含河流从上中游携带的大量有机物质，因此相对肥沃，成为传统农业经济的重要分布区。汾河位于黄土高原边缘，除入黄口一小部分属于陇东南地区外，基本位于晋中断陷盆地两侧，黄土发育较好。受地质原因、河流搬移及人类活动的影响，汾河内部土壤分布差异很大。由于复杂多样的地形、气候等自然条件，流域内部动物、植物和微生物资源也相对丰富。

汾河干流谷地以灰褐土为主，两侧支流多为灰褐土性土，其中，管涔山、芦芽山一带以棕壤为主，这是流域主要的林地土壤；上游南部娄烦县一带多为山地褐土，其表层有较薄的枯枝落叶层，其下层为腐殖质层，淋溶程度较差，碳酸钙含量较高。主要适宜作物有谷子、莜麦、高粱、玉米、马铃薯等。

中游太原盆地以浅色草甸土和盐化浅色草甸土及淡褐土为主，其中浅色草甸土和盐化浅色草甸土主要分布在盆地内河流两岸的河谷平原或局部低洼地区。浅色草甸土沉积层次明显，有机质较少，呈石灰反应，是肥力较高、灌溉方便的土壤，但存在次生盐渍化问题；盐化浅色草甸土除具有浅色草甸土一般特征外，在耕作层中含可溶性盐分较高，其盐分组成以氯化物硫酸盐为主，呈碱性到微碱性反应，对农作物生长有一定影响。淡褐土具有褐土的一般特征，但其发育程度较差，黏化程度弱，碳酸钙的积累与移动也较弱，属于比较肥沃的土壤。文峪河等地则以棕壤为主。下游临汾盆地主要分布有褐土、褐土性土及山地褐土。其中，褐土主要分布在河流二级阶地以上及山间盆地、沟谷中较高的地方，此种土壤土层深厚，发育良好，层次明显，耕作性好，熟化程度高，肥力较高，是主要粮棉产区。褐土性土主要分布在盆地两侧黄土丘陵区，层深厚，但发育不良，除表土层外，母质特征明显，碳酸钙含量较高，呈微碱性反应，适宜种植小麦、玉米、谷子和高粱等作物。

汾河流域中下游盆地以褐土和淡褐土分布为主，这种土壤土层深厚，发育良好，层次分明，黏化层和钙积层均较清晰，是流域内最为肥沃的土壤。因此，汾河中下游一直是重要的粮、桑（棉）生产基地。此外，各种地貌在流域内都有发育、气候、土壤等自然条件也丰富多样,这为多种动植物的繁衍生息提供了有利条件。因此,流域内不仅适宜农林渔牧各个部门开展生产活动,且为喜暖或喜冷、耐旱或耐涝等生长习性不同的多种生物提供了适宜的自然生长条件,如汾河下游属于暖温带落叶阔叶林地带,中上游属于暖温带森林草原地带,适宜玉米、高粱、谷子等耐旱作物的生长。

此外,灵霍峡谷低山地区主要覆盖山地褐土,黄土丘陵区主要分布褐土性土、粗骨性褐土等。山地褐土表层有较薄的枯枝落叶层,淋溶程度较差,碳酸钙含量较高;粗骨性褐土主分布于山地陡坡和侵蚀严重地区,肥力贫清,作物产量很低。峡谷适宜种植的作物主要有小麦、玉米、谷子、高粱等。

6) 流域社会经济概况

在山西的发展中,汾河流域有举足轻重的地位。根据山西省统计年鉴数据,2018年汾河流域人口为1518.33万人,占山西全省人口的40.83%,其中城镇人口为945.59人,农村人口572.74万人,城镇化率约为62.28%,高于全省平均水平,太原市城镇化率达到80%以上。说明汾河流域是山西人口稠密、城市化程度高的区域。汾河流域的太原市是山西省的省会,还是山西省的政治、经济、文化、教育、科技、交通、信息中心。此外,还有晋中、临汾两个地级市和古交、介休、霍州、侯马、河津、汾阳、孝义7个县级市。流域内大部分地区,特别是中下游盆地,交通相对发达,有大运高速公路、同蒲铁路、大西高铁和太原机场等,交通运输和对外交流较为便利。汾河流域经济发展水平和教育文化卫生事业的水平相对高于山西省平均水平。

汾河流域社会经济发展比较迅速。2018年,汾河流域范围内全年地区生产总值约为7405亿元,占山西全省的44.03%;产业结构方面,第一、第二、第三产业所占比例分别为4.39%、43.70%、51.91%,其中第三产业比重最大。第二、第三产业以太原市为中心,工业则主要有煤炭工业、钢铁工业、有色金属工业、机械制造业等,第三产业主要有交通运输业、邮电业、房地产业、餐饮娱乐业等。改革开放以后,流域的工业生产迅速发展,近年来,第三产业发展速度较快,产业结构趋于优化。

根据山西省第二次土地调查成果,汾河流域耕地面积11654km^2(水浇地4780km^2,旱地6874km^2),占29.5%,汾河流域是山西省灌溉程度较高的区域之一。流域内有效灌溉面积占流域内耕地面积的40%,共计4869km^2。流域内现有2000km^{2}以上大型自流灌区,分别为汾河灌区、汾西灌区、文峪河灌区和潇河灌区。地表有灌木及稀疏草的荒山、荒沟、荒丘、荒滩"四荒"地面积14811km^2(灌木林、其他林及草地),占流域面积的37.5%;高郁闭度的森林面积6180km^2,占15.7%;水域及水利设施用地面积691km^2,占1.8%;园地、交通、居民点及工矿等建设用地面积4818km^2,占12.2%;未利用地面积1317km^2,占3.3%。其中,盆地平川区面积 10179km²，占流域面积的 25.8%，其平川区占山西省盆地平川区面积的 1/3，在各流域中平川面积占比最大，光热资源丰富，是山西省粮食主产的重要区域。

汾河流域矿产丰富，种类繁多，分布广泛，已探明储量的有煤炭、铝土、铁、耐火黏土、锰、水泥灰岩、石膏、铜、白云岩、溶剂灰岩以及水晶等，贵重金属矿产有金和银，其中，煤炭储量最为丰富，煤种齐全，煤质优良，分布有宁武、西山、沁水、霍西、河东等五大煤田，主要涉及宁武、静乐、古交等 33 县（市、区）。娄烦、太原东山有铝土矿和耐火黏土；太原西山煤田、宁武静乐煤田以炼焦煤为主；硫铁矿主要分布于长治、晋城、河津一带；含油页岩主要分布于洪洞、蒲县。丰富的矿产资源是山西能源重化工基地的重要组成部分。

2. 汾河城市群环境管理概况

1）水环境控制单元

在汾河流域水资源短缺和水环境污染双重制约因素下，为了实现汾河流域水质水量的协同管理，突出水环境质量改善目标并进一步细化水资源配置，考虑水资源、水环境管理实际，本书基于汾河流域水环境考核断面设置情况梳理和整合优化，综合流域汇水分区和行政区划，将汾河城市群划分为上游 4 个、中游 7 个、下游 5 个共 16 个水环境控制单元，具体单元划分情况见表 6.1。

表 6.1 研究区域水环境控制单元

单元	流域分区	市	县（市、区）	断面
1		忻州	宁武、静乐	河西村
2	上游	吕梁	岚县	曲立
3		太原	娄烦	汾河水库出口
4		太原	古交	上兰
5		太原	阳曲、尖草坪、万柏林、杏花岭、迎泽	迎泽桥
6		太原	小店、晋源、清徐	温南社
7		晋中	寿阳、榆次	郝村
8	中游	吕梁	交城	北峪口
9		吕梁	文水	桑柳树
10		吕梁	汾阳、孝义	南姚
11		晋中、吕梁	太古、祁县、平遥、介休、灵石、交口	王庄桥南
12		临汾	汾西、霍州、洪洞、古县、浮山、尧都	下靳桥
13		临汾	乡宁、襄汾、曲沃	上平望
14	下游	临汾	翼城、绛县（运城）、侯马	西曲村
15		运城	新绛、岐山	柴村桥
16		运城	河津、万荣	庙前村

(1)社会经济发展。

根据山西省统计年鉴,研究区内 2018 年总人口约 1518.33 万人,城镇化率 62.28%,高于全省平均水平;中游地区为人口聚集区,约 852.18 万人,城镇化率高达 70.86%,集中在汾河流域太原城市群太原市及晋中市的榆次区和寿阳县。表 6.2 显示了汾河城市群社会经济发展状况。流域耕地面积约为 1637 万亩,有效灌溉面积 58 万 hm^2,畜禽养殖存栏量约为 12858.13 万羽(头)。地区生产总值为 7404.70 亿元,主要集中在中下游地区,第一、第二、第三产业占比分别为 4.39%、43.70%、51.91%,第三产业占比最高。不同流域分区和控制单元的产业结构均有较大差异。例如,汾河上游产业结构为 7.25∶53.86∶38.89,第二产业占该地区社会经济的主导地位,第一产业也高于全流域平均水平;中游、下游第三产业占比最大分别达到 53.93%和 51.91%。第二产业以煤化工等制造业为主,2018 年全流域制造业总产值约为 5663.04 亿元,占比达 82.25%。不同流域分区的主导产业也有所差异,见图 6.1,可见汾河上游地区以采矿业为主,产值约为 271.95 亿元,占比为 74.16%,中游、下游地区则以制造业为主,制造业产值分别占第二产业总产值的 87.64%和 81.84%。

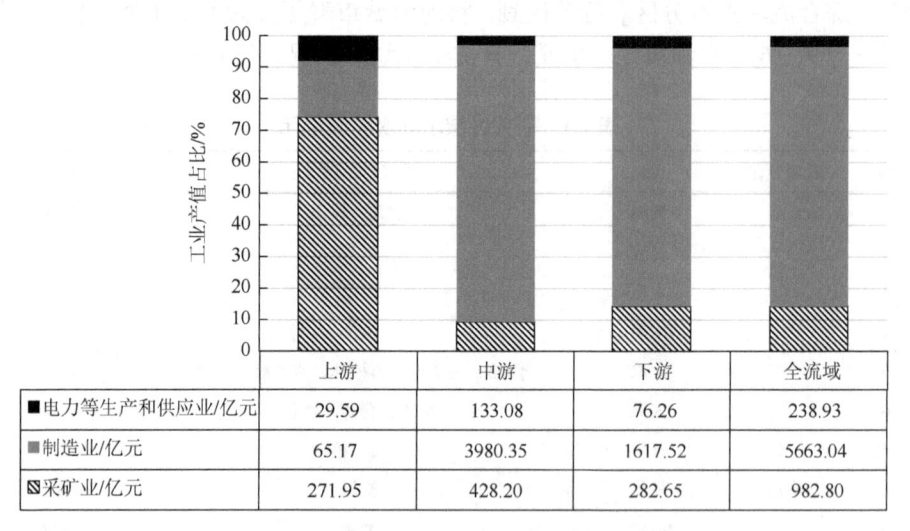

	上游	中游	下游	全流域
■电力等生产和供应业/亿元	29.59	133.08	76.26	238.93
■制造业/亿元	65.17	3980.35	1617.52	5663.04
▨采矿业/亿元	271.95	428.20	282.65	982.80

图 6.1　汾河流域第二产业结构(2018 年)

(2)污染物排放。

根据山西省统计年鉴、环境统计数据,汾河流域工业、城镇生活、农村生活和农业部门 2018 年主要水污染物 COD 排放 18.67 万 t,氨氮 2627.15t,总磷 2324.08t,各单元不同污染源入河状况见图 6.2~图 6.4。可以看出,不同污染物在

第 6 章　汾河城市群水资源优化配置与管控策略

表 6.2　汾河城市群社会经济发展状况

单元	第一产业 产值/亿元	第一产业 占比/%	第二产业 产值/亿元	第二产业 占比/%	第三产业 产值/亿元	第三产业 占比/%	总产值/亿元	城镇人口	农村人口	总人口	城镇化率/%	畜禽养殖/万羽(头)	耕地/万亩
1	6.49	6.76	54.00	56.24	35.52	37.00	96.01	15.55	17.25	32.80	47.39	163.03	109.15
2	2.89	6.82	27.37	64.60	12.11	28.58	42.37	7.11	11.00	18.11	39.26	5.35	50.89
3	2.40	10.71	9.15	40.83	10.86	48.46	22.41	4.41	6.50	10.91	40.42	21.40	29.14
4	2.54	6.94	15.80	43.16	18.27	49.90	36.61	15.93	5.61	21.54	73.95	9.10	13.24
上游合计	14.32	7.25	106.33	53.86	76.76	38.88	197.40	43.00	40.36	83.36	51.57	198.88	202.42
5	11.04	0.49	710.38	31.27	1550.18	68.24	2271.60	248.64	16.62	265.26	93.73	86.11	51.02
6	26.62	2.28	587.09	50.36	552.19	47.36	1165.90	106.36	38.14	144.50	73.61	62.70	57.07
7	35.10	8.20	167.79	39.19	225.28	52.61	428.17	61.68	26.67	88.35	69.81	930.01	164.24
8	3.25	3.59	62.29	68.72	25.10	27.69	90.64	12.96	10.95	23.91	54.21	213.97	17.49
9	12.53	17.97	36.19	51.90	21.01	30.13	69.73	17.86	26.09	43.95	40.63	1109.95	55.14
10	14.20	2.65	314.21	58.55	208.27	38.81	536.68	55.07	37.61	92.68	59.42	2547.71	103.98
11	63.03	7.47	447.10	52.98	333.73	39.55	843.86	101.25	92.28	193.53	52.32	4204.63	252.88
中游合计	165.77	3.07	2325.05	43.00	2915.76	53.93	5406.58	603.82	248.36	852.18	70.86	9155.08	701.82
12	30.90	4.55	268.67	39.56	379.56	55.89	679.13	141.17	101.37	242.54	58.20	961.46	273.27
13	31.57	8.59	213.86	58.22	121.91	33.19	367.34	40.44	54.83	95.27	42.45	844.65	185.22
14	22.23	8.79	70.54	27.88	160.21	63.33	252.98	46.67	39.94	86.61	53.88	176.89	98.32
15	32.94	17.24	81.61	42.72	76.50	40.04	191.05	31.29	39.83	71.12	43.99	1261.38	97.22
16	27.37	8.82	169.59	54.67	113.26	36.51	310.22	39.22	48.03	87.25	44.95	259.79	79.20
下游合计	145.01	8.05	804.27	44.66	851.44	47.28	1800.72	298.79	284	582.79	51.27	3504.17	733.23
全流域	325.10	4.39	3235.64	43.70	3843.96	51.91	7404.70	945.61	572.72	1518.33	62.28	12858.13	1637.47

各单元的入河贡献各有差异。如由于人口集中，城镇化水平较高，COD 入河贡献比例在单元 4、6、7、8、14 以城镇生活源为主，入河占比分别达到了 75.90%、89.61%、55.22%、48.29%、51.28%；单元 9、10、11、15 则以农业源为主，入河贡献分别为 75.04%、55.91%、69.38%、69.87%，这是该地区畜禽养殖规模较高造成的；单元 2 为汾河水库控制单元，禁止点源入河排放，因此，主要污染物 COD、氨氮和总磷排放均以城镇生活为主。氨氮方面，全流域除单元 1、5、10、16 以工业源贡献最高外，工业源贡献率分别为 56.19%、81.95%、43.17%、37.12%，总体以城镇生活源贡献最大。城镇污水处理厂冬季处理效率不高引起的超标排放是氨氮成为流域主要污染因子的关键因素。总磷则以总体农业面源排放为主，如单元 1、3、10、13、15 内的农业总磷入河占比均达到 60% 以上。

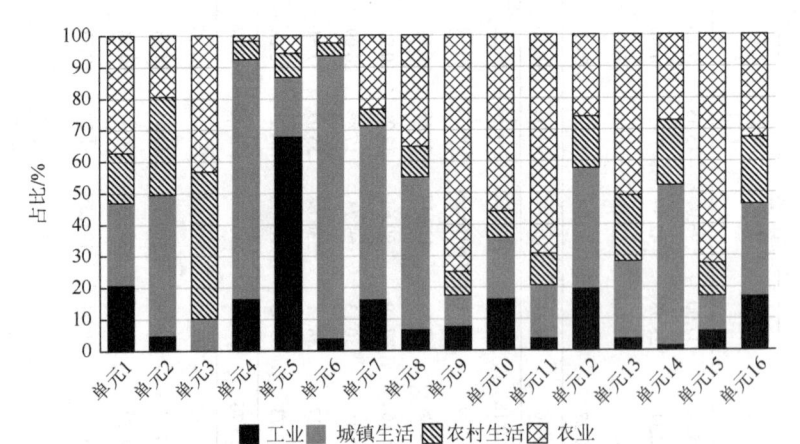

图 6.2 汾河流域 COD 入河排放情况

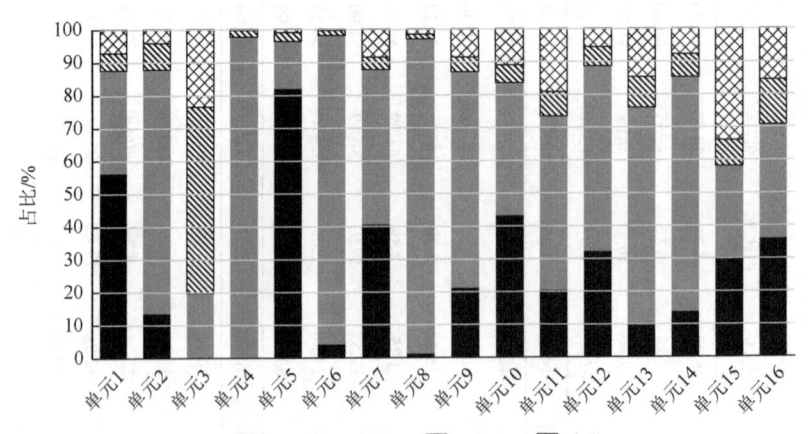

图 6.3 汾河流域氨氮入河排放情况

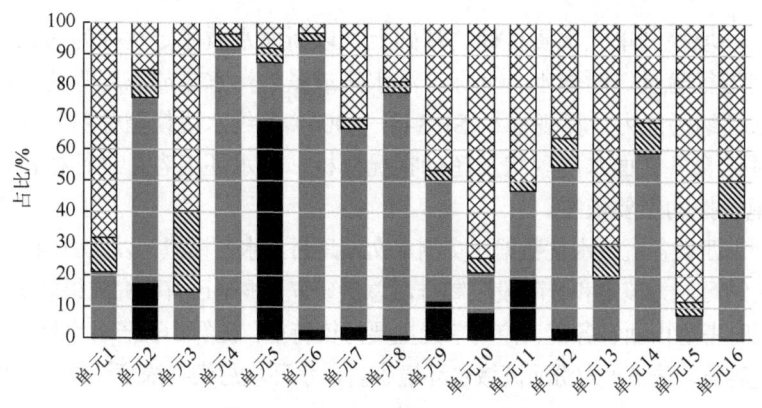

第6章 汾河城市群水资源优化配置与管控策略

图6.4 汾河流域总磷入河排放情况

2）水环境质量底线

根据汾河流域水环境功能区划及水环境质量不断改善的管理要求，结合流域2015~2018年流域水质变化趋势，对研究区内各单元水环境质量考核断面明确不同阶段的底线目标，具体目标见表6.3。

表6.3 汾河流域水环境质量底线目标

单元	断面	水质目标		
		2025年	2030年	2035年
1	河西村	Ⅱ类	Ⅱ类	Ⅱ类
2	曲立	Ⅲ类	Ⅲ类	Ⅲ类
3	汾河水库出口	Ⅱ类	Ⅱ类	Ⅱ类
4	上兰	Ⅱ类	Ⅱ类	Ⅱ类
5	迎泽桥	Ⅳ类	Ⅳ类	Ⅲ类
6	温南社	Ⅴ类	Ⅴ类	Ⅳ类
7	郝村	Ⅲ类	Ⅲ类	Ⅲ类
8	北峪口	Ⅱ类	Ⅱ类	Ⅱ类
9	桑柳树	Ⅴ类	Ⅴ类	Ⅳ类
10	南姚	Ⅴ类	Ⅳ类	Ⅳ类
11	王庄桥南	Ⅴ类	Ⅴ类	Ⅳ类
12	下靳桥	Ⅴ类	Ⅳ类	Ⅳ类
13	上平望	Ⅴ类	Ⅳ类	Ⅳ类
14	西曲村	Ⅴ类	Ⅳ类	Ⅳ类
15	柴村桥	Ⅴ类	Ⅳ类	Ⅳ类
16	庙前村	Ⅴ类	Ⅳ类	Ⅳ类

在水环境控制单元水质目标的基础上，以断面水质稳定达标为约束，根据汾河流域河道径流量、断面水质目标、污水排放量、污水排放浓度等情况，采用水利部《水域纳污能力计算规程》（SL 348—2006）一维水质模型分单元计算水环境容量，并结合各断面水质现状及超标状况分析，对水环境容量进行校核，作为流域水环境管控的主要依据。

结合山西省各流域水文数据（实测水文站逐月、水文模拟）以及山西省江河湖泊水功能区纳污能力核定和分阶段限制排污总量研究，根据已有研究成果确定水文设计条件，同时考虑山西省各市、控制单元主要污染特征，测算山西省各水环境控制单元的水环境容量。表 6.4 为汾河流域水环境容量。水环境污染物浓度计算公式如下：

$$C=\frac{Q\times(C_0\times \mathrm{e}^{-k\times t_1})+W\times \mathrm{e}^{-k\times t_2}}{Q+q}$$

式中，C 为水体中最终污染物浓度，mg/L；t 为径流时长，其中，t_1 和 t_2 分别用于表征不同污染源或不同路径的传输时间；Q 为河流径流量，$\mathrm{m^3/s}$；C_0 为初始断面水质浓度，mg/L；q 为入河污水排放量，$\mathrm{m^3/s}$；W 为污水中的污染物量，g/s；t 为径流时长，d；k 为综合衰减系数，$\mathrm{d^{-1}}$。

表 6.4　汾河流域水环境容量　　（单位：t/a）

单元	断面	水环境容量								
		2025 年			2030 年			2035 年		
		COD	氨氮	总磷	COD	氨氮	总磷	COD	氨氮	总磷
1	河西村	703.15	26.09	6.91	703.15	26.09	6.91	703.15	26.09	6.91
2	曲立	163.60	2.38	2.10	163.60	2.38	2.10	163.60	2.38	2.10
3	汾河水库出口	123.67	3.31	2.59	123.67	3.31	2.59	123.67	3.31	2.59
4	上兰	500.08	63.06	22.86	500.08	63.06	22.86	500.08	63.06	22.86
5	迎泽桥	1084.87	84.02	11.67	1084.87	84.02	11.67	723.25	56.02	7.78
6	温南社	3960.31	37.82	27.66	3960.31	37.82	27.66	2970.23	28.37	20.75
7	郝村	1463.73	53.45	26.23	1463.73	53.45	26.23	1463.73	53.45	26.23
8	北峪口	525.43	152.44	54.66	525.43	152.44	54.66	525.43	152.44	54.66
9	桑柳树	596.45	3.20	7.85	596.45	3.20	7.85	447.34	2.40	5.88
10	南姚	2106.25	9.64	11.96	1579.69	7.23	8.97	1579.69	7.23	8.97
11	王庄桥南	4914.28	13.54	75.22	4914.28	13.54	75.22	3685.71	10.15	56.41
12	下靳桥	2414.21	20.68	12.83	1810.66	15.51	9.62	1810.66	15.51	9.62
13	上平望	1408.89	15.95	13.92	1056.67	11.96	10.44	1056.67	11.96	10.44

续表

| 单元 | 断面 | 水环境容量 ||||||||
| | | 2025年 ||| 2030年 ||| 2035年 |||
		COD	氨氮	总磷	COD	氨氮	总磷	COD	氨氮	总磷
14	西曲村	726.05	7.79	3.29	544.54	5.84	2.47	544.54	5.84	2.47
15	柴村桥	1938.05	14.67	18.95	1453.54	11.00	14.21	1453.54	11.00	14.21
16	庙前村	755.27	11.97	11.62	566.45	8.98	8.71	566.45	8.98	8.71

因此，水环境容量表示为

$$M = 31.536 \times e^{k \times l/v} \times C_s \times (Q+q) - Q \times C_0$$

式中，M 为水环境容量，t/a；C_s 为河段水质浓度标准，mg/L；l 为河段长度，m；v 为设计流速，m/s。

3）水资源利用上线

根据《山西省人民政府关于实行最严格水资源管理制度的实施意见》（晋政发〔2014〕13号）的要求：到2020年，山西省用水总量控制在93亿 m^3 以内；万元工业增加值用水量降低到65m^3 以下，农田灌溉水有效利用系数提高到0.55以上。确立水资源开发利用控制红线，到2030年全省用水总量控制在99亿 m^3 以内；确立用水效率控制红线，到2030年用水效率达到或接近世界先进水平，万元工业增加值用水量（以2000年不变价计，下同）降低到40m^3 以下，农田灌溉水有效利用系数提高到0.6以上，结合《山西省水资源全域化配置方案》，确定2020年和2030年汾河流域不同分区地表水、地下水等不同水源，以及工业、生活、农业等不同行业水资源配置上线，见表6.5和表6.6。

表6.5 汾河流域水资源配置　　　　　　（单位：亿 m^3）

年份	流域分区	地表水	地下水	黄河	合计
2020年	汾河上游	1.6	0.32	0.15	2.07
	汾河中游	7.11	6.51	8.41	22.03
	汾河下游	3.48	3.29	6.22	12.99
	合计	12.19	10.12	14.78	37.09
2030年	汾河上游	1.66	0.32	0.3	2.28
	汾河中游	7.69	5.89	10.08	23.66
	汾河下游	3.48	2.86	7.49	13.83
	合计	12.83	9.07	17.87	39.77

表 6.6　汾河流域分行业水资源配置　　　　　　　　（单位：亿 m³）

年份	流域分区	生活	工业	农业	生态	合计
2020 年	汾河上游	0.29	0.88	0.84	0.06	2.07
	汾河中游	4.98	5.71	10.2	1.14	22.03
	汾河下游	2.01	1.49	9.21	0.28	12.99
	合计	7.28	8.08	20.25	1.48	37.09
2030 年	汾河上游	0.32	1.1	0.78	0.08	2.28
	汾河中游	5.37	6.1	10.39	1.8	23.66
	汾河下游	2.12	1.77	9.42	0.52	13.83
	合计	7.81	8.97	20.59	2.4	39.77

2020 年和 2030 年，汾河流域用水总量仍有一定程度的增长，从不同来源来看，汾河上游、中游地表水用水量进一步增加，下游地表水保持不变，黄河水均有不同程度的增加，地下水开采量则进一步压减。分行业来看，汾河流域工业、生活、农业和生态配水量总体均有所增加，仅上游地区农业配水量由 0.84 亿 m³ 减至 0.78 亿 m³，其他各流域分区及行业配水量都进一步增加。

6.1.2　流域水资源系统分析

1. 流域水资源特征分析

根据河流水系特征，山西省共划分为 4 类 15 个水资源分区。其中，汾河上游区属于相对富水可开发调水区，主要涉及忻州市宁武、静乐，吕梁市岚县，太原市古交、娄烦等县，流域面积 7705km²。1956～2000 年系列水资源总量为 6.88 亿 m³，人均水资源量为 1067m³。当地地表水资源量为 4.71 亿 m³，其中已开发利用 0.39 亿 m³，开发利用率仅为 8.3%，地表水资源余量为 4.32 亿 m³，是汾河中游太原市区和汾河灌区的主要供水水源。汾河中游、下游则属于水资源相对紧缺区，其中，汾河中游区主要涉及太原市六城、清徐、阳曲，晋中市榆次、寿阳、太谷、祁县、平遥、介休、灵石，吕梁市交城、文水、汾阳、孝义、交口，临汾市霍州、汾西等县（市、区），流域面积 2.05 万 km²。1956～2000 年系列水资源总量为 14.23 亿 m³，人均水资源量为 160m³。当地地表水资源量加上汾河上游下泄的总水量为 12.88 亿 m³，其中已开发利用 6.61 亿 m³，开发利用率为 51.3%，地表水资源余量 6.27 亿 m³。2011～2015 年平均下泄水量 6.82 亿 m³，主要来源是灵霍山峡区间不可控制的洪水和郭庄泉泉水。汾河下游区主要涉及临汾市洪洞、尧都、古县、襄汾、侯马、曲沃、翼城、浮山，运城市新绛、稷山、河津、万荣等县（市、区），流域面积约1.12万 km²。1956～2000年系列水资源总量为12.48亿 m³，人均水资源量为273m³。当地地表水资源量加上汾河中游下泄的总水量为13.67亿 m³，其中已开发利用3.13亿 m³，开发利用率为22.9%，地表水资源余量为10.54亿 m³，2011～2015年平均出境水量6.79亿 m³，主要是灵霍山峡和汾河下游的洪水，水量集中在几次大洪水发生过程中，且不具备建设大中型水库的条件，难以利用。

根据历次山西省水资源评价结果，汾河流域水资源量变化分为三个阶段，如下。

（1）1956～1979年，汾河流域年均降水量为529mm，降水总量为208.4亿 m³，水资源总量为36.1亿 m³，其中，地表水资源量26.5亿 m³，地下水资源量9.6亿 m³。

（2）1980～2000年，流域年均降水量为477mm，降水总量为188亿 m³，水资源总量为30.1亿 m³，其中，地表水资源量为17.4亿 m³，地下水资源量为12.7亿 m³。

（3）2001～2013年，流域年均降水量为515mm，降水总量为203亿 m³，水资源总量为26.1亿 m³，其中，地表水资源量13.3亿 m³，地下水资源量12.8亿 m³。

根据以上58年的实测资料，汾河流域内的地表径流量急剧减少。1980～2000年地表径流量较1956～1979年减少9.1亿 m³，2000～2013年又较1980～2000年减少4.1亿 m³。2000～2013年较20世纪80年代之前的年径流量减少13.2亿 m³，减少量占到80年代之前地表径流量的49.8%。特别是2000年以后的十余年，降水量总体增加，但地表径流量仍不断减少。

2015～2018年山西省水资源公报显示，汾河流域水资源总量为26.56亿～38.02亿 m³。随着汾河流域生态修复和引黄补水工程的实施，流域水源涵养功能得到恢复，2016年以来水资源总量和地表径流量较2000～2013年均明显增加。流域人均水资源占有量仅为225～247m³，低于山西省平均水平，不足全国平均水平的1/6，属于极度缺水地区。

表6.7和图6.5显示了2015～2018年汾河流域水资源特征。汾河流域水资源具有明显的时空分异性。地表径流时间分布极不均匀，汛期集中在6～9月，水量占全年来水量的60%以上，枯水期则长达6个月之久，从而出现汛期排涝、旱季断水的情形。从空间来看，水资源主要集中于上中游地区，资源量占全流域的71.45%～77.80%。此外，由于山西省独有的岩溶泉域特征，河川径流与地下水转化条件复杂，导致汾河流域水资源重复计算量较高，水资源以地下水为主，2015～2018年，地下水资源量占比达到66.82%～72.14%。

表 6.7　2015~2018 年汾河流域水资源状况

年份	流域	年降水量/mm	地表水资源量/亿 m³	地下水资源量/亿 m³	重复计算量/亿 m³	水资源总量/亿 m³
2015	汾河上中游	132.10	11.11	17.37	9.51	18.97
	汾河下游	51.33	3.26	8.22	3.90	7.58
2016	汾河上中游	179.08	15.20	18.95	8.28	25.87
	汾河下游	63.29	4.74	9.41	4.22	9.93
2017	汾河上中游	174.18	19.92	19.80	10.97	28.75
	汾河下游	65.49	3.85	9.12	3.70	9.27
2018	汾河上中游	141.79	18.61	19.16	11.27	26.50
	汾河下游	54.58	3.46	7.40	3.30	7.56

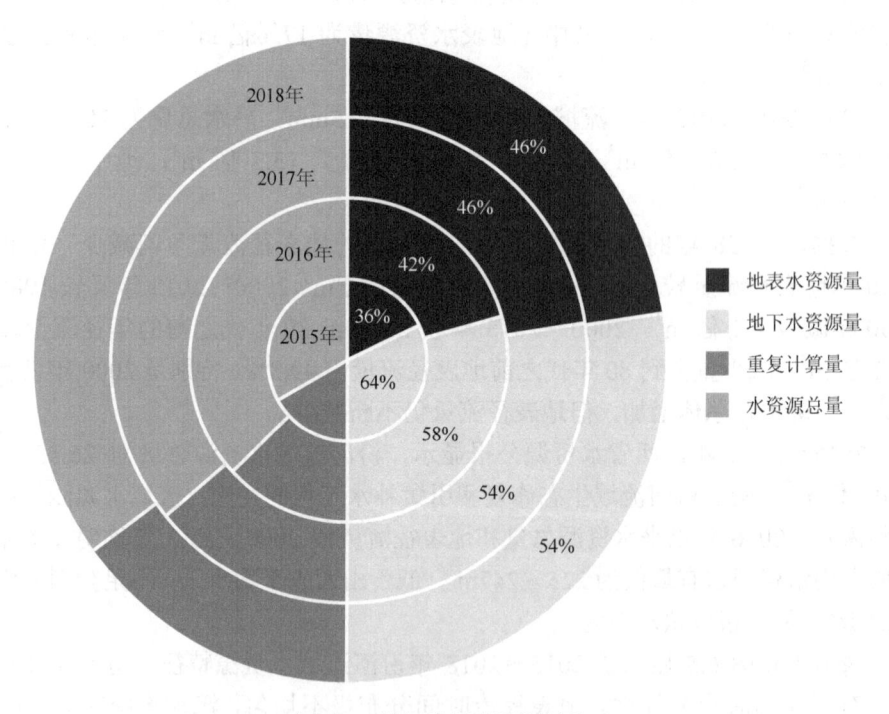

图 6.5　汾河流域水资源结构

2. 水资源开发利用状况

供用水状况显示（表 6.8）：汾河流域水资源供给以地表水为主，2015~2018 年地表水供水量占比为 50.43%~55.47%，且呈逐年增长的趋势；地下水供水量则逐年下降，由 2015 年的 13.06 亿 m³ 降至 2018 年的 11.46 亿 m³，占全流域总供水量的 37.44%～44.41%；其他水源供水量占比不足 8%，但呈逐年增长的趋势，由 2015 年的 1.52 亿 m³ 增加至 2018 年的 2.17 亿 m³，再生水等非常规水源有待进一步开发和利用。从空间来看，汾河上中游地区地下水开采量明显降低，在总供水量未发生明显变化的前提下，该地区地下水供水占比由 2015 年的 46.12%减少至 2018 年的 38.97%；相比流域下游地区，汾河上中游其他水源利用水平较高，供水量占总供水的 7.44%～10.22%；而下游该值仅为 1.05%～2.44%，再生水等非常规水源利用能力亟待提高。

表 6.8　2015～2018 年汾河流域供用水量

年份	流域范围	供水量/亿 m³				用水量/亿 m³						
		地表水	地下水	其他水源	总供水量	农用灌溉	城镇工业	居民生活	城镇公共	生态环境	林牧渔畜	总用水量
2015	汾河上中游	8.80	8.74	1.41	18.95	9.13	4.44	3.29	1.02	0.63	0.45	18.96
	汾河下游	6.03	4.32	0.11	10.46	7.19	1.22	1.15	0.21	0.31	0.38	10.46
	全流域	14.83	13.06	1.52	29.41	16.32	5.66	4.44	1.23	0.94	0.83	29.42
2016	汾河上中游	9.67	8.07	1.87	19.61	9.45	4.31	3.47	0.92	0.97	0.49	19.61
	汾河下游	6.62	4.17	0.27	11.06	7.87	1.07	1.16	0.21	0.35	0.39	11.05
	全流域	16.29	12.24	2.14	30.67	17.32	5.38	4.63	1.13	1.33	0.88	30.66
2017	汾河上中游	9.85	7.80	1.96	19.61	9.24	4.53	3.47	0.81	1.01	0.53	19.59
	汾河下游	6.42	4.22	0.21	10.85	7.65	1.02	1.21	0.23	0.30	0.44	10.85
	全流域	16.27	12.02	2.17	30.46	16.89	5.55	4.68	1.04	1.31	0.97	30.44
2018	汾河上中游	9.79	7.51	1.97	19.27	8.30	4.71	3.67	0.85	1.20	0.54	19.27
	汾河下游	7.19	3.95	0.20	11.34	7.91	1.08	1.23	0.33	0.34	0.45	11.34
	全流域	16.98	11.46	2.17	30.61	16.21	5.79	4.90	1.18	1.54	0.99	30.61

从用水结构来看（图 6.6），汾河流域用水以农用灌溉、城镇工业和居民生活为主，用水量占总量的 85%以上，且呈逐年下降的趋势，2015 年、2016 年、2017 年和 2018 年三类用水的总占比分别为 89.80%、89.14%、89.09%和 87.88%。其中，以农用灌溉为主要用水部门，用水占比为 52.96%～56.49%。由于农业节水的不断推广，用水量呈逐年下降趋势；城镇工业和居民生活用水则有一定的增加。

流域供用水与水资源量对比结果显示，汾河流域水资源开发利用长期处于超负荷水平。汾河流域上中游水资源量相对丰富，但地表水资源开发利用率达到

49.42%～79.22%，远远超过 40%的警戒水平；地下水开采量虽逐年降低，但开发利用率仍达到 39.18%。汾河下游地区地下水资源开采率 2015～2018 年为 44.30%～53.31%，地表水资源供水量更是远超该流域分区的地表水资源量，供水量与水资源量的比值分别达到 1.85、1.40、1.67 和 2.08，需要上游下泄流量及引黄河水等跨区域调水来满足。

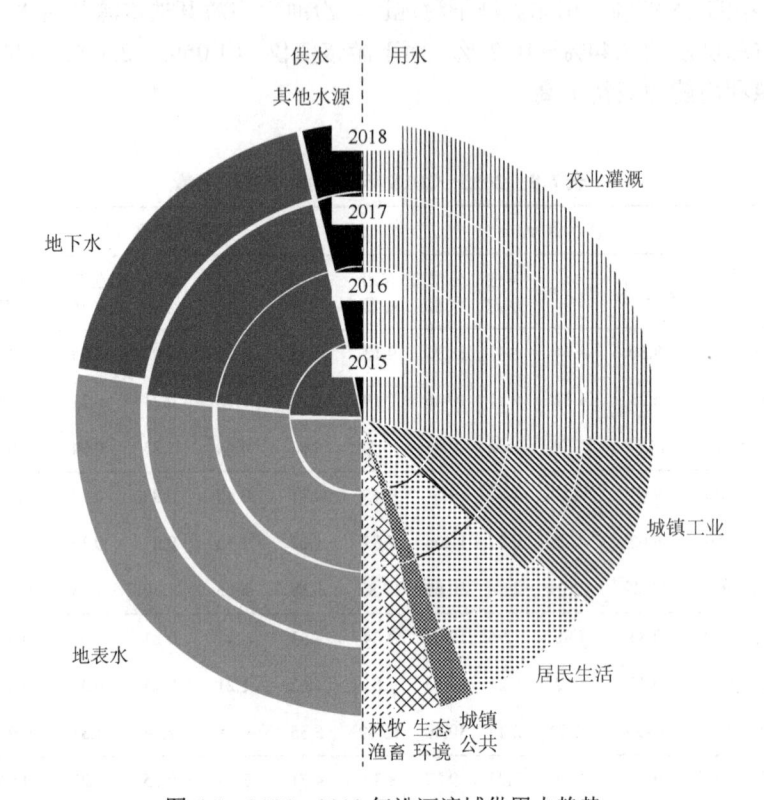

图 6.6 2015～2018 年汾河流域供用水趋势

此外，根据水利部黄河水利委员会《2018—2019 年度黄河水量调度执行情况公告》，整个山西省黄河水量调度执行率偏低。由于输水工程建设的滞后及黄河水价相对较高，2014～2019 年，山西省黄河水量调度执行率介于 36.4%～98%，其中，2017 年 7 月～2018 年 6 月、2018 年 7 月～2019 年 6 月分别为 36.4%、39.3%，远远低于同期黄河干流总体水平 88.6%、88.9%，见图 6.7。

总体来看，汾河流域水资源禀赋较差，处于严重超载状态，水资源过度开发导致河流生态基流保障严重不足。随着经济社会发展和生态环境改善对水资源需求的快速增长，加上多年来煤炭等资源的大规模开采对地下水资源的严重破坏，汾河流域水资源供需矛盾日趋加剧。地下水的过度开采加剧了地下水位

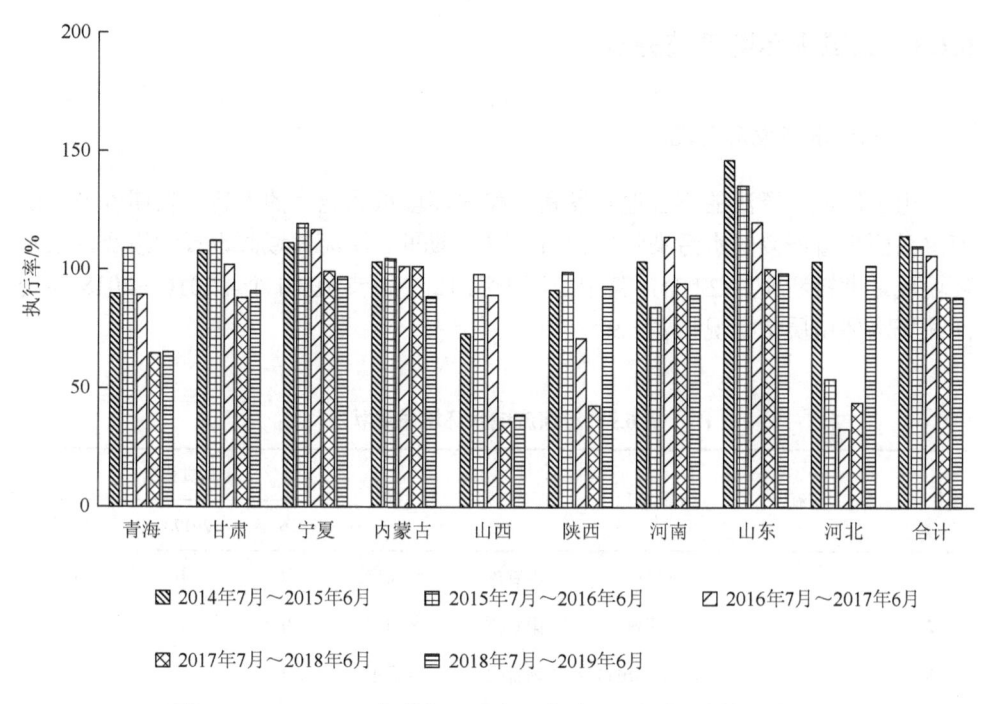

图 6.7　2014～2019 年黄河干流省（自治区）调水计划执行情况

的下降，汾河流域的晋祠泉、兰村泉和古堆泉均已断流，洪山泉接近断流，严重影响了各条河流的补水机制，导致各流域地表多年平均流量较 20 世纪均有较大程度的衰减，河道基流减少，河流生态退化现象突出，同时也造成了严重的水污染问题。

《中共中央关于制定国民经济和社会发展第十三个五年规划的建议》强调，实行最严格的水资源管理制度，以水定产、以水定城，建设节水型社会。《黄河流域生态保护和高质量发展规划纲要》提出"把水资源作为最大的刚性约束，坚持以水定城、以水定地、以水定人、以水定产，合理规划人口、城市和产业发展""坚定走绿色、可持续的高质量发展之路"。《山西省水资源全域化配置方案》要求不断优化水资源配置，提高水资源利用效率。

水资源优化配置方案通过明确汾河流域各分区及行业的用水上线指标，在一定程度上能够有效地规避流域上下游及行业用水竞争问题，但流域分区内社会经济发展及水资源禀赋的差异化程度仍然为水资源的高效利用和进一步落实管理带来挑战。此外，水资源优化配置方案并未充分考虑水资源-水环境耦合响应关系，在汾河流域水资源禀赋天然不足而用水量仍在不断增加的情况下，势必会对汾河脆弱的水生态和水环境质量带来更大的冲击。

6.1.3 流域水环境系统分析

1. 流域水环境质量现状

由于流域水资源的不合理开发利用和水环境承载能力的不足，长期以来，汾河水系面临着严峻的水污染问题。"十三五"期间，汾河流域共设置省级及以上水环境质量考核断面共 22 个，其中汾河干流 12 个，支流 10 个。2016～2018 年汾河流域水环境质量状况见表 6.9。

表 6.9 汾河流域水环境质量状况

序号	河流	断面名称	断面级别	城市	水质状况 2016 年	水质状况 2017 年	水质状况 2018 年
1	干流	雷鸣寺	国省控	忻州市	Ⅱ	Ⅱ	Ⅱ
2	干流	河西村	国省控	忻州市	Ⅱ	Ⅱ	Ⅱ
3	干流	汾河水库出口	国省控	太原市	Ⅱ	Ⅱ	Ⅱ
4	干流	寨上水文站	省控	太原市	Ⅴ	Ⅳ	Ⅲ
5	干流	上兰	国省控	太原市	Ⅱ	Ⅱ	Ⅱ
6	干流	小店桥	国省控	太原市	劣Ⅴ	劣Ⅴ	劣Ⅴ
7	干流	温南社	国省控	太原市	劣Ⅴ	劣Ⅴ	劣Ⅴ
8	干流	王庄桥南	国省控	晋中市	劣Ⅴ	劣Ⅴ	劣Ⅴ
9	干流	临汾	省控	临汾市	劣Ⅴ	劣Ⅴ	劣Ⅴ
10	干流	上平望	国省控	临汾市	劣Ⅴ	劣Ⅴ	劣Ⅴ
11	干流	河津大桥	省控	运城市	劣Ⅴ	劣Ⅴ	劣Ⅴ
12	干流	庙前村	国省控	运城市	劣Ⅴ	劣Ⅴ	劣Ⅴ
13	岚河	曲立	国省控	吕梁市	劣Ⅴ	劣Ⅴ	劣Ⅴ
14	杨兴河	河底村	省控	太原市	Ⅳ	Ⅲ	Ⅲ
15	磁窑河 支流	桑柳树	国省控	晋中市	劣Ⅴ	劣Ⅴ	劣Ⅴ
16	潇河	蔡庄水库出口	国省控	晋中市	Ⅱ	Ⅱ	Ⅱ
17	潇河	郝村	国省控	晋中市	Ⅲ	Ⅳ	Ⅳ
18	文峪河	北峪口	国省控	吕梁市	Ⅲ	Ⅱ	Ⅱ

续表

序号	河流	断面名称	断面级别	城市	水质状况 2016年	水质状况 2017年	水质状况 2018年
19	文峪河	岔口	国省控	吕梁市	Ⅲ	Ⅱ	Ⅱ
20	文峪河 支流	南姚	国省控	吕梁市	劣Ⅴ	劣Ⅴ	劣Ⅴ
21	文峪河	野则河	省控	吕梁市	Ⅲ	Ⅱ	Ⅱ
22	浍河	西曲村	国省控	运城市	劣Ⅴ	劣Ⅴ	劣Ⅴ

2018 年，汾河干流水质整体呈重度污染，其中，水质优良（Ⅰ～Ⅲ类）断面占汾河流域监测断面总数的 37.9%，重度污染（劣Ⅴ类）断面占黄河流域监测断面总数的 58.7%。2018 年汾河干流沿程水质类别变化情况见图 6.8。根据省级及以上考核断面监测结果，汾河干流上游水质优良，中下游太原城区段及以下河段水体水质污染严重，这与汾河流域水资源的空间分布密切相关，"水量丰起来"是汾河流域水质改善的关键因素。汾河干流进入太原市区后，河道径流量的减少和污染物排放量的增加，导致水质急剧恶化，自太原市小店桥断面到庙前村断面全部为劣Ⅴ类水体。

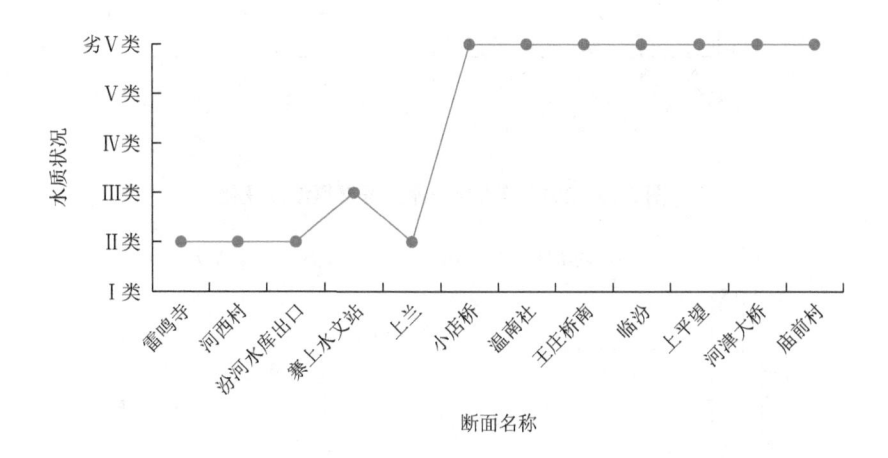

图 6.8 2018 年汾河干流沿程水质类别变化情况

氨氮为汾河流域首要超标污染物，其次为 COD 和总磷。自小店桥断面至庙前村断面均为劣Ⅴ类，其中，小店桥、温南社、王庄桥南断面分别超标达 4.3 倍、5.8 倍、6.0 倍，而后沿程明显下降。2018 年汾河干流沿程主要污染物浓度变化见图 6.9～图 6.11。

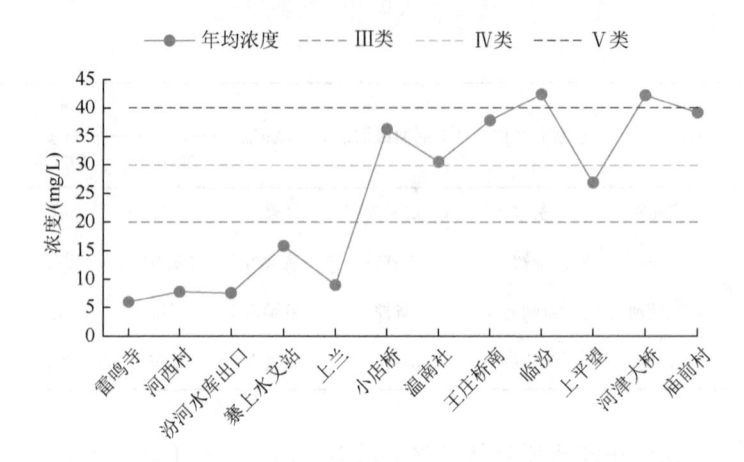

图6.9 2018年汾河干流沿程COD浓度变化

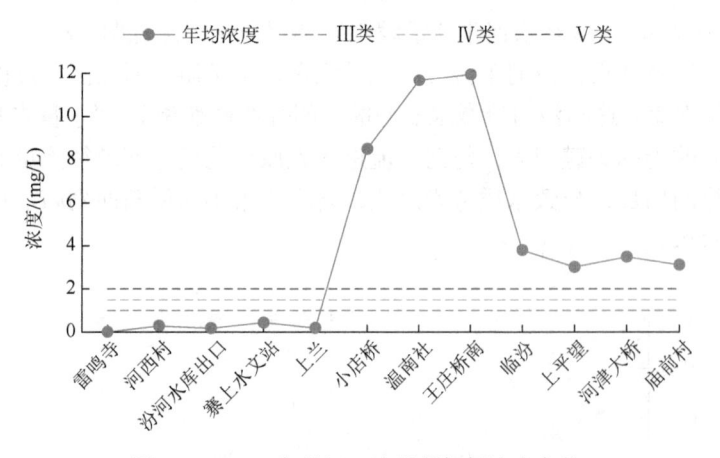

图6.10 2018年汾河干流沿程氨氮浓度变化

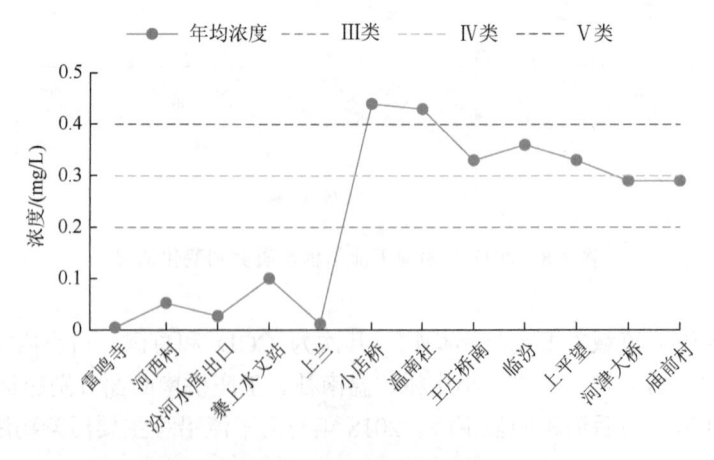

图6.11 2018年汾河干流沿程总磷浓度变化

第6章 汾河城市群水资源优化配置与管控策略

图 6.12 显示，2015～2018 年，汾河流域水质总体未发生明显改善，水质优良（Ⅰ～Ⅲ类）的断面比例呈波动变化，分别为 38.10%、37.90%、27.60% 和 37.90%，重度污染（劣Ⅴ类）断面比例呈上升趋势，由 52.4% 增加至 58.7%。

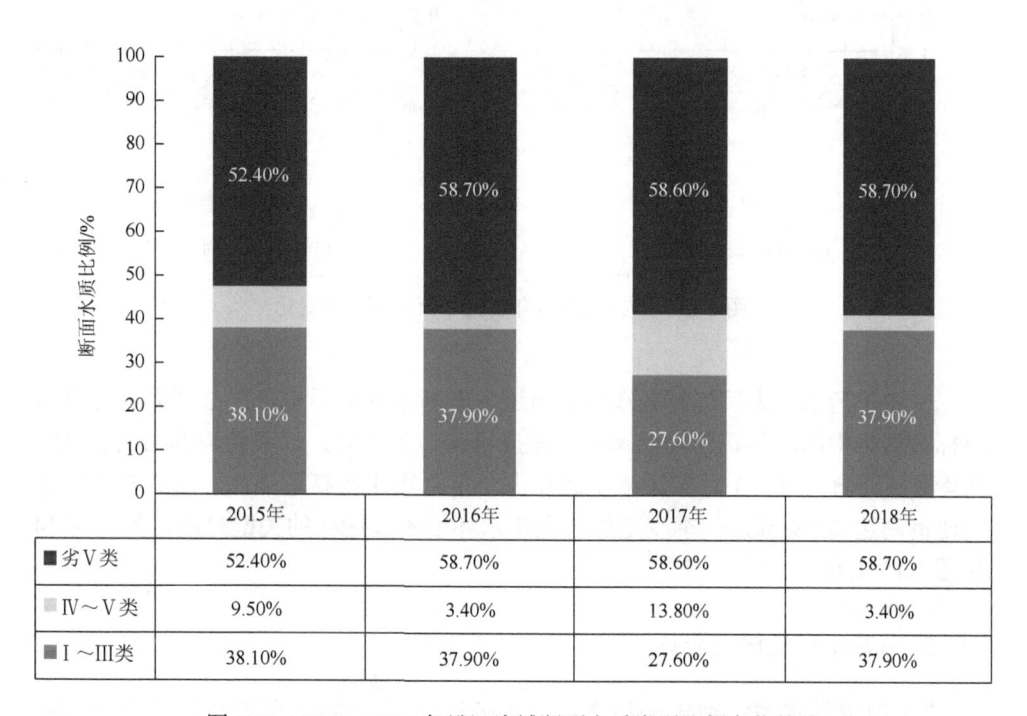

	2015年	2016年	2017年	2018年
■ 劣Ⅴ类	52.40%	58.70%	58.60%	58.70%
□ Ⅳ～Ⅴ类	9.50%	3.40%	13.80%	3.40%
■ Ⅰ～Ⅲ类	38.10%	37.90%	27.60%	37.90%

图 6.12　2015～2018 年汾河流域断面水质类别比例变化趋势

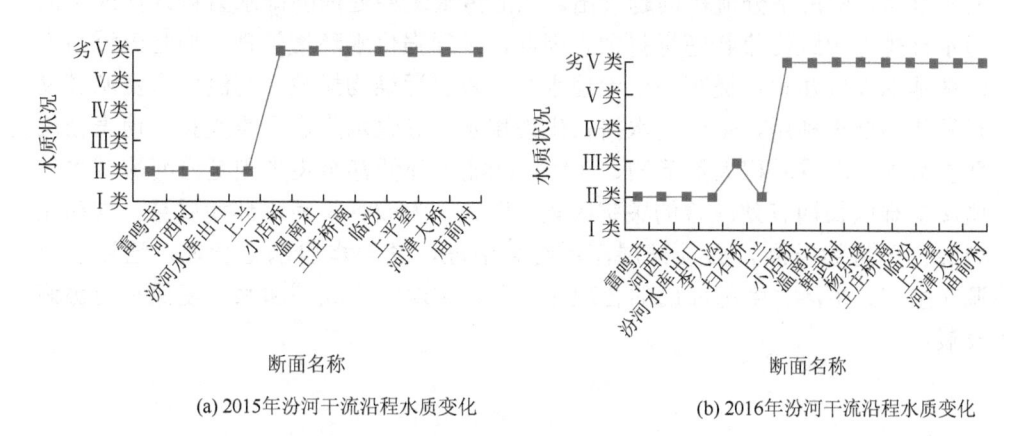

图 6.13 显示，2015～2018 年，汾河干流监测断面中，雷鸣寺、河西村、汾河水库出口、上兰断面水质较稳定，均为Ⅱ类；小店桥、温南社、王庄桥南、临汾、上平望、河津大桥、庙前村断面水质未发生变化，均为劣Ⅴ类。

(a) 2015年汾河干流沿程水质变化

(b) 2016年汾河干流沿程水质变化

(c) 2017 年汾河干流沿程水质变化　　　　　(d) 2018 年汾河干流沿程水质变化

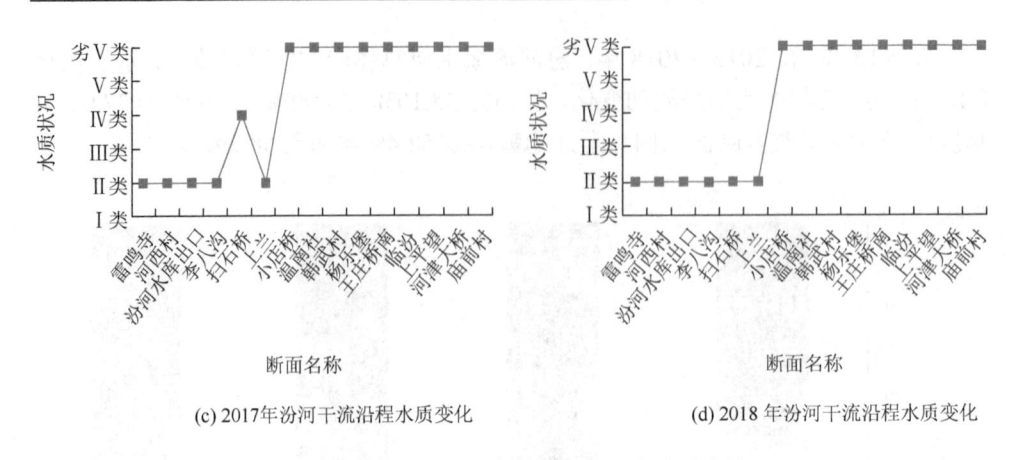

图 6.13　2015～2018 年汾河干流沿程水质变化

受冬季污水处理厂运行效率低、河道生态基流少等影响，1～3 月是河流氨氮超标最为集中的时段，汾河温南社、王庄桥南、上平望，以及浍河西曲村、文峪河南姚 5 个断面 1～3 月氨氮浓度之和占全年总数比例高达 40%，占五类达标水的比例高达 83.38%，一季度是影响全年水环境质量达标的关键时段，如图 6.14 和图 6.15 所示。

2. 流域水环境问题分析

"山西煤长水短，治短必治水，治水必治汾。"作为山西省重要的生态功能区、人口密集区、粮棉生产区和经济发达区，汾河流域也是山西全省劣Ⅴ类水体集中、水环境质量差、水生态问题突出的区域，水环境质量改善已成为汾河流域首要解决的问题。其水环境问题是由多因素共同造成的，如污染治理基础设施不健全，城镇污水处理厂运行效率不高、处理能力不足、运行不规范，管网不健全、雨污不分流等问题突出。生活污水未经处理随雨水直排入河或生活污水直排等导致污染物超标排放，因此，必须强化水环境管理，加强流域污染治理基础设施建设，提高污染治理水平，减少污染物排放。而流域水资源过度开发和不合理利用、生产用水挤占生态用水，导致水生态严重受损、地表径流严重减少、水域面积大量萎缩、水体自净能力降低甚至丧失则是汾河流域水环境质量难以长期有效改善的关键因素。因此，为改善汾河水环境质量，推动流域绿色可持续发展，必须开展流域综合治理，统筹水质水量管理，通过水资源在生产、生活、生态部门的合理化配置，实现社会经济和水环境保护的协调发展。

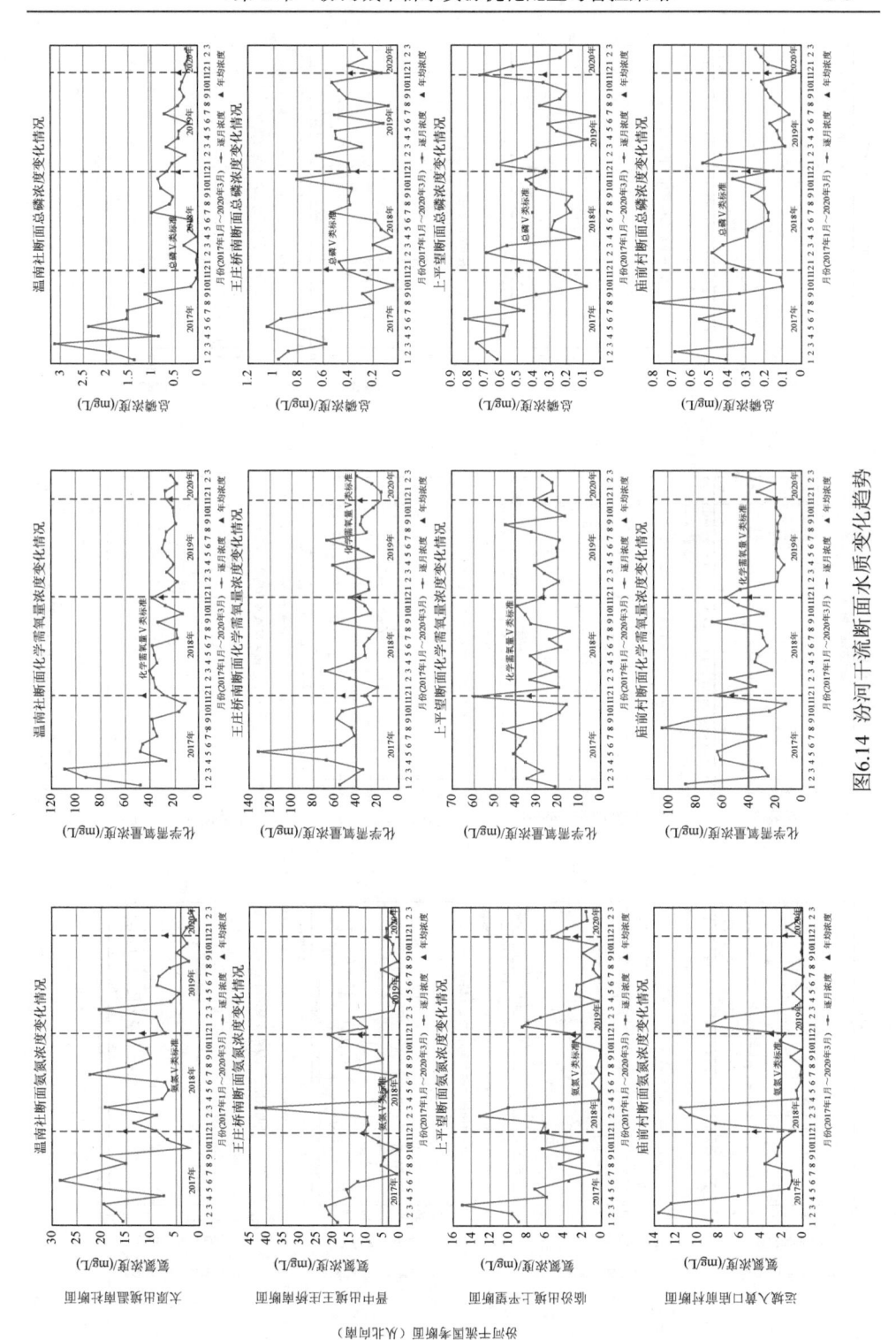

第6章 汾河城市群水资源优化配置与管控策略

图6.14 汾河干流断面水质变化趋势

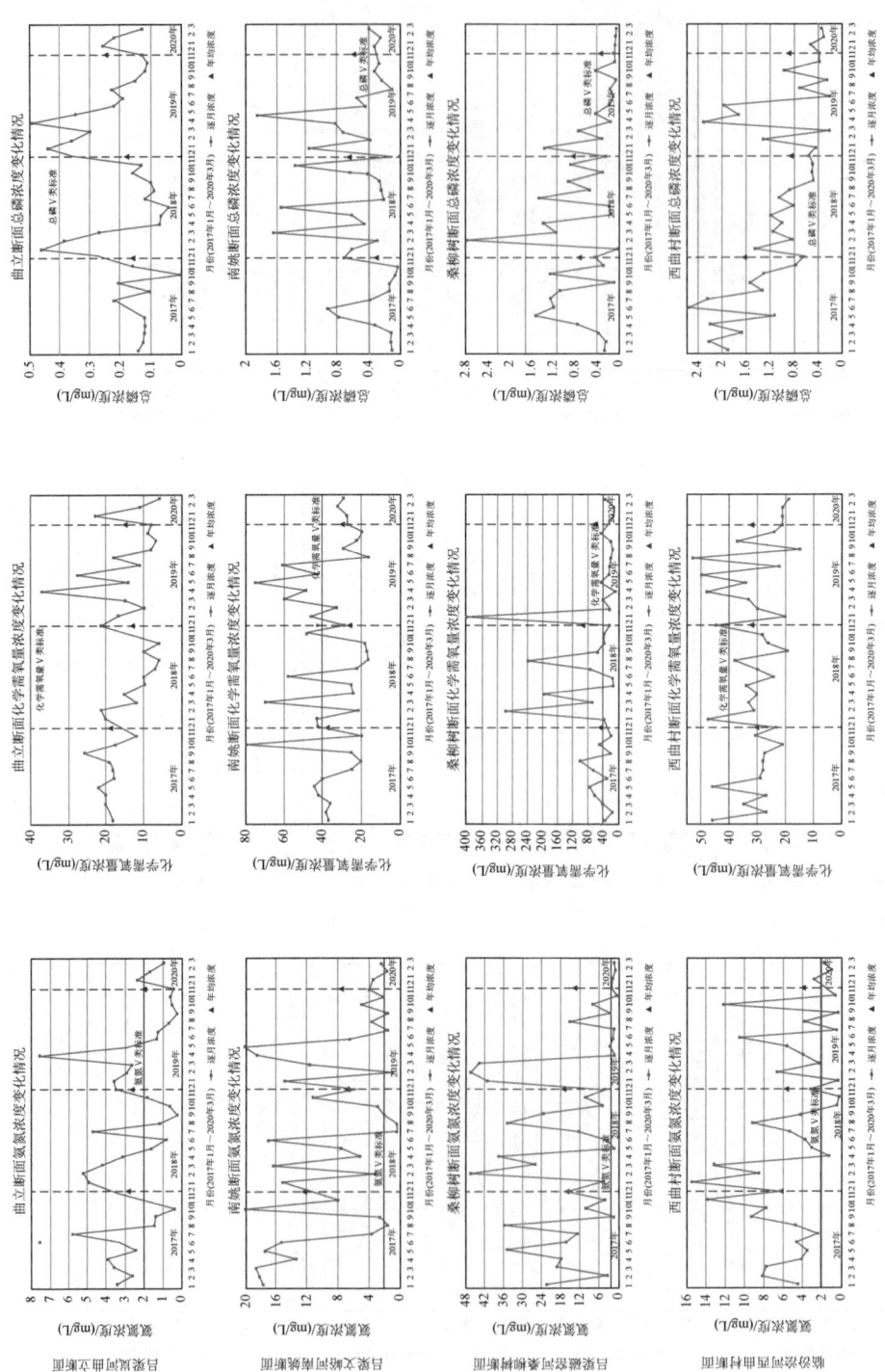

图6.15 汾河流域主要支流水质变化趋势

6.2 汾河城市群"三生"用水统筹优化配置

本节在汾河城市群水资源优化配置理论模型基础上，结合社会经济发展和水资源、水环境系统现状及趋势分析成果，预测城市群各控制单元工业、生活、农业和环境等主要部门的水资源需求，并综合考虑社会经济和资源环境系统的多重不确定因素，同时针对流域存在的水资源竞争问题，采用区间两阶段随机下方风险控制方法，构建汾河城市群"三生"（生活、生产、生态）用水统筹优化模型。汾河城市群"三生"用水统筹优化配置技术路线见图6.16。

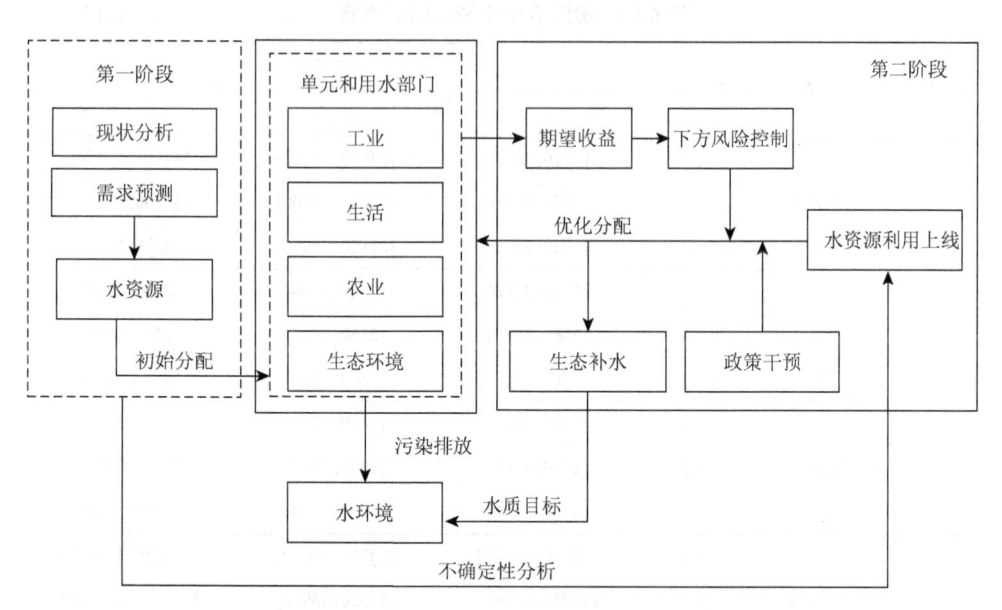

图6.16 汾河城市群"三生"用水统筹优化配置技术路线

6.2.1 模型参数与数据

模型考虑15年的规划期，每5年为一个时期（2019~2023年、2024~2028年、2029~2033年），每个时期考虑低、中、高3种水文情景，反映不同的流域可利用水资源量以及水环境容量。模型目标函数包含：汾河流域各水环境控制单元及用水部门的用水收益；水资源不足引发的第二阶段经济惩罚；供水及水资源使用成本；污水处理费用和再生水生产成本以及下方风险。约束条件包含：可利用水资源总量约束、各部门水资源需求约束、污水处理能力约束、水环境质量底线约束及下方风险控制约束等。模型中各用户水资源使用收益、用水成本以及提升工程成本和效率等参数呈波动变化，以区间参数来表征；流域可利用水资源量及水环境容量以随机参数的形式表征。

结合山西省 1956~2013 年水资源评价及水资源优化配置研究等有关成果，考虑水资源量的随机不确定性以及水资源配置方案有待进一步调整优化，确定本模型研究中的汾河流域水资源供应方案，见表 6.10。由于山西省对地下水开采进行重点管控，且引黄用水涉及黄河流域的综合调度，地下水和引黄水量的上限值即山西省全域水资源优化配置成果，不同水文情景下均保持不变，本地地表水资源量在不同水文情景下则有所变化。

表 6.10 汾河流域水资源供应方案　　　　　　　　（单位：万 m³）

流域分区	水源	规划期	水文情景 $h=1$	水文情景 $h=2$	水文情景 $h=3$
上游	地表水	$t=1$	[14716, 18395]	[22640, 28300]	[41163, 51454]
		$t=2$	[14872, 18590]	[22880, 28600]	[41600, 52000]
		$t=3$	[15028, 18785]	[23120, 28900]	[42036, 52545]
	地下水	$t=1$	[2560, 3200]	[2560, 3200]	[2560, 3200]
		$t=2$	[2560, 3200]	[2560, 3200]	[2560, 3200]
		$t=3$	[2560, 3200]	[2560, 3200]	[2560, 3200]
	引黄水	$t=1$	[1800, 2250]	[1800, 2250]	[1800, 2250]
		$t=2$	[2400, 3000]	[2400, 3000]	[2400, 3000]
		$t=3$	[3000, 3750]	[3000, 3750]	[3000, 3750]
中游	地表水	$t=1$	[38480, 48100]	[59200, 74000]	[107636, 134545]
		$t=2$	[39988, 49985]	[61520, 76900]	[111854, 139818]
		$t=3$	[41496, 51870]	[63840, 79800]	[116072, 145090]
	地下水	$t=1$	[49600, 62000]	[49600, 62000]	[49600, 62000]
		$t=2$	[47120, 58900]	[47120, 58900]	[47120, 58900]
		$t=3$	[44640, 55800]	[44640, 55800]	[44640, 55800]
	引黄水	$t=1$	[76800, 96000]	[76800, 96000]	[76800, 96000]
		$t=2$	[86400, 108000]	[86400, 108000]	[86400, 108000]
		$t=3$	[96000, 120000]	[96000, 120000]	[96000, 120000]
下游	地表水	$t=1$	[18096, 22620]	[27840, 34800]	[50618, 63272]
		$t=2$	[18096, 22620]	[27840, 34800]	[50618, 63272]
		$t=3$	[18096, 22620]	[27840, 34800]	[50618, 63272]

续表

流域分区	水源	规划期	水文情景		
			$h=1$	$h=2$	$h=3$
下游	地下水	$t=1$	[24600, 30750]	[24600, 30750]	[24600, 30750]
		$t=2$	[22880, 28600]	[22880, 28600]	[22880, 28600]
		$t=3$	[21160, 26450]	[21160, 26450]	[21160, 26450]
	引黄水	$t=1$	[54840, 68550]	[54840, 68550]	[54840, 68550]
		$t=2$	[59920, 74900]	[59920, 74900]	[59920, 74900]
		$t=3$	[65000, 81250]	[65000, 81250]	[65000, 81250]

基于汾河流域各水环境控制单元内人口、工业、农业、生态环境保护等发展现状和用水指标等，结合山西省及汾河流域社会经济发展规划、节水控水政策要求等，估算规划期汾河流域各单元工业、生活、农业、环境用水量，作为汾河流域各单元水资源初始配置方案，见表 6.11。

6.2.2 收益和下方风险分析

当 ω 取值为 0 时，模型为一般区间两阶段规划模型，即不考虑下方风险控制；当 ω 取值为 5、15、30、50 时，模型的下方风险控制得以体现，不同数值分别反映不同的风险控制水平。表 6.12 列出了汾河流域不同风险控制水平下的水资源利用综合收益。可以看出，随着 ω 值增大，即风险控制水平的提高，流域综合用水收益有所下降。例如，ω 取值分别为 0、5、15、30 和 50 时，对应的 $t=1$ 规划期的收益为 $[5.97, 6.74]\times 10^8$ 万元、$[5.97, 6.73]\times 10^8$ 万元、$[5.95, 6.73]\times 10^8$ 万元、$[5.92, 6.70]\times 10^8$ 万元和 $[5.89, 6.62]\times 10^8$ 万元。综合收益的变化幅度不大，这可能是由于水资源初始分配较为充足以及对各用水部门的预期收益估计相对保守。随着风险控制水平的提高，流域用水下方风险也逐渐降低。例如，$t=1$ 规划期内，全流域风险分别为 $[5.78, 12.79]\times 10^6$ 万元、$[5.53, 11.99]\times 10^6$ 万元、$[5.45, 11.72]\times 10^6$ 万元、$[5.35, 11.65]\times 10^6$ 万元、$[5.12, 11.56]\times 10^6$ 万元。随着风险控制水平的提高，区间两阶段下方风险模型可以根据用水效率、污染物排放强度和区域产业结构等因素的差异对各流域分区和用水部门水资源配置方案进行优化调整。不同的水环境控制单元和用水部门的用水收益风险存在着显著差异。汾河流域上游地区（单元 1~4）的风险明显低于其他地区，这证明了汾河流域上游地区的水资源充足，环境状况良好。风险主要出现在下游地区（单元 12~16），在不同的风险水平下，风险值分别达到了 $[1.94, 5.28]\times 10^4$ 万元、$[1.81, 4.54]\times 10^4$ 万元、$[1.81, 4.54]\times 10^4$ 万元、$[1.73, 4.47]\times 10^4$ 万元和 $[1.49, 4.42]\times 10^4$ 万元。

表 6.11 汾河流域水资源初始分配方案

(单位: 万 m³)

控制单元	t=1 工业	t=1 生活	t=1 农业	t=1 环境	t=2 工业	t=2 生活	t=2 农业	t=2 环境	t=3 工业	t=3 生活	t=3 农业	t=3 环境
单元1	[196, 221]	[715, 869]	[10351, 10778]	[870, 937]	[200, 246]	[698, 977]	[11234, 12042]	[1132, 1313]	[204, 274]	[683, 1099]	[11940, 13175]	[1471, 1838]
单元2	[181, 213]	[314, 377]	[4623, 4817]	[282, 303]	[179, 237]	[310, 423]	[4584, 4918]	[366, 425]	[177, 264]	[305, 474]	[4568, 5047]	[476, 595]
单元3	[695, 799]	[267, 343]	[2883, 3004]	[60, 64]	[735, 933]	[258, 395]	[2938, 3152]	[78, 90]	[777, 1089]	[249, 457]	[2931, 3238]	[101, 126]
单元4	[1973, 2310]	[1708, 2132]	[1378, 1435]	[379, 408]	[2010, 2634]	[1661, 2431]	[1399, 1501]	[493, 572]	[2049, 3004]	[1616, 2772]	[1398, 1545]	[641, 801]
单元5	[5356, 6947]	[2844, 3646]	[5650, 5886]	[778, 803]	[4598, 7179]	[2705, 4140]	[5716, 6133]	[1206, 1285]	[3946, 7420]	[2572, 4701]	[5723, 6322]	[1869, 2056]
单元6	[2104, 2738]	[26940, 32755]	[6210, 6470]	[7213, 7445]	[1807, 2839]	[26015, 36369]	[6131, 6578]	[11180, 11913]	[1552, 2943]	[25122, 40383]	[6214, 6865]	[17329, 19061]
单元7	[898, 1023]	[5213, 6336]	[18921, 19440]	[3681, 3800]	[889, 1113]	[5045, 7049]	[19946, 20893]	[5707, 6081]	[881, 1210]	[4882, 7841]	[21356, 22806]	[8845, 9729]
单元8	[905, 1050]	[387, 476]	[1951, 2033]	[425, 438]	[885, 1143]	[374, 534]	[1942, 2083]	[658, 702]	[866, 1244]	[361, 598]	[1932, 2134]	[1021, 1123]
单元9	[553, 657]	[583, 738]	[1361, 1418]	[650, 670]	[558, 749]	[558, 834]	[1340, 1438]	[1007, 1073]	[562, 855]	[533, 943]	[1340, 1481]	[1561, 1717]
单元10	[3751, 4497]	[2072, 2587]	[15084, 15716]	[2298, 2372]	[3758, 5129]	[1986, 2906]	[14852, 15936]	[3562, 3796]	[3766, 5851]	[1903, 3264]	[14853, 16412]	[5522, 6074]
单元11	[4064, 4743]	[3127, 3801]	[33468, 34386]	[2210, 2281]	[4148, 5406]	[3025, 4226]	[35777, 37475]	[3426, 3650]	[4235, 6162]	[2926, 4699]	[38039, 40622]	[5310, 5841]
单元12	[3882, 4532]	[5591, 7453]	[34208, 35393]	[3415, 3605]	[3868, 5044]	[5189, 8492]	[35295, 37418]	[6148, 6850]	[3854, 5615]	[4815, 9676]	[36034, 39142]	[11067, 13016]
单元13	[3403, 3842]	[1003, 1302]	[24856, 25718]	[603, 636]	[3474, 4276]	[941, 1473]	[25824, 27377]	[1085, 1209]	[3546, 4759]	[883, 1667]	[26274, 28540]	[1954, 2298]
单元14	[502, 567]	[1912, 2355]	[14062, 14550]	[1119, 1182]	[500, 616]	[1828, 2615]	[14209, 15064]	[2015, 2245]	[499, 670]	[1748, 2903]	[14659, 15923]	[3628, 4267]
单元15	[1920, 2207]	[715, 978]	[15135, 15655]	[137, 144]	[1983, 2517]	[656, 1123]	[16235, 17204]	[247, 275]	[2048, 2871]	[602, 1289]	[17232, 18706]	[444, 523]
单元16	[6176, 7469]	[1624, 2082]	[18600, 19239]	[301, 318]	[6293, 8718]	[1524, 2334]	[20021, 21215]	[543, 605]	[6412, 10175]	[1431, 2616]	[21213, 23028]	[978, 1150]

表 6.12　不同风险控制水平条件下的汾河流域综合收益　　（单位：10^8 万元）

风险控制水平	规划期		
	$t=1$	$t=2$	$t=3$
$\omega=0$	[5.97, 6.74]	[8.46, 10.53]	[10.96, 15.49]
$\omega=5$	[5.97, 6.73]	[8.45, 10.52]	[10.88, 15.42]
$\omega=15$	[5.95, 6.73]	[8.41, 10.52]	[10.82, 15.23]
$\omega=30$	[5.92, 6.70]	[8.39, 10.47]	[10.72, 14.98]
$\omega=50$	[5.89, 6.62]	[8.32, 10.37]	[10.71, 14.83]

图 6.17～图 6.19 显示同一用水部门的风险变化趋势总体相似。例如，ω 取值分别为 0、5、15、30、50 时，$t=3$ 规划期工业和农业部门风险分别为 [25.34, 56.17]×10^6 万元、[20.25, 56]×10^6 万元、[20.16, 49.02]×10^6 万元、[19.96, 47.19]×10^6 万元、[19.95, 47.45]×10^6 万元和[7.62, 15.84]×10^6 万元、[6.95, 15.72]×10^6 万元、[6.02, 15.62]×10^6 万元、[5.53, 15.56]×10^6 万元、[5.23, 15.56]×10^6 万元，随着风险水平的增加，两个部门风险均呈现下降趋势。不同的是，生活用水风险分别为[14.08, 85.33]×10^6 万元、[13.14, 80.68]×10^6 万元、[12.46, 87.11]×10^6 万元、[11.86, 93.21]×10^6 万元、[11.85, 93.79]×10^6 万元，当 ω 取值分别为 15、30 和 50 时，用水风险呈现出逐渐上升的趋势。根据区间两阶段模型求解过程，用水风险的上限结果对应着水资源量的下限值，当水资源无法满足各部门用水需求而产生较大风险时，模型通过将水资源转移到更高收益的部门和控制单元来降低在水资源短缺情形下的流域总风险，从而使总的综合收益最大化。以汾河流域下游地区为例进一步展开分析，当 ω 取值由 15 增加到 50 时，工业、生活和农业用水总风险上限值由 47.38×10^6 万元、53.46×10^6 万元和 7.27×10^6 万元分别变化为 45.55×10^6 万元、57.97×10^6 万元和 7.22×10^6 万元。针对不同的水环境控制单元，风险上限值从 42.26×10^6 万元、17.04×10^6 万元、11.52×10^6 万元、9.39×10^6 万元、27.9×10^6 万元变化为 42.73×10^6 万元、17.66×10^6 万元、11.97×10^6 万元、11.59×10^6 万元、26.78×10^6 万元，进一步反映了水资源在不同控制单元和用水部门之间的优化分配。然而当 ω 取值分别为 15、30 和 50 时，下游地区的总用水风险上限值为 108.12×10^6 万元、110.73×10^6 万元和 111.11×10^6 万元，随着风险控制水平的提高而呈现出逐渐增加的趋势，呈现出与全流域相反的趋势，同时也与下方风险规避模型的理念相悖。根据水资源分区的结果，汾河下游地区为相对独立的水资源开发利用区，未考虑水资源在不同流域分区的协调优化，因此存在某一流域分区用水风险增加的情形。对水资源优化配置的进一步分析显示，生态补水量的增加显示污染物排放量突破水环境质量底线，更多的水资源用以生态补水和提高水体自净能力而造成生产、生活用水量的减少，使用水部门产生更大风险。水环境质量强约束对水资源的优化配置具有决定性作用。

(a) 工业

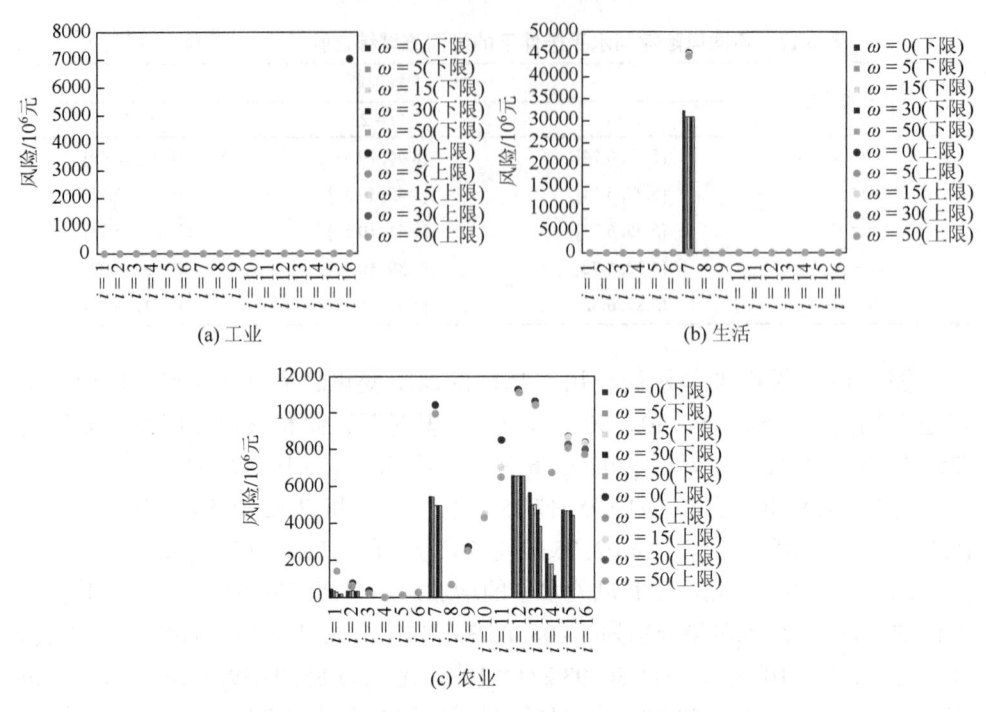

(b) 生活

(c) 农业

图 6.17 汾河流域 $t=1$ 规划期风险

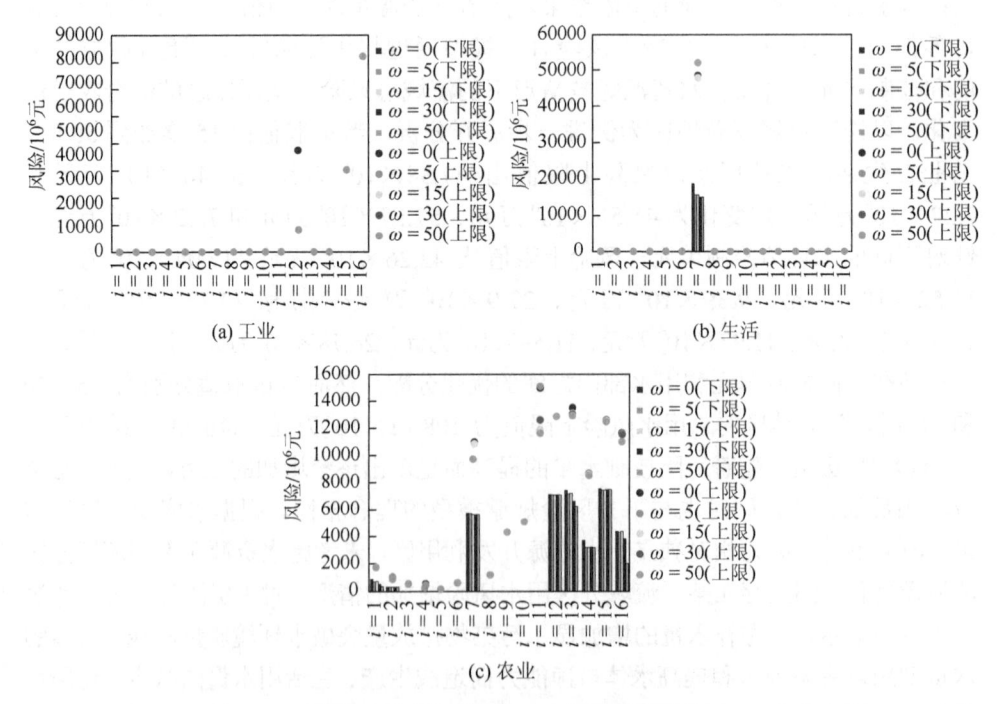

(a) 工业

(b) 生活

(c) 农业

图 6.18 汾河流域 $t=2$ 规划期风险

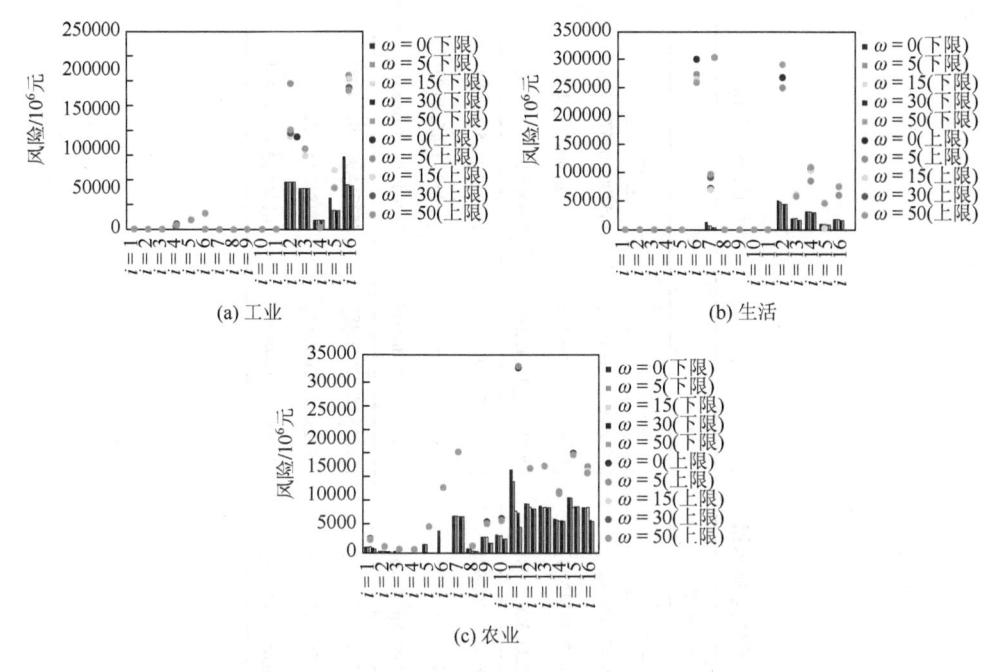

第 6 章 汾河城市群水资源优化配置与管控策略

(a) 工业

(b) 生活

(c) 农业

图 6.19 汾河流域 $t=3$ 规划期风险

6.2.3 流域水资源配置

表 6.13 详细列出了不同风险控制水平下汾河流域生态补水量,图 6.20 则展示了生态补水的变化趋势。随着风险控制水平的提高,生态补水量呈现出小幅下降的趋势。例如,ω 取值分别为 0、5、15、30 和 50 时,情景 3 条件下,$t=3$ 规划期的生态补水量分别为 $[68971.33, 71230.94] \times 10^4 m^3$、$[65884.16, 70614.86] \times 10^4 m^3$、$[62650.05, 67134.40] \times 10^4 m^3$、$[61506.59, 66346.23] \times 10^4 m^3$ 和 $[61444.22, 66287.66] \times 10^4 m^3$。不同规划期和水文条件下,生态补水量的变化均显示出明显差异,$t=1$ 规划期到 $t=2$ 规划期逐渐减少,而 $t=3$ 规划期则明显增加。例如,当 ω 取值为 15,情景 1 条件下 3 个规划期的补水量分别为 $[45908.44, 58926.27] \times 10^4 m^3$、$[41948.42, 56463.97] \times 10^4 m^3$ 和 $[53467.22, 72236.61] \times 10^4 m^3$,$t=2$ 规划期补水量的下降主要受用水效率和排放标准提高的影响,$t=3$ 规划期生态补水量的增加则主要是更高水质目标要求与用水效率、植物水平等技术参数提升相对不足造成的。而 $t=1$ 和 $t=2$ 规划期内的生态补水量从情景 1 到情景 3 出现明显的下降趋势,这主要是因为水资源总量水平越高对应的水环境承载能力越高。但是,在 $t=3$ 规划期,情景 2 条件下的生态补水量有一定的增加,进一步分析表明,随着水资源总量的增加,在确保水质达标的前提下,更为充足的水资源被分配给生产部门以满足预期的收益目标。

表 6.13　不同风险控制水平下汾河流域生态补水量

（单位：$10^4 m^3$）

规划期	水文情景	$\omega=0$	$\omega=5$	生态补水量 $\omega=15$	$\omega=30$	$\omega=50$
$t=1$	$h=1$	[47269.97, 58799.61]	[46747.57, 58926.27]	[45908.44, 58926.27]	[45728.61, 58907.33]	[45400.36, 57794.33]
	$h=2$	[46082.49, 49339.46]	[46086.85, 49148.65]	[46037.42, 49142.83]	[45431.45, 49068.19]	[45192.69, 48222.94]
	$h=3$	[29090.81, 32107.98]	[29015.05, 32015.54]	[29015.05, 32015.54]	[29015.05, 32015.54]	[29015.05, 31993.50]
$t=2$	$h=1$	[43125.79, 56352.63]	[42926.20, 56463.97]	[41948.42, 56463.97]	[41931.07, 56437.83]	[41717.47, 55641.02]
	$h=2$	[38890.91, 46190.99]	[38994.84, 46433.57]	[38064.14, 46424.53]	[37789.90, 46354.70]	[37038.71, 46126.27]
	$h=3$	[27892.07, 30590.55]	[27695.09, 30477.29]	[27695.09, 30477.29]	[27695.09, 30446.99]	[27695.09, 30049.19]
$t=3$	$h=1$	[53122.47, 76779.17]	[53137.32, 75701.38]	[53467.22, 72236.61]	[53636.18, 72058.48]	[53714.90, 70143.08]
	$h=2$	[64159.80, 77143.92]	[64601.49, 76199.71]	[63690.30, 72770.01]	[63823.77, 72600.84]	[63847.15, 72525.75]
	$h=3$	[68971.33, 71230.94]	[65884.16, 70614.86]	[62650.05, 67134.40]	[61506.59, 66346.23]	[61144.22, 66287.66]

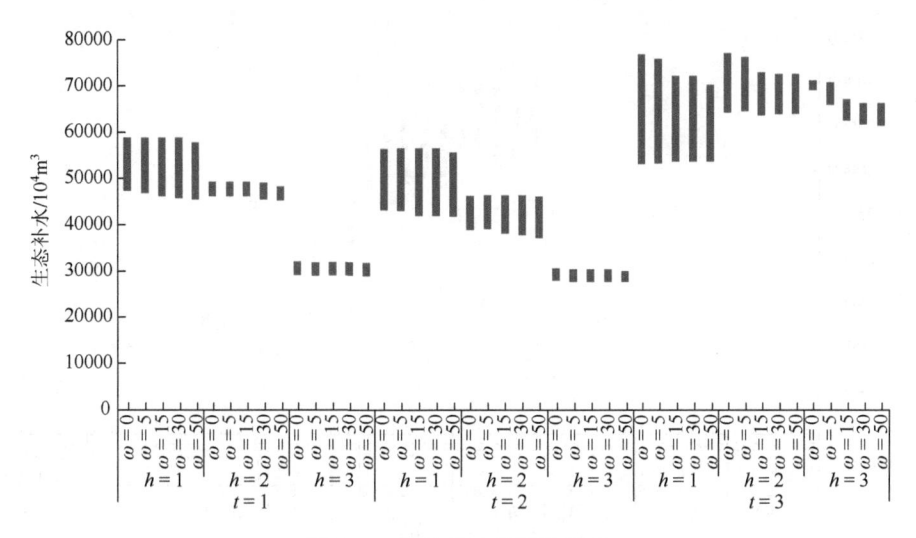

图 6.20　生态补水的变化趋势

图 6.21～图 6.23 分别显示了三个规划期汾河流域上游、中游和下游地区生态补水量的差异。显然，上游地区用以保障水环境质量底线目标的生态补水量相对较少，而中游和下游地区，生态补水量明显增加，尤其是中游地区大量存在。例如，在 $t=1$ 规划期，情景 3 条件下，当 ω 取值为 30 时，生态补水量分别为 0m^3、$[24925.12, 27376.22]\times 10^4\text{m}^3$ 和 $[4089.93, 4639.32]\times 10^4\text{m}^3$，这表明尽管水资源相对充足，环境承载能力较高，由于产业集中、人口密集，区域社会经济发展仍会对中下游地区的水环境造成负面影响。因此，流域的社会经济发展规划和水资源配置应统筹考虑水环境质量和水资源的制约。

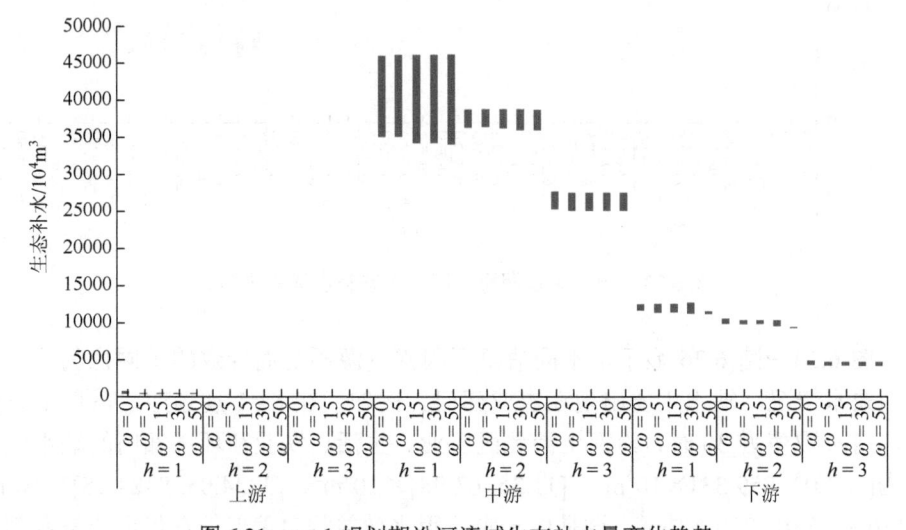

图 6.21　$t=1$ 规划期汾河流域生态补水量变化趋势

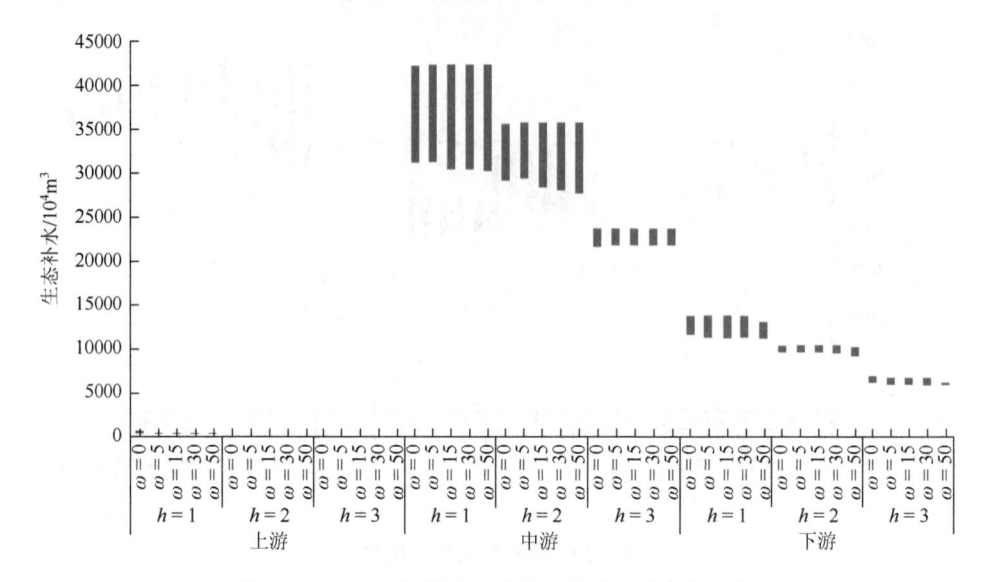

图6.22 $t=2$ 规划期汾河流域生态补水量变化趋势

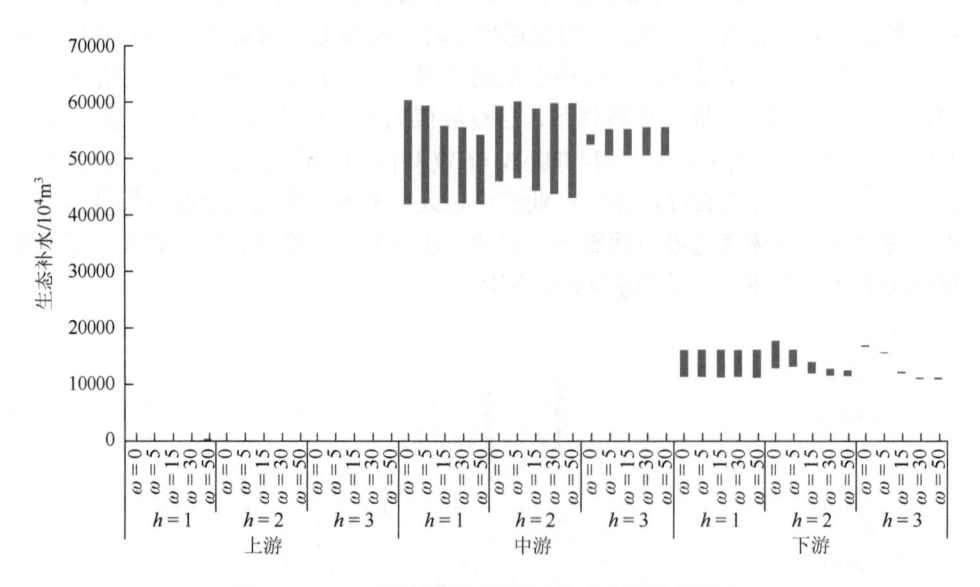

图6.23 $t=3$ 规划期汾河流域生态补水量变化趋势

图6.24～图6.26显示了不同情景下因水资源不足而导致的不同控制单元与部门缺水情况。缺水主要出现在农业部门。例如，在 $t=1$ 规划期，情景1条件下，当 ω 取值为30时，汾河上游地区工业、生活、农业和环境部门的缺水量分别为 $[233.02, 859.33] \times 10^4 \mathrm{m}^3$、$[11.36, 63.98] \times 10^4 \mathrm{m}^3$、$[3234.05, 8424.18] \times 10^4 \mathrm{m}^3$ 和 $[30.31, 380.93] \times 10^4 \mathrm{m}^3$。这是由于农业用水效益相对偏低，在保证决策者制定

的最低用水需求的前提下,水资源将被优先分配至收益较高的部门和环境部门。同时,随着风险水平的提高,不同用水部门的缺水情形会发生不同的变化。例如,在 $t=1$ 规划期,情景 1 条件下,当 ω 取值为 15、50 时,工业部门缺水量分别为 $[100.75, 498.28] \times 10^4 \mathrm{m}^3$、$[233.02, 499.18] \times 10^4 \mathrm{m}^3$,生活、农业和环境部门缺水量则分别为 $[0, 96.84] \times 10^4$、$[11.368, 63.98] \times 10^4 \mathrm{m}^3$,$[3846.21, 8577.93] \times 10^4 \mathrm{m}^3$ 和 $[3170.95, 8366.48] \times 10^4 \mathrm{m}^3$,$[30.31, 395.47] \times 10^4 \mathrm{m}^3$、$[380.93, 395.86] \times 10^4 \mathrm{m}^3$。可以发现,工业缺水呈现波动变化,生活、农业缺水量有所减少,环境部门缺水量

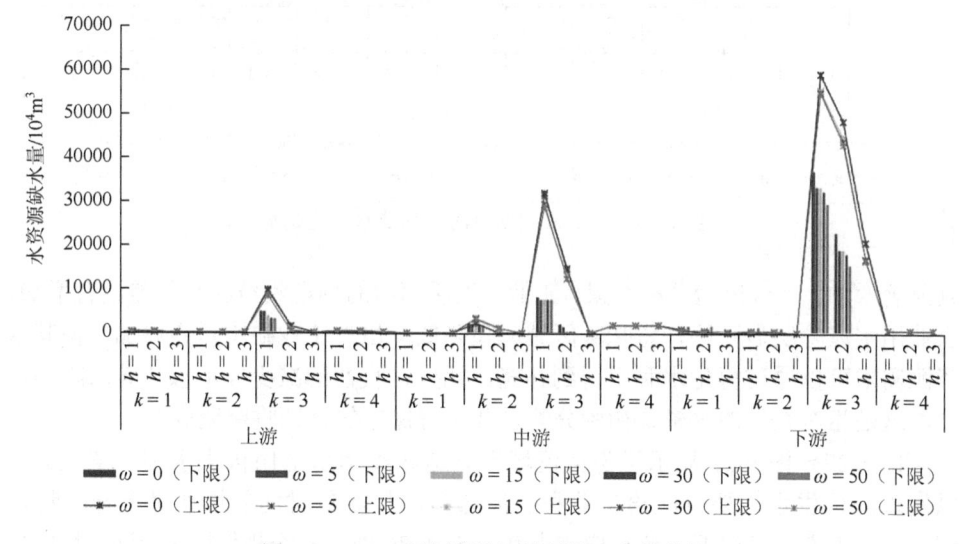

图 6.24　$t=1$ 规划期汾河流域缺水变化趋势

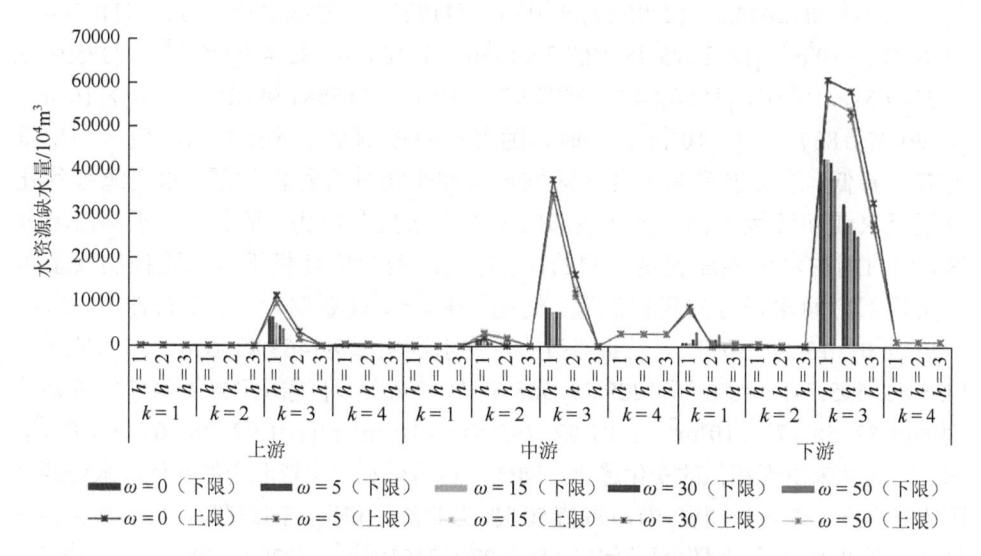

图 6.25　$t=2$ 规划期汾河流域缺水变化趋势

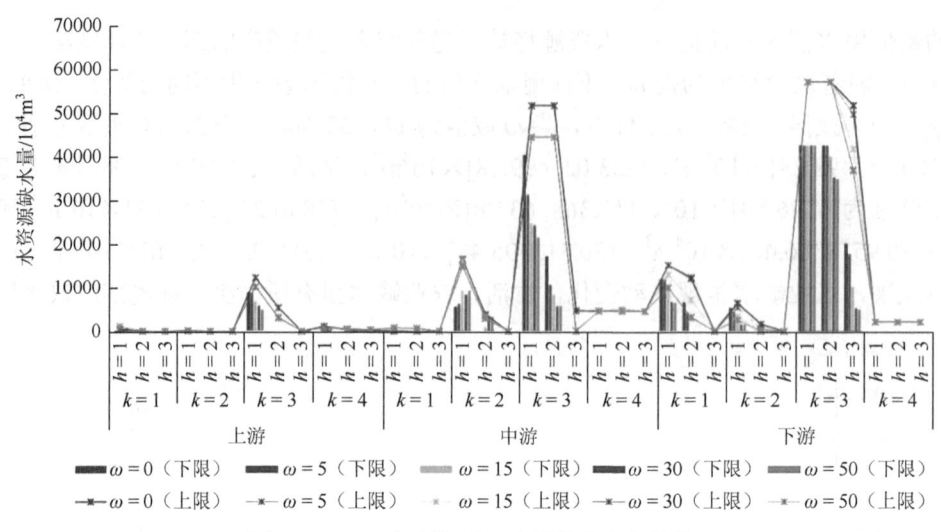

图 6.26 $t=3$ 规划期汾河流域缺水变化趋势

则显著增加。结合风险分析结果，工业、生活部门的预期收益的正偏差没有增加，农业用水风险明显下降，意味着区域风险降低。虽然工业缺水量会增加，但其水资源需求可以通过再生水利用得到补充。此外，收益的减少并不意味着风险的增加，这是相对充足的水资源初始分配以及相对保守的预期收益造成的。

图 6.27～图 6.29 显示了汾河流域不同地区和用水部门再生水利用情况。可以发现，再生水主要分配给工业和生活部门，且随着时间的推移呈上升趋势。例如，在情景 1 条件下，当 ω 取值为 0、15 和 30 时，三个规划期内汾河流域的再生水利用量为[12084.09, 12206.67]×10^4m³、[11920.16, 12233.1]×10^4m³、[11851.42, 12169.68]×10^4m³，[18120.25, 18162.71]×10^4m³、[17600.76, 18274.65]×10^4m³、[17592.03, 18274.65]×10^4m³，[15809.45, 19577.92]×10^4m³、[15881.99, 18438.54]×10^4m³、[15891.47, 18378.19]×10^4m³。同时，随着风险控制水平的提高，再生水利用量会有所降低，这可能是为了降低区域风险和平衡社会经济发展，水资源被优化分配至农业和环境部门，而这些部门无再生水生产能力。而且，在不同流域分区，部门间的水资源配置是不同的，通过区间两阶段随机下方风险控制模型可以实现部门间水资源的优化配置。例如，在 $t=1$ 规划期，情景 1 条件下，当 ω 取值为 0、15 和 30 时，工业部门的再生水利用量为[465.83, 620.13]×10^4m³、[435.66, 645.74]×10^4m³ 和[229.59, 588.67]×10^4m³，环境部门再生水利用量则分别为[4.62, 58.17]×10^4m³、[101.92, 295.54]×10^4m³ 和[101.92, 281.01]×10^4m³，部门之间并未出现相似的变化趋势。同样，随着可利用水资源量的变化，水资源分配策略会产生差异性调整。当 ω 取值 50 时，工业部门和生活部门在 $t=1$、$t=2$ 和 $t=3$ 规划期的再生水利用量分别为[229.59, 223.13]×10^4m³、[229.59, 283.14]×10^4m³、

第 6 章　汾河城市群水资源优化配置与管控策略

$[128.84, 283.14] \times 10^4 m^3$ 和$[258.9, 69.96] \times 10^4 m^3$、$[258.9, 386.37] \times 10^4 m^3$、$[386.37, 386.37] \times 10^4 m^3$，显示出一定的增长。相反，环境部门在三个规划期内的再生水利用量则呈下降趋势，分别为$[281.01, 467.47] \times 10^4 m^3$、$[281.01, 71.61] \times 10^4 m^3$ 和$[155.47, 71.61] \times 10^4 m^3$。当水资源严重不足时，应首先将新鲜水分配给生产部门，在确保区域发展和生产的同时生产更多的再生水资源供应环境部门。

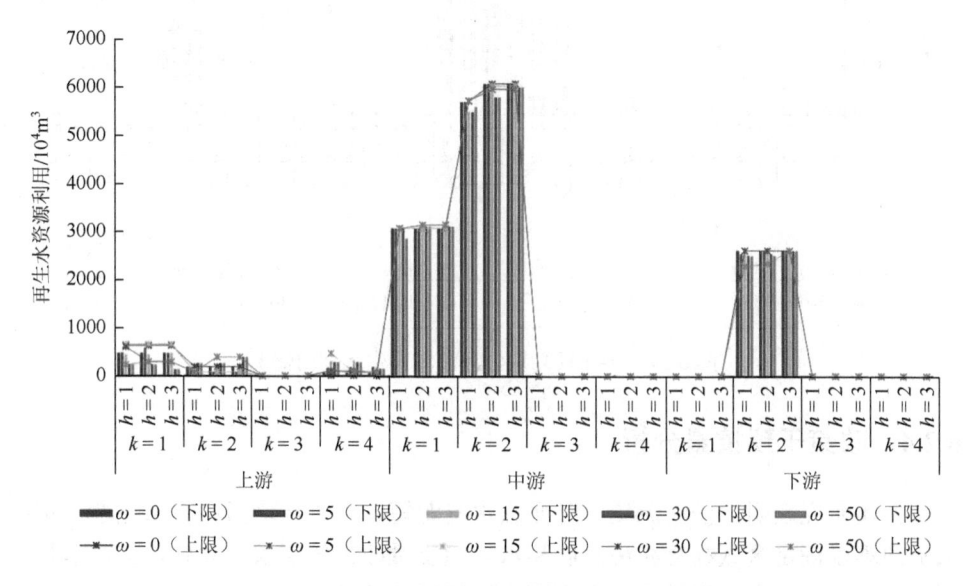

图 6.27　$t=1$ 规划期汾河流域再生水利用情况

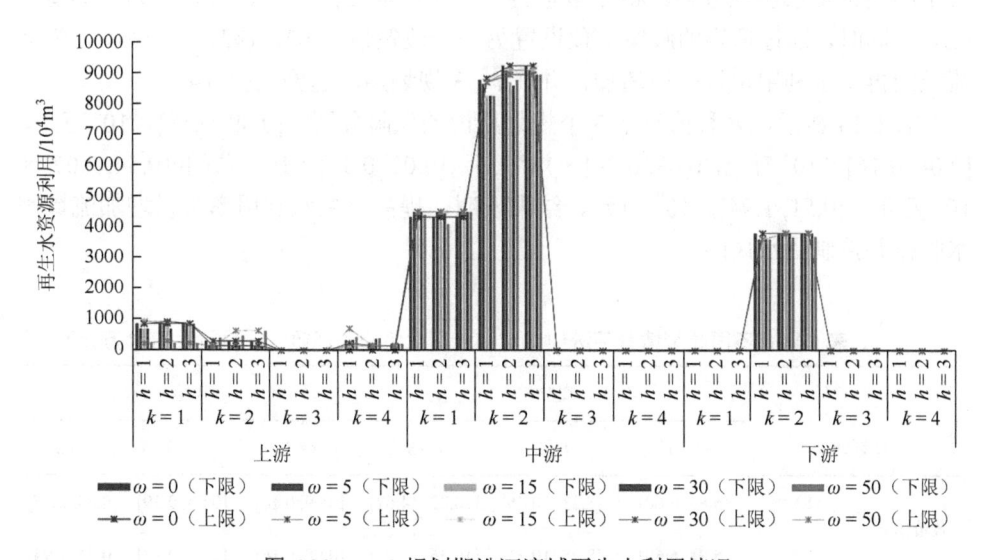

图 6.28　$t=2$ 规划期汾河流域再生水利用情况

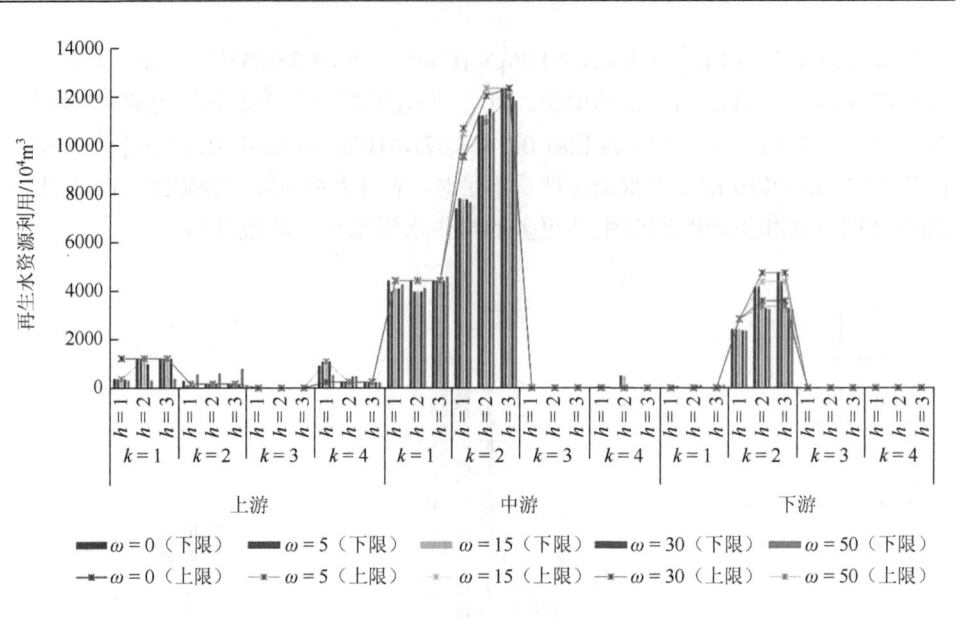

图 6.29　$t=3$ 规划期汾河流域再生水利用情况

6.2.4　政策干预情景分析

上述研究表明，汾河流域同时面临水资源短缺和水环境污染双重挑战，现有水资源难以满足区域社会经济发展和水环境质量改善的需求。此外，提高水资源利用效率和再生水利用是解决水资源短缺问题的关键。为制定适应水资源短缺情形下的最优配水调控方案，将 ω 取值为 15 和低水文情景（$h=1$）作为基准情景（S1）。同时，通过适当的政策干预设置另一个政策情景 S2，该政策情景下，汾河流域的再生水利用率逐阶段增加，并在 $t=3$ 规划期内达到至少 0.4。

表 6.14 显示，两种情景下 3 个规划期内的风险分别为 [0.09, 0.18]×10⁸ 万元、[0.08, 0.16]×10⁸ 万元，[0.08, 0.39]×10⁸ 万元、[0.05, 0.37]×10⁸ 万元和 [0.54, 2.07]×10⁸ 万元、[0.51, 1.94]×10⁸ 万元。结果表明，提高再生水利用率可以增加流域用水收益并控制用水风险。

表 6.14　不同政策情景下汾河流域综合用水收益和风险　　（单位：10⁸ 万元）

规划期		收益			风险		
		$t=1$	$t=2$	$t=3$	$t=1$	$t=2$	$t=3$
政策情景	S1	[5.89, 6.68]	[8.23, 10.46]	[10.22, 14.67]	[0.09, 0.18]	[0.08, 0.39]	[0.54, 2.07]
	S2	[5.91, 6.69]	[8.25, 10.51]	[10.36, 14.77]	[0.08, 0.16]	[0.05, 0.37]	[0.51, 1.94]

图 6.30 表明再生水利用能力的提高可以有效减少污染排放。S2 情景下 $t=1$ 规划期内，汾河流域中游地区生态补水量（$[31367.80, 42790.44] \times 10^4 \mathrm{m}^3$）明显低于 S1（$[34046.38, 46012.89] \times 10^4 \mathrm{m}^3$），流域上游和下游地区也是如此。结果表明，适当的政策干预，如提高再生水利用水平等，对进一步优化水资源配置、有效缓解汾河流域水资源短缺和水污染有着显著的效果。

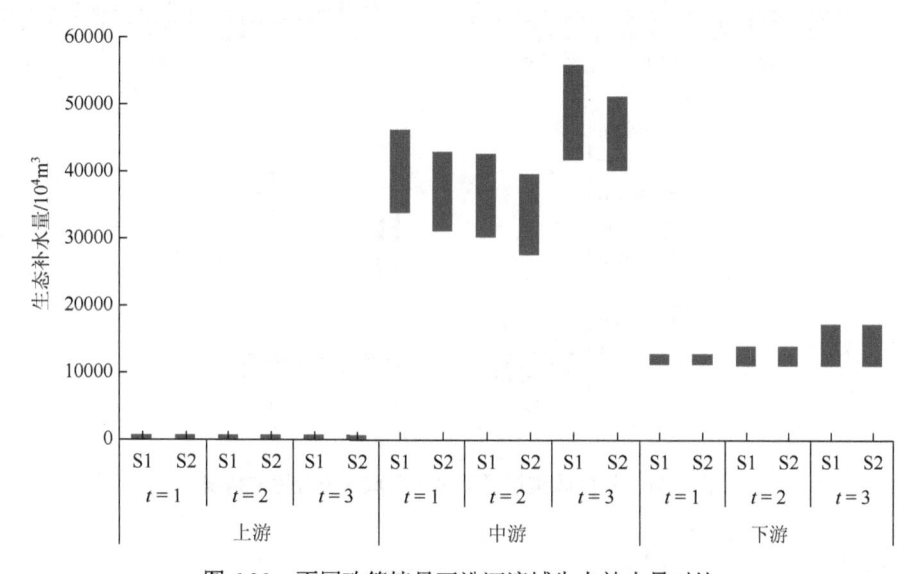

图 6.30 不同政策情景下汾河流域生态补水量对比

图 6.31 显示了不同政策情景下汾河流域水资源短缺情况。可以发现，S2 情景下，农业缺水量显著减少，意味着该部门缺水状况得到缓解。例如，$t=1$ 规划期中游地区农业缺水量从 $[7840.42, 29532.58] \times 10^4 \mathrm{m}^3$ 减少到 $[7851.50, 25973.52] \times 10^4 \mathrm{m}^3$。此外，生活部门缺水量从 $[1774.86, 3130.60] \times 10^4 \mathrm{m}^3$ 下降到 $[1555.35, 2863.89] \times 10^4 \mathrm{m}^3$，生活供水量的增加以及再生水利用水平的提高可以提供更多的再生水资源。然而，工业缺水量不明显变化表明该情景下的生态补水量也明显降低，因此可以证实，提高再生水利用能力不仅可以缓解水资源短缺，也是减少污染排放的重要途径。

图 6.32 显示了不同政策情景下汾河流域再生水利用情况。部门缺水分析揭示了环境部门水资源分配的协同变化。$t=1$ 规划期内，环境部门缺水量分别为 $[30.31, 395.47] \times 10^4 \mathrm{m}^3$ 和 $[67.29, 537.90] \times 10^4 \mathrm{m}^3$，再生水利用量分别为 $[101.92, 295.54] \times 10^4 \mathrm{m}^3$ 和 $[137.90, 438.69] \times 10^4 \mathrm{m}^3$，在中下游地区和其他规划期内趋势相同。这些结果是未考虑环境部门的用水收益和本书中的环境部门用水硬约束共同造成的。此外，S2 情景下的再生水利用水平更高，该情景下的环境部门用水需求更多地由再生水资源提供。

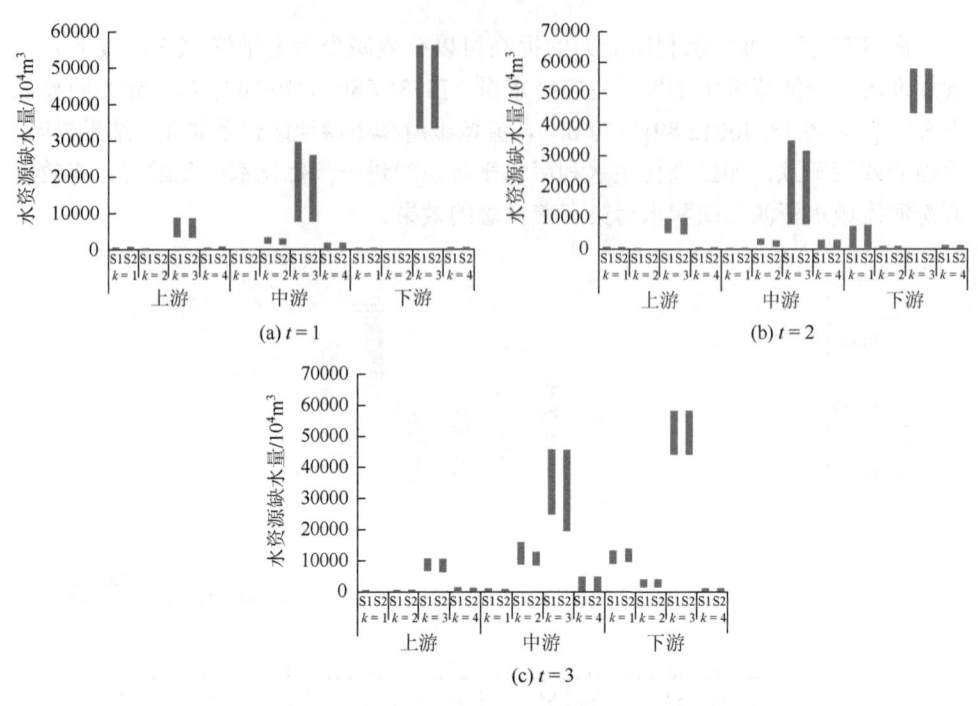

图 6.31 不同政策情景下汾河流域水资源短缺情况

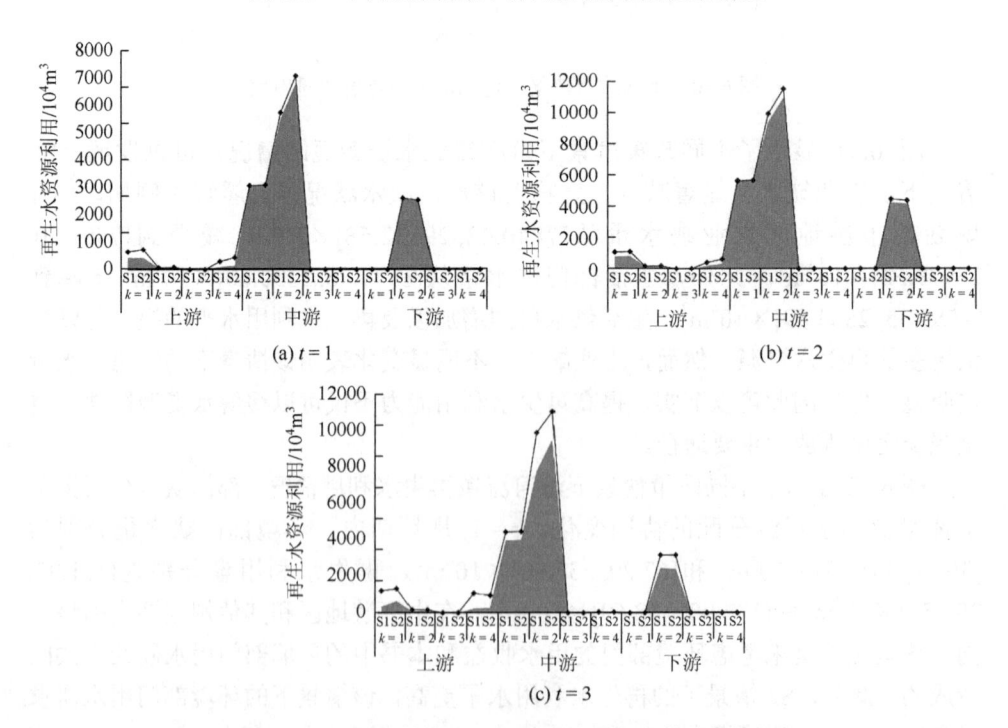

图 6.32 不同政策情景下汾河流域再生水利用量情况

6.3 基于"四水四定"原则的汾河城市群产业优化

通过前文研究和分析成果,汾河流域水资源禀赋不足,本底条件差,国民经济生产用水挤占生态用水的现象普遍严重,水资源分配不均和浪费加剧了流域水资源短缺和水环境污染问题,而经济结构布局的不合理以及社会经济发展规模的增大和速度的加快是造成这一现象的重要原因,产业结构调整、节水技术革新等流域的社会经济发展绿色转型是解决这一问题的主要途径。同时,水质水量双重约束下通过水资源优化配置实现包括工业产业、人口规模等的优化,也是落实《黄河流域生态保护和高质量发展规划纲要》"四水四定"原则的重要内容。因此,本节从产业规模、结构和布局等角度出发,基于水环境控制单元划分以及产业发展现状梳理成果,建立汾河流域产业-水资源-水环境的耦合响应关系,采用不确定性规划方法,以流域水资源利用上线和水环境质量底线为约束,构建以产业规模优化调整为基本路径的汾河城市群绿色发展优化模型,求解多情景下的汾河流域产业规模优化调整结果和水资源配置方案,以期为汾河城市群落实"四水四定"以及社会经济发展绿色转型提供依据和支持。

6.3.1 模型参数与数据

根据国民经济行业分类名录,汾河流域工业主要涉及采矿业,制造业,电力、热力、燃气及水生产和供应业(简称电力等生产供应业)三大行业类型,人口预测包括人口规模和城镇化率,农业分为耕地和畜禽养殖,结合山西省国民经济与社会发展统计年鉴数据及产业发展规划等相关成果,预测汾河流域不同规划期内各行业的工业总产值,见表6.15~表6.17,人口发展规模见表6.18,农业发展规模见表6.19。

表 6.15 汾河流域上游地区工业分阶段产值预测 (单位:10^4万元)

控制单元	行业类别	产值 $t=1$	$t=2$	$t=3$
单元1	$k=1$	[43.53, 70.55]	[39.34, 90.04]	[35.56, 114.92]
	$k=2$	[0.18, 0.27]	[0.22, 0.44]	[0.27, 0.71]
	$k=3$	[1.21, 2.53]	[1.15, 4.08]	[1.09, 6.57]
单元2	$k=1$	[46.29, 75.02]	[41.84, 95.75]	[37.82, 122.2]
	$k=2$	[36.12, 53.49]	[43.94, 86.14]	[53.47, 138.73]
	$k=3$	[0, 0]	[0, 0]	[0, 0]

续表

控制单元	行业类别	产值 t=1	产值 t=2	产值 t=3
单元3	$k=1$	[21.35, 34.6]	[19.3, 44.16]	[17.44, 56.36]
	$k=2$	[11.14, 16.49]	[13.55, 26.56]	[16.49, 42.78]
	$k=3$	[0.28, 0.59]	[0.27, 0.96]	[0.26, 1.54]
单元4	$k=1$	[124.92, 202.48]	[112.92, 258.42]	[102.07, 329.82]
	$k=2$	[38.32, 56.74]	[46.62, 91.38]	[56.72, 147.17]
	$k=3$	[26.09, 54.54]	[24.81, 87.84]	[23.59, 141.46]

表 6.16　汾河流域中游地区工业分阶段产值预测　（单位：10^4 万元）

控制单元	行业类别	产值 t=1	产值 t=2	产值 t=3
单元5	$k=1$	[39.59, 64.17]	[35.78, 81.89]	[32.35, 104.52]
	$k=2$	[1384.67, 2050.51]	[1684.66, 3302.36]	[2049.65, 5318.48]
	$k=3$	[36.94, 77.23]	[35.13, 124.38]	[33.41, 200.31]
单元6	$k=1$	[6.28, 10.17]	[5.67, 12.99]	[5.13, 16.57]
	$k=2$	[1663.6, 2463.57]	[2024.03, 3967.6]	[2462.54, 6389.87]
	$k=3$	[14.87, 31.08]	[14.14, 50.06]	[13.44, 80.62]
单元7	$k=1$	[63.66, 103.19]	[57.54, 131.69]	[52.02, 168.08]
	$k=2$	[301.36, 446.27]	[366.65, 718.72]	[446.08, 1157.51]
	$k=3$	[25.73, 53.79]	[24.47, 86.63]	[23.27, 139.53]
单元8	$k=1$	[7.39, 11.97]	[6.68, 15.28]	[6.03, 19.5]
	$k=2$	[194.73, 288.38]	[236.92, 464.43]	[288.25, 747.97]
	$k=3$	[5.76, 12.04]	[5.48, 19.39]	[5.21, 31.22]
单元9	$k=1$	[0.83, 1.35]	[0.75, 1.73]	[0.68, 2.2]
	$k=2$	[153.51, 227.32]	[186.77, 366.11]	[227.23, 589.62]
	$k=3$	[7.82, 16.34]	[7.43, 26.32]	[7.07, 42.39]
单元10	$k=1$	[70.54, 114.34]	[63.76, 145.92]	[57.64, 186.24]
	$k=2$	[705.81, 1045.2]	[858.72, 1683.31]	[1044.77, 2710.99]
	$k=3$	[13.12, 27.43]	[12.48, 44.17]	[11.86, 71.14]
单元11	$k=1$	[183.44, 297.34]	[165.82, 379.48]	[149.89, 484.33]
	$k=2$	[834.19, 1235.32]	[1014.92, 1989.5]	[1234.8, 3204.11]
	$k=3$	[19.81, 41.42]	[18.84, 66.71]	[17.92, 107.44]

表 6.17　汾河流域下游地区工业分阶段产值预测　　　　　　　　（单位：10^4 万元）

控制单元	行业类别	产值 $t=1$	$t=2$	$t=3$
单元 12	$k=1$	[113.07, 183.27]	[102.21, 233.9]	[92.39, 298.53]
	$k=2$	[298.13, 441.49]	[362.72, 711.03]	[441.31, 1145.12]
	$k=3$	[50.79, 106.18]	[48.3, 171.01]	[45.93, 275.41]
单元 13	$k=1$	[98.78, 160.1]	[89.29, 204.34]	[80.71, 260.79]
	$k=2$	[817.38, 1210.42]	[994.46, 1949.4]	[1209.92, 3139.53]
	$k=3$	[1.42, 2.96]	[1.35, 4.77]	[1.28, 7.68]
单元 14	$k=1$	[13.55, 21.96]	[12.24, 28.02]	[11.07, 35.76]
	$k=2$	[214.92, 318.27]	[261.49, 512.58]	[318.14, 825.52]
	$k=3$	[7, 14.63]	[6.65, 23.56]	[6.33, 37.94]
单元 15	$k=1$	[0.34, 0.55]	[0.31, 0.7]	[0.28, 0.9]
	$k=2$	[301.28, 446.15]	[366.55, 718.54]	[445.97, 1157.21]
	$k=3$	[1.27, 2.66]	[1.21, 4.29]	[1.15, 6.9]
单元 16	$k=1$	[19.64, 31.84]	[17.76, 40.64]	[16.05, 51.86]
	$k=2$	[496.83, 735.74]	[604.47, 1184.91]	[735.43, 1908.32]
	$k=3$	[10.6, 22.17]	[10.08, 35.7]	[9.59, 57.5]

表 6.18　汾河城市群人口发展规模预测

控制单元	人口规模/万人 $t=1$	$t=2$	$t=3$	城镇化率 $t=1$	$t=2$	$t=3$
单元 1	[30.93, 33.97]	[28.91, 34.82]	[27.04, 35.7]	[0.48, 0.55]	[0.5, 0.61]	[0.52, 0.65]
单元 2	[17.26, 18.76]	[16.48, 19.23]	[15.74, 19.72]	[0.4, 0.45]	[0.42, 0.5]	[0.44, 0.53]
单元 3	[11.28, 12.15]	[12.63, 13.6]	[14.15, 15.24]	[0.41, 0.45]	[0.43, 0.5]	[0.45, 0.53]
单元 4	[22.26, 23.97]	[24.93, 26.85]	[27.92, 30.07]	[0.74, 0.79]	[0.75, 0.8]	[0.77, 0.84]
单元 5	[274.15, 295.24]	[307.05, 330.67]	[343.89, 370.35]	[0.94, 0.96]	[0.94, 0.96]	[0.95, 0.97]
单元 6	[149.34, 160.82]	[167.26, 180.12]	[187.33, 201.74]	[0.74, 0.79]	[0.75, 0.8]	[0.77, 0.84]
单元 7	[87.01, 93.7]	[87.88, 94.64]	[88.76, 95.59]	[0.7, 0.75]	[0.74, 0.8]	[0.76, 0.84]
单元 8	[22.78, 24.76]	[21.75, 25.38]	[20.77, 26.02]	[0.55, 0.6]	[0.58, 0.66]	[0.6, 0.71]
单元 9	[41.87, 45.51]	[39.98, 46.66]	[38.18, 47.84]	[0.41, 0.45]	[0.43, 0.5]	[0.45, 0.53]
单元 10	[88.28, 95.97]	[87.27, 98.39]	[83.34, 100.88]	[0.59, 0.63]	[0.62, 0.69]	[0.64, 0.75]
单元 11	[190.58, 205.24]	[192.48, 207.29]	[194.41, 209.36]	[0.52, 0.58]	[0.55, 0.64]	[0.57, 0.69]
单元 12	[231.74, 251.16]	[222.48, 257.5]	[213.58, 264]	[0.58, 0.64]	[0.61, 0.7]	[0.63, 0.76]
单元 13	[91.03, 98.65]	[87.39, 101.14]	[83.89, 103.7]	[0.42, 0.47]	[0.44, 0.52]	[0.46, 0.56]

续表

控制单元	人口规模/万人			城镇化率		
	$t=1$	$t=2$	$t=3$	$t=1$	$t=2$	$t=3$
单元 14	[82.75, 89.68]	[79.44, 91.95]	[76.26, 94.27]	[0.54, 0.58]	[0.57, 0.64]	[0.59, 0.69]
单元 15	[68.09, 73.64]	[65.64, 75.5]	[63.28, 77.41]	[0.44, 0.49]	[0.46, 0.54]	[0.48, 0.58]
单元 16	[83.54, 90.36]	[80.54, 92.64]	[77.64, 94.98]	[0.45, 0.5]	[0.47, 0.55]	[0.49, 0.59]

表 6.19 汾河城市群农业发展规模预测

控制单元	耕地面积/万亩			畜禽养殖规模/万只（头）		
	$t=1$	$t=2$	$t=3$	$t=1$	$t=2$	$t=3$
单元 1	[113.03, 117.02]	[115.88, 122.99]	[118.81, 129.26]	[174.8, 229.41]	[183.71, 292.79]	[193.08, 373.68]
单元 2	[52.7, 54.56]	[54.03, 57.35]	[55.4, 60.27]	[5.74, 7.53]	[6.03, 9.61]	[6.34, 12.26]
单元 3	[30.17, 31.24]	[30.93, 32.83]	[31.71, 34.5]	[22.95, 30.12]	[24.12, 38.44]	[25.35, 49.06]
单元 4	[13.71, 14.19]	[14.06, 14.92]	[14.41, 15.68]	[9.75, 12.8]	[10.25, 16.34]	[10.77, 20.85]
单元 5	[52.84, 54.7]	[54.17, 57.5]	[55.54, 60.43]	[92.33, 121.17]	[97.04, 154.65]	[101.99, 197.38]
单元 6	[59.1, 61.19]	[60.59, 64.31]	[62.12, 67.59]	[67.23, 88.23]	[70.65, 112.6]	[74.26, 143.72]
单元 7	[170.07, 176.08]	[174.36, 185.06]	[178.77, 194.5]	[997.1, 1308.62]	[1047.96, 1670.17]	[1101.42, 2131.6]
单元 8	[18.11, 18.75]	[18.57, 19.7]	[19.03, 20.71]	[229.4, 301.08]	[241.11, 384.26]	[253.41, 490.42]
单元 9	[57.1, 59.12]	[58.54, 62.13]	[60.02, 65.3]	[1190.02, 1561.81]	[1250.72, 1993.31]	[1314.52, 2544.03]
单元 10	[107.68, 111.48]	[110.4, 117.17]	[113.19, 123.15]	[2731.5, 3584.89]	[2870.83, 4575.33]	[3017.27, 5839.41]
单元 11	[261.86, 271.12]	[268.47, 284.95]	[275.25, 299.48]	[4507.93, 5916.33]	[4737.88, 7550.91]	[4979.56, 9637.08]
单元 12	[282.98, 292.99]	[290.13, 307.93]	[297.45, 323.64]	[1030.81, 1352.86]	[1083.39, 1726.64]	[1138.66, 2203.67]
单元 13	[191.8, 198.58]	[196.64, 208.71]	[201.61, 219.36]	[905.58, 1188.51]	[951.78, 1516.88]	[1000.33, 1935.96]
单元 14	[101.81, 105.41]	[104.38, 110.79]	[107.02, 116.44]	[189.65, 248.9]	[199.32, 317.66]	[209.49, 405.43]
单元 15	[100.67, 104.23]	[103.22, 109.55]	[105.82, 115.14]	[1352.37, 1774.89]	[1421.36, 2265.26]	[1493.86, 2891.11]
单元 16	[82.02, 84.92]	[84.09, 89.25]	[86.21, 93.8]	[278.53, 365.55]	[292.74, 466.54]	[307.67, 595.44]

6.3.2 流域社会经济规模优化

分别选择不同鲁棒系数 λ 值进行模型运算，见表 6.20。结果发现，当 λ 值大于等于 1 时，汾河流域综合收益不再发生变化，为 $[3.96, 4.85] \times 10^9$ 万元，说明模型优化结果处于稳定状态。因此，选取 λ 值为 0、0.1、0.3、0.6 和 1 时的优化结果展开分析与讨论。

第 6 章 汾河城市群水资源优化配置与管控策略

表 6.20　不同鲁棒系数汾河城市群综合用水收益　　（单位：10^9 万元）

	$\lambda=0$	$\lambda=0.1$	$\lambda=0.3$	$\lambda=0.6$	$\lambda=1$	$\lambda=5$	$\lambda=10$	$\lambda=30$	$\lambda=50$
下限	4.09	4.08	4.05	4.00	3.96	3.96	3.96	3.96	3.96
上限	4.90	4.89	4.88	4.86	4.85	4.85	4.85	4.85	4.85

从图 6.33 可以明显看出，随着鲁棒系数的增加，即系统稳定性要求提高，流域综合用水收益逐渐降低，与 λ 值为 0（不考虑鲁棒性）相比，当 λ 值为 0.1、0.3、0.6 和 1 时，综合用水收益分别减少了 $[0.55, 1.45] \times 10^7$ 万元、$[1.65, 4.34] \times 10^7$ 万元、$[3.30, 8.55] \times 10^7$ 万元和 $[4.98, 12.92] \times 10^7$ 万元，反映了模型在经济性与可靠性之间的权衡。随着鲁棒性水平的提高，保守的管理决策者将获得较低的综合用水收益，但系统面临的风险也将减少，可靠性增强。反之，鲁棒性水平降低，虽然流域水资源配置可以获得更大的社会经济收益，实现系统的经济性，但系统也将面临更多的风险，可靠性也就越差。总体而言，决策者可以根据风险偏好和经济性在一系列最优解中找到权衡方案。

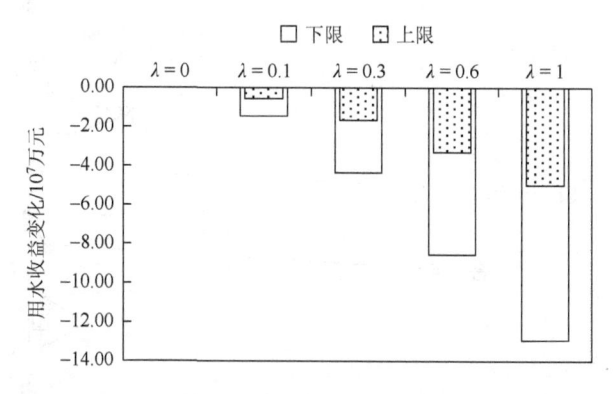

图 6.33　不同鲁棒系数汾河流域综合用水收益变化

图 6.34~图 6.36 显示了 λ 值为 0 时三个规划期汾河流域不同控制单元的工业产业调整情况（图例 L-、U- 分别代表下限值和上限值；-L、-M、-H 分别代表低、中、高水平情景）。不同规划期，随着时间的推移，流域工业调整规模明显增长，这说明流域仍处于不断发展阶段，由于产业规模的快速增长与水资源承载力以及水资源利用效率提升水平的不匹配，$t=3$ 规划期将面临更为严峻的缺水局面。可以看出，工业发展规模调整下限值几乎可以忽略，如 $t=1$ 规划期内各单元和不同行业规模均未发生变化。$t=2$ 规划期第 16 单元的电力等生产供应业规模在低水资源量情景下较初始优化结果减少了 5.04×10^4 万元。$t=3$ 规划期低水平情景下，第 12 单元制造业和电力等生产供应业规模分别减少了

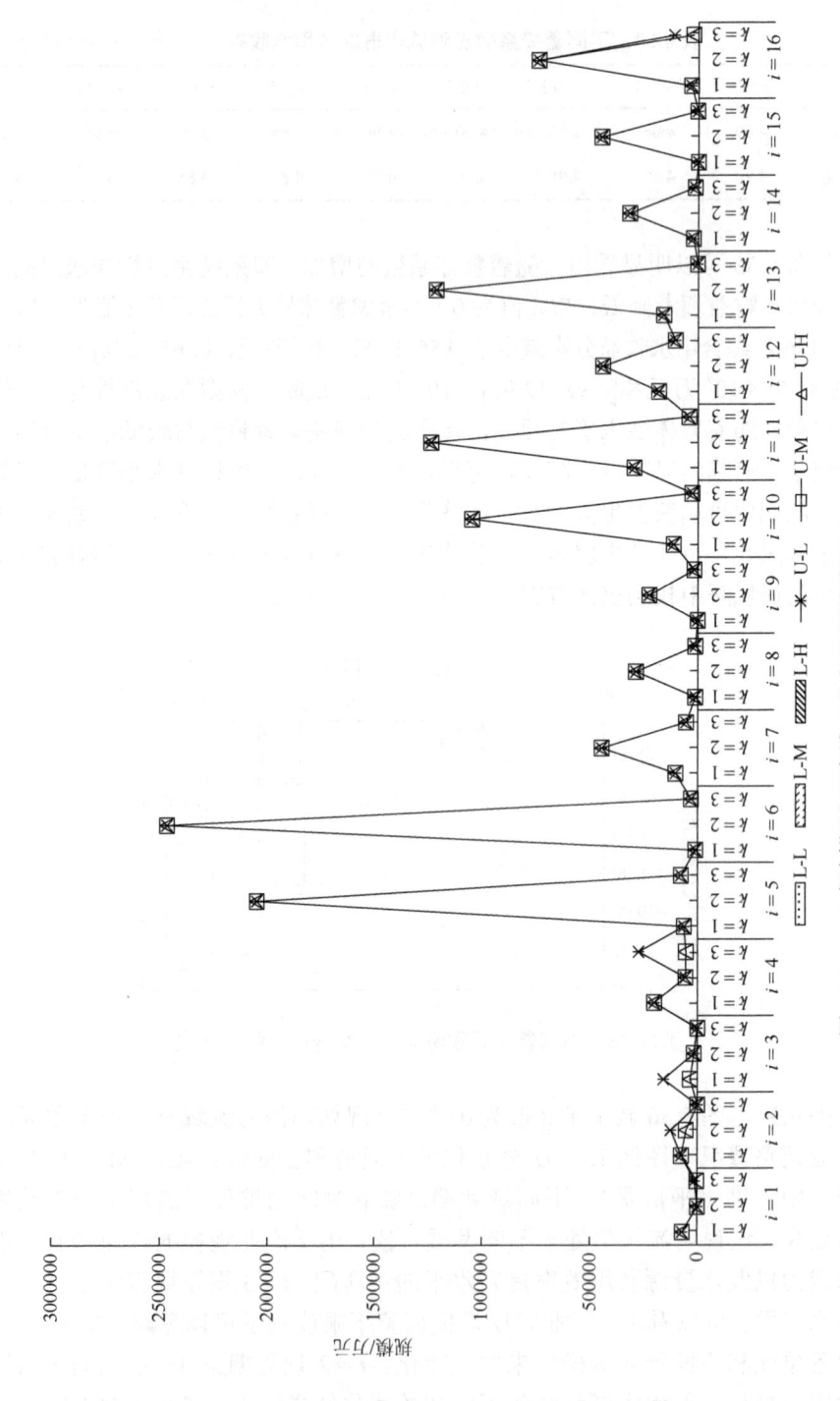

图 6.34 $t=1$ 规划期汾河流域工业产业调整情况 ($\lambda=0$)

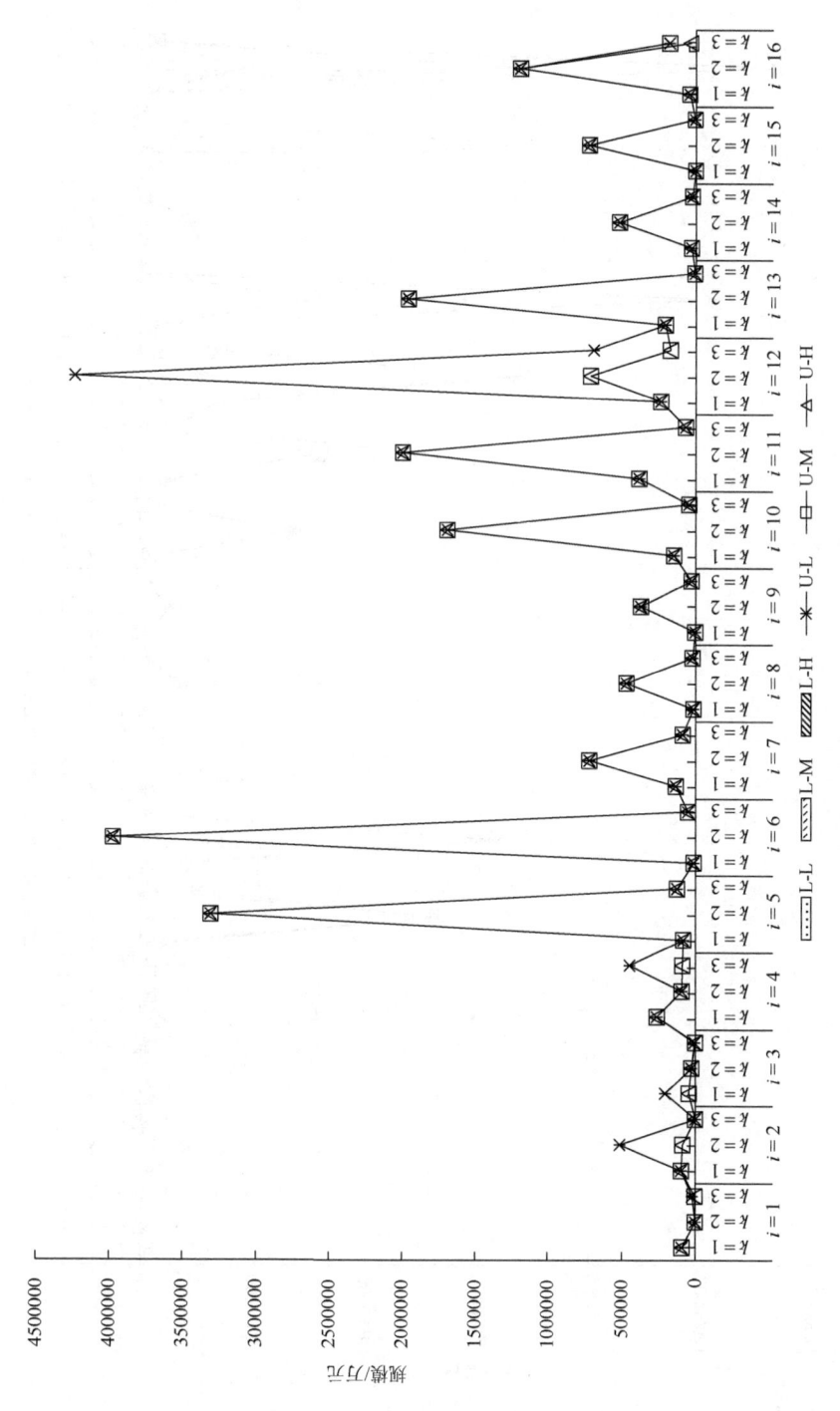

图 6.35 $t=2$ 规划期汾河流域工业产业调整情况（$\lambda=0$）

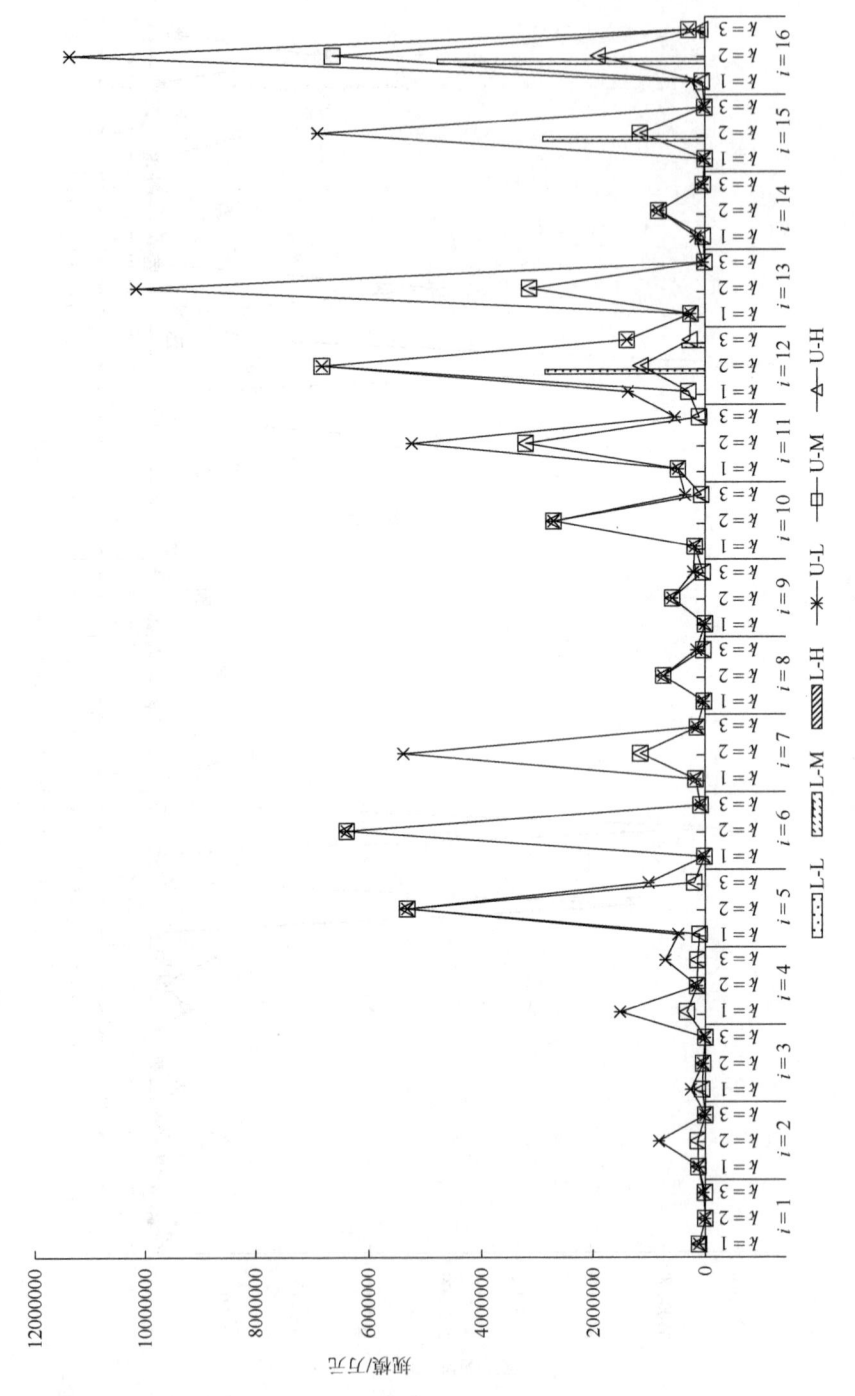

图 6.36 $t=3$ 规划期汾河流域工业产业调整情况（$\lambda=0$）

2.86×10^6 万元和 4.13×10^5 万元；第 14 单元采矿业减少了 1.07×10^5 万元；第 15 单元制造业减少了 2.89×10^6 万元；第 16 单元制造业和电力等生产供应业规模分别减少了 4.77×10^6 万元和 8.63×10^4 万元。中水平情景下，则仅有第 16 单元电力等生产供应业规模减少 8.63×10^4 万元。高水平情景下工业部门未发生产业规模调整的情形。这是因为产业规模调整所需的水资源量上限较为充足，能够基本满足工业行业的用水需求。因此，在高水平情景下无须对工业规模进行调整。同理，由于缺水问题，工业规模调整上限值远高于下限值，高水平情景调整量低于低、中水平。例如，$t=2$ 规划期第 3 单元，三个水平下采矿业规模调整量分别为 $[0, 20.31] \times 10^4$ 万元、$[0, 4.42] \times 10^4$ 万元和 $[0, 4.42] \times 10^4$ 万元，制造业和电力等生产供应业调整量则为 $[0, 2.66] \times 10^4$ 万元、$[0, 2.66] \times 10^4$ 万元、$[0, 2.66] \times 10^4$ 万元和 $[0, 0.48] \times 10^4$、$[0, 0.10] \times 10^4$ 万元、$[0, 0.10] \times 10^4$ 万元。从不同行业来看，工业规模缩减主要发生在制造业，尤其是汾河流域中下游地区，如 $t=2$ 规划期第 7 单元，在低水平情景下，采矿业、制造业及电力等生产供应业分别为 $[0, 1.32] \times 10^5$ 万元、$[0, 7.19] \times 10^5$ 万元及 $[0, 0.87] \times 10^5$ 万元；在第 14 单元，三个行业产值分别缩减到 $[0, 0.28] \times 10^5$ 万元、$[0, 5.13] \times 10^5$ 万元及 $[0, 0.24] \times 10^5$ 万元，这是因为在煤矿、能源、电力等安全供应保障要求下，采矿业及电力等生产供应业规模无法在短期内大规模缩减。再者流域范围内制造业以煤化工等高耗能、高耗水、高污染行业为主，在水资源短缺和水环境污染的双重制约下，产能缩减主要针对该行业开展。此外，由于产业结构和布局的差异性，汾河上游地区的工业产值缩减主要发生在采矿业及电力等生产和供应部门。例如，$t=2$ 规划期第 3 单元，低水平情景下三个行业产业缩减量分别为 $[0, 20.31] \times 10^4$ 万元、$[0, 2.66] \times 10^4$ 万元及 $[0, 0.48] \times 10^4$ 万元，采矿业缩减量最大；第 4 单元内则以电力等生产供应业缩减为主，三个行业缩减量分别为 $[0, 25.84] \times 10^4$ 万元、$[0, 9.14] \times 10^4$ 万元及 $[0, 44.36] \times 10^4$ 万元。

图 6.37～图 6.39 显示了 λ 值为 0 时汾河流域不同单元的人口规模变化情况。不同时期，流域人口呈现出明显的差异性变化。$t=1$ 规划期，人口规模无法达到预期而发生缩减的情形主要发生在流域上游地区（单元 1～4）以及第 5 单元，与工业状况类似，水资源量是影响人口增长的重要因素，人口规模缩减下限值以及中、高水平情景下的上限值均为 0，低水平情景下，第 1～4 控制单元人口规模缩减上限值分别为 11.62 万人、6.29 万人、4.00 万人、7.89 万人。第 5 单元三种情景下人口规模缩减上限值均为 28.62 万人，其可能影响因素有两点：第一，该单元为太原城区，城镇化率高达 90%以上，人口聚集且保持较高增长趋势，根据趋势分析方法对人口规模的预测相对偏高，且该单元水质超标严重，过多的人口聚集势必消耗大量的水资源并排放更多污染物，在水质水量双重制约下，必须控制人口快速增长的趋势；第二，高城镇化率给该单元带来了更高的社会经济收益，

以收益最大化为目标必然造成人口规模在水资源、环境承载能力范围内保持在最大规模，因此，在低、中、高三种情景下，人口规模缩减量保持一致，第二、第三规划期亦如此。

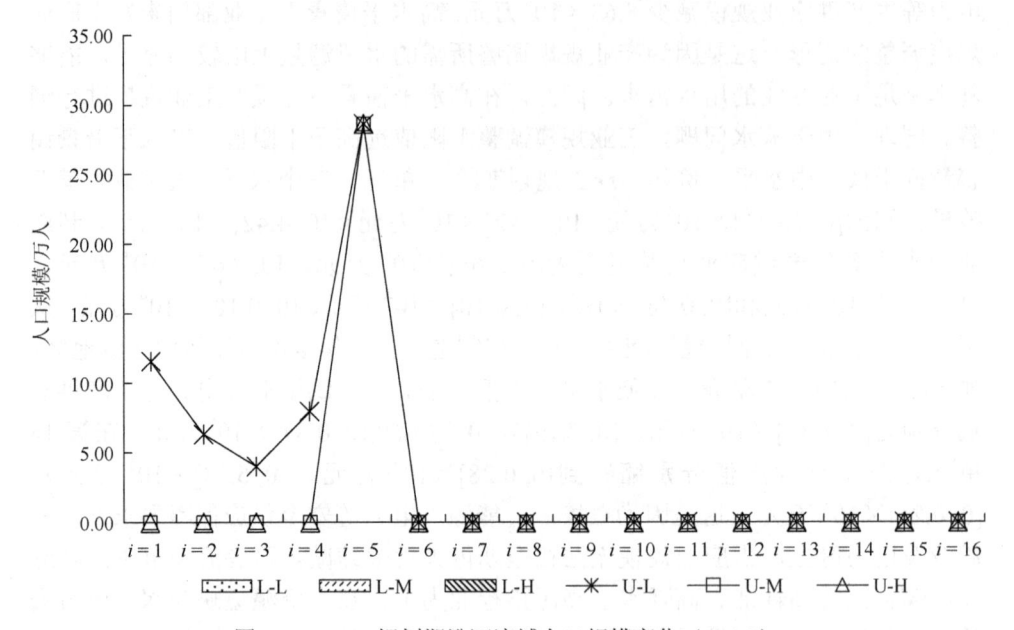

图 6.37　$t=1$ 规划期汾河流域人口规模变化（$\lambda=0$）

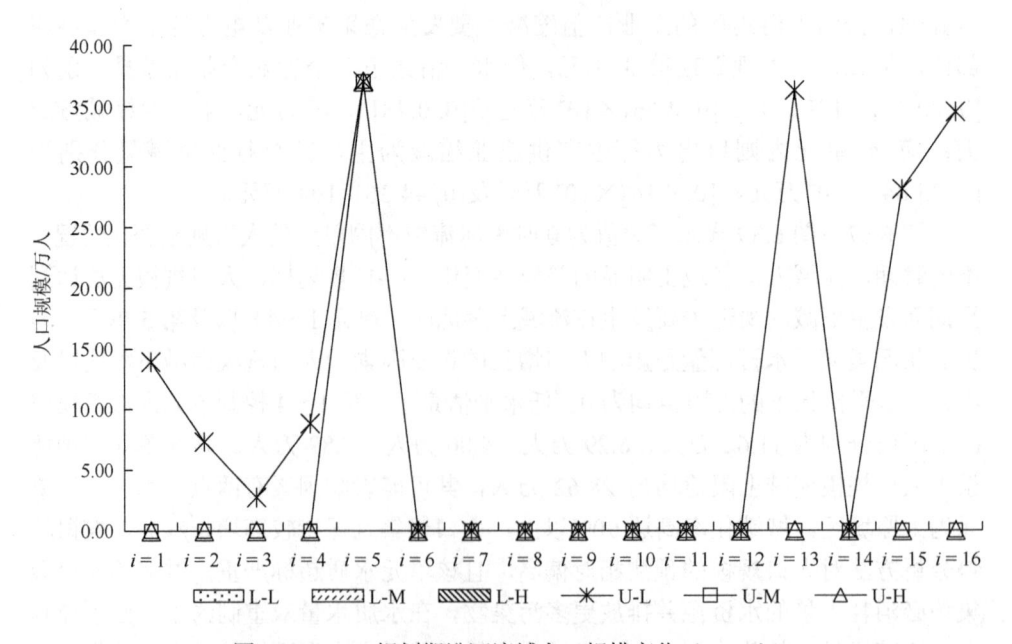

图 6.38　$t=2$ 规划期汾河流域人口规模变化（$\lambda=0$）

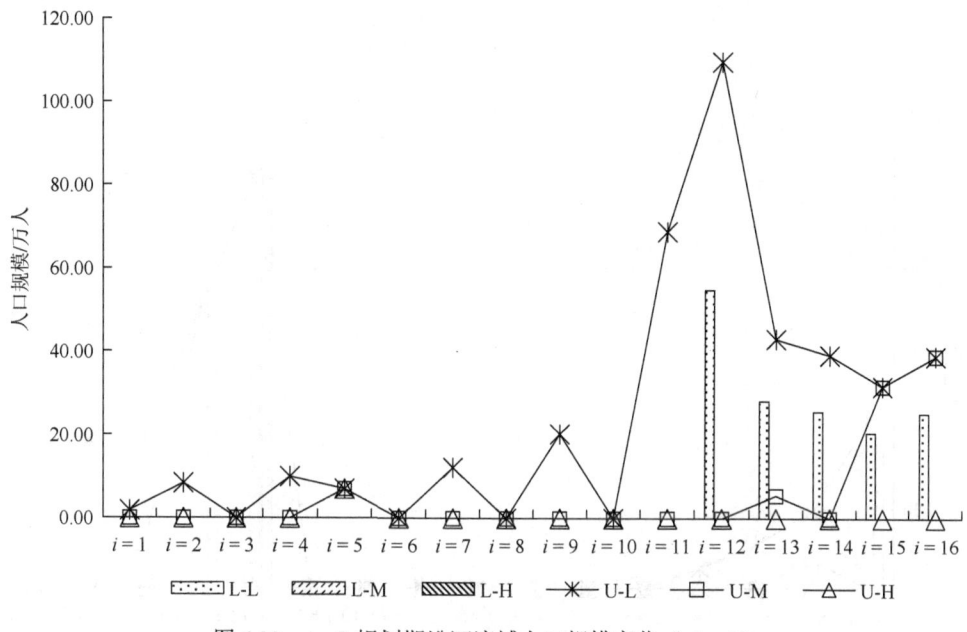

第6章 汾河城市群水资源优化配置与管控策略 ·277·

图6.39 $t=3$ 规划期汾河流域人口规模变化（$\lambda=0$）

　　$t=2$ 规划期内（图6.38），第 1～5 单元人口规模变化趋势与 $t=1$ 规划期基本一致，下游地区人口规模较初始优化结果产生缩减。第 13、15 和 16 控制单元，低水平情景下，人口规模分别缩减[0, 36.24]万人、[0, 28.08]万人和[0, 34.45]万人，结合流域水环境质量底线和用水收益情况分析发现，下游地区在 $t=2$ 规划期的水环境质量目标均由Ⅴ类调整为Ⅳ类，导致水环境承载能力下降，且单元 13、15 和 16 的生活用水单位收益相对较小，因此在水资源不足的情况下模型优先对这些单元人口规模进行优化缩减。$t=3$ 规划期由于可供水资源总量的减少，加上工业、农业等行业最低发展需求的提升，导致下游地区（单元 12～15）人口规模在满足最低人口水平前提下，较优化预测成果均显著缩减。例如，低水平情景下，第 12～16 单元人口规模分别缩减[54.81, 109.69]万人、[28.2, 43.09]万人、[25.63, 39.17]万人、[20.46, 31.69]万人和[25.1, 38.89]万人。

　　图6.40～图6.42 显示了 λ 值为 0 时汾河流域不同单元的耕地面积变化情况。$t=1$ 规划期内，仅耕地面积缩减下限值出现不为 0 的情形，可以看出，相比工业、生活部门，农业由于用水效益较低成为优先减产部门。例如，在低水平情景下，上游地区第 1 单元和下游地区第 12 单元内耕地面积分别减少了[37.72, 40.96]万亩和 102.54 万亩；中水平情景下，随着水资源量的增加，耕地面积减小幅度有所下降，两个单元的耕地减少面积分别为 0 万亩和[55.99, 102.54]万亩。

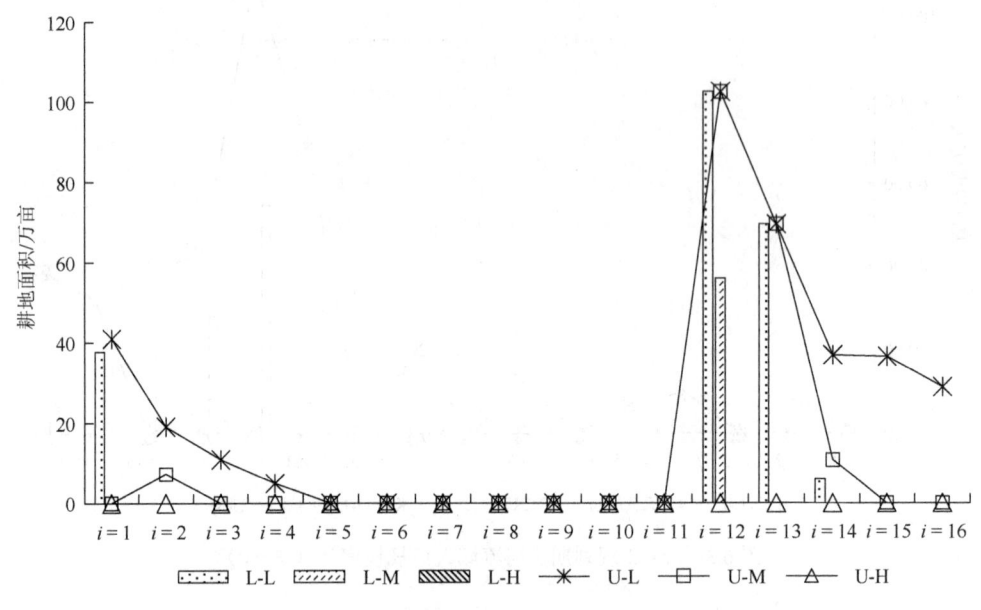

图 6.40　$t=1$ 规划期汾河流域耕地面积变化（$\lambda=0$）

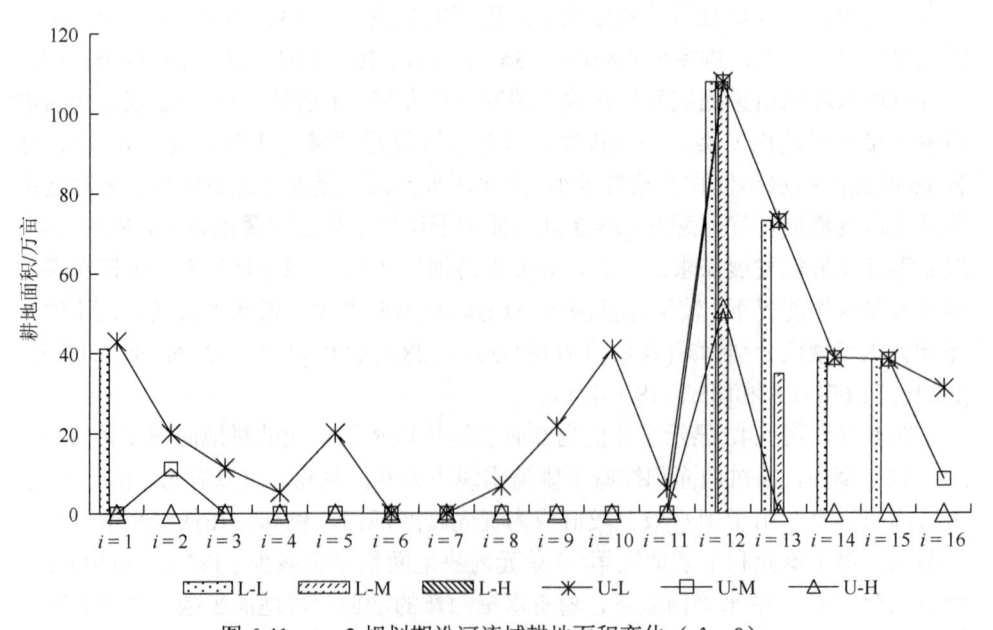

图 6.41　$t=2$ 规划期汾河流域耕地面积变化（$\lambda=0$）

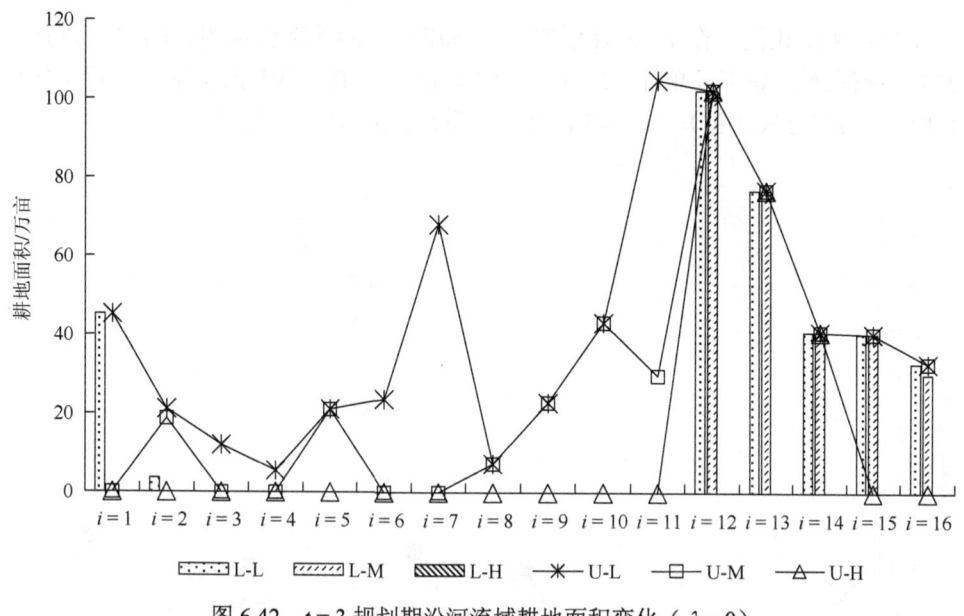

第 6 章　汾河城市群水资源优化配置与管控策略　　　　　　　　　·279·

图 6.42　$t=3$ 规划期汾河流域耕地面积变化（$\lambda=0$）

随着时间的推移，汾河流域缺水局面更加严峻，从而造成部门间的水资源竞争问题。例如，在 $t=1$ 规划期内，汾河流域中游地区（单元 5～11）内并未发生耕地面积减少；$t=2$ 规划期内，在低水平情景下，第 8、9、10 单元耕地面积分别减少 [0, 6.9] 万亩、[0, 21.75] 万亩、[0, 41.01] 万亩；$t=3$ 规划期内，三个单元低、中水平情景下耕地面积均减少 [0, 7.25] 万亩、[0, 22.86] 万亩、[0, 43.1] 万亩，水资源竞争导致单元耕地面积仅保持在最低规模。对于不同流域分区而言，耕地面积缩减主要发生在下游地区，缩减量随时间逐渐增加，至 $t=3$ 规划期，低、中水平情景下五个单元（单元 12～16）的耕地面积缩减量均达到最大值 102.17 万亩、76.77 万亩、40.75 万亩、40.30 万亩和 32.83 万亩，高水平情景也出现面积缩减现象，第 12～14 单元耕地面积分别减少 [0, 102.17] 万亩、[0, 76.77] 万亩、[0, 40.75] 万亩。

图 6.43～图 6.45 显示了 λ 值为 0 时汾河流域不同单元的畜禽养殖规模变化。$t=1$ 规划期内，单元 4～16 的畜禽养殖规模缩减上限值在不同情景下均相等，且优化调整后的规模高于各单元的畜禽养殖规模下限要求，可以推断在这一时期，畜禽养殖规模已经达到了稳定状态。

$t=2$ 规划期内，随着水资源量的减少和预测养殖规模的增加，汾河流域，尤其是下游地区出现了明显的规模缩减变化。例如，第 12 单元内，低、中、高水平情景对应的畜禽养殖规模缩减量分别为 [0, 638.86] 万只（头）、[0, 129.5] 万只（头）和 [0, 129.5] 万只（头），第 15 单元内，三种情景下畜禽养殖规模分别缩减 [419.7, 838.15] 万只（头）、[0, 448.40] 万只（头）和 [0, 169.89] 万只（头）。同工业、生活和农业种植相同，在 $t=3$ 规划期，汾河流域下游地区出现明显的缺水问题。例如，高水平情景下，单元 12、13 和 15 也出现养殖规模缩减现象，缩减量分别为[0, 165.28]万只（头）、[0, 145.2]万只（头）和[0, 346.80]万只（头）。

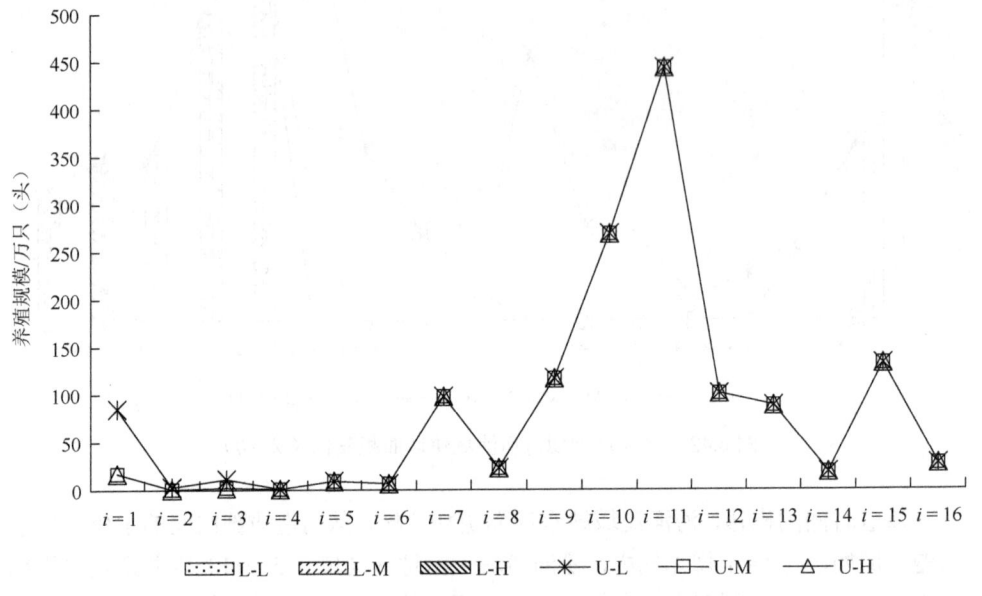

图 6.43　$t=1$ 规划期汾河流域畜禽养殖规模变化（$\lambda=0$）

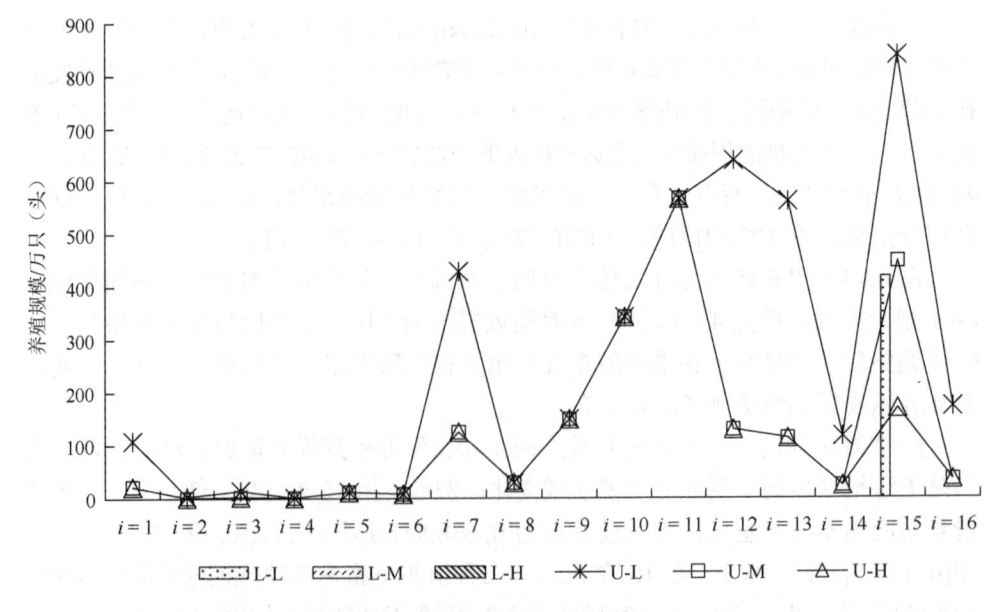

图 6.44　$t=2$ 规划期汾河流域畜禽养殖规模变化（$\lambda=0$）

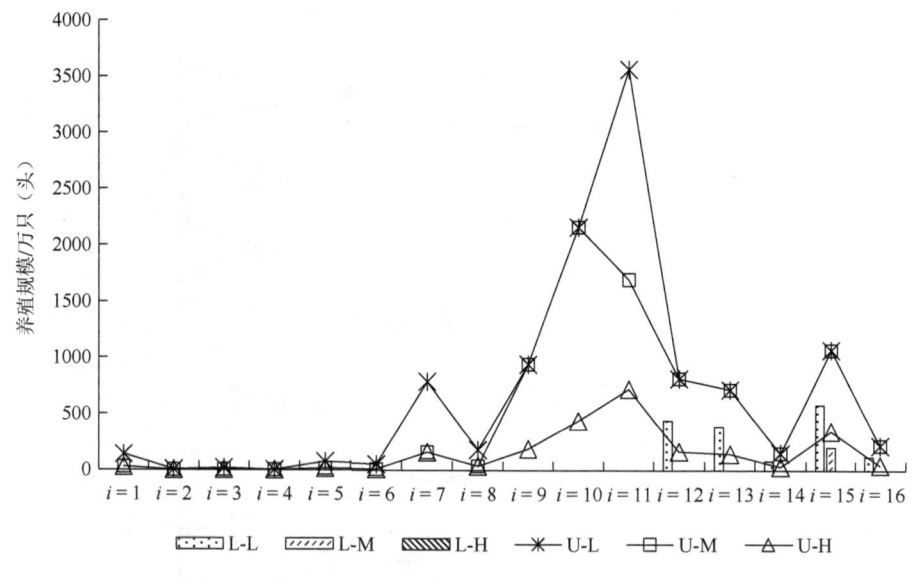

图 6.45 $t=3$ 规划期汾河流域畜禽养殖规模变化（$\lambda=0$）

综合工业、生活、耕地和畜禽养殖规模变化情况来看，首先，本书中汾河流域水资源量难以承载区域发展要求，各单元及行业在不同情景下均出现规模缩减，水资源和水环境质量都是流域发展的重要制约因素。通过不同行业的差异性变化，证明构建模型能够实现目标条件下的产业结构和规模优化调整。

图 6.46～图 6.57 分别显示了 λ 值为 1 时汾河流域不同单元的社会经济发展（包括工业、人口、耕地和畜禽养殖）变化。可以发现，当 λ 值为 1 时，模型优化结果与区间两阶段模型有明显的差异。首先，针对不同水平情景，行业规模调整变化不再与水资源量的高低保持一致性。例如 $t=1$ 规划期内，各控制单元和工业行业在不同水平下发生了差异性变化（图 6.46）。低、中、高三个水平情景下，单元 1 内采矿业预测产值分别缩减 $[0, 7.05] \times 10^4$ 万元、$[0, 31.25] \times 10^4$ 万元、$[0, 31.25] \times 10^4$ 万元，低水平情景产业缩减量反而最低；单元 4 内采矿业产值则分别缩减 $[0, 20.25] \times 10^4$、$[0, 23.31] \times 10^4$、$[0, 20.25] \times 10^4$ 万元，中水平情景下规模减少最多，而制造业及电力等生产供应业产值缩减分别为 $[0, 5.67] \times 10^4$ 万元、$[0.17, 33.76] \times 10^4$ 万元、$[0.17, 27.78] \times 10^4$ 万元 和 $[0, 27.54] \times 10^4$ 万元、$[0, 5.45] \times 10^4$ 万元、$[0, 5.45] \times 10^4$ 万元，最大缩减量分别发生在中水平和低水平情景。此外，与 λ 值为 0 时不同，工业规模缩减下限值也出现非 0 的情形，如单元 12 内采矿业，在高水平情景下规模缩减了 $[15.41, 36.65] \times 10^4$ 万元，可见，在鲁棒性较高时，流域水资源在相对充足时被分配至其他单元或用水部门。

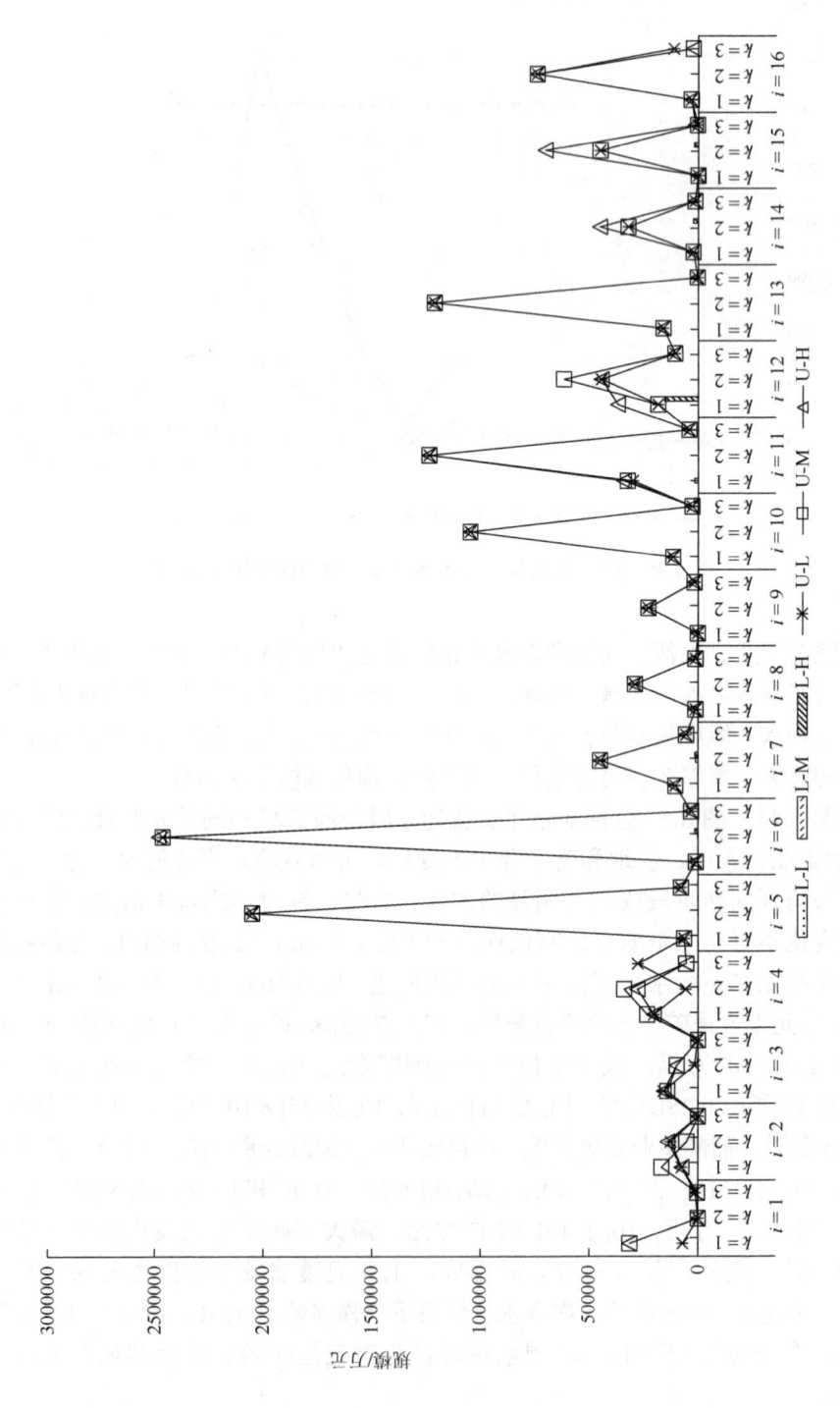

图 6.46 $t=1$ 规划期汾河流域工业产业调整情况（$\lambda=1$）

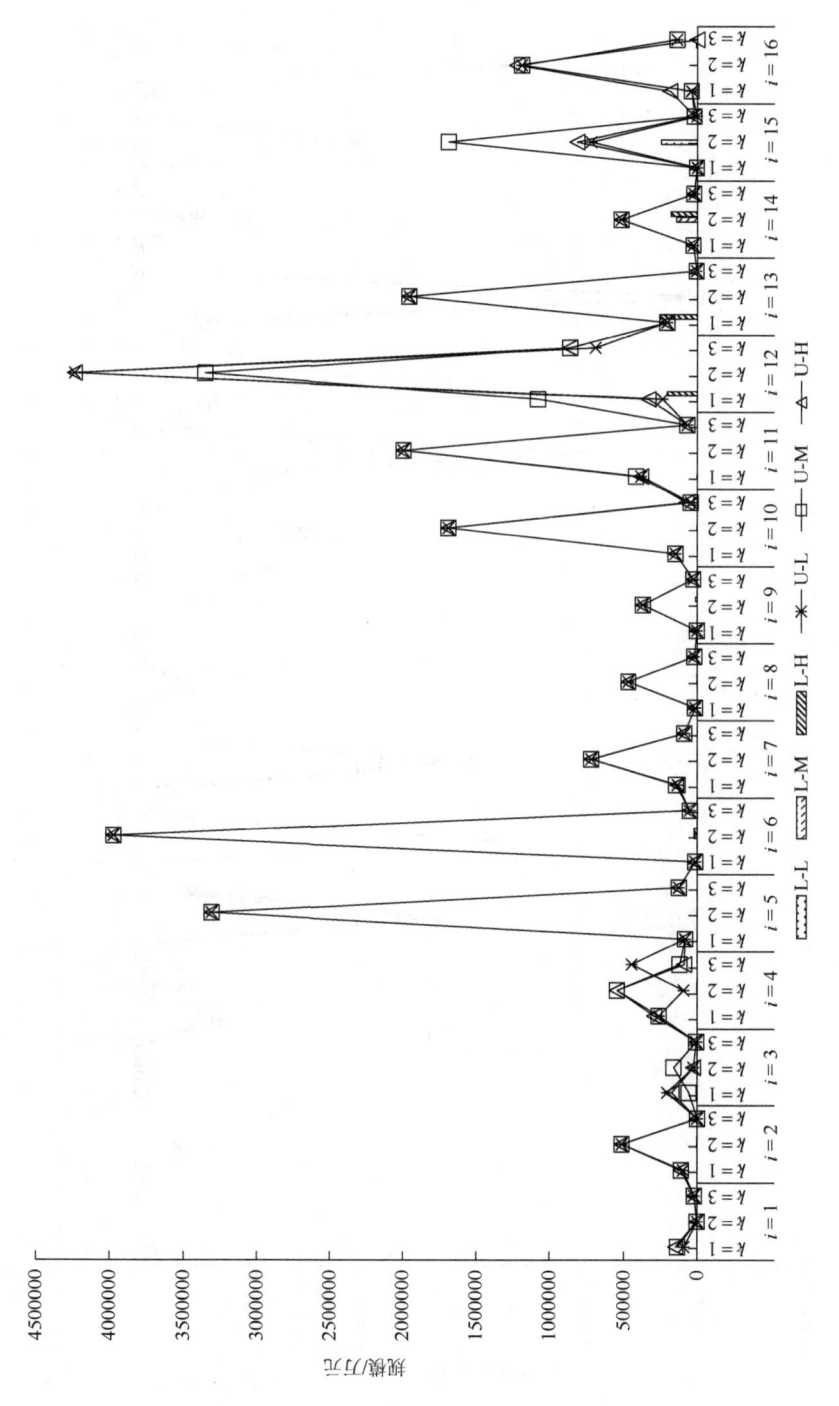

图 6.47 $t=2$ 规划期汾河流域工业产业调整情况（$\lambda=1$）

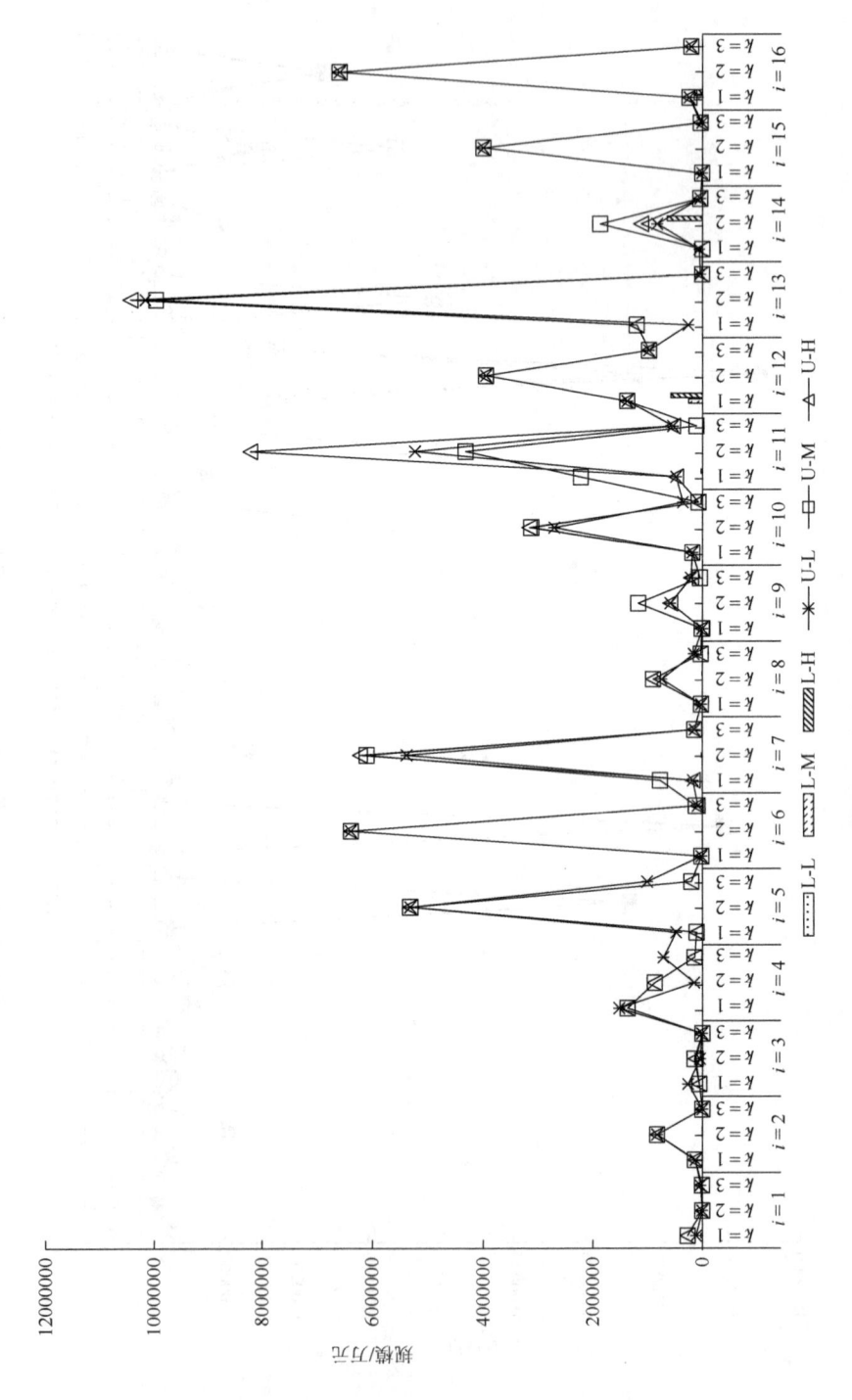

图 6.48 t=3 规划期汾河流域工业产业调整情况（λ=1）

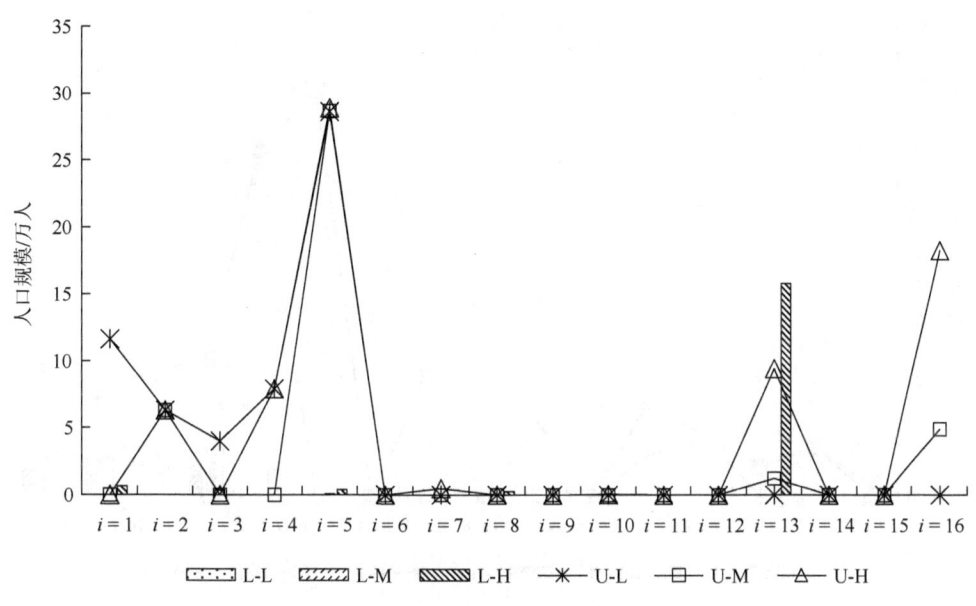

第 6 章 汾河城市群水资源优化配置与管控策略

图 6.49 $t=1$ 规划期汾河流域人口规模变化（$\lambda=1$）

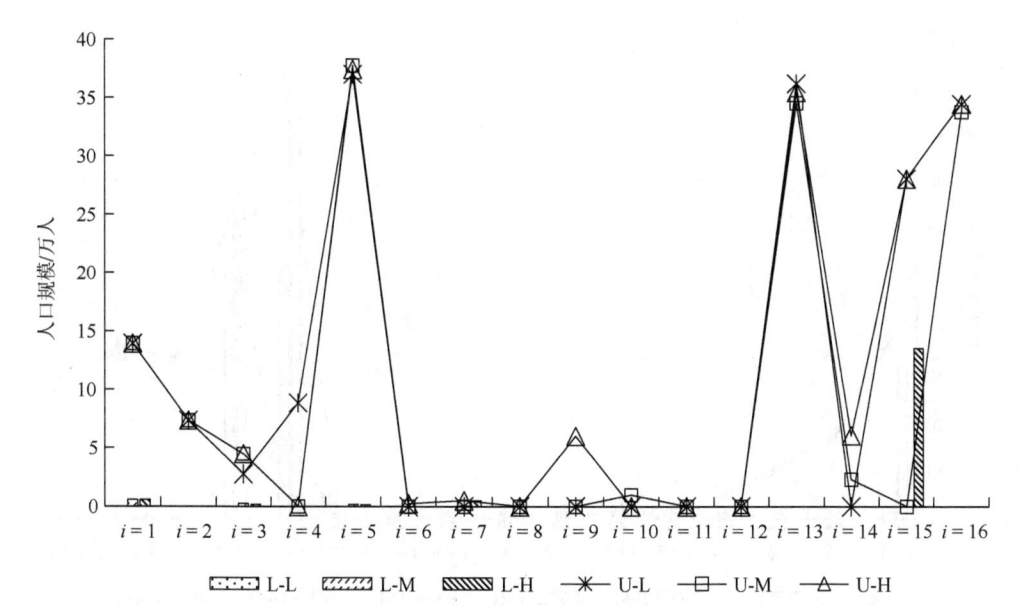

图 6.50 $t=2$ 规划期汾河流域人口规模变化（$\lambda=1$）

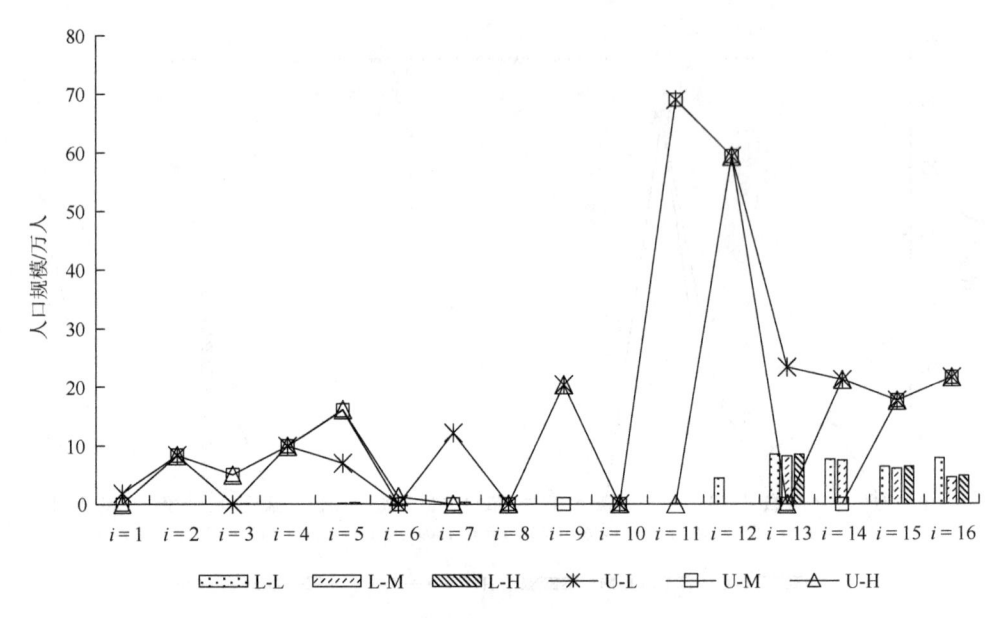

图 6.51　$t=3$ 规划期汾河流域人口规模变化（$\lambda=1$）

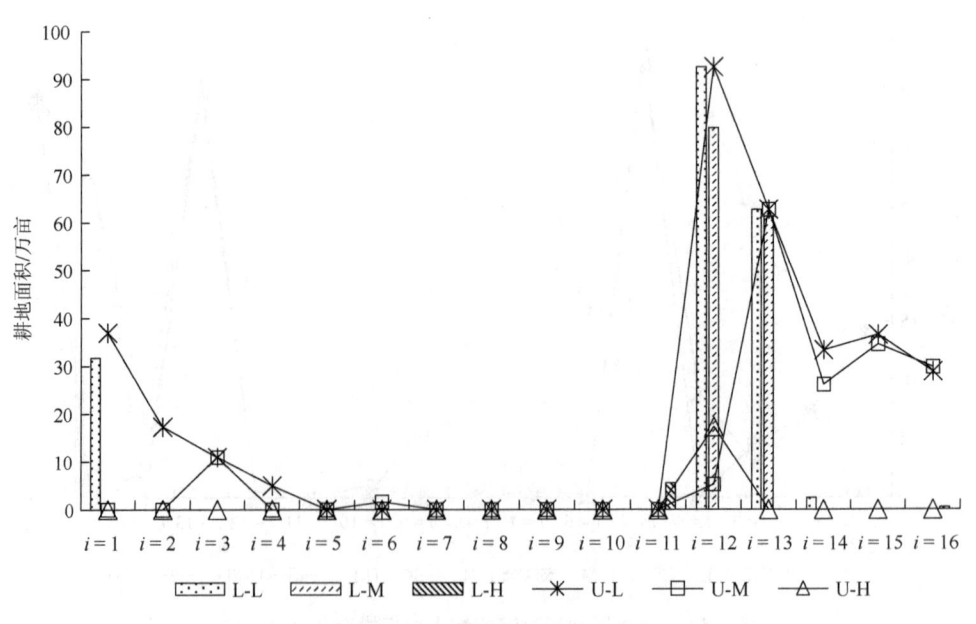

图 6.52　$t=1$ 规划期汾河流域耕地面积变化（$\lambda=1$）

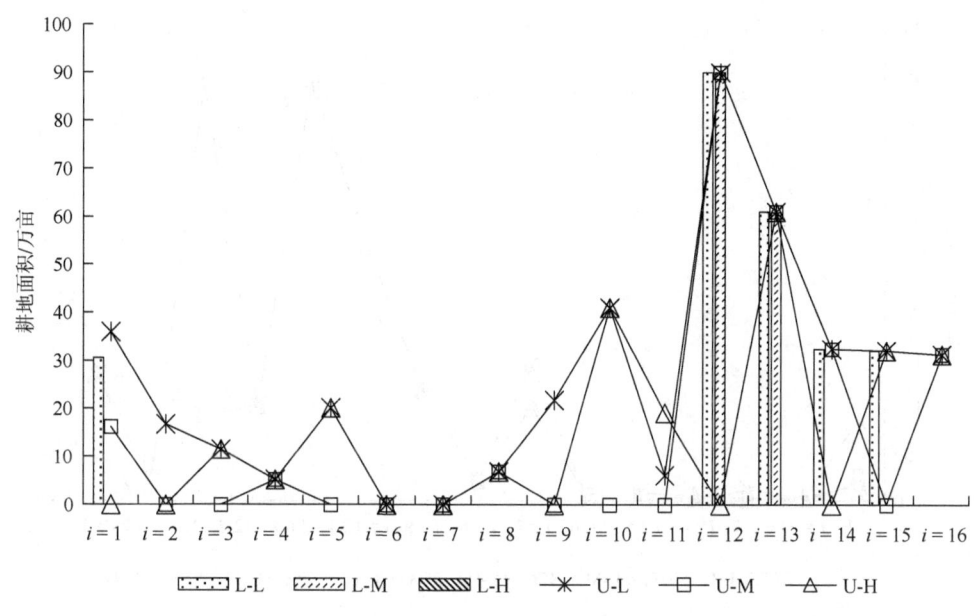

图 6.53　$t=2$ 规划期汾河流域耕地面积变化（$\lambda=1$）

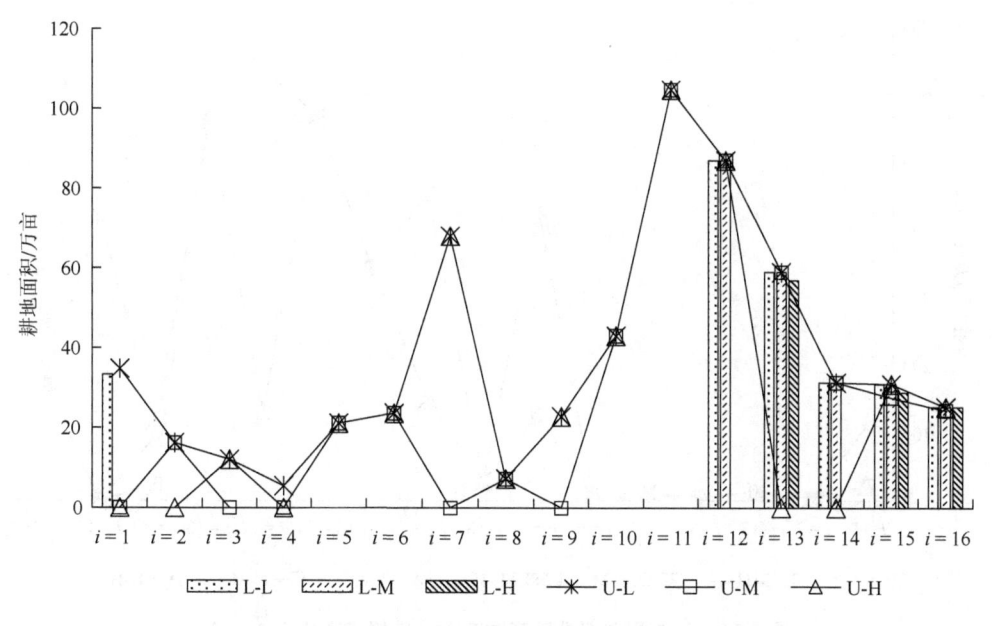

图 6.54　$t=3$ 规划期汾河流域耕地面积变化（$\lambda=0$）

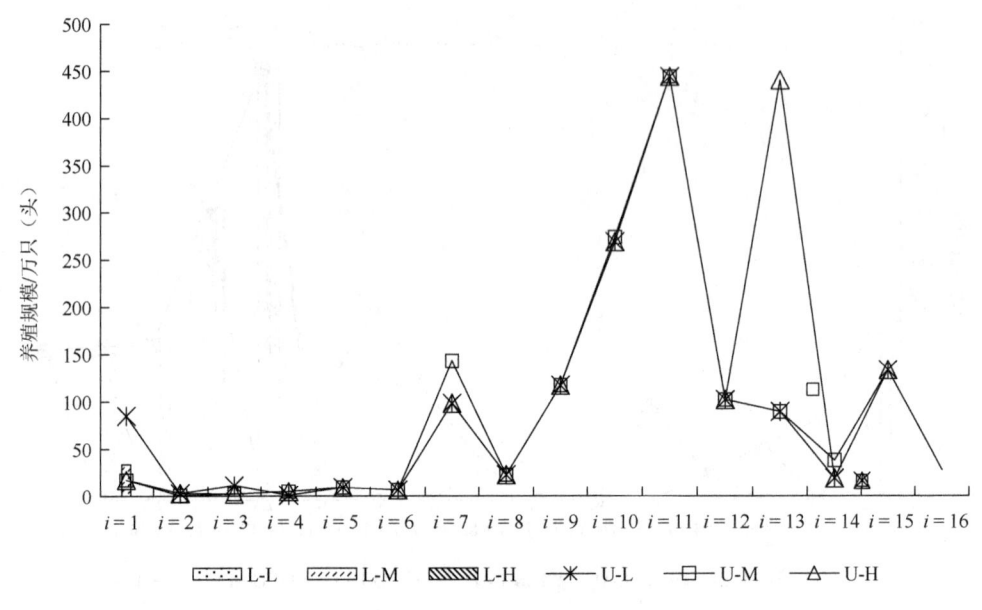

图 6.55　$t=1$ 规划期汾河流域畜禽养殖规模变化（$\lambda=1$）

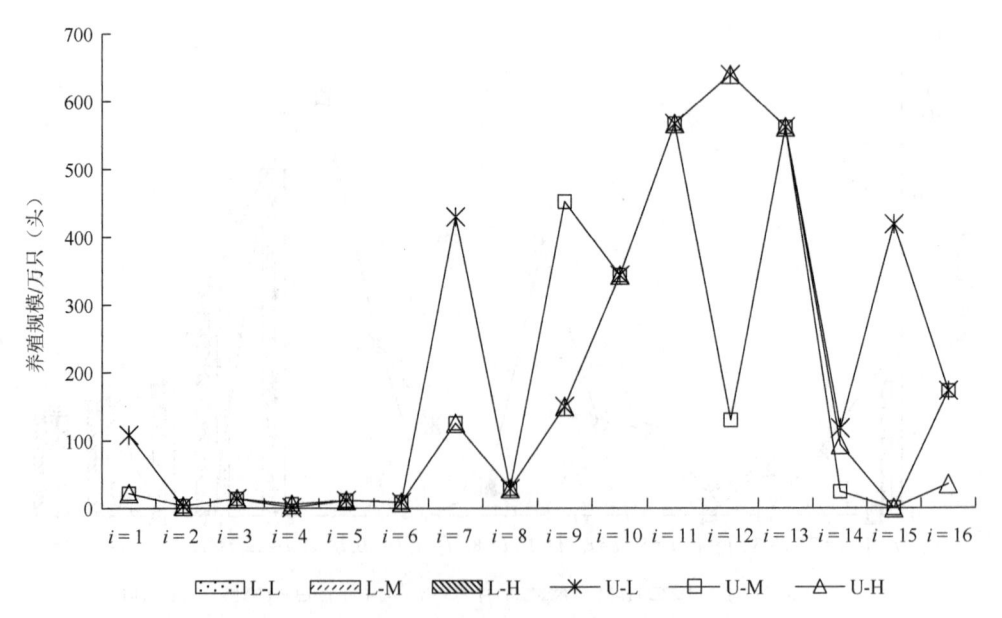

图 6.56　$t=2$ 规划期汾河流域畜禽养殖规模变化（$\lambda=1$）

图 6.57　$t=3$ 规划期汾河流域畜禽养殖规模变化（$\lambda=0$）

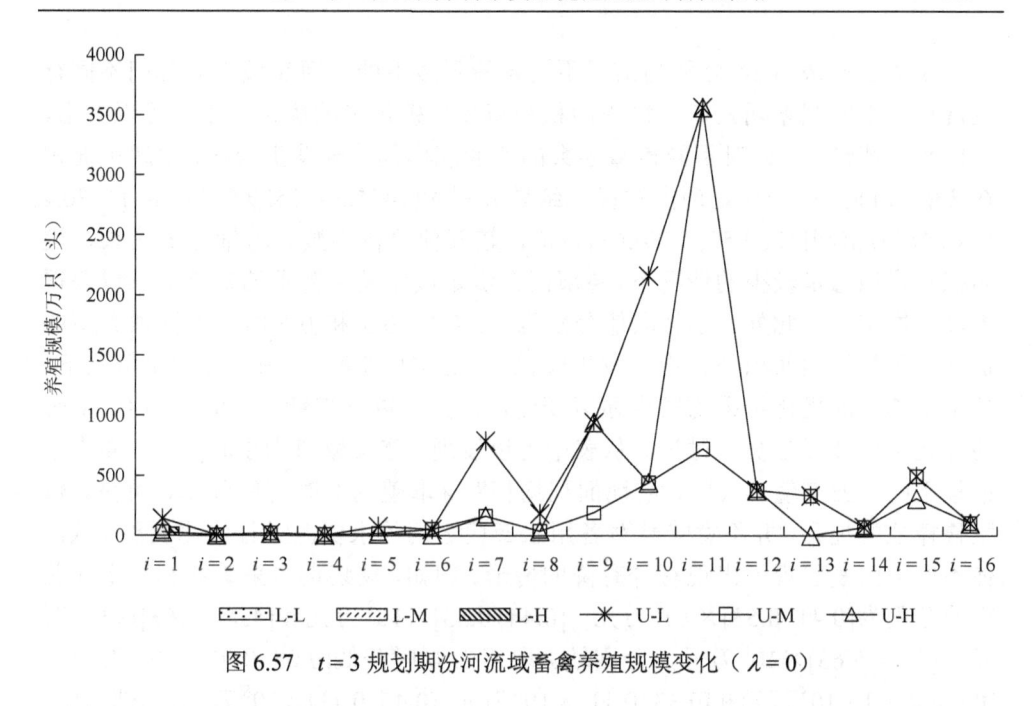

其他用水部门在不同水平下也与工业部门类似，规模调整变化表现出与水资源量高低不完全一致的现象，且与 λ 值为 0 时相比有明显变化。例如，在人口规模方面，$t=1$ 规划期内（图 6.49），除单元 1~5 外，其他单元也出现人口规模较优化预测值缩减的现象。第 13 单元内，三个水平情景下人口规模分别缩减 0 万人、[0, 1.25]万人和[15.81, 9.44]万人，随着水资源量的增加，人口规模缩减量增大，且高水平情景下，规模缩减下限值高于上限值，可见即使有较为充足的水资源，同工业部门类似，人口的增长和布局也不再单纯追求系统总收益。在 $t=3$ 规划期第 12 单元内，人口规模在低水平情景下缩减量为[0, 68.9]万人，远低于与 λ 值为 0 时的缩减规模，优化结果更趋于权衡和稳定。

此外，农业部门耕地和畜禽养殖也呈现出类似变化。例如，$t=1$ 规划期内，第 12 单元低水平情景下耕地规模缩减 92.45 万亩，第 13 单元高水平情景下畜禽养殖规模缩减[0, 439.75]万只（头），均较 λ 值为 0 时发生变化。总体来看，随着鲁棒系数的增加，水资源在不同情景下不再单纯优先分配至收益较高的用水部门，而是根据不同的单元和产业特点均衡分配至各部门，模型优化结果更加稳定可靠。

由于本书中模型是针对不同鲁棒系数分别进行计算的，基于工业、人口规模等初始预测成果区间（表 6.15~表 6.18）的第一阶段优化结果可能存在差异，各用水部门产值和规模缩减情况不能够完全反映出优化结果的差异性。为了深入对比不同鲁棒性条件下的汾河流域产业结构和规模变化，对不同 λ 值条件下的各行业产业规模进行对比分析。

表 6.21～表 6.24 分别列出了不同鲁棒系数下的汾河流域工业部门不同行业规模、不同规划期人口、耕地面积和畜禽养殖规模的优化结果。可以看出，在低水平情景下，针对不同鲁棒系数的产业规模几乎未发生变化，除耕地面积在 λ 值为 1 时，三个规划期内的优化结果分别为[1405.39, 1539.91]万亩、[1380.2, 1546.18]万亩和[1260.52, 1586.63]万亩，较其他鲁棒系数有着细微的增长，说明在水资源总量较少的情况下，各部门在满足最低发展需求的基础上难以获得更多发展空间。此外，当 λ 取值分别为 0、0.1、0.3 和 0.6 时，不同情景下的优化结果除耕地面积外也均未发生变化。当 λ 取值 1 时，在中、高水平情景下，各用水部门的优化结果均发生显著变化，因此，以下将针对 λ 取值为 0、1 时的优化结果展开分析和讨论。从表中可以发现，当 λ 取值为 1 时，中、高水平情景下的工业产值、人口、耕地面积均相对 λ 取值为 0 时有所降低，可见，模型鲁棒性的提升，并不意味着对各用水部门之间的水资源进行优化调整，从而使不同部门发展规模出现有升有降的情形。例如，规划期内采矿业和制造业总产值分别为[0.41, 0.53]×10^8万元、[0.44, 0.53]×10^8万元和[4.74, 5.63]×10^8万元、[4.71, 5.63]×10^8万元，分别较 λ 取值为 0 时降低[0.08, 0.01]×10^8万元、[0.05, 0.01]×10^8万元和[0.33, 0.11]×10^8万元、[0.46, 0.11]×10^8万元，两部门中、高水平下的产值均低于低水平情景，制造业则出现随着情景水平的提高逐渐降低的趋势。人口发展规模与工业类似，随着 λ 值的增加规模逐渐降低；不同规划期内的变化趋势有所不同。$t=1$、$t=2$ 规划期内人口规划随着情景水平的提高而逐渐降低，中、高情景水平下，两个规划期内的人口规模分别为[1559.44, 1600.18]万人、[1529.28, 1583.48]万人和[1561.28, 1695.42]万人、[1522.46, 1681.57]万人；而 $t=3$ 规划期则完全相反，两种情景水平下对应的人口规模分别为[1460.63, 1640.87]万人、[1486.74, 1647.1]万人，呈现逐渐升高的趋势，这是 $t=3$ 规划期严重缺水，加上对人口规模的预测成果相对保守，导致该规划期内低水平情景下的人口规模本就出现明显减少的现象，而随着水资源量的增加，人口规模得以增长。与其他各行业不同的是，中、高情景水平下，耕地面积虽然随着鲁棒系数值的增加而出现降低的趋势，但在低情景水平下，当 λ 值为 1 时，耕地面积有所增加，且随着情景水平的提高，耕地面积也呈现出明显增长的趋势。例如，在 $t=1$ 规划期，低情景水平下，λ 取值为 0、1 对应的耕地面积分别为[1405.39, 1539.78]万亩和[1405.39, 1539.91]万亩；λ 值为 1 时，三种情景下的耕地面积分别为[1405.39, 1539.91]万亩、[1558.61, 1588.47]万亩和[1712.1, 1723.46]万亩。这与上述的 $t=3$ 规划期的人口规模相似，耕地对应的单位收益相对较低，从而导致耕地的缺水现象最为严重，随着水资源量的增加，相对于其他部门而言，耕地必然获得相对更多的水资源补充从而保障耕地用水安全。

表 6.21 不同鲁棒系数条件下的汾河流域工业规模优化 （单位：10^8 万元）

行业	鲁棒系数	工业规模 $h=1$	$h=2$	$h=3$
$k=1$	$\lambda=0$	[0.45, 0.54]	[0.49, 0.54]	[0.49, 0.54]
	$\lambda=0.1$	[0.45, 0.54]	[0.49, 0.54]	[0.49, 0.54]
	$\lambda=0.3$	[0.45, 0.54]	[0.49, 0.54]	[0.49, 0.54]
	$\lambda=0.6$	[0.45, 0.54]	[0.49, 0.54]	[0.49, 0.54]
	$\lambda=1$	[0.45, 0.54]	**[0.41, 0.53]**	**[0.44, 0.53]**
$k=2$	$\lambda=0$	[4.78, 5.64]	[5.07, 5.74]	[5.17, 5.74]
	$\lambda=0.1$	[4.78, 5.64]	[5.07, 5.74]	[5.17, 5.74]
	$\lambda=0.3$	[4.78, 5.64]	[5.07, 5.74]	[5.17, 5.74]
	$\lambda=0.6$	[4.78, 5.64]	[5.07, 5.74]	[5.17, 5.74]
	$\lambda=1$	[4.78, 5.64]	**[4.74, 5.63]**	**[4.71, 5.63]**
$k=3$	$\lambda=0$	[0.17, 0.24]	[0.2, 0.24]	[0.22, 0.24]
	$\lambda=0.1$	[0.17, 0.24]	[0.2, 0.24]	[0.22, 0.24]
	$\lambda=0.3$	[0.17, 0.24]	[0.2, 0.24]	[0.22, 0.24]
	$\lambda=0.6$	[0.17, 0.24]	[0.2, 0.24]	[0.22, 0.24]
	$\lambda=1$	[0.17, 0.24]	**[0.19, 0.24]**	**[0.19, 0.24]**

表 6.22 不同鲁棒系数条件下的汾河流域人口规模优化 （单位：万人）

规划期	鲁棒系数	人口规模 $h=1$	$h=2$	$h=3$
$t=1$	$\lambda=0$	[1542.17, 1600.58]	[1571.97, 1600.58]	[1571.97, 1600.58]
	$\lambda=0.1$	[1542.17, 1600.58]	[1571.97, 1600.58]	[1571.97, 1600.58]
	$\lambda=0.3$	[1542.17, 1600.58]	[1571.97, 1600.58]	[1571.97, 1600.58]
	$\lambda=0.6$	[1542.17, 1600.58]	[1571.97, 1600.58]	[1571.97, 1600.58]
	$\lambda=1$	[1542.17, 1600.58]	**[1559.44, 1600.18]**	**[1529.28, 1583.48]**
$t=2$	$\lambda=0$	[1527.81, 1696.4]	[1659.4, 1696.4]	[1659.4, 1696.4]
	$\lambda=0.1$	[1527.81, 1696.4]	[1659.4, 1696.4]	[1659.4, 1696.4]
	$\lambda=0.3$	[1527.81, 1696.4]	[1659.4, 1696.4]	[1659.4, 1696.4]
	$\lambda=0.6$	[1527.81, 1696.4]	[1659.4, 1696.4]	[1659.4, 1696.4]
	$\lambda=1$	[1527.81, 1696.4]	**[1561.28, 1695.42]**	**[1522.46, 1681.57]**
$t=3$	$\lambda=0$	[1396.01, 1632.65]	[1703.83, 1786.86]	[1779.89, 1786.86]
	$\lambda=0.1$	[1396.01, 1632.65]	[1703.83, 1786.86]	[1779.89, 1786.86]
	$\lambda=0.3$	[1396.01, 1632.65]	[1703.83, 1786.86]	[1779.89, 1786.86]
	$\lambda=0.6$	[1396.01, 1632.65]	[1703.83, 1786.86]	[1779.89, 1786.86]
	$\lambda=1$	[1396.01, 1632.65]	**[1460.63, 1640.87]**	**[1486.74, 1647.1]**

表 6.23　不同鲁棒系数条件下的汾河流域耕地面积优化　（单位：万亩）

规划期	鲁棒系数	耕地面积 $h=1$	$h=2$	$h=3$
$t=1$	$\lambda=0$	[1405.39, 1539.78]	[1565.5, 1699.6]	[1755.58, 1755.58]
	$\lambda=0.1$	[1405.39, 1539.78]	[1565.5, 1699.6]	[1755.58, 1755.58]
	$\lambda=0.3$	[1405.39, 1539.78]	[1565.65, 1699.6]	[1755.58, 1755.58]
	$\lambda=0.6$	[1405.39, 1539.78]	[1565.63, 1699.6]	**[1745.58, 1745.58]**
	$\lambda=1$	**[1405.39, 1539.91]**	**[1558.61, 1588.47]**	**[1712.1, 1723.46]**
$t=2$	$\lambda=0$	[1380.2, 1545.98]	[1567.41, 1702.6]	[1794.12, 1845.14]
	$\lambda=0.1$	[1380.2, 1545.98]	[1567.41, 1702.6]	[1794.12, 1845.14]
	$\lambda=0.3$	[1380.2, 1545.98]	[1567.41, 1702.6]	[1794.12, 1845.14]
	$\lambda=0.6$	[1380.2, 1545.98]	[1567.41, 1702.6]	**[1794.11, 1815.27]**
	$\lambda=1$	**[1380.2, 1546.18]**	**[1549.28, 1641.26]**	**[1564.01, 1792.1]**
$t=3$	$\lambda=0$	[1260.52, 1586.55]	[1492.55, 1638.14]	[1708.46, 1928.15]
	$\lambda=0.1$	[1260.52, 1586.55]	[1492.55, 1638.14]	[1708.46, 1928.15]
	$\lambda=0.3$	[1260.52, 1586.55]	[1492.55, 1638.14]	[1708.46, 1928.15]
	$\lambda=0.6$	[1260.52, 1586.55]	[1492.55, 1638.14]	**[1706.04, 1869]**
	$\lambda=1$	**[1260.52, 1586.63]**	**[1408.08, 1619.99]**	**[1407.37, 1742.58]**

表 6.24　不同鲁棒系数条件下的汾河流域畜禽养殖规模优化　[单位：万只（头）]

规划期	鲁棒系数	畜禽养殖规模 $h=1$	$h=2$	$h=3$
$t=1$	$\lambda=0$	[16656.96, 18092.69]	[16735.74, 18092.69]	[16735.74, 18092.69]
	$\lambda=0.1$	[16656.96, 18092.69]	[16735.74, 18092.69]	[16735.74, 18092.69]
	$\lambda=0.3$	[16656.96, 18092.69]	[16735.74, 18092.69]	[16735.74, 18092.69]
	$\lambda=0.6$	[16656.96, 18092.69]	[16735.74, 18092.69]	[16735.74, 18092.69]
	$\lambda=1$	[16656.96, 18092.69]	**[16663.2, 18058.91]**	**[16379.13, 18092.69]**
$t=2$	$\lambda=0$	[19098.32, 22671.68]	[21081.01, 23091.37]	[21359.52, 23091.37]
	$\lambda=0.1$	[19098.32, 22671.68]	[21081.01, 23091.37]	[21359.52, 23091.37]
	$\lambda=0.3$	[19098.32, 22671.68]	[21081.01, 23091.37]	[21359.52, 23091.37]
	$\lambda=0.6$	[19098.32, 22671.68]	[21081.01, 23091.37]	[21359.52, 23091.37]
	$\lambda=1$	[19098.32, 22671.68]	**[20203.08, 22671.68]**	**[20064.89, 22671.68]**
$t=3$	$\lambda=0$	[18572.94, 27864.77]	[21443.46, 29268.9]	[27130.8, 29471.09]
	$\lambda=0.1$	[18572.94, 27864.77]	[21443.46, 29268.9]	[27130.8, 29471.09]
	$\lambda=0.3$	[18572.94, 27864.77]	[21443.46, 29268.9]	[27130.8, 29471.09]
	$\lambda=0.6$	[18572.94, 27864.77]	[21443.46, 29268.9]	[27131.71, 29471.09]
	$\lambda=1$	[18572.94, 27864.77]	**[24828.42, 27864.77]**	**[21786.92, 27795.68]**

总体而言，随着鲁棒系数的增加，汾河流域工业、人口、耕地、畜禽养殖规模呈现降低的趋势，这与流域系统总收益逐渐减少的趋势相一致。受水资源短缺的影响，不同用水部门由于用水需求、用水收益、污染排放强度等因素而显示出差异化的规模缩减。鲁棒系数值越高，模型的系统稳定性越大，各用水部门的规模在不同情景水平下的优化结果相对更加均衡，而不会出现由于水资源量增加而产业规模大幅增长的现象，系统面临的风险更低，从而可以为管理部门在不同情景下的决策提供更为可靠的支持。

图 6.58～图 6.60 分别显示了汾河流域各控制单元工业产值在不同鲁棒系数值条件下的优化结果对比情况（图中 L-和 U-分别代表下限值和上限值；-M-、-H-分别代表中、高情景；-0 和-1 分别代表 λ 取值为 0 和 1）。图中各情景下不同 λ 取值对应的产值差异化程度反映了鲁棒性水平的影响大小。例如，汾河流域采矿业（图 6.58）产值的上限反映出流域上中游地区在水资源相对充足的情况下，系统优化结果比较稳定，鲁棒性大小对行业产值没有影响，因系统不稳定可能带来的风险主要发生在下游地区。例如单元 12 中，中、高情景水平下，λ 取值为 1 时，采矿业产值上限分别为 0.069×10^8 万元和 0.062×10^8 万元，分别较 λ 取值为 0 时减少了 0.0026×10^8 万元和 0.0094×10^8 万元。对于产值的下限而言，鲁棒性对汾河流域采矿业产值的影响范围更广，且对不同单元的影响存在差异性。例如上游单元 3 中，中、高情景水平下，λ 取值为 1 时的采矿业产值下限分别为 0.011×10^8 万元和 0.010×10^8 万元，随着鲁棒系数值和情景水平的提高，产值逐渐降低；相同条件下，中游单元 7 的采矿业产值下限为 0.03×10^8 万元和 0.036×10^8 万元，鲁棒性仅对中情景水平造成了影响；下游地区单元 12 的值为 0.045×10^8 万元和 0.051×10^8 万元，鲁棒性对中情景水平影响较大；而单元 13 中的产值下限为 0.047×10^8 万元和 0.047×10^8 万元，仅鲁棒性对优化结果产生了影响。这是因为在产值下限对应的情景条件下，水资源供给也处于下限水平，而各单元的采矿行业之间存在较大差异性，具体表现为用水量、收益、排污强度等关键指标的不同。此外，由于各行业面临的水资源短缺程度不同，导致缺水状况在各单元之间存在显著差异。因此，系统风险也随之变化，呈现出不均衡的影响。例如，对单元 5 而言，鲁棒性对采矿业（图 6.58）、制造业（图 6.59）、电力等生产供应业（图 6.60）均未造成影响；而在单元 12 中，中、高情景水平下，三大行业产值分别为 $[0.045, 0.069]\times10^8$ 万元和 $[0.051, 0.062]\times10^8$ 万元、$[0.12, 0.20]\times10^8$ 万元和 $[0.11, 0.20]\times10^8$ 万元、$[0.03, 0.05]\times10^8$ 万元和 $[0.03, 0.05]\times10^8$ 万元，鲁棒性对各行业在不同情景下产生了差异化的影响。

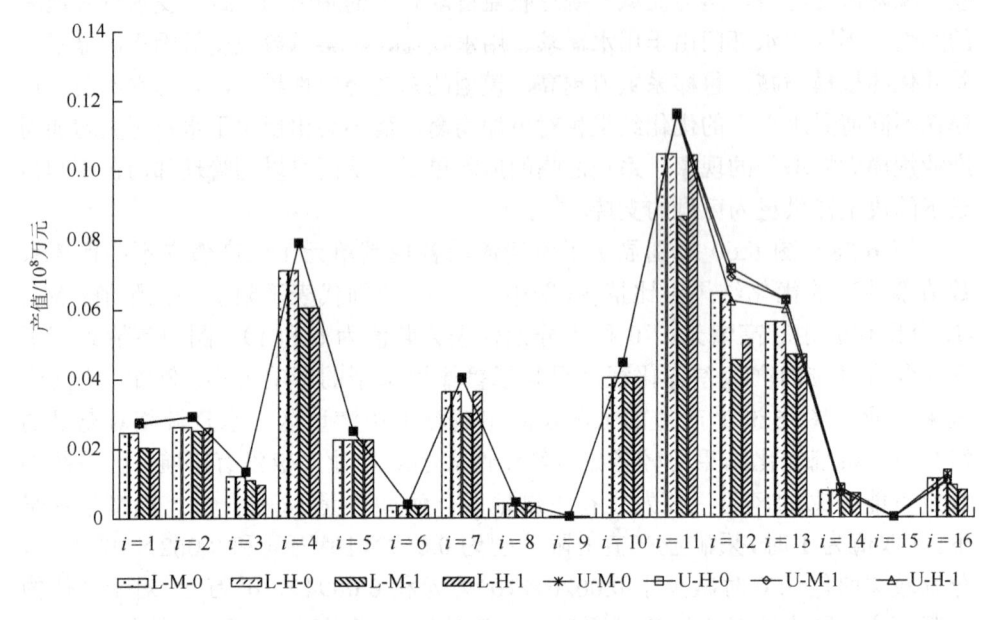

图 6.58 汾河流域采矿业产值优化对比

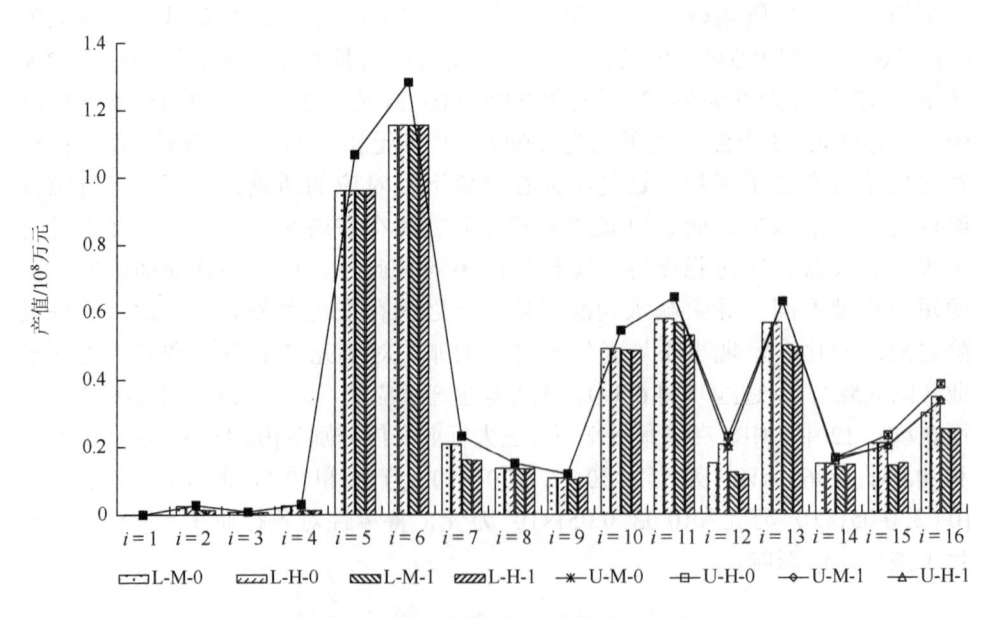

图 6.59 汾河流域制造业产值优化对比

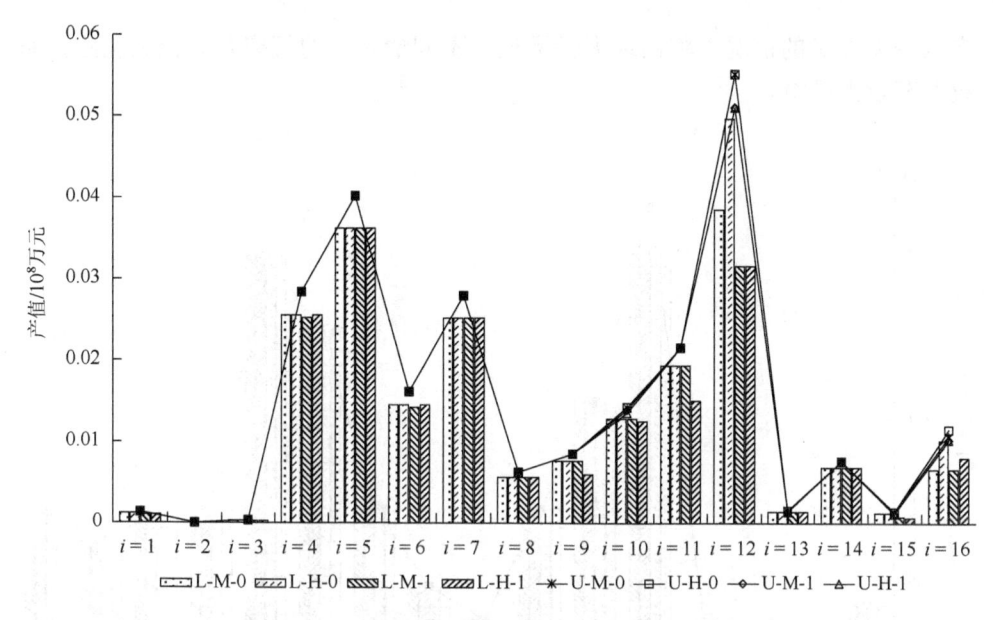

图 6.60 汾河流域电力等生产供应业产值优化对比

人口规模方面，图6.61～图6.63分别显示了三个规划期不同鲁棒系数条件下的优化结果对比。可以看出，$t=1$ 规划期内，鲁棒性大小对流域各单元的人口规模影响不大，仅第2、4、13、16单元人口规模受到一定的影响。当 λ 取值为1时，中情景水平下四个单元的人口规模分别为[12.47, 18.76]万人、[23.97, 23.97]万人、[97.42, 98.65]万人、[85.43, 90.36]万人；高情景水平下分别为[12.47, 18.76]万人、[16.08, 23.97]万人、[89.21, 82.84]万人、[72.09, 90.36]万人。鲁棒性大小对不同单元以及不同情景下的人口发展规模造成了不同的影响，仅在第13单元内，鲁棒性对人口规模上限值造成了一定影响。在该规划期内，模型中居民生活用水优先得到保障，人口规模不会因水资源的明显增加而发生大幅度增长，因此优化结果稳定性相对较高。同样，$t=2$ 规划期仅单元15内的人口规模上限在高水平情景下受到了影响，由75.50万人减少到61.98万人；上游地区第1、2、3单元和中下游地区第9、13等单元的人口规模下限值受到不同程度的鲁棒影响。$t=3$ 规划期，流域下游地区（单元12～16）人口规模受鲁棒性的影响显著提升。从规模上限值来看，当 λ 取值为0时，五个单元在中、高水平下的人口规模均为264.00万人、103.70万人、94.27万人、77.41万人和94.98万人；当 λ 取值为1时，两种情景下的人口规模分别为213.58万人、75.77万人、68.79万人、57.26万人、73.16万人和213.58万人、75.50万人、76.26万人、56.95万人、72.90万人，均明显减少。结合不考虑鲁棒性约束时，中、高水平下的人口规模下限值随着水资源量的增加有了明显提升，可见该地区人口规模受水资源量的制约最为突出，在水资源充足的情况下将出现大幅增长，不同情景下的规模有着较大差距，系统存在较大风险。

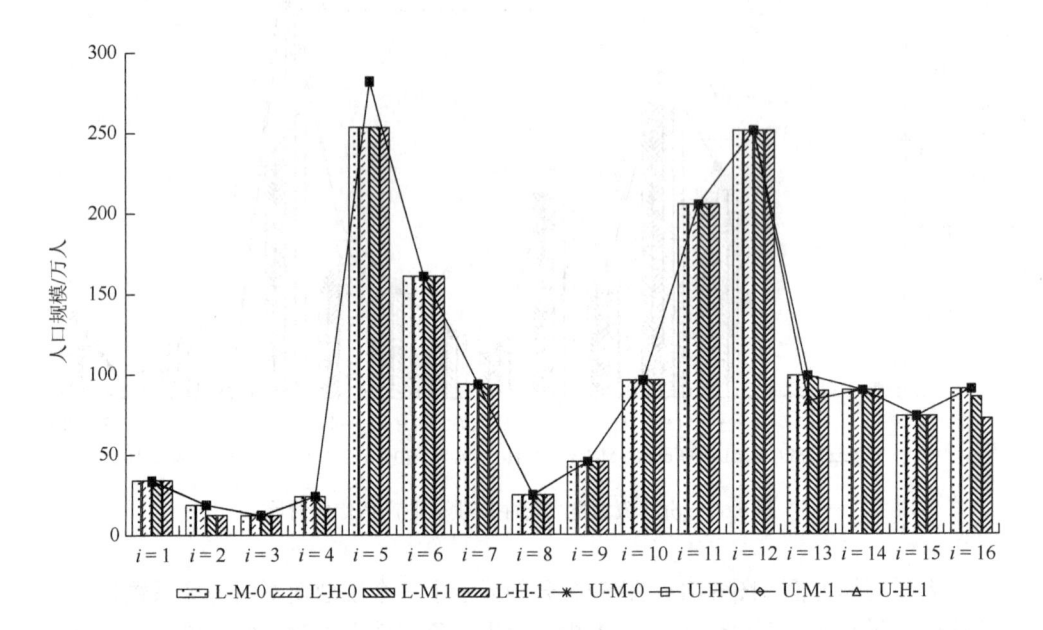

图 6.61　$t=1$ 规划期汾河流域人口发展规模优化对比

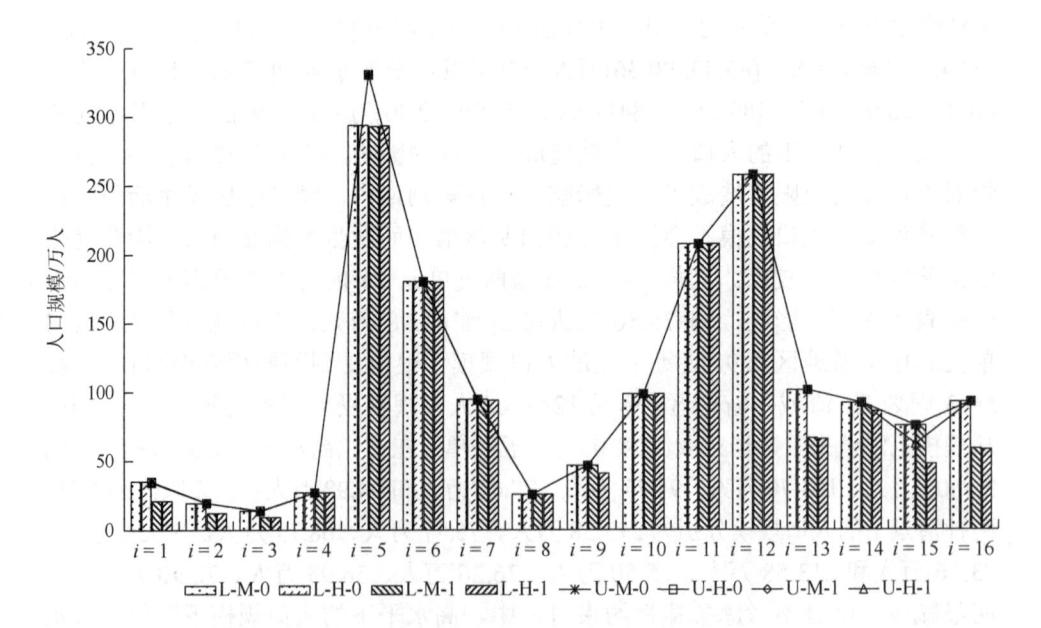

图 6.62　$t=2$ 规划期汾河流域人口发展规模优化对比

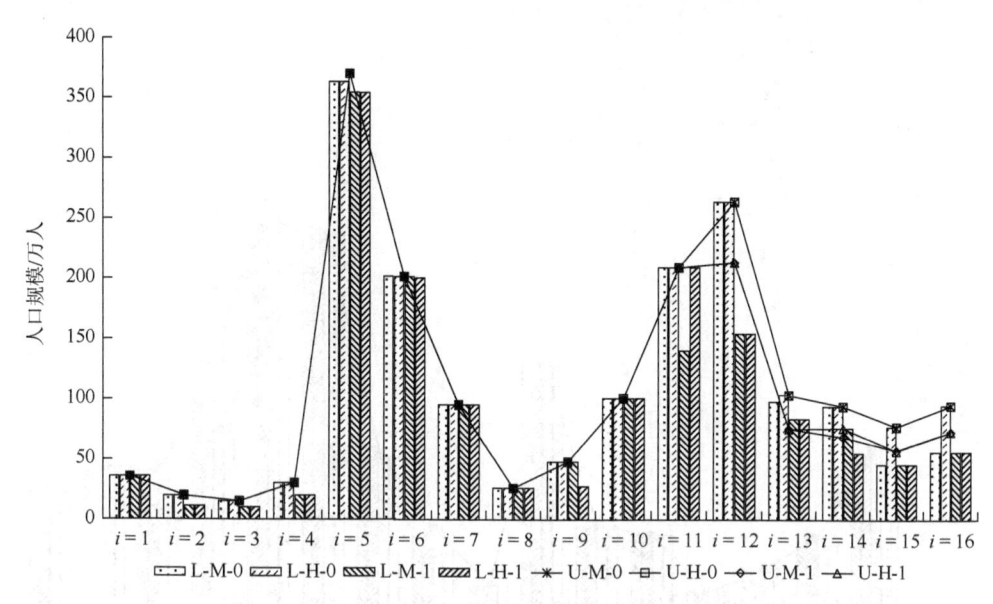

第6章 汾河城市群水资源优化配置与管控策略 ·297·

图 6.63 $t=3$ 规划期汾河流域人口发展规模优化对比

  与人口发展规模相似，作为主要的缺水部门，三个规划期内汾河流域下游地区耕地面积也出现相似的变化（图 6.64～图 6.66）。以 $t=2$ 规划期为例，当 λ 取值为 0 时，汾河下游各单元（单元 12～16）在中情景水平下的耕地面积分别为[200.15, 200.15]万亩、[135.66, 173.94]万亩、[72.01, 110.79]万亩、[71.21, 109.55]万亩、[80.69, 89.25]万亩；高情景水平下则为[256.92, 307.93]万亩、[208.71, 208.71]万亩、[110.79, 110.79]万亩、[109.55, 109.55]万亩、[89.25, 89.25]万亩。随着水资源量的增加，耕地面积均出现增长趋势。λ 取值为 1 时，中情景水平下耕地面积分别为[200.15, 200.15]万亩、[135.66, 135.77]万亩、[72.01, 104.38]万亩、[103.22, 103.22]万亩、[58.01, 89.25]万亩；高情景水平下分别为[290.13, 290.13]万亩、[135.66, 196.64]万亩、[104.38, 104.38]万亩、[71.21, 103.22]万亩、[58.01, 89.25]万亩。可见各单元耕地面积均受到不同程度的鲁棒性影响而减少。相比之下，畜禽养殖规模受鲁棒性影响程度较小（图 6.67～图 6.69），$t=1$ 规划期内仅第 13 单元内在高情景水平下，畜禽养殖规模下限值由 1099.37 万只（头）减少为 748.76 万只（头）；$t=2$ 规划期内，除 9、10 等中下游地区共 6 个单元畜禽养殖规模下限值受到影响外，仅第 15 单元内畜禽养殖规模上限值由 2265.26 万只（头）减少为 1845.56 万只（头）；$t=3$ 规划期则与工业、人口规模等相同，受鲁棒性影响程度最大。可见，在本书中预测和设置的用水效率、产业规模等参数条件下，汾河流域在 $t=3$ 规划期内面临的水资源短缺程度最大。

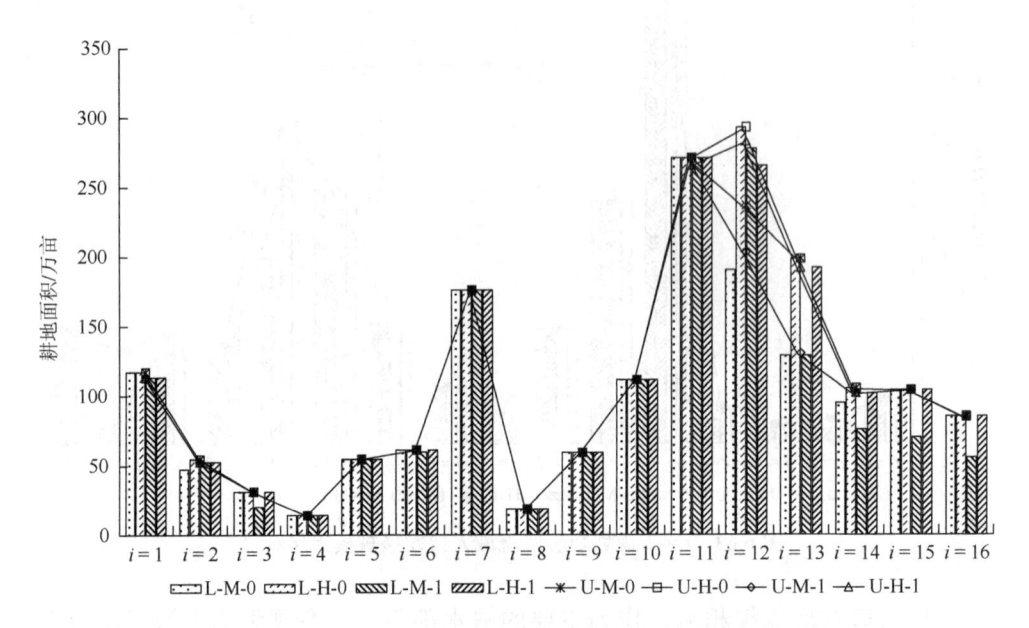

图 6.64 $t=1$ 规划期汾河流域耕地面积优化对比

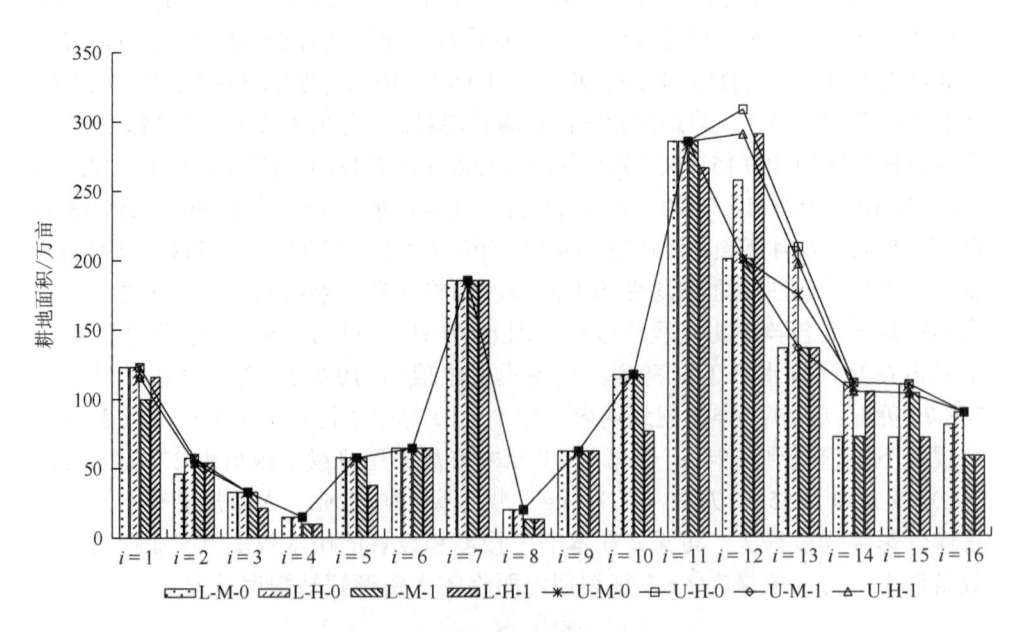

图 6.65 $t=2$ 规划期汾河流域耕地面积优化对比

第6章 汾河城市群水资源优化配置与管控策略

图 6.66　$t=3$ 规划期汾河流域耕地面积优化对比

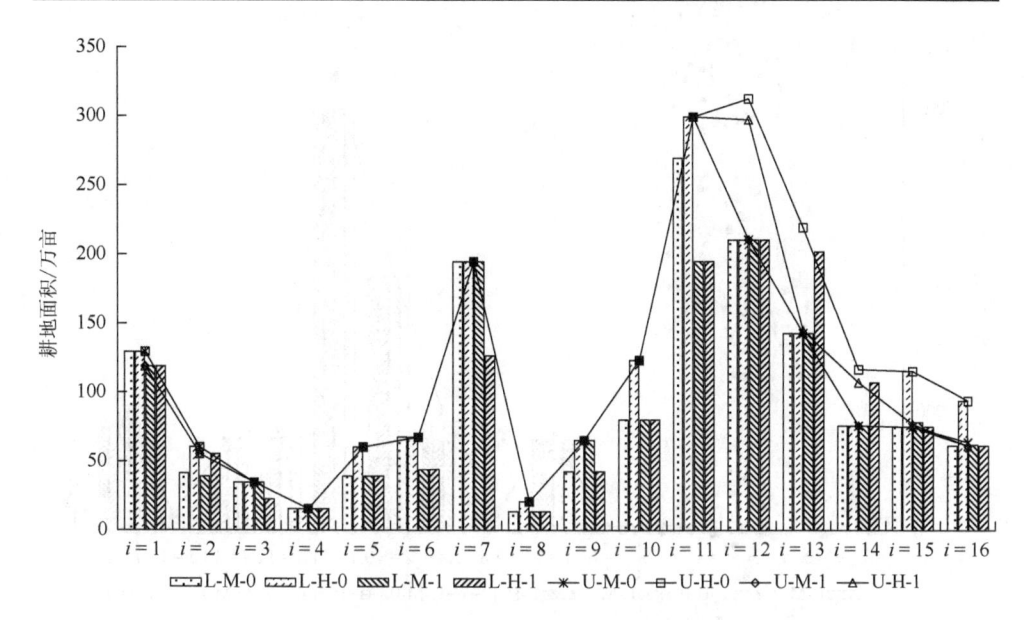

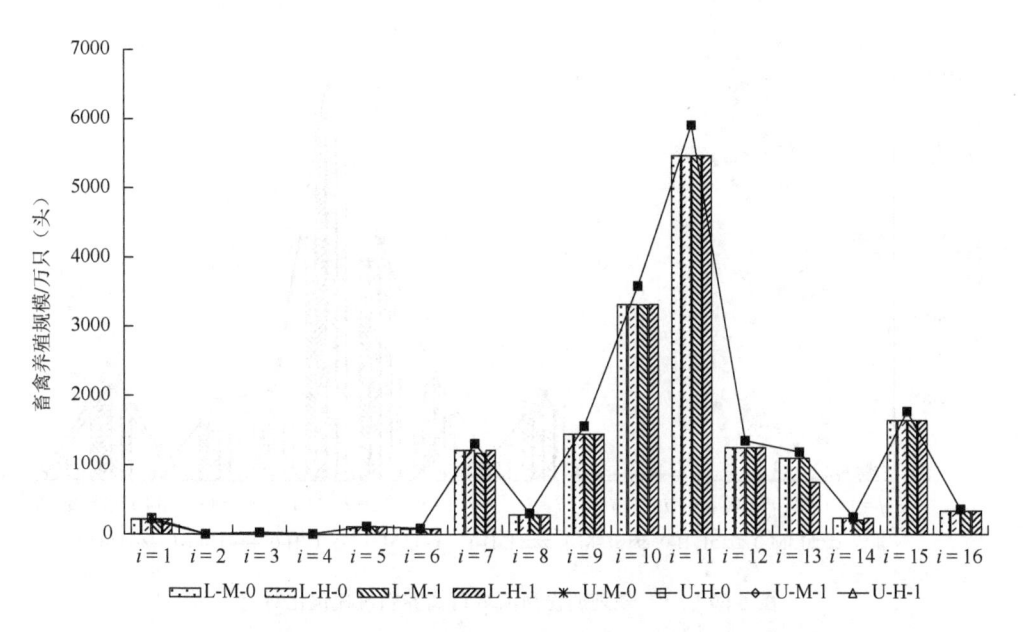

图 6.67　$t=1$ 规划期汾河流域畜禽养殖规模优化对比

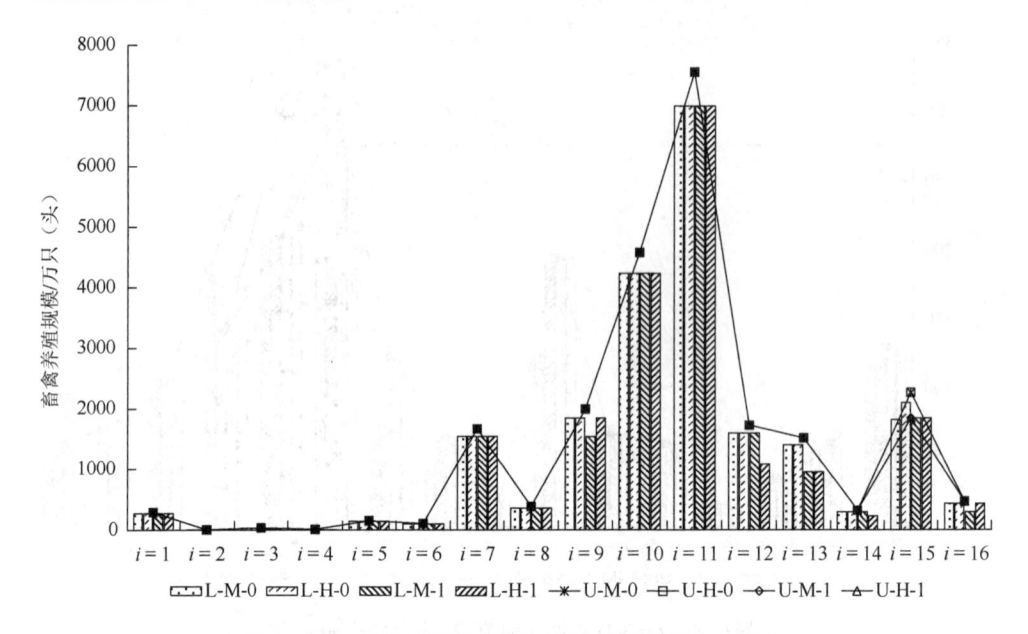

图 6.68　$t=2$ 规划期汾河流域畜禽养殖规模优化对比

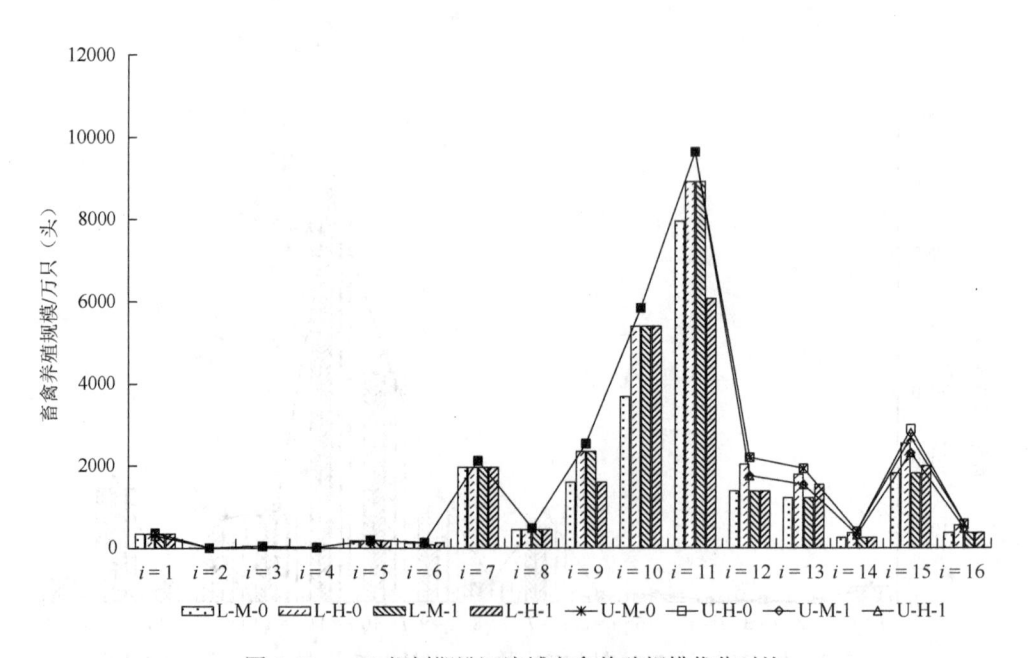

图 6.69　$t=3$ 规划期汾河流域畜禽养殖规模优化对比

通过上述分析，所建区间两阶段随机鲁棒优化模型能够实现在水资源、水环境、产业发展需求等多重约束下，基于用水效率、收益、排污强度等存在的时空分异性特征和不确定性对汾河流域各水环境控制单元的产业结构和规模进行优化调整，并形成基于流域水资源和水环境承载力约束下的水资源优化配置策略。

6.3.3 流域水资源配置

表 6.25 列出了汾河流域不同规划期各行业水资源配置方案。可以看出，低水平情景下，λ 取值为 0 和 1 时在三个规划期工业、生活、农业和生态补水量基本不存在差异，这与不同鲁棒系数条件下的各行业规模对比情况相一致。在水资源量不足以及水环境质量达标的双重约束下，各行业在保持基本发展要求的基础上难以获得更为丰富的水资源以促进其发展，水资源配置优化结果基本稳定可靠。此外，农业用水量和生态补水量存在上限值低于下限值这一情况，如 $t=1$ 规划期，$\lambda=0$ 时低水平情景下的农业用水量和生态补水量分别为 $[205757.88, 162787.05] \times 10^4 m^3$、$[32412.08, 26337.09] \times 10^4 m^3$。这是因为农业部门，尤其是耕地需水定额存在较大的区间不确定性，造成较小耕地面积的需水量反而更大。生态补水量反映了汾河流域的水环境压力，补水量越大说明流域的生产、生活排污超出水环境承载力的程度越高，模型下限解对应的排污强度、入河系数、水环境容量等均为更不利于水质达标的情形，因此造成生态补水量下限值高于上限值的现象。模型可以针对最优和最不利两种情形分别对流域水资源配置进行优化求解。中、高水平情景下，与行业规模变化类似，各部门用水量随着鲁棒性的增强而降低。以 $t=1$ 规划期中水平情景为例，工业、生活和农业部门用水量分别为 $[57549.96, 60391.93] \times 10^4 m^3$ 和 $[56898.18, 60382.86] \times 10^4 m^3$、$[41310.38, 40997.89] \times 10^4 m^3$ 和 $[41033.48, 40987.03] \times 10^4 m^3$、$[226775.85, 179958.08] \times 10^4 m^3$ 和 $[225839.7, 167407.12] \times 10^4 m^3$，可以看出在此情景下，鲁棒性对农业部门用水量的影响最大，这与农业作为主要缺水部门是密切相关的。由于生产、生活用水量的降低，生态补水量也由 $[24449.93, 20264.97] \times 10^4 m^3$ 减小为 $[24044.28, 20253.85] \times 10^4 m^3$，减少程度并不明显，说明农业生产不是汾河流域水环境污染的主要问题。在不同鲁棒性条件下，不同情景下的水资源配置变化趋势也存在差异。当 λ 取值为 0，三种情景下的工业部门用水量分别为 $[55737.58, 60391.93] \times 10^4 m^3$、$[57549.96, 60391.93] \times 10^4 m^3$ 和 $[57549.96, 60391.93] \times 10^4 m^3$，随着水资源量的增加工业用水量有小幅提升，中水平情景下供水量已达到上限，可见工业部门由于收益较高往往得到优先供给。生活和农业部门用水量则分别为 $[40468.02, 40997.89] \times 10^4 m^3$、$[41310.38, 40997.89] \times 10^4 m^3$、$[41310.38, 40997.89] \times 10^4 m^3$ 和 $[205757.88, 162787.05] \times 10^4 m^3$、$[226775.85, 179958.08] \times 10^4 m^3$、$[252909.87, 186361.94] \times 10^4 m^3$。生活用水与工业部门相似，水资源的增加并未明显提升该部门用水总量，这是由于生活用水需要优先保障。农业部门用水则呈现出明显的增加趋势，在水资源不足的情况下，水

资源在保证各部门用水安全的前提下往往优先分配至生活和其他收益较高的部门。同时，由于较高的水资源量水平意味着更大的水环境承载能力，生态补水量由[32412.08, 26337.09]×10⁴m³ 逐渐降至[24449.93, 20264.97]×10⁴m³ 和[14682.24, 11404.96]×10⁴m³。而当 λ 取值为 1 时，不同情景下各部门用水量并未呈现出相同趋势。例如，在 $t=1$ 规划期，三种情景下工业和生活用水量分别为[55737.58, 60391.93]×10⁴m³、[56898.18, 60382.86]×10⁴m³、[56733.24, 60217.84]×10⁴m³ 和[40468.02, 40997.89]×10⁴m³、[41033.48, 40987.03]×10⁴m³、[40140.31, 40656.6]×10⁴m³，中水平情景下的用水量为最高；而农业部门用水量则呈现出逐渐增加的趋势，分别为[205757.88, 162787.98]×10⁴m³、[225839.7, 167407.12]×10⁴m³ 和[246864.18, 182974.39]×10⁴m³。总体来看，当 λ 取值为 1 时，工业、生活和农业用水量在不同情景下的差值与不考虑鲁棒性时相比明显缩小，水资源分配更加均衡，与前文各行业规模的变化相一致，鲁棒性实现了研究背景下的水资源在不同情景下的均衡分配，从而降低了流域系统水资源配置的风险。

表 6.25　汾河流域水资源配置方案　　　　　　　　（单位：10⁴m³）

规划期	情景	工业 $\lambda=0$	工业 $\lambda=1$	生活 $\lambda=0$	生活 $\lambda=1$	农业 $\lambda=0$	农业 $\lambda=1$	生态补水 $\lambda=0$	生态补水 $\lambda=1$
$t=1$	$h=1$	[55737.58, 60391.93]	[55737.58, 60391.93]	[40468.02, 40997.89]	[40468.02, 40997.89]	[205757.88, 162787.05]	[205757.88, 162787.98]	[32412.08, 26337.09]	[32412.08, 26336.16]
	$h=2$	[57549.96, 60391.93]	[56898.18, 60382.86]	[41310.38, 40997.89]	[41033.48, 40987.03]	[226775.85, 179958.08]	[225839.7, 167407.12]	[24449.93, 20264.97]	[24044.28, 20253.85]
	$h=3$	[57549.96, 60391.93]	[56733.24, 60217.84]	[41310.38, 40997.89]	[40140.31, 40656.6]	[252909.87, 186361.94]	[246864.18, 182974.39]	[14682.24, 11404.96]	[14415.23, 11605.57]
$t=2$	$h=1$	[75578.59, 80494.16]	[75578.59, 80494.16]	[39107.38, 40745.66]	[39107.38, 40745.66]	[194640.14, 157786.37]	[194640.14, 157787.86]	[37481.54, 32616.58]	[37481.54, 32615.08]
	$h=2$	[80090.88, 81006.06]	[75640.51, 80411.37]	[42280.65, 40745.66]	[40058.41, 40723.24]	[220063.72, 174051.67]	[217819.43, 167404.63]	[32918.77, 25495.61]	[29867.64, 25160.44]
	$h=3$	[81734.83, 81006.06]	[77039.81, 80361.29]	[42280.65, 40745.66]	[39178.78, 40411.81]	[250192.42, 189731.16]	[218592.38, 183997.76]	[22901.33, 16701.94]	[19972.57, 16803.32]
$t=3$	$h=1$	[87633.04, 101359.04]	[87633.04, 101359.04]	[34915.68, 36725.88]	[34915.68, 36725.88]	[170499.41, 156875.82]	[170499.41, 156876.36]	[60865.42, 63001.36]	[60865.42, 63000.82]
	$h=2$	[104889.44, 108340.58]	[91265.44, 101115.69]	[41936.85, 39939.04]	[36171.99, 36902.03]	[201427.14, 161730.07]	[191838.89, 159518.66]	[57221.94, 53737.25]	[64006.45, 49270.39]
	$h=3$	[116312.18, 109084.04]	[89216.7, 100924.73]	[43749.35, 39939.04]	[37122.38, 37045.43]	[232378.56, 192433.67]	[189758.35, 172424.61]	[60323.72, 40737.74]	[42643.1, 36302.8]

图 6.70～图 6.75 分别展示了 λ 取值为 1 时不同规划期各情景下的行业用水变化情况。从图中可以看出，各用水部门在不同情景下的用水量变化存在较大差异。由于水资源对工业和生活部门的优先供给和保障，两部门用水量的变化幅度较小，这与汾河流域部门用水总量的变化趋势基本一致。同样，各单元的生态

补水量随着情景水平的增加而明显减少，如 $t=1$ 规划期（图6.70），三种情景下第5、6、15单元生态补水量下限值分别为 $5036.06\times10^4\text{m}^3$、$3366.06\times10^4\text{m}^3$、$500.70\times10^4\text{m}^3$，$2551.50\times10^4\text{m}^3$、$1581.49\times10^4\text{m}^3$、$0\text{m}^3$，$1687.68\times10^4\text{m}^3$、$1393.66\times10^4\text{m}^3$、$605.28\times10^4\text{m}^3$。由于汾河上游水资源总量比较丰富，水环境承载力也相对较高，该区域生态补水量明显低于中下游地区。农业部门受流域水资源短缺影响最大，总体来看，农业用水量随着水资源的增加呈现出明显的增长趋势。针对不同控制单元，用水量的变化也存在差异。例如，在 $t=1$ 规划期内，不同情景下汾河上游地区第1、2控制单元内的农业用水量分别为 $[8184.40, 7092.16]\times10^4\text{m}^3$、$[12159.86, 9784.10]\times10^4\text{m}^3$、$[12159.86, 9805.05]\times10^4\text{m}^3$ 和 $[5183.21, 4824.60]\times10^4\text{m}^3$、$[7701.59, 4824.60]\times10^4\text{m}^3$、$[7693.33, 4824.60]\times10^4\text{m}^3$。第1单元内农业用水下限值先增加并在中水平情景下达到平衡，上限值则逐渐增加；第2单元农业用水量上限值保持不变，而下限值在中水平情景下为最高，意味着鲁棒性对该单元的农业用水造成了一定的影响。同样，三种情景下第1、2单元工业用水量下限值分别为 $213.87\times10^4\text{m}^3$、$147.34\times10^4\text{m}^3$、$147.34\times10^4\text{m}^3$ 和 $231.59\times10^4\text{m}^3$、$245.55\times10^4\text{m}^3$、$226.77\times10^4\text{m}^3$，第4、13单元生活用水量分别为 $702.44\times10^4\text{m}^3$、$1047.02\times10^4\text{m}^3$、$702.44\times10^4\text{m}^3$ 和 $1956.26\times10^4\text{m}^3$、$1931.38\times10^4\text{m}^3$、$1769.09\times10^4\text{m}^3$，其随着水资源总量的增加而分别出现降低和波动变化的现象，与 λ 值为0时的不降低趋势相比，鲁棒性对不同情景下的工业、生活和农业用水的分配造成了影响，行业用水量更加趋近于多情景条件下的综合平均值，从而提高了模型优化结果的稳定性和可靠性，降低了系统风险，为管理部门对不同情景制定可行的水资源配置方案提供支持。

表6.26列出了 λ 取值为1时汾河流域不同情景下的水资源供给方案。本书中，在山西省全域水资源优化配置方案的基础上，结合山西省地下水和引黄水管理要求，在不同水文情景条件下，本地地表水水资源量在中、高情景下有所增加。从表中可以看出，在预测发展目标下，汾河上游地区缺水程度相对较小，在中、高水平情景下，地下水和引黄水量均出现明显的降低，高水平情景下则不再取用地下水，且地表水用水量未达到上线；而中下游地区虽地下水和引黄水量也有降低的趋势，但地表水资源的开发利用均达到上线。以 $t=1$ 规划期为例，低水平情景下上中下游的地表水供水量分别为 $18395\times10^4\text{m}^3$、$48100\times10^4\text{m}^3$、$22620\times10^4\text{m}^3$，地下水供水量为 $3200\times10^4\text{m}^3$、$[59945.82, 14214.14]\times10^4\text{m}^3$、$30750\times10^4\text{m}^3$，引黄水供水量则分别为 $2250\times10^4\text{m}^3$、$96000\times10^4\text{m}^3$、$68550\times10^4\text{m}^3$，除中游地区地下水开采量的上限解远低于下限解外，其他水源供给均达到上线。随着情景水平的提高，上游地表水供给量分别为 $[28300, 26347.44]\times10^4\text{m}^3$ 和 $[32968.77, 26179.26]\times10^4\text{m}^3$，虽有明显增加，但存在开发利用的空间，中下游地表水供给量分别达到 $74000\times10^4\text{m}^3$、$134545.45\times10^4\text{m}^3$ 和 $34800\times10^4\text{m}^3$、$63272.73\times10^4\text{m}^3$，均已达到水

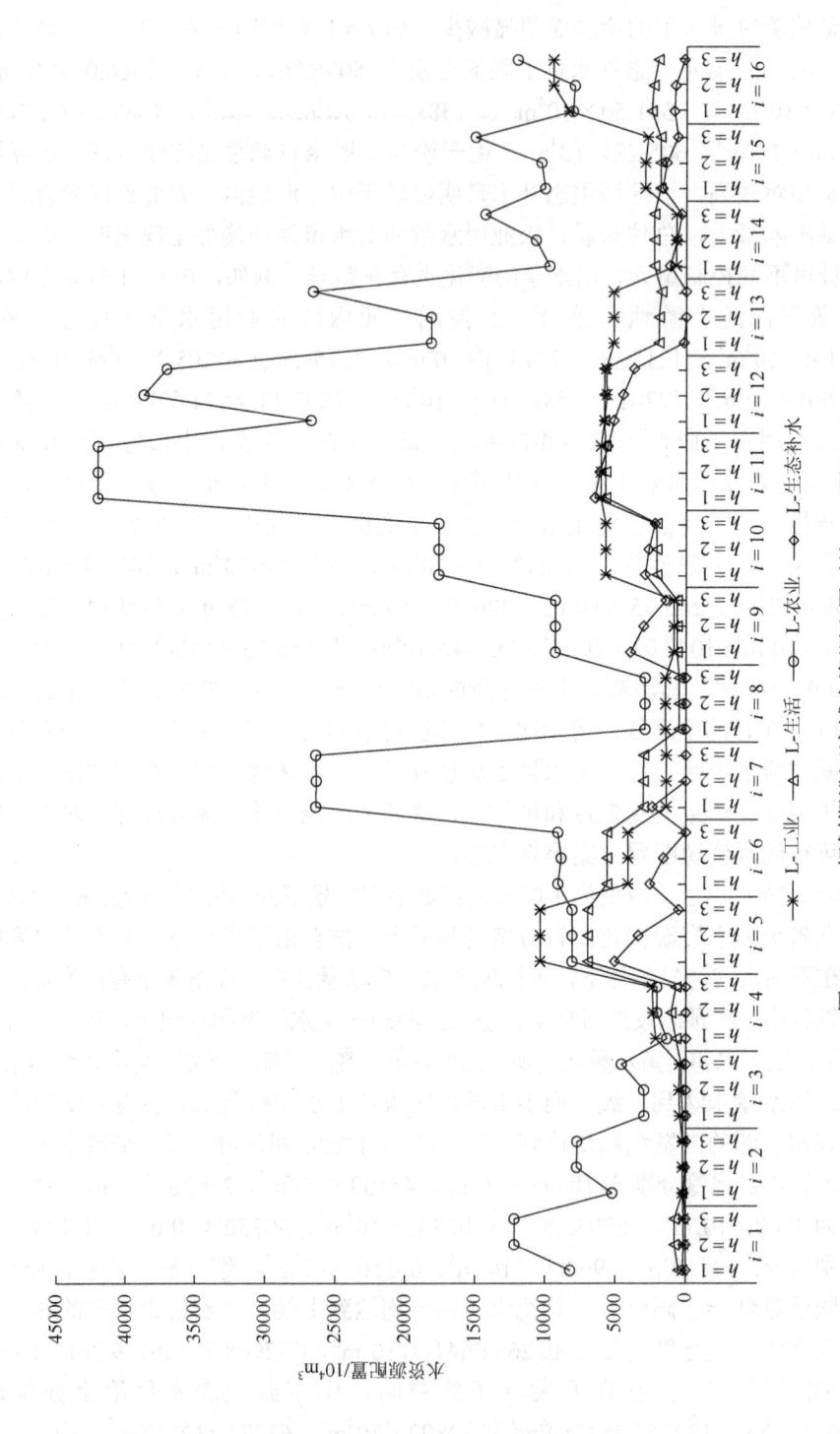

图 6.70　$t=1$ 规划期汾河流域水资源配置对比（下限）

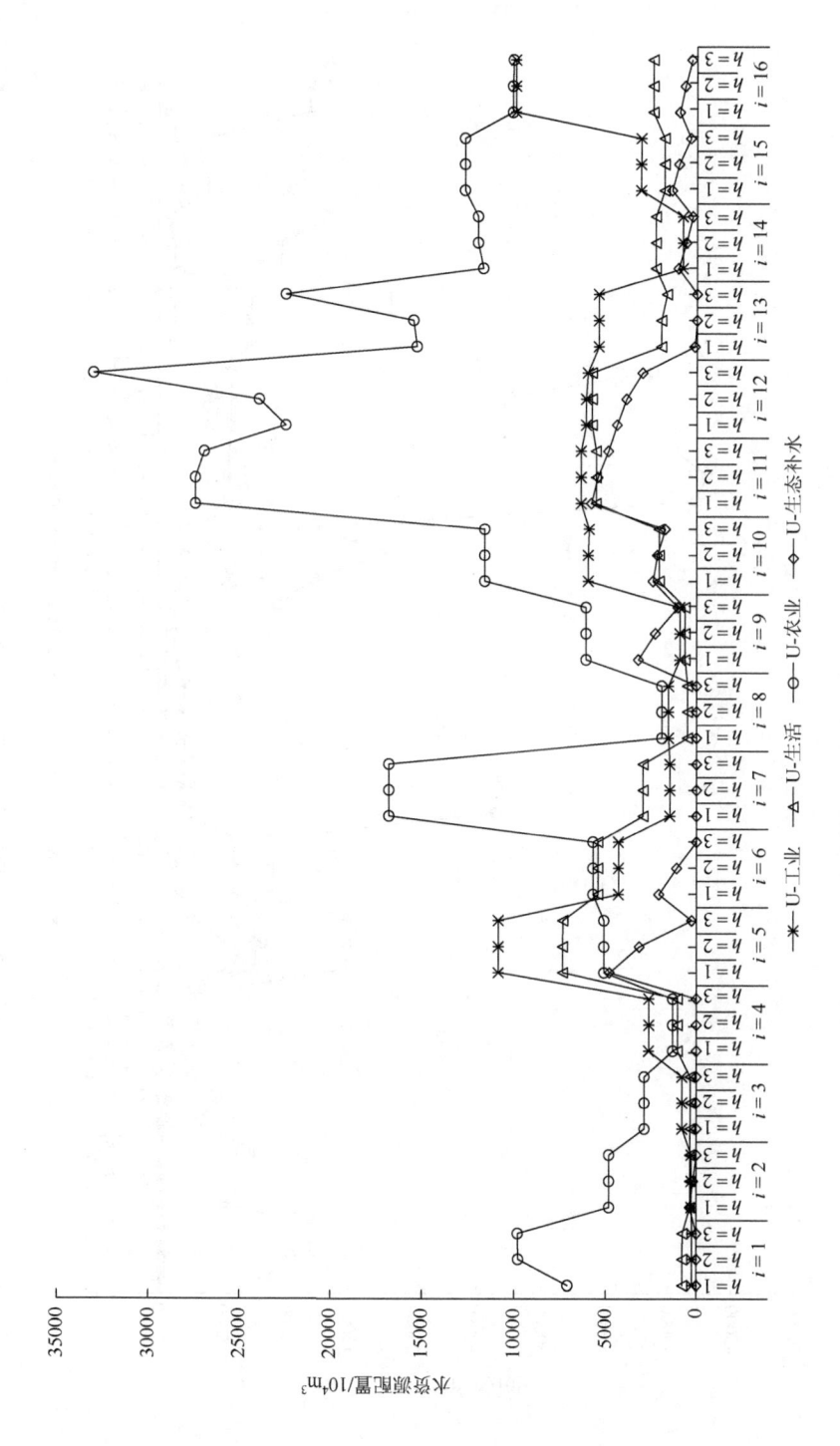

图 6.71 $t=1$ 规划期汾河流域水资源配置对比（上限）

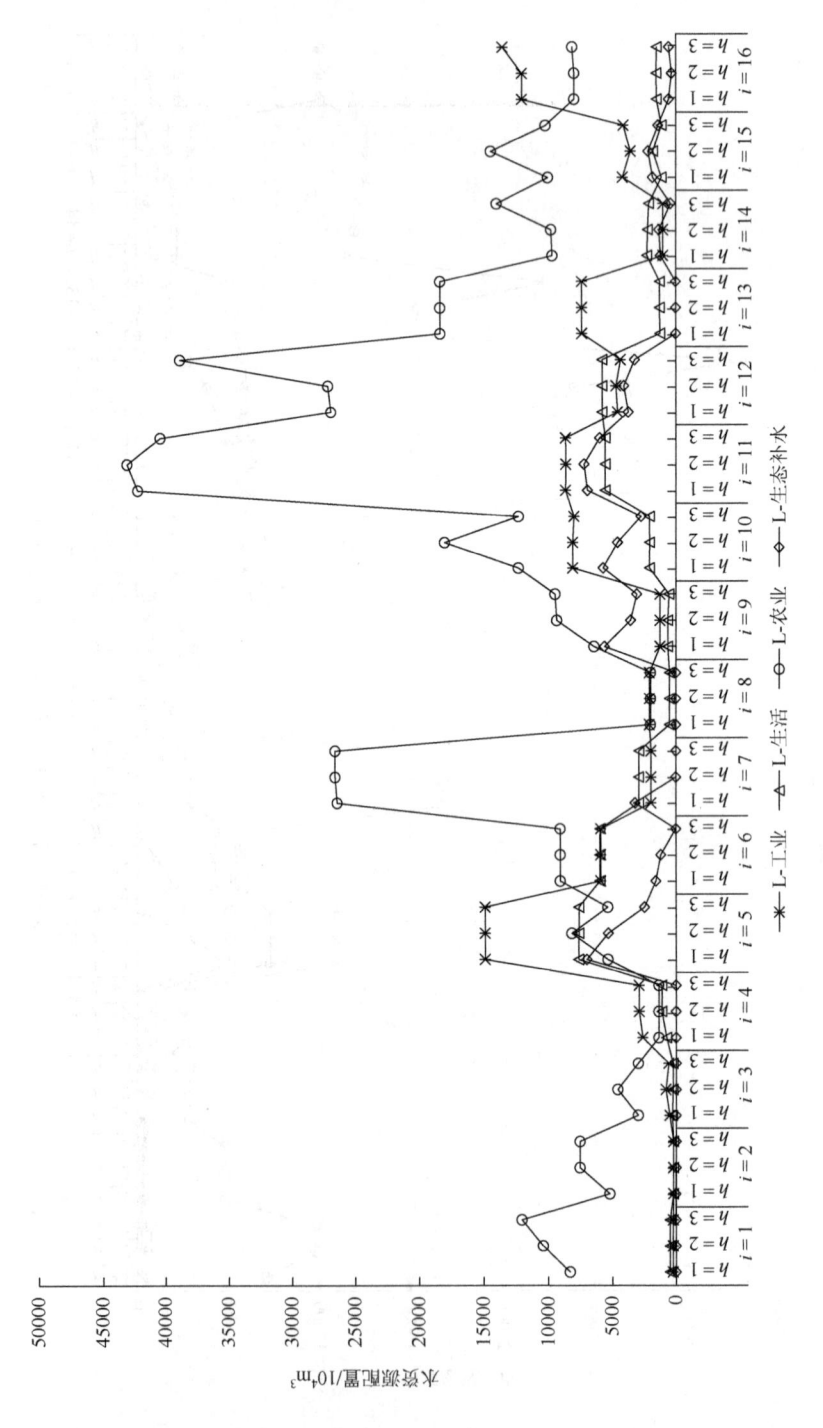

图 6.72 $t=2$ 规划期汾河流域水资源配置对比（下限）

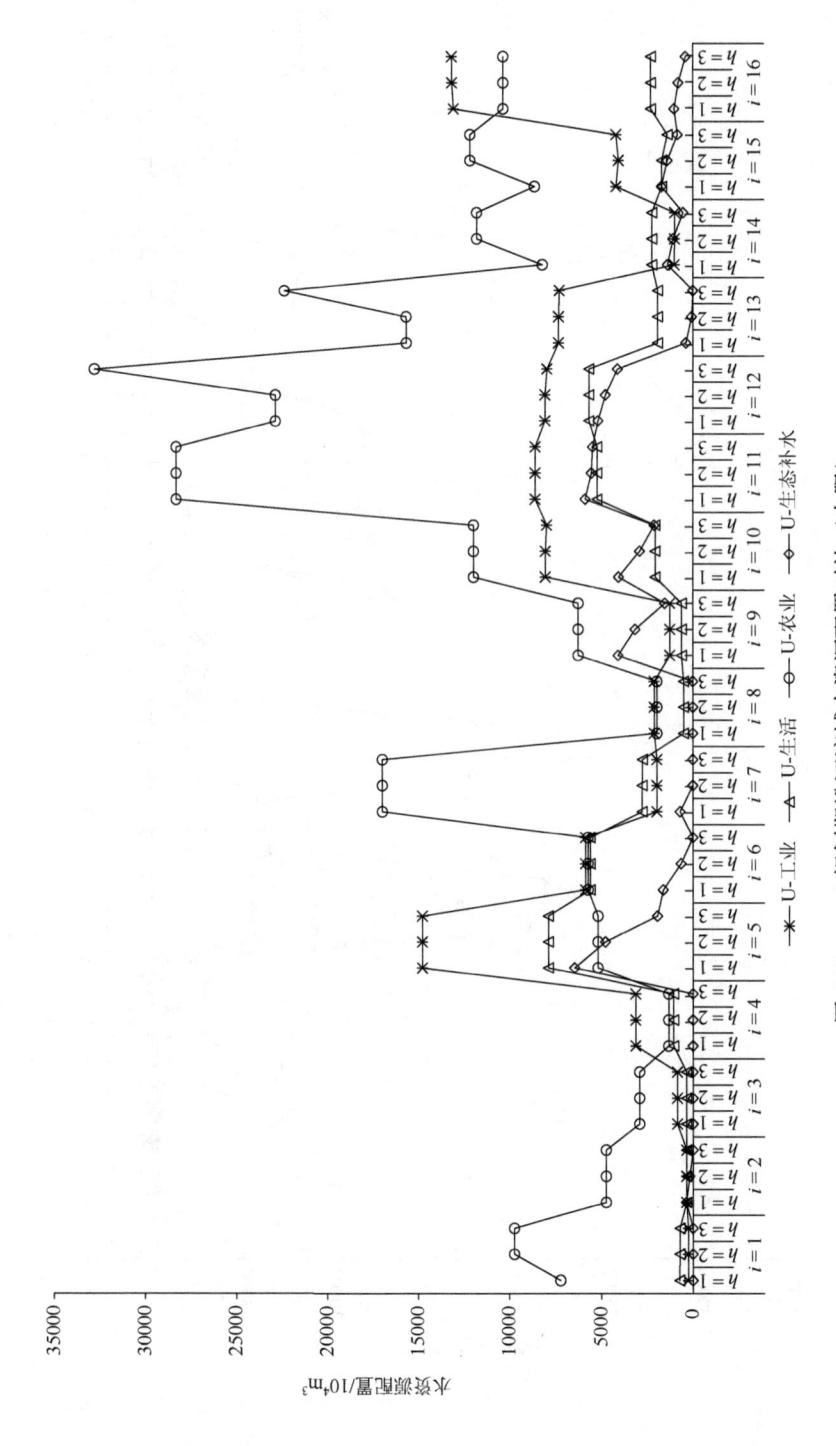

图 6.73 $t=2$ 规划期汾河流域水资源配置对比（上限）

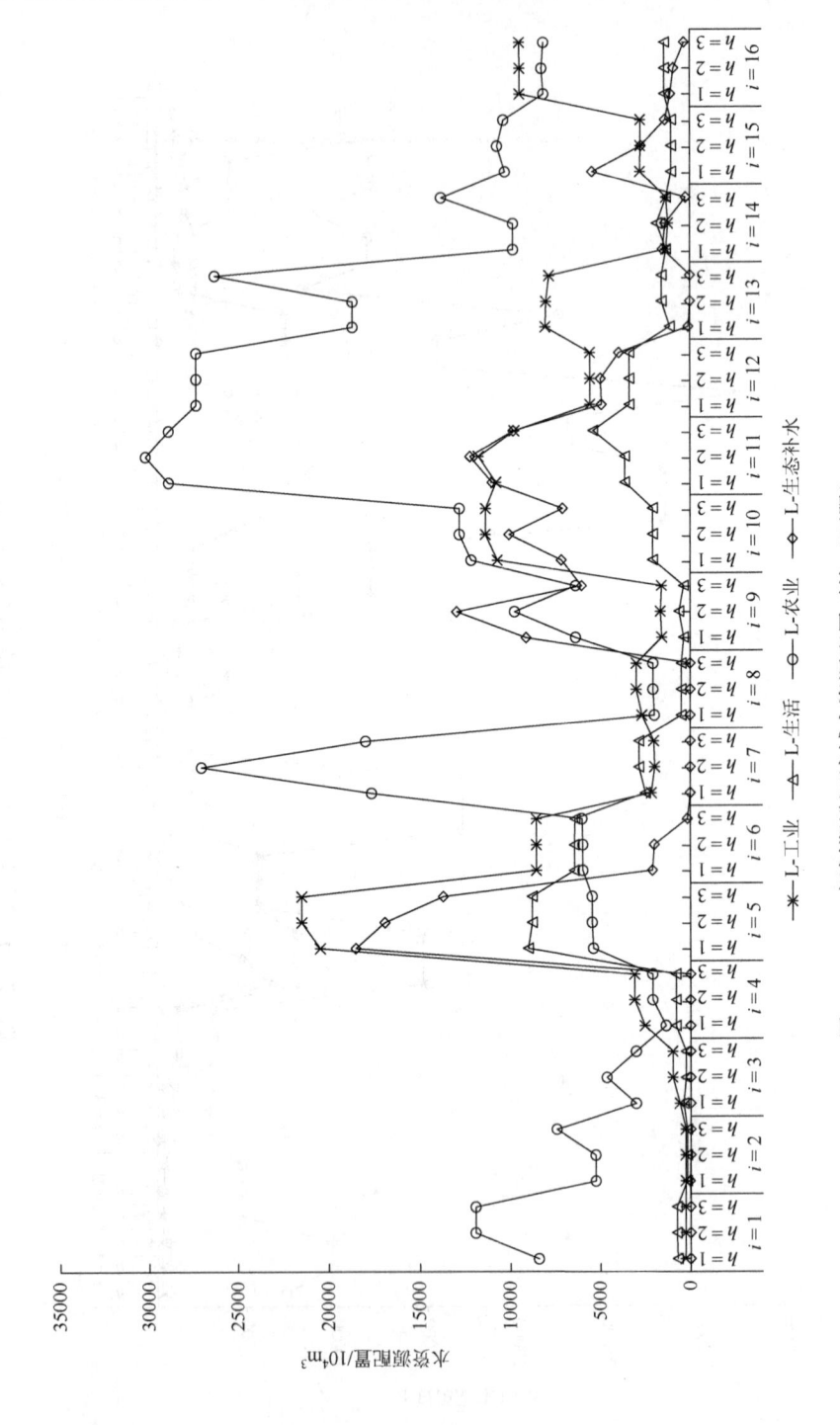

图 6.74　$t=3$ 规划期汾河流域水资源配置对比（下限）

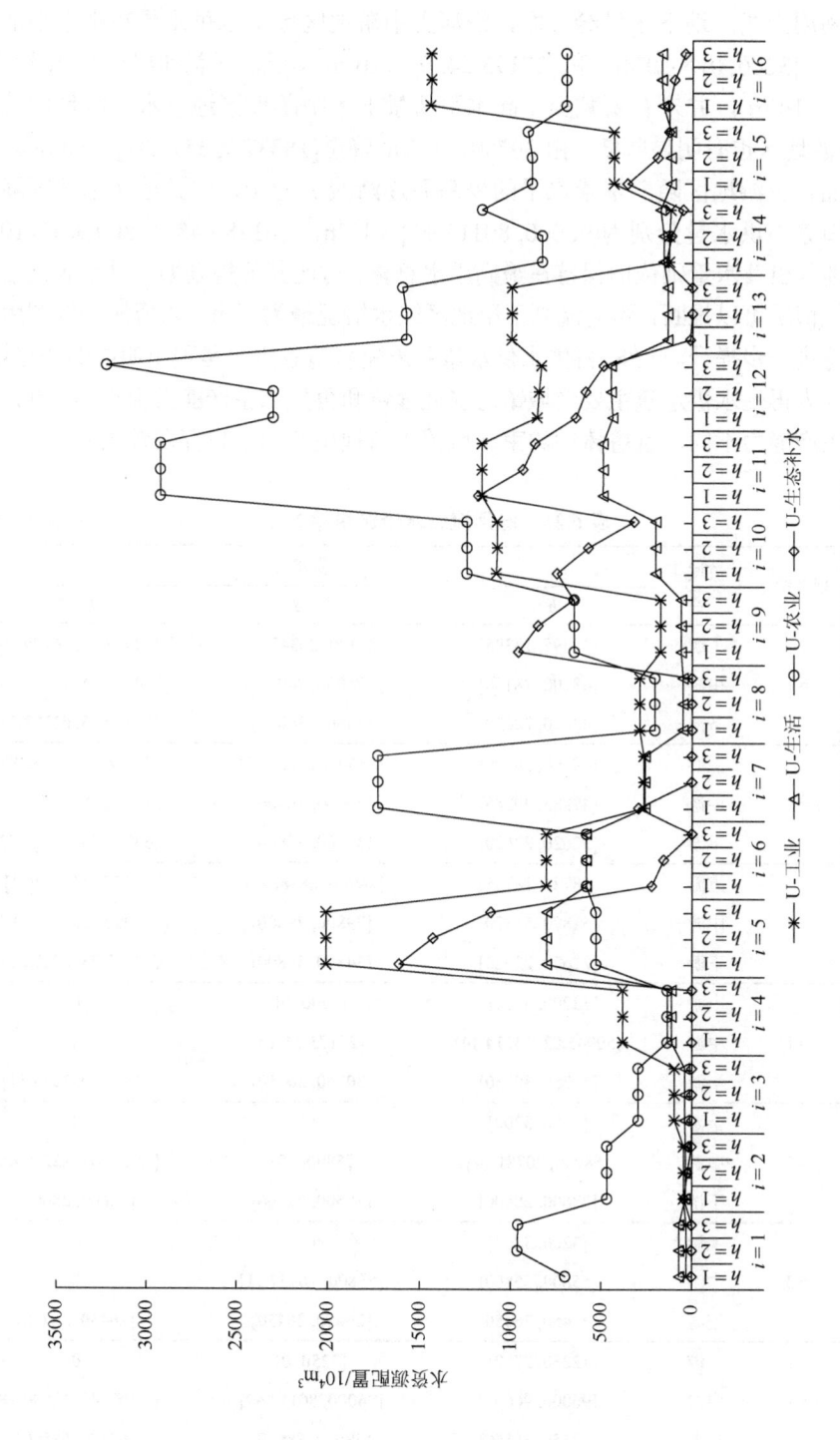

图 6.75 $t=3$ 规划期汾河流域水资源配置对比（上限）

资源利用上线。地下水供给方面，汾河上中游地区地下水供水量在中水平情景下分别为 $[3200,0] \times 10^4 \mathrm{m}^3$ 和 $[27173.24,0] \times 10^4 \mathrm{m}^3$，而下游地区供水量仍为 $30750 \times 10^4 \mathrm{m}^3$，并未有所减少，高水平情景下上中游地区地下水供给量均减少为 0，下游地区也有明显降低，由 $30750 \times 10^4 \mathrm{m}^3$ 降至 $[18337.9, 3575.31] \times 10^4 \mathrm{m}^3$。引黄水方面，上游地区随着情景水平的提高而逐渐减少为 0，中游地区也逐渐降低，两种情景下供水量分别为 $[96000, 80117.97] \times 10^4 \mathrm{m}^3$、$[61283.45, 12800.98] \times 10^4 \mathrm{m}^3$，下游地区引黄水量则依旧保持在最高用水总量。对比其他规划期三种水源供给变化的类似情况可以推断，汾河流域下游地区缺水情况最为严重，水资源开发利用效率等有待进一步提升。此外，再生水供水量并未随着情景水平呈现出明显的变化规律，这是因为再生水供水量主要受城镇污水处理量和再生水生产能力影响，各单元的再生水生产能力不同，且鲁棒性约束下城镇人口规模和用水也存在较大差异。

表 6.26　汾河流域水资源供给方案　　　　　　（单位：$10^4 \mathrm{m}^3$）

水源	规划期	流域分区	$h=1$	$h=2$	$h=3$
地表水	$t=1$	上游	[18395, 18395]	[28300, 26347.44]	[32968.77, 26179.26]
		中游	[48100, 48100]	[74000, 74000]	[134545.45, 134545.45]
		下游	[22620, 22620]	[34800, 34800]	[63272.73, 63272.73]
	$t=2$	上游	[18590, 18590]	[28600, 27115.73]	[31436.47, 27353.88]
		中游	[49985, 49985]	[76900, 76900]	[139818.18, 139818.18]
		下游	[22620, 22620]	[34800, 34800]	[63272.73, 63272.73]
	$t=3$	上游	[18785, 18785]	[28900, 28186.08]	[32971.53, 27923]
		中游	[51870, 51870]	[79800, 79800]	[145090.91, 145090.91]
		下游	[22620, 22620]	[34800, 34800]	[63272.73, 63272.73]
地下水	$t=1$	上游	[3200, 3200]	[3200, 0]	0
		中游	[59945.82, 14214.14]	[27173.24, 0]	0
		下游	[30750, 30750]	[30750, 30750]	[18337.9, 3575.31]
	$t=2$	上游	[3200, 3200]	0	0
		中游	[58900, 20781.14]	[58900, 0]	[11699.09, 22510.66]
		下游	[28600, 28600]	[28600, 28600]	[28600, 28600]
	$t=3$	上游	[3200, 3200]	0	0
		中游	[55800, 55800]	[55800, 16757.11]	0
		下游	[26450, 26450]	[26450, 26450]	[26450, 26450]
引黄水	$t=1$	上游	[2250, 2250]	[2250, 0]	0
		中游	[96000, 96000]	[96000, 80117.97]	[61283.45, 12800.98]
		下游	[68550, 68550]	[68550, 68550]	[68550, 68550]

续表

水源	规划期	流域分区	供水量		
			$h=1$	$h=2$	$h=3$
引黄水	$t=2$	上游	[3000, 3000]	[3000, 0]	0
		中游	[108000, 108000]	[108000, 96005.54]	[50323.08, 4391.1]
		下游	[74900, 74900]	[74900, 74900]	[50744.51, 74900]
	$t=3$	上游	[3750, 3750]	[3750, 0]	0
		中游	[120000, 120000]	[120000, 120000]	[74273, 61589.63]
		下游	[81250, 81250]	[81250, 81250]	[55857.54, 81250]
再生水	$t=1$	上游	[282.42, 391.04]	[410.89, 387.16]	[361.19, 395.12]
		中游	[4830.32, 4653.68]	[4893.86, 4690.13]	[4891.57, 4689.47]
		下游	[1763.42, 1673.2]	[1801.52, 1700.96]	[1722.39, 1729.18]
	$t=2$	上游	[410.57, 542.45]	[485.02, 538.11]	[485.02, 550.77]
		中游	[5873.85, 5845.47]	[6456.72, 5952.48]	[6299.27, 6093.61]
		下游	[2048.58, 2233.56]	[2158.1, 2233.56]	[2526.7, 2262.67]
	$t=3$	上游	[583.32, 646.84]	[537, 646.65]	[537, 662.21]
		中游	[6670.56, 6787.32]	[7395.91, 7134.14]	[7840, 7132.49]
		下游	[1525.18, 1885.22]	[2137.38, 2058.89]	[2102.17, 2136.45]

总体来看，所建区间两阶段随机鲁棒优化模型能够实现不同情景下包括行业用水、生态补水等在内的水资源优化配置方案，鲁棒系数的引入和变化可以体现决策管理部门关于流域水资源开发利用的经济收益和系统稳定可靠性的选择意愿。此外，通过水资源价格等参数的设置可以实现水资源的供给结构优化，在汾河流域优先使用地表水和引黄水，重点控制地下水开采量；通过节水增效以及再生水利用水平的提高，可以有效缓解流域水资源短缺和水环境污染等问题。

本节针对水资源、水环境双重约束下的汾河流域产业优化开展研究。研究基于汾河流域 16 个水环境控制单元内的产业结构，包括工业产值（采矿业、制造业、电力等生产供应业）、人口（总人口、城镇化率）、农业（耕地、畜禽养殖），在对其进行分析和梳理的基础上，结合多年发展变化趋势和规划，分析与预测三个规划期（2019～2023 年、2024～2028 年、2029～2033 年）内流域各单元产业的发展规模；根据产业用水指标、再生水回用率、排污标准等现状和规划要求指标，建立汾河流域产业-水资源利用-水环境质量的响应关系模型；综合考虑流域产业用水、排水和水环境系统的多重不确定性，以社会经济收益最大化为目标，构建水资源、水环境承载力约束下的汾河流域产业优化模型。模型采用区间两阶段随机鲁棒优化方法。区间两阶段可以同时表征和处理产业规模预测、收益、用水额等区间不确定因素以及不同水文情景反映的流域水资源总量和水环境容量的随机不确定性；鲁棒方法则用来权衡模型在不同情景下优化解的可行性，从而规避多情景下优化结果偏差较大而产生的风险。

模型结果为不同鲁棒性参数条件下的汾河流域各控制单元的工业产值、人口规模、耕地面积以及畜禽养殖规模，以及不同行业的用水量（新鲜水、再生水）、生态补水量、水资源供给结构（地表水、地下水和引黄水）等。结果表明，随着鲁棒性参数的增加，汾河流域社会经济收益逐渐降低，当鲁棒值大于等于1时，模型目标函数值不再变化，模型优化结果趋于稳定。当不考虑模型鲁棒性时，各行业产值（规模）缩减均随着情景水平的提高而降低，尤其是农业部门，随着水资源量的增加，耕地缩减面积逐渐降低，工业领域产业调整以制造业为主。当鲁棒值等于1时，模型的系统达到稳定，流域范围内各部门的总体规模较不考虑鲁棒性时有所降低，各单元内不同情景条件下的行业规模趋于均衡。同样，工业、生活和农业用水量在不同情景下的差值与不考虑鲁棒性时也明显缩小，水资源分配更加均衡。所建区间两阶段随机鲁棒优化模型可以有效处理不同情景条件下的产业规模和水资源配置优化问题，并通过鲁棒性约束提高模型的稳定可靠性，规避不同情景下因水资源等参数的较大变化而引起的优化方案的激变性和风险，从而为流域决策管理部门制定切实可行的产业调整和水资源配置方案提供技术支持。

6.4 水质和水量管控策略

6.4.1 综合管控策略

基于"四水四定"原则的汾河城市群水资源优化配置研究结果显示，"三生"用水统筹优化和产业优化模型中用水效率、回用效率、排污强度等参数既充分体现了流域水资源开发和环境治理的规划要求，同时也是影响模型优化结果的重要因素，下方风险则通过决策目标的变化缓解流域不同用水部门间的水资源竞争问题。优化结果包括：①各控制单元的水资源优化配置方案，实现了水资源利用上线的进一步细化分解；②各控制单元的主要污染物允许排放量，体现了水环境质量底线的要求；③生态用水量不仅反映了不同控制单元水环境质量底线的达标压力，且为流域落实水资源利用上线的环境改善用水提供决策依据。因此，为破解汾河城市群社会经济发展与水量水质的突出矛盾，应当做到以下几点。

1. 全方位贯彻"四水四定"原则

要坚决落实以水定城、以水定地、以水定人、以水定产，走好水安全有效保障、水资源高效利用、水生态明显改善的集约节约发展之路。要精打细算用好水资源，从严从细管好水资源。

2. 节水优先、统筹推进

坚持节水优先，秉持"节水即治污"的理念，统筹水环境治理与污水资源化利用，实现水资源循环高效利用，推动实现绿色发展。聚焦农业、工业、生活用水等重点领域，全面推进水资源节约集约利用。一是强化农业节水，推行节水灌溉，推广节水技术，实施节水改造，开展节水型灌区创建，发展高效旱作农业，优化种植结构，开展畜牧渔业节水，鼓励水产养殖尾水资源化利用。二是加强工业节水，优化产业结构，严把项目准入关，开展节水改造，鼓励工业废水循环利用，推广园区集约用水。三是厉行生活节水，建设节水型城市，实行供水管网漏损控制，开展农村生活节水，完善设施建设，推广普及节水器具。

3. 推进非常规水源利用

推广再生水用于工业生产、市政杂用和生态补水等，提升雨水资源涵养能力和综合利用水平，到2025年，汾河城市群再生水利用率力争达到35%以上。

（1）优化再生水利用规划布局。在流域和区域水资源综合规划中将再生水纳入水资源供需平衡分析和配置体系。根据水资源综合规划和试点城市水资源禀赋、水环境承载能力、发展需求等，按照就近利用、优水优用、分质用水的思路，合理规划再生水利用方式与规模，科学确定再生水生产输配设施布局，构建水质安全、稳定可靠的再生水输配系统。

（2）加强再生水利用配置管理。制（修）订相关法规、标准与规范性文件，明确区域用水总量控制目标中再生水等非常规水源最低利用量目标。进行规划或建设项目水资源论证时，充分论证再生水利用的可行性和合理性，提出再生水利用配置方案。建设项目具备使用再生水条件但未充分利用的，不得批准新增取水许可。核定下达年度用水计划时，对具备利用条件的用水户，明确再生水最低利用量指标，对按计划应当使用而未使用或使用量未达到要求的用水户，核减其下一年度的常规水源计划用水指标。将再生水纳入城市供水体系。加大再生水利用率在节水相关考核中的指标权重。完善再生水水量与水质的调查监测统计体系，加强数据审核与运用。严格执行现行不同用途再生水水质国家标准，强化再生水生产、输配、利用全过程水质达标监测预警与应急处置，制定突发事件应急预案，确保再生水安全利用。

（3）扩大再生水利用领域和规模。按照不同用途水质要求，统筹将再生水用于工业生产、市政杂用、生态环境、农业灌溉等领域。将再生水作为工业园区生产用水的重要水源，在火电、石化、钢铁、有色、造纸、印染等高耗水行业创建一批工业废水循环利用示范企业、园区。通过布设再生水取水点、绿化喷头等取用设施和配备运水车等方式，加大城市绿化、道路清扫、车辆冲洗、建筑施工、消防等市政杂用领域再生水利用力度。在满足再生水水质要求条件下，扩大再生水用于河湖湿地生态补水、景观环境用水的规模。有条件的城市按照农田灌溉水质标准要求，探索推动将再生水用于农业灌溉。

（4）完善再生水生产输配设施。坚持集中处理利用与分散处理利用相结合，以现有污水处理厂为基础，结合污水处理设施提标升级扩能改造，根据实际需要建设再生水生产设施，提升再生水生产能力。因地制宜推广分布式、小型化的污水处理再生利用设施。推动工业园区、用水大户与再生水生产运营单位合作，建设"点对点"再生水生产输配设施。面向再生水利用需求，制定实施分质供水方案，完善输配管网设施，扩大覆盖范围，提高输配能力。新建城区、工业园区因地制宜配套建设再生水生产输配设施。老旧城区以道路或城区改造为契机推进再生水输配设施建设。

（5）建立健全再生水利用政策。建立健全促进再生水利用的管理体制和激励机制，制定出台相关财税、投融资、价格等政策。建立多元化的资金投入保障机制，发挥地方政府专项债券对符合条件再生水项目的支持作用。支持符合条件的企业采用绿色债券、资产证券化等手段，依法合规拓宽融资渠道。探索开展再生水项目收益权、特许经营权等质押融资担保。健全价格机制，放开再生水政府定价，由再生水供应企业和用户按照优质优价的原则自主协商定价。对于提供公共生态环境服务功能的河湖湿地生态补水、景观环境用水使用再生水的，鼓励采用政府购买服务的方式推动污水资源化利用。

4. 强化污染物源头治理

实施"污水处理厂+带保温人工潜流湿地"源头治理。在达标排放基础上，选择出水口下游周边适宜区域，利用污水处理厂出水温度在10℃左右的特点，建设带保温全年运行的人工潜流湿地水质净化工程，合理确定规模，科学确定工艺，强化自然净化功能，实现城镇污水处理厂尾水水质进一步提升，力争实现城镇生活污水入河水质COD、氨氮、总磷达到地表水Ⅲ类标准，总氮达到Ⅴ类标准，其他指标达到Ⅳ类标准。

6.4.2 分区管控策略

1. 汾河流域上游区管控策略

汾河流域上游区主要涉及忻州市、太原市，包括4个水环境控制单元，分别对应河西村、曲立、汾河水库出口和上兰4个水环境控制断面。研究结果表明：汾河流域上游地区水资源量比较丰富，水质优良，但富水程度相对较差；产业以采矿业为主，人口相对分散，污染物排放量较小。因此，针对汾河上游地区的水资源水环境管控对策主要如下。

（1）强化汾河上游水源涵养和国土空间保护，严守生态红线，重点推进汾河干流81km天然河道山水林田湖草沙生态保护修复工程，强化汾河上游水源涵养和水土保持能力，保障汾河水库水质稳定达到地表水Ⅱ类标准，总氮浓度也稳定达标。

（2）强化农业节水，推行节水灌溉，推广节水技术，实施节水改造，开展节水型灌区创建，发展高效旱作农业，优化种植结构，开展畜牧渔业节水，鼓励水产养殖尾水资源化利用。

（3）推进非常规水源利用。推广再生水用于工业生产、市政杂用和生态补水等，提升雨水资源涵养能力和综合利用水平，推动煤炭矿井水资源化利用。

（4）强化农业面源污染治理，确保汾河水库水源质量。河道两岸建设乔灌草为主河岸缓冲带，沿河耕地努力发展有机旱作农业，减少农药化肥施用量，河道内全部退耕还林还草还湿。宜林地段结合堤岸防护营造防护林带；平原水系、山区河滨带优先选择具有净化水体作用的水生植物、耐水湿的灌木，有效截留河流两侧沿岸散排生活污水、农田退水和初期雨水等面源污染，协同推进总氮污染控制；沿岸农村污水除纳入管网的，尽可能采取收集转运模式统一处理，对化粪池上清液进行收集转运，粪污全部就近还田。在靠近村庄的区域种植以果树为主的经济林带，结合各区域农业特色，可加宽经济林带范围。加强农村段沿河农村生活污水治理，因地制宜科学确定农村生活污水治理模式，县城及重点镇周边的村庄鼓励纳入城镇污水处理体系，村庄集聚的地区实施农村生活污水集中连片整治。

2. 汾河流域中游区管控策略

汾河流域中游区主要涉及太原市城区、晋中市和吕梁市，包括7个水环境控制单元，分别对应迎泽桥、温南社、郝村、北峪口、桑柳树、南姚和王庄桥南控制断面。中游地区是汾河流域人口和产业集聚区，城镇化率高达70%以上。该地区整体水资源开发强度高，水环境承载能力较差。

（1）增强再生水利用水平，增加再生水等非常规水源使用占比，通过"分质利用"不断提高水资源利用效率。统筹将再生水用于工业生产、市政杂用、生态环境、农业灌溉等领域。将再生水作为工业园区生产用水的重要水源，在火电、石化、钢铁、有色、造纸、印染等高耗水行业创建一批工业废水循环利用示范企业、园区。通过布设再生水取水点、绿化喷头等取用设施和配备运水车等方式，加大城市绿化、道路清扫、车辆冲洗、建筑施工、消防等市政杂用领域再生水利用力度。

（2）控制水资源开发利用强度，保障河道生态用水，提高水体自净能力，通过"减排增容"确保水环境质量不断改善；在满足再生水水质要求条件下，扩大再生水用于河湖湿地生态补水、景观环境用水的规模。

（3）进一步增强污水处理水平。建设"污水处理厂+带保温人工潜流湿地"源头治理模式。把大型污水处理设施尾水作为河流生态补水的第二水源，建设冬季可正常运行的带保温人工潜流湿地水质净化工程，合理确定规模，科学确定工艺，强化自然净化功能，实现城镇污水处理厂尾水水质进一步提升，力争实现城镇生活污水入河水质 COD、氨氮、总磷达到地表水Ⅲ类标准，总氮达到Ⅴ类标准，其他指标达到Ⅳ类标准。对于汾河太原段等城市用地紧张的区域，可采用半生态的措施建设人工湿地，湿地下层采用生物膜、微生物滤池等生物强化措施，确保用地紧张的情况下的湿地水质净化能力。

3. 汾河流域下游区管控策略

汾河流域下游区主要涉及临汾市和运城市，共 5 个水环境控制单元，分别对应下靳桥、上平望、西曲村、柴村桥和庙前村控制断面。汾河下游属于水资源严重超载地区，常规水资源量无法满足该地区用水需求。

（1）强化区域节水和再生水循环利用，强化水库、塘坝、湿地的截蓄作用，强化对雨洪水、再生水的资源化利用。通过禹门口提黄工程向浍河实施生态补水，流量不低于每秒 $2m^3$，太榆退水渠水质达到地表水Ⅲ类标准后，汇入潇河补水。汾河干支流沿岸大型污水处理设施全部实施尾水人工湿地水质净化工程，成为汾河生态补水的第二水源。

（2）全面推进水资源节约集约利用。强化农业节水，推行节水灌溉，推广节水技术，实施节水改造，开展节水型灌区创建，发展高效旱作农业，优化种植结构，开展畜牧渔业节水，鼓励水产养殖尾水资源化利用；加强工业节水，优化产业结构，严把项目准入关，开展节水改造，鼓励工业废水循环利用，推广园区集约用水；厉行生活节水，建设节水型城市，实行供水管网漏损控制，开展农村生活节水，完善设施建设，推广普及节水器具。

（3）建设"污水处理厂+带保温人工潜流湿地"源头治理模式。把大型污水处理设施尾水作为河流生态补水的第二水源，建设冬季可正常运行的带保温人工潜流湿地水质净化工程，合理确定规模，科学确定工艺，强化自然净化功能，实现城镇污水处理厂尾水水质进一步提升，力争实现城镇生活污水入河水质 COD、氨氮、总磷达到地表水Ⅲ类标准，总氮达到Ⅴ类标准，其他指标达到Ⅳ类标准。

第 7 章 临汾市工业系统绿色转型发展路径优化

7.1 城市工业发展态势与特征

临汾市位于黄河中游、汾河下游地区，是山西省西南部地级市。全市下辖 1 区 2 市 14 县，全市总面积 20302km²，常住人口约 450 万。临汾市地貌大体呈"凹"字形，四周环山，中间平川，全境包括山地、丘陵、平川三大地形单元，其中开发利用条件较好的盆地仅占全市总面积的 19.4%。全市已探明的矿种多达 41 种，以煤、铁资源储量最为丰富，含煤地块占全市总面积的 76%，总储量 747 亿 t；铁矿探明储量 2.17 亿 t，占全省的 7.1%，尤其是富铁矿，占全省的 73%。

依托丰富的煤炭和其他矿产资源，在"靠山吃山""有水快流"等盲目追求 GDP 的开发战略驱动下，临汾市从传统的农业经济快速转变为资源开采和加工型经济。2019 年，临汾市生产总值达到 1448.38 亿元，是省内仅次于太原的第二经济大市。统计显示，临汾市"十五""十一五""十二五"GDP 平均增速达到 15.2%、8.3%、7.0%。近年来，受多种因素影响，经济增速有所放缓。临汾经济的快速增长是由工业经济迅猛发展带动的，其突出表现为三次产业结构中工业所占比重高居不下。统计数据显示，2000 年、2005 年、2010 年和 2015 年临汾市第二产业占 GDP 的比重分别为 49.94%、57.13%、52.71%和 46.46%。"十五""十一五"期间工业飞速发展，比重上升较快，"十二五"开始逐渐降低，这种增长主要是临汾市传统主导产业煤炭、焦化、钢铁、电力（简称"煤、焦、铁、电"）的快速扩张拉动的。统计显示，四大主导产业对全部工业增加值的贡献比重一度高达 90%，呈现出"一煤独大"的产业结构特征。2017 年，临汾市工业总产值中重工业所占比例甚至超过了 98%。

畸重的产业结构造成全市能耗强度和污染物排放量居高不下。"十一五"期间，临汾市单位 GDP 能耗高达 4.30 吨标煤/万元，约为全国和山西省同期平均水平的 3.5 倍和 1.5 倍；SO_2 和烟（粉）尘排放分别超过全国总量控制目标 39%和 80%。加之生产技术落后、产业布局不合理、环保投入不足等不利因素，临汾市从历史闻名的"膏腴之地，棉麦之乡"和 20 世纪五六十年代果树沿街飘香的"现代花果城"快速蜕变成"煤烟弥漫、污水横流"的污染重城。在世界银行调查的全球 20 个污染最严重的城市中，临汾市一度高居榜首；2000 年临汾市主城区环境空气质量二级以上天数仅有 14 天，且自 2003 年连续三年在全国 113 个环境保护重点城市中排名最后。此外，境内主要河流断面水质均属Ⅴ类和劣Ⅴ类，多处水源地水质不达标，工业污水特别是焦化废水不能达标排放，煤矸石和矿渣堆置占用大片耕地并严重污染土壤，采矿造成的植被破坏和地表塌陷比比皆是，环境污染导致的居民健康风险持续加大。可以说，21世纪初的临汾市正处于环境危机边缘。

为了扭转不利的环境局势，临汾市加大了转变经济发展方式、调整产业结构和环境治理力度，先后组织实施了工业污染源达标、城市环境综合整治、城市饮用水水源地保护、重点流域综合治理、生态环境建设五大工程。临汾市环境质量得到快速改善，2009年，临汾市在中国113个国家环保重点城市排名位居第29位，较2005年进步84位；二级以上天数由2005年的187天增加到2009年的334天，摘掉了污染最重城市的"黑帽"。然而，尽管临汾市环境质量改善显著，但其能源、资源消耗结构并没有得到根本改变。统计显示，2017年，"煤、焦、铁、电"四大主导产业能耗占全市总能耗的比例高达86%，SO$_2$排放和烟粉尘排放分别占全市总排放的70%和80%。临汾市污染物排放在"十一五""十二五"期间也一直处于高位（图7.1），统计数据显示，除烟尘在2005年达到峰值外，

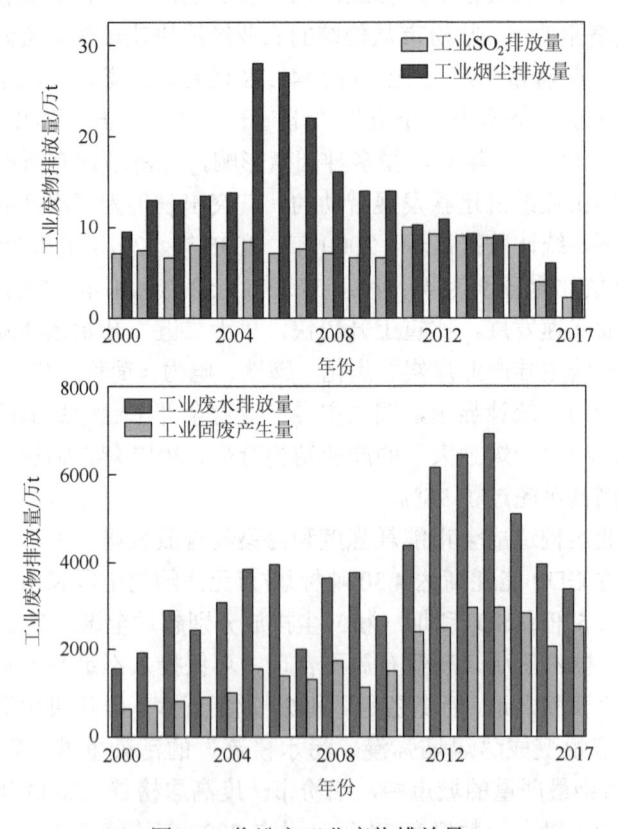

图 7.1 临汾市工业废物排放量

临汾市 21 世纪初 SO$_2$、工业废水与工业固废均保持上升态势，进入"十三五"之后，由于一系列政策的出台，污染排放才得到控制，排放量显著下降。但由于工业结构问题，临汾市生态环境依旧面临巨大的压力。

总体而言，临汾市要保持经济增长和环境保护协调发展仍然面临很大的压力；工业系统绿色转型仍是其摆脱资源、环境危机，实现城市可持续发展的必然选择。

7.2 工业系统分析与诊断

本节将从产业经济视角与环境经济视角对临汾市工业系统进行综合诊断，揭示工业系统在经济发展和资源、环境保护方面存在的问题，并识别造成问题的关键驱动因素，从而为转型路径设置及综合评价提供依据。选择 2001 年、2005 年、2010 年、2013 年数据进行综合诊断。

7.2.1 产业经济分析

首先基于标准结构法对工业系统进行诊断，将临汾市人均 GDP 折算为 1964 年对应的美元值，进而参考对应的钱纳里和赛尔奎因的产值标准结构，考察临汾市历年的第二产业比重与标准结构之间的偏差。临汾市有关数据见表 7.1。

表 7.1 临汾市历年人均 GDP 和第二产业比重

有关经济指标	2001 年	2005 年	2010 年	2013 年
人均 GDP/元	4789	12741	13831	27943
汇率	1/8.278	1/8.101	1/6.622	1/6.050
人均 GDP/美元	578	1573	2089	4512
平减指数	445.1	500.0	550.0	581.0
实际人均 GDP/美元	130	315	380	777
第二产业比重/%	51.9	64.5	58.4	59.9
钱纳里和赛尔奎因的产值标准结构/%	13.5	23.1	25.5	29.0

注：①数据参考相应的统计年鉴。②平减指数数据来自美联储经济研究网站（https://research.stlouisfed.org/fred2/series/GDPDEF），取四个季度的平均值。

对比临汾市实际情况，很明显临汾市第二产业比重远远超过标准结构，表明临汾市第二产业比重严重偏大，产业结构不合理。但由于临汾市本身是一座工业城市，而钱纳里和赛尔奎因的产值标准结构并不特别针对工业城市，采用标准结构法对工业系统发展水平进行诊断会有所偏差。因此,本案例仅以该方法进行工业系统初步诊断,进一步的诊断有赖于对产业经济学高度化和合理化理论的应用。

工业转型的核心是产业结构、规模的优化调整以及技术效率的提升,它指通过产业调整,促进产业结构高度化和合理化的过程。所以第二步进行产业高度化与合理化的评价,分别对要素贡献率、产业结构均衡度和产业区位熵进行计算,各指标的详细计算过程如下。

1. 要素贡献率

要素贡献率计算中,最关键的一环是确定临汾市历年的资本投入量 C 及其变化率 K,计算过程如下。

(1) 基值 C_{1952} 的确定:参考《临汾统计年鉴》,1952 年固定资本形成总额为 0.13 亿元,资本存量按该值的 10%计为 0.013 亿元。

(2) 资本折旧率的确定:资本折旧率 δ 参考有关研究取值为 0.197。

(3) 每年新增投资 NI_t 的确定:以固定资本形成总额替代。参考《临汾统计年鉴》,1952~2013 年固定资本形成总额见表 7.2。

表 7.2 临汾市 1952~2013 年固定资本形成总额

年份	总额/亿元	年份	总额/亿元	年份	总额/亿元	年份	总额/亿元
1952	0.13	1968	0.81	1984	4.97	2000	66.73
1953	0.15	1969	0.91	1985	5.57	2001	79.19
1954	0.17	1970	1.02	1986	6.24	2002	98.70
1955	0.19	1971	1.14	1987	6.99	2003	134.22
1956	0.21	1972	1.28	1988	7.83	2004	183.73
1957	0.23	1973	1.43	1989	8.77	2005	223.58
1958	0.26	1974	1.60	1990	9.82	2006	261.10
1959	0.29	1975	1.79	1991	16.58	2007	313.99
1960	0.33	1976	2.01	1992	19.42	2008	366.44
1961	0.37	1977	2.25	1993	22.75	2009	361.98
1962	0.41	1978	2.52	1994	26.65	2010	440.63
1963	0.46	1979	2.82	1995	31.21	2011	583.77
1964	0.52	1980	3.16	1996	36.56	2012	648.17
1965	0.58	1981	3.54	1997	42.83	2013	640.48
1966	0.65	1982	3.97	1988	50.17		
1967	0.72	1983	4.44	1999	58.77		

(4) 固定资本投资品价格指数 P_t 的确定:1995 年之前的值以投资隐含平减指数替代,1995 年以后的值根据《中国统计年鉴》确定。

为确定投资隐含平减指数，需要先获取各年的固定资本形成总额指数。由于《临汾统计年鉴》中1995年之前的固定资本形成总额指数多有缺失，因此对1952~1994年有关数据，参考《中国国内生产总值核算历史资料（1952~1995年）》中山西省有关数据确定，见表7.3。

表7.3 山西省1952~1994年固定资本形成总额指数（1952年的指数=1）

年份	指数	年份	指数	年份	指数	年份	指数
1952	1.00	1963	2.45	1974	8.99	1985	32.68
1953	1.35	1964	3.50	1975	9.70	1986	32.85
1954	2.12	1965	4.45	1976	8.95	1987	32.88
1955	2.33	1966	5.27	1977	11.15	1988	28.51
1956	4.92	1967	3.37	1978	12.31	1989	25.49
1957	5.15	1968	2.67	1979	9.86	1990	26.71
1958	9.99	1969	4.06	1980	11.62	1991	30.37
1959	10.16	1970	7.53	1981	10.21	1992	31.76
1960	11.34	1971	9.60	1982	13.52	1993	65.72
1961	3.77	1972	9.67	1983	17.15	1994	72.75
1962	2.07	1973	9.53	1984	24.67		

据此，计算得到临汾市1952~1994年的投资隐含平减指数，同时参考《中国统计年鉴》获得1995~2013年固定资本投资品价格指数，见表7.4。

表7.4 临汾市1952~2013年固定资本投资品价格指数（1952年的指数=1）

年份	指数	年份	指数	年份	指数
1952	1.00	1963	1.42	1974	1.35
1953	0.83	1964	1.11	1975	1.40
1954	0.59	1965	0.98	1976	1.69
1955	0.60	1966	0.93	1977	1.52
1956	0.32	1967	1.62	1978	1.55
1957	0.34	1968	2.29	1979	2.16
1958	0.20	1969	1.69	1980	2.05
1959	0.22	1970	1.02	1981	2.62
1960	0.22	1971	0.90	1982	2.21
1961	0.74	1972	1.00	1983	1.95
1962	1.50	1973	1.13	1984	1.52

续表

年份	指数	年份	指数	年份	指数
1985	1.29	1995	2.93	2005	3.43
1986	1.43	1996	3.04	2006	3.48
1987	1.60	1997	3.10	2007	3.62
1988	2.07	1998	3.09	2008	3.94
1989	2.60	1999	3.08	2009	3.85
1990	2.77	2000	3.11	2010	3.99
1991	4.12	2001	3.12	2011	4.25
1992	4.61	2002	3.13	2012	4.30
1993	2.61	2003	3.20	2013	4.31
1994	2.76	2004	3.38		

（5）综上，求得临汾市2001年、2005年、2010年和2013年资本投入及变化率K值，见表7.5。

表7.5　临汾市历年资本投入及变化率

有关经济指标	2000	2001	2004	2005	2009	2010	2012	2013
资本投入/亿元	70.6	82.0	150.9	186.3	384.3	446.0	509.0	557.4
变化率	—	0.16	—	0.23	—	0.13	—	0.10

在此基础上，根据临汾市历年的GDP变化速率Y、劳动投入速率L以及相应的资本产出弹性（$\alpha = 0.441$）和劳动产出弹性（$\beta = 0.559$），计算得到科技进步、资本投入和劳动投入对经济产出变化的贡献率，见表7.6和图7.2。

表7.6　临汾市历年的各要素对经济产出变化的贡献率

各要素贡献率	2001年	2005年	2010年	2013年
GDP变化率Y	0.13	0.15	0.17	0.09
资本投入变化率K	0.16	0.23	0.13	0.10
劳动投入变化率L	0.00	0.01	0.04	0.01
科技进步贡献率ET	0.46	0.29	0.53	0.45
资本投入贡献率EC	0.54	0.68	0.34	0.49
劳动投入贡献率EL	0.00*	0.04	0.13	0.06

注：*2001年和2000年的劳动投入量都是176.7万人，因此变化率为0，相应的对经济增长的贡献率为0。

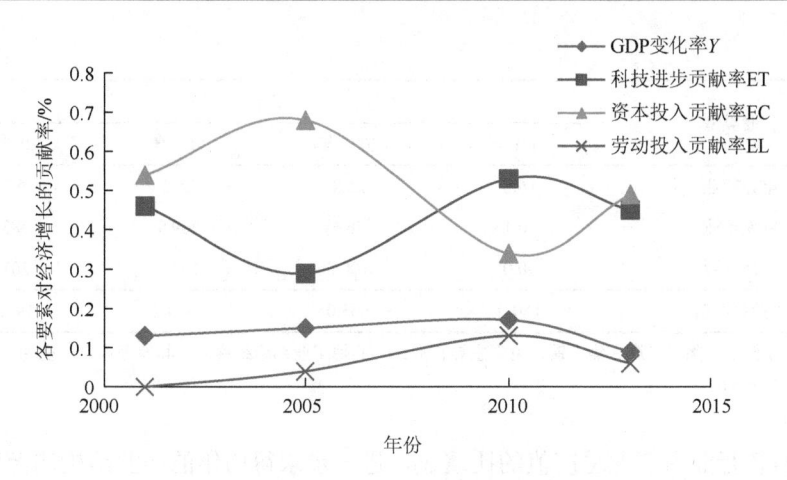

图 7.2　临汾市各要素对经济产出变化的贡献率

综上可见，临汾市的经济产出在 2001～2010 年呈现加速增长，在 2010 年之后呈现减速增长趋势。各要素对经济产出变化的贡献中，劳动投入贡献率较小，资本投入和技术进步的贡献率较大，表明临汾市经济以资本投入和科技投入为主。从要素变化趋势来看，资本投入在 2008 年之前占主要优势，对经济产出变化率（本例中是经济增长率）的贡献达到 50%以上，随后在 2008～2010 年呈下降趋势，2010 年之后出现回升，贡献率从 34%再次达到 50%左右，说明临汾市经济变化受资本投入影响很大。科技进步贡献率在 2008 年之前弱于资本投入贡献率，在 2008 年之后超过资本投入贡献，在 2010 年达到最大值 53%，随后出现下滑，2013 年降至 45%。总体而言，2001～2013 年，临汾市科技进步贡献率在 30%～50%之间波动，表明临汾市还未形成以技术进步为驱动的经济增长模式。科技进步贡献率最能体现经济发展的高度化水平，从发达国家的发展经验来看，一般也都达到 60%～70%。相比之下，临汾市经济发展高度化水平有待提高。

2. 产业结构均衡度

该指标主要用于考察临汾市工业系统内部各行业之间的协调程度。主要数据见表 7.7。

表 7.7　临汾市工业部门分行业产值　（单位：亿元）

行业类型	产值			
	2001 年	2005 年	2010 年	2013 年
煤炭行业	30.0	154.1	392.6	623.1
焦化行业	28.8	141.7	298.3	279.8
生铁行业	24.3	157.6	279.8	404.9

续表

行业类型	产值			
	2001 年	2005 年	2010 年	2013 年
电力行业	16.8	26.2	25.0	57.1
钢铁行业	20.1	76.6	209.9	383.8
其他行业	30.0	108.8	168.6	207.3
工业总产值	150.0	665.0	1374.2	1956.0

注：本案例中，除了"煤、焦、铁、电"主导行业外，其他工业部门统称为"其他行业"，视为一个行业，因此行业总数 $n=6$。

求得各行业占工业总产值的比重 x_i，进一步求得历年的产业结构均衡度 H，见表 7.8。临汾市历年的均衡度值在 0.91~0.99，并且呈变小趋势。与最大均衡度 1.79（ln6 的值）相比，该均衡度相对较小，表明工业部门内部结构协调性较差。从各行业占工业总产值比重来看，电力部门比重明显偏小，这是造成产业结构不均衡的一个重要原因。

表 7.8　临汾市工业系统均衡度计算数据及结果

行业类型	均衡度			
	2001 年	2005 年	2010 年	2013 年
煤炭行业	0.20	0.21	0.29	0.32
焦化行业	0.19	0.20	0.22	0.14
生铁行业	0.16	0.22	0.20	0.21
电力行业	0.11	0.12	0.02	0.03
钢铁行业	0.13	0.11	0.15	0.20
其他行业	0.20	0.15	0.12	0.11
均衡度 H	0.99	0.98	0.91	0.91

3. 产业区位熵

产业区位熵用于反映一个地区产业定位与该地区实际情况的协调性，也能用于反映该地区产业在更大区域中的竞争力。表 7.9 给出了临汾市分行业产值和相应的全国平均值，从而对比临汾市产业定位相比全国平均水平的竞争能力。由于国家统计局在 2007 年和 2012 年之后分别不再对工业增加值和工业总产值进行统计，因此全国数据用工业销售产值代替工业总产值；临汾市 2010 年和 2013 年也进行了工业销售产值统计，因此这两年也以工业销售产值代替总产值，2001 年和 2005 年仍以总产值进行计算。

表 7.9 临汾与全国的分行业产值占工业总产值对比 （单位：亿元）

行业	2001年 临汾	2001年 全国	2005年 临汾	2005年 全国	2010年 临汾	2010年 全国	2013年 临汾	2013年 全国
煤炭开采和洗选业	30.0	1522.6	154.1	5630.4	392.6	21538.6	623.1	28886.8
石油加工、炼焦和核燃料加工业	28.8	4549.6	141.7	11887.0	298.3	28901.1	279.8	40168.4
黑色金属行业	44.4	5836.8	234.2	21996.0	489.7	56970.3	788.7	81719.3
电力行业	16.8	5061.0	26.2	17746.0	25	40449.2	57.1	54625.6
工业销售总产值	150.0	36713.2	665.0	246946.4	1367.6	684735.2	1880.7	1019405.3

注：黑色金属行业包括黑色金属采选业及黑色金属冶炼和压延加工业；电力行业包括电力生产和电力供应两大行业。

求得临汾市 2001 年、2005 年、2010 年和 2013 年"煤、焦、铁、电"主导产业相对于全国同类行业的区位熵分别为 1.73、3.31、4.07 和 4.43，表明临汾市工业系统以"煤、焦、铁、电"作为主导产业在全国具有优势；而且从变化趋势来看，这种优势还在逐年增加。因此，临汾市工业产业结构与其区位是相协调的，这也表明在一定时期内，继续以"煤、焦、铁、电"作为临汾市主导产业是合适的。

7.2.2 环境经济分析

在环境经济视角下，本案例第一步基于 Tapio（2005）提出的脱钩弹性计算方法分析临汾工业系统发展与环境压力脱钩情况。由于临汾市工业行业类别众多，这里将工业部门分为主导产业和其他工业。其中，针对资源消耗类指标，鉴于水资源短期是制约临汾市工业发展的重要资源因素，因此主要选取各行业历年的水资源消耗量进行评价。针对能源消耗类数据，主要选择各行业历年的综合能耗值。针对污染物排放类指标，由于临汾市主要为大气型污染，其中又以 SO_2 和烟粉尘为主，因此本案例主要考察这两类污染物。另外，造成环境压力的驱动因素主要是各种经济活动，本案例以临汾市工业总产值间接表述。上述数据主要参考《临汾统计年鉴》并结合现场调研确定，主要数据见表 7.10。

表 7.10 临汾市历年工业总产值和工业系统环境压力统计

年份	工业总产值/亿元	新鲜水资源消耗量/$10^6 m^3$	能源消耗量/万吨标煤	SO_2排放量/万t	烟粉尘排放量/万t
2000	116	188.1	853.1	4.84	9.68
2001	150	218.9	1002.2	5.75	11.16
2004	537	331.5	1670.7	9.19	16.74

续表

年份	工业总产值/亿元	新鲜水资源消耗量/$10^6 m^3$	能源消耗量/万吨标煤	SO_2排放量/万t	烟粉尘排放量/万t
2005	725	405.5	2110.4	11.64	20.28
2009	993	413.7	2173.8	11.73	20.98
2010	1374	465.5	2683.1	14.42	24.11
2012	1904	543.4	3162.8	17.27	27.90
2013	1956	587.5	3418.9	18.91	29.84

注：①2000~2005年数据参考《山西省临汾市环境质量报告书（2001—2005年）》。②由于缺少2000年环境压力数据，根据《山西省临汾市环境质量报告书（2001—2005年）》中有关数据趋势外推获取相应数据。

根据上述数据，脱钩分析计算结果见表7.11和图7.3。

表7.11 临汾市工业系统脱钩分析结果

年份	脱钩分析计算有关指标								
	$\Delta I\%$	$\Delta PW\%$	$\Delta PW\%/\Delta I\%$	$\Delta PE\%$	$\Delta PE\%/\Delta I\%$	$\Delta PS\%$	$\Delta PS\%/\Delta I\%$	$\Delta PD\%$	$\Delta PD\%/\Delta I\%$
2001	29.31	16.37	0.56	17.48	0.60	18.80	0.64	15.29	0.52
2005	35.01	22.32	0.64	26.32	0.75	26.66	0.76	21.15	0.60
2010	45.92	12.52	0.27	23.43	0.51	22.93	0.50	14.92	0.32
2013	4.62	8.12	1.76	8.10	1.75	9.50	2.06	6.95	1.50

注：$\Delta I\%$、$\Delta PW\%$、$\Delta PE\%$、$\Delta PS\%$、$\Delta PD\%$分别表示工业增加值、新鲜水耗、综合能耗、SO_2排放、烟粉尘排放的变化率；PW、PE、PS、PD分别代表新鲜水耗、综合能耗、SO_2排放、烟粉尘排放。

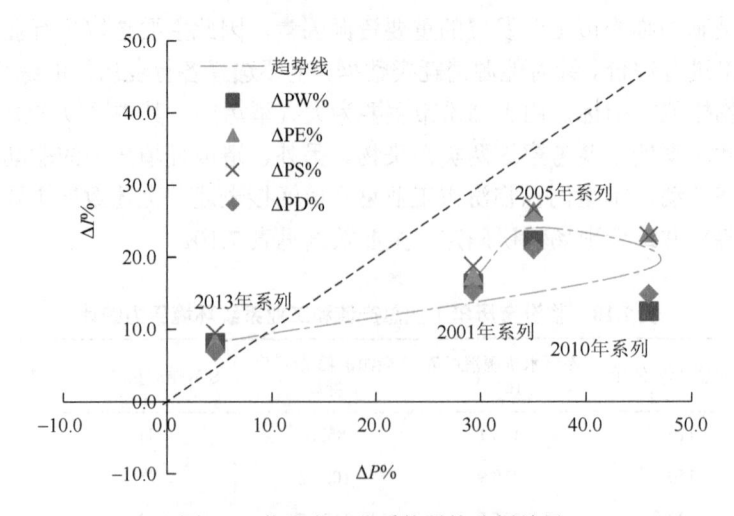

图7.3 临汾市工业系统脱钩分析结果

脱钩分析结果显示，2001 年系列、2005 年系列和 2010 年系列均属于弱脱钩，即随着工业增长，临汾市新鲜水耗、综合能耗、SO_2 排放和烟粉尘排放压力都随之增大，但是总体而言，资源环境压力增大的幅度小于工业增速。2013 年系列属于扩张性负脱钩，工业增长，资源环境压力也增大，资源环境压力增大程度高于工业增长幅度，表明 2010 年后，临汾市工业增长有所强化，但资源、环境保护力度相对弱化。

从变化趋势上来看，2001~2005 年，资源环境压力有变大趋势，这与这一阶段临汾市工业迅猛增长有关。统计显示，2001~2005 年，临汾市工业总产值增长率从 29%增加到 35%，第二产业占 GDP 的比重也从 54.6%增加到 64.5%，工业规模扩张十分迅速。2005~2010 年，资源环境压力有所回落，主要原因为"十五"期间，临汾市环境极度恶化，国内环保重点城市排名也一度垫底。为了改变这一现状，"十一五"期间，临汾市加大了环保治理力度，淘汰了一大批落后产能，第二产业占 GDP 的比重也有所回落（下降到 58.4%），这一阶段环境得到明显改善，摘掉了全国重点城市环境评比倒数第一的帽子。2010 年之后，临汾市工业得到进一步快速发展，第二产业占 GDP 比重在 2011 年重新跃升到 63.1%，同时一大批落后产能仍然没有得到妥善处置，而且与国内外先进水平相比，临汾市整体工业效率偏低，规模、结构、技术效率三项因素的影响叠加，凸显出临汾市环境保护依然面临巨大压力。

总体而言，本案例通过脱钩分析揭示了临汾市资源环境压力变化趋势，显示临汾市在改善环境方面取得显著成效。但由于工业规模总体过大，落后产能仍然占有较大比重，临汾市工业系统整体技术水平与国内外先进水平仍有较大差距，因此未来临汾市仍面临较大的环境压力。为了进一步明确造成临汾市资源环境压力的关键驱动因子，下文将对临汾市环境压力进行分解。

本案例基于环境压力分解对数平均迪氏指数法模型进行求解。临汾市环境压力共由三类六项因子共同驱动，分别为：强度指标，即先进/落后产能对应的资源消耗强度（能源消耗强度、污染物排放强度）；经济结构指标，即各行业先进/落后产能对应的工业产值占工业总产值比重；经济规模指标，即各行业先进/落后产能对应的工业产值。本案例先收集临汾市"煤、焦、铁、电"行业和其他工业行业先进、落后产能对应的工业产值，从而计算出临汾市工业系统经济结构（IS_{ai} 或 IS_{oi}，IS_{ai} 为第 i 工业部门先进产能工业增加值占全部工业增加值比重；IS_{oi} 为第 i 工业部门落后产能工业增加值占全部工业增加值比重），主要数据见表 7.12。

表 7.12　各行业先进、落后产能对应的工业产值　　　　　（单位：亿元）

年份	煤炭行业 先进	煤炭行业 落后	焦炭行业 先进	焦炭行业 落后	生铁行业 先进	生铁行业 落后	电力行业 先进	电力行业 落后	钢铁行业 先进	钢铁行业 落后	其他行业	工业总产值
2001	9.0	21.0	8.6	20.2	3.7	20.6	5.0	11.8	4.0	16.1	30.0	150
2005	40.9	113.2	41.1	100.6	28.4	129.2	14.6	11.6	22.8	53.8	108.8	665
2010	287.8	104.8	187.0	111.3	210.8	69.0	17.3	7.7	122.8	87.7	168.6	1374.2
2013	508.0	115.1	196.8	83.0	344.9	60.0	45.0	12.1	297.0	86.8	207.3	1956

注：①由于难以获取详细数据，其他行业内部假设都是先进产能；②工业产值数据来自《临汾统计年鉴》，并结合现场调研和对应的"清洁生产标准"将其划分为先进产能和落后产能。

进一步收集落后产能和先进产能对应的资源、能源消耗和污染物排放量，从而计算临汾市工业系统资源、能源消耗强度（RI_{ai} 或 RI_{oi}，RI_{ai} 为第 i 工业部门先进产能单位工业增加值对应的能源或资源消耗量，RI_{oi} 为第 i 工业部门落后产能单位工业增加值对应的能源或资源消耗量）及污染物排放量（WI_{ai} 或 WI_{oi}，WI_{oi} 为第 i 工业部门落后产能单位工业增加值对应的污染物排放量，WI_{ai} 为第 i 工业部门先进产能单位工业增加值对应的污染物排放量），主要数据见表7.13和表7.14。

表 7.13　落后产能资源、能源消耗强度和污染物排放量

年份	新鲜水耗/万吨标煤 煤炭	焦化	生铁	电力	钢铁	综合能耗/万吨标煤 煤炭	焦化	生铁	电力	钢铁
2001	1234.8	3628.8	4612.8	1349.0	4331.9	38.6	197.1	348.8	147.6	19.8
2005	1967.3	4576.3	9114.0	3847.4	7411.5	61.5	248.6	689.1	421.0	33.9
2010	750.3	2270.5	3730.6	2818.5	10152.0	23.4	123.3	282.1	308.4	46.4
2013	624.6	2015.8	2998.3	2271.9	8576.2	19.5	109.5	226.7	248.6	39.2
2001	0.00	0.93	2.16	0.52	0.78	0.31	3.53	1.64	1.07	1.52
2005	0.00	1.18	4.26	1.48	1.33	0.49	4.45	3.23	3.06	2.61
2010	0.00	0.58	1.74	1.08	1.82	0.19	2.21	1.32	2.24	3.57
2013	0.00	0.52	1.40	0.87	1.54	0.16	1.96	1.06	1.81	3.02

表 7.14　先进产能资源、能源消耗强度和污染物排放量

年份	新鲜水耗/万 m³ 煤炭	焦化	生铁	电力	钢铁	其他	综合能耗/万吨标煤 煤炭	焦化	生铁	电力	钢铁	其他
2001	526.4	1542.2	818.4	578.2	1077.3	2188.9	16.5	83.8	61.9	63.3	4.9	20.0
2005	552.8	1598.0	1488.7	1937.4	2378.3	5676.7	19.0	95.4	144.5	262.9	12.5	122.2
2010	1030.0	2570.9	4780.5	2752.9	6381.6	9309.4	43.3	179.0	769.9	579.5	45.4	282.4
2013	1378.5	3224.5	7221.1	3700.8	13224.0	13511.9	57.9	224.5	1162.9	779.0	94.0	457.0

续表

年份	新鲜水耗/万 m³						综合能耗/万吨标煤					
	煤炭	焦化	生铁	电力	钢铁	其他	煤炭	焦化	生铁	电力	钢铁	其他
2001	0.00	0.40	0.38	0.22	0.19	0.17	0.13	1.50	0.29	0.46	0.38	0.33
2005	0.00	0.39	0.77	0.91	0.52	0.81	0.18	1.60	0.64	1.75	0.86	1.42
2010	0.00	0.54	3.13	1.98	2.10	1.44	0.51	2.72	3.13	3.36	2.45	2.41
2013	0.00	0.68	4.72	2.66	4.35	2.18	0.69	3.42	4.72	4.51	5.07	3.43

注：①数据来自现场调研。②由于煤炭行业 SO_2 排放量很少，故忽略不计。

根据上表中数据，对各压力的驱动因子进行了计算。具体计算时，分别以 2001 年、2005 年、2010 年为基年，计算 2001~2005 年、2005~2010 年及 2010~2013 年三个时间段下的各类驱动因子对环境压力的影响程度。

1. 各驱动因子对工业部门水资源消耗的影响程度

2001~2005 年、2005~2010 年及 2010~2013 年三个时间段下的各类驱动因子对临汾市水资源消耗的影响程度见表 7.15 和图 7.4。在 2001~2005 年时间段内，构成临汾市水资源消耗压力的各类驱动因子中，落后产能对应的产业规模（DR_{Io}）影响最为显著，相对影响系数达到 2.89；落后产能对应的水资源消耗强度（DR_{RIo}）影响最小，相对影响系数为 0.52。各种驱动因子按影响程度的排序为 $DR_{Io} > DR_{Ia} > DR_{ISa} > DR_{ISo} > DR_{RIa} > DR_{RIo}$，反映了构成临汾市水资源消耗压力的各类驱动因子中，规模效应的影响最为突出，其中又以落后产能的规模效应影响最大，结构效应的影响其次，技术效应的影响相对最小。这表明对临汾市水资源消耗而言，应优先控制各产业规模，特别是加快处理规模仍然较大的落后产能。

表 7.15　影响水资源消耗的驱动因子对比

时间段	相对影响系数					
	DR_{RIo}	DR_{ISo}	DR_{Io}	DR_{RIa}	DR_{ISa}	DR_{Ia}
2001~2005 年	0.52	0.99	2.89	0.76	1.00	1.65
2005~2010 年	1.01	0.66	1.34	0.88	1.16	1.33
2010~2013 年	0.95	0.89	1.12	0.96	1.11	1.26

注：①2001~2005 年表示以 2001 年为基期、2005 年为末期的时间段，2005~2010 年、2010~2013 年含义类似。②DR_{RIo}、DR_{ISo}、DR_{Io} 分别表示工业部门内落后产能对应的新鲜资源消耗强度（单位产值新鲜水耗/能耗）、产业结构（"煤、焦、铁、电"行业中落后产能占工业增加值比重）、产业规模；DR_{RIa}、DR_{ISa}、DR_{Ia} 分别表示工业部门内先进产能对应的资源消耗强度、产业结构、工业规模（下同）。

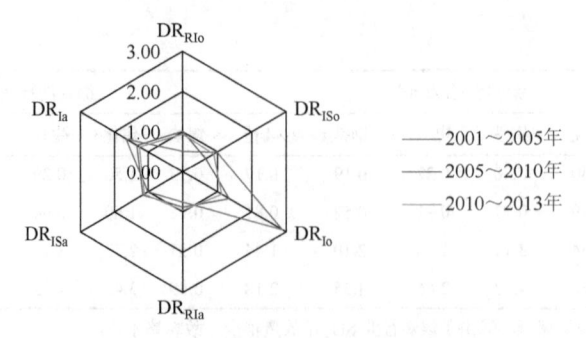

图 7.4 各驱动因子对水资源消耗影响对比

2005~2010年时间段内，构成临汾市水资源消耗压力的各类驱动因子中，依然是落后产能对应的产业规模（DR_{Io}）影响最为显著，相对影响系数达到1.34；落后产能对应的产业结构（DR_{ISo}）影响最小，相对影响系数为0.66。各种驱动因子按影响程度的排序为 $DR_{Io} > DR_{Ia} > DR_{ISa} > DR_{RIo} > DR_{RIa} > DR_{ISo}$。总体而言，虽然结构效应和技术效应的排序有所改变，但依然是规模效应的影响最大。

2010~2013年时间段内，构成临汾市水资源消耗压力的各类驱动因子中，先进产能对应的产业规模（DR_{Ia}）影响最为显著，相对影响系数达到1.26；落后产能对应的产业结构（DR_{ISo}）影响最小，相对影响系数为0.89。各种驱动因子按影响程度的排序为 $DR_{Ia} > DR_{Io} > DR_{ISa} > DR_{RIa} > DR_{RIo} > DR_{ISo}$。总体而言，依然是规模效应的影响最大，但是相比前两个时间段，先进产能对应的规模效应影响超过了落后产能。这种变化暗示了在临汾市工业发展过程中，虽然落后产能的规模有所控制，但由于先进产能规模扩张过快，仍然会对区域水资源构成重大压力，甚至可能超过区域水资源承载能力。

对三个时间序列下造成水资源压力的各个驱动因子的变化趋势进行对比，见图7.5。

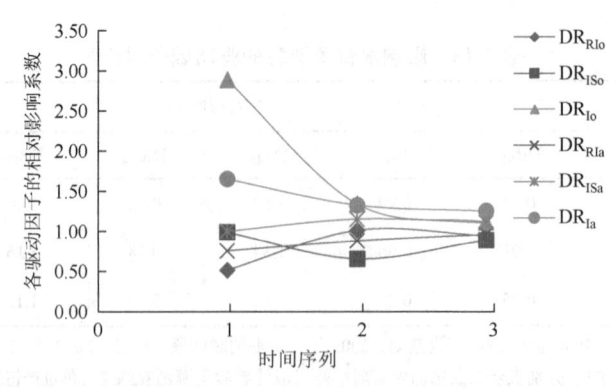

图 7.5 三个时间序列下水资源消耗压力对应的驱动因子变化

横坐标中1、2、3分别对应2001~2005年、2005~2010年、2010~2013年三个时间序列，下同各类驱动因子变化趋势中，先进产能对应的结构效应（DR_{ISa}）、落后产能对应的技术效应（水资源消耗强度，DR_{RIo}）、先进产能对应的技术效应（DR_{RIa}）都呈现一定程度的上升趋势，落后产能对应的结构效应（DR_{ISo}）在下降后也有所上升，表明这些因子对水资源消耗的压力有所增加。落后和先进产能对应的规模效应（DR_{Io}、DR_{Ia}）呈现为较快的下降趋势，表明其对水资源消耗的压力有所降低。但是整体来看，规模效应的相对影响系数仍大于其他驱动因素，表明通过控制工业行业规模快速扩张来减少对水资源的影响仍是临汾市未来需要着力的主要方向。此外，从三个时间序列下各个驱动因素的数值变化来看，这些驱动因素数值呈现从分散向集聚的变化趋势，表明各类驱动因素对水资源消耗压力的影响程度变得均匀，提示结构调整和技术效率对水资源的影响也应受到重视。

2. 各驱动因子对工业部门能源消耗的影响程度

2001~2005年、2005~2010年及2010~2013年三个时间段下的各类驱动因子对临汾市能源消耗的影响程度见表7.16和图7.6。

表7.16 影响能源消耗的驱动因子对比

时间段	相对影响系数					
	DR_{RIo}	DR_{ISo}	DR_{Io}	DR_{RIa}	DR_{ISa}	DR_{Ia}
2001~2005年	0.49	1.07	3.06	0.81	1.05	1.54
2005~2010年	1.15	0.52	1.31	1.18	1.05	1.36
2010~2013年	0.94	0.94	1.08	0.87	1.17	1.31

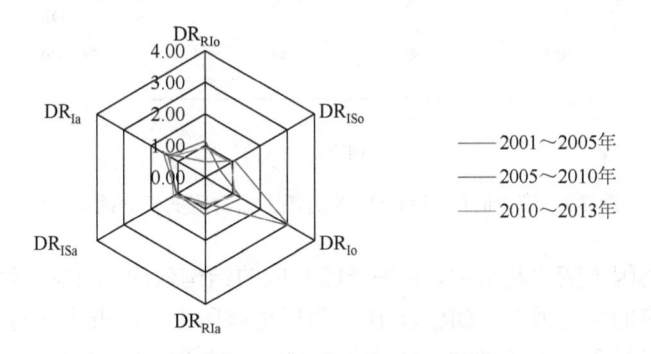

图7.6 各驱动因子对能源消耗影响对比

2001~2005年时间段内，构成临汾市能源消耗压力的各类驱动因子中，落后产能对应的产业规模（DR_{Io}）影响最为显著，相对影响系数达到3.06；落后产能对应的能源消耗强度（DR_{RIo}）影响最小，相对影响系数为0.49。各种驱动因子按影响程度的排序为$DR_{Io}>DR_{Ia}>DR_{ISo}>DR_{ISa}>DR_{RIa}>DR_{RIo}$，因此，构成临汾市能源消耗压力的各类驱动因子中，规模效应的影响最为突出，其中又以落后产能的规模效应影响最大，结构效应的影响其次，技术效应的影响相对最小。

2005～2010 年时间段内，构成临汾市能源消耗压力的各类驱动因子中，先进产能对应的产业规模（DR_{Ia}）影响最为显著，相对影响系数达到 1.36；落后产能对应的产业结构（DR_{ISo}）影响最小，相对影响系数为 0.52。各种驱动因子按影响程度的排序为：$DR_{Ia}>DR_{Io}>DR_{RIa}>DR_{RIo}>DR_{ISa}>DR_{ISo}$。总体而言，依然是规模效应的影响最大，但是先进产能对应的规模效应影响超过了落后产能。

2010～2013 年时间段内，构成临汾市能源消耗压力的各类驱动因子中，先进产能对应的产业规模（DR_{Ia}）影响最为显著，相对影响系数达到 1.31；先进产能对应的能源消耗强度（DR_{RIa}）影响最小，相对影响系数为 0.87。各种驱动因子按影响程度的排序为：$DR_{Ia}>DR_{ISa}>DR_{Io}>DR_{ISo}=DR_{RIo}>DR_{RIa}$。总体而言，尽管先进产能对应的结构效应影响超过了落后产能对应的规模效应，但总体上仍以规模效应的影响最大。

本案例进一步对三个时间序列下造成能源消耗压力的各个驱动因子的变化趋势进行对比，见图 7.7。

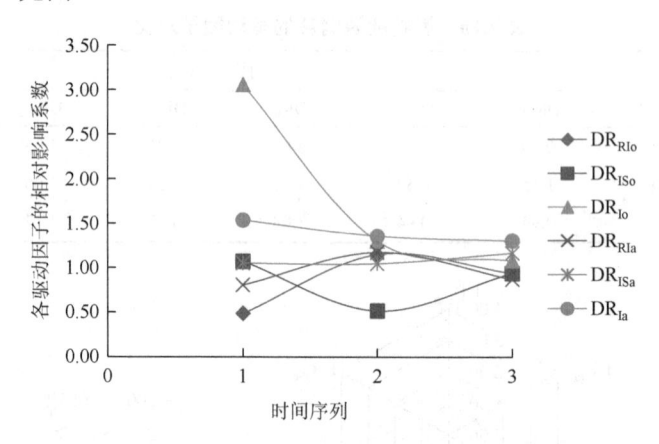

图 7.7 三个时间序列下能源消耗压力对应的驱动因子变化

各类驱动因子变化趋势中，先进产能对应的结构效应（DR_{ISa}）呈现上升趋势，落后产能对应的结构效应（DR_{ISo}）在下降后也有所上升，表明这两项驱动因素对临汾市能源消耗压力有所增加。先进产能对应的技术效应（DR_{RIa}）和落后产能对应的技术效应（DR_{RIo}）呈现先增加后减小趋势，表明这两项驱动因素对临汾市能源消耗压力有所减小。落后产能对应的规模效应（DR_{Io}）呈现快速下降趋势，先进产能对应的规模效应（DR_{Ia}）呈现为较快的下降趋势，表明规模效应对能源消耗的压力也有所降低。但是整体来看，规模效应的相对影响系数仍大于其他驱动因素，表明临汾市应通过控制工业行业规模快速扩张来降低能源消耗强度。此外，与水资源消耗对应的各种驱动因素数值变化情景一致,三个时间序列下驱动因素的数值呈现从分散向集聚的变化趋势,表明其对能源消耗压力的影响程度变得相对均匀。因此,未来临汾市除了要着力控制工业规模扩张外,结构调整和技术效率提升也应受到重视。

3. 各驱动因子对工业部门 SO_2 排放的影响程度

2001~2005年、2005~2010年及2010~2013年三个时间段下的各类驱动因子对临汾市 SO_2 排放的影响程度见表7.17和图7.8。

表7.17 影响 SO_2 排放的驱动因子对比

时间段	相对影响系数						
	DW_{WIo}	DW_{ISo}	DW_{Io}	DW_{WIa}	DW_{ISa}	DW_{Ia}
2001~2005年	0.48	1.04	3.15	0.94	1.05	1.30
2005~2010年	1.02	0.56	1.38	1.02	1.15	1.33
2010~2013年	0.94	0.91	1.11	0.89	1.21	1.28

注:DW_{WIo}、DW_{ISo}、DW_{Io} 分别表示工业部门内落后产能对应的污染物排放强度、产业结构、产业规模;DW_{WIa}、DW_{ISa}、DW_{Ia} 分别表示工业部门内先进产能对应的污染物排放强度、产业结构、工业规模。

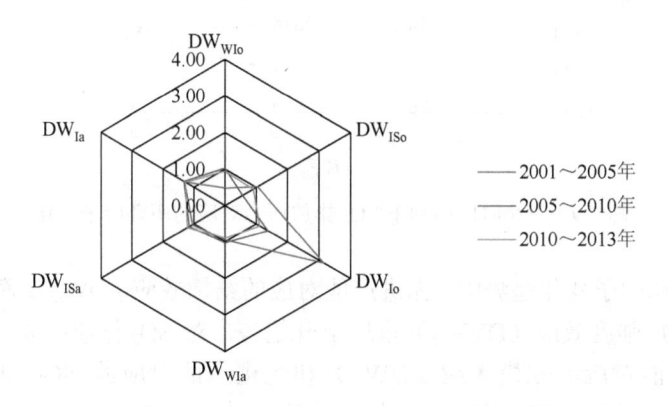

图7.8 各驱动因子对 SO_2 排放的影响对比

2001~2005年时间段内,构成临汾市 SO_2 排放压力的各类驱动因子中,落后产能对应的产业规模(DW_{Io})影响最为显著,相对影响系数达到3.15;落后产能对应的 SO_2 排放强度(DW_{WIo})影响最小,相对影响系数为0.48。各种驱动因子按影响程度的排序为 $DW_{Io} > DW_{Ia} > DW_{ISo} > DW_{ISa} > DW_{WIa} > DW_{WIo}$,由此,构成临汾市 SO_2 排放压力的各类驱动因子中,规模效应特别是落后产能对应的规模效应的影响最为突出。

2005~2010 年时间段内，构成临汾市 SO_2 排放压力的各类驱动因子中，依然是落后产能对应的产业规模（DW_{Io}）影响最为显著，相对影响系数达到 1.38；落后产能对应的结构效应（DW_{ISo}）影响最小，相对影响系数为 0.56。各种驱动因子按影响程度的排序为 $DW_{Io} > DW_{Ia} > DW_{ISa} > DW_{WIo} = DW_{WIa} > DW_{ISo}$。总体而言，依然是规模效应的影响最大。

2010~2013 年时间段内，构成临汾市 SO_2 排放压力的各类驱动因子中，先进产能对应的产业规模（DW_{Ia}）影响最为显著，相对影响系数达到 1.28；先进产能对应的 SO_2 排放强度效应（DW_{WIa}）影响最小，相对影响系数为 0.89。各种驱动因子按影响程度的排序为 $DW_{Ia} > DW_{ISa} > DW_{Io} > DW_{WIo} > DW_{ISo} > DW_{WIa}$。总体而言，依然是规模效应的影响最大。

本案例进一步对三个时间序列下造成 SO_2 排放压力的各个驱动因子的变化趋势进行了对比，见图 7.9。

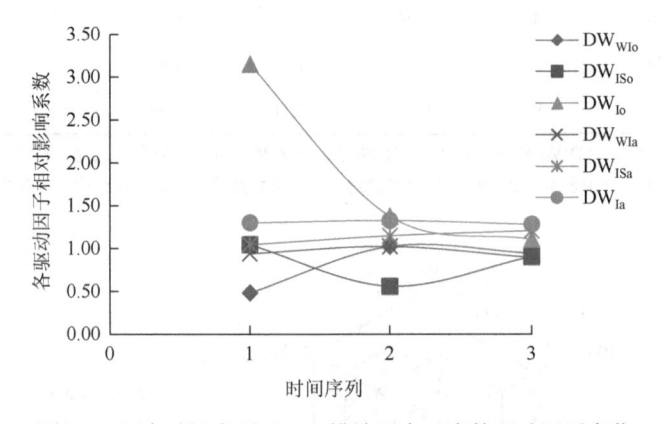

图 7.9　三个时间序列下 SO_2 排放压力对应的驱动因子变化

各类驱动因子变化趋势中，先进产能对应的结构效应（DW_{ISa}）和落后产能对应的 SO_2 排放强度效应（DW_{WIo}）呈现上升趋势，对 SO_2 排放构成的压力有所增加；先进产能对应的规模效应（DW_{Ia}）和先进产能对应的 SO_2 排放强度效应（DW_{WIa}）基本持平。落后产能对应的结构效应（DW_{ISo}）呈现先降后增趋势，落后产能对应的规模效应呈现快速下降趋势（DW_{Io}）。但是整体来看，规模效应仍是构成 SO_2 排放压力的关键驱动因素。此外，三个时间序列下驱动因子的数值呈现从分散向集聚的变化趋势，表明其对 SO_2 排放压力的影响程度变得相对均匀。

4. 各驱动因子对工业部门烟粉尘排放的影响程度

2001~2005 年、2005~2010 年及 2010~2013 年三个时间段下的各类驱动因子对临汾市烟粉尘排放的影响程度见表 7.18 和图 7.10。

表 7.18 影响烟粉尘排放的驱动因子对比

时间段	相对影响系数					
	DW_{WIo}	DW_{ISo}	DW_{Io}	DW_{WIa}	DW_{ISa}	DW_{Ia}
2001~2005 年	0.49	0.99	2.99	0.77	1.03	1.58
2005~2010 年	1.04	0.60	1.36	0.98	1.11	1.33
2010~2013 年	0.94	0.90	1.12	0.91	1.14	1.27

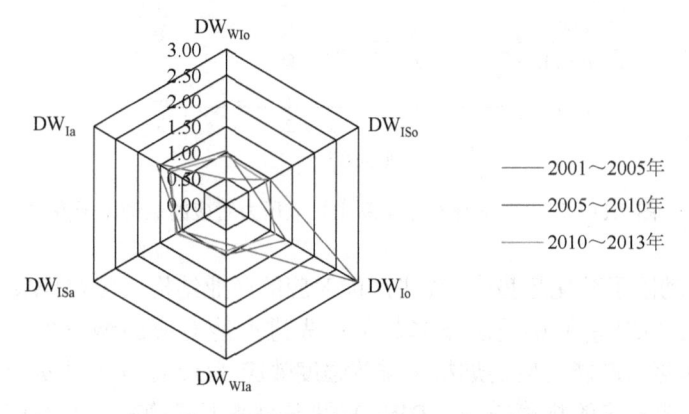

图 7.10 各驱动因子对烟粉尘排放的影响对比

2001~2005 年时间段内，构成临汾市烟粉尘排放压力的各类驱动因子中，落后产能对应的产业规模（DW_{Io}）影响最为显著，相对影响系数达到 2.99；落后产能对应的烟粉尘排放强度（DW_{WIo}）影响最小，相对影响系数为 0.49。各种驱动因子按影响程度的排序为：$DW_{Io}>DW_{Ia}>DW_{ISa}>DW_{ISo}>DW_{WIa}>DW_{WIo}$，同样，构成临汾市烟粉尘排放压力的各类驱动因子中，规模效应特别是落后产能对应的规模效应的影响最为突出。

2005~2010 年时间段内，构成临汾市烟粉尘排放压力的各类驱动因子中，依然是落后产能对应的产业规模（DW_{Io}）影响最为显著，相对影响系数达到 1.36；落后产能对应的结构效应（DW_{ISo}）影响最小，相对影响系数为 0.60。各种驱动因子按影响程度的排序为：$DW_{Io}>DW_{Ia}>DW_{ISa}>DW_{WIo}>DW_{WIa}>DW_{ISo}$。总体而言，依然是规模效应的影响最大。

2010~2013 年时间段内，构成临汾市烟粉尘排放压力的各类驱动因子中，先进产能对应的产业规模（DW_{Ia}）影响最为显著，相对影响系数达到 1.27；落后产能对应的结构效应（DW_{ISo}）影响最小，相对影响系数为 0.90。各种驱动因子按影响程度的排序为：$DW_{Ia}>DW_{ISa}>DW_{Io}>DW_{WIo}>DW_{WIa}>DW_{ISo}$。总体而言，依然是规模效应的影响最大。

本案例进一步对三个时间序列下造成烟粉尘排放压力的各个驱动因子的变化趋势进行对比，见图 7.11。

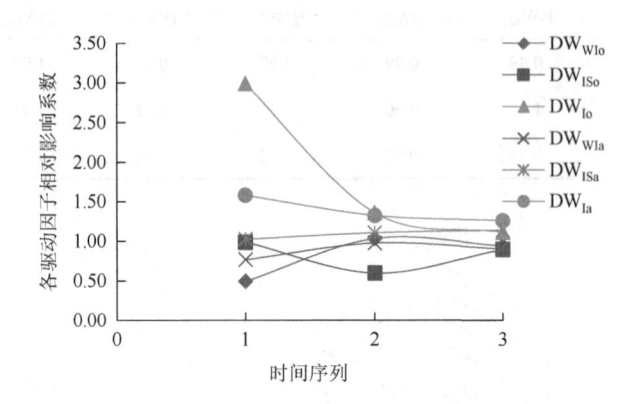

图 7.11　三个时间序列下烟粉尘排放压力对应的驱动因子变化

各类驱动因子变化趋势中，先进产能对应的产业结构效应（DW_{ISa}）基本持平，而规模效应（DW_{ISa}）则呈现下降趋势；先进产能对应的烟粉尘排放强度效应（DW_{WIa}）和落后产能对应的烟粉尘排放强度效应（DW_{WIo}）呈现先上升后下降趋势。落后产能对应的规模效应（DW_{Io}）呈现快速下降趋势，而对应的结构效应（DW_{ISo}）呈现先下降后上升趋势。整体来看，规模效应仍是构成烟粉尘排放压力的关键驱动因素。此外，三个时间序列下驱动因素的数值呈现从分散向集聚的变化趋势，表明其对烟粉尘排放压力的影响程度变得相对均匀。

7.2.3　工业系统综合诊断

基于第 3 章提出的有关方法对工业系统进行诊断。该诊断评价包括两大部分：一是基于产业经济学有关理论对临汾市工业系统经济发展潜力进行分析；二是基于环境经济学有关理论对临汾市工业发展与环境压力之间的脱钩关系进行评价。

针对经济发展潜力诊断，先基于产值标准结构法对临汾市 2001 年、2005 年、2010 年和 2013 年的产业结构进行评价。结果显示，按照钱纳里和赛尔奎因提出的"标准结构"，临汾市第二产业比重远远超标。进一步地，基于产业经济学高度化和合理化理论建立指标体系对临汾市产业系统的技术效率和协调性进行了评价。其中，基于要素贡献率的评价显示：2001~2013 年，临汾市各要素对经济增长的贡献中，劳动投入贡献率较小，资本投入和技术进步的贡献率较大，表明临汾市经济以资本投入和科技投入为主，但总体上资本投入贡献高于科技投入。具体而言，技术进步贡献率在 30%~50%波动，这与发达国家一般 60%~70%的比例相比还有较大差距，表明临汾市还未形成以技术进步为驱动的经济增长模式。基于产业结构均衡度的评价显示，2001~2013 年，临汾市工业系统均衡度值在 0.91~0.99 变化，与最大均衡度（1.79）有较大差距，表明工业部门内部结构协调性较差，主要原因是"煤、焦、铁、电"四大主导产业中，电力部门的比重过小。基于产业区位熵的评价显示，临汾市 2001 年、2005 年、2010 年和 2013 年"煤、焦、铁、电"主导产业相对于全国同类行业的区位熵分别为 1.73、3.31、4.07 和 4.43，表明临汾市工业系统以"煤、焦、铁、电"作为主导产业在全国具有优势，而且这种优势呈现逐年增加态势，这也表明在一定时期内继续以"煤、焦、铁、电"作为临汾市主导产业是合适的。

针对环境压力脱钩诊断，本案例先基于 Tapio（2005）提出的脱钩弹性指标对临汾市 2001 年、2005 年、2010 年和 2013 年工业经济增长与环境压力（新鲜水耗、综合能耗、SO_2 排放、烟粉尘排放）之间的关系进行了分析。结果显示，2001 年、2005 年和 2010 年临汾市工业增长与环境压力之间属于弱脱钩关系，表明随着工业增长，临汾市各类环境压力都随之增大，但总体上资源环境压力增大的幅度小于工业增速。但是到 2013 年，工业增长与环境压力之间的关系转变为扩张性负脱钩，表明伴随着工业增长，资源、环境压力以更快的速度增加。同时，从变化趋势来看，环境压力变化与临汾市工业发展和环境保护措施之间的关系十分吻合，特别是 2010 年之后，由于临汾市工业比重继续攀升，同时一大批落后产能仍然没有得到妥善处置，而且与国内外先进水平相比，临汾市整体工业效率偏低，多重因素共同作用，导致临汾市工业增长与环境压力之间出现扩张性负脱钩。

为了明确造成临汾市资源环境压力的关键驱动因子，本书进一步采用 LMDI 分解模型对各种环境压力驱动因子进行分解评价。具体而言，将各类环境压力分解为强度效应（也可称为技术效应）、结构效应和规模效应，它们分别由先进/落后产能对应的资源消耗强度（能源消耗强度、污染物排放强度）、各行业先进/落后产能对应的工业产值占工业总产值比重、行业先进/落后产能对应的工业产值 6 类指标进行表征。分别以 2001 年、2005 年、2010 年为基年，计算了 2001~2005 年、2005~2010 年及 2010~2013 年三个时间段下的各类驱动因子对环境压力的影响程度。结果显示，规模效应（尤其是落后产能对应的规模效应）是临汾市工业系统各类环境压力增加的关键驱动因子。此外，从三个时间序列的对比来看，尽管各种驱动因子随时间变化呈现不同的变化趋势，但总体上仍以规模效应的影响最大。此外，各驱动因子对应的影响系数呈现从分散到集聚的变化趋势，表明这些驱动因子之间的差异在逐渐缩小。因此，未来临汾市除了要着力控制工业规模扩张外，结构调整和技术效率提升也应受到重视。

7.3 工业系统绿色转型发展路径设计与优化

7.3.1 工业系统绿色转型发展路径设计思路

从上节的工业系统环境经济综合诊断分析可见，临汾市亟须调整产业发展策略，特别是在产业结构、主导产业规模以及技术效率设置等关键规划要素方面，需要做出重大调整。通过对规划部门、环保专家、企业代表等不同利益相关方关于上述规划要素的选择意愿进行分析，梳理出如下典型观点，见表7.19。

表 7.19 不同利益相关方关于关键规划要素的选择偏好

不同的观点	观点描述
规划部门观点（GO）	为了确保临汾市经济增速保持相对较高的水平，"煤、焦、铁、电"等主导产业在未来一段时期应继续维持较大规模。同时，环境污染治理必须受到更多重视，未来一段时间要加快削减落后产能和提高主导产业的技术效率
环保专家的观点（EO）	大部分环保专家都认为临汾市传统主导产业规模不应扩张得太大，其主要考虑是：临汾市一度污染十分严重，近年来虽然有所缓解，但环境污染问题依然严峻；不仅如此，与先进地区相比，临汾市传统主导产业技术效率相对偏低，未来应加快提升技术水平，必须达到国内甚至是国际先进水平
企业代表的观点（部分代表了维持现状的意愿，BAU）	大多数企业代表希望相关部门干涉越小越好，他们希望产业发展至少维持在现有速度。同时，他们也希望尽可能加快淘汰落后产能，提高行业技术水平

很明显，不同利益相关方之间存在较大的冲突。因此，本案例的重点是在不同利益相关方间取得平衡。基于走访调查，各方案的具体赋值情况见表7.20。

从上述观点来看，均包含了传统主导产业发展规模、内部结构（落后产能调整）以及技术进步三大规划要素，本案例将其作为政策模拟的3个关键"试验因子"。同时，不同的利益相关方（规划部门、环保专家、企业代表）对这三大规划要素具有不同的诉求，即每一规划要素具有"3个水平"，因此，本案例将临汾市资源型地区产业转型路径设计视为一个3因子3水平的"政策试验"。采用正交设计以减少试验次数。本案例选择 $L_9(3^4)$ 进行转型路径设计，共开发出9个转型替代方案，例如，A1代表在优化产业规模、调整产业结构和提高产业效率方面采取 BAU-BAU-BAU 组合，而 A9 代表采取 EO-EO-EO 组合，见表7.21。该表中，A2（BAU-GO-EO）和 A4（GO-BAU-EO）更加强调技术效率的提升，A3（BAU-EO-GO）和 A6（GO-EO-BAU）更加强调的是结构的调整，而 A7（EO-BAU-GO）和 A8（EO-GO-BAU）强调的是产业规模的优化；A1（BAU-BAU-BAU）和 A9（GO-GO-GO）分别强调对规划要素作最小和最大程度的调整；A5（GO-GO-GO）则代表一定程度的折中。

第7章 临汾市工业系统绿色转型发展路径优化

表 7.20 各利益相关方选择偏好对应的技术细节

规划方案	优化产业规模	调整产业结构	能源消耗	新鲜水耗	SO₂排放	烟粉尘排放
				提高产业效率		
BAU	保持2010年的变化速度（直到2020年，本案例设定的模拟终期）。因此，煤炭产能将从9370万t增长至14000万t，焦炭产能将从3280万t增至3540万t，生铁产能将从3290万t增至7550万t，钢产能将从1920万t增至7810万t，电力产能将从320万kW增至510万kW	到2020年，分别淘汰现有（2010年为基准）煤炭、焦炭、生铁、钢和电力行业分别为9.5kg标煤/t、173.5kg标煤/t、431.0kg标煤/t、61.1kg标煤/t和712.7g标煤/kWh	维持2010年的能耗水平，煤炭、焦炭、生铁、钢和电力行业分别为9.5kg标煤/t、173.5kg标煤/t、431.0kg标煤/t、61.1kg标煤/t和712.7g标煤/kWh	维持2010年的新鲜水耗水平，煤炭、焦炭、生铁、钢和电力行业分别为0.25m³/t、2.5m³/t、3.5m³/t、11.0m³/t和4.5L/kWh	维持2010年的SO₂排放水平，煤炭、焦炭、生铁、钢和电力行业分别为0.6kg/t、2.1kg/t、2.5kg/t和2.5g/kWh	维持2010年的烟粉尘排放水平，煤炭、焦炭、生铁、钢和电力行业分别为0.1kg/t、2.8kg/t、1.8kg/t、4.0kg/t和4.5g/kWh
GO	到2020年，煤炭、焦炭、生铁、钢和电力行业产能分别增加到14000万t、4000万t、3600万t、2200万t和1200万kW	到2020年，淘汰所有落后产能，并且不再上马新的落后产能	到2020年，煤炭、焦炭、钢和电力行业能耗强度分别下降为7.9kg标煤/t、154.2kg标煤/t、385.0kg标煤/t、52.0kg标煤/t和611.0g标煤/kWh	到2020年，煤炭、焦炭、钢和电力行业新鲜水耗强度分别下降为0.15m³/t、2.36m³/t、1.53m³/t、4.81m³/t和2.37L/kWh	到2020年，煤炭、焦炭、钢和电力行业SO₂排放强度分别下降为0.4kg/t、1.5kg/t、2.1kg/t和2.1g/kWh	到2020年，煤炭、焦炭、钢和电力行业烟粉尘排放强度分别下降为0.1kg/t、2.4kg/t、1.5kg/t、2.4kg/t和3.3g/kWh
EO	到2020年，煤炭、焦炭、生铁、钢和电力行业产能维持在14000万t、3280万t、3290万t、1920万t和430万kW	到2016年，淘汰所有落后产能，并且不再上马新的落后产能	到2020年，煤炭、焦炭、生铁、钢和电力行业能耗强度分别下降为6.4kg标煤/t、150.0kg标煤/t、385.0kg标煤/t、42.8kg标煤/t和601.0g标煤/kWh	到2020年，煤炭、焦炭、钢和电力行业新鲜水耗强度分别下降为0.1m³/t、1.4m³/t、1.5m³/t、5.0m³/t和2.0L/kWh	到2020年，煤炭、焦炭、钢和电力行业SO₂排放强度分别下降为0.3kg/t、1.2kg/t、2.0kg/t和2.0g/kWh	到2020年，煤炭、焦炭、钢和电力行业烟粉尘排放强度分别下降为0.1kg/t、1.4kg/t、2.0kg/t、2.0kg/t和3.0g/kWh

注：① BAU值主要来自《临汾统计年鉴》，对于年鉴中缺少的数值，按照趋势分析法赋值。

② GO值来自规划部门的调研值。

③ EO值中，涉及规模和结构调整的部分，来自对环保专家的调研。

④ EO值中，焦炭行业和生铁行业能源消耗类数据来自相应制定的清洁生产标准（HJ/T 126—2003，HJ/T 427—2008；煤炭行业的能耗数据按照单位煤炭产品的耗电量进行折算，耗电量数据同样来自相应的清洁生产标准（HJ 446—2008）；电力行业能耗数据通过文献调研获取（杨勇平等，2013）。

⑤ EO值中，煤炭行业、焦化行业、生铁行业和钢铁行业的新鲜水耗数据根据相应的清洁生产标准（HJ/T 427—2008，HJ/T 189—2006）确定；电力行业新鲜水耗数据通过文献调研获取（车德竞等，2013）。

⑥ EO值中，生铁和钢铁行业SO₂排放数据根据相应的清洁生产标准确定（HJ/T 427—2008，HJ/T 189—2006），焦化和电力行业的SO₂排放数据根据文献调研确定（狄向华等，2005；何秋生等，2007）。

⑦ EO值中，焦化、生铁、钢铁行业烟粉尘排放数据由相应的清洁生产标准确定（HJ/T 126—2003，HJ/T 189—2006）；由于难以获取煤炭行业的烟粉尘排放数据，本案例取2010年值的80%予以替代。

表 7.21 临汾市工业系统转型备选路径

方案代码	优化产业规模			调整产业结构			提高产业效率		
	BAU	GO	EO	BAU	GO	EO	BAU	GO	EO
A1	√			√			√		
A2	√				√				√
A3	√					√		√	
A4		√		√					√
A5		√			√				
A6						√	√		
A7			√					√	
A8			√		√				
A9			√			√			√

7.3.2 工业系统绿色转型发展系统动力学模型构建

临汾市工业系统转型模拟的主要目的是在各种转型路径中找到能同时满足环境保护需求和经济发展需求的发展路径，或者说该路径能够在环境保护需求和经济发展需求之间取得平衡。因此，系统动力学（system dynamics，SD）模型的边界就是临汾市产业系统及其经济和环境表现，其中环境表现，如能耗、新鲜水耗、污染物排放等构成产业发展的环境约束条件。

本案例定义了两类变量来评价系统行为对模拟目标的响应。第一类变量针对环境保护目标，主要变量包括各种环境消耗或污染物排放占环境限值的比例。考虑临汾市实际情况，本案例选择如下环境消耗或污染物排放指标：工业系统能源消耗量、工业系统新鲜水耗量、工业系统 SO_2 排放、工业系统烟粉尘排放量。第二类变量针对经济发展目标，以"煤、焦、铁、电"产能作为评价指标。除此之外，本案例还定义了其他辅助变量或辅助参数。最后，将上述变量和参数划分为内生变量和外生变量以进行区别，图 7.12 揭示了系统要素间的各种联系，主要包括：

（1）系统的输入和输出是由整个产业系统的规模和效率确定的，规模越大，效率越低，则系统对能源和资源的需求也多，向环境排放的污染物也越多。

（2）产业的规模是由产能的规模决定的，它既包括先进产能，也包括落后产能，因此系统物质能源消耗及污染物排放过高不一定归咎于落后产能，而可能是因为产业系统总体规模过大。

（3）各类产业政策会对产业规模及效率造成影响。例如，如果某项政策更倾向于追求 GDP 增速，同时也不注重产业准入门槛，则很容易形成规模庞大、落后产能比重大同时产业效率低下的工业系统。反之，如果某政策更倾向于环境保护，则产业规模可能会受到很大压缩，同时技术效率可能相对较高。

（4）"输入/输出"到"有关政策和规划"之间存在反馈，即通过系统的输入、输出，决策部门可以检查既定的经济发展目标是否实现，从而对有关的政策和规划做出调整。

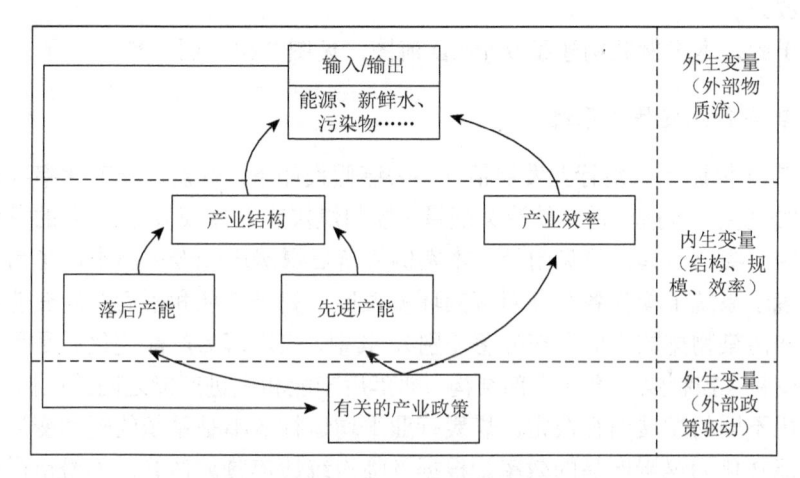

图 7.12 临汾市工业发展概念模型

落后产能值根据国家《产业结构调整指导目录（2011年本）》确定。另外，本案例中先进产能指除了落后产能之外的其他产能，尽管这些产能中有些难以达到所谓的（国内/国际）先进水平，但本案例中并未对其进行进一步的划分。

根据上述概念模型所描述的系统关系，临汾市工业系统转型多目标分析过程如图 7.13 所示。

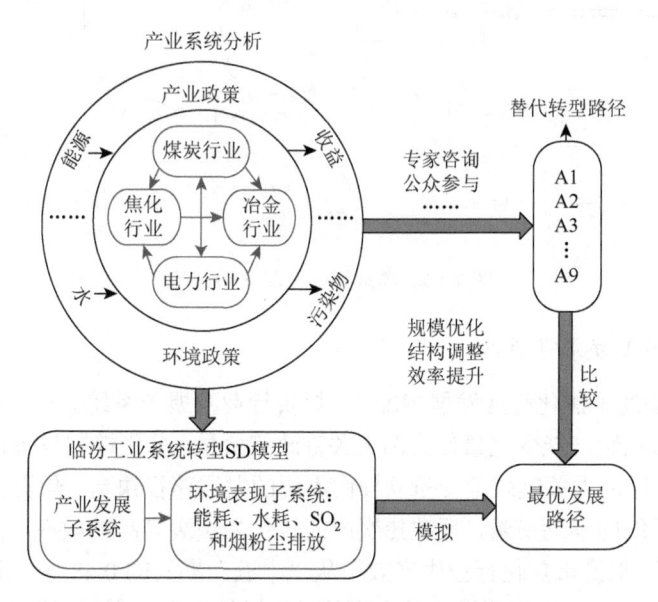

图 7.13 临汾市工业系统转型多目标分析过程

该图共包含了 9 个子系统，其中 5 个子系统分别对应于临汾市"煤、焦、铁、电"（"铁"包括了生铁行业和钢铁行业两个子系统）五个行业的发展情况；另外 4 个子系统分别对应临汾市工业系统的环境表现：能耗、水耗、SO_2 排放和烟粉尘排放。

基于此，本案例共构建了 9 个 SD 流图，见图 7.14～图 7.22。

1. 煤炭行业发展子系统

图 7.14 描述了煤炭行业发展情况。关键假设如下：煤炭产能变化率决定了煤炭产能的变化，该指标是系统决策变量（控制煤炭产业规模），由不同的发展路径（A1～A9）决定，具体值见附录。本案例将落后煤炭产能专列出来，是为了在下一步环境子系统中模拟各行业对应的环境表现（先进产能和落后产能在能耗、新鲜水耗和污染物排放方面存在显著差别）。其中，煤炭落后产能变化量是另一个系统决策变量（控制煤炭产业内部结构，即落后产能和先进产能之间的比例），该指标同样由不同的发展路径决定。煤炭行业平均运行效率是系统的辅助变量，反映煤炭产能转化为煤炭产品的效率。根据《临汾统计年鉴》估算，临汾市煤炭行业生产效率从"十五"期间的 0.7 增加到"十二五"期间的 0.8 左右，本案例假设该效率随着时间增长，在"十三五"末达到 0.85。此外，煤炭行业发展子系统中，将先进和落后产能对应的煤炭产品分开。

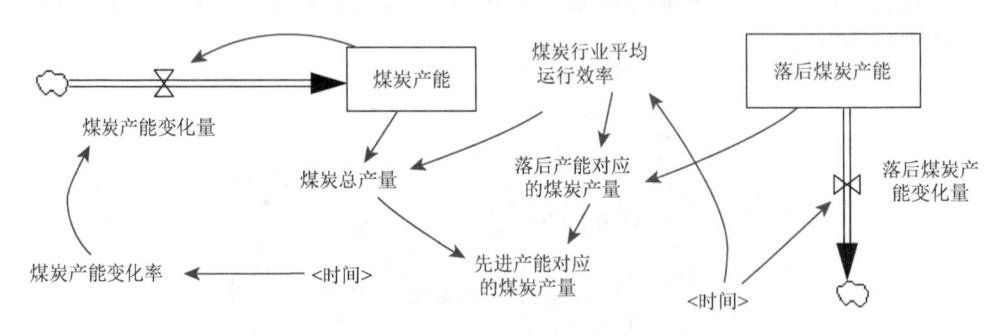

图 7.14　煤炭行业发展子系统流

2. 焦化行业发展子系统

图 7.15 描述了焦化行业发展情况。与煤炭行业发展子系统一样，选择焦炭产能变化率和落后焦炭产能变化量作为两大关键政策变量，分别控制焦炭行业产能规模和内部结构。这两大关键政策变量同样由不同的发展路径决定。焦炭行业平均运行效率是该子系统的辅助变量，反映焦炭产能转化为焦炭产品的效率。根据《临汾统计年鉴》估算，临汾市焦化行业生产效率从"十五"期间的 0.48 增加到"十二五"期间的 0.58 左右，本案例假设该效率随着时间增长，在"十三五"末达到 0.63。

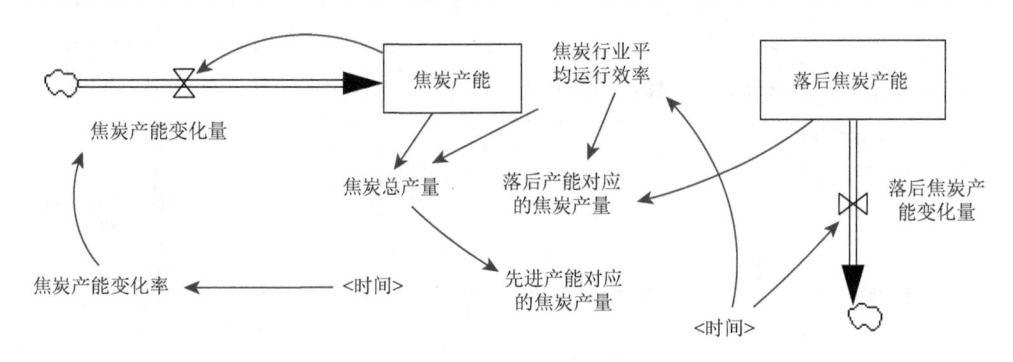

图 7.15　焦化行业发展子系统流

3. 生铁行业发展子系统

图 7.16 描述了生铁行业发展情况。选择生铁产能变化率和落后生铁产能变化量作为两大关键政策变量，分别控制生铁行业产能规模和内部结构，具体值见附录。生铁行业平均运行效率是该子系统的辅助变量，反映生铁产能转化为生铁产品的效率。根据《临汾统计年鉴》估算，临汾市生铁行业生产效率从"十五"期间的 0.6 增加到"十一五"期间的 0.7 左右，本案例假设该效率随着时间增长，在"十三五"末达到 0.85。

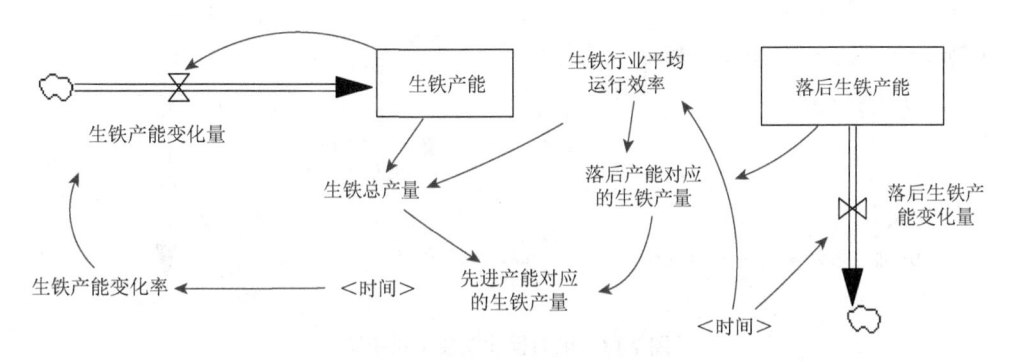

图 7.16　生铁行业发展子系统流

4. 钢铁行业发展子系统

图 7.17 描述了钢铁行业发展情况。选择钢铁产能变化率和落后钢铁产能变化量作为两大关键政策变量，分别控制钢铁行业产能规模和内部结构，具体值见附录。钢铁行业平均运行效率是该子系统的辅助变量，反映钢铁产能转化为钢铁产品的效率。根据《临汾统计年鉴》估算，临汾市钢铁行业生产效率从"十五"期间的 0.7 增加到"十一五"期间的 0.75 左右，本案例假设该效率随着时间增长，在"十三五"末达到 0.85。

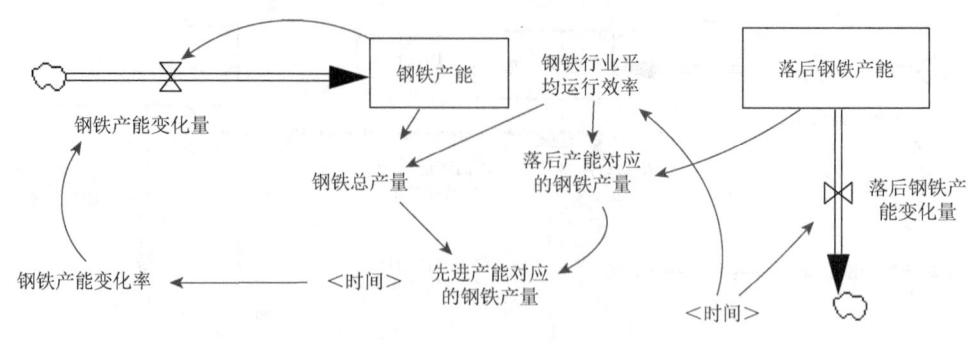

图 7.17　钢铁行业发展子系统流

5. 电力行业发展子系统

图 7.18 描述了电力行业发展情况。选择电力产能变化率和落后电力产能变化量作为两大关键政策变量，分别控制电力行业产能规模和内部结构，具体值见附录。电力行业平均运行效率是该子系统的辅助变量，反映电力产能转化为电力产品的效率。根据《临汾统计年鉴》估算，临汾市电力行业生产效率在"十五"初期为 0.22 左右，到"十五"末期增加到 0.61 左右，到"十一五"末期增加到 0.65 左右，因此本案例假设该效率随着时间增长，在"十三五"末达到 0.7。

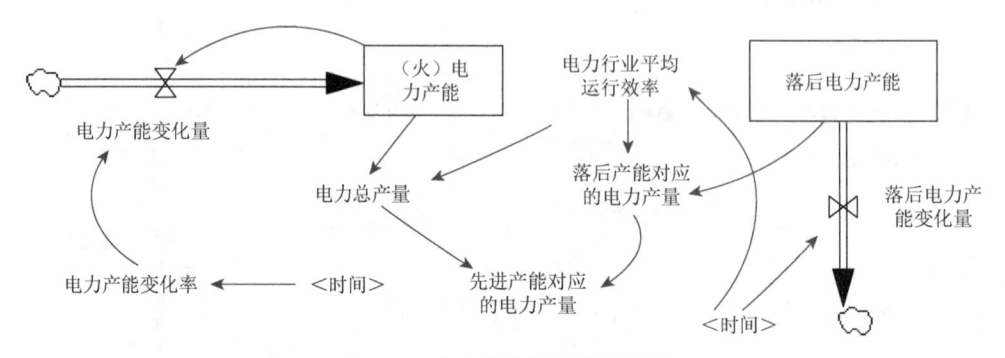

图 7.18　电力行业发展子系统流

6. 综合能耗子系统

图 7.19 描述了临汾市工业系统综合能耗情况。关键的决策变量主要包括：煤、焦、铁、电中先进/落后产能对应的能耗强度；这些变量控制临汾市工业系统的能源利用效率并最终决定临汾市工业系统总的能耗量；其取值由不同的发展路径决定。其中，对落后产能，假定其能源消耗强度维持现状值不变。主要依据是，根据临汾市相关规定，陆续对各类落后产能进行淘汰处理，因此本案例中对落后产能不考虑其技术升级。对先进产能，假定其能源消耗强度随时间逐步减小，并在 2020 年达到国内/国际先进水平。此外，由于本案例主要对"煤、焦、铁、电"主

导行业进行模拟,为了核算工业系统总能耗,采用"煤、焦、铁、电"行业能耗占工业系统总能耗比例这一辅助变量进行折算,该比例根据临汾市历年统计年鉴获取。相关统计显示,2001 年"煤、焦、铁、电"主导行业能耗占工业总能耗比例高达 98%,随后呈下降趋势,到 2010 年达到 88%左右,在 2020 年降到 80%左右。为了反映临汾市工业系统能耗对环境目标的响应情况,选取"工业能耗占环境限值比"作为控制指标,该值在 1 以下为达标,越小表明工业系统节能效率越高。工业总能耗限值对应相应的环境目标,根据临汾市能源消耗总量控制目标拟定。

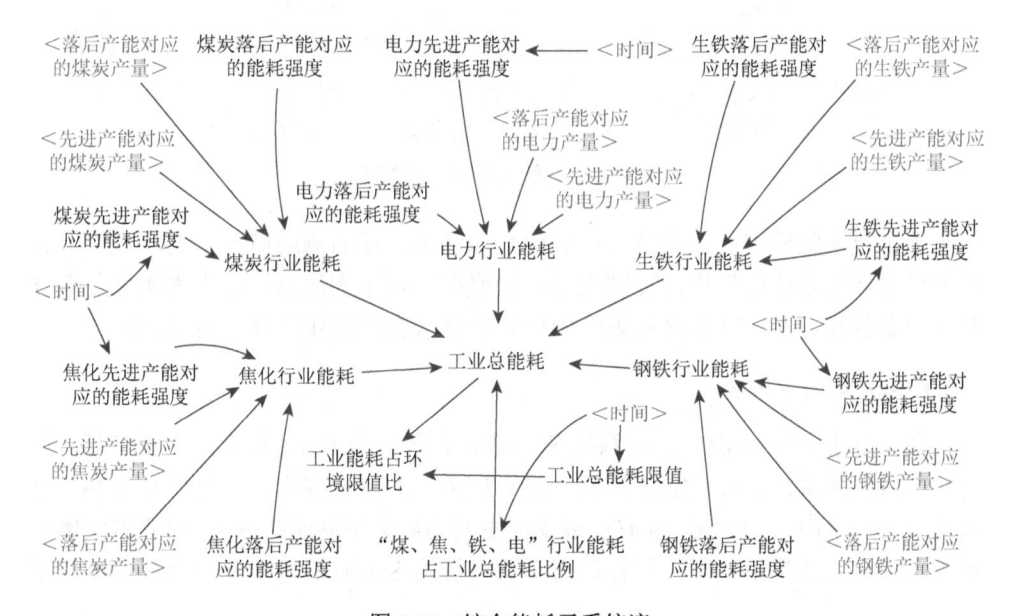

图 7.19　综合能耗子系统流

7. 新鲜水消耗子系统

图 7.20 描述了临汾市工业系统新鲜水耗情况。关键的决策变量主要包括:煤炭(焦化、生铁、钢铁、电力)先进/落后产能对应的新鲜水耗强度(单位产品的新鲜水耗量);这些变量控制临汾市工业系统的水资源利用效率并最终决定临汾市工业系统总的水资源消耗量;其取值由不同的发展路径决定。与能源消耗一样,假定落后产能对应的新鲜水耗强度维持现状值不变;先进产能新鲜水耗强度随时间将逐步减小,2020 年达到国内/国际先进水平。此外,为了核算工业系统总的新鲜水耗,采用"煤、焦、铁、电"行业新鲜水耗占工业系统总新鲜水耗比例这一辅助变量进行折算,其值参考临汾市历年统计年鉴获取。相关统计显示,2001 年"煤、焦、铁、电"主导行业新鲜水耗占工业总水耗比例高达 90%,随后呈下降趋势,到 2010 年达到 80%左右,在 2020 年降到 70%左右。

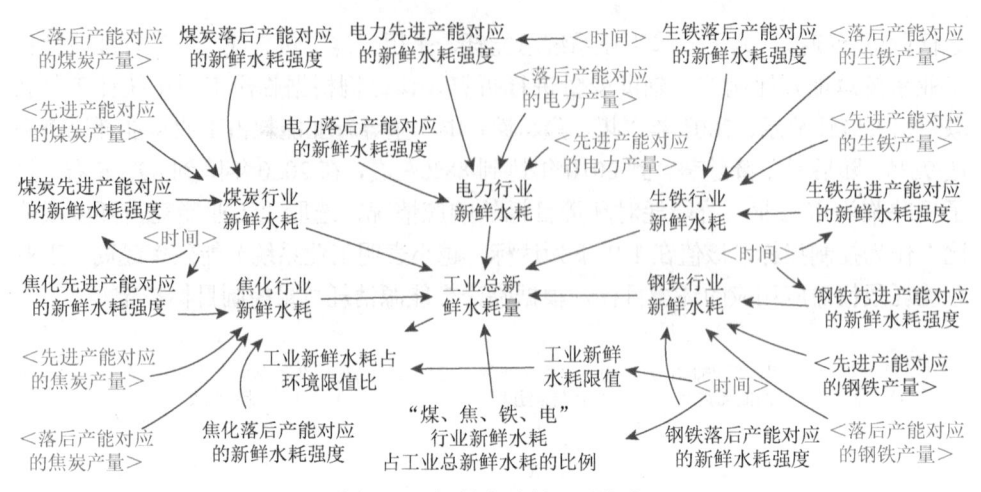

图 7.20　新鲜水消耗子系统流

为了反映临汾市工业系统水资源消耗对环境目标的响应情况，选取"工业新鲜水耗占环境限值比"作为控制指标，该值在 1 以下为达标，越小表明工业系统节水效率越高。工业新鲜水耗限值根据临汾市水资源消耗总量控制目标拟定。

8. SO_2 排放子系统

图 7.21 描述了临汾市工业系统 SO_2 排放情况。关键的决策变量主要包括：焦化（生铁、钢铁、电力）先进/落后产能对应的 SO_2 排放强度（单位产品的 SO_2 排放量），由于煤炭行业 SO_2 排放量很少（主要为矿区生活源排放），因此本案例中不予考虑。上述决策变量控制临汾市工业系统的 SO_2 减排效率并最终决定临汾市

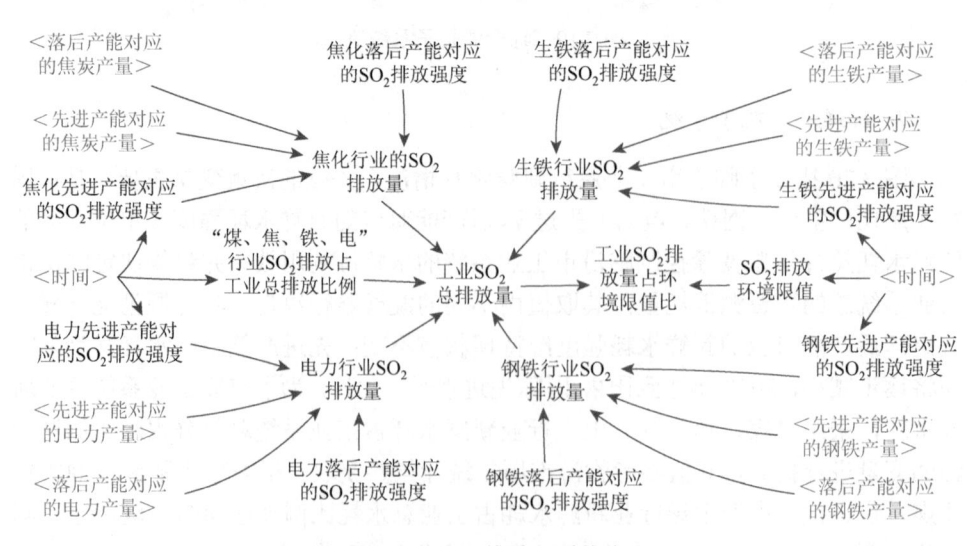

图 7.21　SO_2 排放子系统流

工业系统总的 SO_2 排放量；其取值由不同的发展路径决定。本案例假定落后产能对应的 SO_2 排放强度维持现状值不变；先进产能 SO_2 排放强度随时间将逐步减小，在 2020 年达到国内/国际先进水平。此外，为了核算工业系统总的 SO_2 排放量，采用"煤、焦、铁、电"行业 SO_2 排放占工业系统总排放比例这一辅助变量进行折算，其值参考临汾市历年统计年鉴获取。相关统计显示，2001 年"煤、焦、铁、电"主导行业 SO_2 排放占工业总排放比例高达 97%，随后呈下降趋势，到 2010 年达到 90%左右，在 2020 年降到 85%左右。

为了反映临汾市工业系统 SO_2 减排对环境目标的响应情况，选取"工业新 SO_2 排放量占环境限值比"作为控制指标，该值在 1 以下为达标，越小表明工业系统 SO_2 减排效率越高。工业 SO_2 排放限值根据临汾市 SO_2 排放总量控制目标拟定。

9. 烟粉尘排放子系统

图 7.22 描述了临汾市工业系统烟粉尘排放情况。关键的决策变量主要包括：煤炭（焦化、生铁、钢铁、电力）先进/落后产能对应的烟粉尘排放强度（单位产品的烟粉尘排放量）。这些决策变量控制临汾市工业系统的烟粉尘减排效率并最终决定临汾市工业系统总的烟粉尘排放量；其取值由不同的发展路径决定。本案例假定落后产能对应的烟粉尘排放强度维持现状值不变；先进产能烟粉尘排放强度随时间将逐步减小，2020 年达到国内/国际先进水平。此外，为了核算工业系统总的烟粉尘排放量，采用"煤、焦、铁、电"行业烟粉尘排放占工业系统总排放比例这一辅助变量进行折算，其值参考临汾市历年统计年鉴获取。相关统计显示，2001 年"煤、焦、铁、电"主导行业烟粉尘排放占工业总排放比例高达 97%，随后呈下降趋势，到 2010 年达到 90%左右，在 2020 年降到 85%左右。

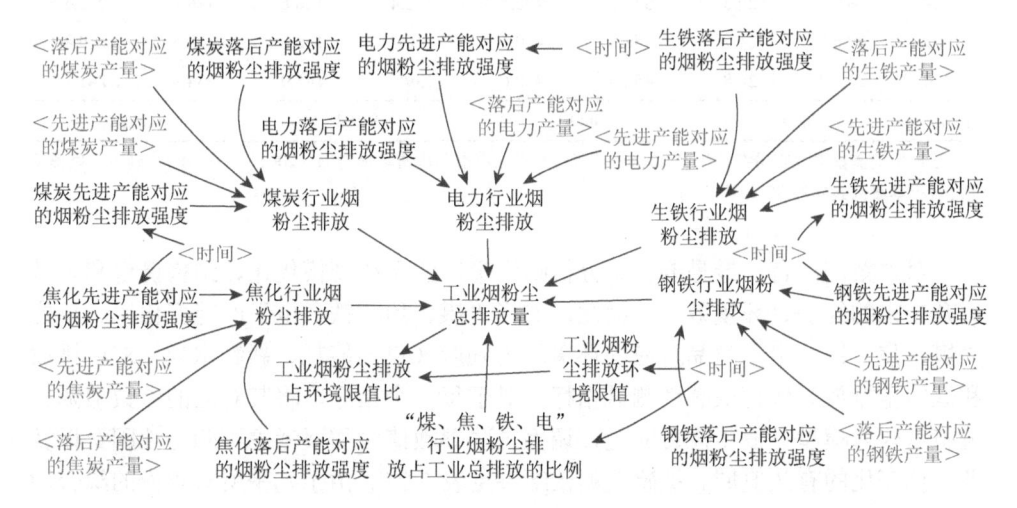

图 7.22 烟粉尘排放子系统流

为了反映临汾市工业系统烟粉尘减排对环境目标的响应情况，选取"工业新烟粉尘排放量占环境限值比"作为控制指标，该值在 1 以下为达标，越小表明工业系统烟粉尘减排效率越高。工业烟粉尘排放限值根据临汾市烟粉尘排放总量控制目标拟定。

模型建立之后，进一步历史一致性测试和敏感性测试，以确保模型模拟值与历史观测值保持一致，以及在参数发生较大变化时模型仍能保持稳健性。

本案例选择工业系统能耗、新鲜水耗、SO_2 排放和烟粉尘排放指标开展历史一致性测试。根据式（3-74），计算得到模拟值和历史观测值之间的平均相对误差指数（MARE），分别为 0.098、0.093、0.103 和 0.088，见表 7.22。四个值中，除了 SO_2 排放的 MARE 略大于 10%外，其他均小于 10%。总体而言，模型的历史一致性较好。

表 7.22　历史一致性测试结果

年份	综合能耗/百万吨标煤		新鲜水耗/$10^6 m^3$		SO_2 排放/$10^3 t$		烟粉尘排放/$10^3 t$	
	历史值	模拟值	历史值	模拟值	历史值	模拟值	历史值	模拟值
2001	11.8	10.0	204.4	218.9	78.7	77.1	124.0	111.6
2002	14.1	12.5	223.0	253.9	83.5	90.5	147.2	130.4
2003	16.6	14.8	272.7	298.3	96.8	103.8	170.7	150.4
2004	18.9	16.7	309.7	330.9	104.1	111.1	184.9	167.4
2005	25.3	21.1	369.3	404.5	121.6	135.4	212.9	202.8
2006	26.1	23.8	435.0	455.0	144.6	156.7	251.9	230.3
2007	26.4	23.2	426.7	447.7	138.8	158.6	244.2	226.6
2008	20.3	20.5	334.7	402.5	112.4	136.6	186.1	205.5
2009	20.6	21.7	358.5	410.1	110.7	132.6	188.5	209.8
2010	25.5	26.8	452.4	460.6	139.5	145.0	234.8	241.1
MARE	0.098		0.093		0.103		0.088	

注：历史值参考《临汾统计年鉴 2014》及《山西省临汾市环境质量报告书（2001—2005 年）》确定，模拟值通过运行本案例建立的 SD 模型得到。

对本案例而言，最重要的是分析临汾市工业系统规模优化、结构调整和效率提升带来的经济、环境效益，因此，选择"煤、焦、铁、电"产能变化率、单位"煤、焦、铁、电"产品对应的环境压力强度（包括能耗、新鲜水耗、SO_2 排放和烟粉尘排放）作为敏感性测试指标。对于每一个指标，将其对应的参数值随机调整后代入模型。值得注意的是，调整这些参数值时需要考虑不确定性因素以及各指标变化的有效值域。敏感性测试结果见表 7.23。由于几乎所有年份的综合敏感度都小于 1，因此该模型具有较好的稳健性。

表 7.23　敏感性测试结果

参数及其调整	历年结果						
	2002 年	2005 年	2008 年	2011 年	2014 年	2017 年	2020 年
"煤、焦、铁、电"产能变化率（+50%）	0.05	0.19	0.18	0.35	0.54	0.77	1.07
"煤、焦、铁、电"产能变化率（-50%）	0.10	0.33	0.35	0.57	0.72	0.85	0.98
"煤、焦、铁、电"落后产能变化量（+100%）	0.00	0.02	0.01	0.01	0.02	0.03	0.03
"煤、焦、铁、电"落后产能变化量（-50%）	0.00	0.02	0.01	0.01	0.02	0.03	0.03
单位"煤、焦、铁、电"产品对应的环境压力强度（+50%）	0.30	0.30	0.30	0.30	0.30	0.30	0.30
单位"煤、焦、铁、电"产品对应的环境压力强度（-80%）	0.44	0.44	0.44	0.44	0.44	0.48	0.44

注：参数及其调整均对应于临汾市工业系统现状值（BAU 情景）。

7.3.3　工业系统绿色转型发展路径模拟与优化

本案例选择的模拟时段为 2001~2020 年，其中，2001~2010 年数据主要用于历史一致性测试，2011~2020 年数据用于转型路径的评价。对应于本案例所针对的两类目标——经济发展和环境保护，路径模拟分为如下两步。

第一步，分析各类环境压力对环境保护目标的响应程度（分别以工业能耗、新鲜水耗、SO_2 排放和烟粉尘排放占相应的环境限值比进行表述），有效的发展路径应满足如下准则（"第一类准则"）：①上述环境压力指标在 2011~2020 年总体呈现下降趋势；②各类环境压力占环境限值的比应低于 1，这意味着能源、资源消耗和 SO_2 排放、烟粉尘排放均控制在相应的环境限值内。这一轮分析将剔除不能满足相关要求的发展路径。

第二步，由于经济目标最终体现在各类主导产业的发展规模上，因此对上一轮筛选出的各种发展路径，以主导产业规模最大作为进一步的筛选准则（"第二类准则"）。值得注意的是，有些发展路径具有相同的主导产业规模（如 A1、A2 和 A3），如果它们在第一轮的筛选中都得到保留，则引入"第三类准则"：以对工业系统结构干扰最小的路径作为最优路径，具体而言，BAU 方案干扰最小，EO 方案干扰最大。各种转型路径模拟结果如下。

1）工业系统能源消耗

工业系统综合能耗占环境限值的比例见图 7.23。该图揭示了 2011~2020 年，除了转型路径 A7 和 A9，其他转型路径下的能源消耗量占环境限值比都呈现上升趋势。其中，A1 和 A6 上升幅度最大，A1 占环境限值的比从 0.99 增加到 1.37；

A6 从 0.99 增加到 1.35。A3 紧随 A6 之后，占环境限制比从 0.99 增加到 1.26；其后是 A5、A2、A4 和 A8，该 4 个转型路径对应的综合能源消耗占环境限值的比例在 2020 年分别上升至 1.24、1.24、1.22 和 1.07。变化幅度最小的是 A9 和 A7，2020 年的值分别为 0.97 和 0.99。总体而言，只有 A9 和 A7 两个转型路径下的能源消耗控制在环境限值之下。

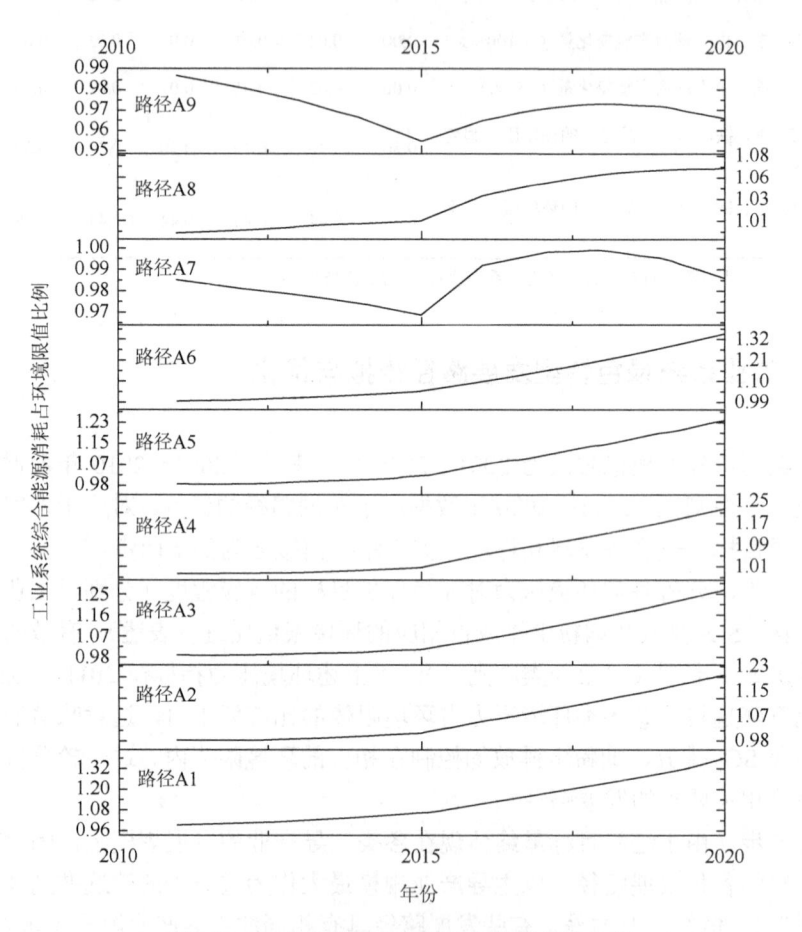

图 7.23 工业系统综合能耗占环境限值的比例

2）工业系统新鲜水耗

临汾市工业系统新鲜水耗占环境限值的比例见图 7.24。该图揭示了 2011~2020 年，除了转型路径 A7 和 A9 外，其他转型路径下的新鲜水耗占环境限值比都呈现上升趋势。各路径中，A1 和 A6 上升幅度最大，A1 占环境限值的比从 1.50 增加到 2.19；A6 从 1.50 增加到 2.02。A3 紧随 A6 之后，2020 年新鲜水耗占环境限值比为 1.50；随后是 A5、A8、A2 和 A4，该 4 个路径在 2020 年对应的环境限值比分别为 1.42、1.41、1.39 和 1.38。A7 在 2020 年对应的环境限值比为 1.06，A9 为 0.92。总体而言，只有 A9 转型路径下的新鲜水耗控制在环境限值之下。

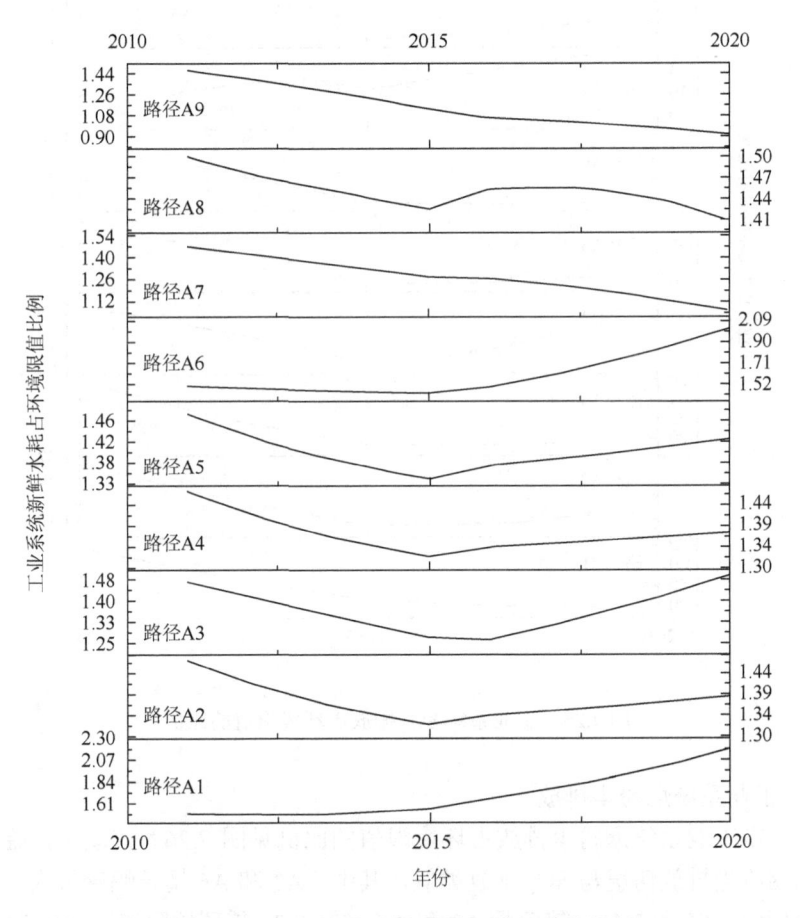

图 7.24 工业系统新鲜水耗占环境限值的比例

3）工业系统 SO_2 排放

临汾市工业系统 SO_2 排放占环境限值的比例见图 7.25。该图揭示了 2011~2020 年，A7 和 A9 对应的 SO_2 排放占环境限值比呈现下降趋势；A8 呈现先下降后上升的趋势，其他路径占环境限值比整体均呈现上升趋势。其中，A1、A6 和 A3 增长幅度最大，A1 对应的环境限值比从 1.19 增加到 1.80，A6 增长到 1.55，A3 增长到 1.55。A2、A5、A8 和 A3 紧随其后，分别增长到 1.35、1.34、1.21 和 1.20。A7 增长到 1.06，A9 下降到 0.90。总体而言，只有路径 A9 下的 SO_2 排放控制在环境限值之下。

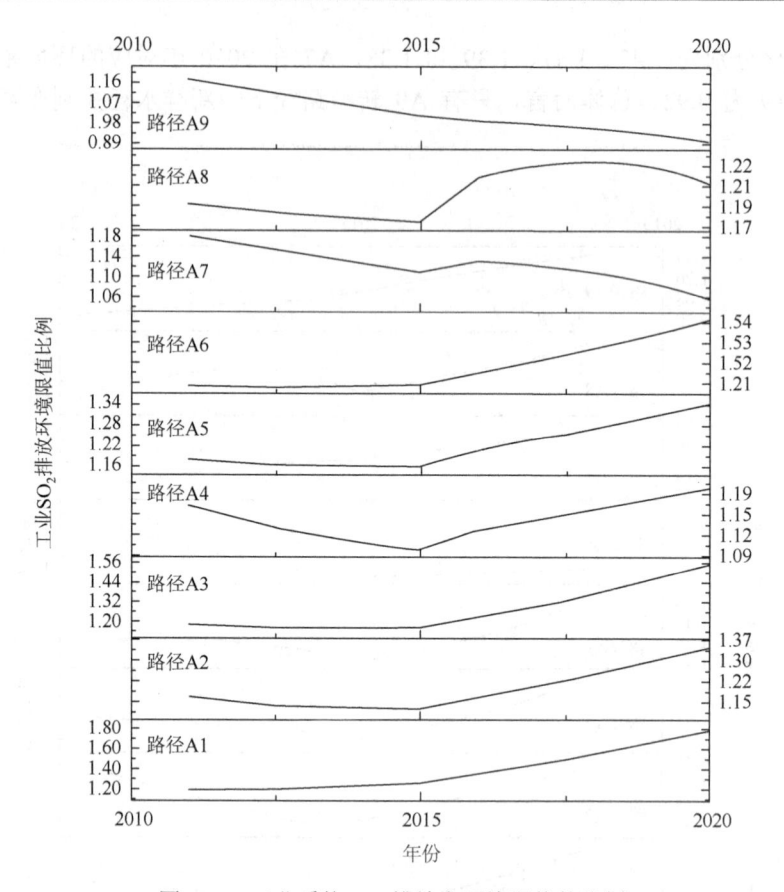

图 7.25 工业系统 SO_2 排放占环境限值的比例

4）工业系统烟粉尘排放

临汾市工业系统烟粉尘排放占环境限值的比例见图 7.26。该图中，临汾市工业系统烟粉尘排放情况与 SO_2 排放类似，其中，A1 和 A6 增长幅度最大，从 1.27 分别增加到 1.64 和 1.61。随后是 A3 和 A5，在 2020 年环境限值比分别为 1.43 和 1.42。然后是 A4、A2 和 A8，2020 年对应的环境限值比为 1.28、1.26 和 1.17。A7 和 A9 对应最小的环境限值比，2020 年分别为 1.06 和 0.93。总体而言，只有路径 A9 下的烟粉尘排放控制在环境限值之下。

综合考虑上述四类环境压力模拟结果，本案例发现只有转型路径 A9 能够满足所有的环境目标，这也意味着在本轮模拟中，其他 8 个转型路径都将被剔除。因此，本案例不再开展进一步针对各主导产业发展规模的比选，将 A9 作为最优发展路径予以推荐。值得注意的是，最优发展路径的选取受环境限值的影响很大，该值一般根据当前政府确定的环境压力控制方案（如能耗和用水总量、污染物排放总量等）确定。本案例中，考虑临汾市工业系统总体规模较大，同时存在大量的落后产能，而且工业系统整体技术水平有待提高，因此在环境限值的设置时选择相对严格的标准。但是，环境限值是随环境形势持续改变的，随着环境形势向好，预计当地环境限值的设置将会变得更加宽松。本案例假设了当环境限值提高 20%（新鲜水耗对应的限值提高 40%）的情景下各种发展路径对应的环境表现，结果发现第一轮筛选中将保留 A4、A7、A8 和 A9 四个发展路径；根据产业发展目标，A4 将作为最优路径被选取。总体而言，环境限值的选取是影响最优发展路径选取的一个关键因素。

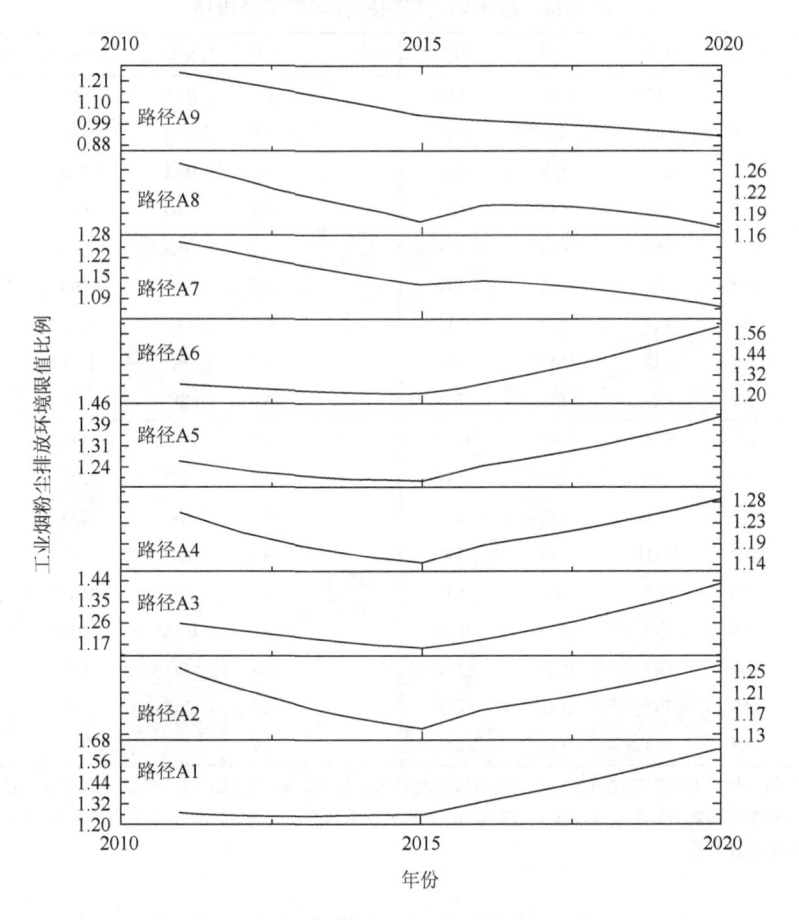

图 7.26　工业系统烟粉尘排放占环境限值的比例

本案例进一步根据各个发展路径的环境表现对其进行排序，见表 7.24。该表显示，对所有四类环境压力指标，A9 和 A7 表现最优，A1、A6 和 A3 表现最劣，其他发展路径处于中间水平。由于每一个发展路径在三个关键规划要素（优化产业规模、调整产业结构、提升产业效率）方面各有侧重（表中灰色部分），通过上述各发展路径的环境表现排序可以找出最关键的规划要素。本案例中，通过对比发现，强调优化产业规模的 A7 和 A9（A9 除了强调优化产业规模，对其他两项规划要素也同样重视，EO-EO-EO 组合）取得了更好表现，随后是提升产业效率（A2、A4 等），最后才是调整工业系统内部结构（A1、A6、A3 等）。这意味着通过着力控制产业规模的不合理扩张，临汾市工业系统环境压力最有希望被控制在目标限值内。

表 7.24 基于环境表现的各转型路径排序

环境压力	排序	优化规模	调整结构	提升效率	环境压力	排序	优化规模	调整结构	提升效率
综合能源消耗	A1	BAU	BAU	BAU	新鲜水资源消耗	A1	BAU	BAU	BAU
	A6	GO	EO	BAU		A6	GO	EO	BAU
	A3	BAU	EO	GO		A3	BAU	EO	GO
	A5	GO	GO	GO		A5	GO	GO	GO
	A2	BAU	GO	EO		A8	EO	GO	BAU
	A4	GO	BAU	EO		A2	BAU	GO	EO
	A8	EO	GO	BAU		A4	GO	BAU	EO
	A7	EO	BAU	GO		A7	EO	BAU	GO
	A9	EO	EO	EO		A9	EO	EO	EO
SO₂ 排放	A1	BAU	BAU	BAU	烟粉尘排放	A1	BAU	BAU	BAU
	A6	GO	EO	BAU		A6	GO	EO	BAU
	A3	BAU	EO	GO		A3	BAU	EO	GO
	A2	BAU	GO	EO		A5	GO	GO	GO
	A5	GO	GO	GO		A4	GO	BAU	EO
	A8	EO	GO	BAU		A2	BAU	GO	EO
	A4	GO	BAU	EO		A8	EO	GO	BAU
	A7	EO	BAU	GO		A7	EO	BAU	GO
	A9	EO	EO	EO		A9	EO	EO	EO

注：①第二和第七列的排序从上往下代表各发展路径的环境表现从差到优；②灰色部分代表各个发展路径在三类规划要素中最强调的要素；③BAU、EO 和 GO 分别代表来自企业代表、环保专家和当地规划部门对于规模、结构、技术的选择意愿。

7.4 工业系统绿色转型发展推进策略

本案例基于临汾市工业系统诊断，以规模、结构和技术作为推动转型的关键规划要素，通过对包括规划部门、环保专家、企业代表等不同利益相关方关于上述规划要素的选择意愿进行梳理，识别出代表不同发展方向的工业系统转型情景。具体而言，企业代表更强调经济和产业发展，尽管这些发展可能会为当地环境带来较大风险；环保专家更加强调环境保护，在一定程度上要牺牲部分产业及其经济效益；规划部门虽然也强调经济发展，但在结构调整和技术进步方面采取了一定程度的折中。进一步地，以此3种不同利益相关方的选择偏好作为各关键规划要素的3种不同水平，则临汾市工业系统绿色转型路径设计类似于由规模、结构和技术及不同利益相关方的选择偏好构成的3因素、3水平政策模拟实验。

由于按照全面实验将生产27种转型路径，工作量大而且不必要，因此采用正交设计方法对试验方案进行优化。选择正交表L9（3^4）进行转型路径设计，共开发出9个转型路径替代方案（A1~A9）。这9个转型路径在3种规划要素中各有侧重：A2和A4更加强调技术效率的提升；A3和A6更加强调结构的调整；A7和A8更强调的是产业规模的优化；A1和A9分别强调最小和最大程度的调整；A5则代表一定程度的折中。总体而言，以上述9个转型路径进行模拟，能够兼顾规划不确定性和各利益相关方诉求，因而在此基础上筛选出的最优路径能够代表临汾市的未来发展需求。

运用SD模型对临汾市工业系统9个转型路径进行了模拟，结果显示A9为最优路径。同时，对各个路径按其环境表现进行了排序，结果显示，A9和A7表现最优，A1、A6和A3表现最劣，其他转型路径处于中间水平。通过对各个发展路径的模拟和比较，从该结果出发，得到了以下一些重要启示。

首先，只有路径A9通过第一轮的筛选揭示出基于企业代表方案或规划部门方案而设置出的转型路径难以实现真正的绿色转型，其中一个关键原因是这些方案都强调了主导产业规模的快速扩张。例如，规划部门的方案中，焦化、生铁、钢铁和电力产业在2020年的规模相比环保专家的建议规模分别增加了22%、9%、15%和179%。电力的规模扩张得尤其快速是因为考虑煤炭市场持续低迷，当地希望将更多的煤炭转化为电力。然而，即使考虑主导产业内部规模的快速调整（加快淘汰落后产能）以及技术效率的快速提升，这种快速扩张还是不可避免地对当地环境造成巨大压力。

其次，各个转型路径（按环境表现）的排序揭示了对三大关键规划要素（优化产业规模、调整产业结构和提高技术效率）应有所侧重。对临汾市案例而言，模拟显示优化产业规模应优先对待，其次是提升技术效率，最后才是淘汰落后产能。这种排序揭示了对当地工业系统绿色转型而言，最严重的问题是"规模"问题。然而，在产业规划实践中，"规模"问题往往受到最小的关注，或者说只是在经济层面受到广泛关注，关于其对环境构成的压力有意或无意中被忽视。例如在临汾市"十二五"规划中，关于淘汰落后产能做了详细的设置，但是关于控制产业总体规模的描述却少之又少。此外，提高技术效率也是受到普遍关注的另一关键规划要素（Dong et al., 2012）。事实上，无论是强调结构调整、效率提升还是规模优化，对许多资源型地区绿色转型都是必不可少的关键措施。但是对某个具体资源型地区而言，究竟更应该着力于哪项规划措施，应视该城市的实际情况而定；通过对工业系统的环境表现进行模拟有利于筛选出更优转型路径。

最后，临汾案例揭示了系统动力学（SD）模型在应对规划复杂问题以及帮助制定更具有针对性的转型策略方面是有效的（蒯鹏等，2014）。与其他常用于多目标评价的方法相比，SD 方法具有如下优势：①该方法为决策者和公众提供了一个定性描述的结构模型，即系统流图或因果关系图，通过该结构模型，主导产业之间以及产业与环境要素之间的相互作用关系可以非常直观地被展示，模拟过程透明，有利于在规划编制过程中与各个利益相关方和决策者进行广泛的沟通，提高公众参与决策过程的效率。②SD 提供了一套简易的数理模型（Dynamo 方程），以实现对结构模型的赋值和模拟。对该系统而言，一旦模型在某个时间点的初始值给定，SD 模型就可以自动计算出下一个时间点的系统状态值，通过计算机的迭代运算，任何系统状态在任何时间点下的值都能很方便地被模拟出来。

总体而言，基于临汾市案例模拟，提出如下转型对策：①应基于转型路径 A9 设置相应的绿色转型发展规划。②对任何一类给定的工业系统，尽管优化产业规模、调整产业结构以及提升产业效率都是其绿色转型规划的核心要素，但对此三类要素，仍要针对区域具体情况区别对待。特别地，在临汾案例中，应把控制产业规模作为转型的优先措施。③SD 模拟对于提升资源型地区转型决策是有效的，建议在编制资源型地区转型规划中推广应用。

附 录

附表 临汾工业系统转型 SD 模型变量及方程

序号	变量	方程	单位
1	煤炭行业平均运行效率	WITH LOOKUP(Time, ([(2001, 0)—(2020, 1)], (2001, 0.7), (2005, 0.7), (2006, 0.75), (2010, 0.75), (2011, 0.8), (2015, 0.8), 2016, 0.85), (2020, 0.85)))	Dmnl
2	焦化行业平均运行效率	WITH LOOKUP(Time, ([(2001, 0)—(2020, 1)], (2001, 0.48), (2005, 0.48), (2006, 0.53), (2010, 0.53), (2011, 0.58), (2015, 0.58), (2016, 0.63), (2020, 0.63)))	Dmnl
3	生铁行业平均运行效率	WITH LOOKUP(Time, ([(2001, 0)—(2020, 1)], (2001, 0.6), (2005, 0.7), (2006, 0.7), (2020, 0.85))	Dmnl
4	电力行业平均运行效率	WITH LOOKUP(Time, ([(0, 0)—(3000, 10)], (2001, 0.22), (2005, 0.61), (2010, 0.65), (2020, 0.7)))	Dmnl
5	钢铁行业平均运行效率	WITH LOOKUP(Time, ([(2001, 0)—(2020, 1)], (2001, 0.7), (2005, 0.75), (2020, 0.85)))	Dmnl
6	先进产能对应的煤炭产量	煤炭总产量-落后产能对应的煤炭产量	10⁶t
7	落后产能对应的煤炭产量	煤炭行业平均运行效率×落后煤炭产能	10⁶t
8	煤炭产能	INTEG（煤炭产能变化量，62.9）	10⁶t
9	先进产能对应的焦炭产量	焦炭总产量-落后产能对应的焦炭产量	10⁶t
10	落后产能对应的焦炭产量	焦化行业平均运行效率×落后焦炭产能	10⁶t
11	焦化产能	INTEG（焦炭产能变化量，30.78）	10⁶t
12	煤炭行业能耗	先进产能对应的煤炭产量×煤炭先进产能对应的能耗强度＋落后产能对应的煤炭产量×煤炭落后产能对应的能耗强度	10³ 吨标煤
13	焦化行业能耗	先进产能对应的焦炭产量×焦化先进产能对应的能耗强度＋落后产能对应的焦炭产量×焦化落后产能对应的能耗强度	10³ 吨标煤
14	生铁行业能耗	先进产能对应的生铁产量×生铁先进产能对应的能耗强度＋落后产能对应的生铁产量×生铁落后产能对应的能耗强度	10³ 吨标煤
15	电力行业能耗	（电力先进产能对应的能耗强度×先进产能对应的电力产量＋电力落后产能对应的能耗强度×落后产能对应的电力产量）/1000	10³ 吨标煤

续表

序号	变量	方程	单位
16	钢铁行业能耗	钢铁先进产能对应的能耗强度×先进产能对应的钢铁产量+钢铁落后产能对应的能耗强度×落后产能对应的钢铁产量	10^3 吨标煤
17	煤炭先进产能对应的能耗强度	WITH LOOKUP(Time, [[(2001, 0)—(2020, 20)], (2001, 12.5), (2010, 8.4), (2020, 8.4)) BAU:[[(2001, 0)—(2020, 20)], (2001, 12.5), (2010, 8.4), (2020, 8.4)) GO:[[(2001, 0)—(2020, 20)], (2001, 12.5), (2010, 8.4), (2020, 7.9)) EO:[[(2001, 0)—(2020, 20)], (2001, 12.5), (2010, 8.4), (2020, 6.4))	10^3 吨标煤/10^6t
18	煤炭落后产能对应的能耗强度	12.5	10^3 吨标煤/10^6t
19	焦化先进产能对应的能耗强度	WITH LOOKUP(Time, [[(2001, 0)—(2020, 200)], (2001, 190.1), (2010, 164.3), (2020, 150)) BAU:[[(2001, 0)—(2020, 200)], (2001, 190.1), (2010, 164.3), (2020, 164.3)) GO:[[(2001, 0)—(2020, 200)], (2001, 190.1), (2010, 164.3), (2020, 154.2)) EO:[[(2001, 0)—(2020, 200)], (2001, 190.1), (2010, 164.3), (2020, 150))	10^3 吨标煤/10^6t
20	焦化落后产能对应的能耗强度	190.1	10^3 吨标煤/10^6t
21	生铁先进产能对应的能耗强度	WITH LOOKUP(Time, [[(2001, 0)—(2020, 500)], (2001, 468.8), (2010, 418.7), (2020, 385)) BAU:[[(2001, 0)—(2020, 500)], (2001, 468.8), (2010, 418.7), (2020, 418.7)) GO:[[(2001, 0)—(2020, 500)], (2001, 468.8), (2010, 418.7), (2020, 385)) EO:[[(2001, 0)—(2020, 500)], (2001, 468.8), (2010, 418.7), (2020, 385))	10^3 吨标煤/10^6t
22	生铁落后产能对应的能耗强度	468.8	10^3 吨标煤/10^6t
23	电力先进产能对应的能耗强度	WITH LOOKUP(Time, [[(2001, 0)—(2020, 800)], (2001, 798.8), (2010, 673.6), (2020, 601)) BAU:[[(2001, 0)—(2020, 800)], (2001, 798.8), (2010, 673.6), (2020, 673.6)) GO:[[(2001, 0)—(2020, 800)], (2001, 798.8), (2010, 673.6), (2020, 611)) EO:[[(2001, 0)—(2020, 800)], (2001, 798.8), (2010, 673.6), (2020, 601))	吨标煤/10^6kWh
24	电力落后产能对应的能耗强度	798.8	吨标煤/10^6kWh
25	钢铁先进产能对应的能耗强度	WITH LOOKUP(Time, [[(2001, 0)—(2020, 80)], (2001, 74.1), (2010, 51.9), (2020, 51.9)) BAU:[[(2001, 0)—(2020, 80)], (2001, 74.1), (2010, 51.9), (2020, 51.9)) GO:[[(2001, 0)—(2020, 80)], (2001, 74.1), (2010, 51.9), (2020, 47.7)) EO:[[(2001, 0)—(2020, 80)], (2001, 74.1), (2010, 51.9), (2020, 42.8))	10^3 吨标煤/10^6t
26	钢铁落后产能对应的能耗强度	74.1	10^3 吨标煤/10^6t
27	煤炭行业新鲜水耗	先进产能对应的煤炭产量×煤炭先进产能对应的新鲜水耗强度+落后产能对应的煤炭落后产能对应的新鲜水耗强度	10^6 m^3

续表

序号	变量	方程	单位
28	焦化行业新鲜水耗	先进产能对应的焦炭产量×焦化先进产能对应的新鲜水耗强度＋落后产能对应的焦炭产量×焦化落后产能对应的新鲜水耗强度	$10^6 m^3$
29	生铁行业新鲜水耗	生铁先进产能对应的新鲜水耗强度×先进产能对应的生铁产量＋生铁落后产能对应的新鲜水耗强度×落后产能对应的生铁产量	$10^6 m^3$
30	电力行业新鲜水耗	（电力先进产能对应的新鲜水耗强度×先进产能对应的电力产量＋电力落后产能对应的新鲜水耗强度×落后产能对应的电力产量）/1000	$10^6 m^3$
31	钢铁行业新鲜水耗	钢铁先进产能对应的新鲜水耗强度×先进产能对应的钢铁产量＋钢铁落后产能对应的新鲜水耗强度×落后产能对应的钢铁产量	$10^6 m^3$
32	煤炭先进产能对应的新鲜水耗强度	WITH LOOKUP(Time, ([(2001, 0)—(2020, 1)], (2001, 0.4), (2010, 0.2), (2020, 0.2)) BAU:([(2001, 0)—(2020, 1)], (2001, 0.4), (2010, 0.2), (2020, 0.2)) GO:([(2001, 0)—(2020, 1)], (2001, 0.4), (2010, 0.2), (2020, 0.15)) EO:([(2001, 0)—(2020, 1)], (2001, 0.4), (2010, 0.2), (2020, 0.1)))	$10^6 m^3/10^4 t$
33	煤炭落后产能对应的新鲜水耗强度	0.4	$10^6 m^3/10^4 t$
34	焦化先进产能对应的新鲜水耗强度	WITH LOOKUP(Time, ([(2001, 0)—(2020, 10)], (2001, 3.5), (2010, 2.36), (2020, 2.36)) BAU:([(2001, 0)—(2020, 10)], (2001, 3.5), (2010, 2.36), (2020, 2.36)) GO:([(2001, 0)—(2020, 10)], (2001, 3.5), (2010, 2.36), (2020, 2)) EO:([(2001, 0)—(2020, 10)], (2001, 3.5), (2010, 2.36), (2020, 1.4)))	$10^6 m^3/10^4 t$
35	焦化落后产能对应的新鲜水耗强度	3.5	$10^6 m^3/10^4 t$
36	生铁先进产能对应的新鲜水耗强度	WITH LOOKUP(Time, ([(2001, 0)—(2020, 10)], (2001, 6.2), (2010, 2.6), (2020, 2.6)) BAU:([(2001, 0)—(2020, 10)], (2001, 6.2), (2010, 2.6), (2020, 2.6)) GO:([(2001, 0)—(2020, 10)], (2001, 6.2), (2010, 2.6), (2020, 1.53)) EO:([(2001, 0)—(2020, 10)], (2001, 6.2), (2010, 2.6), (2020, 1.5)))	$10^6 m^3/10^4 t$
37	生铁落后产能对应的新鲜水耗强度	7.3	$10^3 m^3/10^6 kWh$
38	电力先进产能对应的新鲜水耗强度	WITH LOOKUP(Time, ([(2001, 0)—(2020, 10)], (2001, 7.3), (2010, 3.2), (2020, 3.2)) BAU:([(2001, 0)—(2020, 10)], (2001, 7.3), (2010, 3.2), (2020, 3.2)) GO:([(2001, 0)—(2020, 10)], (2001, 7.3), (2010, 3.2), (2020, 2.37)) EO:([(2001, 0)—(2020, 10)], (2001, 7.3), (2010, 3.2), (2020, 2)))	$10^3 m^3/10^6 kWh$

续表

序号	变量	方程	单位
39	电力落后产能对应的新鲜水耗强度	WITH LOOKUP(Time, ([(2001, 0)—(2020, 20)], (2001, 16.2), (2010, 7.3), (2020, 4.81))) BAU:([(2001, 0)—(2020, 20)], (2001, 16.2), (2010, 7.3), (2020, 7.3)) GO:([(2001, 0)—(2020, 20)], (2001, 16.2), (2010, 7.3), (2020, 5)) EO:([(2001, 0)—(2020, 20)], (2001, 16.2), (2010, 7.3), (2020, 4.81))	$10^6m^3/10^6t$
40	钢铁先进产能对应的新鲜水耗强度	16.2	$10^6m^3/10^6t$
41	钢铁落后产能对应的新鲜水耗强度	6.2	$10^6m^3/10^6t$
42	工业总能耗	（煤炭行业能耗＋焦化行业能耗＋生铁行业能耗＋电力行业能耗＋钢铁行业能耗）/“煤焦铁电”行业能耗占工业总能耗比例	10^3 吨标煤
43	工业总新鲜水耗	（煤炭行业新鲜水耗＋焦化行业新鲜水耗＋生铁行业新鲜水耗＋电力行业新鲜水耗＋钢铁行业新鲜水耗）/“煤焦铁电”行业新鲜水耗占工业总新鲜水耗比例	10^3 吨标煤
44	工业烟粉尘总排放	（煤炭行业烟粉尘排放＋焦化行业烟粉尘排放＋生铁行业烟粉尘排放＋电力行业烟粉尘排放＋钢铁行业烟粉尘排放）/“煤焦铁电”行业烟粉尘排放占工业总排放比例	10^3 吨标煤
45	工业 SO_2 总排放	（焦化行业 SO_2 排放＋生铁行业 SO_2 排放＋电力行业 SO_2 排放＋钢铁行业 SO_2 排放）/“煤焦铁电”行业 SO_2 排放占工业总排放比例	10^3 吨标煤
46	先进产能对应的生铁产量	生铁总产量–落后产能对应的生铁产量	10^6t
47	落后产能对应的生铁产量	落后生铁产能×生铁行业平均运行效率	10^6t
48	生铁产能	INTEG（生铁产能变化量，14.6）	10^6t
49	工业总能耗限值	WITH LOOKUP(Time, ([(2001, 0)—(2020, 40000)], (2001, 7060.3), (2002, 8430), (2003, 11162), (2004, 14988.6), (2005, 17687.4), (2006, 19220.6), (2007, 20803.6), (2008, 22218.5), (2009, 20398.3), (2010, 22842.5), (2015, 31494.7), (2020, 37568.9)))	10^3 吨标煤
50	工业新鲜水耗限值	WITH LOOKUP(Time, ([(2001, 0)—(2020, 500)], (2001, 59.8), (2002, 71.1), (2003, 93.6), (2004, 124.9), (2005, 146.5), (2006, 164.3), (2007, 184), (2008, 203.9), (2009, 195), (2010, 228.4), (2015, 334), (2020, 402.5)))	10^6m^3
51	工业烟粉尘排放环境限值	WITH LOOKUP(Time, ([(2001, 0)—(2020, 300)], (2001, 86.2), (2002, 91.6), (2003, 105.7), (2004, 120.4), (2005, 115.8), (2006, 126.9), (2007, 138.6), (2008, 149.5), (2009, 138.9), (2010, 157.6), (2015, 229.1), (2020, 273.7)))	10^3t
52	工业 SO_2 排放环境限值	WITH LOOKUP(Time, ([(2001, 0)—(2020, 200)], (2001, 47.9), (2002, 50.9), (2003, 58.7), (2004, 66.9), (2005, 64.3), (2006, 71), (2007, 78.1), (2008, 85), (2009, 79.7), (2010, 91.4), (2015, 133.6), (2020, 161)))	10^3t

附　录

续表

序号	变量	方程	单位
53	落后煤炭产能	INTEG（−落后煤炭产能变化量，44.1）	10^6t
54	落后焦化产能	INTEG（−落后焦化产能变化量，21.6）	10^6t
55	落后生铁产能	INTEG（−落后生铁产能变化量，12.4）	10^6t
56	落后电力产能	INTEG（−落后电力产能变化量，1.4）	10^6kW
57	落后钢铁产能	INTEG（−落后钢铁产能变化量，3.82）	10^6t
58	先进产能对应的电力产量	电力总产量−落后产能对应的电力产量	10^6kWh
59	落后产能对应的电力产量	落后电力产能×电力行业平均运行效率×250×24	10^6kWh
60	（火）电力产能	INTEG（电力产能变化量，2）	10^6kW
61	煤炭产能变化率	WITH LOOKUP(Time, ([(2001, −0.3)−(2020, 1)], (2001, 0.21), (2002, 0.1), (2003, 0.02), (2004, 0.12), (2005, 0.14), (2006, 0.13), (2007, −0.04), (2008, −0.1), (2009, −0.12), (2010, 0.041), (2020, 0.041))) BAU:([(2001, −0.3)−(2020, 1)], (2001, 0.21), (2002, 0.1), (2003, 0.02), (2004, 0.12), (2005, 0.14), (2006, 0.13), (2007, −0.04), (2008, −0.1), (2009, −0.12), (2010, 0.041), (2020, 0.041)) GO:([(2001, −0.3)−(2020, 1)], (2001, 0.21), (2002, 0.1), (2003, 0.02), (2004, 0.12), (2005, 0.14), (2006, 0.13), (2007, −0.04), (2008, −0.1), (2009, −0.12), (2010, 0.041), (2020, 0.041)) EO:([(2001, −0.3)−(2020, 1)], (2001, 0.21), (2002, 0.1), (2003, 0.02), (2004, 0.12), (2005, 0.14), (2006, 0.13), (2007, −0.04), (2008, −0.1), (2009, −0.12), (2010, 0.041), (2020, 0.041))	Dmnl
62	焦化产能变化率	WITH LOOKUP(Time, ([(2001, −0.3)−(2020, 1)], (2001, 0.04), (2002, 0), (2003, 0.07), (2004, 0.12), (2005, 0.13), (2006, −0.02), (2007, −0.29), (2008, −0.12), (2009, 0.02), (2010, 0.007), (2020, 0))) BAU:([(2001, −0.3)−(2020, 1)], (2001, 0.04), (2002, 0), (2003, 0.07), (2004, 0.12), (2005, 0.13), (2006, −0.02), (2007, −0.14), (2008, −0.12), (2009, 0.02), (2010, 0.007), (2020, 0.007)) GO:([(2001, −0.3)−(2020, 1)], (2001, 0.04), (2002, 0), (2003, 0.07), (2004, 0.12), (2005, 0.13), (2006, −0.02), (2007, −0.29), (2008, −0.12), (2009, 0.02), (2010, 0.007), (2020, 0.019)) EO:([(2001, −0.3)−(2020, 1)], (2001, 0.04), (2002, 0), (2003, 0.07), (2004, 0.12), (2005, 0.13), (2006, −0.02), (2007, −0.14), (2008, −0.12), (2009, 0.02), (2010, 0.007), (2020, 0.000))	Dmnl
63	生铁产能变化率	WITH LOOKUP(Time, ([(2001, −0.3)−(2020, 1)], (2001, 0.11), (2002, 0.13), (2003, 0.06), (2004, 0.32), (2005, 0.2), (2006, −0.05), (2007, −0.29), (2008, 0.1), (2009, 0.44), (2010, 0.086), (2020, 0))) BAU:([(2001, −0.3)−(2020, 1)], (2001, 0.11), (2002, 0.13), (2003, 0.06), (2004, 0.32), (2005, 0.2), (2006, −0.05), (2007, −0.29), (2008, 0.1), (2009, 0.44), (2010, 0.086), (2020, 0.086)) GO:([(2001, −0.3)−(2020, 1)], (2001, 0.11), (2002, 0.13), (2003, 0.06), (2004, 0.32), (2005, 0.2), (2006, −0.05), (2007, −0.29), (2008, 0.1), (2009, 0.44), (2010, 0.086), (2020, 0.008)) EO:([(2001, −0.3)−(2020, 1)], (2001, 0.11), (2002, 0.13), (2003, 0.06), (2004, 0.32), (2005, 0.2), (2006, −0.05), (2007, −0.29), (2008, 0.1), (2009, 0.44), (2010, 0.086), (2020, 0.0))	Dmnl

续表

序号	变量	方程	单位
64	电力产能变化率	WITH LOOKUP(Time, ([(2001, −0.3)−(2020, 1)], (2001, 0.17), (2002, 0.03), (2003, −0.04), (2004, 0.04), (2005, −0.04), (2006, −0.04), (2007, 0.09), (2008, 0.13), (2009, 0.17), (2010, 0.048), (2020, 0.03))) BAU:([(2001, −0.3)−(2020, 1)], (2001, 0.17), (2002, 0.03), (2003, −0.04), (2004, 0.04), (2005, −0.04), (2006, −0.04), (2007, 0.09), (2008, 0.13), (2009, 0.17), (2010, 0.048), (2020, 0.048)) GO:([(2001, −0.3)−(2020, 1)], (2001, 0.17), (2002, 0.03), (2003, −0.04), (2004, 0.04), (2005, −0.04), (2006, −0.04), (2007, 0.09), (2008, 0.13), (2009, 0.17), (2010, 0.048), (2020, 0.141)) EO:([(2001, −0.3)−(2020, 1)], (2001, 0.17), (2002, 0.03), (2003, −0.04), (2004, 0.04), (2005, −0.04), (2006, −0.04), (2007, 0.09), (2008, 0.13), (2009, 0.17), (2010, 0.048), (2020, 0.030))	Dmnl
65	钢铁产能变化率	WITH LOOKUP(Time, ([(2001, −0.3)−(2020, 1)], (2001, 0.06), (2002, 0.26), (2003, 0.1), (2004, 0.24), (2005, 0.22), (2006, 0.07), (2007, −0.01), (2008, 0.21), (2009, 0.41), (2010, 0.15), (2020, 0))) BAU:([(2001, −0.3)−(2020, 1)], (2001, 0.06), (2002, 0.26), (2003, 0.1), (2004, 0.24), (2005, 0.22), (2006, 0.07), (2007, −0.01), (2008, 0.21), (2009, 0.41), (2010, 0.15), (2020, 0.15)) GO:([(2001, −0.3)−(2020, 1)], (2001, 0.06), (2002, 0.26), (2003, 0.1), (2004, 0.24), (2005, 0.22), (2006, 0.07), (2007, −0.01), (2008, 0.21), (2009, 0.41), (2010, 0.15), (2020, 0.13)) EO:([(2001, −0.3)−(2020, 1)], (2001, 0.06), (2002, 0.26), (2003, 0.1), (2004, 0.24), (2005, 0.22), (2006, 0.07), (2007, −0.01), (2008, 0.21), (2009, 0.41), (2010, 0.15), (2020, 0.0))	Dmnl
66	工业总能耗占环境限值比	工业总能耗/工业总能耗限值	Dmnl
67	"煤焦铁电"行业能耗占工业总能耗比例	WITH LOOKUP(Time, ([(2001, 0)−(2020, 2)], (2001, 0.98), (2020, 0.8)))	Dmnl
68	工业新鲜水耗占环境限值比	工业总新鲜水耗/工业新鲜水耗限值	Dmnl
69	"煤焦铁电"行业新鲜水耗占工业总新鲜水耗比例	WITH LOOKUP(Time, ([(2001, 0)−(2020, 1)], (2001, 0.9), (2005, 0.86), (2010, 0.8), (2020, 0.7)))	Dmnl
70	工业烟粉尘排放总量占环境限值比	工业烟粉尘排放总量/工业烟粉尘排放环境限值	Dmnl
71	"煤焦铁电"行业烟粉尘排放占工业总排放比例	WITH LOOKUP(Time, ([(2001, 0)−(2020, 1)], (2001, 0.97), (2005, 0.93), (2010, 0.9), (2020, 0.85)))	Dmnl
72	工业SO$_2$排放总量/工业SO$_2$排放环境限值	工业SO$_2$排放总量/工业SO$_2$排放环境限值	Dmnl
73	"煤焦铁电"行业SO$_2$排放占工业总排放比例	WITH LOOKUP(Time, ([(2001, 0)−(2020, 1)], (2001, 0.97), (2005, 0.93), (2010, 0.9), (2020, 0.85)))	Dmnl
74	煤炭行业烟粉尘排放	先进产能对应的煤炭产量×煤炭先进产能对应的烟粉尘排放强度+落后产能对应的煤炭产量×煤炭落后产能对应的烟粉尘排放强度	10^{3}t

续表

序号	变量	方程	单位
75	焦化行业烟粉尘排放	先进产能对应的焦炭产量×焦化先进产能对应的烟粉尘排放强度+落后产能对应的焦炭产量×焦化落后产能对应的烟粉尘排放强度	10^3t
76	生铁行业烟粉尘排放	先进产能对应的生铁产量×生铁先进产能对应的烟粉尘排放强度+落后产能对应的生铁产量×生铁落后产能对应的烟粉尘排放强度	10^3t
77	电力行业烟粉尘排放	（先进产能对应的电力产量×电力先进产能对应的烟粉尘排放强度+落后产能对应的电力产量×电力落后产能对应的烟粉尘排放强度）/1000	10^3t
78	钢铁行业烟粉尘排放	钢铁先进产能对应的钢铁产量×先进产能对应的烟粉尘排放强度	10^3t
79	煤炭先进产能对应的烟粉尘排放强度	WITH LOOKUP(Time, ([(2001, 0)—(2020, 1)], (2001, 0.1), (2010, 0.1), (2020, 0.1)))	10^3t/10^6t
80	煤炭落后产能对应的烟粉尘排放强度	0.1	10^3t/10^6t
81	焦化先进产能对应的烟粉尘排放强度	WITH LOOKUP(Time, ([(2001, 0)—(2020, 10)], (2001, 3.4), (2010, 2.5), (2020, 2.5))) BAU:([(2001, 0)—(2020, 10)], (2001, 3.4), (2010, 2.5), (2020, 2.5)) GO:([(2001, 0)—(2020, 10)], (2001, 3.4), (2010, 2.5), (2020, 2.4)) EO:([(2001, 0)—(2020, 10)], (2001, 3.4), (2010, 2.5), (2020, 2.0))	10^3t/10^6t
82	焦化落后产能对应的烟粉尘排放强度	3.4	10^3t/10^6t
83	生铁先进产能对应的烟粉尘排放强度	WITH LOOKUP(Time, ([(2001, 0)—(2020, 10)], (2001, 2.2), (2010, 1.7), (2020, 1.7))) BAU:([(2001, 0)—(2020, 10)], (2001, 2.2), (2010, 1.7), (2020, 1.7)) GO:([(2001, 0)—(2020, 10)], (2001, 2.2), (2010, 1.7), (2020, 1.5)) EO:([(2001, 0)—(2020, 10)], (2001, 2.2), (2010, 1.7), (2020, 1.4))	10^3t/10^6t
84	生铁落后产能对应的烟粉尘排放强度	2.2	10^3t/10^6t
85	电力先进产能对应的烟粉尘排放强度	WITH LOOKUP(Time, ([(2001, 0)—(2020, 10)], (2001, 5.8), (2010, 3.9), (2020, 3))) BAU:([(2001, 0)—(2020, 10)], (2001, 5.8), (2010, 3.9), (2020, 3.9)) GO:([(2001, 0)—(2020, 10)], (2001, 5.8), (2010, 3.9), (2020, 3.3)) EO:([(2001, 0)—(2020, 10)], (2001, 5.8), (2010, 3.9), (2020, 3.0))	t/10^6kWh
86	电力落后产能对应的烟粉尘排放强度	5.8	t/10^6kWh

续表

序号	变量	方程	单位
87	钢铁先进产能对应的烟粉尘排放强度	WITH LOOKUP(Time, ([(2001, 0)—(2020, 10)], (2001, 5.7), (2010, 2.8), (2020, 2)) BAU:{[(2001, 0)—(2020, 10)], (2001, 5.7), (2010, 2.8), (2020, 2.8)} GO:{[(2001, 0)—(2020, 10)], (2001, 5.7), (2010, 2.8), (2020, 2.4)} EO:{[(2001, 0)—(2020, 10)], (2001, 5.7), (2010, 2.8), (2020, 2.0)}	10^3t/10^6t
88	钢铁落后产能对应的烟粉尘排放强度	5.7	10^3吨标煤/10^6t
89	焦化行业的 SO_2 排放量	先进产能对应的焦炭产量×焦化先进产能对应的 SO_2 排放强度 + 落后产能对应的焦炭产量×焦化落后产能对应的 SO_2 排放强度	10^3t
90	生铁行业的 SO_2 排放量	先进产能对应的生铁产量×生铁先进产能对应的 SO_2 排放强度 + 落后产能对应的生铁产量×生铁落后产能对应的 SO_2 排放强度	10^3t
91	电力行业的 SO_2 排放量	(先进产能对应的电力产量×电力先进产能对应的 SO_2 排放强度 + 落后产能对应的电力产量×电力落后产能对应的 SO_2 排放强度) /1000	10^3t
92	钢铁行业的 SO_2 排放量	钢铁先进产能对应的 SO_2 排放强度×先进产能对应的钢铁产量 + 钢铁落后产能对应的 SO_2 排放强度×落后产能对应的钢铁产量	10^3t
93	焦化先进产能对应的 SO_2 排放强度	WITH LOOKUP(Time, ([(2001, 0)—(2020, 1)], (2001, 0.9), (2010, 0.5), (2020, 0.5)) BAU:{[(2001, 0)—(2020, 1)], (2001, 0.9), (2010, 0.5), (2020, 0.5)} GO:{[(2001, 0)—(2020, 1)], (2001, 0.9), (2010, 0.5), (2020, 0.4)} EO:{[(2001, 0)—(2020, 1)], (2001, 0.9), (2010, 0.5), (2020, 0.3)}	10^3t/10^6t
94	焦化落后产能对应的 SO_2 排放强度	0.9	10^3t/10^6t
95	生铁先进产能对应的 SO_2 排放强度	WITH LOOKUP(Time, ([(2001, 0)—(2020, 10)], (2001, 2.9), (2010, 1.7), (2020, 1.2)) BAU:{[(2001, 0)—(2020, 10)], (2001, 2.9), (2010, 1.7), (2020, 1.7)} GO:{[(2001, 0)—(2020, 10)], (2001, 2.9), (2010, 1.7), (2020, 1.5)} EO:{[(2001, 0)—(2020, 10)], (2001, 2.9), (2010, 1.7), (2020, 1.2)}	10^3t/10^6t
96	生铁落后产能对应的 SO_2 排放强度	2.9	10^3t/10^6t
97	电力先进产能对应的 SO_2 排放强度	WITH LOOKUP(Time, ([(2001, 0)—(2020, 10)], (2001, 2.8), (2010, 2.3), (2020, 2)) BAU:{[(2001, 0)—(2020, 10)], (2001, 2.8), (2010, 2.3), (2020, 2.3)} GO:{[(2001, 0)—(2020, 10)], (2001, 2.8), (2010, 2.3), (2020, 2.1)} EO:{[(2001, 0)—(2020, 10)], (2001, 2.8), (2010, 2.3), (2020, 2.0)}	t/10^6kWh

续表

序号	变量	方程	单位
98	电力落后产能对应的SO₂排放强度	2.8	t/10⁶kWh
99	钢铁先进产能对应的SO₂排放强度	WITH LOOKUP(Time, {[(2001, 0)-(2020, 10)], (2001, 2.9), (2010, 2.4), (2020, 2)}) BAU:{[(2001, 0)-(2020, 10)], (2001, 2.9), (2010, 2.4), (2020, 2.4)} GO:{[(2001, 0)-(2020, 10)], (2001, 2.9), (2010, 2.4), (2020, 2.1)} EO:{[(2001, 0)-(2020, 10)], (2001, 2.9), (2010, 2.4), (2020, 2.0)}	10³t/10⁶t
100	钢铁落后产能对应的SO₂排放强度	2.9	10³t/10⁶t
101	先进产能对应的钢铁产量	钢铁总产量−落后产能对应的钢铁产量	10⁶t
102	落后产能对应的钢铁产量	落后钢铁产能×钢铁行业平均运行效率	10⁶t
103	钢铁产能	INTEG（钢铁产能变化率，4.77）	10⁶t
104	时间步长	1	年
105	煤炭总产量	煤炭行业平均运行效率×煤炭产能	10⁶t
106	焦化总产量	焦化行业平均运行效率×焦化产能	10⁶t
107	生铁总产量	生铁产能×生铁行业平均运行效率	10⁶t
108	电力总产量	电力行业平均运行效率×电力产能×250×24	10⁶kWh
109	钢铁产能变化率	钢铁产能×钢铁行业平均运行效率	10⁶t
110	煤炭产能变化量	煤炭产能×煤炭产能变化率	10⁶t/a
111	焦化产能变化量	焦化产能×焦化产能变化率	10⁶t/a
112	生铁产能变化量	生铁产能×生铁产能变化率	10⁶t/a
113	落后煤炭产能变化量	WITH LOOKUP(Time, {[(2001, −9)−(2015, 10)], (2001, −6.54), (2004, −6.54), (2005, 9.05), (2009, 9.05), (2010, 1.83), (2015, 5), (2016, 0), (2020, 0)}) BAU:{[(2001, −9)−(2020, 10)], (2001, −6.54), (2004, −6.54), (2005, 9.05), (2009, 9.05), (2010, 1.83), (2020, 1.83)} GO:{[(2001, −9)−(2020, 10)], (2001, −6.54), (2004, −6.54), (2005, 9.05), (2009, 9.05), (2010, 1.83), (2020, 2.5)} EO:{[(2001, −9)−(2015, 10)], (2001, −6.54), (2004, −6.54), (2005, 9.05), (2009, 9.05), (2010, 1.83), (2015, 5.0), (2016, 0), (2020, 0)}	10⁶t/a

续表

序号	变量	方程	单位
114	落后焦化产能变化量	WITH LOOKUP(Time, ([(2001, −3)−(2015, 10)], (2001, −1.41), (2004, −1.41), (2005, 3), (2009, 3), (2010, 0.77), (2015, 2.44), (2016, 0), (2020, 0))) BAU:([(2001, −3)−(2020, 10)], (2001, −1.41), (2004, −1.41), (2005, 3), (2009, 3), (2010, 0.77), (2020, 0.77)) GO:([(2001, −3)−(2020, 10)], (2001, −1.41), (2004, −1.41), (2005, 3), (2009, 3), (2010, 0.77), (2020, 1.22)) EO:([(2001, −3)−(2015, 10)], (2001, −1.41), (2004, −1.41), (2005, 3), (2009, 3), (2010, 0.77), (2015, 2.44), (2016, 0), (2020, 0))	10⁶t/a
115	落后生铁产能变化量	WITH LOOKUP(Time, ([(2001, −6)−(2015, 10)], (2001, −2.15), (2004, −2.15), (2005, 2.58), (2009, 2.58), (2010, 0.62), (2015, 1.62), (2016, 0), (2020, 0))) BAU:([(2001, −6)−(2020, 10)], (2001, −2.15), (2004, −2.15), (2005, 2.58), (2009, 2.58), (2010, 0.62), (2020, 0.62)) GO:([(2001, −6)−(2020, 10)], (2001, −2.15), (2004, −2.15), (2005, 2.58), (2009, 2.58), (2010, 0.62), (2020, 0.81)) EO:([(2001, −6)−(2015, 10)], (2001, −2.15), (2004, −2.15), (2005, 2.58), (2009, 2.58), (2010, 0.62), (2015, 1.62), (2016, 0), (2020, 0))	10⁶t/a
116	落后电力产能变化量	WITH LOOKUP(Time, ([(2001, −0.2)−(2015, 1)], (2001, −0.01), (2004, −0.01), (2005, 0.09), (2009, 0.09), (2010, 0.07), (2015, 0.2), (2016, 0), (2020, 0))) BAU:([(2001, −0.2)−(2020, 1)], (2001, −0.01), (2004, −0.01), (2005, 0.09), (2009, 0.09), (2010, 0.07), (2020, 0.07)) GO:([(2001, −0.2)−(2020, 1)], (2001, −0.01), (2004, −0.01), (2005, 0.09), (2009, 0.09), (2010, 0.07), (2020, 0.1)) EO:([(2001, −0.2)−(2015, 1)], (2001, −0.01), (2004, −0.01), (2005, 0.09), (2009, 0.09), (2010, 0.07), (2015, 0.2), (2016, 0), (2020, 0))	10⁶kW/a
117	落后钢铁产能变化量	WITH LOOKUP(Time, ([(2001, −2)−(2015, 10)], (2001, −0.57), (2004, −0.57), (2005, −0.38), (2009, −0.38), (2010, 0.47), (2015, 1.6), (2016, 0), (2020, 0))) BAU:([(2001, −2)−(2020, 10)], (2001, −0.57), (2004, −0.57), (2005, −0.38), (2009, −0.38), (2010, 0.47), (2020, 0.47)) GO:([(2001, −2)−(2020, 10)], (2001, −0.57), (2004, −0.57), (2005, −0.38), (2009, −0.38), (2010, 0.47), (2020, 0.8)) EO:([(2001, −2)−(2015, 10)], (2001, −0.57), (2004, −0.57), (2005, −0.38), (2009, −0.38), (2010, 0.47), (2015, 1.6), (2016, 0), (2020, 0))	10⁶t/a
118	电力产能变化量	电力产能×电力产能变化率	10⁶kW/a
119	钢铁产能变化量	钢铁产能×钢铁产能变化率	10⁶t/a

注：①BAU、GO、EO 分别表示企业代表、规划部门、环保部门对各个关键规划要素的选择偏好。②Dmnl 表示无量纲。

参 考 文 献

埃罗·斯耶斯特勒姆. 1985. 木材化学[M]. 王佩卿，丁振森，译. 北京：中国林业出版牡.
边莉，杨帅，杨晓丽，等. 2020. 黄河水污染及治理对策研究[J]. 晋中学院学报，37（6）：37-40.
车德竞，孟洁，陈永辉，等. 2013. 未来 20 年我国火力发电用水情况预测分析[J]. 电力建设，34（8）：17-21.
程鹏飞，王金亮，王雪梅，等. 2009. 森林生态系统碳储量估算方法研究进展[J]. 林业调查规划，34（6）：39-45.
狄向华，聂祚仁，左铁镛. 2005. 中国火力发电燃料消耗的生命周期排放清单[J]. 中国环境科学，25（5）：632-635.
董战峰，璩爱玉，郝春旭. 2020. 黄河流域高质量发展：挑战与战略重点[J]. 中华环境（Z1）：22-24.
樊杰，孙威，傅小锋. 2005. 我国矿业城市持续发展的问题、成因与策略[J]. 自然资源学报（1）：68-77.
范巧. 2012. 永续盘存法细节设定与中国资本存量估算：1952~2009 年[J]. 云南财经大学学报，3：42-50.
方精云，刘国华，徐嵩龄. 1996. 我国森林植被的生物量和净生产量[J]. 生态学报（5）：497-508.
付加锋，刘毅，张雷. 2007. 基于 GANN 和 DEA 的我国工业经济与环境协调发展研究[J]. 干旱区资源与环境（6）：68-73.
高吉喜，李慧敏，田美荣. 2016. 生态资产资本化概念及意义解析[J]. 生态与农村环境学报，32（1）：41-46.
葛亮. 2008. 资源型城市生态环境问题研究及政策建议[D]. 济南：山东大学.
郭晗，任保平. 2014. 结构变动、要素产出弹性与中国潜在经济增长率[J]. 数量经济技术经济研究，12：72-82.
郭婧，张骞，宋明华，等. 2020. 黄河上游草地生态现状及功能提升技术[J]. 草地学报，28（5）：1173-1184.
何秋生，范晓周，王新明，等. 2007. 煤焦化过程中颗粒物和二氧化硫的释放[J]. 地球与环境，35（3）：279-283.
胡聃，张艳萍，文秋霞，等. 2006. 北京城市生态系统总体资产动态及其与城市发展关系[J]. 生态学报（7）：2207-2218.
黄兴文，陈百明. 1999. 中国生态资产区划的理论与应用[J]. 生态学报（5）：14-18.
焦华富，杨显明. 2016. 煤炭资源型城市产业结构演替与空间形态演变耦合：以安徽省淮南市为例[J]. 地理学报，71（6）：998-1009.
蒯鹏，李巍，成钢. 2014. 系统动力学模型在城市发展规划环评中的应用：以山西省临汾市为例[J]. 中国环境科学，34（5）：1347-1354.
李兰兰，诸克军，郭海湘. 2011. 中国各省市科技进步贡献率测算的实证研究[J]. 中国人口·资源与环境，4：55-61.

廖晓东, 邱丹逸, 林映华. 2018. 基于区位熵的中国科技服务业空间集聚测度理论与对策研究[J]. 科技管理研究, 38（2）：171-178.

刘淼, 梁正伟. 2009. 草地生态系统硫循环研究进展[J]. 华北农学报, 24（S2）：257-262.

刘学东, 陈林, 李学斌, 等. 2016. 草地生态系统土壤有机碳储量的估算方法综述[J]. 江苏农业科学, 44（8）：10-16.

卢硕, 张文忠, 李佳洺. 2020. 资源禀赋视角下环境规制对黄河流域资源型城市产业转型的影响[J]. 中国科学院院刊, 35（1）：73-85.

马诗萍, 张文忠. 2020. 黄河流域电力产业时空发展格局及绿色化发展路径[J]. 中国科学院院刊, 35（1）：86-98.

马学威, 熊康宁, 张俞, 等. 2019. 森林生态系统碳储量研究进展与展望[J]. 西北林学院学报, 34（5）：62-72.

牛仁亮, 孔繁珠, 赵敏崎, 等. 2003. 山西省煤炭开采对水资源的破坏影响及评价[M]. 北京：中国科学技术出版社.

潘耀忠, 史培军, 朱文泉, 等. 2004. 中国陆地生态系统生态资产遥感定量测量[J]. 中国科学（D辑：地球科学）（4）：375-384.

彭佳雯, 黄贤金, 钟太洋, 等. 2011. 中国经济增长与能源碳排放的脱钩研究[J]. 资源科学, 33（4）：626-633.

钱纳里, 鲁宾逊, 赛尔奎. 1995. 工业化和经济增长的比较研究[M]. 吴奇, 王松宝, 等, 译. 上海：上海人民出版社.

全国土壤普查办公室. 1993. 中国土种志（第一卷）[M]. 北京：中国农业出版社.

国务院. 2013-11-12. 全国资源型城市可持续发展规划（2013—2020年）[EB/OL]. [2022-10-07]. http://www.gov.cn/zwgk/2013-12/03/content_2540070.htm.

任保平, 杜宇翔. 2021. 黄河中游地区生态保护和高质量发展战略研究[J]. 人民黄河, 43（2）：1-5.

沈镭. 2005. 我国资源型城市转型的理论与案例研究[D]. 北京：中国科学院研究生院.

史培军, 张淑英, 潘耀忠, 等. 2005. 生态资产与区域可持续发展[J]. 北京师范大学学报（社会科学版）（2）：131-137.

苏懋康, 王浣尘. 1988. 系统动力学模型的灵敏度分析[J]. 系统工程, 6（4）：7-12.

唐海萍, 史培军. 2009. 环境模拟：环境系统的系统动力学模型导论[M]. 北京：科学出版社.

王飞, 王宗敏, 杨海波, 等. 2018. 基于SPEI的黄河流域干旱时空格局研究[J]. 中国科学：地球科学, 48（9）：1169-1183.

王健民, 王如松. 2001. 中国生态资产概论[M]. 南京：江苏科学技术出版社.

王开盛. 2013. 我国资源型城市产业转型效果及影响因素研究[D]. 西安：西北大学.

王宪恩, 王羽, 夏菁, 等. 2014. 日本工业化进程中经济社会与能源环境协调发展演进趋势分析[J]. 现代日本经济（6）：70-79.

王晓楠, 孙威. 2020. 黄河流域资源型城市转型效率及其影响因素[J]. 地理科学进展, 39（10）：1643-1655.

文玉钊, 李小建, 刘帅宾. 2021. 黄河流域高质量发展：比较优势发挥与路径重塑[J]. 区域经济评论（2）：70-82.

吴承业, 袁达. 2000. 中国工业经济与环境协调发展的经济计量分析[J]. 数量经济技术经济研究（10）：15-17.

向娟. 2011. 中国城市固定资本存量估算[D]. 长沙：湖南大学.
肖建武, 康文星. 2009. 城市森林净化环境功能及经济价值评估：以"国家森林城市"长沙市为例[J]. 浙江林业科技, 29（6）：71-75.
辛永容, 陈圻, 肖俊哲. 2009. 要素产出弹性与技术进步贡献率的测算[J]. 管理科学, 22（1）：113-120.
徐军委. 2013. 基于LMDI的我国二氧化碳排放影响因素研究[D]. 北京：中国矿业大学.
阎晓, 涂建军. 2021. 黄河流域资源型城市生态效率时空演变及驱动因素[J]. 自然资源学报, 36（1）：223-239.
杨茜, 孙朋. 2013. IPCC驱动下的林地碳汇估算方法进展[J]. 渔业科学进展, 34（1）：38-43.
杨勇平, 杨志平, 徐钢, 等. 2013. 中国火力发电能耗状况及展望[J]. 中国电机工程学报, 33（23）：1-11.
易征, 李蜀庆, 周丹丹. 2009. 情景分析法在长江上游环境污染治理中的应用[J]. 环境科学与管理, 34（2）：90-92.
于光. 2007. 矿业城市经济转型理论与评价方法研究[D]. 北京：中国地质大学.
张金良. 2020. 黄河流域生态保护和高质量发展水战略思考[J]. 人民黄河, 42（4）：1-6.
张静, 李希来, 袁荣梅. 2008. 三江源地区不同退化草地群落特征分析[J]. 安徽农业科学（18）：7738-7740, 7799.
张军, 吴桂英, 张吉鹏. 2004. 中国省际物质资本存量估算：1952—2000[J]. 经济研究（10）：35-44.
张平, 王树华. 2009. 产业结构理论与政策[M]. 武汉：武汉大学出版社.
张骞, 马丽, 张中华, 等. 2019. 青藏高寒区退化草地生态恢复：退化现状、恢复措施、效应与展望[J]. 生态学报, 39（20）：7441-7451.
张士亮, 张艳春. 2017. 森林生态系统碳储量研究进展及方法探讨[J]. 防护林科技（10）：97-100.
张松柏. 2012. 庆阳市董志塬水土保持对策研究[J]. 西北农林科技大学学报（社会科学版）, 12（2）：67-72.
张文忠, 余建辉, 王岱, 等. 2014. 中国资源型城市可持续发展研究[M]. 北京：科学出版社.
张玉春, 余炳. 2011. 江苏工业结构高度化水平测评研究[J]. 南京航空航天大学学报（社会科学版）, 13（3）：34-40.
赵志耘, 刘晓路, 吕冰洋. 2006. 中国要素产出弹性估计[J]. 经济理论与经济管理, 6：5-11.
周健, 肖荣波, 庄长伟, 等. 2013. 城市森林碳汇及其核算方法研究进展[J]. 生态学杂志, 32（12）：3368-3377.
周可法, 陈曦, 张海波, 等. 2004. 干旱区生态资产遥感定量评估模型研究[J]. 干旱区地理（4）：492-497.
于德永, 潘耀忠, 王艳艳, 等. 2005. 2001~2003年浙江省湖州市生态系统服务功能价值遥感测量[J]. 林业研究（英文版）（3）：223-227, 255.
Aurousseau M. 1921. The distribution of population: A constructive problem[J]. Geographical Review, 11（4）：563-592.
Auty R. 1995. Industrial policy, sectoral naturation and postwar economic growth in Brazil: The resource curse thesis[J]. Economic Geography, 71（3）：257-272.
Brady A. 1953. Harold Adams Innis, 1894-1952[J]. The Canadian Journal of Economics & Political Science, 19（1）：87-96.
Chen J D, Gao M, Cheng S L, et al. 2020. County-level CO_2 emissions and sequestration in China

during 1997~2017[J]. Scientific Data, 7 (1): 391.

Chenery H B. 1960. Patterns of industrial growth[J]. The American Economic Review, 50 (4): 624-654.

Chenery H B, Taylor L. 1968.Development patterns: Among countries and over time[J]. The Review of Economics and Statistics: 391-416.

Dong X Q, Li C L, Li J, et al. 2012. Application of a system dynamics approach for assessment of the impact of regulations on cleaner production in the electroplating industry in China[J]. Journal of Cleaner Production, 20 (1): 72-81.

Hughey K F D, Kerr G N, Cullen R. 2019. Public perceptions of New Zealand's environment: 2019[R]. Christchurch: Lincoln University.

Kitching R L. 1983. Systems Ecology: An Introduction to Ecological Modelling[M]. Brisbane: University of Queensland Press (Australia).

Meadows D L, Behrens W W, Meadows D H, et al. 1974. Dynamics of Growth in a Finite World[M]. Cambridge, MA: Wright-Allen Press.

Montgomery D C. 2004. Design and Analysis of Experiments[M]. Hoboken: John Wiley & Sons.

OECD. 2002. Indicators to measure decoupling of environmental pressure from economic growth [EB/OL]. https://www.oecd.org/environment/indicators-modelling-outlooks/1933638.pdf.

Sahin O, Stewart R A, Porter M G. 2015. Water security through scarcity pricing and reverse osmosis: A system dynamics approach[J]. Journal of Cleaner Production, 88: 160-171.

Syrquin M, Chenery H B. 1989. Patterns of Development, 1950 to 1983[M]. Washington, D. C.: World Bank.

Tapio P. 2005. Towards a theory of decoupling: Degrees of decoupling in the EU and the case of road traffic in Finland between 1970 and 2001[J]. Transport Policy, 12 (2): 137-151.

Tommaso L, Marco O. 2012. A robustness exercise on the EKC for CO_2 emissions[J]. Factor of Economic (4): 23-25.

Winz I, Brierley G, Trowsdale S. 2009. The use of system dynamics simulation in water resources management[J]. Water Resources Management, 23 (7): 1301-1323.

World Bank. 1992. World Development Report, 1992: Development and the Environment[M]. Oxford: Oxford University Press.

Wu L B, Kaneko S, Matsuoka S. 2005. Driving forces behind the stagnancy of China's energy-related CO_2 emissions from 1996 to 1999: The relative importance of structural change, intensity change and scale change[J]. Energy Policy, 33 (3): 319-335.

Xu Z, Coors V. 2012. Combining system dynamics model, GIS and 3D visualization in sustainability assessment of urban residential development[J]. Building and Environment, 47: 272-287.

Zhu J J, Chew D A S, Lv S, et al. 2013. Optimization method for building envelope design to minimize carbon emissions of building operational energy consumption using orthogonal experimental design (OED) [J]. Habitat International, 37: 148-154.